日本史史料

［2］中世

日本史史料

[2] 中世

歴史学研究会編

岩波書店

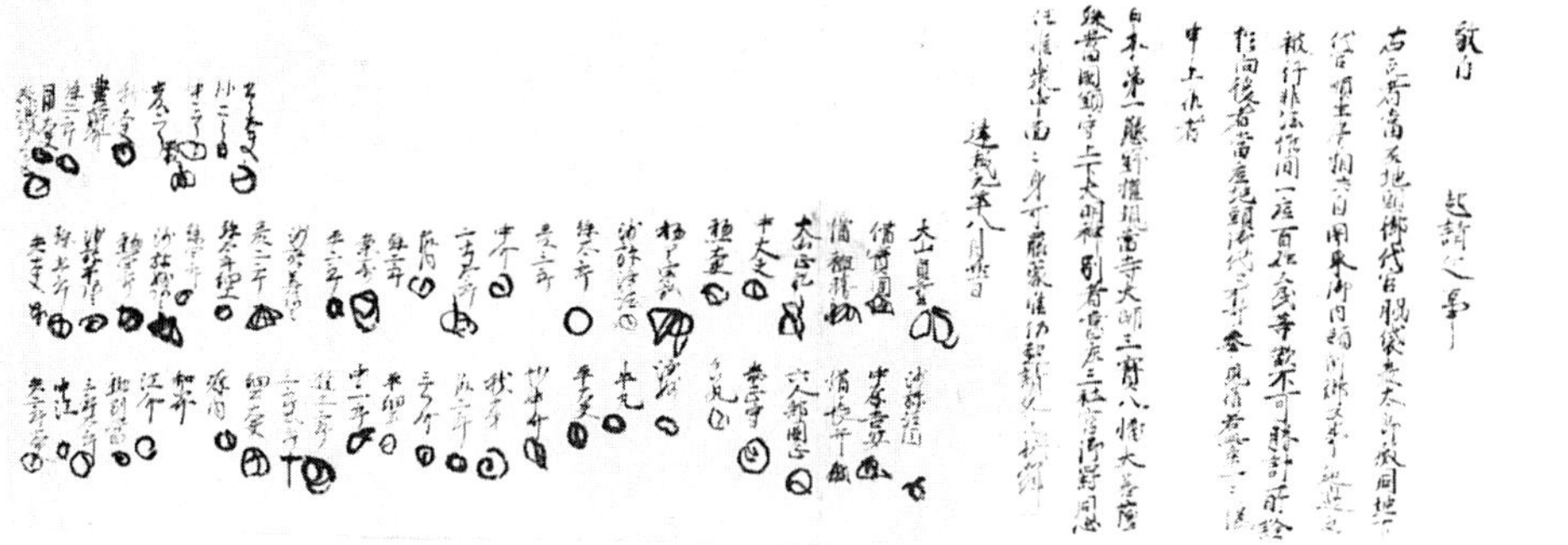

若狭国太良荘百姓等申状(東寺百合文書，京都府立総合資料館蔵)．多数の百姓たちが連署している．史料 181 参照．

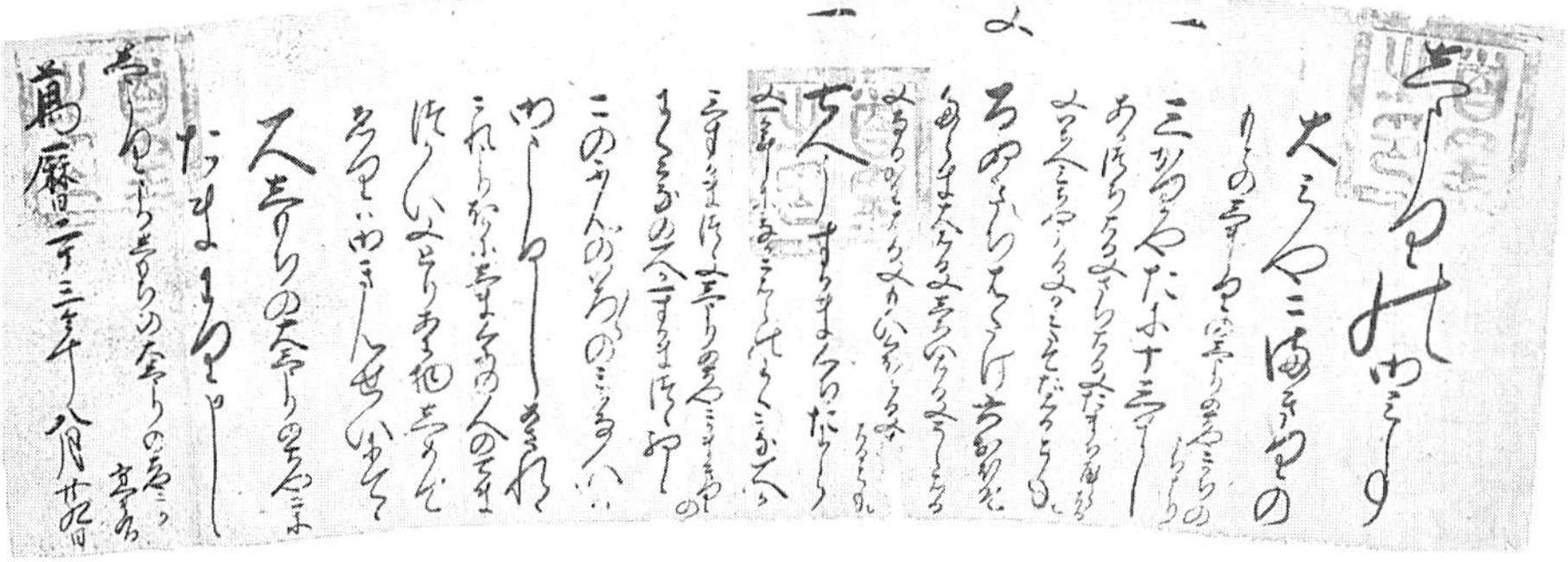

下地の大首里大屋子宛辞令書(沖縄県立博物館蔵)．宮古島下地の大首里大屋子に田畠を与えたもの．史料 423 参照．

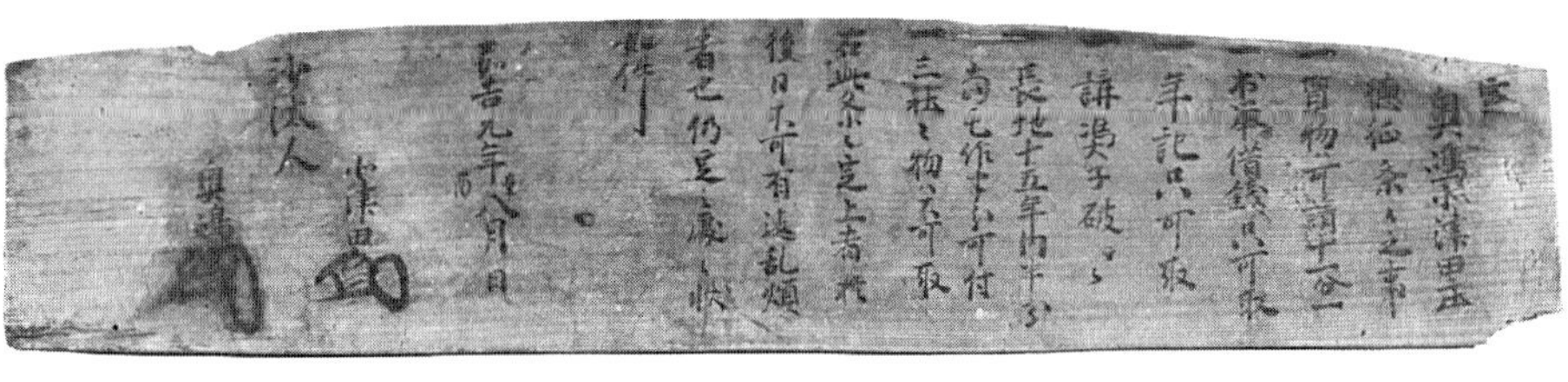

徳政条々定書木札(大島奥津島神社深井武臣氏蔵，滋賀大学経済学部付属史料館提供)．史料 288 参照．

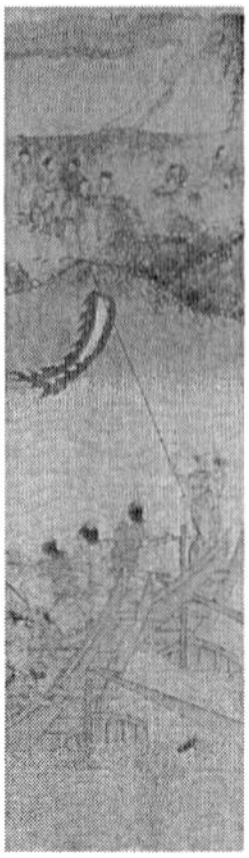

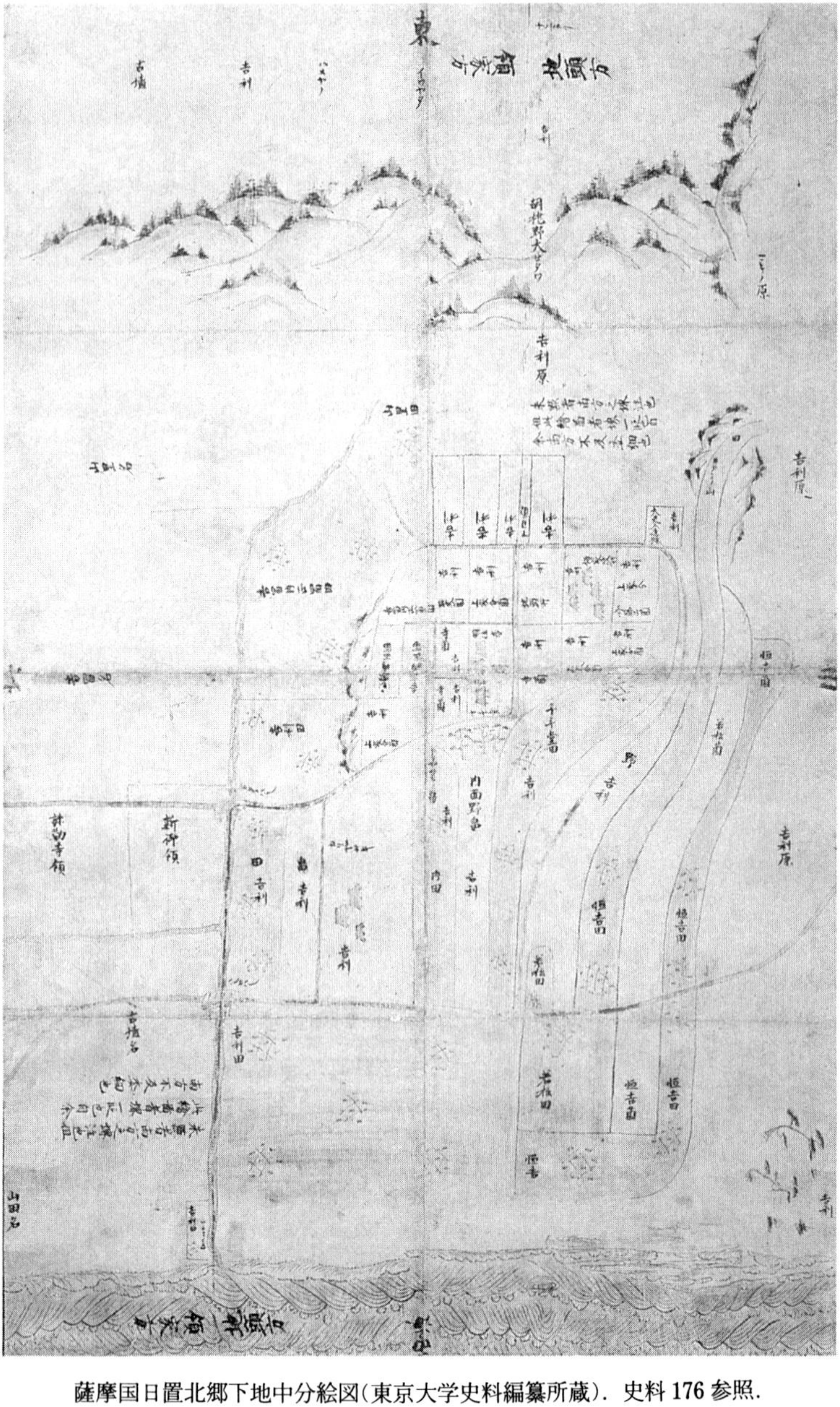

薩摩国日置北郷下地中分絵図（東京大学史料編纂所蔵）．史料 176 参照．

倭寇図巻(東京大学史料編纂所蔵)明海軍と倭寇船の戦い．史料 342-343 参照．

春日権現験記模本(東京国立博物館蔵)．建築現場での職人たちの活動を描く．史料 183 参照．

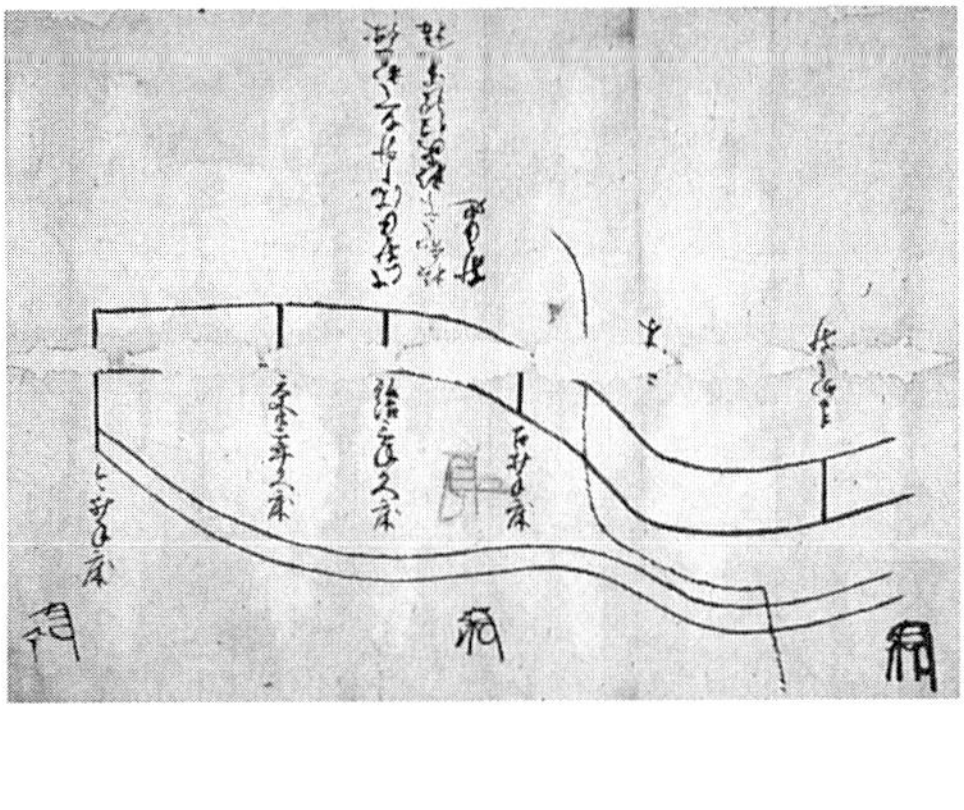

三好氏奉行人連署裁許井手絵図(高槻市郡家区蔵)
史料 370 参照．

草戸千軒町遺跡(広島県福山市)俯観(1982年当時．井手三千男氏撮影，広島県立歴史博物館提供)．瀬戸内の河口都市の遺跡．史料323参照．

はしがき

近年、日本史研究は飛躍的な発展を遂げている。戦後早くから求められていたアジア史・世界史の中に日本史の展開を位置づけるという課題、民衆の立場から日本史像の見直しを徹底し、明治以来形成されてきた国家中心の歴史像を克服するという課題なども急速に具体化され、深められるようになった。アジア太平洋戦争・戦後改革が広い視野から見直されたり、生活文化史・女性史・社会史など民衆史の諸側面が多角的に追究されたりしているのもそのあらわれである。

そうした状況の中で、どの時代についても、新たな問題関心に基づいて設定されたテーマへの多様な接近方法が工夫され、基本史料の読み直しとともに、これまで史料としての価値をほとんど与えられていなかった類いのさまざまの文字・非文字史料が積極的に掘りおこされ、活用されるようになった。それにともなって、史料論・史料学的基礎研究も本格的に進められるようになった。

歴史学研究会は、日本史研究のこのような新しい段階への到達を確認し、一九九三年六月の委員会において、『日本史史料』の編纂・刊行の方針を決定し、その内部に企画小委員会を設置した。研究の新しい水準を具体的にあとづける基本的な史料集が、広く利用しやすい形で提供されることは歴史教育にとって欠かせないものであり、さらに一般の人びとの日本史理解の深化・歴史意識の研磨のためにも重要であると考えたのである。それはたしかに、戦後一貫して、歴史学研究と歴史教育の相関関係を重視し、教育と学問の分離という方向を強く批判してきた歴史学研究会の仕事にふさわしいものといえるであろう。

翌九四年七月、企画小委員会での討議をふまえ、この計画を実現するための、独立の「日本史史料編集委員会」が発足した。そのメンバーには、各時代責任者として、古代＝石上英一、中世＝村井章介、近世＝高埜利彦、近代＝宮地正人、現代＝小林英夫、それに全体の取りまとめ役として永原慶二、幹事役として当時会の委員であった海老沢衷、保立道久の合計八名が歴史学研究会委員会から委嘱された。

第一回の編集委員会は企画小委員会での討議を受け継ぎ、『日本史史料』の基本的性格、枠組みを次のように決定した。

(一)『日本史史料』は、高校・大学一般教育の基本的教材として活用されることを主目標とし、併せて、一般読者の日本史認識にも役立つことができるようなものとする。

(二) そのため史料の選択は、各時代の発展の道筋や特質を明らかにする基本史料を諸分野に目配りしつつ精選するとともに、新しい研究水準のなかでとくに注目すべき新史料を極力多く採用する。

(三) 採用する史料には、読点を打ち、必要に応じ読み下しもつける。また、難読、難解語、人名・地名などをはじめ必要とする注をつける。さらに、その史料の注目点・意義・歴史的背景などについて、新しい研究水準をふまえた解説を一点ごとに加える。

(四)『日本史史料』は、古代・中世・近世・近代・現代、各一巻、全五巻の編成とし、各巻ともA5判四〇〇ページ程度を目安とする。

(五) 刊行出版社は、先に本会が編集して多くの利用者を得ている『新版 日本史年表』と同様、岩波書店に依頼する。

およそ以上のような基本方針を歴史学研究会委員会に報告、了承を得た上、引きつづき岩波書店に提案、幸いにその快諾を得た。そして、それに基づき九四年秋以降、編集委員会は各巻の分担執筆メンバー(計三二名)を決定し、内容についての責任は各巻ごとにこれらメンバーが負うこととし、編集の仕事を本格的に開始した。これらのメンバーはみな、今日の研究の第一線にあって多忙をきわめる人びとであるため、予定日程通りに進めることには困難が少なくなかったが、諸氏ともこの仕事の重要性を認識され、予想以上に順調に原稿がつくられていった。

さらに、この種の史料集のような本つくりは細部にわたる注意と手間とを予想以上に必要とするものであるが、それを短期集中的に乗り越えることができたのは岩波書店側の編集担当者となった沢株正始・富田武子氏のおかげである。厚く御礼申し上げたい。

『日本史史料』はこのような経過で世に送られることとなった。この上は、本史料集が歴史教育や一般の方々の歴史学習の場で少しでも多く利用され、広い人びとの自分の目、自分の頭による主体的な日本史認識に役立つことができることを願うものである。

一九九七年二月

『日本史史料』編集委員会

代表　水原慶二

凡　例

本書に収録した史料は、原典を出来る限り忠実に再現すべくこころがけたが、読者の便宜を考え、左記のような整理を行った。

一、漢字は新字体を用い、異体字などは常用の字体に改めることを原則とした。

一、かなづかいは原史料のままであるが、変体かなは通用の文字に改めた。

一、史料の多くは原史料の一部であり、煩雑を避けるため、前(上)略・後(下)略はこれを省いた。

一、史料の中略箇所は(中略)として示したが、箇条書きの史料において、箇条の一部を抽出した場合には、逐一(中略)とは記さなかった。

一、原史料中の抹消、挿入などによる訂正箇所は、原則として訂正されたのちの文字のみを掲げた。

一、必要に応じて句読点を付した。なお収録した史料中の句読点はすべて編者の付したものであり、原史料中にある句読点や訓点は省いた。

一、必要に応じて史料に傍注を付した。疑わしい文字にはその傍らに適切と思われる文字を(　)で囲んで示した。また官職・通称などで記された人名についても、その実名を(　)で囲んで示した。

一、史料中の難解な語句には、史料一点ごとに、(1)(2)などの番号をふって語注を付した。

一、必要に応じて現代かなづかいによる読み下し文を付した。原史料中の誤字・当字・脱字などは、適切と判断した文字に改めた。また史料中に引用された他の史料やせりふなどは「　」で囲んだ。

一、原史料中の割書は、読み下し文においては〈　〉で囲み、一行に組んだ。

一、原史料中のふりがなは、原則として編者の付したものである。

一、すべての史料に編者の解説を付したが、適宜、何点かをまとめて解説を加えた場合がある。

本書の執筆については以下の八名が分担した。（五〇音順／数字は資料番号）

池上裕子……354〜392、400〜407、411〜415

上杉和彦……1〜51、78〜82、84〜88、90〜91

榎原雅治……208〜224、228、230〜247、249〜254、256〜308、315〜329、334

海老沢衷……52〜61、175〜181、309〜314、393〜399

近藤成一……92〜98、100、103〜126、146〜162、166〜167、169〜174

千々和到……75〜77、163、168、196〜201、204〜206、330〜333、408〜410

保立道久……62〜67、83、182〜189

村井章介……68〜74、89、99、101〜102、127〜145、164〜165、190〜195、202〜203、207、225〜227、229、248、255、335〜353、416〜433

目次

第二章　鎌倉時代　85

序章　中世史史料について

一

本書では、時期区分に関する現在の多数説に従って、荘園公領制や主従制的権力編成を指標に、院政期以降を中世としている。しかしながら、文献史料の形態変化という観点から、古代から中世への移行を見るならば、その時期は二百年ほど早くなり、九世紀にさかのぼる。

変化の基軸をなすのは、六国史すなわち国家の編纂になる編年史が八八七年の記事を最後に姿を消し、入れ替わりに日記がおびただしく現われてくることである。

現在の日記研究では、太政官や蔵人所（天皇の秘書局）の公的記録である「外記日記」「殿上日記」などを公日記、天皇以下の貴族たちの個人記録を私日記とする分類が行なわれている。しかし前者は平安末期には廃れてしまい、現存する分量もほんのわずかなのに対して、後者は平安時代のものから大量に残っている。しかも後者を記すおもな目的は、朝廷における行事や儀式の次第を正確に記録して後世に伝えることにあり、それ自体公的性格をもつ。けっしてプライベイトなダイアリではない。

公日記と私日記のちがいは、むしろ日記が記される場が、前者は官庁なのに対して、後者は記主の家だという点にある。その意味で官日記／家日記という名称のほうが適切である。

平安時代以降の支配層の「家」はけっして完全な私的空間ではなかった。九世紀以降、国家機構全体がしだいに「家」の複合体に組み替えられ、個々の官庁でさえも、特定の家系がその長を独占することを通じて、特定の「家」の所領に接近していった。「家」の構成員は、子孫のために記録を残すという目的意識のもとに、結果として国家運営に必要な情報を後世に伝えていくことになった。

このような状況を一歩進めると、特定の家系に成立した複数の日記が共通の名で呼ばれたり（西園寺家の『管見記』、高棟流平氏の『平記』など)、歴代の当主が著名な日記を残すような「日記の家」が成立したり(葉室・吉田・甘露寺・万里小路・中御門・坊城などの勧修寺流《かじゅうじ》、高棟流平氏、小野宮家、広橋家など)、という現象が生じる。

十二世紀末に武士階級を基盤として成立した幕府は、独自の記録組織をもち、奉行人《ぶぎょうにん》が『吾妻鏡』の編纂材料となったような日記をつけていたと思われる。しかし鎌倉時代のものは痕跡程度が残るにすぎず、公家の日記とは質・量とも比較にならない。中世後期になると、斎藤・蜷川・大館氏らの幕僚や上井覚兼・松平家忠ら大名家臣の日記が現われ、幕府や地方社会の情報を伝えてくれる。

中世において、寺社は独自の組織と論理をもって公家・武家と並立していた。当然その内部に独自の記録体系が成立する。神社では奈良の春日社や京都の北野社・祇園社にまとまった日記が残っている。寺院ではとくに中世後期の日記に、『大乗院寺社雑事記』『蔭凉軒日録』『多聞院日記』『天文日記』『鹿苑日録』など、寺の内部に留まらず一般社会のようすを知る貴重な史料が多い。神社や寺院の記録は、個人ではなく組織として記述され保存されてきたものが目立つ。この場合記主は複数の書き継ぎとなり、京都の東寺の寺僧集団が残した「引付《ひきつけ》」のように、毎年選挙によって筆者が交代するような例さえある。

また中世後期には公家の日記でも、『看聞日記』『建内記』『実隆公記』や山科家歴代の日記が社会史の好史料であるように、広い社会の動向がしばしば記されるようになる。天皇の身辺に侍る女房の記した『御湯殿の上の日記』、山科家の家司を勤める地下《じげ》クラスの大沢家の残した『山科家礼記』など、多様化の傾向も強まる。

二

国家運営の担い手が「官」から「家」へ移行する動きは、もちろん文書の世界にも反映する。それは六国史から日記への転換ほど急激でなく、古い体系の遺制を残しつつ緩やかに進んだから、中世の公文書体系は複数の基軸をもつ錯雑したものになった。

公式令《くしき》に定められた古代国家の文書体系(公式様文書)は、非人格的な機関相互の関係に対応してなりたっていた。ところが九世紀以降、蔵人所《くろうどどころ》の上級職員である「職事《しきじ》」が、天皇や院、摂関を廻りながら政務をこなしていく体制に移行すると、令の定める煩雑な文書発給手続の中途で用いられる文書が、そのまま外部に出て実質的な機能を果すようになる。こうして成立した新しい文書様式に宣旨《せんじ》・口宣《くぜん》案《あん》・官宣旨などがある。

ちなみに「職事」を出す家柄と「日記の家」とは大きく重なっており、これが王朝国家の記録体系の中枢を担う人間集団を形成した。彼らは蔵人や太政官の事務官である弁官を勤めるかたわら、摂関家の政所《まんどころ》別当や家司《けいし》、院や女院の院司などを兼ねることが多く、複数の「家」を国家機構としてまとめる接着剤の役割を果した。

前述した官宣旨は、弁官下文《くだしぶみ》という別名が示すように、「左（右）弁官下す何某」という書出しで命令系統あるいは管轄関係を明示する様式をもっていた。国家の中枢が王家、院、女院、摂関家など「家」の複合体へと移行すると、各「家」の内部に家政機関が成立し（蔵人所・院庁・女院庁・摂関家政所など）、これが管轄下の組織や個人に対して、官宣旨と類似した下文様式の文書を発給するようになった。

また、以上のような公文書の体系とは別に、奈良時代から状や啓と呼ばれた私文書（要するに個人間の手紙）の群があった。これはどの時代にも存在する文書のジャンルであるが、平安時代、国家の公的領域が「家」という私的要素によって侵食されてくると、公文書の様式に私文書が大きな影響を与えるようになる。主人の意を受けた侍臣がそれを書状の形式で相手に伝達する、という一群の文書の登場である。この場合の侍臣の役割を奉者、こうした文書の様式を奉書という。このタイプの文書では、真の発給者の名は文書の表面にはあらわれない。授受双方の関係によって文書の様式を規定する書札礼《しょさつれい》も、真の発給者ではなく奉者の官位に従って定まった。こうした奉書のうち、主人が三位以上の場合を区別して御教書《みきょうしょ》といい、主人が天皇の場合には綸旨《りんじ》、皇太子や親王・内親王の場合には令旨《りょうじ》、院の場合には院宣《いんぜん》、藤原氏長者の場合には長者宣《ちょうじゃせん》など、特殊な名称を用いた。

以上のような、平安時代に成立した公文書の体系を「公家様文書」という。幕府もある意味では国家権力に食いこんだ新参の「家」であるから、大枠では公家様文書の様式を踏襲して、将軍家政所下文や、将軍の意を執権・連署が奉じる関東御教書などを発給した。現在の通説では、幕府以下武家の発給する文書を「武家様文書」として括っているが、下文や御教書が公家様・武家様双方に出現するように、様式論として不徹底なところがある。ここを衝いて、宣旨・下文系統を「下文様」、奉書系統を「書札様」と呼んで、公家・武家の区別を立てない学説が、最近唱えられている。

幕府が中世国家のなかで実力的には公家をしのぐほどに成長すると、「公家様文書」の枠に収まりきらない文書様式が開発される。その代表が、様式的には下文と奉書の中間形態をとる「下知《げち》状」である。下知状は、直接の人格的支配下にある者よりは、行政や統治の対象となる者に与えられるという特徴があり、とくに裁判の判決文(裁許状)や関所通行許可証(過書)に好んで用いられた。

そのほか、主従制原理を権力編成の根幹に置く武家社会では、主従結合や戦争・軍役に関わる安堵《あんど》状・宛行《あてがい》状・着到状・軍忠状・覆勘《ふっかん》状・加冠状《かかんじょう》・一字《いちじ》書出《かきだし》といった文書様式が、鎌倉後期から戦国時代にかけて発達をとげた。また守護およびその配下の武士たちは、土地支配に関わる裁決を強制力をもって現地に実現させる業務(下地遵行《したじじゅんぎょう》)に携わったが、これに関わる文書様式である施行状・遵行状・打渡状・請文《うけぶみ》なども多数残っている。

三

文書の世界でも寺社勢力は独特の姿を見せる。個々の大寺社ごとに固有の職名や組織が存在し、その多様性は文書様式にもある程度反映した。また大寺社は中世国家のなかで果すべき特定の宗教的役割が決められており、寺社文書の過半はそうした祈禱・法会・神事・伝法・葬礼などの執行に関わるものである。

一方で寺社はその機能を果すための財源として荘園などの所有を保証されており、この面では世俗的な大土地所有者とあまり異ならない。というより寺社こそ中世の代表的な大土地所有者であって、中世の基本的な大土地所有制度である荘園の史料は、実は多くが寺社(とりわけ寺院)に伝来した文書なのである。

荘園文書の特徴は、土地所有を通じた人民支配の手段という点にある。荘官・名主などの役職も、その実体は土地およびその果実である得分に対する権利にほかならない。その授受に際しては補任状・宛行状・安堵状・請文などの文書が用いられた。荘園支配に関わる帳簿も基本的に土地台帳であって、土地の所在地・面積・収取物などは明記されるが、人に関してはある荘園の全住民数といった基礎的データすら読み取ることはできない。また、領主から百姓にいたる各階層が、土地に対する権利をめぐって荘園の内外で争った相論文書も豊富で、そこには中世社会の生々しい姿が映し出されている。

中世後期に幕府・朝廷という中央権力の求心力が衰えると、公権力の担い手が在地や下層の社会に広がり、それまで受身の形で文書や記録に関わってきた人々が、それを作成し伝えていく主体として現われてくる。たとえば惣と呼ばれる村落共同体が、惣有財産を持ち、外部と争い内部を統制するなかで、その権利を保証する文書を惣として伝えていく。あるいは党と呼ばれる在地武士連合が、共通の利害によって横に結合し、法定立の主体となって、独特の文書様式を生み出す。中世後期は、こうした階層ごとに横につながった政治的結合が、支配層・被支配層を問わずいたるところに誕生した時代である。結合の根本原理は「一味同心」、すなわち個別の利害を超えて集《つど》った人々が心を一つにすることにあり、そうして生まれた共同性は「一揆」という言葉に集約的に表現された。

中世末期、一国あるいは数国規模の「領国」を自律的・排他的に支配する「王」が登場した。戦国大名である。戦国大名には、毛利・伊達・龍造寺などのように、一揆の一メンバーから出発して相互対等性を克服しながら盟主にのしあがっていったタイプと、島津・今川・武田などのように、守護大名から転身したタイプがある。前者はもちろん後者の場合も、家臣団の一揆的結合に直面して、血族の争いという代償とひきかえに一揆結合を解体し、戦国大名へと自己変革をとげたものである。

このように一揆を解体してゆく過程で、戦国大名はその達成をもわがものとしていった。国人一揆の定立した法（一揆契状）のなかには、人返し（逃亡した住民の相互返還）など、一定領域内の民衆支配に関心を向けた条項をもつものがある。その延長線上に、典型的な戦国大名とされる後北条氏や武田氏の「民政」関係文書を位置づけることができる。ここには領国の人民総体を「国民」として支配対象とする指向が見出されるが、これは守護大名や国人の発給文書にはなかったものである。この新しい領域をカバーする文書様式として誕生したのが「印判状」であった。

四

日記の体裁をとる『吾妻鏡』は、鎌倉幕府の生んだ重要史料であるが、むしろ編年体の史書として、六国史の流れを汲むものである。編纂物ながら、叙述の典拠となる文書や法令を随時織り込んでおり、史料価値が高い。公家側の類似した記録に『百練抄』がある。しかし両書とも鎌倉時代の前半までしか覆っておらず、以後この系統の記録は、公武ともに中世を通じて見るべきものが少ない。室町時代をカバーする編年体の史書『後鑑《のちかがみ》』は、江戸幕府の書記官僚成島家の編纂になる。

幕府が生んだ記録のなかでもっとも特徴的なのは法令集であろう。朝廷側の法に対する姿勢は、あくまで律令に準拠するもので、平安初期に律令法を補完する法令(格式)が編纂された(『延喜式』『類聚三代格』など)ほか、鎌倉時代にかけて法曹家のための参考書がいくつか編まれ(『法曹至要抄』『裁判至要抄』など)、「新制」と呼ぶ単行の法令もいく度か出ているが、まとまった法典は作られなかった。

これに対して鎌倉幕府では、北条氏の執政のもと、武家社会の道理に基づく紛争裁定をめざす裁判制度が、前近代では異例なほど発達をとげる。それを法典に結晶させたものが一二三二年制定の『御成敗式目』である。この法は、鎌倉・室町両幕府の追加法や戦国大名の家法、さらには江戸幕府の法にまで大きな影響を及ぼした。鎌倉時代に時々の政治的必要から出された単行法令を集成した書が、『新編追加』『新式目』などの名で多数残されており、量的には及ばないながら、室町幕府の法についても『建武以来追加』ほかがある。また室町幕府においては、室町殿の御前で行なわれる裁判の判例を集成した「引付」と呼ばれる一群の書物が編纂された。

また戦国大名には、領国を統一的に支配するための法典を作った者が多い。伊達の『塵芥集』、今川の『かな目録』、武田の『甲州法度之次第』、六角の『六角氏式目』などで、「戦国家法」と総称される。領国主の「王」としての性格を明示するものといえよう。

公家や寺社の記録で特徴的なものに、公卿・蔵人・弁官や住持・門跡・寺務・社務などの人事を整理して一覧できるようにした、「補任」「次第」などと呼ばれる一群がある。武家にも『鎌倉年代記』『関東評定伝』などこの種の記録があるが、やや貧弱である。人名中心の記録としては、血縁、家の継承、宗派や芸の相伝に沿って人間相互間の関係を記した系図も重要である。これらは、史料に現われる人名を調べる「道具」として重宝なだけでなく、付された注記に重要な情報が含まれることも少なくない。

二次史料として軽く扱われがちな著述の類も、歴史叙述の現場においては、史実に一定の筋を通すための「糸」として、捨てがたい魅力がある。『源氏物語』などのフィクションはしばらく措く。

『大鏡』以下の鏡物や『栄花物語』『五代帝王物語』など宮廷に主題をとる歴史物語は、当時の宮廷社会の人間関係や作法、感じ方や考え方を知るには欠かせない史料となる。『愚管抄』『神皇正統記』『善隣国宝記』などの史書は、一定の歴史観に裏打ちされた統一的な叙述であって、時代と向きあう知識人の視線を通じて、その時代の特質に迫ることができる。『将門記』に始まり、『平家物語』『太平記』をピークとして、室町・戦国時代にはおびただしい作品が生み出された軍記物は、合戦にいたる政治過程や合戦そのものの経過を知る史料であると同時に、武士社会の慣習や倫理や価値観を考える材料となる。『日本霊異記』に始まり、『今昔物語集』『宇治拾遺物語』『沙石集』『古事談』『古今著聞集』などこれも多くの作品のある説話集は、仏教的な因果応報を証拠だてるエピソードを集めるという意識で編まれたものが多いが、文書や記録には現われない中世社会の日常の姿を語る史料として、近年とくに注目されている。なお軍記物、説話集ともに、中世の地方社会を語る史料として見逃せない。

右に述べた編纂物・補任・系図・著述などを使用するにあたっては、もちろん慎重な吟味が必要だが、その批判の方法を開拓すること自体、これからの歴史学がとりくむべき重要課題の一つといえよう。

五

以上、中世の主要な文献史料である日記・文書・記録を概観したが、もとよりすべてのジャンルを網羅したものではない。和歌・連歌や謡曲、御伽草子、幸若舞曲、五山文学などの文芸作品からも、工夫しだいで豊富な史実を引き出すことができる。『華頂要略』『醍醐寺新要録』『東宝記』『宮寺縁事抄』など、寺社の編纂した記録にも、大部で信頼性の高いものが多い。また、対外関係史や比較史の研究には、中国・朝鮮・琉球やヨーロッパで成立した史料を読みこむことが欠かせない。その他ふれるべき史料はまだまだ多いが、ここでは省略せざるを得ない。

最後に、本書に採録する史料をどんな方針と手順によって選定したかについて、簡単に述べておく。

中世編は八人の担当者を二つに分けて、時代別に四人、問題領域別に四人を配置した。前者は、院政・平氏政権が上杉、鎌倉時代が近藤、南北朝・室町時代が榎原、戦国時代が池上、後者は、文化が千々和、都市・流通が保立、村落が海老沢、対外関係が村井という分担である。

選定に入る前の確認として、基本的な歴史の流れを示す政治史の史料が軸とならざるを得ないが、同時に近年研究が大幅に進展したつぎのような分野の史料も積極的にとりあげることとした。すなわち、①社会史、民衆生活史、女性史、心性史などの非・政治的分野、②都市・村落・流通といった、特定の「場」の特質とその相互関係に注目する分野、③日本列島と外の世界とのつながりを示す外交や対外関係の分野、の三つである。

まず各担当者が採録したい史料のリストをもちより、平行して原稿のサンプルを作りながら、いくつくらいの史料が載せられるのか見当をつけた。この段階でかなりの史料を落とさざるをえなかった。原稿がほぼ出そろった時点でリストを見直し、欠けている分野をチェックして若干の原稿を補充した。その間、史料掲載の体裁を検討し、中世史史料の特質をふまえて、漢文史料には読み下しを付けること、注記をていねいに付すことを確認した。また章—節—項—目という階層性、見出しの形式、人名の傍注などについても検討を加えた。

以上のように、脱落している分野がないよう、あるいは各時代・各領域で基本となる重要史料を落さぬよう、できるかぎりの注意を払ったつもりである。しかしこの種の作業に完璧ということはありえない。将来に改訂を期すとともに、読者からもアドバイスをお願いしたい。

（村井章介）

第一章　院政と平氏政権

本章の扱う時代は、後三条天皇の新政が始まる延久元年(一〇六九)から平氏政権滅亡までの時期に当り、通常院政期と称される時代にあたる。この時期は、日本中世の国家及び社会を構成する固有の諸要素がほぼ出揃うという意味で、日本中世の第一段階に位置付けられる。

時代の名称に用いられる院政とは、応徳三年(一〇八六)白河天皇が堀河に譲位した後、引き続き天皇の後見人として朝政の実質的支配権を掌握した政治形態を指す。院政出現の直接の契機は、直系孫への皇位継承を白河が切望したことに求められるが、日本中世開幕の段階でかかる政治形態が出現したことの意義は、多面的に把握されねばならない。

まず指摘すべき点は、十一世紀中頃より増加の一途をたどる荘園を保有する寺社・有力貴族等の諸権門と受領国司の間の対立が激化し、武力をともなう抗争が頻発したために、社会全体の分裂という深刻な危機が生じ、強力な指導性を持つ権力が求められていたという時代背景である。白河・鳥羽・後白河の三代の院たちは、天皇位を去ったが故の既成秩序からの自由さと、天皇家の長という立場の権威の重みを帯して、かかる歴史的課題を果たすこととなる。

院権力の政策基調の代表として、具体的には荘園整理政策の推進と武士団の登用があげられる。整理令により荘園の乱立を押さえ、受領の把握する国衙領の維持を行った院は、同時に自らが最大級の荘園保有者であり、また知行国制度を十二分に活用して、院近臣の受領を媒介とする国衙領支配をも行う存在であった。以後、院権力に限らず朝廷支配層を構成する諸権門は全て、この荘園公領制によってその存立を保障されるようになる。

なお寺社権門に対する院権力の対応は、単に経済的問題に留まるものではなく、僧位昇進や本寺末寺体制等の問題に関して、従来の僧綱制原理にも依存しながら、仁和寺・円宗寺・六勝寺等の御願寺を通じた積極的統制を行っている。

そして院は、荘園公領をめぐる紛争等の社会の対立を統制するために、主従制を編成原理として貴族層内部と在地社会の中から成長してきた武士を、清和源氏・桓武平氏の両武家棟梁を通じて組織した。その結果、武士の地位は飛躍的に上昇した。特に正盛・忠盛・清盛三代に渉る桓武平氏の栄達はめざましく、保元・平治の乱という武士の世の到来を象徴する両政争を経て、源氏は一旦国政の中心から退けられ、平氏政権と呼ぶべき実態が平安末期に出現するに至る。

こうして院権力は、一定の自立を果たした個別諸権力を超越する存在として、新たな国家秩序の構築に成功する。その結果、荘園公領制という社会経済の基本構造・武家公権によって維持される社会秩序・全社会的規模での主従制的権力編成原理という、日本中世を貫通する要素が産み出される。

その他の事柄に関しても同様な指摘ができる。たとえば院が、天皇の地位ではなく天皇家という「家」の長の立場に依存して国政を支配した事実に示されるような、財産と人間集団(血縁・非血縁を問わぬ)の有機的結合体としての「家」の確立も、中世的社会秩序成立の指標として重要である。

また、祭礼をめぐる都市空間や国衙・一宮を中心とする地方支配秩序についても、その骨格の成立が院政期に確認でき、貨幣経済の浸透や対外交流の活性化といった、これまで中世後期固有の問題として言及されがちだった事柄に関しても、後世の動向を規定するいくつかの重要な事象が見られる。

本章で扱う史料の中心は、朝廷政治に直接関わった貴族の日記や寺社権門に伝来した文書であるが、この時代の一級史料の残存状況は決して豊富とはいえず、その不十分さを補うために説話・歴史物語(かな風史書)・後世の史論書など幅広いジャンルの史料を利用した。

第一節

白河・鳥羽院政の展開と平氏の台頭

1　後三条天皇と延久新制

(1)　延久の荘園整理令

1〔愚管抄〕巻四

延久ノ記録所トテハジメテヲカレタリケルハ、諸国七道ノ所領ノ宣旨官符(1)モナクテ公田(2)ヲカスムル事、一天四海ノ巨害ナリトキコシメシツメテアリケルハ、スナハチ宇治殿(3)ノ時一ノ所(4)ノ御領々々トノミ云テ、庄園諸国ニミチテ受領ノツトメタヘガタシナド云ヲ、キコシメシモチタリケルニコソ。サテ宣旨ヲ下サレテ、諸人領知ノ庄園ノ文書ヲメサレケルニ、宇治殿ヘ仰ラレタリケル御返事ニ「皆サ心ヱラレタリケルニヤ。五十余年君ノ御ウシロミ(5)ヲツカウマツリテ候シ間、所領モチテ候者ノ強縁(6)ニセンナド思ツヽ、ヨセタビ候ヒシカバ、サニコソナンド申タルバカリニテマカリスギ候キ(7)。ナンデウ文書カハ候ベキ(8)。タヾソレガシガ領ト申候ハン所ノ、シカルベカラズ、タシカナラズキコシメサレ候ハンヲバ、イサヽカノ御ハヾカリ候ベキコトニモ候ハズ(9)。カヤウノ事ハ、カクコソ申サタスベキ身ニテ候ヘバ、カズヲツクシテタヲサレ候ベキナリ(10)」ト、サハヤカニ申サレタリケレバ、アダニ御支度サウイノ事ニテ、ムゴニ御案アリテ、別ニ宣旨ヲクダサレテ、コノ記録所(11)ヘ文書ナドモメスコトニハ、前太相国(藤原頼通)ノ領ヲバノゾクト云宣下(12)アリテ、中々ツヤツヤト御沙汰ナカリケリ。コノ御サタヲバイミジキ事哉トコソ世ノ中ニ申ケレ。

(1)宣旨官符　ここでは荘園領主の荘園領有を公認する朝廷の公式文書たる官宣旨と太政官符を指す。(2)公田　国家の直轄地。国衙領。(3)宇治殿　前関白藤原頼通。この時期の摂関家の長。(4)一ノ所　摂政または関白。(5)御ウシロミ　関白としての立場による天皇の後見。(6)強縁　有力権門との縁故関係。(7)サニコソナンド…候キ　有力者の後ろ盾を求める者の土地の寄進を「そうか」といって受けてきた。(8)ナンデウ…候ベキ　権利を証明する書類などあるはずがない。(9)タシカナラズ…候ハズ　由緒不明確と判断される土地に対しては何の遠慮も要りません。(10)カクコソ…候ベキナリ　本来関白である自分が進んですべき事なのですから、片っ端から荘園を停廃して下さい。(11)記録所　荘園整理事業推進のために設置された記録荘園券契所。(12)宣下　前太政大臣(藤原頼通)の荘園を記録所の公験《くげん》(権利を証明する文書)徴収の対象からはずすべしとする後三条天皇の命令。

【解説】　摂関家の出身者を近い外戚に持たない天皇としては久

しぶりの即位を果たした後三条天皇は、その立場を利用して、摂関家等の有力権門の所領をも対象に含む、由緒不明確な荘園の停廃を意図する強力な荘園整理政策を実施した。いわゆる後三条天皇の新政の中核となる内容である。この記事は、その際の摂関家当主藤原頼通の対応を示すものであり、出典である『愚管抄』が摂関家出身の慈円の著述であるために、このような生々しい話が記されたのだと考えられる。ここでは、頼通による当座の対応から、摂関家領が荘園整理の直接の対象から除外された経緯が読み取れるが、別の史料からは荘園整理に備えた頼通の公験整備の動向もうかがえ、荘園整理政策の影響の大きさを知ることができる。

2〔**百練抄**〕**延久元年**（**一〇六九**）**二月二十三日・閏二月十一日**

二月廿三日、可停止寛徳二年(1)以後新立庄園、縦雖彼年以往、立券(2)不分明、於国務(3)有妨者、同停止之由宣下、

閏二(十カ)月十一日(4)、始置記録庄園券契所、定寄人(5)等〈於官朝所(6)始行之〉、

二月二十三日、寛徳二年以後の新立庄園を停止すべし。たといかの年以往といえども、立券《りっけん》分明ならず、国務に妨げ有るにおいては、おなじく停止するの由宣下す。

閏二月十一日、始めて記録庄園券契所を置く。寄人《よりゅうど》等を定む〈官の朝所《あいたんどころ》においてこれを始め行う〉。

（1）寛徳二年　西暦一〇四五年。後冷泉天皇即位の年にあたる。（2）立券　朝廷が荘園領主に対し荘園の領有を正式に認定する手続き。（3）国務　受領の任国支配。（4）閏二月十一日　この年の閏月は十月であり、この部分に何らかの誤記があることは確実である。（5）寄人　他の官衙に籍のある官人で、別の機関の構成員となった者。（6）官朝所　太政官政庁内の東北部に位置する殿舎で、公卿の会食や諸儀礼等の場として用いられていた。

【解説】　延久の荘園整理令は、寛徳二年を荘園停廃の基準年限とする点に関しては、前代の整理令の系譜を受け継ぐものであったが、その実施のために記録荘園券契所（記録所）という専掌機構を置いたことに斬新さを求めることができる。この記事は整理令発布と記録所設置に関するものであるが、問題は設置の日時である。注釈に記したごとく、この記事の日付が誤記であることは明白であり、通説では閏十月の誤記と理解されている（閏を同の誤記とする説もある）。この時の記録所の構成員については、延久の例を踏襲したとされる、後の天永年間の記録所に関する史料より、上卿及び弁・史・外記・諸技能官人等の寄人より成っていたことが知られる。

(2)　宣旨升の制定

3〔**愚管抄**〕**巻四**

コノ後三条位ノ御時、延久ノ宣旨斗ト云物サタアリテ、今マデ其ヲ本ニシテ用ヒラルル斗マデ御沙汰アリテ、斗サシテマイリタレバ、清涼殿(1)ノ庭ニテスナゴヲ入テタメサレケルナンドヲバ、「コハイミジキコトカナ(2)」トメデアフグ人

モアリケリ。又、「カヽルマサナキコトハ、イカニ目ノクルヽヤウニコソミレ」[3]ナド云人モアリケリ。コレハ内裏ノ御コトハ幽玄ニテヤサ〳〵[4]トノミ思ヒナラヘル人ノ云ナルベシ。

(1)清涼殿　平安京内裏の殿舎の一。仁寿殿の西に位置し、天皇の日常的居所に用いられた。(2)コハイミジキコトカナ　「これはすばらしい事」という賞賛の言葉。(3)カヽルマサナキ…ヤウニコソミレ　「このようなつまらない事には目まいがする」という非難の言葉。(4)ヤサ〳〵ト　優美に。

【解説】　延久四年(一〇七二)九月二十九日、後三条天皇は、一条天皇の長保年間の例により升の容量を統一した(『扶桑略記』)。後三条天皇の新政の一環をなす、いわゆる宣旨升の制定である。先例に依拠する形式はとりながらも、この記事の示す日常的居住空間で升の容量を確認した後三条の行動には、国家財政支配の再構築に向けた並々ならぬ積極姿勢がうかがえよう。また、蔵人頭藤原資仲を奉行として、やはり清涼殿の庭で後三条が寸法の計測と穀倉院の米による容量の確認を行ったという話が『古事談』巻一に見えている。宣旨升は、少なくとも鎌倉期を通じて全国的公定升として通用しており、室町中期以降においても、私升の一種としてその名称を維持している。ちなみに、『伊呂波字類抄』には宣旨升の容量について「方一尺六分高三寸六分」と記されており、これによれば、織田信長が定めた京升の六合二勺余に相当することになる。

2　武士の台頭と源氏・平氏武士団

(1)　源義家の武威

4〔古今著聞集〕巻九武勇第十二第三三八段　源義家安倍宗任をして近侍せしむる事

十二年の合戦[1]に、貞任[2]はうたれにけり。宗任[3]は降人になりて来りければ、優してつかひけり。嫡男義家朝臣[4]のもとに朝夕祗候しけり。(中略)或夜又、宗任ばかりをぐして、女のもとへ行たりけり。家ふるくなりて、築地くづれ門かたぶけり。車寄の妻戸をあけて、其内にて逢たりけり。宗任は中門に侍けり。(中略)強盗数十人きほひ来にけり。門の前によそのひてあり。火をともしたる影より見れば、三十人ばかりあり。宗任、いかゞはからふべきと思居たるに、中門の下より犬一疋走出てほえけるを、宗任、ちいさきひきめ[5]をとて射たりけるに、犬いられてけい〳〵となきてはしるを、やがておなじさまに、矢つぎばやにて射てけり。其時、義家朝臣「誰候ぞ」と問たりければ、「宗任」と名乗たり。「箭つぎのはやさこそはしたなけれ」といはれけり。強盗ども此詞を聞て、「八幡殿(6)のおはしましけるぞ。あなかなし」とて、はう〳〵逃失にけるとなむ。

(1)十二年の合戦　前九年合戦と後三年合戦の総称にも用いられるが、ここでは永承六年(一〇五一)より康平五年(一〇六二)に及ぶ、前九年合戦を指す。(2)貞任　安倍貞任。頼時男。平安後期の陸奥の豪族、俘囚の長。朝廷に対し反乱を企て、前九年合戦を起こしたが源頼義の追討をうけ敗死。(3)宗任　貞任の弟。(4)嫡男義家朝臣　頼義嫡男源義家。(5)ひきめ　矢尻に、いくつかの穴が開いた中空のものを付した矢。(6)八幡殿　八幡太郎と称された源義家のこと。

【解説】清和源氏の嫡流源義家の武勇を伝える説話は多く残されているが、これもその一つである。義家が父頼義とともに前九年合戦であげた顕著な戦功は、大規模な反乱をおさえるだけの武力構築のために、すぐれた戦闘能力と統率力を有する武門を国家が組織することの必要性を明白なものにした。ここより、清和源氏など武門の台頭が本格化する。この説話に示されたような、戦闘に敗れた者を服属させ、盗賊をもその武勇におびえさせる義家の個性は、なによりその一つの前提であった。『古今著聞集』は建長六年(一二五四)橘成季の撰に成る項目分類された説話集で、本文は岩波日本古典文学大系本によった。

5〔中右記〕承徳二年(一〇九八)十月二十三日及び同裏書

前陸奥守義家朝臣(中略)被聴一院(白河法皇)(1)昇殿、
同日条裏書、義家朝臣者天下第一武勇之士也、被聴昇殿世人有不甘心(2)之気歟、但莫言、

前陸奥守義家朝臣(中略)一院昇殿を聴《ゆる》さる。
同日条裏書、義家朝臣は天下第一の武勇の士なり。昇殿を聴さるるに世人甘心せざるの気あるか。ただし言うなかれ。

(1)昇殿　本来、天皇より許されて清涼殿南廂の殿上間へ祗候することの意。昇殿をゆるされた者を殿上人《てんじょうびと》、そうでない者を地下人《じげびと》と呼ぶ。昇殿の制は、官職・位階とは異なる原理による宮廷内秩序形成の要として機能した。ここでは、一院御所内の院居住の場への祗候を許されたことを指す。これを院昇殿というのに対し、内裏の場合を特に内昇殿と称した。(2)甘心　納得する。

【解説】数々の武勲により朝廷への功を成した源義家は、出羽守・陸奥守等の受領への任官に続き、承徳二年(一〇九八)ついに院昇殿を果たした。院権力の武士登用は、武士身分が国制上に力を得る過程での画期的事態であり、それだけに他の反発もあったことが、藤原宗忠(この時左中弁・内蔵頭)の日記中のこの記事より知られる。本来義家は貴族社会を出自とする人物であるが、宮廷内には「天下第一武勇之士」に対する違和感が存在したのである。

(2)　源義家の台頭

6〔百練抄〕寛治五年(一〇九一)六月十二日

給宣旨於五畿七道、停止前陸奥守義家随兵入京并諸国百姓以田畠公験(1)好寄義家朝臣事、件由緒、藤原実清与清原則清、相論河内国領所之間、義家朝臣与舎弟義綱(2)互権、両方争威

之間、欲企攻伐、天下之騒動、莫大於此、

宣旨を五畿七道に給い、前陸奥守義家随兵の入京ならびに諸国百姓田畠公験をもって好みて義家朝臣に寄する事を停止す。くだんの由緒は、藤原実清と清原則清、河内国の領所を相論するの間、義家朝臣と舎弟義綱権を互いにし、両方威を争うの間、攻伐を企てんと欲す。天下の騒動、これより大なるはなし。

(1)公験　土地所有権を証明する文書。(2)舎弟義綱　源頼義の次男。前九年合戦の功績により左衛門尉に任ぜられ、以後受領を歴任。兄義家とは対立関係にあった。

【解説】　源義家「随兵」入京と諸国百姓による義家への土地寄進の停止に関する記事であり、「随兵」入京の背景に郎等の土地争いに端を発する義家・義綱兄弟の対立があったことが分かる。義家の武威の高まりとそれに伴う所領集積の状況を語る史料として著名であるが、出典の『百練抄』は鎌倉時代に成立した編纂史料であり、不正確な記事が多く、これも若干の補足を必要とする。まず藤原師通の日記『後二条師通記』の同日条は、「義家随兵」にあたる部分を「諸国国司随兵」と表現しており、その実態は国衙に属しながら時に応じて義家に結集する武士であったことが推測される。また、土地寄進禁止については、『後二条師通記』寛治六年(一〇九二)五月十二日に見える、義家の立てた荘園の停止令が相当し、従って『百練抄』は一年早く記事を掲げたと理解できる。土地寄進の停止は義家の関わる所領をめぐる武力衝突の因を除くための措置と考えられ、その連関性故に『百練抄』はこのような記事を成立させたのであろう。

(3)　伊勢平氏の進出

7〔**中右記**〕**元永二年(一一一九)五月六日・二十六日**

六日、殿下(1)被仰云、近日京中強盗毎夜不断、仍被仰備前守正盛(2)、可尋進之由、被仰下云々、

廿六日、今夕備前守正盛叙正五位下、是強盗追捕之賞者、

六日、殿下仰せられて云わく、「近日京中強盗毎夜断たず、よって備前守正盛に仰せられて、尋ねまいらすべきの由、仰せ下さる」と云々。

二十六日、今夕備前守正盛正五位下に叙す。これ強盗追捕の賞者《てえり》。

(1)殿下　関白藤原忠実。(2)正盛　平正衡男。

【解説】　横行する平安京中の強盗追捕に功をあげた平正盛が、その賞として正五位下に叙せられたことを示す記事である。正盛は桓武平氏の中で伊勢国を基盤とした一流、すなわち伊勢平氏の出である。伊勢平氏は、特に白河院の登用により、清和源氏と並ぶ武門の家として台頭し、国制上の地位を上昇させていった。

8〔東南院文書〕永久三年（一一一五）四月三十日鳥羽天皇宣旨

応令東大寺進上証文、寺領伊賀国玉瀧杣(1)内字鞆田村分
田陸（六）拾余町并杣工(2)肆（四）拾余人混合六条院(3)御庄事
右、得彼寺去二月廿四日解状偁、謹検案内、玉瀧杣者、自
天平年中以降、為寺家領歴数百年、雖無指免田(4)、以杣工作
田為雑役免(5)、所勤来也、（中略）代代之間、敢無牢籠(6)、爰去
承徳二年、依備前守平正盛寄文(7)、以鞆田村内田廿町、被立
券六条院御庄已畢、其後天仁二年、同村田十三町・都介村
田四十余町、暗被押籠之後、四十人杣工称其作人、併(8)駈仕
之間、全不随寺家之所勘(9)、（中略）望請天裁、任先例、被裁
免件等事者、永断後代之牢籠者、左少弁源朝臣雅兼(10)伝宣、
左大臣(11)宣、奉勅、宜令彼寺進上件証文者、
　永久三年四月三十日　左大史小槻宿禰（花押）奉

まさに東大寺をして証文を進上せしむべき、寺領伊賀国
玉瀧杣《たまたきのそま》内字鞆田《ともだ》村分田六十余町ならびに杣工《そまく》四十余人
を六条院の御庄に混合するの事
右、かの寺去《さん》ぬる二月二十四日の解状《げじょう》にいえらく、「つつしみて案内《あない》を検ずるに、玉瀧杣は、天平年中より以降、寺家領として数百年をふる。さしたる免田《めんでん》なしといえども、杣工の作田をもって雑役免《ぞうやくめん》となし、勤め来るところなり。（中略）代代の間、あえて牢籠《ろうろう》なし。ここに去ぬる承徳二年（一〇九八）、備前守平正盛の寄文《よせぶみ》によって、鞆田村内の田二十町をもって、六条院の御庄に立券せらるることすでに畢《おわ》んぬ。その後天仁二年（一一〇九）、同村の田十三町・都介《つげ》村の田四十余町、暗に押籠せらるるの後、四十人の杣工をその作人と称し、しかしながら駈仕するの間、全く寺家の所勘《しょかん》に随わず。（中略）望み請うらくは天裁、先例に任せて、くだんらの事を裁免せらるれば、永く後代の牢籠を断たん」者《てえれば》、左少弁源朝臣雅兼伝え宣す、左大臣宣す、勅を奉わるに、よろしくかの寺をしてくだんの証文を進上せしむべし者《てえり》。

(1)玉瀧杣　伊賀国阿閉郡にあった杣（材木伐り出しのための山）。現在の三重県阿山郡阿山町に相当。(2)杣工　杣で材木伐採に従事する工。(3)六条院　郁芳門院（白河法皇女媞子内親王）御所六条殿を女院没後持仏堂としたもの。(4)免田　年貢等の諸負担を免除された田地。(5)雑役免　官物以外の諸役の国衙への納入を免除されること。(6)牢籠　困窮する。(7)寄文　寄進状。(8)併　全て。全く。(9)所勘　指示命令。(10)雅兼　源顕房男。(11)左大臣　源俊房。

【解説】　東大寺領伊賀国玉瀧杣の一部鞆田村の田地が平正盛によって六条院に寄進され、住人である杣工までが六条院の側から駈仕されることにより、寺用の材木伐採に支障が生じた。この事態に東大寺は田地・杣工の六条院領への混入を停止するよう朝廷に要求したが、この文書は、その訴えを受けた朝廷が東大寺に対して関連証文の提出を命じた宣旨である。六条院領は

広義の白河院領と理解することができるが、院権力の最大の武力基盤となった伊勢平氏が私領の寄進行為によってその経済基盤の役割をも果たしたことが、この文書より知られる。また、田地の支配と人の支配が必ずしも一体化されていない時期の荘園領有の実態を語る史料としても貴重である。

9〔長秋記〕保延元年(一一三五)八月十九日

忠盛朝臣(1)虜海賊七十人、渡検非違使盛道・資遠・季則・近安・元方、於河原(2)請取三十人也、於残自閑路渡是、天下人皆見物、日高禅師為賊首、此中多是非賊、只以非忠盛家人者、号賊虜進云々、

忠盛朝臣海賊七十人を虜し、検非違使盛道・資遠・季則・近安・元方に渡す。河原において三十人を請け取るなり。残りにおいては閑路よりこれを渡す。天下の人皆見物す。日高禅師賊の首たり。この中多くはこれ賊にあらず。ただ忠盛の家人にあらざる者をもって、賊と号し、虜し進むと云々。

(1)忠盛朝臣　桓武平氏。平正盛男。この時備前守。(2)河原　賀茂川の河原。捕えられた賊は、平安京の内と外を分かつ境界としての賀茂川の地点で検非違使に引き渡されるのが通例であった。

【解説】　院政の最大の軍事基盤は伊勢平氏の統率する武力であり、鳥羽院政の時期、桓武平氏の頭首は忠盛であった。桓武平氏は瀬戸内海を始めとする海上交通を掌握しており、その武力は、この史料に見えるように、特に海賊追捕の際に遺憾なく発揮された。父正盛同様に院政政権に重用された忠盛は、諸国の受領を歴任し、長承元年(一一三二)には内昇殿を許され(『中右記』同年三月十三日条)、朝廷内での桓武平氏の地位をさらに上昇させている。

3　白河院政

(1)　白河院政の成立

10〔中右記〕康和五年(一一〇三)正月十六日・十七日

十六日、及深更帰家之後、上野前司邦宗令走人告送云、女御(1)只今平産令遂給了、

十七日、卯刻許参向女御許、藤大納言(藤原公実)公・藤中納言(藤原仲実)仲被相逢、感悦之由互以言談、則馳参内、近召御前、蒙勅語云、皇子之事多年之思只在此一事、今已相叶、誠是勝事之由(2)、有御気色、又聞、上皇(白河)御感之余、已及落涙、其理可然歟、天皇・法王(皇カ)・孫皇子(3)三代相並、延喜聖代御時宇多院以後全以無如此例(4)、聖代勝事今在此時、誠是為朝為世、衆人感歎

者、

十六日、深更に及び家に帰るの後、上野前司邦宗人を走らしめて告げ送りて云く、「女御ただ今平産を遂げしめ給いおわんぬ」。

十七日、卯の刻ばかり女御の許に参り向かう。藤大納言公・藤中納言仲相逢わる。感悦の由互いにもって言談す。すなわち内に馳せ参る。近く御前に召し、勅語を蒙りて云く、「皇子の事多年の思いただこの一事にあり。今すでに相い叶うは、誠にこれ勝事」の由、御気色あり。また聞く、上皇御感の余り、すでに落涙に及ぶ。その理しかるべきか。天皇・法皇・孫皇子三代相い並ぶ。延喜聖代の御時の宇多院以後全くもってかくのごとき例なし。聖代の勝事今この時にあり。誠にこれ朝のため世のため、衆人感歎す者《てえり》。

(1)女御　堀河天皇女御藤原苡子。藤原実季女。承徳二年（一〇九八）入内。(2)勝事　善悪両方の意味で、めずらしいこと・異常なことを示す語であるが、いうまでもなくここでは目出たいという意味。(3)天皇・法王・孫皇子三代　白河法皇・堀河天皇及びこの時生まれた宗仁（後の鳥羽天皇）の三代。(4)延喜聖代御時…無如此例　宇多・醍醐・朱雀の三代の直系父子による皇位継承がなされた事実への言及。

【解説】白河が院政を開始した経緯を皇統の問題から説明するならば、自己の皇位を直系孫に継承させる方策として主体的な譲位を行い、天皇の後見人として自らを位置付けたということになる。子堀河に男子が生まれ、直系孫への皇位継承の道がさらに強固なものとなったことへの白河の喜びの大きさが、この史料より読み取れる。またそれは宮廷全体でも、「聖代」たる延喜年間を想起させる出来事として受け止められていたのである。

11〔台記〕康治元年（一一四二）五月十六日

今夜御物語之次、及法皇（鳥羽）誕生時事(1)、仰云、朕未生以前、故堀川院(2)被疾病也、天下帰心於三宮輔仁親王(3)、故白川院深歎仰云、朕雖出家、未受戒(4)、又不名法名、若陛下不諱之事者、重祚(5)有何事乎、

今夜御物語のついでに、法皇誕生の時の事に及ぶ。仰せて云く、「朕いまだ生まれざる以前、故堀川院疾病を被るなり。天下心を三宮〈輔仁親王〉に帰す。故白川院深く歎き仰せて云く、「朕出家するといえども、いまだ受戒せず。また法名を名のらず。もし陛下不諱の事あらば、重祚《ちょうそ》何事かあらんや。」」

(1)法皇誕生時　鳥羽は康和五年（一一〇三）正月十六日生まれ。前史料参照。(2)故堀川院　堀河天皇は、嘉承二年（一一〇七）七月十九日に、二十九歳の若さで没している。(3)三宮輔仁親王　後三条第三皇子。母は源基子。(4)受戒　仏の定めた戒律に従うこと、またはそれを誓う儀式。(5)重祚　一度天皇の位にあった者が再び即位すること。

【解説】『台記』の記主藤原頼長と鳥羽法皇のやりとりを記した記事である。鳥羽は、自分が生まれる以前の皇位継承をめぐる状況を語っており、それは、病弱であった白河の子堀河天皇の後継者として白河異母弟輔仁親王が有力視されるというものであった。学問芸能に通じ人望の厚かった輔仁に「天下心を帰す」という事態は、直系孫への皇位継承を切望する白河にとっては誠に由々しいものであった。完全な意味で出家を遂げたわけではない白河は、異例の重祚の意思すら示したという。しかし輔仁は、永久元年(一一一三)に起きた、彼の護持僧仁寛と醍醐座主勝覚の童千手丸による白河呪咀事件の責任を問われて籠居、皇位継承の道を断たれる(『殿暦』『源平盛衰記』等)。そして、前史料に示した通り、堀河に男子(=鳥羽)が生まれ、白河はその望みを果たすこととなったが、そのような過去は鳥羽自身にとっても感慨深いものであったろう。

(2) 白河院政の展開

12〔中右記〕天仁元年(一一〇八)三月二十七日

後聞、於院殿上(1)、執柄殿下(摂政藤原忠実)・左大臣(源俊房)・内大臣(源雅実)・民部卿(源俊明)・源(源俊実)大納言・左大弁(源重資)有議定、是延暦寺六ヶ条奏状奏覧也、仍条々重被仰下趣、頭為房朝臣(2)書之、下左大臣給右大弁(左カ)、被下知本山(3)也、是偏灌頂之巡(4)、不依寺之次第之由、申請之旨、不可有裁許事歟、

後に聞く、院の殿上において、執柄殿下・左大臣・内大臣・民部卿・源大納言・左大弁議定あり。これ延暦寺の六ヶ条の奏状の奏覧なり。よって条々重ねて仰せ下さるる趣、頭為房朝臣これを書き、左大臣に下し、左大弁に給い、本山に下知せらるるなり。これ偏に灌頂《かんじょう》の巡、寺の次第に依らざるの由、申し請うの旨、裁許あるべからざる事か。

(1)院殿上　白河院御所(修理大夫藤原顕季の六条第)の殿上。(2)頭為房朝臣　蔵人頭藤原為房。(3)本山　山門すなわち延暦寺。(4)灌頂　真言密教の儀礼で、ここでは広く俗人に仏縁を結ばせる結縁《けちえん》灌頂のこと。

【解説】公卿議定制度の変遷における院政期の特徴的事態は、院御所議定の出現である。院御所議定は文字通り院の御所で行われる公卿議定で、必ずしも全ての公卿に参加資格があるわけではなく、院の恣意で選択される場合があり、院近臣の議定の色彩が濃かった。この史料に見える院御所議定は、延暦寺による強訴への対処を議題としている。摂政藤原忠実の直廬(内裏での詰所)でも六日前より公卿議定が行われていたが解決の方策が立たず、改めて院御所議定が開かれたのである。延暦寺の提出した奏状の主意は、院御願寺尊勝寺における結縁灌頂(白河院により長治元年〔一一〇四〕創始された)で阿闍梨を勧める僧が、園城寺ではなく東寺から出されようとしたことへの抗議であった。院は延暦寺・園城寺・東寺の輪番を定めていた(これが「灌頂之巡」「寺之次第」に相当)が、自らそれを破ろうとしたのである。この年については院の意思が通されたものの、

後に延暦寺は、自寺の利益にかなう、実質的に要求を貫徹させた決定を院より引き出している。院御願寺の灌頂で阿闍梨を勤めることは僧綱位昇進の条件であった。従って、この時院御所議定が取り上げた問題は単なる院の私事ではなく、国家的宗教政策に関する事柄であった。このような事例の蓄積により院御所議定は以後、国政の重要課題を扱う中心的な場となってゆくのである。

13〔中右記〕大治四年（一一二九）七月七日

巳時許下人来云、院御所人々騒動、京中馳車馬、（中略）参入三院御所(1)三条北烏丸西第(2)、（中略）阿波守有賢朝臣相逢談云、従昨日申時御霍乱(3)、終夜御痢病(4)不止、今朝猶不留、御気色誠微々、（中略）此巳時許令崩給了、御年七十七、誠日月失光如暗夜、吁嗟哀哉、予聞此事神心迷乱、（中略）秉天下之政五十七年、在位十四年、避位後四十三年、任意不拘法行除目・叙位給、（中略）秉幼主三代(5)之政、為斎王六人(6)親、従桓武以来絶無例、可謂聖明君長久主也、但理非決断、賞罰分明、愛悪ヲ掲焉(7)、貧富顕然也、依男女之殊寵多、已天下之品秩(8)破也、

巳の時ばかり下人来たりて云く、「院御所に人々騒動、京中車馬を馳す」（中略）三院御所三条北烏丸西第に参入す。（中略）阿波守有賢朝臣に相い逢い談じて云く、「昨日申《さる》の時より御霍乱《かくらん》、終夜御痢病止まず。今朝なお留まらず。御気色誠に微々たり」（中略）この巳の時許り崩ぜしめ給いおわんぬ。御年七十七。誠に日月光を失い暗夜のごとし。ああ哀しきかな。予この事を聞き神心迷乱す。（中略）天下の政をとること五十七年。〈在位十四年。位を避りて後四十三年〉意に任せて法に拘わらず、除目・叙位を行い給う。（中略）幼主三代の政をとり、斎王六人の親たり。桓武より以来絶えて例なし。聖明の君・長久の主というべきなり。但し理非決断、賞罰分明、愛悪掲焉《けちえん》、貧富顕然なり。男女の殊寵多きによりて、すでに天下の品秩《ほんちつ》破るるなり。

（1）三院御所　白河院・鳥羽院（新院）・鳥羽中宮待賢門院藤原璋子（女院）の御所。（2）三条北烏丸西第　三条西殿とも。白河院近臣藤原基隆の邸第が寄進されたもの。（3）霍乱　暑気あたりの症状の総称。（4）痢病　激しい腹痛を伴う下痢。（5）幼主三代　堀河（八歳で即位）・鳥羽（五歳で即位）・崇徳（五歳で即位）の三代。（6）斎王六人　伊勢斎宮・賀茂斎院となった皇女六人。（7）掲焉　はっきりしている。（8）品秩　秩序。

【解説】　天皇三代、四十三年の長きにわたり院政を行った白河の死は、文字通り巨星墜つの表現にふさわしく、同時代の宮廷人たちに白河の生きた時代の意味をあらためて回顧させた。この記事は、白河に厚く信頼された藤原宗忠が、白河没当日の日記に記した回想である。物事の是非を峻厳に定め、人の好悪が激しかった白河が、従来の秩序を大きく変えた、と王権の個性

より院政期の特質の一端を説いている。

14〔中右記〕大治四年（一一二九）七月十五日裏書

法皇御時初出来事

受領功(1)万石万疋進上事／十余歳人成受領事／三十余国定任(2)事／始自我身至子三四人同時成受領事／神社仏事封家納(3)、諸国吏全不可弁済事／天下過差(4)逐日倍増、金銀錦繍成下女装束事／御出家後無受戒事（原文各項目改行）

(1)受領功　受領に任じられる条件となる朝廷の造営事業の請負や財物の納入の功。(2)定任　ある国の受領の任命が、特定者により固定してなされること。(3)封家納　本来的には封戸の形態であった、国家（直接には国司）が寺社に保証する財源よりの納入。(4)過差　ぜいたく。

【解説】　前史料と同様に、白河院政の特質を示す藤原宗忠の回顧の記事を取り上げた。ここでは、七項目にわたって白河院政期に生じた新たな政治社会状況が列挙されている。既成の秩序を破壊したことに対する宗忠の糾弾がうかがえるが、注目すべきは、五項目が受領に関するものであるという点である。国全体の約半数が知行国化し（第三項）、その結果受領の地位が特定の家に固定され（第二・四項）、またその任命が財物による貢献への反対給付となった（第一項）事態は、院政期の国制における最も特徴的な現象である。白河院自身が最大の知行国支配者であり、受領の地位を媒介に近臣層を形成、その権力基盤としたのである。

(3)　白河院の近臣

15〔中右記〕嘉承二年（一一〇七）七月二十四日

後日右大弁時範(1)談云、御葬送間材木（中略）任寛徳例(2)召三ヶ国也〈近江時範・丹波季房(3)・播磨基隆(4)〉、人夫又件国々進也、或又左衛門督(5)・源中納言(6)被進也、近臣受領〈丹波・播磨・越前仲実(7)・武蔵顕俊(8)・備前国教(9)・加賀敦兼(10)・近江、件国々各進絹布類〉此外御存生之間、或募重任功(11)、或募受領功、御祈願万石万疋被進輩、或以有其残故、件功残物、始従御葬送時及御四十九日、雑用所被配也、

後日右大弁時範談じて云く、「御葬送の間の材木（中略）寛徳の例に任せて三ヶ国に召すなり〈近江時範・丹波季房・播磨基隆〉。人夫もまたくだんの国々まいらすなり。あるいはまた左衛門督・源中納言まいらさるるなり。近臣受領〈丹波・播磨・越前仲実・武蔵顕俊・備前国教・加賀敦兼・近江、くだんの国々おのおの絹布の類をまいらす〉このほか御存生の間、あるいは重任の功を募り、あるいは受領の功を募る。御祈願に万石万疋をまいらさるる輩、あるいはもってその残り有る故、くだんの功の残りの物、御葬送の時より始めて御四十九日に及び、雑用に配せらるる所なり」。

(1)時範　平定家男。(2)寛徳例　寛徳二年（一〇四五）二月二十一日の

後朱雀上皇葬儀の例。(3)季房　源雅兼男。(4)基隆　藤原家範男。本名家政。(5)左衛門督　源雅俊。(6)源中納言　国信。(7)仲実　藤原能成男。(8)顕俊　源雅俊男。(9)国教　源国信男。(10)敦兼　藤原敦家男。(11)重任功　任期満了後、引き続き同じ国の受領に任じられること(重任)を見返りとする朝廷への財政貢献。

【解説】院権力を支えた人的基盤の一つは、院が朝廷貴族層の中に形成した近臣勢力である。彼らは院庁機構の構成員として院に奉仕する存在であったが、国政における院庁機構の占める比重の肥大化に伴い、その地位を高める。院が近臣を組織する際に重要な役割を果たしたのは知行国の制度であり、特定の一族に特定の国の受領の地位もしくはその人事権を与えることで結び付きを強めたのである。受領としての富を確保した院近臣層は、院御所や院御願寺、さらには内裏・諸官司の造営等の面で多大な財政貢献を行う存在となった。この史料は、白河が後見した堀河天皇の葬儀の準備(特に物資の調達)に、知行国主(公卿層の貴族が相当)と受領(中級の貴族が相当)が当った様子を述べたものである。

16〔中右記〕保安元年(一一二〇)七月二十二日

民部卿(1)此亥刻許、於九条堂薨給畢者、(中略)此人容体頗勝人、心性誠叶時、上皇(白河)被仰合万事、仍天下之権威傍若無人也、家累宝貨、富勝衆人、就中子孫繁昌、只如任意也、誠可恐可慎事歟、良臣去国、可哀々々、為世間為一家可惜人也、(中略)身帯三官〈権大納言第四(2)・民部卿・中宮大夫〉、家有両国(3)〈備中・因幡〉、福貴相兼、家門繁昌也、

民部卿この亥の刻ばかり、九条堂において薨じたまいおわんぬ者《てえり》。(中略)この人容体すこぶる人に勝る。心性まことに時に叶う。上皇万事を仰せ合され、よって天下の権威傍らに人無きがごとくなり。家に宝貨をかさね、富衆人に勝る。なかんずく子孫繁昌すること、ただ意に任するごとくなり。まことに恐るべき慎むべき事か。良臣国を去る。哀しむべし哀しむべし。世間として一家として惜しむべき人なり。(中略)身に三官〈権大納言第四・民部卿・中宮大夫〉を帯す。家に両国あり〈備中・因幡〉。福貴相い兼ね、家門繁昌するなり。

(1)民部卿　藤原宗通。俊家男。(2)権大納言第四　正官・権官あわせた大納言の序列四位を示す。(3)家有両国　二ヵ国の知行国主であったという意味だが、実際には、備中・因幡の他に三河・備後の知行国主であったことが確認されている。

【解説】白河院近臣藤原宗通が没した日の『中右記』の記事である。院からの厚い信頼を背景に権勢を振るい、朝廷の要職を占め、知行国等を得て富み栄えた院近臣の典型的姿を、この記述より読み取ることができる。

(4) 白河院の荘園整理

17〔後二条師通記〕寛治五年（一〇九一）十二月十二日別記

右衛門権佐知綱(1)来云、殿下(2)御消息云、土井庄(3)事被仰也、件所者後三条院記録所之創被停止也、被立為之如何、本公験見愷長元年中(4)文書也、何故停止、延久年中、国司賀茂祭幷内蔵寮(5)依毎年官物紅花(6)煩、早宣旨可停止者、奏者伊房卿(7)也、件所三郷也、被停止三候事奇怪無極、本主(8)未申事不審也、

右衛門権佐知綱来たりて云く、殿下の御消息に云く、土井庄の事仰せらるるなり。「くだんの所は後三条院の記録所の創に停止せらるるなり。立てらるることこれをいかんせん。本公験《くげん》にたしかに長元年中の文書と見ゆるなり。なにゆえ停止せるや。延久年中、国司賀茂祭ならびに内蔵寮の毎年の官物の紅花の煩いにより、早く宣旨して停止すべし」者《てえり》。奏者は伊房卿なり。くだんの所は三郷なり。三を停止せられ候事奇怪極まりなし。本主いまだ申さざること不審なり。

(1)知綱　藤原義綱男。藤原師実家司。(2)殿下　関白藤原師実。(3)土井庄　上野国所在の荘園。領主は師通家司藤原惟信。(4)長元年中　西暦一〇二八―一〇三七年に相当。(5)内蔵寮　中務省所管の官司。天皇家の財宝・装束等の管理にあたった。(6)紅花　染料・化粧品・薬の原料となるキク科の一年草（上野国は代表的産地の一つ）。(7)伊房卿　藤原行経男。後三条院の近臣。(8)本主　土井荘領主藤原惟信。

【解説】　後三条天皇の荘園整理令により停廃された上野国土井荘の再立荘の動きを示す史料である。延久の荘園整理における二つの整理基準は、寛徳二年（一〇四五）より以後の立荘であるか否か、または国務を阻害するか否かというものであり、土井荘は立荘年次では基準をクリアーしていたものの、上野国からの紅花貢納の妨げになるとの理由で停廃されたのであった。しかし、立荘年次という客観性の高い基準によらない停廃は問題を残し、摂関家を介在させた再立荘の動きが表面化したのである。荘園整理は、白河院政においても引き続き重要な政策課題となったのである。

18〔東寺百合文書〕ミ函　康和二年（一一〇〇）五月二十三日官宣旨所引三月三日東寺解状

謹検案内、件庄者、去承和十二年九月十日依少僧都実恵奏状、給官省符(1)当初、堺四至立牓示之後、為寺領二百余歳、敢無有牢籠、（中略）当国司為章朝臣(2)、猥因准寛徳以後新立庄園、不弁古今理非、致収公、無其謂、

謹みて案内を検ずるに、くだんの庄は、去んぬる承和十二（八四五）年九月十日少僧都実恵の奏状により、官省符を給わる当初、四至を堺し、牓示《ぼうじ》を立つるの後、寺領として二百余歳、あ

えて牢籠あるなし。（中略）当国司為章朝臣、みだりに寛徳以後の新立庄園に因准し、古今の理非を弁ぜず、収公を致す。その謂《いわ》れなし。

（1）官省符　太政官符と民部省符。（2）当国司為章朝臣　丹波守高階為章。

【解説】　国司による寺領丹波国大山荘への荘園整理令適用の撤回を求めて、荘園の沿革を述べる東寺の解状である。ちなみにこの解状を引用した官宣旨は、丹波国司に対して事情説明を求めたものである。荘園整理の直接の担い手である受領と荘園領主の双方の主張の裁定は、時の国家権力にとって焦眉の課題であった。

19〔中右記〕天永二年（一一一一）九月九日

入夜、蔵人弁雅兼（1）来仰云、荘園記録所上卿（2）可奉行、弁雅兼、大外記師遠（3）・大夫史盛仲（4）・明法博士信貞（5）可為寄人（6）也、便仰左少弁了、是依延久例被仰下者、但件事国司与本家（7）相論之時可検知云々、不申上者強不及沙汰歟、

夜に入りて、蔵人弁雅兼来たり仰せて云く、「荘園記録所の上卿を奉行すべし。弁は雅兼、大外記師遠・大夫史盛仲・明法博士信貞を寄人《よりゅうど》と為すべきなり」。便に左少弁に仰せ了《おわ》んぬ。「これ延久の例によりて仰せ下さる者《てえり》。ただしくだんの事、国司と本家相論の時検知すべしと云々。申し上げずんば強いて沙汰に及ばざるか」。

（1）蔵人弁雅兼　左少弁源雅兼。（2）上卿　ここでは朝廷諸機構個々の責任者に宛てられた公卿の意味で、『中右記』の記主藤原宗忠がこの時の記録所上卿となったことが知られる。（3）師遠　中原師平男。外記局上首の局務の地位にある。（4）大夫史盛仲　小槻祐俊男。史の上首で五位（大夫）を帯する官務の地位にある。（5）明法博士信貞　三善信貞。明法博士は律令の解釈を司る明法道の教官。（6）寄人　諸官衙等より選任されて別の機構の構成員となった者。（7）本家　荘園領主。

【解説】　後三条天皇の代以来、二度目の記録荘園券契所（記録所）設置を示す記事である。これより記録所構成員の概要が知られ、さらに延久の場合も同様であったことが判明する。記録所の設置は、荘園整理令の発令と直結して論じられがちだが、この天永の場合、直接の契機としての荘園整理令の存在は確認されていない。そのために、最近の研究では、新制の発布、役夫工米の徴収、伊勢神宮領の確定作業といった、朝廷政務の他の課題との関連が指摘されている。いずれにしてもこれらの課題は、直接の政策遂行者である受領と荘園領主との相論を生起させ、記録所はその対応を迫られることとなったのである。

（5）寺社権門の強訴

20〔後二条師通記〕寛治七年（一〇九三）八月二十五日

頭弁（藤原季仲）候御前、明日大衆等京上（1）之由所聞食也、参内、興福寺相待裁報、有由緒者可参上也、戌剋威儀師憲命為使来、大衆申云、第四宝殿（2）舁奉御輿、可入奉京都、藤氏人々御向尓

申可参之由、以此旨令申殿下(関白藤原師実)之処、兼遠朝臣(3)帰言、御輿荒涼事歟、承了、

頭弁御前に候ず。明日大衆等京上するの由聞《きこ》しめす所なり。内に参る。興福寺裁報を相待つ。由緒有らば参上すべきなり。戌の剋、威儀師憲命使として来たる。大衆申して云く、「第四宝殿の御輿を舁ぎ奉り、京都に入れ奉るべし。藤氏の人々御向えに参るべき」の由を申す。この旨をもって殿下に申せしむるのところ、兼遠朝臣帰りて言く、「御輿荒涼の事か」、承り了《おわ》んぬ。

(1)大衆　上層部の僧及び下級の僧(堂衆)を除く、寺院の構成員。衆徒とも呼ばれる。(2)宝殿　神社の本殿。(3)兼遠朝臣　藤原師通随身。秦氏か。

【解説】興福寺大衆上洛の報に接し、動揺する朝廷の様子を示す記事である。寛治七年(一〇九三)七月、白河院随身秦武元の上洛用途賦課のため近江国にある春日社領市荘へ乱入した国司高階為家が、春日神人を凌轢する事件を引き起こした。為家に対する断罪を求め、興福寺大衆等が奏状を朝廷に提出したのは、翌八月二十二日のことである(以上『陽明文庫本中右記』『扶桑略記』等)。興福寺大衆は春日社神木(神体とされ、その呪術的力の存在を信じられた木)を押し立てて上洛し、神威と武力を背景とした要求貫徹の行動に出た。これが史料上確認できる興福寺の強訴における神木の初例である。事件の舞台となった市荘は、三月に中納言藤原基忠が私領を春日社に寄進して成立したばかりだったが、実はこの年に朝廷は荘園整理令を発しており、その適用をめぐる紛争が強訴の契機となったのである。

21〔**長秋記**〕**永久元年(一一一三)四月一日**

山所司(1)・神人(2)三十八人群参院陣、殿下(関白藤原忠実)於内直廬被僉議、秉燭(3)御幸大炊殿(4)、僧徒二千余人舁祇園神輿進参、武士張陣終夜固守、僧等叫喚之声動天、近進門前、出羽守光国・丹後守正盛蒙甲冑進寄、大衆逃去万里小路方数歩、又左衛門尉為義(5)守護在門、悪徒数人捧剣破入、為義兵夾鉾欲驚、彼等不堪身命逐電云々、

山の所司・神人《じにん》三十八人院の陣に群参す。殿下内の直廬に於いて僉議《せんぎ》せらる。秉燭《へいしょく》、大炊殿に御幸す。僧徒二千余人祇園の神輿を舁ぎて進み参る。武士陣を張りて終夜固守す。僧徒の叫喚の声天を動かす。門前に近づき進む。出羽守光国・丹後守正盛甲冑を蒙りて進み寄る。大衆万里小路《までのこうじ》方に数歩逃げ去る。また左衛門尉為義守護して門にあり。悪徒数人剣を捧げて破り入る。為義の兵鉾を夾みて驚かさんと欲す。彼等身命に堪えずして逐電すと云々。

(1)山所司　延暦寺の寺務を掌る僧侶。(2)神人　神社(ここでは日吉社)に奉仕する下級の神職。(3)秉燭　夕刻。(4)大炊殿　白河院御所。

(5)左衛門尉為義　源義親男。祖父義家嫡子。

【解説】　永久元年(一一一三)延暦寺の意向で円勢という僧が清水寺別当に任ぜられると、同寺を末寺としてきた興福寺は猛反発し、閏三月二十日に強訴を起こして白河院に先の決定を覆させ、逆に永縁という僧を別当に任命させた。当然ながら今度は延暦寺の側がこれに怒り、同二十九日清水寺を焼き打ちする。ここで取り上げた史料は、翌四月一日、興福寺側の責任者の処罰を求めて、延暦寺大衆が白河院御所に押しかけた時のものである。この時の強訴は屈指の規模を有し、興福寺が報復として祇園社焼き打ちの挙に出ようとしたために、京近傍における二大権門の武力衝突が必至の情勢となった。院は平正盛・源為義等京武者の武力によって、かろうじて強訴を鎮めることができたのである。

(6) 鳥羽院政

22〔長秋記〕大治四年(一一二九)八月四日

参院(鳥羽)、(中略)仰預鳥羽殿加賀守家成(1)、(中略)天下事一向帰家成、道路以目(2)、

院に参る。(中略)鳥羽殿を加賀守家成に仰せ預く。(中略)〈天下の事一向家成に帰す。道路目をもってす。〉

(1)加賀守家成　藤原家保男。(2)道路以目　漢籍に起源を持つ表現で、憚って公然と非難する者はいないが、道路で互いに目で不満を表すという意。

【解説】　白河院没の直後、藤原家成が鳥羽殿の管理を鳥羽院より委ねられたのを知った源師時(『長秋記』の記主)が、院近臣家成の権勢を実感したことが読み取れる史料である。白河の時代同様に、鳥羽院も寵愛する近臣等を家格にかかわらず重用したが、鳥羽乳母を母とし、鳥羽皇后美福門院藤原得子を従姉妹に持つ藤原家成の栄達は特に際立っていた。それだけに反発は大きく、藤原頼長が腹心に家成邸襲撃を命ずるといった事件も生じている。

23〔根来要書〕下　大治四年(一一二九)十一月三日鳥羽院庁牒

院庁牒(1)　紀伊国衙

可令早任平為里寄文、御使(2)・国使(3)相共、且立券言上、且堺四至打牓示、伝法院領石手庄壱処事

在那賀郡石手村

四至(中略)

使公文左弁官史生佐伯国忠

牒、件領為里先祖相伝私領也、而為宛伝法二会供料所奉寄也者、国使相共、且立券言上、且堺四至打牓示、可令免除官物雑事之状、牒送如件、乞衙察状、牒到准状、故牒、

大治四年十一月三日

(院庁別当他の署判略)

院庁牒す　紀伊国衙

早く平為里の寄文《よせぶみ》にまかせて、御使・国使あい共に、且《かつう》は立券言上し、且は四至を堺し牓示《ぼうじ》を打たしむべき、
伝法院領石手庄壱処の事
ありどころ那賀郡石手村
四至（中略）
使公文左弁官史生佐伯国忠
牒す、くだんの領は為里先祖相伝私領なり。しかるに伝法二会供料に宛てんがため寄せたてまつるところなり。者《てえれば》国使あい共に、且は立券言上し、且は四至を堺し牓示を打ち、官物雑事を免除せしむべきの状、牒し送ることくだんの如し。乞うらくは衙状を察し、牒到らば状に准《なずら》えよ。ことさらに牒す。

（1）牒　直接の統合関係にない機構を宛て所とする際に用いられる文書様式。（2）御使　院庁の使。（3）国使　国衙の使。

【解説】高野山伝法院領紀伊国石手荘の立券を紀伊国衙に命ずる鳥羽院庁牒である。この文書に基づき、四至確定・牓示打ちといった荘域確定作業が、院庁使・国衙使共同で行われる。荘園整理が政策の基本基調とされた白河院政期とは対照的に、鳥羽院政期に荘園整理政策は事実上凍結され、この事例のように多くの立荘がなされる。なお、立荘時の国衙宛院庁発給文書は、院の高権の確立に伴い、牒から下文へと変化していく。

24〔今鏡〕すべらぎ下第三　をとこやま

鳥羽の帝、位の御時より参り給へりし后(1)は、御子たちあまた生み奉りて、位下りさせ給ひしかば、女院(2)と申ておはしましき。法皇《（白河）》の養ひ奉りてかしづき給ひしに、法皇おはしまさでのち、宇治の后(3)まいり給ひて、御方々いどましげ(4)なれども、院はいづかたにも、疎きやうにてのみおはしましに、忍びて参り給へる御方(5)おはしていづこにも離れ給はず。やや朝まつりごとも怠らせ給さまにて、夜がれ(6)させ給ことなかるべし。いとやむごとなき際にはあらねど(7)、中納言(8)にて御親はおはしけるに、母北の方(9)は源氏の堀河の大臣(10)の御女におはしける上に、類ひなくかしづききこへてただ人にはえ許さじと、もてあつかひてなん。

（1）后　鳥羽皇后藤原璋子。藤原公実女。永久五年（一一一七）入内。崇徳・後白河の生母。（2）女院　璋子は天治元年（一一二四）十一月に待賢門院の院号宣下を受ける。（3）宇治の后　鳥羽皇后藤原泰子。藤原忠実女。長承二年（一一三三）六月二十九日に、異例の上皇への入内を行う。保延五年（一一三九）七月、高陽院の院号宣下を受ける。（4）いどましげ　（寵愛を）競い合って。（5）忍びて参り給へる御方　藤原長実女得子。久安五年（一一四九）美福門院の院号宣下を受ける。近衛の生母。（6）夜がれ　夜の通いが絶えること。（7）いとやむごとなき際にはあらねど　『源氏物語』桐壺巻を意識した表現。（8）中納言　白河・鳥羽近臣藤原長実。（9）母北の方　藤原長実室方子。（10）源氏の堀河の大臣　源俊房。

【解説】鳥羽院とその后達をめぐる人間関係についての記事で

ある。出典の『今鏡』は、藤原為経（寂超）が嘉応二年（一一七〇）頃著した歴史書で、いわゆる四鏡の一つに数えられる。原文は仮名文だが、便宜漢字交じり文に改めた。鳥羽天皇在位中に入内した待賢門院璋子は、彼の祖父白河の寵愛を受けた女性であり、鳥羽院との間は疎遠であった。院政開始後に后となった摂関家出身の高陽院泰子もまた同様であり、鳥羽の寵愛を得たのは、必ずしも高い身分の家の出ではない美福門院得子であった。得子の父長実は、院近臣の立場に加えて天皇家外戚の立場をも得て、さらにその権勢を大きなものとする。鳥羽は、永治元年（一一四一）に璋子所生の崇徳を強引に譲位させ、得子所生の近衛を即位させる。久寿二年（一一五五）近衛が夭折した後、鳥羽は崇徳同母弟の後白河を即位させるが、皇位継承に関して主体性を発揮できないままの崇徳は不満を募らせ、鳥羽への反発を強めることとなった。

第二節　後白河院政と平氏政権

1　保元・平治の乱

(1)　保元の乱の前提

25〔**台記**〕**仁平元年（一一五一）正月十日**

今日、余（藤原頼長）蒙内覧宣旨(1)、（中略）法皇（鳥羽）使顕遠(2)仰云、（中略）左大臣(3)内覧事、依入道（藤原忠実）奏請許之、事自朕意、関白（藤原忠通）教帝（近衛天皇）以不孝、朕心太悪、故下此宣旨、

今日、余内覧《ないらん》の宣旨を蒙る。（中略）法皇顕遠をして仰せしめて云く、（中略）左大臣内覧の事、入道の奏請によりてこれを許す。事朕の意による。関白帝を教うるに不孝をもってす。朕の心はなはだ悪し。ゆえにこの宣旨を下す。

（1）内覧宣旨　内覧（太政官から天皇へ奏聞する文書を内見する職）に任ずる旨を伝える宣旨。この時の関白は藤原忠通であったが、内覧の地位は、必ずしも摂政・関白に一致するとは限らなかった。（2）顕遠　藤原

長隆男。後に顕時と改名。鳥羽院の近習。(3)左大臣　藤原頼長。

【解説】　藤原忠実が、女泰子の鳥羽天皇入内問題をめぐって白河院と対立し、内覧を罷免されて宇治に籠った保安元年(一一二〇)の事件等をはじめ、院政期には、院と摂関家の軋轢が政局の不安定要因の最たるものとなる。この状況に、摂関家内部の争いが加わることで事態はさらに複雑化した。掲出史料は、忠実の奏請による藤原頼長の内覧就任記事であるが、前年(久安六年)には、忠実が、氏長者を忠通から頼長に交替させ、さらに摂政職の譲渡を迫ってこれを拒否されるや忠通を義絶する、という事件が発生している。頼長は同年、宿願であった養女多子(藤原公能女)の近衛天皇入内《じゅだい》・立后を実現させ、忠実と連携する鳥羽との結び付きを強める。彼の内覧就任が、鳥羽の意志でもあることを示す本史料の記述は、摂関家内部の争いへの鳥羽の積極的関与を示している点で注目される。鳥羽の厚い庇護の下に、以後頼長は、その理想主義的政策を推進していくのである。

26〔愚管抄〕巻四

サルホドニ主上近衛院十七ニテ久寿二年七月ニウセ給ニケル(1)ハ、ヒトヘニコノサフ(この左府＝藤原頼長)ガ呪咀ナリト人イヽケリ。院(鳥羽法皇)モヲボシメシタリケリ。証拠共モアリケルニヤ。カクウセサセ給ヌレバ、「イマハワガ身ハ一人《いちのひと》(2)内覧(3)ニナリナン」トコソハヲモハレケンニ、例ニマカセテ大臣内覧辞表(4)ヲアゲタリケルヲ、カヘシモタマハラデノチ、次ノトシ正月(5)ニ左大臣バカリハモトノゴトシトテアリケリ。

(1)久寿二年七月…給ニケルハ　近衛天皇は長く眼病を患い、近衛殿で七月二十三日に没した。(2)一人　摂政　関白。(3)内覧　藤原頼長内覧就任の事情については前史料参照。(4)辞表　藤原頼長はこの年の四月から五月にかけて、左大臣を辞す旨の上表を三度行っているが、これは摂政もしくは関白に任じられる事を予期した行動である。(5)正月　「解説」に示すごとく、二月が正しい。

【解説】　鳥羽の信任を強固な後ろ盾として、その学識を遺憾なく発揮し、大胆な朝政再興に着手した藤原頼長に、久寿二年(一一五五)大きな政治的危機が訪れる。それは、十七歳という若さでの近衛天皇の病没は頼長の呪咀によるものとの噂を、藤原忠通と美福門院より伝え聞いた鳥羽法皇が、頼長を憎み始めたという事態であった。頼長の日記『台記』には、巫の口から、「愛宕護山の天公(天狗?)像の目に釘が打たれ、それが病没の原因である」という近衛天皇の言葉が発せられたという記事が見え(久寿二年八月二十七日条)、また『古事談』にも同種の説話が見える。この噂の背景には、忠通・美福門院の策略とともに、摂関家内部の争いを利用して天皇家の主導権確立を計る鳥羽の政治的駆け引きがあったと考えられる。近衛没後に後白河が即位すると、頼長は兄忠通に代わって摂政となることを目指したが、左大臣の辞表は朝廷の受理するところとはならず、久寿三年(一一五六)二月、引き続き左大臣の任に留まるべしとする宣旨が下されている。これは明らかに頼長の野望の挫折を意味するものであった。

27〔保元物語〕上　新院御謀叛思し召し立たるる事

それよりこのかた、内裏《後白河天皇》・仙洞《崇徳上皇》に候ずる源平両家の兵ども、或は親父の命をそむき、或は兄弟の孝をわすれ、思ひ〱心々に引わかれ、父子・伯父甥・親類・郎従にいたるまで、みなもつて各別す(1)。日本国大略二にわかれて、洛中の貴賤上下申あひけるは、「世今はからにこそあれ、たゞ今うせはてなんずるにこそ。新院《崇徳上皇》と申は御兄、内裏と申は御弟なり。関白殿《藤原忠通》と申すは御兄、左大臣殿《藤原頼長》は御弟也。内裏の大将軍には、下野守義朝(2)・安芸守清盛(3)。院方の大将軍には、義朝が父六条判官為義(4)、清盛が叔父平の右馬助忠正(5)。但上といひ下といひ、いづれ勝劣あるべしともおぼえず。合戦のならひ、かならず一ぱうはかち、一ぱうはまくるならひなれば、かねて勝負しりがたし。是は只果報の浅深により運命の厚薄にこたへし(6)」とぞ申あへる。

(1)各別す　別々の行動を取る。(2)下野守義朝　源為義男。(3)安芸守清盛　平忠盛男。(4)六条判官為義　源義親男。六条堀河の地に邸を構え、検非違使の尉(判官)であったことから六条判官と称された。(5)右馬助忠正　平正盛男。忠盛弟。清盛叔父。(6)こたへし　応ずるだろう

【解説】　保元元年(一一五六年、四月二十七日に久寿三年より改元)七月、鳥羽法皇が五十四歳で没した。支配の中心を失った朝廷支配層内部の対立矛盾は、文字通り一触即発の状況となった。天皇家・摂関家それぞれの家督相続争いが何よりの対立要因ではあったが、院政期になって確立した、王権の組織する主従制的武士団が公的軍事機構を担うという国制のあり方が、武家棟梁の家(源氏・平氏)内部の対立を誘発し、今までに例のない深刻な武力衝突を不可避なものとした。乱前夜の人的対立構図を明瞭に示すこの記事は、鎌倉前期の承久年間成立と推定される軍記物『保元物語』(編者不詳)の一節である。引用は、金刀比羅宮所蔵本を底本とした岩波日本古典文学大系本による。

(2) 保元の乱の勃発

28〔兵範記〕保元元年(一一五六)七月十一日

鶏鳴清盛朝臣・義朝・義康等(1)、軍兵都六百余騎発向白河、清盛三百余騎自二条方。義朝二百余騎自大炊御門方。義康百余騎自近衛方。此間主上《後白河天皇》召御輿、遷幸東三条殿、内侍(2)持出剣璽(3)、(中略)此間頼政(4)・重成・信兼等重遣白川了、彼是合戦已及雌雄由使者参奏、此間主上立御願、臣下祈念、辰剋、東方起煙炎、御方軍已責寄懸火了云々、清盛等乗勝逐逃、上皇《崇徳上皇》・左府《藤原頼長》晦跡逐電、白川御所等焼失畢、(中略)上皇・左府不知行方、但於左府者、已中流矢由多以称申(5)、為義以下軍卒同不知行方云々、宇治入道殿《藤原忠実》聞食左府事、急令逃向南都給了云々、

鶏鳴《けいめい》清盛朝臣・義朝・義康等、軍兵すべて六百余騎白河に

発向す〈清盛の三百余騎は二条方より。義朝の二百余騎は大炊御門方より。義康の百余騎は近衛方より〉。この間主上御輿《おこし》を召し、東三条殿に遷幸す。内侍《ないし》剣璽《けんじ》を持ち出す。（中略）この間頼政・重成・信兼ら重ねて白川に遣わし了《おわ》んぬ。かれこれ合戦すでに雌雄に及ぶ由使者参り奏す。この間主上御願を立て、臣下祈念す。辰の剋、東方に煙炎起こる。御方の軍すでに責め寄せ火を懸け了んぬと云々。清盛ら勝に乗じて逃ぐるを逐い、上皇・左府跡を晦まし逐電す。白川御所等焼失し畢《おわ》んぬ。（中略）上皇・左府行方知れず。ただし左府においては已《すで》に流れ矢に中《あた》る由多くもって称し申す。為義以下の軍卒同じく行方知れずと云々。宇治入道殿左府の事を聞こしめし、急ぎ南都に逃げ向かわしめたまい了んぬと云々。

（1）義康　源義国男。足利氏の祖。（2）内侍　天皇に仕える女官。（3）剣璽　三種の神器の内の剣と曲玉。（4）頼政　源仲政男。摂津源氏渡辺党の棟梁。（5）中流矢　矢傷を受けた藤原頼長は奈良に逃れた後、十四日に三十七歳の生涯を閉じた。

【解説】保元元年（一一五六）七月十日、対立する崇徳上皇と後白河天皇は、双方ともに軍勢を集結させた。上皇方の武士源為義は軍議の中で、兵力不足の現状を考慮して、都を退いた上での態勢立直し、もしくは後白河天皇のいる高松殿内裏への奇襲を提案したがいずれも受け入れられなかった。その間に、ここにあげた『兵範記』（平信範の日記）の記事が示すごとく、十一日早朝の清盛等による白河殿襲撃が敢行され、正午頃までには戦闘は終結、天皇方は勝利を収めた。乱後、上皇は讃岐国に配流され、源為義・平忠正等は斬首された。

29〔愚管抄〕巻四

サテ大治ノ、チ[1]久寿[2]マデハ、又鳥羽院、白河院ノ御アトニ世ヲシロシメシテ、保元元年（一一五六）七月二日、鳥羽院ウセサセ給テ後、日本国ノ乱逆[3]ト云コトハヲコリテ後ムサ（武者）ノ世ニナリニケルナリ。

（1）大治ノ、チ　大治四年（一一二九）七月七日に没した白河法皇の跡を承けて、鳥羽の院政が開始された。（2）久寿　久寿三年（一一五六）四月二十七日に、年号は保元に改元されている。（3）日本国ノ乱逆　保元の乱を指す。

【解説】この史料の中で慈円は、保元の乱という「日本国の乱逆」を、「武者の世」の開始を告げる大きな画期と見る歴史認識を示している。限定された地域における、実質わずか四時間半で終結した乱に対する評価としてはいささか過大な評価とも取れるが、慈円は、単に動乱そのものの規模を論じているのではなく、それがもたらした「武」に体現される新たな時代（現在の我々はそれを「中世」と称する）の到来を直感したのである。乱勃発の前年に旧秩序を象徴する家柄に生まれた慈円の有する、乱をもって時代を画する感覚は、ある意味で彼独特のものともいえようが、その認識の可否を客観的に吟味するためには、乱の背景の社会的深度や、乱の前後における国制の変化とそこでの武士の存在意義の状況の具体的検討が必要となってくる。

(3) 保元新制

30〔兵範記〕保元元年（一一五六）閏九月十八日

頭弁範家朝臣奉勅定、条々厳制被下宣旨、其状云、

保元元年閏九月十八日　宣旨

一、可令下知諸国司、且従停止、且録状言上、神社仏寺院宮諸家新立庄園事

仰、九州之地(1)者一人之有也、王命之外、何施私威、而如聞、近年或語取国判(2)、或称伝公験、不経官奏(3)恣立庄園、論之朝章、理不可然、久寿二年七月廿四日以後、不帯宣旨、若立庄園、且従停廃、且令注進、国宰(4)容隠不上奏者、即解見任(5)科違勅罪、至于子孫永不叙用(6)、（以下六箇条省略）

頭弁範家朝臣勅定を奉わり、条々厳制の宣旨を下さる。其状に云く、

保元元年閏九月十八日　宣旨す

一つ、諸国司に下知し、且《かつ》は停止に従い、且は状に録して言上せしむべき、神社仏寺院宮諸家新立庄園の事

仰す、九州の地は一人の有なり。王命の外、何ぞ私威を施さん。しかるに聞くならく、近年あるいは国判《こくはん》を語らい取り、あるいは公験《くげん》を伝うると称し、官奏を経ず恣《ほしいまま》に庄園を立つ。これを朝章に論ずるに、理しかるべからず。久寿二年（一一五五）七月二十四日以後、宣旨を帯せず、もし庄園を立つれば、且は停廃に従い、且は注進せしめよ。国宰《こくさい》容隠し上奏せざれば、即ち見任《げんにん》を解き、違勅《いちょく》の罪に科し、子孫に至るまで永く叙用《じょよう》せざれ。

(1)九州之地　日本国全土。(2)国判　国司の発した権利認定の文書。(3)官奏　太政官への許可申請。(4)国宰　国司。(5)見任　現在の官職。(6)叙用　官人としての登用。

【解説】　保元の乱に勝利した後白河天皇は、それまでの院政以上に超越的な国政支配権を確立した。乱終結の三カ月後、その強い立場を背景に天皇は、①新立荘園の停止、②加納田（本来の免除地以外の荘園付属耕地）と荘民の濫行停止、③諸社神人濫行停止、④諸寺悪僧濫行停止、⑤諸国寺社濫行停止、⑥諸社用途注進、⑦諸寺用途注進、という七項目を内容とする新制を発する。ここでは、その第一条を示した。荘園停止の基準年次とされた「久寿二年七月二十四日」は、他ならぬ新制発布者たる後白河天皇の即位の日に当り、これは、以前の整理令には見られない停止基準の定め方であった。また冒頭の「九州之地者一人之有也」という文言は、平将門の反乱の平定を命ずる太政官符中の表現に見られるものだが、全国土の支配高権を掌握し

た後白河の立場を如実に反映したものといえる。なお、この年の十月二十日には、延久年間同様、荘園整理事業推進のために記録所が再興されている。

31〔東大寺文書〕保元二年（一一五七）三月日行造内裏事所材木雑事支配状

行造内裏事所
　可早勤仕所課材木以下雑事等事
長橋廊（1）五間
　北杣出作（2）　伊賀国
　　柱一本（寸法・他の建材・人夫役等の記述省略）
右、宮城之製作者、邦国之経営也、仍庄公平均被徴下既畢、然則三月廿六日上棟、八月十日可有遷幸、存其旨、無懈怠可勤仕、若背下知之旨、不致合期（3）（脱あるか）之者、且令停廃庄号、且可改定領家之由、所被宣下也、（中略）
　　保元二年三月　日
　　　　左官掌紀（花押）
　　　　左史生紀（花押）
　　　　右大史中原（花押）

行造内裏事所《ぎょうぞうだいりじしょ》
　早く勤仕《ごんし》すべき所課の材木以下雑事等の事
長橋《ながはし》の廊五間
　北杣《きたそま》の出作《しゅつさく》　伊賀国
　　柱一本（中略）
右、宮城の製作は、邦国の経営なり。よって庄公平均に徴下せらるること既に畢《おわ》んぬ。しかればすなわち三月二十六日上棟、八月十日遷幸あるべし。その旨を存じ、懈怠《けだい》なく勤仕すべし。もし下知の旨に背き、合期《ごうご》を致さざれば、且《かつう》は庄号を停廃せしめ、且は領家を改め定むべきの由、宣下せらるるところなり。

（1）長橋廊　清涼殿（内裏における天皇の日常の居所）の東南端から紫宸殿に通ずる廊下。（2）出作　本免地以外の荘園付属耕地。ここでは、実態としては北杣の住人の耕作地。（3）合期　所定の期限に間に合うこと。

【解説】保元の乱後の後白河天皇が推し進めた事業の一つに、内裏造営があった。この史料は、造営事業の専掌機関として朝廷に設けられた造内裏の行事所（上卿―藤原重通、参議―藤原雅教、弁―藤原惟方・源雅頼）が、長橋廊造営を伊賀国の担当と定め、その用途の一部を東大寺領伊賀国北杣に賦課したことを示すものである。行事所の構成は弁官局のそれを反映させたものであり、この文書に署判している右大史（中原俊弘）・左史生（紀久兼）等も、弁官局の下級役人である。この時の内裏造営役は、荘園・国衙領の区別を問わない、いわゆる平均役として賦課されており、この史料の文言に表された、賦課に応じない場合の荘号停止を示唆する強い姿勢は、後白河の国土高権の具体的発現といえる。造営は短期間に成就したが、事業の実務面では、藤原通憲（信西）の果たした役割が大きく、『愚管抄』巻五に「大内造営ノ事（中略）信西ガハタ、、ト折ヲ得テ、メデタク、、、、サタシテ、諸国七道少シノワヅラヒモナク、サハ、、トタヾ二年ガ程ニツクリ出シテケリ」という記述が見える。なお、出典は『大日本古文書　東大寺文書』五―八六号文書であり、これを『平安遺文』二八七七号文書として収められた案文により補訂し、若干の改変を施した。

(4)　平治の乱

32〔愚管抄〕巻五

コノ内乱(1)タチマチニオコリテ、御方(2)コトナクカチテ、トガアルベキ者ドモ皆ホド〳〵ニ行ハレニケリ。死罪ハトヾマリテ久ク成タレド(3)、カウホドノ事ナレバニヤ、行ハレニケルヲ(4)、カタブク(5)人モアリケルニヤ。（中略）偏ニ信西入道世ヲトリテアリ（中略）信西ガフルマヒ、子息ノ昇進、天下ノ執権、コノ充満ノアリサマニ、義朝ト云程ノ武士ニ意趣ムスブベシヤハ。

(1)内乱　保元の乱。(2)御方　後白河天皇方。(3)死罪ハトヾマリテ久ク成タレド　弘仁元年（八一〇）薬子の変後の藤原仲成の例以後、朝廷の死刑執行が絶えているという認識を示す表現。(4)行ハレニケル　保元の乱後の源為義等に対する斬罪執行を指す。(5)カタブク　納得できない。

【解説】　信西（藤原通憲）は、文章道の家に生まれ、「学生抜群ノ者」（『愚管抄』巻四）と賞されたほどの逸材であったが、十分な官位の昇進を果たせず（極官は少納言）、天養元年（一一四四）失意の内に出家する。その後彼は、藤原頼長に接近して朝政への復帰を遂げ、白河院近臣高階経敏の養子となり、鳥羽院判官代としての実績を積み、保元の乱後、雅仁親王（後白河天皇）の乳母である紀伊局（藤原兼永女朝子）の夫という立場を足掛りに急速に実力を伸ばし始める。信西が、内裏造営のような後白河の政策遂行に重要な役割を果たしたことは前史料の解説に見た通りであり、またその子息からも、俊憲・成範・脩範等のごとき有能な朝廷実務官人や、澄憲・覚憲・勝賢等のような権門寺院の高僧が輩出している。だが、彼の異例な台頭ぶりと政策的急進性は朝廷内での反発を買い、乱後の峻厳な刑罰執行も、「信西之謀」（『百練抄』保元元年七月二十九日条）と認識される状況が生じていたのである。

33〔平治物語〕上　信頼・信西不快の事

信西が権勢弥々重くして、飛鳥もおち草木も靡《なびく》程也。かかる所に信頼・信西二人が中にいかなる天魔が入替けん、不快に聞えける。（中略）或時上皇（後白河）信西を召て、「信頼が大臣の大将望みをかけ申はいかに、家の重代にあらね共、折により時に随ひゆるさるゝとこそ聞召《きこしめさ》るれ」と仰せ下さるれば、世の損せんずる瑞相《ずいさう》(1)よと思ひ、畏て申けるは、「信頼が大臣の大将になり候はむに、いづれの者か望みをかけず候べき。君の御政は司召(2)《つかさめし》を以て先とす。叙位《じょい》除目《じもく》に僻《ひがごと》だに出来候ぬれば、上は天心にそむき、下は人望に背かる（中略）」とて、宿所に帰り、人の奢ひさしからずしてほろびし事を申さんが為に、安禄山(3)を絵にかゝせて、大なる三巻の書を作りてまいらせたり。（中略）信頼、信西が御前にて申ける事を洩聞、やすからぬ事に思ひ、（中略）所労(4)とて常は伏見に籠居て、馳引(5)《はせひき》、逸物(6)《いちもつ》の馬の上にて敵に押並引組て落る様、武芸のみちをぞ習ける。是は偏に信西をほろぼさむ為の謀《はかりごと》なり。

（1）瑞相　兆し。（2）司召　官職の任命。（3）安禄山　中国の唐代に玄宗皇帝の信任を得た武将。天宝十四年（七五五）に反乱を起こして皇帝号を称したが、子と側近によって殺害される。（4）所労　病気。（5）馳引　馬上で弓を引くこと。（6）逸物　すぐれた物。

【解説】　信西同様に後白河の治政に急速な栄達を果たした人物に藤原信頼がいる。鳥羽院の近臣であった父忠隆の跡を承け、信頼も院近臣として受領より公卿への昇進を果たし、後白河院政の開始の時点では権中納言に達していた。しかし彼はそれに満足せず、右大将の地位を望んだ（ここでは「大臣の大将望みをかけ」と表現されている）。彼の家格からはとうてい叶えられぬ望みのはずであったが、信頼への寵愛の深さ故に、後白河が容認する可能性は十分にあり、信西は強い調子でそれを留める意見を述べている。自ら後白河の庇護によって急速に権勢を確立しただけに、信西の信頼に対する警戒心には極めて強いものがあった。『保元物語』に続く軍記物『平治物語』のこの記事は、信頼を安禄山になぞらえて、その野望の阻止に腐心する信西の姿と武力対決も辞さずそれに反発する信頼の姿を描いている。引用は金刀比羅宮所蔵本を底本とした岩波日本古典文学大系本による。

34 〔百練抄〕平治元年（一一五九）十二月九日・十七日・二十五日・二十六日

九日、夜、右衛門督信頼卿（藤原）・前下野守義朝（源）等謀反、放火上皇（後白河）三条烏丸御所、奉移上皇・上西門院(1)於一本御書所(2)、

十七日、少納言入道信西首、廷尉(3)於川原請取、渡大路懸西獄門(4)前樹、件信西於志加良木山(5)自害、

廿五日、夜、主上（二条天皇）・中宮（姝子内親王）偸出御清盛（平）朝臣六波羅亭、上皇渡御仁和寺、

廿六日、遣官軍於大内、追討信頼卿已下輩、官軍分散、信頼兵乗勝襲来、合戦于六条河原、信頼・義朝等敗北、信頼至于仁和寺、遣前常陸守経盛（平）、召取信頼斬首、其外被誅者多、

九日、夜、右衛門督信頼卿・前下野守義朝等謀反す。上皇の三条烏丸御所に放火す。上皇・上西門院を一本御書所《いっぽんごしょどころ》に移し奉る。

十七日、少納言入道信西の首、廷尉《ていい》川原において請け取り、大路を渡し西獄の門の前の樹に懸く。くだんの信西は志加《しが》良木《らき》山において自害す。

二十五日、夜、主上・中宮偸《ひそ》かに清盛朝臣の六波羅亭に出御す。上皇、仁和寺に渡御す。

二十六日、官軍を大内に遣し、信頼卿已下の輩を追討す。官軍分散す。信頼の兵勝ちに乗じて襲い来る。六条河原にて合戦す。信頼・義朝等敗北す。信頼仁和寺に至る。前常陸守経盛を遣し、信頼を召し取り首を斬る。その外誅せらるる者多し。

（1）上西門院　鳥羽天皇皇女統子内親王。後白河准母。（2）一本御書所　大内裏に置かれた役所の一つ。内裏の東にあたる侍従所の南にあり、世間に流布する書籍の一本（稀覯本とする説もある）を納め管理した。（3）廷尉　検非違使。（4）西獄　右獄とも。京中に二つあった獄の内、西京の勘解由南・堀川西に位置したもの。（5）志加良木山　近江国信楽山。

【解説】　藤原信頼と信西の対立とともに表面化してきたのが、相い並び立って後白河権力を支えた武家の棟梁平清盛・源義朝の相克である。信西が清盛に接近するにつれ、必然的に信頼と義朝の結び付きは強まった。保元三年（一一五八）八月に後白河の院政が始まると、信頼等は二条天皇の親政を支持し、天皇の寵臣藤原惟方・藤原成親や天皇の外戚藤原経宗を巻き込む反信西連合を形成した。平治元年（一一五九）十二月九日、清盛が熊野参詣のため京を離れた隙を突き、信頼等は軍事クーデターを決行、後白河院・二条天皇の大内裏幽閉に成功する。この報に絶望した信西は自害して果て、十七日にその首は西獄の門にさらされる（『平治物語絵巻』信西巻にそれを描いた有名な場面がある）。しかし信頼が政権を掌握できた期間は短く、参詣の路次より清盛が六波羅に戻ると形勢は一変する。惟方と経宗の離反により天皇が六波羅に移され、院も仁和寺に入った結果、信頼・義朝は孤立し、清盛の軍に屈した。信頼は斬罪に処され、尾張国に逃れて家人鎌田正家の舅長田荘司平忠致の館にかくまわれた義朝も、忠致の裏切りに会い、翌平治二年（一一六〇）正月殺害される。乱の結果、平氏は対抗勢力を一掃し、強固な権力基盤を築いたのであった。

2　平清盛と後白河院

(1)　後白河院政

35〔**神宮司庁所蔵類聚神祇本源紙背文書**〕**承安三年**（**一一七三**）**十一月十一日官宣旨**

左弁官下　五畿七道諸国（中略）
応早没入東大・興福・元興・薬師・大安・西大・新薬

師・大后・不退・法花・超証・招提・宗鏡・弘福寺寺領
　事
右、南都衆徒蜂起蟻集、渉旬累月、厳制頻降、暴逆猶無休、初焼払多武峯(1)之堂廟、後押留春日社之祭祀、加之発軍兵於満寺、備凶器企参洛、已有罪科之重畳、争遁懲粛於三章(2)者、左大臣(藤原経宗)宣、奉勅、件寺領末寺・荘園等、早仰五畿七道諸国宰吏、悉以没入、(中略)以宣、

　承安三年十一月十一日　　　　大史□

中弁藤原朝臣(左中弁藤原長方)在判

左弁官下す　五畿七道の諸国(中略)
　まさに早く没入すべき東大・興福・元興・薬師・大安・西大・新薬師・大后・不退・法花・超証・招提・宗鏡・弘福寺の寺領の事

右、南都衆徒蜂起し蟻集す。旬を渉り月を累《かさ》ね、厳制頻《しき》りに降るも、暴虐なお休《や》むことなし。初め多武峯《とうのみね》の堂廟を焼き払い、後に春日社の祭祀を押し留む。加之《しかのみならず》、軍兵を満寺に発し、凶器を備え参洛を企つ。已に罪科の重畳《ちょうじょう》あり。争《いかで》か懲粛を三章に遁《のが》れん。者《てえれば》左大臣宣す、勅を奉るに、くだんの寺領の末寺・荘園等、早く五畿七道諸国の宰吏に仰せて、ことごとくもって没入せよ。(中略)もって宣す。

(1)多武峯　現奈良県桜井市の山嶺に位置した藤原鎌足廟所を中心とする寺院(神仏分離後は談山神社)。天台宗に属し、たびたび強訴を起こした。(2)三章　漢の高祖の定めた法に由来する殺人・傷害・窃盗に対する罰則規範。

【解説】興福寺と多武峯の対立抗争の歴史は長いが、承安三年(一一七三)六月の興福寺による多武峯焼き打ちは特に激しいもので、多武峯の本寺延暦寺と興福寺の抗争へと推移した。さらに、延暦寺が北陸の南都領荘園への押妨を行ったため、他の南都有力諸寺までもが巻き込まれる事態となった。後白河院は、興福寺大衆の責任者と三綱召喚・寺僧の法会参仕停止という一連の処断を下すが、興福寺はこれに反発、ついに十一月、他の南都有力諸寺とともに参洛強訴を企てる。しかし、院の態度は極めて厳しく、たびたびの慰撫に応じぬ南都諸寺院に対し、春日祭と院熊野詣への妨害を「謀反」「違勅」と断じて最後通牒的処断を発し、強訴勢力は十一日、南都への帰還を余儀なくされる。この史料(平安遺文三六四三号。原史料の誤記・脱字に必要な範囲での補訂を施した)がその処断を示しており、南都諸大寺領荘園没官が命ぜられている。翌年正月、悪僧の私領以外の寺領は返還されるが、この処分に見られる後白河の姿勢は、平氏の武力を背景に、国家秩序攪乱に対し謀反の論理をもって毅然として臨む、前代に増す強固な専制君主のそれといえる。

36〔古今著聞集〕巻十一画図十六　第三九七段　後白河院の御時松殿基房年中行事絵に押紙の事

後白河院御時、年中行事を絵にかゝれて、御賞翫のあまり、松殿(藤原基房)へ進ぜられたりけり。こまかに御覧じて、僻事ある所々に押紙(1)をして、そのあやまりを御自筆にてしるしつけて返進せられたりけるを、法皇(後白河)御覧じて、絵をかきなほさるべきに、勅定に、「これ程の人の自筆にて押紙したる、いかゞはなちすてゝ絵をなほすべき事あるべき。此事によりて、此絵すでに重宝となりたり」とて、さながら蓮華王院(2)の宝蔵に籠られにけり。そのおし紙今にあり。いといみじき事なり。

(1)押紙　疑問点や留意点を書き記して文献に付した紙。(2)蓮華王院　正しくは蓮華王院本堂。現在の京都市東山区七条大和大路の地に、長寛二年(一一六四)後白河院の発願により平清盛が造進した天台宗の寺。内陣の柱間が三十三間あることから、三十三間堂と通称される。

【解説】　後白河院は、常磐源二光長という近侍の絵師に宮中儀礼・民間風俗を描かせ、さらに藤原教長に詞書の執筆を命じて、『年中行事絵巻』を完成させた。院が推し進めた政治の内容の一つに朝儀再興があるが、無類の絵巻好きで自ら多くの絵巻を作成した彼が題材に年中行事を取り上げたのは、むろんそのことと無関係ではない。この史料は、朝廷儀礼に詳しい松殿基房が絵巻を見て誤謬訂正の言を付したことを、院が奇貨としたという説話である。蓮華王院に収められた絵巻は院の何よりの自慢であり、建久六年(一一九五)に上洛した源頼朝に見せようとしたところ、絵巻に興味を持たぬ頼朝がそれを辞したという興味深いエピソードが、やはり『古今著聞集』第四百段の説話に見える。絵巻原本は本来六十巻あったと推定されるが、寛文元年(一六六一)の内裏火災により惜しくも焼失し、現在では、住吉家旧蔵の十六巻模写本等により内容の一部が知られるのみである。

(2)　平氏の栄華

37〔平家物語〕巻一　吾身栄花

吾身の栄花を極るのみならず、一門共に繁盛して、嫡子重盛内大臣の左大将、次男宗盛(1)中納言の右大将、三男具盛《とももり》(知)(2)三位中将、嫡孫維盛(重盛男)四位少将、すべて一門の公卿十六人、殿上人三十余人、諸国の受領・衛府・諸司都合六十余人なり。世には又人なくぞ見えられける。(中略)日本秋津島(3)は、纔《わずか》に六十六箇国、平家知行の国三十余箇国、既に半国に超えたり。其外庄園・田畠いくらといふ数を知らず。綺羅《きら》(4)充満して、堂上《どうじょう》(5)花の如し。軒騎《けんき》群集して、門前市をなす。

(1)次男宗盛　正しくは三男。(2)三男　正しくは四男。(3)秋津島　日本国の古称。(4)綺羅　美しい衣服。ここではそれを着る人の意味。(5)堂上　内裏殿上。

【解説】　院との強い結び付きを背景に力を伸ばす平氏一門は、

後白河院政期の清盛の代に、もはや一個の軍事権門にとどまらぬ朝廷支配機構全般を押さえる存在となった。この『平家物語』の記事（引用は語り本を底本とする岩波新日本古典文学大系より）は、そのような清盛等平氏一門の権勢を語る極めて著名なものである。清盛自身は、仁安二年（一一六七）の従一位太政大臣に至る破格の官位昇進を遂げた後、翌年出家、以後「太政大臣入道」清盛は、平氏一門の家長・天皇家の外戚として、官職体系の外から朝政のヘゲモニーを掌握し続けた。なお『平家物語』には平氏の栄華を強調する誇張表現が見られ、例えば平氏保有の知行国数に関しては、実際には最盛期で二十カ国強であったと考えられている。

38〔玉葉〕嘉応二年（一一七〇）七月三日

今日、法勝寺(1)御八講(2)初也、有御幸、摂政(松殿基房)被参法勝寺之間、於途中越前守資盛(平)重盛卿嫡男乗女車(3)相逢、而摂政舎人(4)・居飼(5)等打破彼車、事及恥辱云々、摂政帰家之後、以右少弁兼光(藤原)為使、相具舎人・居飼等、遣重盛卿之許、任法可被勘当(6)云々、亜相(参議平重盛)返上云々、

今日、法勝寺《ほっしょうじ》御八講《はっこう》の初めなり。御幸あり。摂政法勝寺に参らるるの間、途中において越前守資盛〈重盛卿の嫡男〉女車に乗りて相逢う。しかるに摂政の舎人《とねり》・居飼《いかい》等彼の車を打ち破り、事恥辱に及ぶと云々。摂政家に帰るの後、右少弁兼光をもって使となし、舎人・居飼等を相具して、重盛卿の許《もと》に遣し、法に任せて勘当《かんどう》せらるべしと云々。亜相返上すと云々。

（1）法勝寺　白河天皇御願寺。いわゆる六勝寺の最初のもの。（2）八講　法華経八巻を八座に分けて一巻ずつ講讃する法会。（3）女車　女房の外出に用いられる牛車。（4）舎人　貴人に近侍しその護衛にあたる者。（5）居飼　牛馬の飼育にあたる者。（6）勘当　叱責すること。

【解説】 法勝寺御八講初に向かう摂政松殿基房の一行に平資盛が出合った際に発生した狼藉騒ぎの記事である（『玉葉』は九条兼実の日記。引用は、九条本を底本とした宮内庁図書寮叢刊本による）。『平家物語』等を合わせ読むと、若武者等と京の内外を馳せ廻る今をときめく平家の公達資盛の一団が、下馬の礼を取らぬ振舞いに出たため、基房の供の者等が力ずくでこれを咎めたという事情が分かる。資盛の父重盛（清盛長男）は基房側の謝罪を受け入れず、この後報復行為に及び、また清盛の怒りもすさまじかった。このいわゆる殿下乗合事件は、栄華を極める平氏に対する旧勢力の反発を象徴するものであった。

39〔今鏡〕すべらぎ下第三　二葉松

平氏はじめは一つにおはしけれど、日記の家(1)と世の固め(2)におはする筋とは、久しう変りて、方々きこえ給ふを(3)、いづかたもおなじ御世に、帝・后おなじ氏に栄えさせ給ふめる。平野(4)は、あまたの家の氏神におはすなれど、御名もとりわ

きて(5)、この神垣(6)の栄へ給ふ時なるべし。

(1)日記の家　朝廷の有職故実に通じる家。貴族の日記の執筆が後代に有職故実を伝え遺すことを主目的になされたため、こう称される。(2)世の固め　大臣のような重職を出す家柄。(3)方々きこえ給ふ　それぞれに家としての名声がある。(4)平野　平野神社。山城国葛野郡に位置した。二十二社の一。(5)御名もとりわきて　平氏とは特別の関わりがあって、というほどの意。平家と平野をかけた表現。(6)神垣　神社の周囲の垣。転じて神社自体。

【解説】院政期の朝廷で急速に権勢を強めた桓武天皇孫の平氏(桓武平氏)の二つの家柄について述べる史料である。桓武の孫の代、高棟王の流れからは範国・行親・知信・定家・時信・信範といった有能な実務官人が輩出され、また高見王の流れからは正盛・忠盛・清盛の三代が出ている(将門や鎌倉北条氏も同様)。前者が「日記の家」と称されたのに対し、後者は「世の固め」と表現されているが、これは単に武力による朝廷への奉仕だけではなく、大臣以下の要職に清盛の一門が就いた現実を反映したものである。この平氏の二つの流れは、そのいずれもが天皇家外戚の立場を得て権勢を強固なものとしている。ちなみに清盛室の時子は建春門院の姉、「平家にあらずんば人に非ず」と言い放った時忠は兄に当る。

3　内乱の勃発と平氏滅亡

(1)　鹿ヶ谷の変

40〔平家物語〕巻一　鹿谷

東山の麓、鹿《しし》(1)の谷と云所は、うしろは三井寺(園城寺)につゞいて、ゆゝしき城郭にてぞありける。俊寛僧都《しゅんかんそうづ》(2)の山庄あり。かれに常はよりあひ〳〵、平家ほろぼさむずるはかりことをぞ廻らしける。或時、法皇(後白河)も御幸なる。故少納言入道信西が子息浄憲法印(3)御供仕る。其夜の酒宴に、此由を浄憲法印に仰あはせられければ、「あなあさまし(4)。人あまた承候ぬ。唯今もれ聞えて、天下の大事に及候なんず」と、大にさはぎ申ければ、新大納言(藤原成親)けしきかはりて、ざっと立たれけるが、御前に候ける瓶子《へいじ》(5)を、狩衣《かりぎぬ》の袖にかけて、引倒されたりけるを、法皇、「あれはいかに」と仰ければ、大納言立帰て、「平氏倒れ候ぬ(6)」とぞ申されける。法皇えつぼ(笑壺)にいらせおはしまして(7)、「者ども参ッて猿楽(8)つかまつれ」と仰ければ、平判官康頼(9)参りて、「あら、あまりに平氏のおほう候に、もて酔て候」と申。俊寛僧都、「さてそれはいかゞ仕らむずる」と申されければ、西光法師(10)、「頸をとるにしかじ」とて、瓶子のくびをとッてぞ入にける。浄憲法印あまりのあさまッしさに、つや〳〵物も申されず。返々もおそろしかりし事どもなり。

(1)鹿の谷　東山の主峰如意ヶ岳の東方山腹の地。(2)俊寛僧都　仁和寺法印寛雅男。法勝寺執行。院近臣。(3)浄憲法印　静憲。信西六男。彼も院近臣だが、この時の謀議には加わっていない。(4)あなあさまし　何ということだ。(5)瓶子　酒瓶。(6)平氏倒れ候ぬ　「平氏」と「瓶子」をかけた洒落。(7)えつぼにいらせおはしまして　にっこり笑って。(8)猿楽　散楽。平安期より流行した、即興の物まね等を中心とした滑稽味ある芸能。後段の掛け言葉のやりとりがそれに当る。(9)平判官康頼　頼季男。検非違使。院近臣。(10)西光　藤原師光。成親弟。信西に近く、平治の乱後、出家して西光を名乗る。院近臣。

【解説】　後白河院とその近臣等による平氏打倒の謀議の様子を語る史料(引用は岩波新日本古典文学大系本より)である。『平家』では、成親の望む右大将に清盛男宗盛が就いた遺恨が謀議の一因とされ、それが事実ならば、治承元年(一一七七)正月頃より、事件発覚(『平家』によれば多田行綱の密告による)の五月末までに謀議がなされたことになる。六月一日成親と西光が捕えられ、翌日成親は備前に配流(後に殺害)、西光は斬罪に処され、三日には俊寛と康頼等が捕えられ、鬼界島に配流された。事件自体は小規模だが、平氏にとって院周辺の陰謀という事態は深刻だった。

41〔玉葉〕治承三年(一一七九)十一月十五日・十七日

十五日、子刻人伝云、天下大事出来云々、不聞委事之間、寅刻、大夫史隆職(小槻)注送曰、
関白藤基通、内大臣同、氏長者同、
止関白、藤基房、止権中納言・中将等、同師家(基房男)、
十七日、今日有解官除目等、載左、
治承三年十一月十七日解官、
太政大臣藤原朝臣(師長)、権大納言按察使源資賢、春宮大夫藤原兼雅、右衛門督平頼盛(1)(以下三十六名略)

十五日、子の刻人伝えて云く、天下の大事出来すと云々。委《くわ》しき事を聞かざるの間、寅の刻、大夫史隆職注し送りて曰く、
関白藤基通、内大臣同じ。氏の長者同じ。
関白を止む。藤基房。権中納言・中将等を止む。同師家。
十七日、今日解官・除目等あり。左に載す。(以下略)

(1)平頼盛　忠盛五男。清盛弟。清盛とは不仲であり、平家一門でありながら解官の対象とされている。

【解説】　鹿ケ谷の謀議発覚以降、清盛との関係を悪化させ、不利な立場に追い込まれた後白河院は、反平氏の一方の旗頭である松殿基房と結び、政治的主導権の奪回を計る。基房の前任摂政である兄基実の室盛子は清盛女であったが、清盛は、基実が

仁安元年（一一六六）に没した後、摂関家領の大部分を盛子に継承させ、基房の反発を招いていた。治承三年（一一七九）六月十七日に盛子が没すると、摂関家領をめぐる清盛と基房の争いは一層激化する。そして、この年七月二十九日の重盛（清盛嫡男）没後、その知行国越前は後白河院に没収され、清盛とその反対勢力の対立矛盾は極限に達した。ついに清盛は、十一月十四日に多数の兵を率いて別業の地福原より上京、この史料にあるごとく、十五日に基房の関白罷免（後任は基実男基通）、十七日に後白河院に近い公卿等の大量解官を断行した。二十日には後白河の院政が停止され、院は鳥羽殿に幽閉される。いわゆる治承三年の清盛のクーデターといわれる政変で、名目的に高倉天皇の親政が成立したが、実質は平氏専制体制の樹立を意味した。

42 〔吾妻鏡〕 治承四年（一一八〇）四月九日・二十七日

九日、入道源三位頼政卿、可討滅平相国(1)禅門清盛由、日者有用意事、然而以私計略、太依難遂宿意、今日入夜、相具子息伊豆守仲綱等、潜参于一院第二宮(2)之三条高倉御所、催前右兵衛佐頼朝(3)以下源氏等、討彼氏族、可令執天下給之由申行之、仍仰散位宗信(4)、被下令旨(5)、

廿七日、高倉宮（以仁王）令旨、今日到着于前武衛(6)伊豆国北条館、八条院(7)蔵人行家(8)所持来也、武衛装束水干(9)、先奉遥拝男山（石清水八幡宮）方之後、謹令披閲之給、

九日、入道源三位頼政卿、平相国禅門《へいしょうこくぜんもん》清盛を討滅すべき由、日ごろ用意の事あり。しかれども私の計略をもって、太《はなは》だ宿意を遂げがたきによりて、今日夜に入りて、子息伊豆守仲綱等を相具して、潜《ひそか》に一院の第二の宮の三条高倉御所に参り、前右兵衛佐頼朝以下の源氏等を催し、かの氏族を討ち、天下を執らしめたまうべきの由これを申し行う。よって散位宗信に仰せて、令旨《りょうじ》を下さる。

二十七日、高倉宮の令旨、今日前武衛《ぶえい》の伊豆の国北条館に到着す。八条院蔵人行家持ち来たるところなり。武衛の装束は水干《すいかん》。まず男山の方を遥拝したてまつるの後、謹みてこれを披閲せしめたまう。

（1）相国　太政大臣の唐名。（2）一院第二宮　後白河院（一院は新院高倉に対する表現）第二皇子（一説に第三皇子）以仁王。生母（藤原季成女成子）の家格の低さ故に皇位継承を果たせなかった。（3）頼朝　義朝男。（4）宗信　藤原宗保男。母の藤原仲実女は以仁王の乳母。（5）令旨　公式令に起源を持つ公文書の一で、女院・親王・諸王の命を伝える際に用いられた。（6）前武衛　頼朝。武衛は兵衛府の唐名。（7）八条院　鳥羽天皇第三皇女暲子。（8）行家　源為義男。頼朝叔父。（9）水干　狩衣の一。水張りで干した布。

【解説】　平氏打倒を目指す以仁王《もちひと》・源頼政の挙兵と、諸国源氏に決起を呼びかける以仁王令旨が配流地伊豆国にいる源頼朝に伝えられたことを述べる、『吾妻鏡』（鎌倉幕府が公的に編纂した歴史書。引用は新訂増補国史大系本より）の記事である。以

仁王は、幼少時に天台座主最雲の弟子となったものの出家はせず、八条院の猶子となって高倉天皇の皇位の継承を志した。だが、治承三年（一一七九）の清盛による後白河院の幽閉、治承四年（一一八〇）の高倉皇子安徳の即位という事態は、以仁王の望みを断ち、頼政に促されてついに挙兵に踏み切ったのである。『吾妻鏡』には以仁王の令旨本文が収められているが、その中で王は、自らを天武天皇になぞらえて新たな皇統の創始者に位置付けるとともに、『金光明最勝王経』に因む最勝王と称し、仏敵平清盛の討滅を呼びかけている。令旨の様式には不自然な点が多く、古くから多くの疑義が示されてきたが、上記のような背景を持つ「以仁王令旨」なるものが関東の流人頼朝の許に届けられ、その挙兵の旗印とされたことは間違いない。この記事は『吾妻鏡』の冒頭にあり、令旨は幕府の歴史の起点に位置付けられているのである。

43〔平家物語〕巻四　宮御最期

飛騨守景家(1)は、ふる兵物《つわもの》にてありければ、このまぎれに宮（以仁王）は南都へやさきだゝせ給ふらんとて、いくさをばせず、其勢五百余騎、鞭《むち》あぶみをあはせて追ッかけたてまつる。案のごとく宮は卅騎ばかりで落させ給ひけるを、光明山(2)の鳥居のまへに追ッつきたてまつり、雨の降るやうに射まひらせければ、いづれが矢とはおぼえねど、宮の左の御そば腹に矢一すぢ立ちければ、御馬より落させ給て、御頸とられさせ給ひけり。（中略）さるほどに南都の大衆、ひた甲七千余人、宮の御迎へに参る。先陣は粉津（木津）にすゝみ、後陣はいまだ興福寺の南大門にゆらへたり(3)。宮はや光明山の鳥居のまへにて討たれさせ給ぬと聞えしかば、大衆みな力及ばず、涙をおさへてとゞまりぬ。いま五十町ばかりまちつけ給はで、討たれさせ給けん宮の御運の程こそうたてけれ(4)。

（1）飛騨守景家　伊勢国古市に基盤を有する豪族で、平家家人となった藤原姓の一門中の武士。（2）光明山　光明山寺。山城国相楽郡にあった三論宗の別所。（3）ゆらへたり　留っていた。（4）うたてけれ　気の毒なことであった。

【解説】　以仁王の平氏討伐計画は、十分な準備を整えられぬまゝ治承四年（一一八〇）五月半ばに発覚し、十五日に王は源以光と改名させられ、土佐国配流が決定する。三条高倉の御所に平家の追捕の勢が至った時にはすでに王は園城寺に逃れており、二十二日には、王への加担が明らかになった頼政も自邸を焼き払い合流する。延暦寺の加勢が得られぬことを知った彼等は興福寺大衆を頼って南都を目指すが、二十六日、宇治川における平重衡・平維盛の軍勢との戦いに敗れ、共に落命する。王自身の決起は半ば未遂のものとなったが、諸地域・諸階層の反平氏の機運を一挙に高めることとなった。

(2)　平氏政権の危機

44〔玉葉〕治承四年（一一八〇）六月二日

卯刻、行幸於入道相国（平清盛）福原別業、(1)法皇（後白河院）・上皇（高倉院）(2)同以渡御、城外(3)之行宮(4)、往古雖有其例、延暦(5)以後都無此儀、誠可謂希代之勝事歟、敢無知由緒之人、疑可被攻南都 大衆猶蜂起、敢無和平云々、之間、可有不慮之恐歟、

卯の刻、入道相国の福原別業に行幸す。法皇・上皇同じくもって渡御す。城外の行宮《あんぐう》、往古その例ありと雖も、延暦以後都《すべ》てこの儀なし。誠に希代の勝事というべきか。あえて由緒を知らんとする人なし。疑うらくは南都を攻めらるべき〈大衆なお蜂起す。あえて和平《わひょう》なしと云々〉の間、不慮の恐れあるべきか。

(1)福原別業　摂津国八部郡福原の地にあった清盛の別邸。一帯には平氏一門の別邸が多く存在した。(2)上皇　高倉はこの年の二月二十一日に安徳に譲位し、平氏支配の下で形式的院政を行っていた。(3)城外　平安京の外。(4)行宮　天皇行幸の地に設けられる仮の宮。(5)延暦以後　延暦十三年(七九四)の平安京遷都を念頭に置いた表現。

【解説】 いわゆる福原遷都を記す史料である。ほぼ四世紀ぶりに行われた京外への天皇行幸の理由について兼実は、以仁王の反乱直後のひきつづく南都勢力等との戦闘の危機を避けるためか、という推測を記している。ただし、この時の行幸の目的に関しては、単なる戦乱からの避難だけではなく、伝統的貴族勢力から天皇・上皇等を切り離し、平氏主導の下に永続的な新京を構築せんとする清盛等の思惑も否定できない。しかし、天皇・上皇・摂政の居所すら十分に整えられぬ福原の地は都と呼ぶには程遠く、関東の戦乱という新局面のため、この年の十一月二十三日には早くも平安京還都を余儀なくされた。

45〔玉葉〕治承四年（一一八〇）九月三日

伝聞、謀叛賊義朝子（源頼朝）、年来在配所伊豆国、而近日事凶悪、去比凌礫(1)新司之先使(2) （平）時忠卿知行之国也、凡伊豆・駿河両国押領了、又為義息（源行家）、一両年来住熊野辺、而去五月乱逆之刻（以仁王の乱）、赴坂東方了与力、彼義朝子大略企謀叛歟、宛如将門（平）云々、

伝え聞く、謀叛の賊義朝の子、年来配所の伊豆の国にあり。しかるに近日凶悪を事とし、去んぬるころ新司の先使を凌《りょう》礫《れき》し〈時忠卿知行の国なり〉、およそ伊豆・駿河両国を押領《おうりょう》し了《おわ》んぬ。また為義の息、一両年熊野の辺に来たり住む。しかるに去んぬる五月の乱逆のきざみ、坂東方に赴き了りて与力す。かの義朝の子大略謀叛を企つるか。宛《あたか》も将門の如しと云々。

(1)凌礫　侮り踏み躙ること。(2)新司之先使　この年六月に伊豆守となった平時兼(時忠猶子)の目代山木兼隆。

【解説】 平氏打倒の挙兵を呼びかける以仁王令旨を手にした源

頼朝が、呼応を決意するまでには三ヵ月余の時を要したが、八月十七日の山木兼隆館攻めにより、ついに関東での戦乱の幕が切って落とされた。この記事は、右大臣九条兼実が頼朝挙兵の報に接した日に記したものだが、頼朝の名すら知らず、平将門の乱を想起するこの時点での兼実にとって、事件は謀叛人の子の蜂起、辺境の賊の乱逆に他ならなかった。

46〔延慶本平家物語〕三本第十二段

(治承五年正月)(一一八一)十九日、以内大臣宗盛(1)、被補惣官職《そうかんしき》(2)。宣下状云、

惣官正二位平朝臣宗盛

仰、任天平三年例(3)、以件人補彼職。宜令巡察五畿内并伊賀・伊勢・近江・丹波等国(中略)

治承五年正月十九日　　左少弁行隆(4)

(1)内大臣宗盛　清盛三男。治承三年(一一七九)に重盛が没した後、平氏の家督を継ぐ。(2)惣官職　字義としては全体を統括する職という意味。個別機構の上位に位置する職務を対象に多く用いられた。(3)天平三年の例　天平元年(七二九)の長屋王の変により動揺した朝廷支配体制の再編策の一環として、二年後畿内惣官・諸道鎮撫使が置かれた例を指す。(4)左少弁行隆　平顕時男。『平家物語』作者に擬されている一人の「信濃前司行長」の父。

【解説】　前年八月の頼朝挙兵、十月の富士川合戦における平氏軍の敗北、そして十二月の平重衡の南都焼き討ちという事態を経て、明くる治承五年(養和元年、一一八一)は、平氏にとってそれまでにない危機の年となった。この史料は、そのような事態への対応として、平家の総帥宗盛が、畿内近国惣官職に任じられたことを示すもの(任命の口宣案とその主意文としての地文)である。この人事は、形式的には奈良朝の先例を踏襲しているが、広域行政区画を対象とする武士の軍政高権を保障したものとして、翌二月に平氏家人中の最有力者平盛俊が丹波国総下司職に任じられたこととともに、新たな時代を画する事柄と評価できる。すなわちこの体制の延長上に、鎌倉初期の一国地頭職・守護制度、あるいは六波羅探題の畿内近国支配といったものが位置付けられるのである。なお出典の『延慶本平家物語』は、いわゆる読み本系に属し、平家諸本の中では最古態を示すものと理解されており、本史料のような貴重な文書史料を多く収めている。

47〔方丈記〕(一一八一―八二)

また、養和のころとか、久しくなりて覚えず。二年があひだ、世の中飢渇して、あさましき事侍り。或は春・夏ひでり、或は秋大風・洪水など、よからぬ事どもうち続きて、五穀ことごとくならず。夏植うるいとなみありて、秋刈り冬収むるぞめき(1)はなし。これによりて、国々の民、或は地をすて境を出で、或は家を忘れて山に住む。さまざまの御祈りはじまりて、なべてならぬ法(2)ども行はるれど、さらにそのしるしなし。京のならひ、何わざにつけても、みな

もとは田舎をこそ頼めるに、絶えて上るもの(3)なければ、さのみやは操もつくりあへん(4)。念じわびつゝ、さまざまの財物、かたはしより捨つるがごとくすれども、更に目見立つる人なし。

(1)秋刈り冬収むるぞめき　秋の収穫・冬の収納の賑わい。(2)なべてならぬ法　特別な修法。(3)上るもの　都へ運上されて来る物品。(4)さのみやは操もつくりあへん　どうして節度を保つことなどできようか。

【解説】　歌人鴨長明が建暦二年(一二一二)に著した随筆『方丈記』の、養和の飢饉に関する一節である(引用は大福光寺本を底本とする岩波日本古典文学大系本より)。この書の基調として著名な無常感の歴史的背景には、安元三年(一一七七)の平安京大火(「太郎焼亡」と称される)、治承四年(一一八〇)の大風、元暦二年(一一八五)の大地震等とともに、この飢饉のような災厄があった。長明も指摘するように、地方より運びこまれる物産にその生命維持を委ねる大消費都市平安京への飢饉の影響はすさまじく、「近日、嬰児道路に弃《す》つ。死骸街衢《がいく》に満つ。夜々強盗、所々放火。諸院蔵人と称するの輩、多くもって餓死す。それ以下数を知らず。飢饉前代を超ゆ」(『百練抄』養和二年(一一八二)正月条)という状況が出現していた。この時期に源平の内乱が重なったのは決して偶然ではなく、大規模な飢饉を繰り返す生産力の実態は、政争・戦乱を激化させる社会背景の一つであったと考えられる。

(3) 平家の滅亡

48〔玉葉〕寿永二年(一一八三)七月二十五日

寅刻、人告云、法皇(後白河)御逐電(1)云々、此事日頃万人所庶幾(2)也、而於今次第者、頗可謂無支度歟、子細追可尋問、卯刻、重聞一定(3)之由、(中略)及巳刻、武士等奉具主上(安徳天皇)、向淀(4)地方了者、在籠鎮西云々、前内大臣(平宗盛)已下一人不残、六波羅・西八条(5)等舎屋不残一所、併(6)化灰燼了、

寅の刻、人告げて云く、法皇御逐電と云々。この事日頃万人庶幾《しょき》するところなり。しかるに今の次第においては、頗《すこぶ》る支度なしというべきか。子細追って尋ね問うべし。卯の刻、重ねて一定《いちじょう》の由を聞く。(中略)巳の刻に及び、武士等主上を具し奉り、淀の地の方に向かい了《おわ》んぬ者《てえり》。鎮西に籠る在りと云々。前内大臣已下一人も残らず。六波羅・西八条等の舎屋一所も残さず、併《しかしながら》灰燼に化し了んぬ。

(1)逐電　逃げ去ること。(2)庶幾　望み願うこと。(3)一定　確定すること。(4)淀　平安京の南、宇治・桂・木津三河川の合流地点。(5)西八条　清盛邸宅の西八条第。(6)併　全て。

【解説】　養和元年(一一八一)閏二月四日に平清盛が没すると、平氏と後白河院の乖離は決定的となった。源頼朝に続き信濃で平氏打倒の兵を挙げた源(木曾)義仲が、寿永二年(一一八三)五

月十一日越中砺波山の戦いで平維盛の軍を破り、七月二十二日比叡山に入る状況下、平氏はついに平安京の放棄を決意する。この史料はいわゆる平家都落の様子を記すものだが、瀬戸内の水運を掌握し、厳島神社・大宰府機構等を支配の拠点とする平氏は、福原遷都に示されるように、平安京に代わる新たな国政の中心を西国に求める志向をかねてから有しており、都落は単なる敗走とは言い切れない。しかし後白河はこの前日比叡山に逃れ、八月二十日、平氏が擁する安徳天皇に代わり、高倉第四皇子尊成親王が新帝に即位（後鳥羽天皇）するに至り、平氏は完全に孤立したのである。

49〔雑筆要集〕年月日欠追討使源朝臣廻文

廻　次第不同。

摂津国御家人等

豊島太郎源留　奉《うけたまわる》。(1)

遠藤七郎為信奉。　余准之。(2)

右、来何日一谷《いちのたに》(3)発向也。当国御家人等、随惣追捕使《そうついぶくし》(4)之催、一人不漏令参洛、於七条口(5)而可入見参《げざん》。若有不参之輩者、即処于謀叛与力衆、不日《ふじつ》(6)可被寄罰者也。依所廻如件。

年月日

追討使源朝臣（義経あるいは範頼）判

（1）奉　合戦動員命令を了解したことを示す記述。（2）余准之　以下に同様な記述が続くことを示す。（3）一谷　現在の神戸市須磨区に当る地。平氏の軍が、福原よりこの地に集結していた。（4）惣追捕使　荘園毎に置かれた軍事警察を担当する荘官の名であるが、後の守護に相当する初期鎌倉幕府の職をも示した。むろんここでは後者に関連する語であり、源義経もしくは源範頼を指す。（5）七条口　平安京七条大路の口。（6）不日　すぐに。

【解説】　前年に平安京を放棄した平氏は、元暦元年（一一八四）正月、態勢を立て直して京上を企てたが、二月七日の一の谷における源義経・範頼の軍勢との戦いに敗れ、断念を余儀なくされる。この史料は、『雑筆要集』（『続群書類従』公事部所収）という鎌倉期成立の文例集に収められたもので、源義経（または範頼）が摂津国の御家人を合戦に動員するため発した廻文（複数者に文書を回覧させ、命令・指示の確認をさせるもの）という極めて興味深いものである。同書は文例集であるため日時等の省略はあるものの、実際の発給文書を素材にしたと考えられ、史料的価値は極めて高い。廻文の中で義経（または範頼）の地位は「惣追捕使」と表現されており、その職は、将軍の代行者として一国の御家人の軍事動員権を行使した守護の先行形態と理解することができる。

50〔吾妻鏡〕元暦二年（一一八五）正月六日

為追討平家在西海之東士等、無船粮絶而失合戦術之由、有其聞之間、日来有沙汰、用意船可送兵粮米之旨、所被仰付東国也、以其趣欲被仰遣西海之処、参河守範頼(1)（去年九月二日出京赴西海、）去年十一月十四日飛脚、今日参着、兵粮闕乏之間、軍士等不

一揆(2)、各恋本国、過半者欲逃帰云々、其外鎮西条々被申之、

平家を追討せんがため西海にあるの東士等、船なく粮絶えて合戦の術を失うの由、その聞えあるの間、日来《ひごろ》沙汰あり。船を用意し兵粮米を送るべきの旨、東国に仰せ付けらるるところなり。その趣をもって西海に仰せ遣わされんと欲するところ、参河守範頼〈去年九月二日京を出て西海に赴く〉去年十一月十四日の飛脚、今日参着す。「兵粮闕乏の間、軍士等一揆《いっき》せず。おのおの本国を恋し、過半は逃げ帰らんと欲す」と云々。その外鎮西の条々これを申さる。

(1)範頼　源義朝六男。頼朝弟。生地遠江国蒲御厨に因み蒲冠者と呼ばれた。(2)一揆　同じ目的のため団結すること。

【解説】　平氏追討使の一人源範頼は、四国に退いた平氏への直接攻撃を避けて山陽道を西進、平氏の勢力基盤である中国・九州を掌握することで背後からの攻略を目指した。この史料は、元暦元年(一一八四)の末より兵粮米の闕乏に苦しむ範頼の救援を求める書状が、年を越えてようやく鎌倉に至った際の記事である。現地武士団の力を借りて範頼は豊後への渡海を果たすが、内乱状況での兵粮米問題は、この後の政治過程や守護地頭制に至る軍事警察制度の展開に重要な意味を持つことになる。

51〔愚管抄〕巻五

カヤウニテ平氏ハ西国ニ海ニウカビツ、国々領シタリ。(中略)元暦二年(一一八五)三月廿四日ニ船イクサ(戦)ノ支度ニテ、イヨイヨカクト聞テ、頼朝(源)ガ武士等カサナリ(重なり)キタリテ西国ニヲモムキテ、長門ノ門司関ダンノ浦(1)ト云フ所ニテ船ノイクサシテ、主上(安徳天皇)ヲバムバ(乳母)ノ二位(安徳祖母平時子)宗盛母イダキマイラセテ、神璽・宝剣トリグシテ(取り具して)海ニ入リニケリ。ユ、シカリケル女房也。内大臣宗盛以下カズヲツクシテ入海シテケル程ニ、宗盛ハ水練ヲスル者ニテ、ウキアガリウキアガリシテ、イカント(生んと)思フ心ツキニケリ。サテイケドリニセラレヌ。主上ノ母后建礼門院(平清盛女徳子)ヲバ海ヨリトリアゲテ、トカクシテイケ(トリ脱か)タテマツリテケリ。神璽《しんじ》・内侍所《ないしどころ》(2)ハ同キ四月廿五日ニカヘリイラセ給ニケリ。宝剣ハ海ニシヅミヌ。

(1)ダンノ浦　現在の山口県下関市の海岸一帯。(2)内侍所　賢所《かしこどころ》とも。三種の神器の一つである神鏡を安置する場所。転じて神鏡そのもの。

【解説】　元暦二年(一一八五)二月、屋島の合戦で源義経の奇襲攻撃に屈した平氏は再び西へ敗走、長門国彦島に逃れた。退路を断たれた平氏は壇の浦を最後の決戦場と定め、三月二十四日義経等を海上に迎え討つ(船上の戦闘の様子が『平家物語』に華々しく描かれている)。合戦の結果、安徳天皇は平氏一門とともに海中に没し、総大将宗盛は捕らわれの身となり、ついに清盛一門の勢力は滅亡した。勝者の源氏にとっては、皇統の正

当性を象徴する三種の神器を奪回する事が至上の課題であったが、宝剣を失う結果となり、その事が第一の戦功をあげた義経に対する頼朝の糾弾の因となった。

第三節　荘園と在地領主制

1　畿内とその周辺の荘園

(1)　均等名荘園の名主と地主

52〔一乗院文書〕承暦四年(一〇八〇)三月十日山村姉子解

謹解[1]　申売進所領田地并栗林等事

　合

一、作手田[2]

　在添上郡楊生郷簀川村

一楊田四段　東辺湯船迫四段　桑田一段

二大田三段　河東二段　東辺迫二段字大窪

(中略)

一、畠地并栗林

大窪垣内[3]一処在林中村垣内一処在林日陰垣内一処在林

由加垣内一処在林庄垣内一処在林(中略)

右件田畠栗林、元者故父山村兼道之相伝所領也、而以去永承六年二月十一日注坪付、請申在地刀禰舎弟之証判、於女子山村姉子処分給事已畢、(中略)仍勒売買両人并保証刀禰等之署名、券文如件、以解

　　承暦四年三月十日

　　　売人山村「姉子」本
　　　奉教忍坂(花押)
　　　買人知事(花押)

右件《くだん》の田畠・栗林、元は故父山村兼道の相伝の所領なり。しかるに去んぬる永承六年二月十一日をもって坪付を注し、在地刀禰舎弟の証判を請い申し、女子山村姉子に処分したまい事已に畢《おわ》んぬ。(中略)よって売買の両人ならびに保証刀禰等の署名を勒《ろく》し、券文くだんの如し。もって解《げ》す。

(1)解　律令体制下では、土地を売買する場合、上申文書である解によらねばならなかった。平安時代中期にもこの伝統が生きていた。(2)作手田　作手を有する水田。作手は水田を耕作する慣行的な権利だが、十二世紀には普遍的な下級土地所有権となる。(3)垣内　山野の開発拠点として設定され、その中に屋敷が含まれる場合も多かった。現代にも見られる垣内地名は平安時代以来の開発を示すものとして貴重。

【解説】添上郡楊生郷簀川村は大和国の山間部。山村氏はこの地の豪族で、近衛府などの官人楽所の舞人を世襲した家柄として知られる。この文書の日付・署判に続いて在地僧や刀禰僧による証判が加えられ、所領が山村姉子の先祖相伝のものであること、姉子から知事僧能春に売却されたものであることを確認している。姉子の署名には画指(食指の長さと関節の間隔を書きつける)がなされた。作手田と垣内が譲与・売買の対象となり、中世的な土地所有権が形成されつつあることが伺えるが、それは同時に律令体制下の国―郡―郷の行政組織にとらわれない新たな在地における保証体制の成立をも意味するものであった。

53〔国会図書館所蔵根岸文書〕平治元年(一一五九)八月日大和国小東荘千能名田畠坪付

注進　東大寺大仏供白米(1)免小東御(2)庄之内千能名田畠坪付事

　合

在大和国広瀬郡北郷十三条三里十壱坪之内
　大内四段六十歩 壱段・興福寺住僧慶也領也
同条里十壱十四坪畠五段大之内二百卌荒
　興福寺住僧勝永所領也、
同条里十三坪弐段四反
　興福寺住僧勝永所領也、

右件坪〻所当、任庄民田堵(3)等例、可弁進之状、所請進如右、以解、

　平治元年八月　日　　　　興福寺住僧勝永

注進す、東大寺大仏供白米免小東御庄の内、千能名田畠坪

付の事、

合せて

在り、大和国広瀬郡北郷十三条三里十壱坪の内、

壱段〈大内四段六十歩〉・興福寺住僧慶也の領なり

同条里十壱十四坪畠五段大〈の内二百四十荒〉

興福寺住僧勝永の所領なり

同条里十三坪弐段四反

興福寺住僧勝永の所領なり

右件の坪〻所当、庄民田堵等の例に任せて、弁進すべきの状、請けまいらす所右の如し。以て解す。

(1)白米免　白米を東大寺に備進すること。(2)小東御庄　大和国広瀬郡にあった東大寺領荘園。現在の奈良県北葛城郡広陵町と河合町にまたがる地域。(3)田堵　荘園の水田を請作する農業経営者のこと。その耕作権は有期的なものであり、領主に対する隷属的関係はなかった。

【解説】　東大寺は総国分寺としての地位を維持するため大和国の国衙から白米三十五石五斗を始め、諸法会の費用を受け取っていた。大和国衙は郡・郷から収取していた白米を東大寺に受け渡していたが、十世紀以降になると東大寺は直接的に郡・郷から収納するようになる。この小東荘の前身は、十一世紀には太田犬丸負田と呼ばれ、公領であった。この時期は郡収納所によって東大寺に必要な白米が納入されていたが、年毎に下地が変わる浮免の状況であった。しかし、十二世紀になるとここに見えるように下地が固定化し、荘園として領域が定まる。小東荘内の千能名とよばれる名田には興福寺僧勝永が領主として存在するとともに、それ以外にも下地を支配する興福寺僧が存在した。すなわち名内部の下地が寺僧領となり、名は単に所当収納の単位にすぎなかった。

54〔東大寺文書〕仁安三年(一一六八)二月十八日大和国高殿荘内東大寺油作人日記

高殿御庄(1)内東大寺御油作人日記(2)

一、武元名一斗内作人　四升龍能法師作手、但有行友名内、四升下司田、二升真経房忠範作手

一、武貞名四升内作人　寺僧覚成分作手、作人武友、

一、逆丸名一斗一升内作人　四升是宗、一升正直房覚能作手、但有勢祐名内、三升常如分作手、作人重国、二升常門分相珍作手、一升寺僧故済三郎分作手、作人末正

一、有国名一斗内作人　七升有末作手、三升普光分作手

一、勢祐名九升内作人　二升寺僧乗鏡分作手、二升常如分作手、四升寺僧故済三郎分作手、但有末則名内、一升包友作手、

(中略)

一、助信名七升五合内作人　四升五合助信作手、一升五合貞光作手、一升五合信定作手

一、是元名六升内作人　四升寺僧息光分作手、今是弘、一升作人貞宗、但有清光名内

一、正信名一斗二升五合内作人　一斗正信作手、今後家沙汰也、二升五合随相分作手、但有恒元名内、

一、久元名一斗五合内作人　一斗五合作人国貞并末国

一、友正名六升作人 六升友正作手、今子共沙汰也、

一、重元名一斗一升内作人 四升有貞作手　三升寺僧性善分作手、二升重元女子作手、一升重国作手、但有重国名内 一升正信作手、但有恒元名内

一、有信名四升作人 四升信末作手

負田（3）二町内作人 二斗貞元　三升珍光房 四升福行分　三升守久

仁安三年二月十八日（花押）

（1）高殿御庄　大和国高市郡内、現在の橿原市高殿町に所在した荘園。

（2）御油作人日記　源頼親の私領には御油免田が設定されていたが、十一世紀前半に大和守を勤めていた源頼親の私領が荘園化したもの。荘園化した後まで継承された。この文書は灯油負担者を書き上げたもの。

（3）負田　年貢・雑役等の責務を負っている田。通常名田と同様な意味となるが、ここでは名に編成されず、灯油料田となっている水田。

【解説】中世の社会構造を分析する際、中心的な位置にあるのが名主による名田の支配形態である。農業生産力の高い奈良盆地の荘園にあっては、名主の役割が年貢収納権に限定され、下地の所有権は作手所持者が掌握していた。このような作手所持者は複数の名田にまたがって水田経営を行うこともあり、また名主となって年貢の収納にあたることもあった。

55〔根津文書〕文治二年（一一八六）十二月日大和国池田荘丸帳

注進

一乗院御領池田御庄（1）丸（2）帳事

合田畠荒熟参拾陸（六）町佰捌（八）拾歩 中之

常荒道溝七段八十歩

年荒六十歩

細井池四町八段

見在（3）田畠三十町五段卌歩内

除十二町七段百卌歩

堂敷地一段百八十歩　常楽会仏供免一町

御倉敷地一段　御佃六段

房官田一町一段　預所給二町六段内 但一町

人給八段　番小童給五段

上番法師給三段　田堵屋敷一町一段 加下司定、

損田（4）四町三段二百五十歩損畠一段六十歩

定得田畠十七町七段二百七十歩内

田十七町二段二百七十歩　分米五十一石八斗二升五合 段別三斗

田率 絹三十疋一丈一尺、町別二疋、紅花四十五両一分、町別三両、 但除下司名定

畠五段分地子七斗五升 段別一斗五升 代油五升、一斗五升別一升

有友名

添上郡京南一条四里卅―百卌歩内 荒五十歩 助貞　同二条四里二

―二段内 荒九十歩 助貞　同坪二段内 荒九十歩重遠　五―三段 重遠　十三

―二段半内 荒廿歩 助貞　廿一―一段 重遠　廿五―二百十歩内 荒三

十歩 助貞　同坪一段卅歩内 荒小 重遠　廿七―二段大内 荒六十歩白 一段重遠　同

坪二段大内 荒八十歩 白半助貞　廿八―一段 助貞　同坪一段 重遠　卅

一段半重遠　同坪一段半助貞
已上 田一町九段三百卌歩内損田四段十歩荒一段百六十歩 畠一段半内屋敷一段損畠卌歩
得田一町五段三百卌歩分米四石七斗七升五合
田率 絹三疋一丈一尺 紅花四両三分一朱
得畠百五十歩　分地子六升三合代油四合二夕
（中略）
文治二年十二月　日　　御使
僧恵俊
僧林詮
勾当法師「静耀」

(1)池田御庄　大和国添上郡に所在した荘園。現在の奈良市池田町にあたり、興福寺一乗院領であった。(2)丸帳　荘園全体の名を書き上げた帳簿。(3)見在　現実に耕作されていること。(4)損田　収穫できなかった水田。

【解説】　池田荘は全体三十六町百八十歩ほどの面積であったが、除分と損田を除いた面積は十七町七反ほどで、有友名以下十一のほぼ均等な名田に分かれ、反別三斗の分米と絹・紅花を年貢として出していた。このような荘園は均等名荘園と呼ばれているが、大和国の興福寺領に典型的に見られ、畿内の他の地域にも存在した。荘園領主の公事収取に利便があったと考えられる。

(2)　開発領主と住人

56〔東大寺文書〕嘉応元年（一一六九）七月日伊賀国黒田荘住人安倍三子解

黒田御庄杣工(1)件故末友後家安倍三子解　申進申文事
請殊蒙　恩裁、任道理被裁断、為字江八郎貞成(2)、以無道恣背相伝譜代之理、厭(3)（壓＝圧）状所被押取先祖私領田一段愁状、
在名張郡矢川条一切字鹿臥
右謹検案内、於件田者、自大春日重時之手、舎兄重貞・重末等相副連判、祖父故末友入道負物之代伝得之後、年来耕作敢無他妨、存生之剋、安倍三子処分畢、其後又経数十年、尚以無異論、相伝既渡於三代、年序又及五十年也、但於調度文書等者、為盗人被取失畢、其旨在地顕然乎、爰貞成俄称有旧文書、度度雖令言上子細、全無其裁報、纔被仰下庄家之日、次第庄官等三子帯道理之由起請文立畢、（中略）是只依威勢之有無、偏所致上下差異、偏頗無隠、貞成為其時下司、御荘威猛第一之者、又三子無為方、纔御庄杣工妻許也、寧無御推察歟、就中三子非指本工、以此等田地令勤仕新工之役、貧弊不勘之上、極小名也、以何田数可令勤仕重役哉、愁中愁何事如之哉、凡非於他領押領、貞成押領以来、号公文名(4)内、有限所当官物敢不令弁済、又御公事寺役全不

令勤仕、御庄第一誑惑無過貞成、幸値善政之御任、欲蒙御裁定、(中略)仍子細言上如件、以解、

嘉応元年七月　日　安倍三子

(杣工の連判及び東大寺三綱の外題を略す)

黒田御庄杣工伴故末友の後家安倍三子《さんのこ》解し　申し進むる申文の事

殊に恩裁を蒙り、道理に任せて、裁断せられんと請う。

字江八郎貞成のために、無道をもって恣《ほしいまま》に相伝譜代の

理に背《そむ》き、圧状《おうじょう》押取らるる所の先祖私領田一段の愁状。

在り、名張郡矢川の条一切字鹿臥

右謹んで案内を検ずるに、件《くだん》の田においては、大春日重時の手より、舎兄重貞・重末等連判を相副え、祖父故末友入道負物の代伝得の後、年来の耕作敢て他の妨げなし。存生の剋、安倍三子に処分し畢《おわ》んぬ。その後又数十年を経、尚もって異論なし。相伝既に三代に渡り、年序又五十年に及ぶなり。但し調度文書等においては、盗人のため取り失われ畢んぬ。その旨在地顕然か。爰《ここ》に貞成俄《にわか》に旧文書ありと称し、度度子細を言上せしむると雖も、全くその裁報なし。纔《わずか》に庄家に仰せ下さるるの日、次第の庄官等、三子道理を帯するの由起請文を立て畢んぬ。(中略)これ、ただ威勢の有無により、偏《ひとえ》に上下差異の致す所、偏頗隠れなし。貞成その時下司として、御荘威猛第一の者、又三子為方《せんかた》なし。纔に御庄杣工の妻許《ばか》りなり。いずくんぞ御推察なきか。なかんずく三子指《さ》したる本工にあらず。此等の田地を以て新工の役を勤仕せしむ。貧弊勘ざるの上、極小の名なり。何の田数を以て重役を勤仕せしむべきや。愁中の愁何事かこれに如《し》かんや。凡《およ》そ他領押領にあらず。貞成押領以来、公文名の内と号し、限りある所当官物敢て弁済せしめず。又御公事寺役全く勤仕せしめず。御庄第一誑惑貞成に過ぐるなし。幸い善政の御任に値い、御裁定を蒙らんと欲す。(中略)よって子細言上くだんの如し。もって解す。

(1)杣工　東大寺領伊賀国黒田荘(三重県名張市)の前身は板蠅杣であった。この杣は奈良時代に東大寺造営に必要な材木を調達するために設定された。ここで用材を調達するのが杣工本来の任務。(2)江八郎貞成　黒田荘の荘官を勤めた大江氏の一族。(3)圧状　強制されて書かされた文書。(4)公文名　公文は荘官の職種の一つ。この時大江氏が就任していたと考えられる。公文名はその給名。

【解説】　伊賀国黒田荘は平安時代末期には名張郡全体に及ぶ水田面積三百町歩の荘園となった。ここでは亡夫伴末友の遺領を受け継いだ安倍三子が荘内の実力者大江貞成の非法を訴えたもの。彼女の主張を支持する杣工等二十五名が連署している。杣工達は荘園の拡大にともなって次第に農業経営を基盤とするようになったと考えられるが、伝統的な職能上の連帯を保持して

いたことがうかがえる。

57〔栗栖家文書〕承安四年(一一七四)十二月日紀実俊解

紀実俊謹解　申請　国裁事

請被蒙　国恩、裁免直川保(1)河南島久重名内松門名荒野開発畠肆町、且依為四隣牛馬放飡地、且依為洪水深底朽損地、備永代証験、殊為存国益、被免除万雑公事交分等天、所当税代麦段別弐斗代爾、追年取進梶取(2)請文、子細愁状、

右、謹検　案内、都鄙之習、庄公之例、荒野者雖千町無益也、開作者雖一段有利者也、然件荒野畠者一方大河也、三方古川中島也、故為四隣庄公放牛馬被飡損、且又為洪水深底、水損第一、不中用地天所作地利有名無実之故、比郷隣庄人民等、敢無開発耕作之志矣、爰実俊且為存国益、且為思相伝、件島荒野令開作之処、無其優恩、因准古作、被徴下所当公役者、何励開発、倍存国益哉、(中略)仍勒在状言上、以解、

承安肆年十二月　日　紀実俊申文(3)

(外題・裏書き略)

紀実俊謹んで解し申し請う国裁の事

国恩を蒙り、直川保河南島久重名内松門名荒野・開発畠肆(四)町、且《かつう》は四隣牛馬放飡の地たるにより、且は洪水深底朽損の地たるにより、永代証験を備え、殊に国益を存ぜんがため、万雑公事・交分等を免除せられて、所当税代麦段別弐斗代に裁免せられんと請う、追年梶取請文を取り進む子細の愁状。

右、謹しんで案内を検ずるに、都鄙の習、庄公の例、荒野は千町と雖も無益なり。開作は一段と雖も有利の者なり。しからば件《くだん》の荒野畠は一方は大河なり。三方は古川中島なり。故に四隣庄公のため牛馬を放ち飡損せらる。且は又洪水深底として水損第一、用に中《あた》らざる地にして、所作の地利有名無実の故、比郷隣庄の人民等、敢て開発耕作の志なし。爰《ここ》に実俊且は国益を存ぜんがため、且は相伝を思わんがため、件の島荒野開作せしむるのところ、その優恩なし。古作に因准し、所当公役を徴下せらるれば、何ぞ開発を励み、倍に国益を存ぜんや。(中略)よって在状を勒し言上す。もって解《げ》す。

(1)直川保　紀伊国名草郡に所在。現在の和歌山市内紀ノ川の北岸。
(2)梶取　中世では船の運行全般にわたる責任者。近世の船頭に当たる。
(3)紀実俊申文　公式令の規定では年月日の下に差出者の署名が入ることはないが、実際には奈良時代から行われた。解はしばしば申文と呼ばれたが、署名の下に書かれるのは珍しい。

【解説】　平安後期は大開発時代と呼ばれ、広範な地域で開発が

進展した。ここでは大河川の下流地帯の中島の荒野に開発の手が及んでいることがわかる。「荒野の千町は耕地の一段よりも無益である」と言い放つ意欲的な人物が開発領主と呼ばれ、各地で武士団の基盤が形成されていった。

2　東国社会における開発と自然災害

(1)　浅間山噴火

58〔中右記〕天仁元年（一一〇八）九月五日

左中弁長忠於陣頭談云、近日上野国司進解状云、国中有高山称麻間峰(1)、而従治暦間峰中細煙出来、其後微々也、従今年七月廿一日猛火焼山嶺、其煙属天、沙礫満国、煨燼積庭、国内田畠依之已以滅亡、一国之災未有如此事、依希有之恠(2)所記置也、

左中弁長忠陣頭において談じて云く、近日上野国司進ずる解状に云く、「国中高山あり。麻間峰と称す。しかるに治暦の間より峰中細き煙出来し、その後微々なり。今年七月二十一日より猛火山嶺を焼き、その煙天に属し、沙礫国に満ち、煨燼庭に積む。国内田畠これにより已《すで》にもって滅亡す。一国の災未だかくの如き事はあらず」。希有の恠《かい》により記し置くところなり。

(1)麻間峰　現在の浅間山（標高二五六〇メートル）。信濃国と上野国の国境に存在した。(2)恠　怪異・異変のこと。

【解説】　天仁元年の浅間山噴火はきわめて大規模なもので、上野国内の田畠が壊滅したとある。この時の降下火山灰はBテフラ層と呼ばれ、群馬県内のほぼ全域に堆積しており、『中右記』の記事の信憑性が確認されている。この後、上野国では大規模な復旧計画が立てられ、赤城山南麓には長大な農業用水路である女堀が開削されている。しかし、この女堀も通水することなく放置され、復旧・再開発は困難を極めた。

(2)　上野国新田荘

59〔正木文書〕保元二年（一一五七）三月八日左衛門督家政所下文

左衛門督(1)家政所下　上野国新田御庄官等

補任下司職

源義重(2)

右人、依為地主、補任下司職如件、御庄官等宜承知、依件用之、敢不可違失、故下、

保元二年三月八日　　案主宮内録菅野

令前中務録山（花押）
別当散位三善朝臣（花押）
散位紀朝臣（花押）
散位中原朝臣
大監物藤原朝臣（花押）
散位藤原朝臣（花押）
明法博士中原朝臣

左衛門督家政所下す　上野国新田御庄官等
　補任す。下司職。
　　源義重
右人、地主たるにより、下司職に補任することくだんの如し。御庄官等宜《よろし》く承知し、件《くだん》によりてこれを用いよ。敢て違失すべからず。故《ことさら》に下す。

（1）左衛門督家　中納言正三位藤原忠雅。（2）源義重　源義家の孫で新田氏の祖。

【解説】新田義重は新田郡西南部の空閑の郷々と呼ばれる荒蕪地を開発し、藤原忠雅家に寄進した。史料に見えるように彼は下司職に任命され、ここに寄進地系荘園としての新田荘が成立したといえる。新田荘は藤原忠雅家を領家とし、本家職は鳥羽上皇御願の金剛心院が有していたと考えられる。この後二十年ぐらいの間に新田郡のほぼ全域に拡大し、現在の群馬県太田市・尾島町・新田町・藪塚本町・笠懸村・境町などを領域とする広大な荘園となった。地勢的には利根川と渡良瀬川に挟まれ、赤城山麓の大間々扇状地の湧水を主水源として開発が進められた。これにより、天仁元年の浅間山噴火の痛手を克服し、義重の子孫は荘内の各郷に居館を構えて繁栄した。現在も湧水や方形館の遺構が明瞭に存在し、東国における在地領主の開発を具体的に知ることができる貴重な荘園遺跡となっている。一九九四年、国指定の史跡となった。

60〔正木文書〕上野国新田庄　嘉応二年（一一七〇）目録

ちうしん　にったのミしやうかおう二ねんの日録　たはたけさいけうの事
　合
田二百九十六町十たい（1）
畠百町六反三十たい
在家二百八宇
此内のそく田二十四町八反
神田十六町八反
ぬきほこのミやに二町、あかきのみやに二町
くまのゝミやに二町、いくしなのミやに一町三反
ひよしのミやに二町五反、八幡のミやに弐町五反
しらやまのミやに二町三反、おゝのミやに二町
にいけのミやに五反、かしまのミやに七反

たところのきふてん八町
さたむる田[2]二百六町二反十たい
一、大田の郷　田三町七反畠四反十たいさいけ(在家)三う(宇)
田島郷　田五町八反廿たい在家六う
東牛沢　田十一町三十たい畠一町たい在家九う
（中略）
せんさいの郷　田一町三反五たい畠三丁四反廿たい
在家四う
よこせの郷　畠三丁五反在家四う
こくらの郷　畠一町四反卅たい在家二う
享徳四年乙亥閏四月吉日

（1）たい　代（五十分の一反）のこと。（2）さたむる田　定田のこと。ここでは除田として神田十六町八反と田所給田八町の合計二十四町八反が上げられている。水田面積二百九十六町十代からこの除田合計を除いたものが定田となるが、ここでは数値が合わない。黒田氏は後掲書で、原文十四行目の「二百六町」に（七十脱カ）と注記する。後考をまつ。

【解説】新田氏の嫡流であった新田義貞が没落した後、庶流であった岩松氏が足利氏に服属して新田荘を支配した。ここに示した史料は享徳四年（一四五五）に岩松持国が伝来の所領の正当性を明らかにするため、古河公方足利成氏に提出した文書と考えられている。黒田日出男氏によってこの史料が嘉応二年段階の内容をもつものであることが証明されている（『日本中世開発史の研究』校倉書房、一九八四年、参照）。郷を単位とする東国の荘園の様相がよく示されている。

(3) 大庭御厨

61〔相模国大庭御厨古文書〕天養二年（一一四五）三月四日官宣旨

左弁官下伊勢太神宮司
応且任度度宣旨、停止其妨、備進供祭物、且令国司弁申子細、相模国田所目代源頼清并同義朝郎従散位清原安行、恣巧謀計、以大庭御厨[1]高座郡内鵠沼郷、俄号鎌倉郡内、運取供祭料稲米、旁致濫行事
右、得祭主神祇大副大中臣清親卿去月十二日解状偁、太神宮禰宜等同月日解状偁、伊勢恒吉今月七日解状偁、謹検案内、当御厨者、本自荒野地也、誠無田畠之由、見于国判也、而彼国住人故平景正、相副国判、寄進太神宮御領之刻、永付属恒吉也、即為御厨令開発、備進供祭上分、漸経年序之間、就在庁官人等之浮言、国司度度令経奏聞之処、被下宣旨・院宣等於本宮、召問子細之後、全無停廃綸旨之上、被問両代宰吏、就彼請文、殊被下奉免宣旨之日、国祇[2]承庁官散位平高政・同惟家・紀高成・平仲広・同守景朝臣等、臨地頭[3]任文書、堺四至打牓示、立券言上、（中略）望請宮庁裁、且重経奏聞、且早牒送留守所、被糺行者、将仰神威之不朽、

厳綸言之不軽矣者、就解状加覆審、以可入勘庄薗加納之由宣旨、擬令停廃有限勅免神領之条、非蔑爾神威、已違乖綸言者歟、望請祭主裁、重経奏聞、早被糺行者、仍相副言上如件、望請天裁、任禰宜等解状、早被糺行者、権大納言源朝臣雅定宣、奉　勅、宜任度度宣旨、停止其妨、備進供祭物、兼又令国司弁申子細者、同下知彼国既畢、宮司宜承知、依宣行之、

　天養二年三月四日　大史中原朝臣（花押影）

　小弁源朝臣（花押影）

左弁官下す、伊勢太神宮司

　応《まさ》に且《かつう》は度度の宣旨に任せて、その妨げを停止《ちょうじ》し、供祭物を備進し、且は国司をして子細を弁じ申さしむべき、相模国田所目代源頼清ならびに同義朝郎従散位清原安行、恣《ほしいまま》に謀計を巧み、大庭御厨高座郡内鵠沼《くげぬま》郷を以て、俄《にわか》に鎌倉郡の内と号し、供祭料の稲米を運び取り、旁《かたが》た濫行致すの事

右、祭主神祇大副大中臣清親卿去月十二日解状を得るに偁《いえら》く、太神宮禰宜等同月日解状に偁く、伊勢恒吉今月七日解状に偁く、謹しんで案内を検ずるに、当御厨は、本より荒野の地なり。誠に田畠なきの由、国判に見ゆるなり。しかるに彼の国住人故平景正、国判を相副え、太神宮御領に寄進するの刻、永く恒吉に付属《ふしょく》するなり。即ち御厨として開発せしめ、供祭の上分を備進し、漸《ようや》く年序を経るの間、在庁官人等の浮言に就き、国司度度奏聞を経しむるのところ、宣旨・院宣等を本宮に下され、子細を召し問うの後、全く停廃の綸旨なきの上、両代の宰吏に問われ、彼の請文に就いて、殊に奉免の宣旨を下さるるの日、国祇承《しぞう》の庁官散位平高政・同惟家・紀高成・平仲広・同守景朝臣等、地頭に臨み文書に任せて、四至を堺し、牓示を打ち、立券《りゅうけん》言上す。（中略）望み請うらくは宮庁裁にして、且は重ねての奏聞を経、且は早く留守所に牒送し、糺《ただ》し行はるれば、将《まさ》に神威の朽ちざるを仰ぎ、綸言の軽からざるを厳めん者《てえり》、解状に就き覆審を加え、庄薗加納に入勘すべきの由の宣旨をもって、限りある勅免の神領を停廃せしめんと擬するの条、神威を蔑爾《べつじ》するのみにあらず、已《すで》に綸言に違乖する者か。望み請うらくは祭主裁にして、重ねて奏聞を経、早く糺し行われんことを者《てえり》、よって相い副え言上件の如し。望み請うらくは天裁を。禰宜等解状に任せて、早く糺し行われんことを者《てえり》。権大納言源朝臣雅定宣す、勅を奉るに、宜く度度の宣旨に任せて、其の妨を停止し、供祭物を備進し、兼て又国司をして子細を弁じ申さしむべし者《てえり》、同じく彼の国に

下知し既に畢んぬ、宮司よろしく承知し、宣によりてこれを行え。

（１）大庭御厨　相模国高座郡大庭郷に所在した。現在の神奈川県藤沢市。（２）祇承　本来は勅使が下向したおりに接待にあたることであるが、ここでは国衙に勤務すること。（３）地頭　ここでは「現地」の意。鎌倉幕府成立後一般化する「地頭」の語源を明らかにする用例。

【解説】大庭御厨は鎌倉景政が開発し、永久五年（一一一七）に伊勢神宮に寄進。しかし、この史料に見られるように、源義朝が留守所目代源頼清とともに鎌倉郡の内と称して鵠沼郷に侵入し、供祭料の稲米を運び去ったことが明らかとなり、下司大庭景宗は大神宮・太政官に訴えている。東国における国衙と国免の荘園との関係、武士団の経済的基盤と武士団相互の状況を示す好例。

第四節　商業交易の発達と対外関係

1　商業交易の発達と貨幣経済

（1）交易と金融の発達

62〔壬生文書〕保延二年（一一三六）九月日明法博士勘文

請特蒙　天裁（１）、任契状（２）、被裁下、大津神人（３）等訴申、上下諸人借請上□□（分米）（４）、依不弁償、季節御祭欲及闕怠子細状、副進

上分米注文一通、右、彼津神人等解状偁、当津神人者、雖無一分之相募（５）、供奉数度之祭場、其間労績不可勝計、□□、或往反諸国、事廻成（６）、或以上分米、企借上（７）、是則非顧私之方計、偏為継欲絶之神事也、而近年以降、上下諸人借請神物之後、更無弁償之志、

特に天裁を蒙り、契状《けいじょう》に任せ、裁下せられんと請う、大津神人等の訴申す、上下の諸人、上分米《じょうぶんまい》を借り請けて弁償せ

ざるにより、季節の御祭、闕怠《けたい》に及ばんと欲する子細の状。

副進す、上分米注文一通。右、彼津神人等の解状にいわく、当津神人は、一分の相募《あいつのり》なしと雖も、数度の祭場に供奉す。其間の労績、勝計すべからず。□□□、あるいは諸国に往反して廻成《かいせい》を事とし、あるいは上分米をもって借上《かしあげ》を企つ。これすなわち、私の方計を顧みるにあらず、偏《ひとえ》に絶えんと欲するの神事を継がんがためなり。しかるに近年以降、上下の諸人神物を借請くるの後、更に弁償の志なし。

(1)天裁　天皇の裁許。(2)契状　契約状、上分米の借用状。(3)大津神人　近江国大津を本拠地とした日吉神人。(4)上分米　神仏に捧げられた米、寺社経済の資本となった。(5)相募　手当。(6)事廻成　財貨の調達、融通を仕事とする。(7)企借上　上分米を元手に借上＝高利貸を営む。

【解説】　保延二年の明法博士勘文所引の比叡山の日吉神社社司解状の前半部分を抄出した。大津神人は諸国に往来して「借上」・高利貸を営んでいた。彼らは、その活動を私的なものではなく、日吉神社の神事のためであるとし、神物の上分米を借りながら弁償しない人々を訴えている。副進された借用者の注文(リスト)は残されていないが、文書の最後の部分に記載されたメモによって、借り手が、院司、国司、筑前や越後の地方武士や庄民などの広範囲に及び、国司たちは支払い証書(一種の為替)として公文書(庁宣)を渡していたことがわかる。日吉神人は中世を通じて商人資本の中心をなした。『平安遺文』二三五〇号文書。

63〔高山寺文書〕養和元年(一一八一)十一月二十三日紀俊守申状

所当御米[1]七百九石内、見納[2]四百七十余石也、十一月廿三日以前納、未進二百余石、従此後及□暮候天、難済仕候歟[3]、致苛法之責[4]候ハヽ、百姓等弥以可逃散仕候、又不加其催者、御米難成候、但御庄之習者、明年之二三月まても塩を売、様々廻船[5]仕候天、随堪令弁済之例也、雖然、今ハ依兵乱之故、鎮西不静候之間、百姓等も例時之方術計略尽候歟、

所当《しょとう》の御米、七百九石の内、見納《げんのう》は四百七十余石なり。〈十一月廿三日以前納。〉未進は二百余石。これより後、□暮に及び候て難済《なんせい》仕り候か。苛法の責《せめ》を致し候はば、百姓等いよいよもって逃散仕るべく候。またその催《もよおし》を加えざれば、御米なしがたく候。但し御庄の習は、明年の二、三月までも塩を売り様々廻船仕り候て、堪うるにしたがい、弁済せしむるの例なり。しかりといえども、今は兵乱の故により、鎮西静まらず候の間、百姓等も例時の方術、計略尽き候か。

(1)所当御米　年貢米。(2)見納　現在納付されている米。(3)従此後…難済仕候　歳暮の季節、年貢が納まり難い。(4)苛法之責　厳格な追

及。(5)廻船　沿岸航路巡回の輸送・商売船。

【解説】　治承・寿永内乱時の筑前野介《のげ》庄の庄官の申状（『平安遺文』補四〇五号）。この庄園では、十一月の年貢の第一次締切り（新嘗祭の季節にあたる）を過ぎても残った年貢の未進は、塩を廻船で売り歩き、その利益で二月・三月までには納付するという習慣があった。二月は、現在の太陽暦でいうと三月、年度末で、この頃も、普通は二月が年貢納付の最終締切り。中世では、冬は商売をして年貢の不足分を稼ぎ、正月の準備をする季節であり、これが地域商業の基礎であった。

64〔長秋記〕長承二年（一一三三）八月十三日

鎮西唐人船来着、府官(1)等任例存問、随出和市物(2)畢、其後備前守忠盛朝臣自成下文、号院宣、宋人周新(3)船、為神崎御庄(4)領不可経問官之由、所下知也、此事極無面目、欲訟申院也、

鎮西に唐人船来着す。府官など例に任せて存問し、随《したが》って、和市物を出だし畢《おわ》んぬ。その後、備前守忠盛朝臣みずから下文《くだしぶみ》をなし、院宣と号し、宋人周新の船、神崎御庄領として問官を経べからざるの由、下知するところなり。この事きわめて面目なし。院に訴え申さんと欲するなり。

(1)府官　大宰府の官人。(2)和市物　交易品。(3)周新　宋商の名。(4)神崎御庄　大宰府から南に山を越えた位置にある肥前国にあった院領庄園、その年貢積み出し港と倉敷が博多にあった。

【解説】　大宰権帥の藤原長実《ながざね》が平忠盛の行動を非難した発言の記録。当時、忠盛は鳥羽院の近臣として院領庄園・肥前国神崎庄預所の地位にあり、同庄は博多に港湾の倉敷を有していた。忠盛は、宋人周新の船は神崎庄の領分であると称し、大宰府官人の「問」行為を拒否したのである。忠盛が、院宣と号して自分の下文で府官の介入を排除したことは、大宰府の府官が問答して交易品を出させ、事情を中央に伝え、寄港を許すかどうかを決定するという、本来の対外貿易管理の体制を大きく転換させたもので、後の平氏の西国・対外貿易支配を予想させる事態である。『長秋記』は源師時の日記。

(2) 平安京における商業の発達

65〔本朝続文粋〕保延元年（一一三五）七月二十七日藤原敦光勘文

京中所住浮食大賈之人(1)、或於近都借一物、向遠国貪三倍、或当春時与少分、及秋節取大利(2)、若送数廻之寒燠(3)、殆傾終身之貯資、窮民不堪其力、挙家逃亡、又永売妻子、為彼奴婢、天下凋残、職而之由、

京中に住むところの浮食大賈《たいこ》の人、あるいは近都において一物を借り、遠国に向いて三倍を貪る。あるいは春時に当りて少分を与え、秋節に及びて大利を取る。もし数廻の寒《かん》燠《いく》を送るときは、ほとんど終身の貯資を傾け、窮民はその

力に堪えずして家を挙げて逃亡し、また永く妻子を売りて、彼の奴婢となす。天下の凋《やぶ》れ残《そこな》はるるは、職《もと》としてこれに由《よ》れり。

(1)浮食大賈之人　生産せずに浮食する商人という中世の慣用句で、農本主義の現れ。(2)当春時…大利　春に出挙して秋には不当に高い利を取る。(3)寒燠　寒さと暑さ。

【解説】崇徳天皇が徳政の開始にあたって「天下飢饉疾疫事」について諮問したのに答えた勘文(意見具申書)。執筆者の藤原敦光《あつみつ》は十二世紀前半に活動した学者。掲載の部分は、京都に大規模な商人が発生して遠隔地交易を展開したのみならず、農業出挙《すいこ》(種籾の前貸し)を行って民衆を隷属させる動向があったことを示す。大商人たちは院や比叡山などの寺社に属する身分を確保して、巨富を蓄積するに至った。

66〔寂蓮法師集〕

隆房卿別当(1)のとき、都のまつり事、みな昔に改められけるとき(2)、七条の市のたちけるを追せければ(3)、上の三条・四条のあせたりけるに、もとの如くむらがりわたりければ、よみてつかわしける

(1)別当　検非違使別当。(2)都の…改められけるとき　復古的な都市行政を行った。(3)七条…追せければ　本来の律令制の東西市は七条にあった。それを先例としてならった。

【解説】『寂蓮法師集』の詞書の一節。寂蓮は俗名藤原定長、有名な歌人藤原俊成の養子。建仁二年(一二〇二)没。藤原隆房が検非違使別当であったのは、文治三年(一一八七)からの三年間。文治年間の公家法の興行、徳政の一環として行われた京都支配の中には、本来七条に立っていた市、すなわち律令制的な東市・西市の先例を追う復古政策が含まれていた。そのため三条・四条の市町が一時的に衰退したが、この政策はすぐに失敗し、三条・四条の町はもとのような繁栄を取り戻したという。平安中期以降、京都の市町が左京の三条・四条辺りに集中し発展を遂げていたことがわかる。

(3)　宋銭の流入

67〔玉葉〕治承三年(一一七九)七月二十五日高倉天皇綸旨

近日万物沽価(1)、殊以違法、非唯市人(2)之背法、殆及州民之訴訟云々、寛和・延久之聖代(3)、被定下其法了、随去保延四年、且用中古之制且任延久之符(4)、宜遵行之由、重被宣下了、今度猶可被用彼法歟、将又驪駒推移(5)、時俗難随者、新可被定下哉、就中、銭之直法、還背皇憲(6)、雖宜停止、漢家・日域、以之為祥(7)、私鋳銭之外、交易之条、可被寛宥歟、其法可用寛和沽価之准直歟(8)、又可依諸国当時之済例歟(9)、抑将新可被定下歟、此等之趣殊可令計中給候者、依天気言上如件、以此旨且可令披露給候、通親恐惶謹言、

七月廿五日　　右中将通親(源)上

進上　美作守(10)殿

近日、万物の沽価《こか》、ことにもって法に違《たが》う。ただに市人の法に背くのみにあらず、ほとんど州民の訴訟に及ぶと云々。寛和《かんな》・延久の聖代、その法を定め下され了《おわ》んぬ。したがって、去る保延四年、且《かつう》は中古の制を用い、且は延久の符に任せ、宜しく遵行すべきの由、重ねて宣下せられ了んぬ。今度、なお彼法を用いらるべきか。はたまた驪駒推移し、時俗随いがたくんば、新たに定め下さるべきか。なかんずく、銭の直法は還《かえ》りて皇憲に背く。よろしく停止すべきと雖も、漢家・日域、これをもって祥となす。私鋳銭の外、交易の条、寛宥《かんゆう》せらるべきか。その法、寛和沽価の准直を用うべきか。また諸国当時の済例によるべきか。そもそもはた新たに定め下さるべきか。これらの趣、殊に計り申さしめ給うべく候。者《てえれば》、天気により言上、くだんの如し。この旨をもって且《かつが》つ披露せしめ給うべく候。通親恐惶謹言。

(1)沽価　市価。(2)市人　商人のこと。沽価法は商人が不法に物価を操作するのを禁止し、基準物価を定める役割をもっている。(3)寛和・延久之聖代　寛和は花山天皇、延久は後三条天皇の時期を意味する。聖代というのは、この二つの時期に徳政・新制が興行されたため。(4)延久之符　後三条の出した沽価法を定めた太政官符。(5)驪駒推移　時代が変わり。(6)還背皇憲　外国銭を利用した価格法は国家の原則に反する。(7)祥　縁起のよいもののこと。(8)寛和沽価之准直　花山の定めた銭による価格法。(9)諸国当時之済例　国衙に官物を弁済する際に定められていた換算率のこと。(10)美作守　藤原基輔。藤原兼実の家司。

【解説】　この高倉天皇綸旨は、藤原兼実に「銭の直法」の採否を諮問したもの。奉者の源(土御門)通親は高倉の蔵人頭で、平氏との間の調整役。造幣は改元と並ぶ天皇の大権であったから、宋銭を使用することには貴族の抵抗があった。しかし、高倉と平氏は宋との対外貿易関係をその権力の重要な基礎としており、この直後に発令された治承新制の沽価法は「銭の直法」を採用したと思われる。沽価法における「銭の直法」は宋銭の流通を公認する貨幣法の役割を果たしたのである。なお、この年、『百練抄』六月条に「近日、天下の上下、病悩す。これを銭の病と号す」といわれるまでに宋銭の大量流入が大きな社会的問題になっていたことも重要である。

2　海外交流と対外意識

(1)　対外観と外交姿勢

68〔**大槐秘抄**〕

高麗は、神功《じんぐう》皇后のみづから行むかひてうちとらせ給たるくにに候。千《ち》よ年《とせ》にや成候ぬらむ。東国は、むかし日本《やまと》　武尊《たけるのみこと》と申人のうちたひらげ給ひて候也。それは日本の内《うち》事《のこと》に候。高麗は、大国をうちとらせ給て候を、いかに会稽(1)

をきよめまほしく候らん。然れども日本をば神国と申て、高麗のみにあらず、隣国のみなおぢて思ひよらず候也。鎮西は、敵国(2)の人けふいまにあつまる国なり。日本の人は、対馬の国人高麗にこそ渡候なれ、其《それ》も宋人の日本に渡躰《わたるてい》にはにぬかたにて、希有の商人のたゞわづかに物もちてわたるにこそ候めれ。いかにあなづらはしく候らん。しかれば(3)制は候事なり。

(1)会稽　越王勾践は呉王夫差に会稽山の戦いで敗れ、臥薪嘗胆してその恥を雪《すす》いだ。(2)敵国　九世紀以来新羅の代名詞のように使われた。ここでは新羅の後継国家高麗を指す。(3)制　渡海禁制。

【解説】　応保二年(一一六二)ころ、太政大臣藤原伊通が二条天皇に帝王の心得を説いた意見書から、支配層のスタンダードな対外観を示す文章を抜いた。神功皇后の三韓征伐以来日本に従うべき国である高麗は、近年反抗的になっているが、日本は神国なるがゆえに不可侵だとする。また高麗へ小規模な交易のために渡航する対馬人への蔑視観もみてとれ、十一世紀以前に成立していた渡海禁制が、一般庶民をも対象としていたことがわかる。

69〔玉葉〕嘉応二年(一一七〇)九月二十日

廿日、丁酉、(中略)法皇(後白河)令向入道太相国(平清盛)之福原山庄(1)給、是宋人来着為叡覧云々、我朝延喜以来未曾有事也、天魔之所為歟、

法皇、入道大相国の福原山荘に向かわしめ給う。是れ宋人来着叡覧のためと云々。我朝延喜以来未曾《みぞう》有の事なり。天魔の所為か。

(1)福原山庄　平氏領摂津国福原荘内に清盛が構えた別荘。平氏が整備した貿易港大輪田泊《おおわだのとまり》に至近の地。

【解説】　九世紀以来、日本の外交姿勢は孤立化の方向をたどり、とくに天皇が外国人と面会することは聖性を汚すものとして厳に戒められた。後白河が院とはいえ清盛の誘いに応じて福原山荘で宋人と会ったことは、治承四年(一一八〇)の高倉上皇厳島詣の際に宋船が利用されたこと(「高倉院厳嶋御幸記」)とともに、院政・平氏政権による対外姿勢の転換を象徴している。ゆえに守旧派貴族藤原兼実の悲憤を買ったのである。

(2)　国境をまたぐ地域

70〔朝野群載〕巻五　朝儀下陣定　応徳二年(一〇八五)十月二十九日定文

太宰府言上、大宋国商客王端・柳忩・丁載等参来事
春宮大夫藤原朝臣(実季)(五名略)等定申云、異客来朝、本定年紀(1)之後、雖不依其年限、或被安置(2)、或被放帰、而近代府司(3)、乍瞻廻却官符(4)、殊優異客、仕情量其意趣、似令出不被行者歟、如風聞者、如此商客、上古待二八月之順風所往反也、至于近代、不拘時節往反不利(時)、且諭此旨、早可被廻

却歟、但此事、修補船筏、相待順風之間、随其状□可令量行歟、自今以後、被告為他聴稽留之由者、可□炳誡之状、可被下知歟、不然者、又為彼若無事煩者、暫被許安置、何難之有哉、但可経勅定、(5)抑近代異客来着諸国、交関(6)成市、塡城溢郭云々、雖無指疑、猶乖旧典者歟、

応徳二年十月廿九日

太宰府言上す、大宋国商客王端・柳忩・丁載等参来の事

春宮大夫《とうぐうのだいぶ》藤原朝臣（五名略）ら定め申して云く、異客来朝せば、本より年紀を定むるの後、その年限によらずと雖も、或いは安置せられ、或いは放帰せらる。しかるに近代府司、廻却の官符を瞻《み》乍《なが》ら、殊に異客を優じ、情に任せてその意趣を量《はか》る。令出でて行われざるに似たる者か。風聞の如くんば、かくの如き商客、上古は二八月の順風を待ちて往反《おうへん》する所なり。近代に至り、時節に拘わらず、往反時ならず。且《かつが》つ此の旨を諭し、早く廻却せらるべきか。但しこの事、船筏を修補し、順風を相待つの間、その状に随い□量り行わしむべきか。自今以後、他のために稽留を聴《ゆる》すの由を告げらるれば、炳誡《へいかい》□るべきの状、下知せらるべきか。しからずんば、また彼としてもし事の煩なくば、暫く安置を許さるるも、何の難かこれあらんや。但し勅定を経べし。抑《そもそ》も近代異客諸国に来着し、交関《こうかん》市を成し、城を塡《うず》め郭《まち》に溢《あふ》ると云々。指せる疑いなしと雖も、なお旧典に乖《そむ》く者か。

(1)年紀　延喜十一年(九一一)、中国商人の来航に一定の年限を定めた。(2)安置　商客を大宰府に受け入れて貿易に応じること。廻却・放帰の反対。(3)府司　大宰府の役人。(4)廻却官符　商客の廻却を大宰府に命じた太政官符。(5)勅定　天皇の名による決定。(6)交関　貿易取引。

【解説】　六名の公卿が、陣定《じんのさだめ》の席で、大宰府に到来した宋商の処遇について述べた意見を、書き留めた定文《さだめぶみ》。十世紀初頭に定められた年紀制が、もはや完全には維持できなくなっており、朝廷内の意見にも動揺が見られる。大宰府は中央政府の方針に必ずしも従っておらず、その背景には、北九州の商人たちが宋商と結びつき、国家的規制を越えて貿易活動を展開する動きがあった。末尾近くの「近代異客諸国に来着し……」という一文は、国境を超えた経済活動の進展をよく伝えている。なお、『帥記』治暦四年(一〇六八)十月二十三日条にも、「件の商客参来せば、延喜の比、年記を定めらるの後、或いは彼の年記を守りて廻却に従われ、或いはその参来を優じて安置を聴さる」とある。

71〔青方文書〕安貞二年(一二二八)三月十三日関東下知状

清原三子直前妻寿永二年三月廿二日譲男囲状偁、譲与小値賀嶋地頭職事、右三子可令知行嶋也、其故者、是包好狼藉、致民煩、依移高麗船、仁平二年蒙御勘当、(1)被解却之刻、(2)三子為領主之間、直依夫妻、直給御下文知行之処、離別三子

之後、相具平戸蘇船頭後家間、以彼宋人子息十郎連、称直子息譲与之条、無其謂、乍置実子、何可譲継子哉、仍譲与六郎囲畢云々、

清原三子《さんのこ》〈直《ただす》の前妻〉寿永二年三月二十二日男囲《かこう》に譲る状に偁《いわ》く、「譲与する小値賀《おじか》嶋地頭職の事。右、三子知行せしむべき嶋なり。その故は、是包《これかね》狼藉を好み、民に煩いを致し、高麗船を移すにより、仁平二年御勘当を蒙り、解却《げきゃく》せらるの刻《きざみ》、三子領主たるの間、直と夫妻により、直御下文を給わり知行の処、三子を離別せし後、平戸蘇船頭の後家に相具すの間、彼の宋人の子息十郎連《つらぬ》を以て、直の子息と称して譲与するの条、その謂《いわ》れなし。実子を置き乍《なが》ら、何ぞ継子に譲るべき哉《や》。よって六郎囲に譲与し畢《おわ》んぬ」と云々。

(1)御勘当　小値賀島をふくむ宇野御厨の荘園領主による処罰。(2)御下文　この下知状の別の部分に「平家御時、直また御下文を給わり知行す」とある。

【解説】　安貞二年(一二二八)、幕府は、肥前国五島の小値賀島地頭職をめぐって松浦党一族の峯持《たもつ》と山代固《かたむ》が争った相論に判決を下した。右は、判決文に引用された固側提出の寿永二年(一一八三)清原三子譲状である。これによれば同島の領有権は是包→三子→直→連→三子→囲と変転したことになる。その間、是包の高麗船略奪による領有権剝奪(一一五二年)と、宋人平戸蘇船頭(平戸に拠点をもつ宋商だろう)の子連《つらぬ》による知行という事態が見出され、北西九州の多島海域に多民族の活動が入り交じっていたことがわかる。

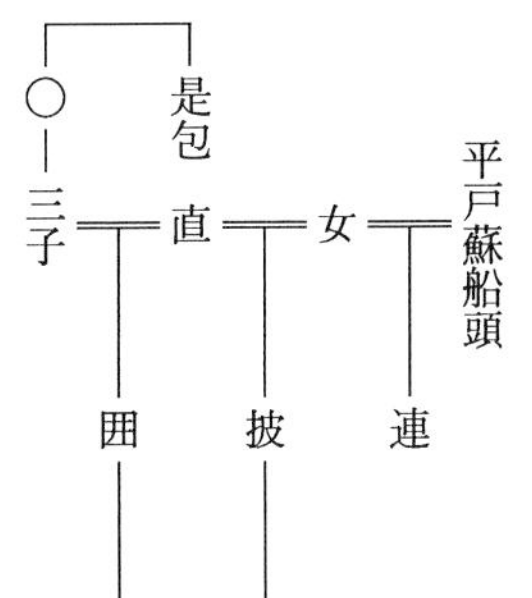

72〔太宰府博多津宋人刻石〕　乾道三年(一一六七)四月

日本国太宰府博多津居／住弟子丁淵捨銭十貫文／砌路(1)一丈／功徳奉献三界／諸天(2)十方智聖本□上／代(3)本命星官(4)見生(5)□□(得)／四惣法界(6)衆生同生仏／界者乾道三年四月日

日本国太宰府博多津居住の弟子丁淵《ていえん》、銭十貫文を砌路《せいろ》一丈の功徳《くどく》に捨し、三界諸天《さんかいしょてん》・十方智聖・本□上代・本命星《ほんみょうしょう》官《かん》に奉献す。見生《げんせい》に□を得、四惣の法界衆生《しゅじょう》と同《とも》に仏界に生まれんことを者《てえり》。

(1)砌路　石だたみの道。(2)三界諸天　欲界・色界・無色界にある二十八の天。(3)上代　先祖。(4)本命星官　北斗七星のうちでその人の生年にあたる星。(5)見生　現世。(6)法界　仏門。

【解説】　中国浙江省寧波市にある図書館「天一閣」内の「千晋

斎」という建物に、三個の刻石が展示されている。考古学・歴史学の雑誌『文物』一九八五年第七期に載った顧文璧・林士民の論文「寧波現存日本国太宰府博多津華僑刻石之研究」で初めて紹介されたもので、その時点では「尊経閣」の裏庭の壁に埋めこまれていた。ここではその後の研究を踏まえた高倉洋彰『大宰府と観世音寺』(海鳥社、一九九六年)に拠り、第一石のみを掲げた。乾道三年(一一六七)四月、博多居住の宋人丁淵が、寧波のある寺の参道(第三石に「明州礼拝路」とある)一丈(約三メートル)分を舗装する費用として、銭十貫文を捨入し、現世・来世の幸せを願う旨が刻まれている。博多の「大唐街」故地から出土する中国陶磁や、「宮寺縁事抄」に見える筥崎《はこざき》に住む宋人王昇の後家の記事とあわせて、十二世紀の東シナ海をまたぐ宋商の多彩な活動を示す資料である。

(3) 入宋巡礼僧

73〔参天台五臺山記〕熙寧五年(一〇七二)六月二日

二日、庚戌、天晴、(中略)未時、向学堂謁学頭、上表案文預了、帰宿了、(中略)申時、禹珪取表案来、求能書人間、慮外能書冠者来、令書写了、表文、大日本国延暦寺阿闍梨大雲寺[1]主伝燈大法師位臣ム[2]、欲乞　天恩巡礼五臺并大興善寺[3]・青龍寺[4]等聖跡、右ム従少年時有巡礼志、伝聞、江南天台[5]、定光[6]垂跡於金地、河東五臺[7]、文殊現身於巌洞、将欲尋其本処巡礼聖跡、而為大雲寺主三十一年、護持左丞相(藤原頼通)二十年、如此之間不遂本意、今齢満六旬、余喘不幾、若不遂鄙懐、後悔何益、因之得謝商客船[8]、所参来也、就中天竺道猷、登石橋而礼五百羅漢[9]、日域霊仙[10]、入五臺而見一万菩薩、ム性雖頑愚、見賢欲斉、先巡礼聖跡、次還天台、終身修行法華秘法、専求現証、更期極楽、所随身天台真言経書六百余巻・灌頂道具三十八種、至于真言経儀軌持参、青龍寺経蔵紕其訛謬、伏望
天恩、早賜　宣頭[11]、将遂素意、臣ム陳表以　聞、熙寧五年
六月　日、大日本国延暦寺阿闍梨大雲寺主
伝燈大法師位臣ム　上表、

未《ひつじ》の時、学堂に向かい学頭に謁す。上表の案文を預け了《おわ》んぬ。帰宿し了んぬ。(中略)申《さる》の時、禹珪表案を取り来たる。能書の人を求むるの間、慮外能書の冠者《かんじゃ》来たる。書写せしめ了んぬ。表文。「大日本国延暦寺阿闍梨大雲寺主伝燈大法師位臣ム、天恩を乞い五臺ならびに大興善寺・青龍寺等の聖跡を巡礼せんと欲す。右ム少年の時より巡礼の志あり。伝え聞く、江南の天台、定光跡を金地に垂れ、河東の五臺、文殊身を巌洞に現わす、と。まさにその本処を尋ね、聖跡を巡礼せんと欲すれども、大雲寺主として三十一年、左丞

相を護持すること二十年、此《かく》の如きの間本意を遂げず。今齢《よわい》六旬に満ち、余喘《よぜん》幾ばくならず。もし鄙懐を遂げざれば、後悔するも何の益かあらん。これに因《よ》り謝商客の船を得、参り来たる所なり。就中《なかんずく》天竺の道猷、石橋に登りて五百羅漢を礼《おが》み、日域の霊仙、五臺に入りて一万菩薩を見き。ム性頑愚と雖も、賢に見《まみ》えて斉しからんと欲す。まず聖跡を巡礼し、次に天台に還り、終身法華の秘法を修行し、専ら現証を求め、更に極楽を期せん。随身する所の天台真言経書六百余巻・灌頂《かんじょう》道具三十八種、真言経儀軌《ぎき》に至るまで持参せり。青龍寺の経蔵にてその訛謬《かびゅう》を糺《ただ》さん。伏して望むらくは天恩、早く宣頭を賜わり、将《もっ》て素意を遂げんことを。臣ム表を陳《の》べてもって聞す。煕寧五年六月日。大日本国延暦寺阿闍梨大雲寺主伝燈大法師位臣ム上表す。」

（1）大雲寺　洛北の岩倉に天禄二年（九七一）開創された天台宗寺門派の寺。（2）ム　なにがし。この位置に正本では「成尋」の二字が小さい字で記されていただろう。（3）大興善寺　隋代に長安に建立された興善寺か。（4）青龍寺　唐代に長安にあった寺。空海をはじめ入唐留学僧の多くがこの寺で密教を学んだ。（5）江南天台　天台山。浙江省台州にある聖山。隋代に智顗《ちぎ》が天台宗を始めた。（6）定光　定光仏。体中から光明を放つという。（7）河東五臺　五臺山。河東（山西省）北東部にある山で文殊信仰の聖地。（8）謝商客　成尋が渡航に利用した商船の船主らしいが、渡航のくだりには名がみえない。（9）石橋　史料74の注3参照。（10）霊仙　八二〇年に入唐し、五臺山に登った学問僧。（11）宣頭　天子のみことのり。

【解説】　延暦寺の僧成尋は、齢六十一歳の延久四年（一〇七二）三月、肥前国松浦を発して入宋、五月十三日天台山の国清寺に至って念願の天台大師智顗の塔を拝し、ついで五臺山にも登って文殊菩薩の聖跡を訪ねた。彼はその後も宋に留まり、元豊四年（一〇八一）宋都開封の開宝寺で死去した。彼の旅行記『参天台五臺山記』の右掲部分には、天台山から宋朝の神宗皇帝に上って五臺山等巡拝の許可を求めた表が写してあり、巡礼の動機を知ることができる。中国の聖地巡礼が少年時代からの念願であったこと、天台密教の経典・法具・儀軌を大量に携えていたことがわかる。国清寺の学頭による添削、能書家に依頼しての清書など、表文の作られる過程がわかるのもおもしろい。

74　**〔玉葉〕　寿永二年（一一八三）正月二十四日**

廿四日、庚寅、天晴、東大寺勧進聖人重源来、余（藤原兼実）依相招也、聖人云、大仏奉鋳成事、偏以唐之鋳師之意巧可成就云々、来四月之比可奉鋳云々、件聖人渡唐三箇度、彼国之風俗委所見知云々、仍粗問之、所語之事実希異多端者歟、五臺山被打取大金国了、渡海之本意、為奉礼彼山也、仍空數帰朝之処、天台山・阿育王山[1]等可奉礼之由、宋人等勧進、仍暫経廻[2]、詣件両所、天台山ニハ有石橋[3]、破戒罪業之人無渡得、其橋事、本国之人十之八九ハ不遂前途、但於日本国之人者多分渡之、令感依此願渡海之志歟云々、即此重源聖人所渡其橋也、尤可貴々々、（中略ａ）又云、謂阿育王山者、即彼王八万四千基塔之其一、被安置彼山、（中略ｂ）件舎利現種々神変、或現丈六（4）被摂（接）（5）之姿、或現小像、或現光明云々、此聖人両度奉礼神変、一度ハ光明、一度ハ小像仏云々、雖末代此事不陵遅云々（6）、但彼国人、心ハ以信心為先、或道或俗、徒党五百人若ハ千人、如此同時始精進、起猛利（7）之浄信、三歩一礼ヲ成テ参詣、其路雖不遠、或三月若半年之間、遂其前途、参着之後、皆悉奉唱釈迦之宝号、一向成奉礼神変之思、其中随罪之軽重、有神変之現否云々、実是重殊勝之事也、我朝之人、比彼敢無可及之者、可悲々々云々、

東大寺勧進《かんじん》聖人重源《ちょうげん》来たる。余相招《あいまね》くによってなり。聖人云う、「大仏を鋳成《いな》し奉《たてまつ》る事は、偏えに唐の鋳師の意巧を以て成就すべし」と云々。来る四月の比《ころ》鋳奉るべしと云々。件の聖人は渡唐三箇度にして、彼の国の風俗を委しく見知るところと云々。よって粗《あら》あらこれに問う。語る所の事は実に希異多端なる者か。五臺山《ごだいさん》は大金国に打ち取られ了《おわ》んぬ。渡海の本意は彼の山を礼《おが》み奉らんがためなり。よって空しく帰朝の処、天台山・阿《あ》育王山《いくおうさん》等を礼み奉るべきの由、宋人等勧進す。よって暫く経廻《けいかい》し、くだんの両所に詣《まい》る。天台山には石橋あり、破戒罪業《ざいごう》の人渡り得るなし。その橋の事、本国の人は十の八九は前途を遂げず。但し日本国の人においては多分これを渡る。これにより渡海を願うの志に感ぜしむるかと云々。すなわちこの重源聖人はその橋を渡るところなり。尤も貴ぶべし貴ぶべし。（中略ａ）又云う、「阿育王山と謂うは、即ち彼の王八万四千基塔のその一にして、かの山に安置せらる。（中略ｂ）件《くだん》の舎利《しゃり》は種々の神変《じんぺん》を現わす。或いは丈六被接《ひしょう》の姿を現じ、或いは小像を現じ、或いは光明を現ず」と云々。此の聖人は両度神変を礼み奉る〈一度は光明、一度は小像仏と云々〉。「末代と雖もこの事陵遅せず」と云々。「但し彼の国人、心は信心をもって先となし、或いは道、或いは俗、徒党五百人もしくは千人、かくの如く同時に精進を始め、猛利の浄信を起こし、三歩に一礼を成して参詣す。その路遠からずと雖も、或いは三月《みつき》もしくは半年の間に、その前途を遂げ、参着の後、皆悉《かいしつ》釈迦の宝号を唱え奉り、一向神変を礼み奉るの思いを成す。その中《うち》に罪の軽重に随い、神変の現否ありと云々。実にこれ重ねて殊勝の事なり。我朝の人、彼に比して敢えて及ぶべきの者なし。悲しむべし悲しむべし」と云々。

（1）阿育王山　浙江省寧波の東にある山。禅宗五山の第五。三世紀にインドの阿育王の八万四千塔のひとつが発見されたという。（2）経廻　日を過ごす。（3）石橋　熙寧五年（一〇七二）五月十八日、入宋僧成尋は天

台山の石橋を拝して、「菩提心を発するの人にあらざれば、これを渡らず」と記している(『参天台五臺山記』)。(4)丈六　周尺の一丈六尺。釈迦の身長で常人の二倍あったという。(5)被接　仏の方から人に恩恵を被らせること。(6)陵遅　衰退。(7)猛利　たけく鋭い。

【解説】　一一二七年に宋が南遷して華北の五臺山が金の版図に入ると、入宋僧の目的地はもっぱら浙江省の天台山・阿育王山・天童山などになった。養和元年(一一八一)に六十一歳で東大寺造営勧進職となり、その後の生涯を東大寺再建に捧げた重源は、前半生に、四国・大峰山・熊野などを踏破したあと、大陸の聖地にも巡礼した。「渡唐三箇度」はホラ話のきらいがあるが、仁安二年(一一六七)に四十七歳で入宋し、翌年栄西らとともに帰国したことは事実である。彼が藤原兼実に語った天台山・阿育王山の情景は、詳細だがやや夢幻的である(中略aには天台山の橋、中略bには阿育王山の塔についての記述がある)。中国での巡礼のようすの描写や、日本からの巡礼者への強い関心も目をひく。

第五節

平安京の発展と地方文化の形成

1　平安京の発展と院政・平氏政権

(1)　六勝寺の建立

75　**〔中右記〕康和四年(一一〇二)七月十六日**

巳刻許参白河院御所(1)、民部卿以下諸卿八人参入、(2)〈皆直衣〉御幸新御願寺(3)、〈人々歩行〉、頗又内々有小習礼(4)事、昨日依日暮不尽之故也、楽人等布衣(5)、蝶・鳥・菩薩(6)出舞台舞、大行道(7)綱所(8)許参入、仍行道之間、以威・従七八人、為衆僧代、行道事了後還御、晩頭退出、

巳刻許り、白河院御所に参る。民部卿以下諸卿八人参入す〈皆直衣《のうし》〉。新御願寺《ごがんじ》に御幸〈人々歩行す〉。頗る又、内々小習礼《しゅらい》の事あり、昨日日暮により尽さざるの故なり。楽人等布衣、蝶・鳥・菩薩舞台に出で舞う。大行道は綱所許り参入す。

よって行道之間、威・従七、八人をもって衆僧の代とす。行道事おわりて後還御す。晩頭退出す。

(1)白河院御所　藤原師実から白河天皇に献ぜられ、御所とされた。(2)直衣　公家の日常着。(3)新御願寺　ここでは堀河天皇の発願で京都市左京区岡崎に建てられた尊勝寺のこと。七月二十一日に落慶法要が行われた。(4)習礼　儀式の予行のこと。(5)布衣　狩衣のこと。(6)蝶・鳥・菩薩　いずれも舞楽の舞の名で、蝶は胡蝶楽、鳥は迦陵頻のことでいずれも童舞、菩薩は菩薩の面をつけた舞。(7)行道　僧らが読経しながらめぐり歩くこと。(8)綱所　僧綱所。僧尼を統率する僧綱の役所で、僧正・僧都・律師・威儀師・従儀師で構成された。威・従は威儀師・従儀師のこと。

【解説】　院政期には、上皇らによって多くの「御願寺」が建てられ、白河(京都市左京区岡崎)付近には白河天皇の法勝寺をはじめ、いずれも「勝」の字のつく六つの寺が建てられたので、これを「六勝寺」と総称する。六勝寺は多く受領層が競って造営を担当しており、院政の開始後最初に建立された尊勝寺も但馬守高階仲章や若狭守平正盛らによって造営されている。この記事は、尊勝寺の落慶法要に先立つ予行の記事で、公卿をはじめ、僧侶や楽人、舞人らが数多く動員されて、はなやかに実施されたことを窺わせる。六勝寺は、その後十五、六世紀ころまでにはみな衰微してしまった。

76〔兵範記〕仁安四年(一一六九)正月十一日

入夜参円勝寺(1)、上卿右兵衛督兼雅被参入、一夜修正(2)也、無御幸、仍尋問僧参否幷事具否於寺家、申上卿、次令打初夜金鼓(3)、次導師昇、先是神分(4)導師行了、(中略)次大導師取木印(5)授法呪師(6)、々々令受上卿下官(7)等、

夜に入りて円勝寺に参る。上卿右兵衛督兼雅参入せらる。一夜修正なり。御幸は無し。よって僧の参否ならびに事の具否を寺家に尋問し、上卿に申す。次いで初夜の金鼓を打たしむ。次いで導師昇る。まずこれ神分《じんぶん》導師の行了《おわ》んぬ。(中略)次いで大導師木印を取りて法呪師に授く。呪師、上卿・下官等に受けしむ。

(1)円勝寺　六勝寺のひとつで、鳥羽天皇の皇后・待賢門院の発願で建てられた寺。(2)修正　修正会。正月の祈禱のために寺院で行われる法会。(3)初夜金鼓　午後八時ころ、修正会のはじめに際して打たれるカネの音。(4)神分　法会の最初に、まず神々に擁護を請い、般若心経などを読誦すること。(5)木印　木で作られた印。いわゆる牛玉《ごおう》宝印のことで、これを額などにおし、延命長寿のおまもりとした。(6)法呪師　法会の役僧のひとり。散楽などを演ずるのも役割のうち。(7)下官　日記などで筆者が自身をへりくだっていう自称。

【解説】　修正会は鎮護国家の祈禱として院政期には六勝寺などをはじめ、広く行われていたが、この年の修正会は、前年末の伊勢神宮の火災のためか、後白河上皇の参加がなかったという。修正会では、乱声《らんじょう》などで邪気が払われ、最後には牛玉宝印とよばれる朱印が参加者の額におされる。この印はおされた者の延命長寿などのおまもりとなるもので、やがてこの印を紙におして信者たちに配布するようになった。これが、中世の起請文の

料紙にしばしば用いられる牛玉宝印の発生である。

(2)　法会と寺院生活

77〔右記〕

一、落飾(1)之事、以十七若十九、可定其年限也、然翠黛之貌、紅粉之粧(2)、僅四五年之間也、相構其程競寸陰而学外典(3)、緇襟(4)之後、可嗜内典也、（中略）

一、囲碁・双六等諸遊芸・鞠・小弓等事、強不可好之、但一向不知其消息者、還又非常儀、只片端携得、而痛不可張行也、

一、落飾《らくしょく》の事、十七もしくは十九をもってその年限と定むべきなり。しかれば、翠黛《すいたい》の貌・紅粉の粧、僅に四、五年の間なり。相構えてその程寸陰を競いて外典を学び、緇襟の後、内典を嗜むべきなり。

一、囲碁・双六等諸遊芸・鞠・小弓等の事、あながちにこれを好むべからず。ただし一向その消息を知らざれば還って又常儀にあらず。只片端に携得て、痛くは張行すべからざるなり。

(1)落飾　髪を剃り落として仏門にはいること。(2)翠黛之貌・紅粉之粧　稚児の間は化粧をし、美しく飾っていた。(3)外典　仏教の経典である内典に対して、それ以外の書物を言う。(4)緇襟　緇は黒い色の衣、僧衣のことで、つまり僧侶になってから、の意味。

【解説】『右記』は、真言行法の故実書である『左記』とともに仁和寺の守覚法親王が書いたもので、「童形」や「老若甲乙」、つまり俗人の修業の心得について記され、とくに寺院内で生活する童(稚児)の教育に関する記事が興味深い。当時の寺院は公卿たちの子弟の教育の場でもあり、ここで対象とされる童形の中には、僧侶の後継者として育てられるだけではなく、また俗人として生きてゆくことになる人々も含まれていた。ここには、『右記』のうち二カ条のうちの一部を引いた。守覚(一一五〇―一二〇二)は後白河法皇の第二皇子で、北院御室とよばれる。

(3)　鳥羽殿と六波羅

78〔扶桑略記〕応徳三年(一〇八六)十月二十日

公家(白河天皇)近来九条以南鳥羽山荘新建後院(1)、凡卜百余町焉、近習卿相・侍臣・地下雑人等、各賜家地、営造舎屋、宛如都遷、讃岐守高階泰仲依作御所、已蒙重任(2)宣旨、備前守藤原季綱同以重任、献山荘賞也、五畿七道六十余州皆共課役、堀池築山、自去七月至于今月其功未了、洛陽営々无過於此矣、

公家《こうけ》近来九条以南の鳥羽山荘に新たに後院《ごいん》を建つ。凡《およ》そ百余町を卜す。近習の卿相《けいそう》・侍臣《じしん》・地下《じげ》雑人《ぞうにん》等、各家地を賜わり、舎屋を営造す。宛《あたか》も都遷りの如し。讃岐守高階泰仲

御所を作るによって、已《すで》に重任《ちょうにん》の宣旨を蒙る。備前守藤原季綱同じくもって重任す。山荘を献ずる賞なり。五畿七道六十余州に皆共に役を課し、池を掘り山を築く。去《さん》ぬる七月より今月に至るまでその功いまだ了《おわ》らず。洛陽の営々これに過ぐるはなし。

(1)後院　天皇譲位後の居所。(2)重任　任期満了後再び同じ国の受領に任じられること。極めて大きな恩賞とされた。

【解説】　白河天皇が堀河への譲位(この年十一月二十六日)に備えて、鳥羽の地に離宮(鳥羽殿)を造営したことに関する記事である(『扶桑略記』は天台僧皇円が十二世紀末に著した歴史書。引用は新訂増補国史大系本より)。以後鳥羽殿は白河院政の拠点となり、鳥羽上皇もやはりここに基盤を据えた。造営には受領の財力が大きな役割を果たし、院政の財政基盤の構造が読み取れる。鳥羽の地は賀茂川と桂川の合流点にあたり、古くから別業に適する地とされたが、院政期に鳥羽殿を中心に急速な都市的繁栄を遂げる。鳥羽殿には東殿・北殿・南殿の三区に別れて多くの殿舎・仏殿があったが、現在は東殿にあった一院を安楽寿院として残すのみである。

79〔**東寺百合文書**〕**ほ函　天永三年**(**一一一二**)**十一月八日丹後守平正盛請文**

請申珍皇寺(1)御領畠事

合弐処

壱処捌段(八)　限東醍醐道(2)　限西安富領垣根
　　　　　　限南谷　　　限北安富領垣根

壱処壱町　限東清水寺領　限西府生(3)有貞領
　　　　　限北谷　　　限南小田

右、所請申注進如件

天永三年十一月八日　　内蔵安富(4)

(1)珍皇寺　東寺末寺。現在の京都市東山区六道珍皇寺に相当。(2)醍醐道　賀茂川の東を南下して醍醐寺に通ずる道を指すか。(3)府生《ふしょう》　衛府の下級職員。(4)内蔵安富《くらのやすとみ》　平正盛の仮名《けみょう》。本文中の安富も同様。

【解説】　平正盛が珍皇寺領の畑一町八段を借り受けた際の文書(『平安遺文』一七八一号)で、平家拠点としての六波羅の本格的成立を示すものである。六波羅(本来は六原。平安京東の鳥辺山西山麓一帯)の地と平氏の結び付きは、天永元年(一一一〇)正盛が阿弥陀堂(常光院・六波羅堂)を建てたことに始まる。この文書はその二年後のものであるが、四至《しいし》(土地の東西南北の境界)の記述より、敷地拡充の様子が知られる。正盛の借り受けた地は堂の近隣にあたることが知られ、以後この地には平氏一門の邸宅が多く構えられ、六波羅の地には、京周辺の墳墓の地という従来からのものに加え、武家権力の拠点としての性格が備わっていくのである。

2　信仰と民衆

(1)　平安京と祭礼

80〔中右記〕永長元年（一〇九六）六月十二日

此十余日間、京都雑人作田楽(1)互以遊興、就中昨今諸宮諸家青侍下部等皆以成此曲、昼則下人、夜又青侍、皆作田楽満盈道路、高発鼓笛之声、已成往反之妨、未知是非、時之夭言(2)所致歟、寄事祇園御霊会(3)、万人田楽不能制止也、

この十余日間、京都の雑人田楽を作《な》し互いにもって遊興す。なかんずく昨今諸宮・諸家の青侍・下部《しもべ》等みなもってこの曲を成す。昼はすなわち下人、夜はまた青侍、みな田楽を作し道路に満ち盈《み》つ。高く鼓笛の声を発し、已《すで》に往反《おうへん》の妨げとなる。いまだ是非を知らず。時の夭《よう》言の致すところか。事を祇園御霊会《ぎおんごりょうえ》に寄せ、万人の田楽制止あたわざるなり。

(1)田楽　都市で発達した神事芸。腰鼓・びんざさら・笛・歌に合わせた舞と曲芸から成る。古くから田植の時行われる豊作祈願の田遊びとの結び付きが指摘されてきたが、最近では疑問視する考えも示されている。(2)夭言　怪しい言。(3)御霊会　疫神・怨霊を鎮める祭。貞観五（八六三）早良《さわら》親王等の怨霊を神泉苑《しんせんえん》に祭ったのに始まる。

【解説】　永長元年（一〇九六）の夏、平安京に発生した田楽の狂騒の記事である。京の諸階層が異形の風態で田楽を踊りながら大路を練り歩くことはすでに嘉保元年（一〇九四）より見られたが、「永長の大田楽」と称されたこの年の熱狂は特に異常で、七月十二日には白河院・郁芳門院の御所で公卿等の歌舞がなされている。この事態の背景には、御霊信仰の広がりや院政期特有の享楽的風潮とともに、都市民の既存秩序に対する不満があったと推測されており、芸能史のみならず政治史・社会経済史の立場からもその意義は注目される。なお、「永長の大田楽」の様子を大江匡房が描いた『洛陽田楽記』が、『朝野群載』・『群書類従』遊戯部等に収められている。

81〔百練抄〕久寿元年（一一五四）四月

近日、京中児女備風流(1)調鼓・笛、参紫野社(2)、世号之夜須礼(3)、有勅禁止、

近日、京中の児女風流を備え鼓・笛を調べ、紫野社に参る。世にこれを夜須礼《やすらい》と号す。勅ありて禁止す。

(1)風流　美しく飾る事。(2)紫野社　今宮《いまみや》神社。たびたび御霊会が営まれた。(3)夜須礼　花を飾った風流傘を押し立てて行列を作り、踊り跳びはねる所作を中心とする祭礼。

82〔**梁塵秘抄口伝集**〕**巻十四**

ちかきころ久寿元年三月のころ、京ちかきもの男女紫野社へふうりやう（風流）のあそびをして歌笛たいこ（太鼓）すりがね（摺鉦）にて神あそびと名づけてむらがりあつまり、今様《いまよう》(1)にてもなく乱舞の音にてもなく、早歌の拍手どりにもにず（似）してうたひはやしぬ。（中略）そのはやせしことばをかきつけをく。今様の為にもなるべきと書はんべるぞ。（中略）

はなやさきたるや　　やすらいはなや

(1)今様　平安末期に大流行した七五調四句の歌謡。

【**解説**】　久寿元年（一一五四）四月のヤスライ（夜須礼）大流行に関する史料を二つ掲げた。史料81に示したごとく、この時のヤスライは勅で禁じられたが、鎌倉期の再興後、中近世を通じて存続し、今宮神社の毎年四月の祭礼をはじめ、現在も全国各地に伝承されている。後者は後白河院撰の今様集『梁塵秘抄』の口伝集に付されたものの一部（平安末〜鎌倉初期成立と推定されるが、この部分を後世の仮託とする説もある）で、祭礼における風流踊りの模様や、ヤスライの語源となる囃し詞等を記す。ヤスライの祭礼としての目的は農事の予祝や御霊信仰と関わるものだが、久寿元年という時点の意味を考えるために、藤原頼長を中心とする当該期の政治状況の問題を考慮に入れる必要も示唆されている。

(2) 熊野詣

83〔**中右記**〕**天仁二年**（**一一〇九**）**十月二十五日**

廿五日、丙申、夜半出宿所、則参仲野川王子社(1)、奉幣、小平緒、次大平緒(2)、次都千乃谷、次石上之多介(3)、参王子許〈社辺有盲者、従田舎参御山者、聞食絶由給食、〉此間、天漸明、残星隠林頂、微月過嶺頭、道路漸見下、従件谷、過入寺谷・内湯、参王子(4)、奉幣、一町許、昼養(5)〈辰刻〉、超三輿之多介、次下于谷、渡谷川数度、過亥之鼻、次入発心門(6)、

夜半、宿所を出で、則ち仲野川の王子《おうじ》社《しゃ》に参ず。奉幣《ほうべい》。小平緒、次いで大平緒、次いで都千《とち》の谷、次いで石上《いわがみ》の多介《たけ》。王子の許に参ず。〈社辺に盲者あり。田舎より御山に参るもの、食絶ゆるの由を聞き、食を給う。〉此間、天ようやく明け、残星、林頂に隠れ、微月、嶺頭を過ぐ。道路ようやく下に見ゆ。件《くだん》の谷より入寺谷《にゅうじだに》・内湯《うちゆ》を過ぎ、王子に参ず。奉幣。一町ばかりして昼養《ひるやしない》〈辰刻〉。三輿《みこし》の多介を超え、次いで谷に下る。谷川を渡ること数度、亥之鼻《いのはな》を過ぎ、次いで発心門《ほっしんもん》に入る。

(1)仲野川王子社　仲野川（現在の野中川）近辺にあった王子社。王子とは熊野の神の眷属・王子を祭った摂社、熊野街道沿いに設置された。(2)小平緒・大平緒　地名。現在は小広・大広と書く。(3)多介　岳。(4)王子　湯川の王

子社をいう。(5)昼養　昼飯。(6)発心門　熊野本宮の入り口を示す鳥居門。

【解説】平安時代中期以降、紀伊熊野社は、王家・貴族のみでなく、諸国民衆の信仰をあつめ、熊野道は参詣に向かう人々と彼らを導く先達の山伏でにぎわった。右の『中右記』の記主藤原宗忠は当時正二位権中納言の貴族で、熊野詣の旅の様子を詳しく描いていることで知られる。特に、この段階で、盲者などの多様な民衆が「田舎」から参詣していたことは、後の説教節の「小栗判官」などの障害者の参詣説話を彷彿させる。

3　知行国制の展開と一宮体制

(1)　知行国制の成立と展開

84〔陽明文庫本知信記紙背文書〕永久四年(一一一六)十月七日二所太神宮神主重申状

二所太神宮神主(1)

重言上尾張国神領所々子細状

新神戸(2)加納五百四十町無実事

右、彼神戸司并治開田預安倍守富陳状云、件子細如先日言上解状云、本新両神戸本免五百余町・新免二百余町也、於件田者、無増減所免来也、(中略)抑本田少加納多之条、在庁注文不明、(中略)以何四至称加納哉、須副進証文歟、(中略)任旧例為被裁許、(中略)弁申如件、以解、

永久四年十月七日

二所太神宮神主

重ねて言上す尾張国神領所々子細の状

新神戸《しんこ》加納五百四十町無実の事

右、かの神戸司ならびに治開田預《ちかいでんあずかり》安倍守富の陳状に云く、「くだんの子細先日言上の解状に云うがごとく、本新両神戸は本免五百余町・新免二百余町なり。くだんの田においては、増減なく免じ来るところなり。(中略)」抑《そもそ》も本田少なく加納《かのう》多きの条、在庁の注文に明らかならず。(中略)いかなる四至をもって加納と称するや。すべからく証文を副え進らすべきか。(中略)旧例にまかせて裁許せられんがため、(中略)弁じ申すことくだんの如し。もって解す。

永久四年十月七日

(1)二所太神宮　伊勢神宮。二所とは皇大神宮(内宮)と豊受大神宮(外宮)を指す。(2)神戸　本来神社に充てた封戸のことだが、後には広く神社の所領の意に用いられた。

【解説】院政期の知行国支配の実態を伝える数少ない史料の一つである(『平安遺文』一八六〇号)。長文であるため文書の一

部のみを掲げた(原文に若干の字句修正を施した)が、これは伊勢神宮が提出した申状で、尾張国在庁が神領五百四十町を加納と判断してその課役免除を否定しようとする動きに反駁したものである。当時、尾張国は関白藤原忠実の知行国であったことが知られており、またこの文書が長く摂関家家司を勤めた平知信の日記の紙背に見える点から、陳状は摂関家政所に提出され、その裁許を仰いだものと推察される。摂関家が、単なる財物取得者ではなく、実質的統治者として知行国に臨んでいたことが理解できよう。

85〔周防国吏務代々過現名帳〕

周防国吏務過現交名之次第

(藤原)顕頼中納言(1)　(源師行)大蔵卿入道

源蔵人時盛(2)　大弐三位家(3)

(鳥羽皇后藤原得子)美福門女院　国司代山城前司末清

後白河院　国司代 壱岐前司 左衛門尉延定

高少納言(4)　信濃中将

已上、是以前事不委細者歟。

(1)顕頼中納言　天養元年(一一四四)から仁平二年(一一五二)まで周防守であった藤原成頼の父。(2)源蔵人時盛　応保二年(一一六二)周防守となる。父は師行。(3)大弐三位家　保延元年(一一三五)から天養元年(一一四四)まで周防守だった藤原重家か。(4)高少納言　鎌倉前期の周防国知行国主松殿基房の家司周防守高階某にあたるか。

【解説】　この史料は東大寺所蔵『周防国吏務代々過現名帳』(全文は『山口県史料 中世編』所収)の初部に見えるもので、周防国が鎌倉前期に東大寺料国となる以前の同国国務支配者の変遷を記している。末尾の記述にあるごとく網羅的ではなく、また年次の序列に必ずしも忠実ではないが、院政期の周防国知行国主(受領自身の知行の場合を含む)の変遷の事実を反映していることも確認され、貴重な史料と評価できるものである。

86〔医心方紙背文書〕国務雑事注文

可注進雑事

神社下符毎年員数事　仏寺同前　去年見作田《げんさくでん》事(1)

(中略)庄園等事 領主并官省符 (中略)国雑色《ぞうしき》事(2)　国侍事　細工所事

(中略)国内土産物事(中略)浦々海人事(中略)納所事(中略)　国内東西南北行程事　国内神社員事(中略)　国寺事

(中略)　郷・保司佃并得分 国人・御館人(3)　田率色々物事(中略)船所事 付勝載(4)所　国梶取《かんどり》事(5)　津々事(中略)国内牧事(中略)藍・茜等事(中略)　紅花事(中略)(鳥羽上皇)院御庄加納田事(中略)双六別当事　巫女別当事(中略)勅旨田事　位田事(中略)国中関事　国中悪人勧善事(原文の配列を便宜上改変)

(1)見作田　現在耕作されている田。(2)雑色　雑事に従事する下級職員。(3)御館《みたち》人　受領の館に詰めて奉仕する人。(4)勝載《しょうさい》　船舶の積載量。(5)梶取　船舶通航の責任者。

【解説】　近年その全容が紹介された半井家本『医心方』(永観二年に丹波康頼が著した現存日本最古の医書。現在文化庁蔵。国宝）の紙背文書群中に見える史料で、八十九項目にわたり、社寺・田地・軍制・収納機構・交通・漁業・海運・物産等の一国行政統治の編目が列挙された極めて興味深いものである。他の文書内容等の検討から、大治二年（一一二七）加賀守となった鳥羽院近臣藤原家成のために、統治の指針となるべき国務の内容が列挙されたものと推測される。水産・海運関係の項目が多く見られることは、加賀国の特質といえよう。平安期国司の現地行政内容を網羅的に示す史料としては、これまで『朝野群載』巻二十二「国務条々事書」が知られていたが、この史料によって院政期の状況がさらに明確に把握できるようになった。引用は『加能史料　平安Ⅳ』によった。

（2）　国司神拝と一宮

87〔時範記〕承徳三年（一〇九九）二月二十六日

今日神拝也、先十烈(1)〈以書生(2)為乗尻(3)、着冠・褐衣・摺袴〉、渡南庭、次出着幣殿、以館侍十人為使、相分発遣遠社幣帛・神宝〈或有告文(4)〉、次以社司令読告文、次奉幣、（中略）次参宇倍宮(5)、先着幣殿洗手、次進立中門外、在庁官人以下相従烈(列)立、

今日神拝《しんぱい》なり。まず十烈《とおつら》〈書生《しょしょう》をもって乗尻《のりじり》となす。冠・褐衣《かちえ》・摺《すり》袴《ばかま》を着す〉南庭に渡る。ついで幣殿に出て着す。館侍《たちざむらい》十人をもって使となす。相分かちて遠き社に幣帛《へいはく》・神宝《しんぽう》を発遣す〈あるいは告文《こうもん》あり〉。ついで社司をもって告文を読ましむ。ついで奉幣す。（中略）ついで宇倍宮《うへのみや》に参る。まず幣殿に着し手を洗う。ついで進みて中門の外に立つ。在庁官人以下、相従いて列立す。

（1）十烈　十列とも。競馬を行う十頭（もしくは十組）の馬。（2）書生　書記実務を司る国衙の下級官人。（3）乗尻　騎手。（4）告文　神に参拝の趣旨を申す文。（5）宇倍宮　後に因幡国一宮とされた宇倍神社。国府近傍に位置した。

【解説】　平時範（定家男）は内蔵頭・右大弁を歴任し摂関家家司も勤めた典型的実務官僚である。その日記『時範記』には、承徳二年（一〇九八）因幡守となった彼の、翌年における任国下向・国務開始の様子が詳細に記されている。これは国府到着の十一日後に総社・宇倍宮への神拝を行った際の記事で、国司が任初に国内諸社を巡拝する、いわゆる国司神拝の様子を示すものである。国司奉幣の便宜のために国内諸社を統合した総社（国府の鎮守を起源とする説もある）と、神拝の序列によって国内有力神社の社格を定める一宮・二宮以下の体制は、中世諸国神祇支配構造の骨格を形成するものとなった。

88〔中右記〕元永二年（一一一九）七月三日

侍従宗成(藤原)為令下向因幡国、今日酉刻、於此中御門亭出門（中略）是九ヶ年間未令下向(1)、猶有恐之由、国人申合云々(2)、仍為参向彼国一宮(宇倍神社)、俄所令下向也、初任神拝ハ先日皆遂了、於今者臨時祭為令行、且又令下向也、臨任終秋初下向、衆

人有不受気、

侍従宗成因幡国に下向せしめんがため、今日酉の刻、この中御門亭において門を出づ。（中略）この九ヶ年間いまだ下向せしめず。なお恐れあるの由、国人申し合わすと云々。よってかの国の一宮に参向せんがため、にわかに下向せしむるところなり。初任神拝は先日みな遂げ了《おわ》んぬ。今においては臨時祭を行わしめんがため、かつまた下向せしむるなり。任終の秋に臨みて初めて下向す。衆人受けざる気あり。

（1）是九ヶ年間　宗成の因幡守任は天永二年（一一一一）七月二十九日のこと。保安元年（一一二〇）正月二十八日には藤原時通と交替している。
（2）国人　在庁官人等、国衙の有力者。

【解説】　因幡守藤原宗成が、国司就任後九年目にしてようやく任地に下向したことを示す、彼の父宗忠の日記の記事である（実際の下向は十四日）。初任神拝は終えたものの、実は目代（国司の代官）によるものであり、あらためて国司自身の一宮臨時祭参加が在庁官人等に求められたのである。受領が任国下向を忌避するようになる状況、及び国司神拝が現地支配層の利害に関係するものであることがうかがえる。前史料から約二十年を経て、宇倍神社が明確に「一宮」と称されていることにも注意したい。

(3)　平泉政権と柳御所

89〔中尊寺経蔵文書〕天治三年（一一二六）三月二十四日藤原清衡某寺供養願文

敬白

奉建立供養鎮護国家大伽藍一区事

三間四面檜皮葺堂一宇 在左右廊 廿二間

荘厳

五彩切幡卅二旒

三丈村(1)濃大幡二旒

奉安置丈六皆金色釈迦三尊像一躰

右堂宇則、芝栖(砌)藻(2)井、天蓋宝網、厳飾協意、丹(3)雘悦目、仏像則、蓮眼菓(4)屑、紫磨(5)金色、脇士侍(6)者、次第囲繞、

（中略ａ）

以前善根(7)旨趣、偏奉為鎮護国家也、所以者何、弟子者東夷之(8)遠酋也、生逢　聖代之無征戦、長属明時之多仁恩、蛮陬夷落為之少事、虜陣戎(9)庭為之不虞、当于斯時、弟子苟資祖考之余業、謬居俘囚之上頭、出羽・陸奥之土俗、如従風草、粛慎・挹婁之海(10)蛮、類向陽葵、垂拱寧(11)息三十余年、然間、時享歳(12)貢之勤、職業無失、羽毛歯革之贄、参期無違、因茲、乾(13)憐頻降、遠優奉国之節、天恩無改、已過杖郷之(14)齢、雖知

運命之在天、争忘忠貞之報国、憶其報謝不如修善、是以調貢職之羨余、抛財幣之涓露[15]、占吉土而建堂塔、冶真金而顕仏経、(中略)奉祈　禅定法皇(白河院)、蓬萊殿上日月之影鎮遅、功徳林中霧露之気長斎[16]、　金輪聖主(崇徳天皇)玉扆[17]無動、　太上天皇(鳥羽院)宝算[18]無疆、国母仙院(待賢門院)麻姑[19]比齢、林廬桂陽松子[20]伴影、三公九卿武職文官、五畿七道万姓兆民、皆楽治世、各誇長生、為御願寺、長祈　国家区々之誠、(中略)敬白、

天治三年三月廿四日弟子正六位上藤原朝臣清衡敬白

以前善根の旨趣、偏《ひと》えに鎮護国家の奉為《おんため》なり。所以《ゆえ》は何ぞ。弟子は東夷の遠酋なり。生れて聖代の征戦なきに逢い、長じて明時の仁恩多きに属す。蛮陬夷落《ばんすういらく》は之がために事少なく、虜陣戎庭《りょじんじゅうてい》は之がために虞《おそ》れず。斯《こ》の時に当り、弟子、苟《いやし》くも祖考の余業を資《たす》け、謬《あやま》りて俘囚の上頭に居る。出羽・陸奥の土俗は風に従う草の如く、粛慎《しゅくしん》・挹婁《ゆうろう》の海蛮は陽に向く葵に類し、垂拱《すいきょう》寧息すること三十余年なり。然る間、時享歳貢《じきょうさいこう》の勤は職業失なく、羽毛歯革の贄《にえ》は参期違なし。茲《ここ》に因《よ》りて、乾憐《けんれん》頻りに降り、遠く奉国の節を優じ、天恩改まるなく、已《すで》に杖郷《じょうごう》の齢《よわい》を過ぐ。運命の天に在るを知ると雖も、争《いかで》か忠貞の国に報いるを忘れんや。その報謝を憶えば、修善に如《し》かず。是をもって貢職の羨余《せんよ》を調え、財幣の涓露《けんろ》を抛《なげう》ち、吉土を占いて堂塔を建て、真金を冶《や》して仏経を顕わす。(中略)祈り奉るは、禅定法皇、蓬萊殿上に日月の影　鎮《とこしなえ》に遅く、功徳林中に霧露の気長く斎《つつ》しまんこと。金輪聖主玉扆無動、太上天皇宝算無疆なること。国母仙院麻姑《まこ》に齢を比べんこと。林廬桂陽松子影に伴わんこと。三公九卿武職文官、五畿七道万姓兆民、皆治世を楽しみ、おのおの長生を誇らんこと。御願寺として、長く国家区々の誠を祈らん。

(1)村濃《むらご》　同色で濃淡のある染色。(2)芝砌藻井《せいそうせい》　瑞草である芝の生えた庭と、火除《ひよけ》の水草を描いた天井。(3)丹臒《たんかく》　赤と緑。美しい彩色。(4)蓮眼菓脣《れんげんかしん》　青蓮華のような眼と木の実のような唇。(5)紫磨金　紫色を帯びた最上の金。(6)脇士侍者　本尊仏の脇を固める仏像。脇侍。(7)以前善根　本堂のほか、中略aの部分に列挙された三重塔・経蔵・鐘楼・大門・築垣・反橋・斜橋・画船・楽器・舞装束・法華経・持経者・題名僧を指す。(8)蛮陬夷落　エビスの地。(9)虜陣戎庭　エビスの戦陣。(10)粛慎・挹婁之海蛮　粛慎・挹婁とも中国北方の夷狄の呼び名だが、ここでは蝦夷を指す。(11)垂拱寧息　安寧なこと。(12)時享歳貢　季節あるいは年ごとの貢物。(13)乾憐　天子の大いなる憐み。(14)杖郷之齢　六十歳。古、六十歳になると郷で杖をつくを許された。ただし清衡は当時七十一歳。(15)涓露　しずくとつゆ。微細。(16)霧露之気　病気。(17)玉扆　玉座。扆はついたて。(18)宝算　天子の年齢。(19)麻姑　古の仙女。(20)松子　赤松子。古の仙人。

【解説】　奥州藤原氏初代の清衡がある寺の落成供養に際して捧げた願文で、蝦夷の統轄者としての自己認識を示す史料として著名なもの。寺はふつう中尊寺と考えられているが、最近毛越《もおつ》

寺とする説が出ている。仏像などに惜しみなく使われた金に象徴される巨大な財富、詩語をちりばめた精巧な文章を支えるゆたかな教養には、目をみはるものがある。しかしこの願文が卑屈なまでに強調するのは、寛治元年(一〇八七)に後三年の役が終結して清衡が奥州の覇者となって以降の、院権力への忠節ぶりである。寺建立の目的は、自己の勢力圏の安穏繁栄ではなく、院権力への報謝であり万民にいたるまでの楽世長寿だった。ここには「北の王者」としての自立意識は認めにくい。

90〔吾妻鏡〕文治五年(一一八九)九月十七日

清衡已下三代(藤原清衡・基衡・秀衡)造立堂舎事、源忠已講《いこう》・心蓮大法師等注献之。親能(中原)・朝宗(比企)覧之。二品(源頼朝)忽催御信心。仍寺領悉以被寄附。可令募御祈禱云々。(中略)寺塔已下注文曰、(中略)

一、関山中尊寺(1)事(中略)

一、毛越寺《もおつじ》(2)事(中略)

一、無量光院(3)号新御堂事(中略)

一、鎮守(4)事

中央惣社。東方日吉《ひえ》・白山《はくさん》両社。南方祇園社・王子諸社。西方北野天神・金峯山《きんぶせん》。北方今熊野・稲荷社也。悉以摸本社之儀。

一、年中恒例法会事(中略)

一、両寺一年中問答講事(中略)

一、館事秀衡

金色堂正方、並于無量光院之北、構宿館号平泉館。西木戸有嫡子国衡家。同四男隆衡宅相並之。三男忠衡家者、在于泉屋之東。無量光院東門構一郭号加羅《から》御所。秀衡常居所也。泰衡相継之為居所焉。

一、高屋《たかや》(5)事(以下略)

(1)中尊寺　長治二年(一一〇五)藤原清衡建立の天台宗寺院。(2)毛越寺　円仁開基の天台宗寺院。天仁元年(一一〇八)藤原基衡再建。(3)無量光院　藤原秀衡建立の阿弥陀堂。(4)鎮守　これら諸社を都市平泉全体の鎮守と解する有力な説があるが、平安京との対比や現地比定の問題を含め、議論は別れている。(5)高屋　町並み。

【解説】　文治五年(一一八九)奥州へ攻め入った源頼朝は、八月二十二日平泉を落し、九月には比企朝宗を使として平泉諸寺安堵の方針と堂舎等注進の命令を発した。その際に毛越寺・中尊寺両寺より頼朝に提出されたのがこの注文である。内容は八項目より成り、奥州藤原氏が君臨した時期の中尊寺・毛越寺・無量光院等の様子を伝える貴重な史料とされてきたが、近年の発掘調査の進展により、第四項以下の記述の持つ重要性があらためて見直されている。具体的論点としては、鎮守・秀衡館(現在柳の御所跡として伝承)・秀衡居所(加羅御所。現在伽羅御所として伝承)・高屋の配置を寺院の位置とあわせ復元することを通じ都市平泉の全体像を把握する試み、地方支配の拠点としての館の特質の解明、館と御所の並存の意味の理解等があげられる。発掘成果が蓄積するにつれて、この史料の持つ価値はさらに高まることだろう。

91〔柳之御所跡出土墨書折敷〕人々給絹日記

人々給絹日記（中略）
石川三郎殿　赤根□（染）カサネ（重）　（中略）
石川太郎殿　紺大目綾　（中略）
信寿太郎殿（1）　赤根染青　（中略）
小次郎殿（2）　赤根染白　カリキヌ（狩衣）ハカマ（袴）　（中略）
四郎□（太）郎殿（3）　赤根染白　（中略）
橘藤□　赤根染白　アヲ（青）ハカマ（袴）
橘□　赤根染ウヘ一　（中略）
瀬川次郎　赤根染綾一　（中略）
海道四郎殿　赤根染綾一　水干袴《すいかんばかま》
石埼（?）次郎殿　赤根染綾一

（1）信寿太郎　秀衡長男国衡。母の出自の低さ故、嫡男の地位は泰衡に譲らざるをえなかった。（2）小次郎　秀衡次男泰衡。（3）四郎太郎　秀衡四男隆衡。

【解説】　柳の御所（平泉館）跡からは大量のかわらけ（素焼きの皿状の土器）をはじめ、多くの品々が発掘されているが、出土品の中で特に注目を集めたものに墨書付の折敷《おしき》（食器を載せる方形の盤）がある。これはその墨書の一つで、人々に絹装束を賜給した時の目録と考えられている。ここには秀衡の息子達の名が見え、その他に奥州藤原氏の支配地の名を姓とした人物が含まれている。秀衡館での一族・有力家人等が参加した宴席に関係するものであろう。平安時代の東北の地に、平安京に比すべき都市的儀礼空間が成立していたことがうかがえる。

第二章　鎌倉時代

「鎌倉時代」という時代名称は元来、鎌倉に政権が所在した時代を意味する。源頼朝がその拠点を鎌倉に定めたのは一一八〇年、しかしその時点の頼朝の権力は全国政権ではない。鎌倉幕府がいつ日本全域を統治する国家的存在に転じたかという問題については、鎌倉時代の始点に関わるものとして、論争が重ねられてきた。

しかし研究の進展によって明らかになったのは、京都の王朝が決定的に没落し鎌倉の幕府が唯一最高の国家権力として君臨するという事態は、いわゆる「鎌倉時代」を通じて実現しなかったということである。幕府が王朝を軍事的に撃破した承久の乱によって、確かに朝幕の政治的関係は大きく変わったし、幕府の政治的ヘゲモニーも確立した。しかし王朝はなお政権としての実質を保持していたし、しかも地方政権に転落したわけでもなく、あくまでも全国的政権であった。むしろ幕府の方が東国を固有の基盤とするという地方的性格を一貫して喪わなかったのであるが、その幕府もある時点以後においてはまぎれもなく全国的政権であった。つまり、「鎌倉時代」という時代名称にもかかわらず、京都と鎌倉に二つの政権が並立していた。この両者の関係をどう考えるかが、この時代の国家構造を考える際の重要な論点となっている。

このような研究状況を踏まえて、本書では公家関係の史料を積極的に取り上げ、この時代の京都を中心とする政治史を一貫して理解できるように配慮した。その王朝政治史の分水嶺に位置したのが後嵯峨上皇である。彼は元来皇位を望める立場になかったが、前天皇四条の夭折とその皇統の断絶により、幕府により天皇に指名された。その就任のあり方に承久の乱後の幕府のヘゲモニーが端的に示されている。彼は天皇としての在位は四年に過ぎないが、その後二十六年間にわたり院政を主導した。このこと自体が院政が常態となったことを示しているが、院政の政治構造が制度的確立をみるのも、実はこの後嵯峨院政期なのである。

そして後嵯峨の死後、皇統は分裂し、やがて南北朝の対立を生じさせることになる。

一方の武家関係では、なんといっても『吾妻鏡』が根本史料である。しかしよく知られているように、『吾妻鏡』は日記の体裁で書かれてはいるが日記そのものではなく、後世の編纂物である。そこで幕府の動向に関してであっても、『吾妻鏡』以外に当時の日記に関係記事が残されている場合には極力そちらを採用するようにした。もちろん潤色があっても『吾妻鏡』の記事が貴重であることは変わりないのであるが、『吾妻鏡』が比較的容易に参照しうることも考慮した。逆にあえて『吾妻鏡』の記事を採用した場合もあるが、それは当該の事件が『吾妻鏡』編纂当時の幕府にどのように認識されていたかを考えてみたいケースである。

鎌倉時代史の分水嶺の位置を占めているのが蒙古襲来である。蒙古襲来は対外関係史上の一大事件であるというにとどまらず、国内政治にも大きな影響を与えた。幕府は異国警固番役を御家人に課し、さらには御家人ではない本所一円地の住人をも動員した。また鎮西に所領を持つ御家人に下向を命じた。東国出身の御家人でこの機に鎮西に下向定住したものは多い。蒙古の第三次襲来に備えて幕府が鎮西に派遣した武将は、やがて訴訟裁許の権限をも付与されることになる。これが鎮西探題である。

鎌倉幕府は武士を基盤とする権力であるが、すべての武士を組織していたわけではなく、御家人とともに非御家人が相当数をしめていたのが鎌倉時代の特徴である。また御家人も自立性が強く、一族間において合議にもとづく自治が行われる場合もあった。

本章では、公武それぞれの政治史に関わる史料を、時期を区分して、一・二・四・五の各節に収め、蒙古襲来を扱う第三節を間にはさんだ。六・七の各節には社会・文化に関する史料を収めた。

第一節　鎌倉幕府の成立

1　幕府支配の成立

(1)　関東の事施行の始まり

92〔吾妻鏡〕治承四年（一一八〇）八月十九日

兼隆[1]親戚史大夫知親（中原）、在当国蒲屋御厨[2]、日者張行非法、令悩乱土民之間、可停止其儀之趣、武衛[3]令加下知給、邦通[4]為奉行、是関東事施行之始也、其状云、

下　蒲屋御厨住民等所

　可早停止史大夫知親奉行事

右、至于東国者、諸国一同庄公、皆可為御沙汰之旨、親王宣旨[5]状明鏡也者、住民等存其旨、可安堵者也、仍所仰故以下、

　治承四年八月十九日

兼隆《かねたか》の親戚の史大夫《しのたいふ》知親、当国蒲屋御厨《かまやのみくりや》にあり。日ごろ非法を張行し、土民を悩乱せしむるの間、その儀を停止すべきの趣、武衛《ぶえい》下知を加えしめ給う。邦通奉行たり。これ関東の事施行の始めなり。その状に云わく、

下す　蒲屋御厨住民等の所に

　早く史大夫知親の奉行を停止すべき事

右、東国に至りては、諸国一同庄公、皆御沙汰たるべきの旨、親王宣旨の状明鏡なり者《てえれば》、住民等その旨を存じ、安堵すべきものなり。よって仰するところ故《ことさら》にもって下す。

(1)兼隆　平氏。信兼の男。山木を称す。(2)蒲屋御厨　伊勢神宮の所領。(3)武衛　源頼朝を指す。武衛は兵衛府の唐名で、頼朝が前右兵衛佐であることによる。(4)邦通　藤原氏。頼朝の右筆。(5)親王宣旨　いわゆる以仁王令旨のこと。

【解説】　治承四年（一一八〇）以仁王《もちひと》の平氏追討の檄を受け取った源頼朝は、挙兵の始めに伊豆国目代山木兼隆を討つことを決意した。兼隆は平氏の家人であり、この年以仁王の乱により伊豆の知行国主が源頼政から平時忠に交替したことにより、目代に登用されたのだった。『吾妻鏡』には、頼朝が山木攻めに成功した翌日に発給したとされる下文が収められ、この下文の発給が「関東の事施行の始まり」であると記されている。この下文に記されている史大夫知親は、文章生から史となって活動し、五位にのぼって史を去った後は、文筆の腕をいかして所々に仕えたことが知られ、おそらくは文筆の目代として伊豆に下向し

てきたものと推測されている。武勇の目代兼隆を討つとともに文筆の目代知親の奉行をとどめるのは国衙の機能掌握の意志を示す行為である。なんらかの事始めにあたり儀礼的に発給される文書を吉書というが、この下文は関東事始めの吉書なのであろう。

(2) 寿永二年十月の宣旨

93〔百練抄〕寿永二年（一一八三）十月十四日

東海東山諸国年貢、神社仏寺幷王臣家領庄園、如元可随領家之由、被下宣旨、依頼朝申行也、

東海東山諸国の年貢、神社仏寺ならびに王臣家領の庄園、元の如く領家に随うべきの由、宣旨を下さる。頼朝申し行うに依るなり。

94〔玉葉〕寿永二年（一一八三）閏十月十三日・二十日・二十二日

十三日、甲戌、天晴、及晩大夫史隆職[1]来談世間事、（中略）又語云、院御使庁官泰貞（中原）、去比重向頼朝之許了、仰趣無殊事、与義仲可和平之由也、抑、東海東山北陸三道之庄園国領如本可領知之由、可被宣下之旨、頼朝申請、仍被下宣旨之処、北陸道許、依恐義仲、不被成其宣旨、頼朝聞之者、定結欝歟、太不便事也云々、此事未聞、驚思不少々々、此事隆職不耐不審、問泰経[2]之処、答云、頼朝ハ雖可恐、在遠境、義仲当時在京、当罰有恐、仍雖不当被除北陸了之由令答（々脱カ）云、天子之政、豈以如此哉、小人為近臣、天下之乱無可止之期歟、

廿日、辛巳、（中略）今日静賢法印[3]為院御使、向義仲之家、仰云、（中略）云々者、申云、奉怨君事二箇条、其一ハ（中略）、其二ハ、東海東山北陸等之国々所被下之宣旨云、若有不随此宣旨之輩者、随頼朝命可追討云々、此状為義仲生涯之遺恨也云々、

廿二日、癸未、（中略）又聞、頼朝使雖来伊勢国、非謀叛之儀、先日宣旨云、東海東山道庄土（公）、有不服之輩者、触頼朝可致沙汰云々、仍為施行其宣旨、且為令仰知国中、所遣使者[4]也云々、

十三日、甲戌、天晴れ。晩に及び大夫史《たいふのし》隆職《たかもと》来り、世間の事を談ず。（中略）又語りて云く、「院御使庁官泰貞、去ぬる比《ころ》、重ねて頼朝の許《もと》に向かい了《おわ》んぬ。仰せの趣、殊なる事なし。義仲と和平すべきの由なり。そもそも、「東海東山北陸三道の庄園国領、本の如く領知すべきの由、宣下せらるべき」の旨、頼朝申し請う。よって宣旨を下さるるの処、北陸道ばかり、義仲を恐るるに依り、その宣旨を成さ

れず。頼朝これを聞かば、定めて鬱を結ぶか。はなはだ不便の事なりと云々。この事未だ聞かず。驚き思うこと少なからず〳〵。この事隆職不審に耐えず、泰経に問うの処、答えて云く、「頼朝は恐るべしと雖も遠境に在り。義仲は当時在京、当罰恐れあり。よって不当と雖も北陸を除かれ了んぬ」の由答えしむ」と云々。天子の政、豈にもってかくの如く哉。小人近臣として、天下の乱止むべきの期無きか。

二十日、辛巳、（中略）今日静賢《じょうけん》法印、院の御使として、義仲の家に向う。仰せて云わく、（中略）云々者《てえれば》、申して云わく、「君を怨み奉る事二箇条。其一は（中略）、其二は、東海東山北陸等の国々に下さるるところの宣旨云わく、「もしこの宣旨に随わざるの輩有らば、頼朝の命に随い追討すべし」と云々。この状義仲生涯の遺恨たる也」と云々。

二十二日、癸未、（中略）又聞く。「頼朝の使伊勢国に来たると雖も、謀叛の儀にあらず。先日の宣旨に云わく、「東海東山道の庄公、不服の輩有らば、頼朝に触れ沙汰を致すべし」と云々。よってその宣旨を施行せんがため、且《かつう》は国中に仰せ知らしめんがため、使者を遣わすところなり」と云々。

（1）隆職　小槻。当時左大史の職にあり、太政官文書の発給に携わる立場にあった。（2）泰経　高階。後白河法皇の側近。（3）静賢法印　藤原通憲（信西）の子。後白河法皇の側近となり法勝寺執行をつとめた。（4）使者　この時頼朝の代官として派遣されたのは義経である。

【解説】　寿永二年（一一八三）九月末、頼朝のもとに派遣されていた後白河法皇の使者が、頼朝の三カ条の奏状を携えて帰洛した。この頼朝の奏請に応じて出された宣旨の内容に関する史料をここに掲げた。宣旨の主文は東海東山両道の寺社王臣家領を本所に返付することを命ずるものであったが、この命令に従わない者の処置を頼朝に委ねた附則が重要な意味をもった。これにより頼朝の東海東山両道に対する支配権が公認されることになったからである。実際、この宣旨か出されると、義仲は烈火のごとく怒り、また義仲にはばかって、宣旨の対象地域から当初予定されていた北陸道が除外された。また頼朝の側も、宣旨により東海東山両道支配権を公認されたことを示威すべく、ただちに代官を伊勢まで派遣している。

⑶　平家没官領

95〔**延慶本平家物語**〕**第五末　寿永二年（一一八四）三月七日後白河法皇院宣**

平家所知事

一、文書紛失并義仲行家等給事

右、子細載目録畢、

一、庄領惣数之事

右、彼一族知行庄領及数百箇所之由、世間風聞、而院宮幷摂録(籙)家之庄薗、或私芳恩知行在之、或所従等致慇懃輩預之事、如此所々者全非御進止(1)、是本所左右也、仍惣数注入計也、又院御領庄々等、近年逆乱之間、有限相伝之預所本主等、依令愁歎、少々是(令カ)返給、依之除之、或損亡事、非無由緒間、少々是(令カ)沙汰給、

一、諸国家領等事

右、一門之人々数箇国務之間、或為増田数、一旦家領之由、雖有之、無指文書、又無相伝、仍得替之時、領司争無其愁歎乎、帯開発荒野(2)文書所々外、国被帰附者、可為善政歟、

一、相伝之家領事

右、文書紛失之間、不被空注付、且大概此中候歟、

一、東国領事

右、御存知アル旨、被残之畢、他之国々未補、又以同前、於今者、可令領知給、縦雖非平家知行之地、東国御領、山内庄以下便宜之御領、随被申請、可有御下文、於御年貢者、可令進済給、

以前条々仰旨如斯、仍執達如件、

元暦元年甲辰三月七日　　前大蔵卿(3)奉

前右兵衛佐殿へ

平家所知の事

一、文書紛失ならびに義仲行家等給わる事

右、子細目録に載せ畢《おわ》んぬ。

一、庄領惣数の事

右、かの一族知行の庄領数百箇所に及ぶの由、世間に風聞す。しかるに院宮ならびに摂籙家の庄薗、或いは私の芳恩の知行これ在り、或いは所従等慇懃を致すの輩これを預る事、かくの如き所々は全く御進止にあらず。これ本所の左右なり。よって惣数に注し入るるばかりなり。又院御領の庄々等、近年逆乱の間、限りある相伝の預所本主等、愁歎せしむるに依り、少々返さしめ給う。これに依りこれを除く。或いは損亡の事、由緒なきにあらざるの間、少々沙汰せしめ給う。

一、諸国家領等の事

右、一門の人々数箇国務の間、或いは田数を増さんがため、一旦家領の由、これありと雖も、指したる文書なく、また相伝なし。よって得替の時、領司争《いかで》かその愁歎なからんや。開発荒野の文書を帯する所々の外、国に帰し附けらるれば、善政たるべきか。

一、相伝の家領の事

右、文書紛失の間、空に注し付けられず。且《かつが》つ大概この

中に候か。
一、東国の領の事
右、御存知ある旨、これを残され畢《おわ》んぬ。他の国々未補《みほ》、また以て同前なり。今においては、領知せしめ給うべし。縦《たと》い平家知行の地にあらずと雖も、東国御領、山内庄以下便宜の御領、申し請わるるままに、御下文あるべし。御年貢においては、進済せしめ給うべし。
以前の条々、仰する旨かくの如し。よって執達くだんの如し。

（1）御進止　頼朝の支配。「御」はこの院宣の奉者高階泰経の頼朝に対する敬意を示す。（2）開発荒野文書　荒野の開発を国衙に申請しその免判を受けた文書。立荘の証拠となる。（3）前大蔵卿　高階泰経。後白河法皇の近臣で伝奏を勤めた。

【解説】　寿永二年（一一八三）七月の平氏没落により没収された所領を平家没官《もっかん》領と呼ぶ。平家没官領は頼朝に与えられて関東御領の主要部分を形成することになる。しかし『延慶本平家物語』や『源平盛衰記』などは、八月十八日に平家没官領五百余カ所のうち百四十余カ所が義仲に、九十カ所が行家に与えられたことを記しており、十二月二日には義仲に平家没官領の惣領を認める院庁下文が発給されている。一方、翌年四月には、関東に下向してきた平頼盛に、頼朝が平家没官領のうちの頼盛の旧領を返付しているので、正月の義仲の敗死後この時までに、頼朝に平家没官領を与える交渉が行われたことになる。

ここで取り上げた文書は、その交渉の一端を示すものとして注目されてきたものであるが、改元以前の日付で元暦年号を載せていることを始めとして、字句に誤写や竄入の可能性がある。恐らくはそのために内容が難解であるが、平家没官領ではあっても頼朝の支配から除外されるものがあること、平家一門が国司の時に家領に編入した所領で由緒が正しくないものは国領にもどすべきことなどが記されている。

2　守護地頭の設置と朝幕関係

(1)　守護地頭の設置

96〔吾妻鏡〕文治元年（一一八五）十一月二十八日・二十九日

廿八日、丁未、補任諸国平均守護地頭、不論権門勢家庄公、可充課兵粮米（段別五升）之由、今夜、北条（1）殿謁申藤中納言経房卿（2）云々、
廿九日、戊申、北条殿所被申之諸国守護地頭兵粮米事、早任申請可有御沙汰之由、被仰下之間、帥中納言被伝　勅於北条殿云々、
二十八日、丁未、諸国平均に守護地頭を補任し、権門勢家

庄公を論ぜず、兵粮米〈段別五升〉を充て課すべきの由、今夜、北条殿藤中納言経房卿に謁し申すと云々。

二十九日、戊申、北条殿申さるるところの諸国守護地頭兵粮米の事、早く申請に任せて御沙汰あるべきの由、仰せ下さるるの間、帥中納言勅を北条殿に伝えらるると云々。

（1）北条殿　北条時政。『玉葉』には「北条丸」と記されている。（2）藤中納言経房卿　原文は「藤経房卿中納言」。『大日本史料』は、「藤経房」を傍書の本文に誤入したもの、「卿」を「帥」の誤写とする。いずれにせよ吉田経房のこと。

97〔玉葉〕文治元年（一一八五）十一月二十八日

伝聞、頼朝代官北条丸、今夜可謁経房云々、定示重事等歟、又聞、件北条丸以下郎従等、相分賜五畿山陰山陽南海西海諸国、不論庄公、可充催兵粮、〈段別五升〉非啻兵粮之催、惣以可知行田地云々、凡非言語之所及、

伝え聞く。頼朝の代官北条丸、今夜経房に謁すべしと云々。定めて重事等を示すか。又聞く。「くだんの北条丸以下郎従等、相分ちて五畿山陰山陽南海西海諸国を賜い、庄公を論ぜず、兵粮〈段別五升〉を充て催すべし、啻《ただ》に兵粮の催のみにあらず、惣じてもって田地を知行すべし」と云々。凡そ言語の及ぶところに非ず。

【解説】　平家滅亡後、頼朝と義経との間に対立が生じると、後白河法皇はこれを利用し、義経とその叔父行家に頼朝の追討を命じた。文治元年（一一八五）十月十八日のことである。しかし義経・行家に味方する武士は少なく、両人は十一月三日西海に赴いた。頼朝は義経・行家追討の指揮をとらせ、また義経等に同意した朝廷の責任を問うため、北条時政を上洛させた。当時朝廷にあって幕府との交渉を担当したのは中納言吉田経房であるが、時政は十一月二十八日に経房に面会して諸国守護地頭の設置を奏請し、翌日勅許されたといわれてきた。

しかしこの時、守護地頭の設置が勅許されたとする根拠は『吾妻鏡』であるが、『吾妻鏡』の記事は『玉葉』をもとに潤色を加えたものであり、『玉葉』の記事のみを厳密に解釈するならば、この時勅許されたのは一国単位の国地頭の設置であるという学説が提起され、以来活発な論争が展開されている。『玉葉』の語るところは、①北条時政以下の頼朝の家人に五畿内・山陰・山陽・南海・西海諸国を分給する、②彼らは庄公の区別なく段別五升の兵粮米を徴収する権限を有する、③彼らはさらに田地を知行する、というものである。

頼朝が獲得した右の諸権限は、公家・寺社勢力の反発により、間もなく後退を余儀なくされた。文治二年三月には兵粮米徴収が停止され、さらに地頭設置そのものの制限が朝幕間の交渉課題となり、十月には現在の謀反人すなわち義経・行家の所帯跡を除く地頭が停止されることになる。

(2) 九条兼実の廟堂主宰と頼朝

98〔保坂潤治氏旧蔵文書〕文治二年(一一八六)五月源頼朝事書

十三箇条子細事
目録口状慥以承候了、於今者相計、可有御沙汰之由事、
一、可止武士狼藉事
申賜要害国者、似有欲心、補検非違所、随国司之所堪、
鎮境内之狼藉、可宜之由事、
一、可申　院事
依事次、随便宜、必可令申上候、兼日沙汰頗以計思給事
等候之由事、
一、可示議奏人(1)事
如仰下可触示候、又可有御沙汰之由事、
一、天下政可召諸卿意見事
一、可被置記録(2)所事
両条尤可然之由事、
一、尋常有天下沙汰者、有讒言歟之由事
全以不可有御不審之由事、
一、武士在京并可仰含事
為令勤仕大番役、武士少々相替、可在京候也、御辺事可
仰含之由承候了、蒙仰之後、可下知之旨、相存候之間也、
一、一所子細事
尤可有御沙汰候、但高陽院(3)御領此外又冷泉院宮(4)・堀川中
宮(5)領ハ本人御沙汰候歟、其外可為御進止之由、可申　院
候歟、両□随由緒、任御計、可有御沙汰之由事、
一、泰経(6)事
去年令鬱申候輩事、各所行好不当、旁依無思慮、遂及天
下之大事歟、彼輩刑罪之条、不起自　御意者、其上事、
強不可鬱申候、免否只可在御計、自今以後悔過、不可同
心行家(7)・義行(8)并不当輩之由、各能可被仰含之旨申了之由
事、
一、造興福寺国事
任御計、可有御沙汰也、因幡致其沙汰之由承及、如何、

十三箇条の子細の事
目録口状慥《たし》かにもって承り候い了《おわ》んぬ。今においては相
計らい、御沙汰あるべきの由の事。
一、武士の狼藉を止むべき事
要害の国を申し賜るは、欲心あるに似たり。検非違所を
補し、国司の所堪に随い、境内の狼藉を鎮むるが、宜し
かるべきの由の事。
一、院に申すべきの事

事の次《ついで》に依り、便宜に随い、必ず申し上げしむべく候。兼日の沙汰頗《すこぶ》るもって計らい思し給う事等候の由の事。

一、議奏の人を示すべき事

仰せ下す如く触れ示すべく候。又御沙汰あるべきの由の事。

一、天下の政、諸卿の意見を召すべき事

一、記録所を置かるべき事

両条尤も然るべきの由の事。

一、尋常に天下の沙汰あらば、讒言あるかの由の事

全くもって御不審あるべからざるの由の事。

一、武士の在京ならびに仰せ含むべき事

大番役を勤仕せしめんがため、武士少々相替わり、在京すべく候なり。御辺の事仰せ含むべきの由承り候い了《おわ》んぬ。仰せを蒙るの後、下知すべきの旨、相存じ候の間なり。

一、一所の子細の事

尤も御沙汰あるべく候。但し高陽院御領、このほか又冷泉院宮・堀川中宮領は本人御沙汰候か。そのほか御進止たるべきの由、院に申すべく候か。両□由緒に随い、御計らいに任せ、御沙汰あるべきの由の事。

一、泰経の事

去年欝し申せしめ候輩の事、おのおのの所行不当を好み、かたがた思慮なきに依り、遂に天下の大事に及ぶか。かの輩刑罪の条、御意より起こらざれば、その上の事、強いて欝し申すべからず候。免否ただ御計らいにあるべし。今より以後過を悔い、行家・義行ならびに不当の輩に同心すべからざるの由、おのおのよく仰せ含めらるべきの旨申し了《おわ》るの由の事。

一、造興福寺国の事

御計らいに任せ、御沙汰あるべきなり。因幡その沙汰を致す由承り及ぶ。如何。

(1)議奏人　文治元年(一一八五)十二月議奏に与る公卿として頼朝に指名された十名。九条兼実、藤原実定、三条実房、藤原宗家、中山忠親、藤原実家、源通親、吉田経房、藤原雅長、藤原兼光。(2)記録所　文治三年(一一八七)三月二十八日、閑院内裏内に設置され、訴訟と荘園券契の理非の勘決と年中式日公事用途の式数の勘申を職務とした。(3)高陽院　藤原泰子。忠実の女。鳥羽天皇の皇后。その所領は藤原忠通に譲られた。(4)冷泉院宮　儇子内親王。三条天皇の女。その所領は養女源麗子(師房の女、藤原師実の妻、師通の母)を経て藤原忠実に譲られた。(5)堀川中宮　篤子内親王。後三条天皇の女であるが、藤原師実の養女として入内し、堀河天皇の中宮に立った。その所領は藤原忠通に譲られた。(6)泰経　高階。行家・義経に同心したとして頼朝の弾劾を受け、文治元年十二月に解官され配流が予定されていたが、文治二年三・四月頃宥された。(7)行家　源。義経と結び頼朝に対抗したが、文治二年(一一八六)五月十二日和泉に潜伏していたところを発見され、殺害された。(8)義行　源義経。九条良経と同訓であるため、文治二年五月六日

から十日の間に改名された。

【解説】　文治元年（一一八五）十月、後白河法皇が義経・行家の圧力に屈し、頼朝追討の宣旨を与えたことは、頼朝を怒らせ、朝廷に介入させる口実を与えることになった。頼朝は十二月、高階泰経はじめ頼朝追討の宣旨に関与した廷臣の処罰と頼朝に好意的な右大臣九条兼実に内覧の宣旨を下すことを要求した。これにより頼朝に後援された兼実が朝廷を主宰することとなる。

　ここで取り上げた頼朝事書十三箇条は兼実に宛てられたものであるが、冒頭に「目録ロ状慥かに以て承り候い了んぬ」とあることによって、これ以前兼実から頼朝の意見を求められたことに対して頼朝が答えたものであることが判明する。第九条で義経がすでに義行と改名され、また行家が生存していることを前提とする書き様であることから、この事書は文治二年五月に認められたと推定されており、その時点の朝幕間の懸案に対する頼朝の態度が示されている。『九条家文書』所収の案文によって欠損部分を補った。

3　人の境、国の境

(1)　頼朝の鬼界島征討

99〔吾妻鏡〕文治四年（一一八八）二月二十一日・三月五日

（二月）廿一日、丁亥、天野藤内遠景去月状昨日自鎮西参着、去年窮冬、令郎従等渡貴賀井嶋窺形勢訖、令追捕之条定不可有子細、但雖相催鎮西御家人等、不　揆之間、頗以無勢、重可被下御教書云々、所衆信房（1）（宇都宮）自身可渡海之旨殊結構、然而遠景加制止之間、遣親類等、尤為精兵之由載之、此事兼日風聞于京都、仍自執柄（九条兼実）家有被諷諫申之旨、降伏三韓（2）者上古事也、至末代者非人力之所可覃、彼嶋境者日域太難測其故実、為将軍士定有煩無益歟、宜令停止給之由云々、就之暫可令猶予之旨、被仰遣遠景云々、

（三月）五日、辛丑、所衆信房去月之比自鎮西進書状、貴賀井嶋渡事条々言上、去年依窺得件形勢、海路次第令画図之献覧、是可為難儀之由、諸人依奉諷詞、頗雖思食止、御覧彼絵図之後、強不可疲人力歟之由、更思食立云々、此間事、信房殊竭大功之間、今日所被加賞也、

(二月)二十一日。丁亥。天野藤内《とうない》遠景去月の状、昨日鎮西より参着す。「去年の窮冬、郎従等をして貴賀井嶋《きかいがしま》に渡り形勢を窺わしめ訖《おわ》んぬ。「追捕せしむるの条、定めて子細あるべからず。但し鎮西御家人等を相催すと雖も、一揆せざるの間、頗るもって無勢なり。重ねて御教書を下さるべし」と云々。所衆信房、自身渡海すべきの旨、殊に結構す。然れども遠景制止を加うるの間、親類等を遣わす。尤も精兵たり」の由これを載す。この事兼日京都に風聞す。よって執柄家より諷諫申さるるの旨あり。「三韓を降伏せるは上古の事なり。末代に至りては人力の覃《およ》ぶべきところに非ず。かの嶋境は日域《じちいき》太《はなは》だ其の故実を測り難し。将軍の士のために定めて煩いありて益なからんか。宜しく停止《ちょうじ》せしめ給うべき」の由と云々。これに就き暫く猶予せしむべきの旨、遠景に仰せ遣わさると云々。

(三月)五日。辛丑。所衆信房、去月の比《ころ》鎮西より書状を進め、貴賀井嶋渡りの事、条々言上す。去年くだんの形勢を窺い得るに依り、海路の次第これを画図せしめ献覧す。これ難儀たるべきの由、諸人諷詞を奉るに依り、頗る思《おぼ》し食《め》し止むと雖も、かの絵図を御覧の後は、強《あなが》ち人力を疲るべからざるかの由、更に思し食し立つと云々。この間の事、信房殊に大功を竭《つく》すの間、今日賞を加えらるるところなり。

(1)所衆　院の武者所に所属する武士。(2)日域　日本。

【解説】宇都宮信房は、前年頼朝から貴海島(鬼界島)追討の命を受けて九州に下り、鎮西奉行天野遠景とともにその方策を探っていた。鬼界島は日本の西の境界を指す地名で、薩南諸島の海域を漠然と指すが、ここでは硫黄島のことと思われる。その追討は、直接には義経与党が隠れているとの情報に基づくが、根本的には、翌年の奥州合戦とならんで、日本の境界を極め尽くすという象徴的な意味を帯びていた。信房のもたらした海路の絵図を見て、追討の困難でないことを見極めた頼朝の現実的感覚は、兼実の伝統的な畏怖感に比べて対照的である。

(2) 頼朝の奥州侵攻

100 〔島津家文書〕文治五年(一一八九)二月九日源頼朝袖判下文

(源頼朝)(花押)

下　嶋津庄地頭忠久

可令早召進庄官等事

右、件庄官之中、足武器(1)之輩、帯兵杖、来七月十日以前可参着関東也、且為入見参、各可存忠節之状如件、

文治五年二月九日

下す　嶋津庄地頭忠久に

早く庄官等を召し進めしむべき事

右、くだんの庄官の中、武器に足るの輩、兵杖を帯し、来る七月十日以前関東に参着すべきなり。且《かつが》つ見参に入らんがため、おのおの忠節を存ずべきの状くだんの如し。

(1)武器　武人としての資質。器は資質・資格等の意味で用いられる語。

【解説】　文治五年(一一八九)の奥州侵攻は頼朝の全国支配を完成するものであった。この年閏四月藤原泰衡が義経を討ったことにより頼朝の奥州侵攻の名目は失われ、また頼朝の申請する泰衡追討の宣旨を朝廷が容易に下さなかったにもかかわらず、頼朝は七月十九日に鎌倉を立ち、八月二十二日には平泉に入った。平泉を逃れた泰衡は郎等のために討たれ、奥州藤原氏は滅亡した。

ここに示したのは、島津庄地頭島津忠久に庄官等の動員を命じたものである。すでに二月段階で七月の出陣が予定されており、しかもその動員が南九州にまで及んでいたことがわかる。頼朝の軍勢は郎従を加えて二十八万四千騎にのぼったと伝えられ、まさに全国動員の規模であったことが知られる。頼朝自身、これが挙兵以来はじめての親征であり、この軍事行動自体が頼朝の全国支配を誇示する目的を有していたことをうかがわせる。

(3)　宋朝商人と和朝来客

101〔玉葉〕建久二年(一一九一)二月十九日

十九日、戊戌、天晴、(中略)宗頼朝臣(1)来申云、大宰府解奏聞(2)之処、可被沙汰云々、余(九条兼実)仰云、先可問例於官(3)者、此事、宋朝商人楊栄幷七太等、於彼朝依致狼藉、宋朝下宣下、自今以後和朝来客可伝召(4)之由下知云々、此事大事也、仍件楊栄等可被処重科、達宋朝之聞之由、宰府進解状也、此事已大事也、早可被召戒後(彼カ)両船頭也、而於楊栄者、於我朝取生者也、仍科断無疑、於陳七太者、於宋朝所生云々、先例如此之者、自由不被科断歟云々、此等之子細依不審、先可問例之由所仰也、随彼状被問人々、可有沙汰歟、

宗頼朝臣来たり申して云う、「大宰府の解を奏聞するの処、「沙汰せらるべし」と云々」と。余仰せて云う、「先ず例を官に問うべし」者《てえり》。この事、「「宋朝の商人楊栄ならびに七太等、かの朝において狼藉を致すに依り、宋朝宣下を下し、自今以後、和朝の来客は伝召すべきの由下知すと云々。この事大事なり。よってくだんの楊栄等、重科に処せられ、宋朝の聞に達すべき」の由、宰府解状を進むるなり。この事已《すで》に大事なり。早くかの両船頭を召し戒しめらるべきなり。しかるに楊栄においては我朝において生を取る者なり。よって科断疑いなし。陳七太においては宋朝において生まるるところと云々。先例、かくの如きの者は自由に科断せられざるか」と云々。これ等の子細不審に依り、「先ず例を問うべき」の由、仰するところなり。彼状に随い、人々

に問われ、沙汰あるべきか。

(1)宗頼朝臣　蔵人頭藤原(葉室)宗頼。(2)奏聞　後鳥羽天皇への上奏。(3)官　太政官の事務担当者。(4)伝召　日本国に伝達の上、召喚すること か。

【解説】　楊栄・陳七太というふたりの船頭が宋の国内で狼藉を働き(具体的な内容は不明)、博多に逃げ帰ってきた。大宰府は朝廷に、「宋朝が今後こうした場合は日本を通じて犯人を召喚する旨を言明したので、犯人を処罰してそのことが宋の耳に入るようにしてほしい」と言上した。摂政九条兼実は後鳥羽天皇から意見を徴され、「日本生まれの楊栄は日本側で処罰しても問題ないが、宋生まれの陳七太のほうは、日本側が自由に処断できないという説がある」という宗頼の説明を聞いて、「太政官に先例を問い合せるべし」と回答した。日本の前近代で、個人の国家への帰属が国際法上の問題として議論された希有の例。国境や国籍を超えて活動する商人の姿も知られる。

(4)　京中強盗の夷島流刑

102 〔都玉記〕 建久二年(一一九一)十一月二十二日

今日京中強盗等所被遣前大将（源頼朝）許也、於六条河原官人(1)渡武士(2)云々、見在十人也、於死罪者停止、年来官人下部等有容隠之時、雖強盗頗加寛宥赦令時、原免如本、又犯之、仍遣関東可遣夷島云々、永不可帰京、是又非死罪、将軍奏請云々、人以甘心(3)、

今日京中強盗等を前大将の許に遣わさるるところなり。六条河原において官人武士に渡すと云々。見在《げんざい》十人なり。死罪においては停止す。年来官人下部《しもべ》等容隠あるの時、強盗と雖も頗る寛宥の赦令を加うる時、原免して本の如し。又これを犯す。よって関東に遣わし夷島《えぞがしま》に遣わすべしと云々。永く帰京すべからず。これ又死罪に非ず。将軍の奏請と云々。人もって甘心《かんしん》す。

(1)官人　京都の治安・警察を担当する検非違使庁の役人。(2)武士　六波羅周辺に駐在する幕府方の武士。(3)甘心　納得。

【解説】　源平内乱のさなか、京中に強盗がはびこり、捕まっても死刑が執行されないため再犯が絶えなかった。頼朝はその対策として、洛中の境目である賀茂河原で犯人を受け取り、関東を経て夷島、つまり現在の北海道に流すという方法を奏請し、許可を得た。「征夷大将軍」という職名に対応する実質的な権限(『沙汰未練書』はこれを「東夷成敗」と呼ぶ)があったこと、そして幕府は畿内―関東―奥羽―夷島をつなぐ支配システムを持っていたことがわかる。安藤氏が北条義時から与えられたといわれる「蝦夷代官」はその要をなす地位である。またこうして流された人々がのちの渡党蝦夷《わたりとうえぞ》(史料340参照)につながっていく可能性が指摘されている。『都玉記』は中納言日野資実の日記。

4　征夷大将軍

(1)　頼朝の上洛

103 〔玉葉〕建久元年（一一九〇）十一月九日

入夜参内、今夜頼朝卿初参、先参院、其後参内、於昼御座(1)有召、西簀子給円座一枚、余(2)候長押上、用陪膳円座、小時起座、於鬼(3)間与頼朝卿謁談、此夜被行小除目(4)、頼朝被任大納言也、雖辞推而任之云々、

謁頼朝卿、所示之事等、依八幡御託宣、一向奉帰君事、可守百王(5)云々、是指帝王也、仍当今(6)御事、無双可奉仰之、然而、当時(7)法皇(8)、執天下政給、仍先奉帰法皇也、天子ハ如春宮也、法皇御万歳之後、又可奉帰主上、当時も全非疎略云々、又下官(9)辺事、外相雖表疎遠之由、其実全無疎簡、深有存旨、依恐射山(10)之聞、故示疎略之趣也云々、又天下遂可直立、当今幼年、御尊(11)下又余算猶遥、頼朝又有運ハ、政何不反淳素哉、当時ハ偏奉任法皇之間、万事不可叶云々、而所示之旨、太甚深也、又云、義朝逆罪、是依恐王命也、依逆雖亡其身、彼忠又不空、仍頼朝已為朝大将軍也云々、

夜に入り参内。今夜頼朝卿初参。先ず院に参る。その後参内。昼御座《ひのおまし》において召有り。西簀子に円座《わろうだ》一枚を給う。余長押の上に候ず。陪膳の円座を用う。小時起座。鬼間において頼朝卿と謁談。この夜小除目《じもく》を行わる。頼朝大納言に任ぜらるるなり。辞すると雖も推してこれに任ずと云々。

頼朝卿に謁し、示すところの事等。八幡御託宣に依り、一向君に帰し奉る事。「百王を守るべし」と云々、これ帝王を指すなり。よって当今御事、無双仰ぎ奉るべし。しかれども、当時法皇、天下の政を執り給う。よってまず法皇に帰し奉るなり。天子は春宮の如きなり。法皇御万歳の後、また主上に帰し奉るべし。当時も全く疎略にあらず」と云々。また下官辺の事、「外相は疎遠の由を表すと雖も、その実全く疎簡無し。深く存ずる旨あり。射山の聞えを恐るるに依り、ことさらに疎略の趣を示すなり」と云々。又「天下遂に直立すべし。当今は幼年、御尊下はまた余算猶遥か。頼朝また運あらば、政何ぞ淳素に反《かえ》らざらんや。当時は偏《ひとえ》に法皇に任せ奉るの間、万事叶うべからず」と云々。しかるに示すところの旨、はなはだ甚深なり。また云わく、「義朝の逆罪、これ王命を恐るるに依るなり。逆に依りその身を亡すと雖も、かの忠また空しからず。よって頼朝已に朝の大将軍たるなり」と云々。

(1)昼御座　内裏清涼殿における天皇の日中の座所。元来は東向であるが、当時の内裏は閑院であり、東対が清涼殿にあてられ、昼御座は南向にしつらえられていた。(2)余　九条兼実。(3)鬼間　清涼殿の一室。(4)小除目　除目は官職を任命する儀式であるが、小除目はそれが臨時に行われるもの。頼朝を権大納言に任じるために行われた。(5)可守百王　永遠に王家を守護すること。(6)当今　在位の天皇。ここでは後鳥羽天皇をさす。(7)当時　現在。(8)法皇　後白河法皇。(9)下官　記主の自称。ここでは兼実をさす。(10)射山　上皇の御所をいう「藐姑射《はこや》の山」を略し、音読した語。ここでは後白河法皇を指す。(11)尊下　対話の相手に対する敬称。ここでは兼実をさす。

【解説】　前年の奥州侵攻により全国制覇を成し遂げた頼朝は、建久元年(一一九〇)、保元の乱で流罪となった後はじめて上洛を果たした。十月三日に鎌倉を発し、十一月七日に六波羅に入った頼朝は、その九日、後白河法皇と会見、また後鳥羽天皇にも謁見し、権大納言に任じられた。ここに掲出したのは、この日の『玉葉』の記事である。『玉葉』の記主九条兼実は、朝廷の中で親幕派として行動しており、頼朝の後押しにより摂政に就任していた。頼朝は天皇に謁見した後、宮中鬼間において兼実と会見した。頼朝と兼実はこの日が初対面であったはずであるが、その会見の様子を兼実は詳しく書き記している。頼朝と兼実が連携して法皇に対抗するという意志が二人の間で確認されたことが、少なくとも兼実の心証として記されている。この後、頼朝は数度院参し、二十四日には右近衛大将に任ぜられたが、十二月四日、権大納言・右近衛大将の両職を辞し、十四日帰路につき、二十九日鎌倉に入った。

(2)　幕府職制の整備

104〔吾妻鏡〕建久二年(一一九一)正月十五日

被行政所吉書始(1)、前々諸家人浴恩沢之時、或被載御判、或被用奉書、而今令備羽林上将(2)給之間、有沙汰、召返彼状、可被成改于家御下文之旨被定云々、

政所
別当
前因幡守平朝臣広元(3)
令
主計允藤原朝臣行政(二階堂)
案主
藤井俊長　鎌田新藤次
知家事
中原光家　岩手小中太
問注所執事
中宮大夫属三善康信法師　法名善信
侍所
別当
左衛門少尉平朝臣義盛(和田)　治承四年十一月奉此職、
所司

平景時 梶原平三

公事奉行人

前掃部頭藤原朝臣親能(4) 筑後権守同朝臣俊兼 前隼人佐

三善朝臣康清 文章生同朝臣宣衡 民部丞平朝臣盛時

左京進中原朝臣仲業 前豊前介清原真人実俊

京都守護

右兵衛督 能保卿(一条)

鎮西奉行人

内舎人藤原朝臣遠景 号天野藤内左衛門尉

政所の吉書始めを行わる。前々諸家人恩沢に浴するの時、或いは御判を載せられ、或いは奉書を用いらる。しかるに今羽林上将に備わらしめ給うの間、沙汰あり。かの状を召し返し、家の御下文に成し改めらるべきの旨定めらると云々。

(1)吉書 年始や昇進後などの吉日に儀礼的に作成される文書。(2)羽林上将 近衛大将の唐名。頼朝の右近衛大将就任については史料103解説参照。(3)平朝臣広元 広元は建保四年(一二一六)に大江姓に改めるが、それまでは中原姓である。ここで平姓とされているのは『吾妻鏡』の誤り。(4)藤原朝臣親能 もと中原姓。広元の兄。

【解説】 建久二年(一一九一)正月十五日の頼朝の政所吉書始の記事である。古くはこの記事が頼朝の政所開設を示すものと解釈されてきたが、現在では頼朝が従二位に叙せられた文治元年(一一八五)に政所の開設時期を遡らせる見解が有力である。たしかに政所吉書始は政所がはじめて開設された時に限らず、年始や昇進後の吉日などに改めて行われるものであるから、政所吉書始すなわち政所の開設ではない。しかし従三位以上という政所開設資格は、実態的に政所相当機関を有するか否かではなく、その機関を公式に政所と称するか否かに関わるものである。その観点からこの記事を見ると、この日を機会に頼朝の花押を載せる下文から「家御下文」に切り替えられていること、しかもそれが頼朝の右近衛大将就任を機とするものであることが記されているのが注目される(現存する頼朝下文の様式変化はこの記事に対応している)。頼朝は文治元年たしかに従二位に叙せられたが散位であり、彼が朝廷の官制上の位置を確立する上で、建久元年の上洛と権大納言・右近衛大将任官は重要な画期であった。頼朝が鎌倉に帰還したのは十二月二十九日であるから、その半月後に行われた政所吉書始が頼朝が政所の設置を公式に称した画期である可能性は十分にある。

(3) 頼朝の征夷大将軍就任

105 〔吾妻鏡〕建久三年(一一九二)七月二十日・二十六日

廿日、庚寅、大理(1)飛脚参着、去十二日、任征夷大将軍給、

其除書(2)、差 勅使欲被進之由、被申送云々、

廿六日、丙申、勅使庁官(3)肥後介中原景良、同康定(4)等参着、

所持参征夷大将軍除書也、両人各着衣冠任例列立于鶴岳廟庭、

以使者可進除書之由申之、被遣三浦義澄、々々相具比企右衛門尉能員・和田三郎宗実并郎従十人、各甲冑、詣宮寺、請取彼状、景良等問名字之処、介除書未到之間、三浦次郎之由名謁畢、則帰参、幕下(5)御束帯予出御西廊、義澄捧持除書、膝行而進之、千万人中、義澄応此役、面目絶妙也、亡父義明献命於将軍訖、其勲功雖剪鬢(6)、難酬于没後、仍被抽賞子葉云々、

除書云、

右少史三善仲康　内舎人橘実俊　中宮権少進平知家　宮内少丞藤原定頼　大膳進源兼元　大和守大中臣宣長　河内守小槻広房辞左大史任　尾張守藤原忠明元伯耆守　遠江守藤原朝房元陸奥守　近江守平棟範　陸奥守源師信　伯耆守藤原宗信元近江　加賀守源雅家　若狭守藤原保家元安房　石見守藤原経成　長門守藤原信定　対馬守源高行　左近将監源俊実

左衛門少志惟宗景弘　右馬允宮道式俊

建久三年七月十二日

征夷使

大将軍源頼朝

従五位下源信友

左衛門督通親(7)参陣、参議兼忠(源)卿書之、

将軍事、本自雖被懸御意、于今不令達之給、而　法皇(8)崩御之後朝政初度、殊有沙汰、被任之間、故以及勅使云々、又為知家(八田)沙汰、点武蔵守(平賀義信)亭、招　勅使経営云々、

二十日、庚寅、大理の飛脚参着す。去ぬる十二日、征夷大将軍に任じ給う。その除書、勅使を差し進められんと欲するの由、申し送らると云々。

二十六日、丙申、勅使庁官肥後介中原景良、同康定等参着す。征夷大将軍の除書を持参するところなり。両人〈おのおの衣冠を着す〉例に任せて鶴岳の廟庭に列立す。使者をもって除書を進むべきの由これを申す。三浦義澄を遣わさる。義澄、比企右衛門尉能員・和田三郎宗実ならびに郎従十人〈おのおの甲冑〉を相具し、宮寺に詣で、かの状を請け取る。景良等名字を問うのところ、介の除書未到の間、三浦次郎の由名謁《なとげ》し畢《おわ》んぬ。則ち帰参す。幕下〈御束帯〉予め西廊に出御。義澄、除書を捧げ持ち、膝行してこれを進む。千万人の中、義澄この役に応ず。面目絶妙なり。亡父義明、命を将軍に献じ訖《おわ》んぬ。その勲功鬢を剪ると雖も、没後に酬いがたし。よって子葉を抽賞せらると云々。

（中略）

除書に云わく、

左衛門督〈通親〉参陣。参議兼忠卿これを書く。

将軍の事、本より御意に懸けらると雖も、今にこれを達せしめ給わず。しかるに法皇崩御の後の朝政初度、殊に沙汰あり。任ぜらるるの間、故《ことさら》にもって勅使に及ぶと云々。又知家の沙汰として、武蔵守亭を点じ、勅使を招き経営すと云々。

(1)大理　検非違使別当の唐名。ここでは一条能保を指す。能保は頼朝の妹婿であり、京都守護を務めた。(2)除書　任官者を列記した目録。(3)庁官　院庁の下級職員。(4)鶴岳　鶴岡八幡宮。(5)幕下　近衛大将の唐名。ここでは頼朝を指す。(6)剪鬚　唐の太宗が自らひげを切り、これを焼いて灰とし、薬に和して忠臣李に与えてその病を癒したという故事により、主君が臣下の忠節をねぎらうことをいう。(7)通親　源。清書上卿。(8)法皇　後白河法皇。この年三月十三日に死去した。

【解説】　幕府の首長の職名となる征夷大将軍は、元来蝦夷征討のために臨時に置かれるものであり、延暦十六年(七九七)に坂上田村麻呂が任じられ、また天慶三年(九四〇)平将門追討のために藤原忠文が征東大将軍に任じられたことが、後世には前例に加えて認識されていた。木曽義仲は頼朝に対抗するためにこの職に任じ、義仲の滅亡後は頼朝を任じることが議せられたが、実現しなかった。ここに示した記事にも見えるように、東国の支配者である頼朝はこの職への就任を強く望んでいたと思われるが、後白河法皇は頼朝の権力に正統性を付与することを恐れて許さず、後白河の死後、九条兼実の尽力によりついに実現することとなった。

(4)　頼朝の遺跡とその継承

106〔吾妻鏡〕正治元年(一一九九)二月六日・建仁三年(一二〇三)八月二十七日

(正治元年二月)六日、戊辰、霽、羽林殿下(1)去月廿日転左中将給、同廿六日宣下云、続前征夷将軍源朝臣(頼朝)遺跡、宜令彼家人郎従等、如旧奉行諸国守護者、彼状到着之間、今日有吉書始、(下略)

(建仁三年八月)廿七日、壬戌、将軍家(源頼家)御不例、縡危急之間、有御譲補沙汰、以関西三十八箇国地頭職、被奉譲舎弟千幡君(源実朝)〈十歳〉、以関東二十八箇国地頭幷惣守護職、被充御長子一幡君〈六歳〉、

六日、戊辰、霽《は》れ。羽林殿下去月二十日左中将に転じ給う。同二十六日宣下に云わく、「前征夷将軍源朝臣の遺跡を続《つ》ぎ、宜しくかの家人郎従等をして、旧の如く諸国の守護を奉行せしむべし」者《てえり》。かの状到着の間、今日吉書始あり。(下略)

二十七日、壬戌、将軍家御不例。縡《こと》危急の間、御譲補の沙汰あり。関西三十八箇国地頭職をもって、舎弟千幡君〈十歳〉に譲り奉られ、関東二十八箇国地頭ならびに惣守護職をもって、御長子一幡君〈六歳〉に充てらる。

(1)羽林殿下　源頼家。羽林は近衛府の唐名。頼家は正月二十日に左中将に転じる以前は右少将であった。

【解説】頼朝が生前に達成した地位は、その死後後継者に継承された地位に端的に示されるであろう。ここに示したのは頼朝死後の頼家の地位継承と、頼家の重篤による地位継承に関わる記事であるが、頼朝が達成した地位が前者においては諸国守護、後者においては六十六箇国地頭職および惣守護職として表現されている。

5　後鳥羽院政

(1)　建久七年の政変

107〔三長記〕建久七年（一一九六）十一月十八日・二十五日・二十八日

十八日、癸巳、晴、窮屈無術、然而相扶参殿下(1)、而諸人作色、驚相尋之処、輔弼可令退給之由巷説嗷々、此事兼日頗有云々、然而不存只今之由、宣帝亡霍氏、猶霍禹之時也(2)、自御在位之初、大略奉輔宸儀(3)、以治道(4)啓沃(5)、兼有此事有子細等云々、記而無益、

廿五日、（中略）今朝以頭右兵衛督(6)令辞申給云々、不被進御上表云々、抑殿下以伊尹(7)之嚢行奉佐万機(8)給、世属静謐、政反淳素、忽納邪佞之諫、退忠直之臣、天之与善蒙竊、但周公之大聖、成王信流言、一旦退之(9)、奸臣乱朝、蓋従昔而然、況乎於濁世哉、於戯悲哉々々、巷説縦横、記而無益、可以目、

廿八日、（中略）或人告示云、参九条殿(10)之人、関東将軍成咎、可用心云々、此事不可信、縦又雖成咎、以御恩立身之者、不可有不参、運命在天、宿報也、不可諂々々、

十八日、癸巳、晴れ。窮屈術なし。しかれども相扶けて殿下に参る。しかるに諸人色を作《な》す。驚き相尋ぬるのところ、輔弼退かしめ給うべきの由巷説嗷々《ごうごう》。この事兼日頗るありと云々。しかれども只今の由を存ぜず。宣帝、霍氏を亡ぼすは、なお霍禹《かくう》の時なり。御在位の初より、大略宸儀を輔け奉り、治道をもって啓沃す。兼ねてこの事ありて子細等ありと云々。記して益なし。

二十五日、（中略）今朝頭右兵衛督をもって辞し申せしめ給うと云々。御上表を進められずと云々。そもそも殿下伊尹の嚢行をもって万機を佐《たす》け奉り給う。世静謐に属し、政淳素に反《かえ》る。忽ち邪佞の諫を納れ、忠直の臣を退く。天の与えし善竊を蒙る。但し周公の大聖、成王流言を信じ、一旦これを退く。奸臣朝を乱すは、蓋《けだ》し昔よりして然り。況んや濁世においてや。ああ悲しきかな〳〵。巷説縦横。記し

て益なし。目をもってすべし。

二十八日、（中略）ある人告げ示して云わく、「九条殿に参るの人、関東将軍咎めを成す。用心すべし」と云々。この事信ずべからず。縦《たと》い又咎めを成すと雖も、御恩をもって立身の者、不参あるべからず。運命天に在り。宿報なり。諂《へつら》うべからず〱。

（1）殿下　摂政・関白の敬称。ここでは関白九条兼実を指す。（2）宣帝亡霍氏、猶霍禹之時也　霍禹は漢の宣帝の時、右将軍・大司馬に任じたが、謀反に坐して誅せられた。（3）宸儀　天子の行。（4）治道　天下を治める道。（5）啓沃　我が心を啓いて君主の心に沃《そそ》ぐこと。（6）頭右兵衛督　一条高能。蔵人頭として兼実の辞意を取り次いだ。（7）伊尹　殷の賢相。（8）万機　帝王の政務。（9）周公之大聖、成王信流言、一旦退之　周公は周の武王の弟で、成王の幼少時に摂政を務めたが、讒言に会い楚に出奔した。その後、成王は周公の誠意を知り、呼び戻した。（10）九条殿　兼実の邸第。

【解説】　京都では文治以来、九条兼実が頼朝の盟友として廟堂を主宰してきたが、その兼実の政敵として台頭したのが源通親であった。通親は後白河法皇の愛人であった丹後局と結んで勢力を扶植し、後鳥羽天皇の乳母である藤原範子と再婚して、範子が前夫との間に儲けた在子を養女として入内させた。一方、兼実の娘任子も中宮に冊立されていたが、建久六年（一一九五）任子が女子を生み、在子が男子を生んだことが、両者の運命を分けることになった。通親・丹後局等は兼実の追い落としを謀り、翌年十一月、中宮任子は宮中を退出、兼実も関白を辞し、近衛基通がその替わりに補せられた。兼実の弟慈円は天台座主・法務・権僧正・護持僧の任にあったが、これをすべて辞し、替わって後白河の皇子承仁法親王が天台座主・護持僧に任じられた。逼塞した九条家の邸第に出入りすることは頼朝の咎めを受けるという巷説が記事に見えるが、頼朝が兼実の追い落としを了解していた可能性も指摘されている。頼朝は建久六年の二度目の上洛の頃から、長女大姫の入内工作を進めるため、丹後局・通親等に接近しており、それが兼実失脚の原因になったと考えられている。

(2)　後鳥羽天皇の譲位と源通親の権勢

108　**〔玉葉〕　建久九年（一一九八）正月七日**

譲位事、譲国等事、自元不及沙汰云々、幼主不甘心之由、東方（1）頻雖令申、綸旨懇切、公朝法師（2）下向之時、被仰子細之時、愁承諾申、然而、皇子之中、未被定其人、関東許可之後、敢取孔子賦、又被行御占、皆以能円（3）孫、為吉兆云々、仍被一定了、此旨以飛脚被仰関東了、不待彼帰来、来十一日可有伝国之事云々、桑門之外孫、曾無例、而通親卿為振外祖之威、（嫁彼外祖母了故也、）二三歳践祚為不吉例之由、申出云々、信清（4）孫三歳、範季（5）孫二歳、而博陸（6）又饗応、尤可被忌例、不可及外祖之沙汰之由、再三被申行、是則其息新侍従兼基（7）、為桑門之孫、世人為奇異、為休其嘲、忘帝者之瑕瑾、同通親謀云々、愚哉、以小人入魂、為小童之才学、国家之滅亡、挙足可待歟、於占卜之吉兆、及孔子賦等之条者、如此之事、只依根元之邪正、有霊告之真偽也、通親忽補後院(8)別当、禁裏仙洞可在掌中歟、彼卿日来猶執国柄、〈世称源博陸、又謂土御門〉今仮外祖之号、独歩天下之体、只可以目歟、譲位之間、将軍(9)両人必可供奉、仍内大臣(10)被停左大将了、明日、中納言中将(11)可補云々、其後可被行任大臣、右大将(12)昇丞相、奪其将軍、通親可拝云々、外祖猶必可補大臣歟、彼時、又内府可被収公大臣之条、無異議、於此等之次第者、更不足為愁、猶恐只濫刑也、

譲位の事、譲国等の事、元より沙汰に及ばずと云々。幼主甘心せざるの由、東方頻りに申せしむると雖も、綸旨懇切。公朝法師下向の時、子細を仰せらるるの時、慭《なまじ》いに承諾し申す。然れども、皇子の中、未だその人を定められず。関東許可の後、敢えて孔子賦《くじ》を取り、又御占を行わる。皆能円の孫をもって吉兆となすと云々。よって一定せられ了《おわ》んぬ。この旨飛脚をもって関東に仰せられ了んぬ。かの帰り来るを待たず、来る十一日伝国の事あるべしと云々。桑門の外孫、曾て例なし。しかるに通親卿外祖の威〈彼外祖母に嫁し了る故なり〉を振るわんがため、二、三歳の践祚不吉の例たるの由、申し出づと云々〈信清孫三歳、範季孫二歳〉。しかして博陸又饗応し、「尤も忌まるべき例なり。外祖の沙汰に及ぶべからざる」の由、再三申し行わる。これ則ちその息新侍従兼基、桑門の孫として、世人奇異となす。その嘲りを休めんがため、帝者の瑕瑾を忘れ、通親の謀に同ずと云々。愚かかな。小人の入魂をもって、小童の才学のために、国家の滅亡、足を挙げて待つべきか。占卜の吉兆、及び孔子賦等の条においては、かくの如きの事、ただ根元の邪正に依り、霊告の真偽あるなり。通親忽ち後院別当に補し、禁裏仙洞掌中に在るべきか。かの卿ひごろなお国柄を執る〈世源博陸と称す。又土御門と謂う〉。今外祖の号を仮り、天下を独歩するの体、ただ目をもってすべきか。譲位の間、将軍両人必ず供奉すべし。よって内大臣、左大将を停められ了んぬ。明日、中納言中将を補すべしと云々。その後、任大臣を行わるべし。右大将丞相に昇り、その将軍を奪い、通親拝すべしと云々。外祖なお必ず大臣に補すべきか。かの時、又内府大臣を収公せらるべきの条、異議なし。これらの次第においては、更に愁となすに足らず。なおただ濫刑を恐るるなり。

（1）東方　幕府のこと。後文の関東も同じ。（2）公朝法師　大江。後白河法皇の近臣としてしばしば鎌倉との折衝にあたった。後白河の死により出家。（3）能円　法勝寺執行。後鳥羽の乳母藤原範子との間に娘在子

を儲けた。能円は平家の西走に従い、その滅亡後は備中に流されたため、範子は源通親と再婚し、在子は通親の養女として入内していた。(4)信清　坊門。後鳥羽の生母七条院殖子の実弟。信清の女(坊門局・西御方)が生んだ後鳥羽の皇子はのちに出家し、仁和寺御室入道道助親王となった。(5)範季　藤原。姪範子とともに後鳥羽の養育にあたり、その即位に尽力した。娘重子が後鳥羽との間に儲けた皇子は後に順徳天皇となる。(6)博陸　近衛基通。博陸は関白の唐名。(7)兼基　母は尊勝寺執行最舜女。(8)後院　天皇が譲位後に遷る御所の在位中の呼称。これに附属する殿舎・所領・在物等を管理する機関でもある。通親が後院別当に補されたのはこの月五日である。(9)将軍　ここでは近衛大将のこと。(10)内大臣　九条良経。兼実の男。正月十九日兼官の左大将を停められた。ただし内大臣はそのままで、翌年左大臣に転じた。(11)中納言中将　近衛家実。基通の男。権中納言右中将。正月八日兼宣旨の上、十九日に左大将に任ぜられ、さらに三十日左大将のまま権大納言に転じた。(12)右大将　大炊御門《おおいのみかど》頼実。この時は官に変化はなかったが、十一月に至り良経を超えて右大臣に任ぜられ、翌年正月右大将を辞した。その後任として通親が右大将に任ぜられることになる。

【解説】　建久九年(一一九八)正月十一日、後鳥羽天皇は皇子為仁を皇太子に立て、即日譲位した。頼朝は幼主は感心しないとして後鳥羽の譲位に反対していたが、この月四日にようやく譲位を承諾する頼朝の返事が到着するに及び、にわかに譲位の準備が進められた。この時点で後鳥羽には三人の皇子があったが、籤と御占により為仁が選ばれた。生母の実父が僧侶であることが難として指摘されていたにもかかわらず、為仁が選ばれたのは、他の二皇子が二、三歳であり三歳で受禅した安徳天皇の凶例を踏むことになるからというのはあくまで口実であり、実は為仁の生母の養父である源通親が外祖父として威を振るうためであった。建久七年に政敵九条兼実を追い落とした通親の権勢が、為仁すなわち土御門天皇の受禅によりまさに確立せんとしていた。

(3)　後鳥羽院政と卿二位

109 〔明月記〕建仁三年(一二〇三)正月十三日

午時許聞書到来、除目偏出自叡慮云々、建久之間、入道殿下(九条兼実)御直言不叶時儀、時移之後、至于去年猶内府(源通親)執権、憚思食之間、除目之面猶尋常、於今権門女房(1)偏以申行、殿下(九条良経)御力不及歟、後鑑可恥者也、大納言又剰任八人、

午時ばかり聞書到来す。除目《じもく》偏えに叡慮より出づと云々。建久の間、入道殿下御直言時儀に叶わず。時移るの後、去年に至りなお内府権を執る。憚り思《おぼ》し食《め》すの間、除目の面なお尋常なり。今においては権門の女房偏えにもって申し行う。殿下の御力及ばざるか。後鑑恥ずべきものなり。大納言又剰任八人。

(1)権門女房　卿二位。

【解説】　後鳥羽院政初期には源通親が朝廷において権勢を振るったが、次第に後鳥羽自身が主導権を振るうようになっていった。正治二年(一二〇〇)に寵妃藤原重子所生の皇子守成(順徳)を皇太子に立てたのは、通親の権勢により擁立された土御門に

替えて守成に皇位を伝えんとする後鳥羽の意志によるものである。守成の立太子により新たに力を持ち始めたのが卿二位であった。卿二位は本名藤原兼子、後鳥羽の乳母で土御門の外祖母に当たる範子の妹であるが、叔父範季の娘重子を養女とし、重子が後鳥羽との間に儲けた守成を養育してきた。ここに示したのは、建仁二年(一二〇二)十月に通親が死去してから間もない時期に行われた除目に関するものである。九条兼実や通親等の実力者による掣肘から解放され、後鳥羽が自由にその意志を発現しはじめるが、実はその裏で卿二位が実権を掌握している状況が、藤原定家の筆によって描写されている。

6 幕府の内訌

(1) 頼家の廃立

110 **〔猪隈関白記〕 建仁三年(一二〇三)九月七日・三十日**

七日、壬申、関東征夷大将軍従二位行左衛門督源朝臣頼家、去朔日薨去之由、今朝申院(後鳥羽上皇)云々、日者所労云々、生年廿二云々、故前右大将頼朝(源)卿子也、件頼家卿一腹舎弟童、年十二云々、今夜任征夷大将軍、叙従五位下、名字実朝云々、自院被定云々、上卿(1)内大臣(藤原隆忠)、執筆左大弁(藤原資実)云々、官奏(2)之次云々、頼家卿子息年六歳云々、并検非違使能員(比企)、件能員、頼家卿子息祖父也、為今大将軍実朝、去二日被撃云々、後聞、頼家卿子息不被撃云々、於能員者撃了云々、

卅日、乙未、天晴、関東左衛門督頼家逝去僻事云々、但出家如無云々、

七日、壬申、関東征夷大将軍従二位行左衛門督源朝臣頼家、去んぬる朔日薨去の由、今朝院に申すと云々。ひごろ所労と云々。生年二十二と云々。故前右大将頼朝卿の子なり。くだんの頼家卿の一腹の舎弟の童〈年十二と云々〉、今夜征夷大将軍に任じ、従五位下に叙す。名字実朝と云々。院より定めらると云々。上卿内大臣、執筆左大弁と云々。官奏の次《ついで》と云々。頼家卿の子息〈年六歳と云々〉ならびに検非違使能員〈くだんの能員、頼家卿の子息の祖父なり〉、今の大将軍実朝のために、去んぬる二日撃たると云々。後に聞く。頼家卿の子息撃たれずと云々。能員においては撃ち了《おわ》んぬと云々。

三十日、乙未、天晴れ。関東左衛門督頼家の逝去、僻事と云々。但し出家無きが如しと云々。

(1)上卿 儀式・政務を担当する公卿。(2)官奏 不堪佃田奏。本来は諸国より当年の不堪佃田を報告させる政務であるが、平安中期以降形式化して年中行事となり、九月七日を式日とした。

【解説】 頼朝は建久十年(一一九九)正月に死去したが、後嗣頼

家に頼朝のカリスマはなく、同年四月には頼家の親裁を停止して宿老十三人による合議制が設けられた。しかしこれに反発する頼家は側近優遇の専恣な姿勢をとり、宿老間の対立を表面化させることとなった。正治二年（一二〇〇）正月には梶原景時が叛し、敗死している。建仁三年（一二〇三）八月頼家が重篤に陥った機に、北条時政は頼家を引退させ、その遺跡を頼家の弟千幡（実朝）と頼家の長子一幡に分割することを謀る。これに反発した頼家の岳父比企能員は時政に誅殺され、比企一族は一幡を巻き添えにして滅亡、実朝に対する将軍宣下が朝廷に要請された。この事件を通して時政の主導権が確立、時政は実朝の後見として政所別当に就任し、時政の署判による下知状が従来の下文に相当する文書として発給されることになった。時政のこの地位が執権と呼ばれるようになる。

(2) 和田合戦

111〔明月記〕建暦三年（一二一三）五月九日

戌時許参院、中宮権亮（一条信能）粗々語関東事、二日申時和田左衛門〈義盛〉宿所、忽聞甲兵之音、去春謀反者結党之由有風聞落書等[1]、件義盛為其張本、而自披陳、聞子細、已以免許、有和解之気色、如尋常之時、在近辺宿所、而猶有内々議、可為鯨鯢[2]之由聞之、因茲更聚党成其計、是只以韓彭葅醢[3]也、其近辺宿所者〈又左衛門尉[4]〉聞之、即備戎服、発使者広元朝臣、于時件朝臣賓客在座、杯酒方酣、亭主聞之、独起座、奔参将軍在所、相共逃去其所、赴故将軍（源頼朝）墓所堂〈去七八町、或云二階堂〉、此間義盛甥三浦左衛門義村〈本自与叔父違背、為仇讐〉、告義盛已出軍之由、依両人之告、母儀妻室[5]等僅逃去之間、義盛兵已進、先囲広元宿所、酒客未去、大軍忽至、酔郷之士、依数被害、即放火焼其城郭、室屋不残一宇、自二日夕至于四日朝、攻戦不已、如三周華不注[6]、義盛士卒一以当千、天地震怒、此間千葉之党類〈常胤之孫子〉、練精兵、自隣国超来、義盛雖兵尽矢窮、策疲足之兵、当新羇之馬、然尚追奔、逐北至于横大路〈鎌倉之前有此路云々〉、此時義村兵又塞其後、大破義盛、因茲遂不得免、多散卒等出浜、棹船向安房方、其勢五百騎許、船六艘、

戌時ばかり院に参る。中宮権亮あらあら関東の事を語る。二日申時、和田左衛門〈義盛〉宿所、忽ち甲兵の音を聞く。くだんの去んぬる春謀反の者結党の由、風聞落書等あり。義盛その張本たり。しかるに自ら披陳。子細を聞き、すでにもって免許し、和解の気色あり。尋常の時の如く、近辺の宿所にあり。しかるになお内々の議あり、鯨鯢たるべきの由これを聞く。茲《ここ》に因り更に党を聚めその計を成す。これただもって韓彭葅《かんぽうそ》醢《かい》なり。その近辺宿所の者〈又左衛門尉〉これを聞き、すなわち戎服に備え、使者を広元朝臣に発す。

時にくだんの朝臣、賓客座にあり。杯酒まさに酣《たけなわ》なり。亭主これを聞き、独り座を起ち、将軍の在所に奔り参る。相共にその所を逃げ去り、故将軍の墓所の堂〈七、八町を去る。或は二階堂と云う〉に赴く。この間、義盛の甥の三浦左衛門義村〈もとより叔父と違背し仇讐たり〉、義盛すでに出軍の由を告ぐ。両人の告に依り、母儀妻室等僅かに逃げ去るの間、義盛の兵すでに進み、先ず広元の宿所を囲む。酒客未だ去らず、大軍忽ち至る。酔郷《すいきょう》の士、数に依り害せらる。すなわち放火しその城郭を焼く。室屋一宇を残さず。二日夕より四日朝に至り、攻戦やまず。華不注を三周するごとし。義盛の士卒一もって千に当たる。天地震え怒る。この間、千葉の党類〈常胤の孫子〉、精兵を練し、隣国より超え来たる。義盛兵尽き矢窮まると雖も、疲足の兵を策《むちう》ち、新羈の馬に当たる。然れば尚追奔り、北《にぐ》るを逐い横大路〈鎌倉の前この路ありと云々〉に至る。この時義村の兵又その後を塞ぎ、大いに義盛を破る。茲に因り遂に免がるるをえず。多くの散卒等浜に出、船を棹さし、安房方に向かう。その勢五百騎ばかり、船六艘。

(1)去春謀反者結党之由有風聞落書等　この年二月、信濃の武士泉親衡等の陰謀が発覚した。(2)鯨鯢　鯨は雄、鯢は雌のくじらをさし、悪人の首領を喩えて鯨鯢という。(3)韓彭葅醢　漢の功臣韓信と彭越が高祖のために殺されたこと。葅醢は塩漬けの野菜とししびしおのことで、転じて人を殺して塩漬けにする刑罰をいう。(4)又左衛門尉　八田朝重。(5)母儀妻室　実朝の母と妻。母は北条政子。妻は坊門信清の娘。(6)如三周華不注　華不注は山東省済南市東北の山。紀元前五八九年、晋軍が斉軍を追い立て、華不注山を三周した故事が『春秋左氏伝』に見える。

【解説】　頼朝の死後、有力御家人の間で内紛が相次ぎ、梶原景時、畠山重忠等が滅亡したが、そのなかで最大規模の事件に発展したのが、建暦三年(一二一三)の和田義盛の反乱であった。義盛はいうまでもなく幕府創業の功臣で侍所別当をつとめた人物である。ここでは『明月記』から事件の顛末を記述した部分を引用した。記主定家は後鳥羽上皇の御所で一条信能からこの事件に関わる伝聞情報を聞いている。信能は親幕派公卿として京都守護をつとめた能保の男であり、彼自身のちには実朝の左大将拝賀に際して鎌倉に下向しているから、鎌倉の情報に通じていたのであろう。この年二月に発覚した泉親衡等による頼家の遺児を将軍に擁立する陰謀がこの事件の発端となった。『吾妻鏡』は、陰謀に加担したとして召し捕えられた義盛の男義直・義重、甥胤長の処分をめぐって義盛が不満を抱き挙兵したと記しているが、『明月記』に記された信能の情報は、むしろ義盛自身が陰謀に加わった者の張本と風聞されたことを伝えている。鎌倉を舞台に足掛け三日間続いた戦闘で、幕府も戦火にかかり、和田一族をはじめ横山・土屋・渋谷・毛利など多くの有力御家人が滅亡した。一方北条義時は、義盛がつとめてきた侍所別当に就任し、一層勢力を強めていくことになる。

7　承久の乱

(1)　実朝の後継問題

112〔愚管抄〕巻六

カヽリケルホドニ、尼二位（北条政子）使ヲ参ラスル。行光（二階堂）トテ年ゴロ政所ノ事サタセサセテイミジキ者トツカイケリ。成功マイラセテ信濃ノ守ニナリタル者也。二品ノ熊野詣(1)デモ、奉行シテノボリタリケル物ヲマイラセテ、「院（後鳥羽上皇）ノ宮コノ中ニサモ候ヌベカランヲ、御下向候テ、ソレヲ将軍ニナシマイラセテ持マイラセラレ候ヘ、将軍（源実朝）ガアトノ武士、イマハアリツキテ数百候ガ、主人ヲウシナイ候テ、一定ヤウ〳〵ノ心モ出キ候ヌベシ、サテコソノドマリ候ハメ」ト申タリケリ。コノ事ハ、熊野詣ノレウニノボリタリケルニ、「実朝ガアリシ時、子モマウケヌニ、サヤアルベキ」ナド、卿二位モノガタリシタリト聞ヘシ名残ニヤ、カヽル事ヲ申タリケル。信清（坊門）ノヲトヾノムスメニ西ノ御方トテ院ニ候ヲバ、卿二位子ニシタルガ腹ニ、院ノ宮（頼仁親王）ウミマイラセタルヲ、スグル御前ト名付テ、卿二位ガヤシナイマイラセタル、ハジメハ三井寺ヘ法師ニナシマイラセントテアリケル、猶御元服有テ親王ニテヲハシマスヲ、モテアツカイテ位ノ心モ深ク、サラズハ将軍ニマレナド思ニヤ。人ノニクテカク推量ドモヲスルニコソ。イカデカマコトノ心アラン人サハ思フベキ。位アラソイバカリハ昔ヨリキコユル事ナレド、今ハソノ心有ベクモナシ、院ノ御気色ヲミナガラハイカニ。サテ此宮所望ノコトヲ上皇キコシメシテ「イカニ将来ニコノ日本国二ニ分ル事ヲバシヲカンゾ、コハイカニ」ト有マジキコトニヲボシメシテ、「ヱアラジ」トヲホセラレニケリ。其御返事ニ、「次々ノタダノ人ハ、関白摂政ノ子ナリトモ申サムニシタガフベシ」ナド云タヾノ御詞ノ有ケル。コレニトリツキテ、又モトヨリ義村（三浦）ガ思ヨリテ、「此上ハ何モ候マジ、左大臣殿（九条道家）ノ御子ノ三位ノ少将殿（九条教実）ヲ、ノボリテムカヘマイラセ候ナン」ト云ケリ。コノ心ニテカサネテ申ケルヤウハ、「左府ノ子息ユカリモ候、頼朝ガ妹ノムマゴ(2)ウミ申タリ、宮カナウマジク候ハヾ、ソレヲクダシテヤシナイタテ候テ、将軍ニテ君ノ御マモリニテ候ベシ」ト申テケリ。其後ヤウ〳〵ノ儀ドモ有テ、先ニモ御使ニクダリタリキトテ、忠綱(3)ヲ又御使ニクダシツカハサレタリケリ。サレドモ、「センハタヾモト申シ、左府ノ若君、ソレハアマタ候ナレバ、イヅレニテモ」ト申ツメケレハ、「サラバ誠ニヨカリナン」トテ、二歳ナル若公(九条頼経)、祖父公経(西園寺)ノ大納言ガモトニテヤシナヒケルハ、正月寅月ノ寅ノ歳寅時ムマレテ、誠ニモツネノヲサナキ人ニモ似ヌ子ノ、占ニモ宿曜ニモメデタク叶ヒタリトテ、ソレヲ、終ニ六月廿五日ニ、武士ドモムカヘニノボリテ、クダシツカハサレニケリ。京ヲ出ル時ヨリクダリツクマデ、イササカモ〳〵ナクコヱナクテヤマレニケリトテ、不可思議ノコトカナト云ケリ。

(1)二品ノ熊野詣デ　政子は建保六年(一二一八)二月四日熊野詣でのために鎌倉を立ち、四月二十九日に帰還した。この間京においては卿二位と会談し、四月十四日には従三位に叙せられた。(2)頼朝ガ妹ノムマゴ　九条道家の妻掄子。父は西園寺公経であるが、母は一条能保と頼朝妹の間の所生である。(3)忠綱　藤原。後鳥羽院北面の近習。

【解説】　三代将軍実朝は建保七年(一二一九)正月二十七日、甥公暁のために暗殺された。右大臣に任じられた拝賀を鶴岡八幡の社前にて遂げたその日のことであった。二月十三日政子は二階堂行光を使節として上洛させ、後鳥羽上皇の皇子雅成・頼仁のいずれかを将軍として下向させることを交渉する。この実朝の後継問題に関する『愚管抄』の記事を引用した。皇子を幕府の首長に迎えるという構想は後鳥羽上皇の拒絶に遭って挫折するが、それは後鳥羽が、皇子を幕府の首長とすることは、その血縁によって幕府と朝廷との紐帯を太くするよりも、むしろ皇胤の権威によって幕府を朝廷から独立させることになると考えたからであった。結局皇子ではなく左大臣九条道家の男が、頼朝の遠縁に当たることにもより、実朝の後嗣に選ばれ、六月二十五日に京を出発、七月十九日に鎌倉に入る。これが四代将軍頼経であるが、頼経の将軍就任は嘉禄二年(一二二六)であり、この間政子・義時による執政が行われることになる。

(2)　義時追討の官宣旨

113〔小松美一郎氏所蔵文書〕承久三年(一二二一)五月十五日官宣旨

右弁官下(1)　五畿内諸国(東海、東山、北陸、山陰、山陽、南海、太宰府)
応早令追討陸奥守平義時朝臣身、参院庁蒙裁断、諸国庄園守護人地頭等事
右、内大臣(源通光)宣、奉　勅、近曽称関東之成敗、乱天下之政務、纔雖帯将軍(2)之名、猶以在幼稚之齢、然間彼義時朝臣、偏仮言詞於教命、恣致裁断於都鄙、剰耀己威如忘皇憲、論之政道可謂謀反、早下知五畿七道諸国、令追討彼朝臣、兼又諸国庄園守護人地頭等、有可経言上之旨者、各参院庁、宜経上奏、随状聴断、抑国宰幷領家等、寄事於綸綍(3)、更勿致濫行、縡是厳密不違越者、諸国承知、依宣行之、
承久三年五月十五日　　大史三善朝臣
大弁藤原朝臣(資頼)

右弁官下す　五畿内諸国〈東海、東山、北陸、山陰、山陽、南海、

太宰府〉

応に早く陸奥守平義時朝臣の身を追討し、院庁に参り裁断を蒙らしむべき、諸国庄園守護人地頭等の事。

右、内大臣宣す。勅を奉るに、さいつころ関東の成敗と称し、天下の政務を乱し、纔《わず》かに将軍の名を帯すと雖も、猶もって幼稚の齢に在り。然る間かの義時朝臣、偏《ひとえ》に言詞を教命に仮り、恣《ほしいまま》に裁断を都鄙に致し、剰《あまつさ》え己の威を耀かし皇憲を忘るるが如し。これを政道に論ずるに謀反と謂うべし。早く五畿七道諸国に下知し、かの朝臣を追討せしめ、兼ねて又諸国庄園守護人地頭等、言上を経べきの旨あらば、各院庁に参り、宜しく上奏を経べし。状に随いて聴断せん。抑《そもそ》も国宰ならびに領家等、事を綸綍《りんふつ》に寄せ、更に濫行を致すなかれ。縡《こと》これ厳密にして違越せざれ者《てえれば》、諸国承知し、宣に依りてこれを行え。

(1)右弁官下　官宣旨を凶事に用いる時には「右弁官下」、そうでない時には「左弁官下」と書き出すのが十二世紀以降の慣例であった。「右弁官下」と書き出した場合、奥に署名する弁・史が右弁官所属の場合には「右」を略して署名する。(2)将軍　承久元年(一二一九)実朝の後嗣として鎌倉に迎えられた九条頼経を指す。ただし頼経が正式に征夷大将軍に任ぜられるのは嘉禄二年(一二二六)である。(3)綸綍　天子のことば。

【解説】　承久三年(一二二一)五月十五日、後鳥羽上皇の命令により北条義時追討の宣旨が五畿七道諸国に発せられ、同日京都守護伊賀光季が官兵に討たれた。光季は義時の妻の兄弟でもある。官宣旨を厳密に解釈するならば、五畿七道諸国に命ぜられたのは、義時を追討することと、諸国庄園守護人地頭が院庁に出頭しその裁断に従うことである。幕府が創出した守護地頭体制を否定するのではなく、むしろそれを後鳥羽の権力に編成することが意図されているのである。

(3)　六波羅探題の成立

114〔吾妻鏡〕承久三年(一二二一)六月十六日

相州(北条時房)武州(北条泰時)両刺史移住六波羅館、如右京兆(北条義時)爪牙耳目、廻治国之要計、求武家之安全、

相州武州両刺史、六波羅館に移住す。右京兆の爪牙耳目の如く、治国の要計を廻し、武家の安全を求む。

【解説】　後鳥羽上皇挙兵の報に接した幕府は、ただちに遠江以東十五カ国の御家人に檄を飛ばし、東海・東山・北陸の三道から京に進軍させた。六月十五日東海道方面軍の大将として入洛した北条泰時・時房は、六波羅に駐在し戦後処理にあたった。泰時の六波羅駐在は、貞応三年(一二二四)の義時の死去により執権の地位を継ぐため鎌倉に下向するまで続き、その後は泰時の替わりとして泰時の男時氏と時房の男時盛が派遣される。なお時房が鎌倉に下向して連署に就任するのは、翌嘉禄元年(一二二五)七月に政子が没した後であるとする説が有力である。

泰時・時房に始まる六波羅駐在の職がいわゆる六波羅探題であり、通常は北条一族の中から二名が選任された。両探題は館の位置により北方・南方と呼ばれ、北方が上位である。六波羅探題の下には鎌倉に模して評定・引付・検断方などが次第に設けられ、鎌倉の出先として朝廷と折衝するのみならず、西国を管轄する行政・裁判機関として整備されていった。

第二節　執権政治と院評定制

1　承久の乱後の朝廷

(1)　後高倉院政

115 〔武家年代記〕承久三年（一二二一）裏書

（七月）同九日、奉奪世務、進無品親王入道家 高倉院 (1) 之間、主上（仲恭天皇）行幸九条、摂政光明峯寺殿（九条道家）辞退、岡屋殿（近衛家実）御還補、八十六、持明院宮御尊号、々後高倉院、

同九日、世務を奪い奉り、無品親王入道家〈高倉院〉に進むるの間、主上九条に行幸。摂政光明峯寺殿辞退。岡屋殿御還補。八十六、持明院宮御尊号。後高倉院と号す。

（1）無品親王入道家〈高倉院〉　入道行助親王。高倉院は後高倉院の誤記。後出の持明院宮も同人。

【解説】承久の乱に破れた後鳥羽上皇は隠岐に、順徳上皇は佐渡に遷された。乱の謀議には加わらなかった土御門上皇もその意志により土佐に遷された（翌年阿波に遷された）。仲恭天皇は在位七十八日にして位を追われ、廃帝とされた。仲恭の謚号がおくられ天皇の歴代に加えられたのは、実に明治三年（一八七〇）のことである。

後鳥羽上皇に替わって治天の君に推戴されたのは、その同母の兄入道行助親王であった。行助の妻陳子は、頼朝がその再生の恩人池禅尼の子として重んじた平頼盛の娘と持明院基家との間の娘であり、頼朝の妹婿一条能保は陳子の父方の従兄弟、能保と頼朝妹の間の娘の婿となった西園寺公経は陳子の母方の従兄弟にあたる。そして公経と能保娘の間の娘が九条道家との間にもうけた男子が実朝の後嗣として鎌倉に下っていた。後の四代将軍頼経である。陳子をめぐるこのような人間関係が、行助が幕府から好意的に見られる理由となったと思われる。行助は皇位をふむことなく、しかもすでに出家していたにもかかわらず、治天の君に推戴され、後高倉院の尊号を奉られることになる。

(2)　九条道家の執政

116 〔天理図書館所蔵九条家文書〕天福元年（一二三三）五月二十一日九条道家奏状

一、任官叙位事

古人曰、無曠庶官、天工人其代、(1)爰知
君之授其官者、天之徳其人也、妄授謬挙可不慎乎、如唐太
宗一言者、為政之要唯在得人、非用其才必難致理、夫然則、
一官之闕二人競望者、先可撰才行、々々共顕者、可依奉公、
夙興夜寝(寐)(2)不懈奏行者、六正(3)中之忠臣也、妄官貪禄不務公事
者、六邪(4)中之具臣也、謂其邪正争無差別、此二事若一同者、
重代非重代可被分別、但重代之非器与非重代之善才、倩思
其採用、猶可依名誉譜第之事、共無才望者、可付文書相伝
歟、君之不棄家者、重父祖之記録、賞家門之典籍之故也、
文武之官有員、登庸之道区分、就尋明時之挙授、可有当時
之斟酌、兼定式条可有起請事、非新議、已有先規歟、
官不易方、爵不踰徳、始自諸道可止乱階、但有限勧賞不黙
止者、昔已有之、今亦宜然、又無人之所訴、為世之所許者、
随時之恩、可在　聖断歟、
抑恩所加則可思無因喜以謬賞、罰所及亦可思無因怒以濫刑、
賞罰之道不可忽焉、又若有楽工雑類芸逾儕輩之者、可蒙賞
者、可賜以銭帛、不可超授官爵、豈与朝賢君子比肩而立、
同坐而食、遺諸衣冠、為恥黒乎、今守皇唐君臣之旨、可被
為超越遷擢(5)之誡者也、
以私物支国用之輩、依思一官之名望、傾一生之資産、拝除(6)
恩遅滞結怨深、是不可黙止、遂雖可被任、春秋除目(7)幷直物(8)

等、為憚先規被略人数、今案、為省諸功之怨心被行一度之除目、一向被尽成功者諸人何可有恨乎、保延之比、法性寺太閤(藤原忠通)被申行此議、世以称善、非無旧貫、誰加新謗哉、見任公卿数輩籠居之条、人頗有所傾、誠非無其謂、或所恨有其理、或所申無其理、然而有譜第可優之家、有才能難棄之人、定通卿(土御門)者殆兼此二、可謂其仁、況自東方聊有申旨歟、基家卿(9)者、其家可異他、其身非無用、而依将相之超越有沈滞之鬱陶歟、実親卿(三条)者閑院之一族、嫡家之余裔也、不任大将、殊結深恨、世有所言、尤以不便、此三人者可任大臣之人等也、実基卿(徳大寺)者、前左府(10)罷両職、挙任嫡男高実於大納言之後、于今不出仕、内挙惟重、先規亦存、不可為大怨、可有何恥乎、然而家為其家、人為其人、才芸難捨、登庸可宜、経通卿(藤原)為一中納言、下臈昇進者、似被棄捐歟、是皆随有其欠、可有御計之人等也、於良実卿(11)者、有家之前蹤、為　帝之外舅、被任大将、誰謂非拠、転亜相昇丞相之条、不可守位次、不可有人訴、然而愚父聊有所思、如此之輩昇進之間、暫不可挙申将、抑愚息之登庸、令散諸人之積怨、但若及三欠者、可有一憐歟、

一、訴訟決断事

人有相伝之庄園、忽被押領于権門、本領主者又無所憑、忽以流冗、新給人者縦雖無之、強不欠乏、本主之歎者尤深、新給之悦者尚浅、況乎文書無理号裁給存他者、非力之所及、其恨聊可軽、文書有理号成敗不正者、知政之有邪、其歎弥可重、然則委有御尋早被返付者、新悦者還可勝旧恨、々々者忽以可消尽、人怨者神怒、々々則災害必生、人喜則神喜、々々則禍乱不作、可為第一之善政、亦是無双之攘災也、

理非決断者政化肝心也、殊有沙汰、可求道理、大事者下記録所可被勘決、小事者於御所中可有評議、当時被聴広御所之人中、本自預顧問之輩有之歟、相計其人可被定置歟、毎月三度可定其日、臨時之一決又可依事、凡厥衆議一同得理必然之後、被妨権勢、勿令遅滞、縦有少々謗難、人々議定者、上無其愆、下避其疑歟、

政出自奥房、人謂之、厲階(12)匪降自天、生自婦人之文、可慎々々、

後白川院・隠岐院(後鳥羽上皇)御時、世務之失多在之歟、然則官位昇進之事、訴訟決断之間、能被謹慎者、為政道之肝要歟、子細寛平御記(13)有所見歟、以彼先皇之明鑑、可為後代之炯誡者也、

右徳政之要大概如斯、天道之譴告、宗社之怪異、共以相重、殊可被慎、妖不勝徳、仁能却邪、尤廻　叡慮、可被計行歟、抑阿波前皇(14)、早殞命於異国、定有望于故郷、非無追栄追貴之往栄、又有　崇徳・安徳之近例、宜進謚号、被慰寃怨

歟、加之承明・脩明両院[15]事、殊可有優憐、或奉訪九泉之菩提、或奉問万里之寒温、定有愁緒之候、又有閑素之苦、関東免進之御領者、洞裏巨細之用途歟、其中若有相違之所者、可有返進之儀歟、殊被申請之事、宜有裁報之恩、是則休怨之本也、豈非攘災之道乎、依思仁政、不憚時議[16]、只存犯[17]顔之忠、無触鱗之慎而已、謹奏、

天福元年五月廿一日　　従一位藤原朝臣道家

一、任官叙位の事

古人曰わく、庶官を曠《むな》しくすることなく、天工人それ代わる。爰《ここ》に知る、君のその官を授くるは、天のその人を徳するなり。妄りに授け謬りて挙すること、慎しまざるべけんや。唐太宗の一言の如くんば、為政の要ただ人を得るに在り。その才を用うるにあらざれば、必ず理を致しがたし。それ然ればすなわち、一官の闕、二人競望せば、先ず才行を撰ぶべし。才行共に顕れば、奉公に依るべし。夙興夜寐《しゅくこうやび》、奏行を懈《おこた》らざるは、六正中の忠臣なり。官を妄《みだ》りにし禄を貪り公事を務めざるは、六邪中の具臣なり。その邪正を謂うに争《いかで》か差別なからん。この二事もし一同ならば、重代非重代、分別せらるべし。但し重代の非器と非重代の善才、つらつらその採用を思うに、なお名誉譜第の事に依るべし。共に才望なくんば、文書の相伝に付くべきか。君の家を棄てざるは、父祖の記録を重んじ、家門の典籍を賞するの故なり。文武の官員《かず》あり。登庸の道区分す。明時の挙授を尋ぬるに就き、当時の斟酌あるべし。兼ねて式条を定め起請あるべき事、新議にあらず。已に先規あるか。

官方を易《か》えず、爵徳を踰《こ》えず、諸道より始めて乱階を止むべし。但し限りある勧賞黙止せざるは、昔已にこれあり、今亦宜しく然り。又人の訴うるところなく、世の許すところたらば、随時の恩、聖断にあるべきか。

抑《そもそ》も恩の加うるところ、すなわち喜びに因りもって謬賞することなきを思うべし。罰の及ぶところ、また怒りに因りもって濫刑することなきを思うべし。賞罰の道、忽焉《こつえん》すべからず。又もし楽工雑類、芸脩輩を逾《こ》うるの者ありて、賞を蒙るべくんば、賜うに銭帛をもってすべし。官爵を超え授くべからず。豈に朝賢君子と比肩して立ち、同坐して食し、諸《これ》に衣冠を遣《つか》わし、恥黒となさんや。今皇唐君臣の旨を守り、超越遷擢の誡となさるべきものなり。

私物をもって国用を支うるの輩、一官の名望を思うに依り、一生の資産を傾く。拝除の恩遅滞せば結怨深し。これ黙止すべからず。遂には任ぜらるべきと雖も、春秋除目ならびに直物《なおしもの》等、先規を憚らんがため、人数を略せらる。今案、

諸功の怨心を省かんがため、一度の除目《じもく》を行わる。一向成功を尽さるれば、諸人何ぞ恨あるべけんや。保延のころ、法性寺太閤この議を申し行われ、世もって善と称す。旧貫なきにあらず。誰か新謗を加えんや。

見任の公卿数輩籠居の条、人頗る傾くところあり。誠にその謂われなきにあらず。或いは恨むところその理あり、或いは申すところその理なし。然れども譜第優《ゆう》すべきの家あり。才能棄てがたきの人あり。定通卿は殆んどこの二を兼ぬ。その仁と謂うべし。況んや東方よりいささか申す旨あるか。基家卿は、その家他に異なるべし。その身用なきにあらず。しかるに将相の超越に依り沈滞の鬱陶あるか。実親卿は閑院の一族、嫡家の余裔なり。大将に任ぜず、殊に深恨を結ぶ。世言うところあり。尤ももって不便。この三人は大臣に任ずべきの人等なり。実基卿は、前左府両職を罷《や》め、嫡男高実を大納言に挙げ任ずるの後、今に出仕せず。内挙これ重し。先規また存す。大怨をなすべからず。何の恥あるべけんや。然れども家その家たり。人その人たり。才芸捨てがたし。登庸宜しかるべし。経通卿一の中納言として、下臈昇進せば、棄捐せらるるに似るか。これ皆その欠あるに随い、御計らいあるべきの人等なり。良実卿においては、家の前蹤《ぜんしょう》あり。帝の外舅として、大将に任ぜらるるを、誰か非拠と謂わん。亜相に転じ丞相に昇るの条、位次を守るべからず。人訴あるべからず。然れども愚父いささか思うところあり。かくの如きの輩昇進の間、暫く将に挙げ申すべからず。抑《そもそ》も愚息の登庸、諸人の積怨を散ぜしむ。但しもし三欠に及ばば、一憐あるべきか。

一、訴訟決断の事

人に相伝の庄園あり。忽ち権門に押領せらるれば、本領主は又憑《たの》むところなし、忽ちもって流冗《りゅうじょう》す。新給人は縦《たと》いこれなきと雖も、強いて欠乏せず。本主の歎きは尤も深し。新給の悦びは尚浅し。況んや文書理なく裁給他を存ずと号さば、力の及ぶところにあらず、その恨みいささか軽んずべし。文書理あり成敗正しからずと号さば、政の邪あるを知り、その歎きいよいよ重かるべし。然ればすなわち委しく御尋ありて早く返付せらるれば、新悦は還って旧恨に勝るべし。旧恨は忽ちもって消え尽くすべし。人怨まば神怒り、神怒ればすなわち災害必ず生ず。人喜ばばすなわち神喜び、神喜ばばすなわち禍乱作《おこ》らず。第一の善政たるべし。またこれ無双の攘災なり。

理非決断は政化の肝心なり。殊に沙汰ありて、道理を求むべし。大事は記録所に下し勘決せらるべし。小事は御所中において評議あるべし。当時広御所を聴《ゆる》さるるの人の中、本より顧問に預かるの輩これあるか。その人を相計らい定め置かるべきか。毎月三度その日を定むべし。臨時の一決又事に依るべし。およそれ衆議一同得理必然の後、権勢に妨げられ、遅滞せしむるなかれ。縦い少々の謗難あれども、人々の議定せば、上はその愆《あやまり》なく、下はその疑を避くるか。政《まつりごと》奥房より出づ。人これを謂わく、厲階《れいかい》ただに天より降るのみにあらず、婦人より生ずの文。慎しむべしく。後白川院・隠岐院の御時、世務の失、多くこれに在るか。然ればすなわち官位昇進の事、訴訟決断の間、能く謹慎せらるるは、政道の肝要たるか。子細寛平御記所見あるか。かの先皇の明鑑をもって、後代の炯誡《けいかい》たるべきものなり。右徳政の要大概かくの如し。天道の譴告、宗社の怪異、共にもって相重なる。殊に慎しまるべし。妖は徳に勝たず。仁は能く邪を却く。尤も叡慮を廻らし、計らい行わるべきか。抑も阿波前皇、早く命を異国に殞《お》とし、定めて望を故郷に有す。追栄追貴の往栄なくばあらず。また崇徳・安徳の近例あり。宜しく謚号を進め、冤怨を謝せらるべきか。しかのみならず承明・脩明両院の事、殊に優憐あるべし。或いは九泉の菩提を訪い奉り、或いは万里の寒温を問い奉る。定めて愁緒の候あり。また閑素の苦あり。関東免進の御領は、洞裏巨細の用途か。その中もし相違の所あらば、返進の儀あるべきか。殊に申し請わるるの事、宜しく裁報の恩あるべし。これすなわち怨を休むるの本なり。豈に攘災の道にあらずや。仁政を思うに依り、時議を憚らず、只犯顔の忠を存じ、触鱗の慎しみ無きのみ。謹んで奏す。

(1)無曠庶官　天工人其代　もろもろの官職をおろそかにせず、天の職事を人が代わって行う。『書経』皐陶謨に見える。(2)夙興夜寐　朝早く起き夜遅く寝る。日夜政事に励むこと。(3)六正　人臣の守るべき六つの正しい道。制・良・忠・智・貞・直。(4)六邪　人臣としてゆるされない六つのよこしまな行い。具・諛・姦・讒・賊・亡国。(5)遷擢　官位を進ませて挙げ用いること。(6)拝除　前官を除いて新官を拝すること。(7)春秋除目　春除目は県召除目ともいい地方官中心、秋除目は京官除目ともいい京官中心の任官儀式。(8)直物　除目の技術的な誤りを訂正する儀式。この際に臨時の除目が行われることがある。(9)基家卿　九条良経の男。(10)前左府　九条良平。寛喜三年(一二三一)左大臣左大将を辞し、そのかわりに男高実が権大納言に任ぜられた。(11)良実卿　二条。道家の男。四条天皇の母の弟にあたる。(12)厲階　怨を招く端緒。(13)寛平御記　寛平九年(八九七)宇多天皇が醍醐天皇に譲位する際に与えた訓戒。いわゆる「寛平御遺戒」。(14)阿波前皇　土御門上皇。寛喜三年(一二三一)死去。(15)承明・脩明両院　承明門院源在子と脩明門院藤原重子はともに後鳥羽上皇の妃で、承明門院は土御門上皇、脩明門院は順徳上皇の母。(16)時議　元来は時人の評論の意で用いられ、時々の状況への適合を意味する「時宜」とも通用し、転じて権力者・貴人の意志・判断を意味する語としても用いられた。(17)犯顔　いやな顔色をしても構わずに諫める。

【解説】　承久の乱後の朝廷を主導したのは、乱の前後一貫して親幕の姿勢を貫いた西園寺公経である。その公経と連携して、九条道家が次第に勢力を挽回し、ついには朝廷の実権を掌握するに至る。仲恭天皇は道家の姉立子(東一条院)の所生であり、仲恭の践祚に伴い道家は摂政に任ぜられていたから、承久の乱によって仲恭が廃位されたことは、道家にとっても打撃であった。しかし道家は公経の女婿であり、公経の娘掄子との間に儲けた子の一人は実朝の後嗣として鎌倉に下向していた。安貞二年(一二二八)道家は関白近衛家実を追ってその後任となり、翌年娘竴子を後堀河天皇の後宮に入れる。貞永元年(一二三二)後堀河天皇は竴子所生の皇子秀仁(四条)に譲位し、道家は外戚の立場を確立する。またその間に道家は関白を教実に譲り、摂関の地位を九条家で独占する。こうして実権を掌握した道家の政治方針を示したのが、ここに引用した奏状である。この奏状が書かれる数日前には、天変により院御所において天地災変祭が行われ仏眼法が修せられているが、道家の奏状は天変による徳政を求めたものである。本文は「任官叙位事」と「訴訟決断事」の二つの篇目から構成されているが、人事の公正と愁訴の解決を徳政(善政)の肝要とするのは当時一般的な観念であった。文中に「寛平御遺戒」に対する言及が見られるが、人事について一般的な原則にとどまらず具体的な内容に立ち入って論じているところなどにもその影響が認められる。この奏状は公家徳政の理念を示すものとして注目され、また道家執政期における訴訟制度整備を示す史料としても用いられている。

2　新補地頭

117〔近衛家本追加〕貞応二年(一二二三)七月六日関東御教書

去々年兵乱[1]以後所被補諸国庄園郷保地頭沙汰条々

一、得分事

右、如　宣旨[2]状者、仮令[3]、田畠各拾一町内、十町領家国司分、一丁地頭分、不嫌広博狭小、以此率法免給之上、加徴[4]段別五升可被充行云々、尤以神妙、但、此中本自帯将軍家御下知、為地頭輩之跡、為没収之職、於被改補之所々者、得分縦雖減少、今更非加増之限、是可依旧儀之故也、加之、新補之中、本司之跡、至于得分尋常地者、又以不及成敗、只勘注無得分所々、守　宣下之旨、可令計充也、仍各可賦給成敗之状也、且是不帯此状之輩張行事出来者、可被注申交名、随状可被過断也、

(四ヵ条略)

以前五箇条[5]、且守　宣下之旨、且依時儀、可令計下知也、凡不帯此状之輩、若寄事於左右、猥張行事出来者、領家国司之訴訟不可断絶、随交名到来、可令過断也、以此旨、兼普可被披露也者、仰旨如此、仍執達如件、

貞応二年七月六日　　　　前陸奥守(6)判

相模守(7)殿

去々年兵乱以後、諸国庄園郷保に補せらるるところの地頭の沙汰の条々

一、得分の事

右、宣旨の状の如くんば、仮令、田畠各拾一町の内、十町は領家国司分、一丁は地頭分、広博狭小を嫌わず、この率法をもって免給の上、加徴は段別五升充て行わるべしと云々。尤ももって神妙。但しこの中、もとより将軍家御下知を帯し地頭たる輩の跡、没収の職として、改め補せらるるの所々においては、得分縦《たと》い減少すと雖も、今更加増の限りにあらず。これ旧儀に依るべきの故なり。しかのみならず、新補の中、本司之跡、得分尋常の地に至りては、又もって成敗に及ばず。ただ得分なき所々を勘注し、宣下の旨を守り、計い充てしむべきなり。よっておのおの成敗の状を賦《くば》り給うべきなり。且《かつが》つこれこの状を帯せざるの輩張行の事出来せば、交名を注し申さるべし。状に随い過断せらるべきなり。

（四ヵ条略）

以前の五ヵ条、且《かつう》は宣下の旨を守り、且は時儀に依り、計らい下知せしむべきなり。凡そこの状を帯せざるの輩、もし事を左右に寄せ、猥りに張行の事出来せば、領家国司の訴訟断絶すべからず。交名到来に随い、過断せしむべきなり。この旨をもって、兼ねて普ねく披露せらるべきなり者《てえれば》、仰する旨かくの如し。よって執達くだんの如し。

(1)去々年兵乱　承久の乱のこと。(2)宣旨　貞応二年六月十五日官宣旨。追加法九条。(3)仮令　たとえば。以下の文は、宣旨原文に「庄公田畠地頭得分、十丁別賜免田一丁、一段別充加徴五升」と記されているのを、分かりやすく言い換えている。(4)加徴　字義は付加税のこと。地頭が免田以外の部分からも一律に徴収する権利を与えられた税目。(5)以前五箇条　ここでは「郡内寺社事」「公文・田所・案主・惣追捕使有司等事」「山野河海事」「犯過人糾断事」の四ヵ条を略した。(6)前陸奥守　北条義時。時に執権。(7)相模守　北条時房。時に六波羅探題。

【解説】　承久の乱で京方についた者の所領は乱後没収され、新たに地頭が補任された。これを新補地頭と呼び、承久以前に補任された本補地頭と区別している。新補地頭の補任は、在地における軋轢を生じ、また領家・国司との間の紛争を惹起したので、幕府は貞応二年(一二二三)、新補地頭の得分を規定した。これを新補率法と呼んでいる。ただしこれは地頭得分が従来規定されていなかった荘園・国衙領に適用されるものであり、従来から得分が規定されていた場合には、たとえそれが新補率法よりも少なかったとしても先例を遵守すべきことが命じられた。新補率法は六月十五日に朝廷の官宣旨として公布され、幕府は

それを受理した七月六日、改めて六波羅探題に伝達した。なお本書では、『近衛家本追加』等の追加集については、佐藤進一・池内義資編『中世法制史料集』第一巻（岩波書店、一九五五年）を底本に用いる。本法令は同書第二部追加法一〇条（以下、追加法一〇条のように記す）に相当する。

3　執権政治

(1)　評定衆の設置と鎌倉大番

118　**〔吾妻鏡〕**　**嘉禄元年（一二二五）十二月二十一日**

所被立置新御所之黄牛(1)、今朝被引出之、又相州（北条時房）・武州（北条泰時）・助教（中原師員）・駿河前司（三浦義村）・隠岐入道（二階堂行村）等参御所、有評議始、神社仏寺吉事云々、次東西侍御簡衆事有其沙汰、若君（九条頼経）御幼稚之間、就御所近々、可着到于東小侍之由、御下向之始、被定上者、不及子細、但西侍無人之条、似背古例乎、仍於相州以下可然人々者、差進名代、如門々警固之事、連日夙夜可令致其勤也、遠江国已下十五箇国御家人等、以十二箇月、依彼分限之多少而可着充、雖為自身出仕之日、可進名代於西侍〈号之大番〉之由、議定畢、是右大将軍（源頼朝）之御時、称当番、或亘両月、或限一月、長日毎夜令伺候之例也、次於同所始被置定番人也、所謂桜井次郎安倍光高・今泉太郎大宅政光・八町六郎橘以康・市三郎平重遠・長田太郎藤原維定・飯田太郎物部忠重・阿美小次郎伴範兼已下也、

新御所に立て置かるるところの黄牛、今朝これを引き出さる。又相州・武州・助教・駿河前司・隠岐入道等、御所に参る。評議始あり。神社仏寺吉事と云々。次いで東西の侍の御簡衆の事その沙汰あり。若君御幼稚の間、御所の近々に就き、東小侍に着到すべきの由、御下向の始、定めらるるの上は、子細に及ばず。但し西侍に人無きの条、古例に背くに似るか。よって相州以下然るべき人々においては、名代を差し進め、門々警固の如きの事、連日夙夜その勤めを致さしむべきなり。遠江国已下十五箇国の御家人等、十二箇月をもって、かの分限の多少に依りて着け充つべし。自身出仕の日たりと雖も、名代を西侍に進むべき〈これを大番と号す〉の由、議定し畢《おわ》んぬ。これ右大将軍の御時、当番と称し、或いは両月に亘り、或いは一月を限り、長日毎夜伺候せしむるの例なり。次いで同所において始めて定番人を置かるるなり。いわゆる桜井次郎安倍光高・今泉太郎大宅政光・八町六郎橘以康・市三郎平重遠・長田太郎藤原維

定・飯田太郎物部忠重・阿美小次郎伴範兼已下なり。

(1)黄牛 移徙《いし》の儀においてはまず童女二人が水と燭をささげて進み、つぎに黄牛が牽かれる。

【解説】 貞応三年(一二二四)六月執権北条義時が死去すると、六波羅の泰時がその後継者として呼び戻される。しかし義時の後室伊賀氏所生の政村を義時の後継に立てる陰謀があり、泰時は伯母政子の強い後援を得てようやくにして執権に就任した。その政子が翌嘉禄元年(一二二五)六月に死去したことは、泰時にとって大きな衝撃であった。また大江広元もその前月に死去していた。幕府創業以来の宿老が相次いで世を去り、世代交替の時期を迎えて、新執権泰時は幕府の体制一新を考える。実朝の後嗣に迎えていた九条頼経もすでに八歳になっていた。泰時は政子没後の幕府の象徴として、頼経を元服させ正式に征夷大将軍に就任させることを決意し、新将軍の御所としての幕府を宇津宮辻子に建設する。十二月二十日に頼経の新造幕府移徙の儀が行われるが、ここに引用したのは、その翌日の『吾妻鏡』の記事である。時房・泰時以下の重臣が参集し評議始を行った記事があり、これがふつう鎌倉幕府評定の設置を示すものと解釈されている。泰時は政子の死後、叔父時房を六波羅から招き連署としていたが、さらに評定制を設置することによって、執権の権限行使を支える体制の整備をはかったものであろう。この日、同時に幕府西侍の警護役が定められた。これが鎌倉大番である。鎌倉大番が御家人役として課せられた範囲が遠江以下十五ヵ国であるのは、承久の乱の際に軍事動員が行われた範囲と一致し、これが幕府の固有の勢力範囲であったことを示している。なお頼経の元服の儀は十二月二十九日に行われ、翌年正月二十三日の除目で頼経は征夷大将軍に補せられた。

(2) 御成敗式目の制定

119 〔御成敗式目〕

於前々成敗事者、不論理非不能改沙汰、至自今以後者、可守此状也、

御成敗式目 五十一箇条 貞永元年八月 日

1 一、可修理神社専祭祀事
2 一、可修造寺塔(1)勤行仏事等事
3 一、諸国守護人奉行事
4 一、同守護人不申事由没収罪科(2)跡事
5 一、諸国地頭令抑留年貢所当事
6 一、国司領家成敗不及関東御(3)口入事
7 一、右大将家以後代々将軍并(4)二位殿御時所充給所領等依本主訴訟被改補否事
8 一、雖帯御下文不令知行経年序所領事
9 一、謀叛人事
10 一、殺害刃傷罪科事 付父子咎相互被懸否事
11 一、依夫罪過妻女所領被没収否事

12 一、悪口咎事
13 一、殴人咎事
14 一、代官罪過懸主人否事
15 一、謀書[5]罪科事
16 一、承久兵乱時没収地事
17 一、同時合戦罪過父子各別事
18 一、譲与所領於女子後依有不和儀其親悔還[6]否事
19 一、不論親疎被眷養輩違背本主子孫事
20 一、得譲状後其子先父母令死去跡事
21 一、妻妾得夫譲被離別後領知彼所領否事
22 一、父母所領配分時雖非義絶不譲与成人子息事
23 一、女人養子事
24 一、譲得夫所領後家令改嫁事
25 一、関東御家人以月卿雲客為聟君依譲所領公事[7]足減少事
26 一、譲所領於子息給安堵御下文後悔還其領譲与他子息事
27 一、未処分[8]跡事
28 一、構虚言致讒訴事
29 一、閣本奉行人[9]付別人企訴訟事
30 一、遂問註輩不相待御成敗執進権門書状事
31 一、依無道理不蒙御成敗輩為奉行人偏頗由訴申事
32 一、隠置盗賊悪党[10]於所領内事
33 一、強竊二盗罪科事 付放火人事
34 一、密懐他人妻罪科事
35 一、雖給度々召文[11]不参上科事
36 一、改旧境致相論事
37 一、関東御家人申京都望補傍官[12]所領上司事
38 一、惣地頭押妨所領内名主[13]職事
39 一、官爵所望輩申請関東御一行事
40 一、鎌倉中僧徒恣諍官位事
41 一、奴婢雑人事
42 一、百姓逃散時称逃毀令損亡事
43 一、称当知行掠給他人所領貪取所出物事
44 一、傍輩罪科未断以前競望彼所帯事
45 一、罪過由披露時不被糺決改替所職事
46 一、所領得替時前司新司沙汰事
47 一、以不知行所領文書寄附他人事 付以名主職不相触本所寄進権門事
48 一、売買所領事
49 一、両方証文理非顕然時擬遂対決事
50 一、狼藉時不知子細[14]出向其庭輩事
51 一、帯問状御教書致狼藉事

貞永元年七月日

前々成敗の事においては、理非を論ぜず改め沙汰あたわず。今より以後に至りては、この状を守るべきなり。

御成敗式目〈五十一箇条、貞永元年八月　日〉

1 一、神社を修理し祭祀を専らにすべき事

2 一、寺塔を修造し仏事等を勤行すべき事

3 一、諸国守護人奉行の事

4 一、同じく守護人、事の由を申さず罪科跡を没収する事

5 一、諸国地頭、年貢所当を抑留せしむる事

6 一、国司領家の成敗は関東御口入に及ばざる事

7 一、右大将家以後代々将軍ならびに二位殿御時充て給わるところの所領等、本主の訴訟に依り改補せらるるや否やの事

8 一、御下文を帯すると雖も知行せしめず年序を経る所領の事

9 一、謀叛人の事

10 一、殺害刃傷の罪科の事〈付たり。父子の咎、相互に懸けらるるや否やの事〉

11 一、夫の罪過に依り、妻女の所領没収せらるるや否やの事

12 一、悪口の咎の事

13 一、殴人の咎の事

14 一、代官の罪過、主人に懸くるや否やの事

15 一、謀書の罪科の事

16 一、承久兵乱の時没収地の事

17 一、同じき時の合戦の罪過、父子各別の事

18 一、所領を女子に譲与する後、不和の儀有るに依りその親悔い還すや否やの事

19 一、親疎を論ぜず眷養せらるる輩、本主の子孫に違背する事

20 一、譲状を得る後、その子父母に先んじ死去せしむる跡の事

21 一、妻妾夫の譲を得、離別せらるる後、かの所領を領知するや否やの事

22 一、父母の所領配分の時、義絶にあらずと雖も、成人の子息に譲与せざる事

23 一、女人養子の事

24 一、夫の所領を譲り得る後家、改嫁せしむる事

25 一、関東御家人、月卿雲客を以て聟君となし、所領を譲るに依り、公事の足減少の事

26 一、所領を子息に譲り、安堵御下文を給わる後、その領を悔い還し他の子息に譲与する事

27 一、未処分跡の事

28 一、虚言を構え讒訴を致す事

29 一、本奉行人を閣《さしお》き別人に付き訴訟を企つる事

30 一、問註を遂ぐる輩、御成敗を相待たず権門の書状を執り進む事

31 一、道理無きに依り御成敗を蒙らざる輩、奉行人の偏頗たるの由訴え申す事

32 一、盗賊悪党を所領内に隠し置く事

33 一、強竊二盗の罪科の事〈付たり。放火人の事〉

34 一、他人妻を密懐する罪科の事

35 一、度々召文を給うと雖も参上せざる科の事

36 一、旧境を改め相論を致す事

37 一、関東御家人、京都に申し、傍官所領の上司に望み補する事

38 一、惣地頭、所領内の名主職を押妨する事

39 一、官爵所望の輩、関東御一行を申し請う事

40 一、鎌倉中の僧徒、恣に官位を諍う事

41 一、奴婢雑人の事

42 一、百姓逃散の時、逃毀と称し損亡せしむる事

43 一、当知行と称し他人の所領を掠め給わり、所出物を貪り取る事

44 一、傍輩の罪科未断以前、かの所帯を競望する事

45 一、罪過の由披露の時、糾決せられず、所職を改替する事

46 一、所領得替の時、前司新司の沙汰の事

47 一、不知行所領の文書をもって他人に寄附する事〈付たり。名主職をもって本所に相触れず権門に寄進する事〉

48 一、所領を売買する事

49 一、両方の証文理非顕然の時、対決を遂げんと擬する事

50 一、狼藉の時、子細を知らずその庭に出向く輩の事

51 一、問状御教書を帯し狼藉を致す事

(1)奉行　職務を遂行すること。(2)跡　ある人がいなくなったあとに遺された人ないし財産。遺族や遺産の意味で用いられることが多い。ここでは没収された犯罪者の財産。(3)口入　介入、関与。(4)右大将家以後代々将軍并二位殿　源頼朝・頼家・実朝および北条政子。政子が実朝死後の執政者として認識されている。(5)謀書　文書を偽作すること。(6)悔還　一旦与えた財産を本主が取り戻すこと。ただし本主の手元に取り戻すのではなく、与える相手を変更するのが実態。(7)公事　ここでは幕府に対する御家人の負担。(8)未処分　本主が財産譲与を行わずに死去すること。(9)本奉行人　本来の事案担当者。(10)悪党　重犯罪人。具体的には夜討・強盗・山賊・海賊が意識されている。(11)召文

訴訟当事者に法廷への出頭を命ずる召喚状。(12)傍官　御家人として傍輩である地頭。(13)関東御一行　幕府の推挙状。(14)問状御教書　問状は訴訟の論人に対し陳状の提出を命ずる文書。執権・探題の奉じる御教書様式が用いられることが多い。

【解説】貞永元年(一二三二)に制定された御成敗式目は、以後武家の基本法典として重んじられ、公家・本所法にも影響を与えた。ここでは紙幅の制限により、式目五十一ヵ条の篇目のみを示した。『日本思想大系21 中世政治社会思想 上』(岩波書店、一九七二年)に、式目全文の読み下しと註釈が関連史料とともに収められているので、参照していただきたい。式目の条文配列が一定の体系性を備えていること、またその内容を諸国の地頭御家人に広く知らしめることが意図されていることは、中世法としてはむしろ例外であるとされている。中世においては、法は人が制定するものではなく、自然に存在するものであると観念されていた。成文法の形で残されているものは、人が法を発見し、それを敷衍して文章化したものにほかならなかった。式目に盛り込まれている法は式目が制定されなくとも存在するものであり、また式目に盛り込まれていなくとも法は存在する。式目が法そのものではないという認識に立つならば、式目が一定の体系性を備えていることや、その内容の周知が意図されていることは、例外でもなんでもない。一定の体系性にもとづいて発見した法を目録化し周知せしめるという行為が、その時点の具体的状況に対応する泰時の政治的行為として問題にされる必要がある。なお底本には佐藤進一・池内義資編『中世法制史料集』第一巻(岩波書店、一九五五年)を用いた。

4　後嵯峨院政

(1)　後嵯峨天皇の践祚

120〔平戸記〕仁治三年(一二四二)正月十九日

抑此事関東計申之条、雖知末世之至極、可悲々々、十善帝位之運、更非凡夫愚賤之所思、而依令顧時議給歟、一旦雖被仰合、憖以凡卑之下愚、計立帝位之条、未曾有事也、我朝者神国也、不似異域之風、自茲天地開之後、国常立尊以降、皆先主令計立給、至不慮之事者非此限、至光仁・光孝二代、群臣議定歟、然而其趣偏為安天下也、今非群議、以異域蛮類之身、計申此事之条、宗廟之冥慮如何、尤可恐々々、其殃定不廻踵歟、凡重事出来之時、如愚意者、只決群議、為先天下安全之計、可被奉立之、以其趣、具可被仰遣関東也、此上不相叶其意趣者、善悪可被計行、天下者重器也、雖片時不可空王位之故、如此相計之由被仰遣、何可有子細哉、其上有不受事者、又非可愁思食、非可痛思食、只可被奉任神宮・八幡之神慮事也、今自相《マヽ》害如此御計(1)之間、重事弥重畳、御案之趣皆以相違歟、可悲々々、彼宮者、承明門院令扶持申給、故通方卿(2)雖奉養育、事八(マヽ)変改之後、所令坐彼院給也、天下事出来之後、以可執権之意趣、前内府定通公(3)頻以発営、連々以飛脚示遣関東云々、加之御縁辺之輩、関東之有縁有数、随彼内府之妻者、泰時・重時朝臣等之姉妹也、就中重時者、有一腹之好、仍九日已後、偏以結構、今果而不黙止、可然之儀也、勿論々々、但帝王之位、以凡夫之身結構之条、雖末代日月未墜地、定其災不空歟、道路可以目歟、前内府執権之世、今一重可衰微歟、何為之、所詮人世之運至極之故歟、悲哉々々、

抑《そもそ》もこの事関東計らい申すの条、末世の至極を知ると雖も、悲しむべし〳〵。十善帝位の運、更に凡夫愚賤の思うところにあらず。しかるに時議を顧みしめ給うに依る歟、一旦仰せ合わさると雖も、慭《なまじ》いに凡卑の下愚をもって、帝位を計らい立つるの条、未曾有の事なり。我朝は神国なり。異域の風に似ず。ここにより天地開くの後、国常立尊《くにのとこたちのみこと》よりこのかた、皆先主計らい立てしめ給う。不慮の事に至りてはこの限りにあらず。光仁・光孝二代に至りては、群臣議定か。然れどもその趣偏《ひと》えに天下を安んぜんがためなり。今群議にあらず。異域蛮類の身をもって、この事を計らい申すの条、宗廟の冥慮いかん。尤も恐るべし〳〵。その殃《わざわい》定めて踵を廻らさざるか。凡そ重事出来の時、愚意の如くんば、只群議に決し、天下安全の計を先として、これを立て奉らるべし。その趣をもって、具《つぶ》さに関東に仰せ遣わさるべきなり。この上その意趣に相叶わざれば、善悪計らい行わるべし。天下は重器なり。片時と雖も王位を空しくすべからざるの故、かくの如く相計らうの由仰せ遣わされば、何ぞ子細あるべきや。その上受けざる事あらば、又愁い思《おぼ》し食《め》すべきにあらず、痛み思《おぼ》し食《め》すべきにあらず。只神宮・八幡の神慮に任せ奉らるべき事なり。今自相害かくの如く御計らいの間、重事いよいよ重畳。御案の趣皆もって相違するか。悲しむべし〳〵。かの宮は、承明門院扶持し申さしめ給う。故通方卿養育し奉ると雖も、事八変改の後、かの院に坐せしめ給うところなり。天下の事出来の後、執権すべきの意趣をもって、前内府〈定通公〉頻りにもって発営し、連々飛脚をもって関東に示し遣わすと云々。しかのみならず御縁辺の輩、関東の有縁数あり。随ってかの内府の妻は、泰時・重時朝臣等の姉妹なり。なかんずく重時は一腹の好みあり。よって九日已後、偏えにもって結構す。今果して黙止せず。然るべきの儀なり。論ずるなかれ〳〵。但し帝王の位、凡夫の身をもって結構の条、末代と雖も日月未だ地に墜ちず、定めてその災空しからざるか。

道路目をもってすべきか。前内府執権の世、今一重衰微すべきか。これをいかんせん。所詮人世の運至極の故か。悲しきかな〳〵。

(1)彼宮　邦仁。のちの後嵯峨天皇。(2)通方　中院(源)。邦仁の祖母承明門院は異父姉、同じく母は姪に当たる。(3)定通　土御門(源)。通方の兄。

【解説】仁治三年(一二四二)正月、四条天皇は十二歳で急死する。前月に九条教実の娘彦子が入内したばかりで、もちろんまだ子はなかった。皇嗣の候補に擬せられたのは、土御門上皇の皇子邦仁と順徳上皇の皇子忠成であった。邦仁は土御門の母承明門院に、忠成は順徳の母脩明門院に養育されていた。当時朝廷の最高実力者であった九条道家は、順徳の中宮東一条院の弟であることもあり、忠成を支持していたが、皇嗣の決定を幕府にゆだねる。そしてその回答により邦仁が践祚することになるのであるが、この間の経緯は貴族たちに衝撃を与えた。史料120は、平経高がその日記に記した感想である。貴族たちが衝撃を受けたのは、皇嗣の決定が幕府によってなされ、幕府の回答を待つために十二日間の空位が生じたためであった。しかも幕府の回答は、最高実力者道家の意向あるいは大方の予想に反するものであった。経高はこれを土御門定通の工作の結果であると記している。定通は承明門院の異父弟に当たるが、一方その妻は執権泰時、六波羅探題重時の姉妹である。この所縁を利用し、邦仁を擁立して自らが実権を掌握する野心により、定通は幕府に工作した、と経高は考えている。定通の工作は事実かもしれないが、しかし幕府の判断はそれのみによって決したわけではない。承久の乱に消極的であった土御門と積極的であった順徳のいずれを幕府が優先するかは自明であったし、しかも土御門はすでにこの世にいないが順徳はなお存命なのである。かつて道家は後鳥羽・順徳の還京を幕府に働きかけたが、幕府は御家人の総意としてこれを拒絶した。幕府のこの姿勢はかわっていない。そのことを理解していなかった道家の側にむしろ甘さがあった。そしてその甘さが間もなく彼の命とりとなる。

(2) 後嵯峨の譲位と院執権・院伝奏

121〔葉黄記〕寛元四年(一二四六)正月二十九日

今日有譲国事、予補院司、可奉行万事之由、兼有　勅定、便是可謂執事歟、然而先例或他人雖為執事、器量之者一人又奉執権、今此儀也、以不肖之身応此撰、雖知家之余績、太以過涯分、執柄(1)家事又偏管領之、両方計会敢不記一事、翌年宝治元七月六日聊属休暇、随思出粗記之、

今日譲国の事あり。予院司に補す。万事を奉行すべきの由、兼ねて勅定あり。便《すなわ》ちこれ執事と謂うべきか。然れども先例或いは他人執事たりと雖も、器量の者一人又執権を奉《うけたまわ》る。今この儀なり。不肖の身をもってこの撰に応ず。家の余績を知ると雖も、はなはだもって涯分に過ぐ。執柄の家

の事又偏《ひと》えにこれを管領す。両方計会、敢えて一事を記さず。翌年〈宝治元〉七月六日いささか休暇に属し、思い出すに随いあらあらこれを記す。

（1）執柄家　摂関家。ここでは九条家を指す。

122〔**葉黄記**〕**宝治元年（一二四七）三月十二日**

参院、奏条々事、又頭弁(1)已下参仕、伝奏之、伝奏当時只吉田中納言(2)予両人也、両人不慮有不参之日、相共示合之、不可退転之由有仰、仍隔日必可勤伝奏、其外ハ可任意之由、与黄門示合了、今日予終日祗候、

院に参る。条々の事を奏す。又頭弁已下参仕。これを伝奏す。伝奏は当時只吉田中納言と予の両人なり。「両人不慮不参の日あり。相共にこれを示し合わせ、退転すべからざる」の由仰せあり。よって「隔日必ず伝奏を勤むべし。その外は意に任すべき」の由、黄門と示し合わせ了《おわ》んぬ。今日予終日祗候す。

（1）頭弁　蔵人頭左中弁姉小路顕朝。（2）吉田中納言　吉田為経。後文の黄門も中納言の唐名で為経を指す。

【解説】　後嵯峨天皇は四年にして皇位を去り、以後二十六年間治天の君として院政を行った。もはや院政が朝廷の通常の政治形態となっていることを示す事実であるが、院政の諸制度が確立するのは、この後嵯峨院政の時期である。後嵯峨院政初期にその実務を担ったのは葉室定嗣であった。ここに引用したのは定嗣の日記で、史料121は、後嵯峨天皇の譲位の日、新上皇の執権に任ぜられたことを記したものである。執権とは院庁別当のうち実務の中心となる役職である。実は幕府の執権も、元来は将軍家政所別当の筆頭を意味している。史料122は翌年のもので、当時吉田為経と定嗣の二人が伝奏を務めていたことを記している。伝奏とは弁官・職事の奏事を上皇に取り次ぐ役で、元来は執権の職務の一つであったものが機能分化したと考えられる。後にはさらに増員され、日を分けて結番したり、特定の寺社や特定の行事を担当する伝奏が置かれるようにもなる。

(3)　関東申次

123〔**葉黄記**〕**寛元四年（一二四六）三月十五日**

為御使参入道殿(1)〈東山殿〉、条々有被申合事、

一、関東申次、年来、重事入道殿下被仰遣之、細々雑事修理大夫経雅（高階）卿奉殿下仰々遣了、勅定猶彼卿伝仰了、後鳥羽院御時、坊門内府（坊門信清）并入道相国（西園寺公経）等一向申次之、奉行院司等御教書、各遣彼申次人了、就今度院中儀、有時議、先日被仰合子細於関東、件返事到来、一昨日入道殿被進之、大納言（九条頼経）入道御返事也、〈御名行賀、改名歟〉去六日状也、秘事重事者入道殿下可被伝仰、僧俗官等事ハ可申摂政（一条実経）、於雑務者奉行院

司直可書下院宣之由也、謂奉行者定嗣事也、凡院中執権、以孤露不肖之身奉之、人々嫉妬之余、種々事等有讒言之疑、然而叡慮深思食入、予謬応(給カ)知人之鑑試、家之余慶歟、承久乱逆、故殿(2)令書追討之 院宣給、仍或人以之為予難歟、然而更不可及子細之由、別被申入道殿下云々、且先度有被仰遣之趣、於事為予過分之面目歟、此事且起於 叡慮被仰合也、日来之沙汰如此、就之 勅定云、関東返事経御覧返遣之、御所ニテハ女房預置文書之間、定混乱歟、可令預置此状給、中次事任此状可有沙汰者、御返事云、可存此旨候、尤職事弁官奉行事、可被仰関東事、猶定嗣可書 院宣云々、職事等可被仰関東事ヲハ、以状可申入之由、可触定嗣也、此由奏了、可然之由有仰、
(頭書)「五月以後事変(3)、太相国(西園寺実氏)可勤関東中次、然者他院司直不及仰遣、禅定殿下被伝仰之時ハ、細々事毎度御伝奏不可然、仍院司直可仰之由有沙汰き、」

御使として入道殿〈東山殿〉に参る。条々申し合わさるる事あり。

一、関東申次、年来、重事は入道殿下これを仰せ遣わされ、細々雑事は修理大夫経雅卿殿下の仰せを奉り仰せ遣わし了《おわ》んぬ。勅定は猶かの卿伝え仰せ了んぬ。後鳥羽院御時、坊門内府ならびに入道相国等一向これを申し次ぐ。奉行の院司等の御教書、おのおのかの中次の人に遣わし了んぬ。今度院中の儀に就き時議あり。先日子細を関東に仰せ合わさる。くだんの返事到来。一昨日入道殿これを進めらる。大納言入道御返事なり〈御名行賀、改名か〉。去ぬる六日の状なり。秘事重事は入道殿下伝え仰せらるべし、僧俗官等の事は摂政に申すべし、雑務においては奉行の院司直に院宣を書き下すべきの由なり。奉行と謂うは定嗣の事なり。凡《およ》そ院中執権、孤露不肖の身をもってこれを奉る。人々嫉妬の余り、種々事等讒言の疑あり。然れども叡慮深く思《おぼ》し食《め》し入る。予謬りて知人の鑑試に応《あた》る。家の余慶か。承久乱逆、故殿追討の院宣を書かしめ給う。よって或人これをもって予の難と為すか。然れども更に子細に及ぶべからざるの由、別して入道殿下に申さると云々。且《かつが》つ先度仰せ遣わさるるの趣あり。事において予過分の面目たるか。この事且つ叡慮より起こり仰せ合わさるるなり。日ごろの沙汰かくの如し。これに就き勅定云わく、「関東返事、御覧を経《へ》、これを返し遣わす。御所にては女房文書を預かり置くの間、定めて混乱するか。この状を預け置かしめ給うべし。中次の事、この状に任せて沙汰あるべし」者《てれば》、御返事に云わく、「この旨を存ずべく候。尤も職事弁官奉行

の事、関東に仰せらるべき事、なお定嗣院宣を書くべし」と云々。

職事等関東に仰せらるべき事をば、状をもって申し入るべきの由、定嗣に触るべきなり。この由奏し了んぬ。しかるべきの由仰せあり。

(頭書)「五月以後事変わる。太相国関東申次を勤むべし。しかれば他の院司直に仰せ遣わすに及ばず。禅定殿下伝え仰せらるるの時は、細々の事毎度御伝奏しかるべからず。よって院司直に仰すべきの由沙汰ありき。」

(1)入道殿　九条道家。後文の入道殿下、禅定殿下も同じ。(2)故殿　葉室定嗣の父光親。承久の乱の際、義時追討の院宣を執筆した罪を問われ、斬られた。(3)事変　鎌倉で前将軍頼経が失脚したことに始まる事態の変化をさす。史料124参照。

【解説】　朝廷と幕府とが拮抗する鎌倉時代にあっては、幕府との交渉の窓口を務める関東申次が朝廷の重職であった。頼朝の時代には吉田経房が務め、その後はこの記事にも見えるように坊門信清や西園寺公経がこれを務めた。承久の乱後、関東申次の重要性はますます強まり、公経はその権勢をほしいままにする。そして寛元二年(一二四四)の公経の死後その地位を引き継いだのが九条道家であった。寛元四年、後嵯峨天皇の譲位を前に、道家は次男二条良実の関白を更迭し、三男一条実経をこれに替える。恐らくはこの人事の延長として、関東申次の職を自身と愛子実経とで分担しようとした。そのことを記したのが、史料123である。しかし得意の絶頂にあった道家の運命は、急転直下暗転する。この年五月道家の男で前将軍の九条頼経が鎌倉を追われると、道家も失脚し、関東申次を更迭される。十月十三日幕府の使者が西園寺実氏を関東申次に指名することを伝え、以後幕末に至るまで関東申次の職は西園寺氏に世襲されることになるのである。

(4)　九条頼経の失脚

124〔岡屋関白記〕寛元四年(一二四六)六月九日・十六日

九日、丙申、晴、此間世間不静、毎夜連日回禄(1)、又関東有事云々、入道大納言(2)廻謀察、相触武士等、欲討時頼、(泰時朝臣末子(孫))(3)、(兄経時死去之後執権之者也、)又令行調伏祈等、此事発覚之間騒動、弱取前兵庫頭定員(4)、令拷問之間承伏云々、定員子息焼彼間書状等自殺云々、可謂賢歟(5)、入道被幽閉云々、使者輒不通、仍京都人不知実説、東山辺可有怖畏云々、

十六日、(中略)近日天下嗷々、或云、武士等鬱憤之間、来月十一日、入道将軍自関東追上京都云々、彼入道上洛本懐之由披露、但実追却儀云々、此騒動粗聞人口之処、入道将軍示合東山禅閤(九条道家)廻謀、相語猛将等欲討故泰時朝臣子息等、且以僧徒令行調伏法又令呪詛、経時早旦(世)此故也、件奇謀発覚之間及此大事、前但馬守定員者、入道将軍開心府之者也、

召取件男令尋聞之処、一々露顕云々、京都風聞如此、但虚言等相加、太不可指南、近日事皆天魔所為歟、

九日、丙申、晴れ。この間世間静まらず。毎夜連日回禄。又関東事ありと云々。入道大納言謀察を廻し、武士等に相触れ、時頼〈泰時朝臣末子、兄経時死去の後執権の者なり〉を討たんと欲す。又調伏の祈等を行わしむ。この事発覚の間騒動。前兵庫頭定員を搦め取り、拷問せしむるの間承伏すと云々。定員子息かの間の書状等を焼き自殺すと云々。賢と謂うべきか。入道幽閉せらると云々。使者輙《たやす》く通ぜず。よって京都の人実説を知らず。東山の辺怖畏あるべしと云々。十六日、(中略)近日天下嗷々。或いは云わく、武士等鬱憤の間、来月十一日、入道将軍関東より京都に追い上ぐと云々。かの入道上洛本懐の由披露す。但し実は追却の儀と云々。この騒動あらあら人口に聞くのところ、入道将軍、東山禅閤と示し合わせ謀を廻し、猛将等を相語らい、故泰時朝臣の子息等を討たんと欲し、且《かつが》つ僧徒をもって調伏法を行わしめ又呪詛せしむ。経時早世この故なり。くだんの奇謀発覚の間この大事に及ぶ。前但馬守定員は、入道将軍心府を開くの者なり。くだんの男を召し取り尋ね聞かしむるのところ、一々露顕すと云々。京都の風聞かくの如し。但し虚言等相加わり、はなはだ指南とすべからず。近日の事皆天魔の所為か。

(1)回禄　火災。(2)入道大納言　九条頼経。後文の入道将軍も同じ。(3)泰時朝臣末子　時頼を泰時の末子とするのは誤聞。実際には泰時の孫。(4)前兵庫頭定員　藤原。頼経の側近。後文では前但馬守と記される。(5)東山　九条道家の居所。

【解説】仁治三年(一二四二)執権泰時が死ぬと、孫の経時がその職を嗣いだ。泰時の子で経時の父に当たる時氏は早世していたのである。時に経時十九歳。一方、実朝の後嗣として鎌倉に招かれ嘉禄二年(一二二六)に将軍宣下を受けていた九条頼経は二十五歳、経時より六歳の年長である。元来泰時の執権政治を荘厳する目的で将軍の地位につけられた頼経であったが、もはや傀儡とはいえない自分の意志を有していた。将軍でありながら権力から疎外された境遇に頼経は当然不満を抱いていたであろうが、そうした頼経がまた、北条氏による執権の独占に不満を持つ有力御家人や北条一族の中でも嫡流と対立した者たちの結集軸となっていった。寛元二年(一二四四)経時は頼経を将軍から退かせ、その子で六歳の頼嗣を将軍に立てる。しかし前将軍頼経は隠然たる勢力を保持し、執権との間の緊張関係は次第に高まっていったと思われる。あたかも京都では後嵯峨院政の開始に当たり、頼経の父道家が得意の絶頂にあった。史料123で見た関東申次の問題で、道家の意向を承認する幕府側の返事を認めたのが前将軍頼経であったことは注目される。その直後の寛元四年三月、経時が危篤に陥り弟時頼が替わって執権となる

に及んで、緊張は頂点に達した。時頼は名越光時等に陰謀ありとして、光時を流罪に処し、千葉秀胤等を評定衆から排除、さらに頼経を京に送還する。道家は陰謀とは無関係であることを弁明するが、ついに籠居に追い込まれる。史料123で見たように関東申次は西園寺実氏に交替する。これにより、京都では摂関九条家が最高実力者の地位を失い、関東申次西園寺家がその地位をしめることになるのである。

(5) 院評定制

125〔葉黄記〕寛元四年(一二四六)十一月三日

今日於院、甲乙訴訟(1)以下事、有評定、相国(2)(土御門定通)・前内府参仕、吉田中納言(為経)奉行、毎月六箇度可有此事云々、其衆太相国・前内府定通・右大将実基(3)・吉田中納言為経・予(葉室定嗣)云々、予依所労雖有催不参、大嘗会用途事予不参之間、猶以状可申之由有仰《三位中将(4)奉》、仍進状了、・長松御厨(5)以下事云々、評定人々被仰関東云々、

今日院において、甲乙訴訟以下の事、評定あり。相国・前内府参仕し、吉田中納言奉行す。毎月六箇度この事あるべしと云々。その衆太相国・前内府〈定通〉・右大将〈実基〉・吉田中納言〈為経〉・予と云々。予所労に依り催しありと雖も不参。大嘗会用途の事〈予不参の間、猶状をもって申すべきの由仰せあり《三位中将奉る》、よって状を進め了《おわ》んぬ〉・長松御厨以下の事と云々。評定の人々関東に仰せらると云々。

(1)甲乙訴訟　もろもろの訴訟。(2)相国　西園寺実氏。後文の太相国も同じ。(3)実基　徳大寺。(4)三位中将　土御門顕良。(5)長松御厨　伊勢神宮領。伊勢国朝明・三重両郡の内。

【解説】　寛元四年(一二四六)の前将軍頼経とその父道家を巻き込んだ政変を収拾するため、幕府は関東申次を西園寺実氏に交替させるとともに、徳政の実施を朝廷に申し入れた。おそらくはこれに応えて始められたのが院評定である。院評定制については、かつて幕府評定制にならったものと論じられたが、近年では公卿議定制の伝統との関係を重視し、特に後嵯峨親政期の鬼間議定や同時期に関白二条良実の私邸で開催された殿下評定との関係が注目されている。いずれにせよ後嵯峨院政期には院評定の開催が恒例化し、訴訟が積極的に取り上げられる。なお院評定は一義的に裁判機関なのではなく、訴訟は当時「雑訴」と呼ばれたように、評定で取り上げられる議題の中では重要度の低いものと考えられていた。にもかかわらずそれを積極的に取り上げることが人民の要求に応える善政=「徳政」と考えられたのである。

(6) 宝治合戦

126〔葉黄記〕宝治元年(一二四七)六月九日

自関東飛脚到来、重時(1)申子細、去五日前若狭守泰村三浦是也已揚旗打立、仍時頼参将軍家(九条頼嗣)、亦遣打手等合戦、亦放火、風

吹掩之間、泰村落了、各追入頼朝卿墓堂自害、巳午未三箇時決勝負畢、泰村・光村〈泰村弟〉以下三浦一族皆被誅了、惣自害之輩及三百人云々、森入道(2)日来為時頼方歟、遂同意泰村、同被誅畢云々、去年以後泰村弥繕威勢、今以如此、日来有種々之巷説、不及信用之処、果以如此、

関東より飛脚到来。重時子細を申す。去ぬる五日前若狭守泰村〈三浦これなり〉已に旗を揚げ打ち立つ。よって時頼将軍家に参り、また打手等を遣わし合戦す。また放火す。風吹き掩うの間、泰村落ち了《おわ》んぬ。おのおの頼朝卿墓堂に追い入り自害す。巳午未三箇時勝負を決し畢《おわ》んぬ。泰村・光村〈泰村弟〉以下三浦一族皆誅せられ了んぬ。惣じて自害の輩三百人に及ぶと云々。森入道日来《ひごろ》時頼方たるか。遂に泰村に同意し、同じく誅せられ畢んぬと云々。去年以後泰村いよいよ威勢を繕い、今もってかくの如し。日ごろ種々の巷説あり。信用に及ばざるのところ、果してもってかくの如し。

(1)重時　北条。当時六波羅探題。(2)森入道　毛利季光。法名西阿。

【解説】　寛元四年(一二四六)の前将軍頼経をめぐる政変の余波は、翌宝治元年、ついに有力御家人三浦泰村とその一族を滅亡させるに及んだ。泰村の弟光村は頼経の側近であった。前年の政変の際には千葉秀胤等が事に坐して評定衆から除かれたにもかかわらず、光村は処分を免れた。ところが一年を経て改めて頼経との関係が問題にされ、謀反の嫌疑をかけられ、ついには一族もろともに滅ぼされることになるのである。三浦氏は、頼朝の挙兵に際して義明がその身を犠牲に捧げて以来の功臣であり、最有力の御家人であった。頼朝死後の数度の政変により有力御家人が次々に滅亡していく中で、三浦氏は北条氏と協調しながら勢力を拡大してきた。三浦氏の滅亡は、北条氏に対抗しうる存在が消滅したことを意味した。そして三浦氏の討滅を断固として主張し実行したのが、時頼の外祖父安達景盛であった。この後、安達氏が北条氏との姻戚関係を重ねながら、三浦氏に替わる有力御家人として発展していく。宝治合戦は執権時頼の政権基盤を確立するとともに、幕府内部の勢力交替をも結果としてもたらしたのである。

第三節

蒙古襲来

1 襲来前夜

(1) モンゴルの日本招諭

127〔調伏異朝怨敵抄〕至元三年（一二六六）八月日蒙古国書

上天眷命(1)
大蒙古国皇帝、奉書
日本国王、朕惟、自古小国之君、境土相接、尚努講信修睦、況我
祖宗、受天明命、奄有(2)区夏(3)、遐方(4)異域畏威懐徳者、不可悉数、朕即位之初(5)、以高麗無辜之民久瘁鋒鏑(6)、即令罷兵、還其彊城(域カ)、反其旄倪(7)、高麗君臣感戴来朝、義雖君臣、而歓若父子、計
王之君臣亦已知之、高麗朕之東藩(8)也、日本密邇(9)高麗、開国以来亦時通中国、至於朕躬而、無一乗(10)之使以通和好、尚恐
王国知之未審、故特遣使持書布告朕志、冀自今以往、通問結好、以相親睦、且聖人以四海為家、不相通好、豈一家之理哉、至用兵、夫孰所好、
王其図之、不宣(11)、

至元三年八月日

上天の眷命《けんめい》せる大蒙古国皇帝、書を日本国王に奉《たてまつ》る。朕惟《おも》んみれば、古より小国の君、境土《けいど》相接すれば、尚《なお》努めて信を講じ睦を修む。況《いわ》んや我が祖宗、天の明命を受け、区夏《くか》を奄有《えんゆう》す。遐方《かほう》異域の威を畏れ徳に懐《なつ》く者、悉くは数うべからず。朕即位の初め、高麗の辜《つみ》なき民の久しく鋒鏑《ほうてき》に瘁《つか》るるをもって、すなわち兵を罷め、その彊域を還し、その旄倪《ぼうげい》を反《かえ》らしむ。高麗の君臣、感戴して来朝せり。義は君臣と雖も、而《しか》も歓ぶこと父子の若《ごと》し。計りみれば、王の君臣もまた已《すで》にこれを知らん。高麗は朕の東藩なり。日本は高麗に密邇《みつじ》し、国を開きて以来《このかた》、また時に中国に通ず。朕が躬《み》に至りては、一乗の使のもって和好を通ずるなし。尚恐らくは王国のこれを知ること未だ審らかならざらん。故に特に使を遣わし、書を持ちて朕が志を布告せしむ。冀《こいねが》わくは自今以往、問を通じ好を結び、もって相親睦せん。且《また》

聖人は四海をもって家と為す。相通好せざるは、豈《あ》に一家の理ならん哉《や》。兵を用うるに至りては、夫《そ》れ孰《たれ》か好むところならん。王それこれを図れ。不宣《ふせん》。

(1)眷命　慈しみ思う。儒教の政治思想では、天の命を受けた者が帝位に即くとする。(2)奄有　すべての土地の所有者となる。『書経』大禹謨に「皇天眷命、奄有四海、為天下君」。(3)区夏　天下。(4)遐方　遠方。(5)朕即位之初…　一二六〇年フビライが帝位に即き、高麗と講和したことを指す。(6)鋒鏑　刀と矢。転じて戦争。(7)旃倪　老人と小児。(8)東藩　東方の藩国(従属国)。(9)密邇　まぢかく接する。(10)一乗　車一両。(11)不宣　「述べ尽くしていない」の意で、友人間の手紙の末尾に用いる語。

128〔高麗史節要〕巻十八　元宗八年(一二六七)正月

春正月、宋君斐・金賛与黒的等、至巨済松辺浦(1)、畏風濤之険遂還、王(2)又令君斐随黒的如蒙古、奏曰、詔旨所諭、導達使臣通好日本事、謹遣陪臣宋君斐等、伴使臣以往、至巨済県、遥望対馬島、見大洋万里風濤蹴天、意謂、危険若此、安可奉上国(3)使臣冒険軽進、雖至対馬島、彼俗頑獷(4)無礼義、設有不軌(5)、将如之何、是以与倶而還、且日本素与小邦未嘗通好、但対馬島人、時因貿易往来金州(6)耳、小邦、自陛下(7)即祚以来、深蒙仁恤、三十年兵革(8)之余、稍得蘇息、(下略)

春正月、宋君斐・金賛と黒的等、巨済松辺浦に至り、風濤の険を畏れて遂に還る。王また君斐をして黒的に随い蒙古に如《ゆ》かしめ、奏して曰く、「詔旨諭する所の使臣を導達して好を日本に通ずる事。謹んで陪臣宋君斐等を遣わし、使臣を伴いもって往かしむ。巨済県に至って遥かに対馬島を望み、大洋万里、風濤天を蹴るを見、意謂《おもえ》らく、「危険かくの若《ごと》し。安《いずく》んぞ上国の使臣を奉じ、険を冒して軽進すべけんや。対馬島に至ると雖も、彼の俗頑獷《がんこう》にして礼義なし。設《も》し不軌あらば、将《まさ》にこれを如何《いかん》せん」と。是《ここ》をもって与《と》倶《も》にして還る。且つ日本は素《もと》より小邦と未だ嘗て通好せず。但だ対馬島の人、時に貿易に因《よ》りて金州に往来するのみ。小邦、陛下即祚《そくそ》より以来《このかた》、深く仁恤《じんじゅつ》を蒙り、三十年兵革の余、稍《やや》蘇息するを得たり。(下略)」

(1)巨済松辺浦　慶尚道巨済島の東南岸、対馬に向かいあう位置にある地名。(2)王　元宗。第二四代高麗国王。在位一二五九―七四。即位以来、モンゴルとの協調路線をとった。(3)上国　モンゴル。(4)頑獷　かたくなで悪い。(5)不軌　国家への叛逆。(6)金州　慶尚道金海の古名。(7)陛下　モンゴル第五代皇帝フビライ。在位一二六〇―九四。(8)三十年兵革　高麗は一二三一年以来モンゴルの侵略に抵抗を続けたが、一二六〇年フビライの即位に際して従属的講和を結んだ。

129〔新式目〕文永五年(一二六八)二月二十七日関東御教書

蒙古人挿凶心、可伺本朝之由、近日所進牒使(1)也、早可用心之旨、可被相触讃岐国御家人等状、依仰執達如件、

文永五年二月廿七日

相　模　守(北条時宗)
左京権大夫(北条政村)

駿河守殿(北条有時カ)

蒙古人凶心を挿《さしはさ》み、本朝を伺うべきの由、近日牒使を進むるところなり。早く用心すべきの旨、讃岐国御家人等に相触れらるべきの状、仰せに依って執達くだんの如し。

(1)牒使　史料127の国書を携えてこの年正月に大宰府に至った高麗使潘阜。

【解説】　モンゴルは一二六六年、始めて日本招諭を試み、兵部侍郎黒的らがフビライの日本王あて国書を持って高麗に来た。史料127は東大寺の僧宗性の手になる国書の写で、同寺尊勝院の所蔵。『元史』世祖本紀至元三年八月丁卯条と『高麗史』元宗世家八年八月丁丑条にほぼ同文がある。自己が天命にかなう天下の主であることを揚言し、高麗がモンゴルと停戦して平和を回復したことを、日本にとっての教訓として強調する。書き留めの「不宣」に相手を臣としない含意があることから、モンゴルの日本征服の意図を否定する説があるが、文末の脅し文句と併せ読むかぎり、にわかに従えない。

黒的らは、高麗国王使の枢密院副使宋君斐・侍御史金賛に伴われて日本へ向かったが、巨済島に至って対馬を望み、荒海に恐れをなして開京へ戻った。この一件の背後には、高麗の宰相李蔵用の画策があった。蔵用は高麗が戦争に巻きこまれるのを憂慮し、黒的に日本招諭の無益を訴える手紙を送っていたのである(『高麗史』巻一百二・李蔵用伝)。史料128は、高麗国王元宗が使節行の不首尾をフビライに弁明した奏の要約で、『高麗史』元宗世家八年正月条に同文がある。

黒的らに「風濤の険阻を以て辞となすなかれ」と言い含めていたフビライは、激怒して再度の日本招諭を命じた。これを受けて高麗使潘阜が、127の国書を携えて日本に渡航する。『調伏異朝怨敵抄』には、127に続いて至元四年九月付の元宗の日本あて啓と、(至元五年)正月付の潘阜の啓が写されている。潘阜の到来によって、朝廷・幕府はモンゴルの意図を初めて知った。史料129の法令は幕府の軍事的対応の初見で、讃岐をふくむ西国諸国(もしくは全国)の守護に、同内容の指令が発せられたと考えられる。なおこの直後の三月五日、幕府は得宗《とくそう》の時宗《ときむね》を執権に昇進させて、体制固めを図った。

(2)　二月騒動

130〔賜蘆文庫文書所収金沢文庫文書〕弘安八年(一二八五)十二月二十一日金沢顕時書状

態以専使令申候、抑付城入道(安達泰盛)追討事、依為因縁(1)被残御不審候歟、仍配流之由被仰下候、於今者生涯之向顔不定仁覚候、殊抽丹誠可預御祈念候、付其候天波、文永六年与梨何事登候和須、世上騒乱之間、人之上歟身之上歟、安不(2)更仁難弁時分仁候幾、仍寄進状并絵図を認置候、其後同九年正月十四日、名越尾張入道(時章)・遠江守(教時)兄弟、倶非分被誅候了、同年二月十六日、六波羅式部丞（北条時輔）被誅候、今年又城入道、十一月十七日被誅候了、皆雖御存知事候、無常之理、銘心腑候、凡此十余年之式、只如踏薄氷候幾、今既其罪当身候之間、不運之至思設事候、明日払暁総州下向候、寺家敷地事、以所副進之絵図為際目、向後可有御知行候、金沢郷（3）事、不可有子細之由、被仰下候之間、歎之中喜此事候、猶々祈禱偏憑存候、以此旨可有御披露候、恐惶謹言、

弘安八

十二月廿一日　　越後守顕時（金沢）在判

進上　当寺開山妙性長老
称名寺方丈侍者御中

態《わざ》と専使をもって申さしめ候。抑《そもそ》も城入道追討の事に付き、因縁たるに依り御不審を残され候か。よって配流の由仰せ下され候。今においては生涯の向顔不定に覚え候。殊に丹誠を抽《ぬき》んじ御祈念に預かるべく候。それに付き候いては、文永六年より何事と候わず、世上騒乱の間、人の上か身の上か、安不《あんぷ》更に弁《わきま》え難き時分に候き。よって寄進状ならびに絵図を認《したた》め置き候。その後同九年正月十四日、名越尾張入道・遠江守兄弟、倶に非分に誅せられ候い了《おわ》んぬ。同年二月十六日、六波羅式部丞誅せられ候。今年又城入道、十一月十七日誅せられ候い了んぬ。皆御存知の事に候と雖も、無常の理、心腑に銘じ候。凡そ此の十余年の式、只薄氷を踏むが如く候き。今既に其の罪身に当り候の間、不運の至り思い設くる事に候。明日払暁総州へ下向し候。寺家敷地の事、副え進むるところの絵図をもって際目《きわめ》となし、向後御知行あるべく候。金沢《かねさわ》郷の事、子細あるべからざるの由、仰せ下され候の間、歎きの中の喜びこの事に候。猶々祈禱偏《ひと》えに憑《たの》み存じ候。この旨をもって御披露あるべく候。恐惶謹言。

（1）因縁　顕時は安達泰盛の聟だった関係で、霜月騒動後下総国埴生庄に流された。（2）安不　安全か危険か。（3）金沢郷　横浜市金沢区。称名寺の所在地。

【解説】　弘安八年（一二八五）の霜月騒動（史料150参照）後、下総への配流が決まった金沢顕時は、「薄氷を踏むが如き」十余年をふりかえって、称名寺開山妙性に率直な感想を書き送った。他の史料には明瞭に出てこないが、危機は文永六年（一二六九）より兆していたらしい。その最初の爆発が同九年二月の騒動だった。鎌倉で名越時章・教時兄弟、京都で六波羅探題南方の時輔が、あいついで北条時宗の手の者に討たれた。のち名越兄弟を討ったのは誤りだったとして、直接の討手が処罰されたが、名越は得宗家に次ぐ有力一門、時輔は時宗の庶兄であり、この事件が得宗の対抗馬を粛清する結果となったことは疑いない。この内紛で蒙古襲来への備えは大幅に遅れ、事件後ようやく異国警固番役が開始された。

(3) 三別抄の乱

131〔東京大学史料編纂所保管文書〕文永八年(一二七一)高麗牒状不審条々

高麗牒状不審条々

一、以前状文永五年揚蒙古之徳、今度状文永八年韋毳(1)無遠慮云々、如何、

一、文永五年状書年号、今度不書年号事、

一、以前状、帰蒙古之徳、成君臣之礼云々、今状、遷宅江華(2)近四十年、被髪左衽(3)聖賢所悪、仍又遷都珍島事、

一、今度状、端ニハ不従成戦之思也、奥ニハ為蒙(彼カ)被使云々、前後相違如何、

一、漂風人護送事、

一、屯金海府之兵(4)、先廿余人送日本国事、

一、我本朝統合三韓事、

一、安寧社稷(5)待天時事、

一、請胡騎数万兵事、

一、達兇旒(6)許垂寛宥事、

一、奉贄事、

一、貴朝遣使問訊事、

一、以前の状文永五年、蒙古の徳を揚げ、今度の状文永八年、韋毳《いせい》は遠慮無しと云々、如何《いかん》。

一、文永五年の状は年号を書くも、今度は年号を書かざる事。

一、以前の状、蒙古の徳に帰し、君臣の礼を成すと云々。今の状、宅を江華に遷して四十年に近し、被髪左衽《ひはつさじん》は聖賢の悪《にく》むところなり、よりて又珍島に遷都する事。

一、今度の状、端には「戦いを成すの思いに従わざるなり」、奥には「彼の使いを蒙らんがため」云々。前後相違如何。

一、漂風人護送の事。

一、金海府に屯するの兵、先《ま》ず二十余人を日本国に送る事。

一、我が本朝、三韓を統合する事。

一、社稷《しゃしょく》を安寧して天時を待つ事。

一、胡騎数万の兵を請うる事。

一、兇旒《りゅう》の許に達して寛宥を垂るる事。

一、贄を奉る事。

一、貴朝遣使問訊の事。

(1)韋毳　なめし革とむく毛。遊牧民族を指す語。(2)遷宅江華　一二三一年、高麗政府はモンゴル軍の侵略を避けて、首都を開京から京畿道の江華島に移した。(3)被髪左衽　結わない髪と左前の衣裳。儒教が卑

しむ蛮俗の代表。（4）金海府　慶尚南道金海。対馬への出撃基地。（5）社稷　国家。（6）兕旒　モンゴルの旗。

【解説】　一二三〇年に始まるモンゴルの高麗侵略の果てに、高麗の完全な屈伏の意味あいを持たされたのが、江華島から開京への「還都」だった。一二七〇年、国王元宗と文臣たちが「還都」を決定した瞬間、武臣政権のもとで反蒙闘争の中核軍だった三別抄が、「蒙古兵大いに至り、人民を殺戮す、凡そ国を輔けんと欲する者は、皆毬庭に会せ」という檄を飛ばして、反旗を翻した（『高麗史』巻一百三十裴仲孫伝）。まもなく江華島から朝鮮半島西岸を南下、全羅道の珍島を根拠地と定め、王族を国王につけ、官府を立てて人員を配置した。これは、右文書で珍島への移動を「遷都」と言っていることと符合し、高麗の正統政府としての自己主張である。七一年、三別抄は日本に救兵と兵粮を求める使者を送った。右文書は、この使者が携行した牒状（「今度状文永八年」）を、高麗政府がモンゴルの与党として送った文永五年の牒状と比較して、疑問点や注目点を列挙したもの。おそらく朝廷の評定の席に披露された参考資料であろう。三別抄は、平等・互恵の原則で日本と関係を結び、ともにモンゴルの脅威に対抗しようという構想を持っていた。しかし日本の支配層はその提案の歴史的意義を充分理解できず、何の反応もしなかった。モンゴルの第一次日本征討（文永の役）は、三別抄がモンゴル・高麗連合軍によって壊滅した翌一二七四年実行された。その反乱がモンゴルの日本作戦を遅らせ、その刃を鈍らせたことは疑いない。

2　文永・弘安の役

(1)　異国警固番役

132〔延時文書〕文永九年（一二七二）四月三日成岡忠俊譲状

ゆつりあたふるあさなくますまろかところに、
平たゝとしか□□《せん》そうてんのそりやうなりおかの名のてんはく・薗ならひにさんやかりくら(1)の事、
たのつほ〳〵・はくちの四至・そのゝさかい、しんふ平忠恒ゆつりしやう・たゝとしか所帯のしやうにめいはく也、

右、くたんのてんはく・その・さんやのかりくらにをいてハ、忠俊をちやくしとして、ゆつりあたへられおはぬ、こゝに異国の人襲来せしむへきあいた、関東の御けうしよのむねにまかせて、親父たゝつねのたいくわんとして、上府(2)してやく所(3)をうけとりてきんしせしむへきによりて、参府するところなり、これによて、かつハ海路のならいなり、かつハ軍庭(4)におもむくあいた、若たゝとしせんの事(5)もあらハ、件ミやうのてんはく・さんやかりくらにをいてハ、

たゝつねのゆつりをあいそへて、くますまろをちやくしとして、しゝそん〳〵にいたるまて、たのさまたけなくちきやうせしむへきなり、後日のゐらんをとゝめむために、しよ(6)はんを給ハるところ也、よてゆつりしやうくたんのことし、

文永九年歳次壬申卯月三日

平「成岡二郎」忠俊(花押)

平　忠恒(花押)

譲り与うる字熊寿丸が所に。

平忠俊が先祖相伝の所領成岡名の田畠・薗並びに山野狩倉の事。

田の坪々・畠地の四至・薗の境、親父平忠恒譲状・忠俊が所帯の状に明白なり。

右、件の田畠・薗・山野狩倉においては、忠俊を嫡子として、譲り与えられ畢んぬ。ここに異国の人襲来せしむべき間、関東の御教書の旨に任せて、親父忠恒の代官として、上府して役所を請け取りて勤仕せしむべきに依て、参府するところなり。これに依て、且つは海路の習なり、且つは軍庭に赴く間、もし忠俊自然の事もあらば、件の名の田畠・山野狩倉においては、忠恒の譲りを相副えて、熊寿丸を嫡子として、子々孫々に至るまで、他の妨げなく知行せしむべきなり。後日の違乱を停めんために、署判を給わる所なり。仍て譲状くだんの如し。

(1)かりくら　狩猟の場。(2)上府　大宰府・博多に赴くこと。下の参府も同じ。(3)やく所　警固番役の受け持ち箇所。(4)軍庭　いくさば。戦場。(5)しせんの事　不慮の事態。戦死。(6)しよはん　文書の裏にある証人の署名・花押を指す。

133〔延時文書〕文永九年(一二七二)五月十七日少弐資能異国警固番役覆勘状

被下　関東御教書候異国警固事、自去四月十七日被上府候、迄今月十六日、博多津番役被勤仕了、恐々謹言、

(文永九年)五月十七日　(少弐資能)覚恵(花押)

成岡二郎殿「平忠俊」

関東御教書を下され候異国警固の事、去る四月十七日より上府せられ候。今月十六日迄、博多津番役勤仕せられ了《おわ》んぬ。恐々謹言。

【解説】 薩摩国御家人成岡忠俊は、父忠恒の代理人として博多に赴き、警固番役を勤めることになったので、不慮の事態に備えて、幼少の子息熊寿丸に先祖相伝の成岡名を譲った(史料132、端書および裏判は割愛)。未曾有の異国合戦を目前にした御家人の悲壮な心情がうかがえる。文中の「関東御教書」については、文永九年二月朔日付で豊後国御家人野上太郎に宛てた守護大友頼泰の書状に、「御家人を催して筑前・肥前の要害を守護

するよう命じる関東御教書が到来したので、「且つは役所を請け取り、且つは御家人・御代官等を差し置かんが為」すでに打ち越えた」、とある（追加法四四七条）。忠俊は四月十七日より一カ月間、博多津で警固番役を勤めた。番役勤務完了の証明書を覆勘状《ふっかんじょう》といい、折紙の書状形式のものが多い。覆勘状は通常勤仕者の属する国の守護が発給するが、史料133の場合、薩摩守護島津久時は鎌倉にいて不在だったので、少弐資能が鎮西奉行としてその任にあたったものらしい。この後、番役の制規にはいくどか変更があったが、嘉元二年（一三〇四）に、国ごとの持場を定めず、当番国の御家人が一年間を通じて勤務する制となり、幕府滅亡まで続いた。なお史料145も参照。

(2)　文永の役

134〔竹崎季長絵詞〕

（菊池）武房に凶徒赤坂（1）の陣をかけ落されて、二手《ふたて》になりて、大勢《おおぜい》は麁原《すそはら》に向きて退《ひ》く。小勢《こぜい》は別符《べふ》の塚原へ退く。塚原より鳥飼の汐干潟を大勢になりあはむと退くを追懸くるに、馬干潟にはせたはして（2）、その敵を延ばす（3）。凶徒は麁原に陣をとりて、色々の旗を立て並べて、乱声《らんじょう》暇《ひま》なくしてひしめきあふ。季長はせむかふを、藤源太すけみつ（4）申す、「御方《みかた》は続き候らん。御待ち候て、証人を立てゝ御合戦候へ」と申を、「弓箭の道、先をもて賞とす。たゞ懸けよ」とて、を

めいて懸く。凶徒麁原より鳥飼潟の塩屋の松のもとにむけ合はせて合戦す。一番に旗指《はたさし》(5)馬を射られて跳ね落さる。季長以下三騎痛手負ひ、馬射られて跳ねしところに、肥前の国の御家人白石《しろいし》の六郎通泰、後陣より大勢にて懸けしに、蒙古の軍ひき退《しりぞ》きて麁原に上がる。馬も射られずして異敵のなかに懸け入り、通泰つゞかざりせば、死ぬべかりし身なり。思ひのほかに存命して、互ひに証人に立つ。筑後の国の御家人みつともの又二郎、首の骨を射通さる。同じく証人に立つ。

(1)赤坂　後出の麁原・別符・塚原・鳥飼とともに、博多湾岸東部の地名。現福岡市内。(2)はせたはして　馬が脚をとられて踊るようになるさま。(3)延ばす　取り逃がす。(4)藤源太すけみつ　季長の郎従。(5)旗指　武士団のなかで旗を持つ従者。

135〔東寺百合文書〕ヨ函　文永十一年(一二七四)十一月一日関東御教書

蒙古人襲来対馬・壱伎、既致合戦之由、覚恵(少弐資能)所注申也、早来廿日以前下向安芸、彼凶徒寄来者、相催国中地頭御家人幷本所領家一円地之住人等、可令禦戦、更不可有緩怠之状、依仰執達如件、

文永十一年十一月一日

武蔵守(北条長時)在判

相模守(北条時宗)在判

武田五郎次郎殿(信時)

蒙古人対馬・壱伎に襲来し、既に合戦を致すの由、覚恵注申するところなり。早く来二十日以前、安芸に下向し、彼の凶徒寄せ来らば、国中の地頭御家人ならびに本所領家一円地の住人等を相催し、禦戦せしむべし。更に緩怠あるべからざるの状、仰せによって執達くだんの如し。

【解説】　集団的な組織戦を得意とするモンゴル軍との合戦は、同族団を単位とする戦法しか知らない日本の武士たちにとって、勝手の違う戦争だった。馬に射かけられたりして苦戦を強いられつつも、武士たちは日本流を貫くしかなく、先懸けを争い、証人を立てて、勲功を競った。史料134は有名な前頁の絵に対応する詞書で、肥後国の小武士竹崎季長の戦いぶりを活写する。季長は、文永・弘安両役における自己の戦いと、戦功認定の際に安達泰盛から受けた恩顧を想起して、永仁元年(一二九三)絵巻物を作った。これが『竹崎季長絵詞』(『蒙古襲来絵詞』)で、世界帝国モンゴルとの戦いをリアルに描いた世界的にも貴重な絵画史料である。

苦戦の報に接した幕府は、国制上の自己の位置づけの変更につながる重大な選択をする。それまで幕府の管轄領域外だった本所一円地(地頭職の設置されていない庄郷)の武士を指揮して、モンゴル軍防禦に備えたのである。史料135は安芸守護武田信時に対して、モンゴル軍の進攻時には安芸国の地頭御家人・本所領家一円地住人を指揮して禦戦せよ、と命じている。これは幕

府権限の画期的な拡大であったと同時に、本所一円地住人への恩賞という新たな義務を幕府に課すことになった。

(3)　異国征伐・元寇防塁

136〔八幡筥崎宮御神宝記紙背文書〕建治二年(一二七六)三月三十日肥後国窪田荘預所定愉請文・注進状

「くほたのあつかりしよ殿御返事
　　肥後国窪田庄(1)預所僧定愉請文」
為異国征伐、可注申勢并兵具・乗馬等之由事、今月廿五日当所(安達盛宗)御施行同廿九日到来、謹以令拝見候畢、抑任被先度仰下候旨、愚身勢并兵具員数、去十日既雖令付于押領使河□□(尻兵)(2)衛尉之候、今重任被仰下候旨、所令注進之候也、以此旨可有御披露候哉、定愉恐惶謹言、
　　建治二年三月卅日　　窪田庄預所僧定愉

　肥後国窪田庄預所僧定愉勢并兵具・乗馬等事
一、自身歳三十五
　郎従一人　所従三人　乗馬一疋
一、兵具
　鎧一両　腹巻一両　弓二張　征矢二腰　大刀
右、任被仰下候旨、注進之状如件、
　　建治二年三月卅日　　窪田庄預所僧定愉

異国征伐のため、勢ならびに兵具・乗馬等を注申すべきの由の事、今月二十五日当所御施行同二十九日到来、謹んでもって拝見せしめ候い畢《おわ》んぬ。抑《そもそ》も先度仰せ下され候旨に任せ、愚身が勢ならびに兵具の員数、去十日既に押領使河□□(尻兵)衛尉に付せしめ候と雖も、今重ねて仰せ下され候旨に任せて、注進せしめ候ところなり。この旨をもって御披露あるべく候哉。定愉恐惶謹言。

(1)窪田庄　肥後国北部飽田郡にあった石清水八幡宮領の荘園。(2)押領使河尻兵衛尉　肥後守護所のあった河口港河尻を本拠とする在庁官人・幕府御家人。

137〔深江文書〕建治二年(一二七六)二月十日少弐経資石築地役催促状

異国警固之間要害石築地事、高麗発向輩之外、課于奉行国中、平均所致沙汰候也、今月廿日以前、相具人夫、相向博多津、請取役所、可被致其沙汰候、恐々謹言、
　　建治二年三月十日　　少弐(経資)(花押)
　　　深江村地頭殿

異国警固の間要害石築地《いしついじ》の事。高麗発向の輩の外、奉行の国中に課し、平均に沙汰を致し候ところなり。今月二十日

以前、人夫を相具し、博多津に相向い、役所を請け取り、その沙汰を致さるべく候。恐々謹言。

【解説】　文永の役の翌建治元年(一二七五)末より、幕府は高麗への反攻を計画し、西国沿海諸国の守護を大幅に入れ替えるとともに、作戦の指揮をとるべき武士を九州に派遣した(『薩藩旧記雑録前編』建治二年閏三月五日島津久時書下案に「高麗征伐の為、武士を遣わされ候」とある)。実例としては、肥前・肥後の守護代の地位を得て下向した金沢実政・安達盛宗が知られている。作戦は翌年三月から本格化し、九州の地頭御家人・本所一円地住人に、手勢・兵具・乗馬の注進が命じられた。史料136は石清水八幡宮所蔵の『八幡筥崎宮御神宝記』の紙背に残るこのときの注進十一例の一つで、本所一円地住人である肥後国窪田荘預所のもの。竹崎季長の手勢(史料134参照)とほぼ同規模の小武士団であることがわかる。ところが同じ三月から、防禦のため博多湾岸に石築地(元寇防塁)を造る工事が始まる。当初は「高麗発向の輩の外」が担当することになっていたが、攻撃・防禦の二面作戦は無理があったためか、いつしか「異国征伐」は立ち消えになってしまう。石築地は南北朝初期まで修築がくりかえされ、その遺構は今も残っている。

(4)　弘安の役

138　**〔高麗史〕巻一百四　金方慶伝**

(忠烈王)七年(一二八一)、(中略)方慶(金)与忻都・茶丘(洪)・朴球・金周鼎等発(1)、至日本世界村大明浦(2)、使通事金貯檄諭之、周鼎先与倭交鋒、諸軍皆下与戦、郎将康彦・康師子等死之、六月(3)、方慶・周鼎・球・朴之亮・荊万戸等、与日本兵合戦、斬三百余級、日本兵突進、官軍潰、茶丘棄馬走、王万戸復横撃之、斬五十余級、日本兵乃退、茶丘僅免、翼日(翌)復戦敗績、軍中又大疫、死者凡三千余人、忻都・茶丘等、以累戦不利且范文虎過期不至(4)、議回軍曰、聖旨令江南軍与東路軍必及是月望(5)会一岐島、今南軍不至、我軍先到数戦、船腐糧尽、其将奈何、方慶黙然、旬余又議如初、方慶曰、奉聖旨齎三月糧、今一月糧尚在、俟南軍来合攻必滅之、諸将不敢復言、既而文虎以蛮軍(6)十余万至、船凡九千艘(7)、八月(8)、値大風、蛮軍皆溺死、屍随潮汐入浦、浦為之塞、可践而行、遂還軍、

七年。(中略)方慶と忻都・茶丘・朴球・金周鼎等発し、日本世界村大明浦に至る。通事金貯をしてこれに檄諭せしむ。周鼎先ず倭と鋒を交え、諸軍皆下りて与《とも》に戦い、郎将康彦・康師子等これに死す。六月。方慶・周鼎・球・朴之亮・荊万戸等、日本兵と合戦し、三百余級を斬る。日本兵突進し、官軍潰え、茶丘馬を棄てて走《に》ぐ。王万戸復《ま》たこれを横撃し、五十余級を斬る。日本兵すなわち退き、茶丘僅かに免る。翌日また戦いて敗績す。軍中また大いに疫し、

死者凡そ三千余人。忻都・茶丘等、累戦利あらず、且つ范文虎の期を過ぎて至らざるをもって、回軍を議して曰く、「聖旨、江南軍と東路軍をして、必ずこの月望に及びて一岐島に会せしむ。今南軍至らず、我軍先に到りて数戦す。船腐り糧尽く。それ将《まさ》に奈何《いかが》せんとす」と。方慶黙然たり。旬余また議すること初の如し。方慶曰く、「聖旨を奉じて三月の糧を齎らす。今一月の糧尚《なお》在り。南軍の来るを俟《ま》ち、合《まさ》に攻めて必ず之を滅ぼすべし」と。諸将敢えてまた言わず。既にして文虎、蛮軍十余万をもって至る。船凡《およ》そ九千艘。八月。大風に値い、蛮軍皆溺死す。屍は潮汐に随いて浦に入り、浦これがために塞がり、践《ふ》みて行くべし。遂に軍を還す。

(1)発　東路軍が合浦を発したのは五月三日。(2)世界村大明浦　対馬島東岸佐賀《さか》の大明神浦か。東路軍は五月二十五日にここを発して壱岐に向った。(3)六月　以下の合戦があったのは六月八－九日で、場所は博多湾口の志賀島付近。(4)過期不至　江南軍が寧波付近から発船したのが六月十八日、平戸島付近で東路軍と合流したのは七月三、四日ころである。(5)望　十五日。(6)蛮軍　旧南宋兵。(7)九千艘　『高麗史節要』には三千五百艘とある。(8)八月　和暦ではモンゴル軍が暴風雨で壊滅したのは閏七月一日。中国暦では八月に閏がある。

【解説】　弘安四年(一二八一)、元は東路軍四万、江南軍十万をもって日本を再征した。右は、東路軍中の高麗軍を指揮した金方慶の伝が記す弘安の役の経過で、『高麗史節要』忠烈王七年条にほぼ同文がある。両軍は六月十五日に壱岐で合流する手筈だったが、東路軍は功をあせって月初めに博多湾に至り、江南軍は半月以上も期日に遅れた。また東路軍内部でも、疫病の流行もあって逃げ腰の忻都・洪茶丘(ともに元軍の指令官で、後者は投降した高麗人)と、主戦派の方慶との対立があった。こうした征討軍の足並みの乱れと、日本軍の意外にきびしい抵抗により、「神風」を待つまでもなく軍の統制は崩れかけていた。

139 〔弘安四年日記抄〕 弘安四年(一二八一)七月六日

六日、依異国警固、鎮西九ヶ国并因幡・伯耆・□□(出雲)・石見、不可済年貢、可点定、又件国々、雖□庄園、同下知之由、去夜自関東令申云々、異賊未入境、洛城欲滅亡歟、上下諸人之歎不可有比類歟、実否猶可尋記之、

異賊合戦之間、当時兵粮米事□□(為肝カ)要、鎮西及因幡・伯耆・出雲・石見国中□家本所一円領得分并富有之□□(輩之カ)米穀、令見在者、可点定□□□□□(之出可被下知カ)、□(以)此旨可令申入春宮大夫(西園寺実衡)□(殿カ)□状、如件、

弘安四年六月廿八日　相模守(北条時宗)在□(判)

陸奥守殿(北条時村)　越後左近大夫将監殿(北条時国)

「異国警固に依り、鎮西九ヶ国ならびに因幡・伯耆・出雲・石見、年貢を済すべからず、点定すべし。又くだんの

国々は、□庄園と雖も、同じく下知す」の由、去夜関東より申せしむと云々。異賊未だ境に入らざるに、洛城滅亡せんと欲するか。上下諸人の歎き比類あるべからざるか。実否猶《なお》これを尋ね記すべし。

　異賊合戦の間、当時兵粮米の事肝要たり。鎮西及び因幡・伯耆・出雲・石見国中の□家本所一円得分ならびに富有の輩の米穀、見在せしむれば、点定すべきの由、下知せらるべし。此の旨を以て春宮大夫殿に申し入れしめ□べきの状、くだんの如し。

【解説】　モンゴル軍の再征を迎えた幕府は、鎮西および山陰道四カ国の荘園年貢米・富有者備蓄米を、兵粮米として徴発すべく、関東申次西園寺実衡を通じて朝廷に勅許を求めるよう、六波羅探題に指示した。戦時措置としての権限拡張であるが、朝廷サイドはこれを「洛城滅亡」のきざしと受けとめている。『弘安四年日記抄』は、太政官の書記局長の職にあった壬生顕衡の日記を、応永の外寇（史料344・345参照）のとき先例として抄写したもの。

3　異国合戦の遺響

(1)　勲功賞の配分

140〔松浦山代文書〕正応二年（一二八九）三月十二日蒙古合戦勲功賞配分状

弘安四年蒙古合戦勲功賞肥前国神崎庄配分事

一人肥前国山代又三郎栄

田地拾町

　竹村郷

　　利田里

　　八坪六段二丈東依

　　九坪一段一丈中西依

　　十一坪一段四丈

　　十二坪五段中

　　十三坪九段二丈

　　（この間十三筆略）

屋敷

　上条郷岩田村

一宇　乙有松
松崎里十坪
一宇　小北光吉
同里十七坪
一宇　小北光吉
畠地
上条郷加納中郷松崎里
廿三坪一段中　小北光吉
廿四坪四段　小北光吉
右、就孔子配分如此、有限仏神事不可有懈怠之状、如件、
正応二年三月十二日　沙弥（少弐経資）在判
沙弥（大友頼泰）在判

右、孔子《くじ》に就きて配分かくの如し。限りある仏神事、懈怠あるべからざるの状、くだんの如し。

【解説】文永の役に関する恩賞授与は、肥前国の山代亀丸に父諸の討死を賞して同国恵利地頭職を賜った『山代文書』建治元年十月二十九日将軍家政所下文が、文書として残る唯一の例だが、『竹崎季長絵詞』によれば、翌十一月一日、安達泰盛が季長に「御分の御下文は直に進ずべき仰せに候、いま百二十余人の勧賞は、宰府に仰せ下され候」と語っている。亀丸はこの百二十余人のひとりと考えられる。弘安の役の恩賞配分状は多数残っており、右は山代栄（亀丸と同人）に肥前国神崎庄の一部を与えたもの。同日付の神崎庄配分状は十一通確認されている。神崎庄は皇室を本家とする北条氏所領で、このとき田地・屋敷・畠地が三町・五町・十町の三ランクで籤によって配分されたため、もらった武士にとっては知行が容易でなかった。また配分状に連署している少弐経資・大友頼泰は、当時博多にあった鎮西談議所の頭人であり、これは談議所のもつ御家人統率権を示している。

(2) 神々の戦い

141〔勘仲記〕弘安四年（一二八一）閏七月十四日

丁丑、自夜雨降、参殿下（鷹司兼平）中条々事、参近衛殿（家基）、自宰府飛脚(1)到来、去朔日大風動、彼賊船多漂没云々、誅戮并生虜数千人、壱岐・対馬雖一艘無之、所下居異賊多以殞命(2)、或又被生虜、今度事神鑑炳焉(3)之至也、天下之大慶何事可過之乎、匪直也事也、雖末代猶無止事也、弥可尊崇神明仏陀者歟、

夜より雨降る。殿下に参り条々の事を申す。近衛殿に参る。宰府より飛脚到来、去朔日大風動き、彼の賊船多く漂没すと云々。誅戮ならびに生虜数千人、壱岐・対馬一艘と雖もこれなし。下り居るところの異賊多くもって殞命《いんめい》し、或いは又生虜せらる。今度の事、神鑑炳焉《へいえん》の至りなり。天下の

大慶、何事かこれに過ぐべけんや。直也事《ただなる》にあらざるなり。末代と雖も猶止事《やんごと》なきなり。弥《いよいよ》神明仏陀を尊崇すべき者か。

(1)宰府　大宰府。(2)殞命　死亡。(3)炳焉　明瞭。

142〔花園天皇日記〕正和三年（一三一四）閏三月十九日

天晴、如円上人参、（中略）上人語、住吉社(1)第三御殿宝殿扉開鏁切、件鏁鉄也、廻有六寸、輙人不可折者也、上人即詣件社、見此事云々、誠不思議也、是為異国降伏也、先々蒙古襲来之時、件社有此瑞云々、入夜茂長(東坊城)朝臣（中略）又語曰、筑前国青木荘(2)有奉勧請北野社、件社中蒙疵之蛇一出来云々、然而諸人不驚動之処、件神託於巫女曰、異国已襲来之間、香椎(3)・筥崎(4)・高良(5)・我等合戦、香椎宮已半死半生云々、我依大自在(6)徳、為告知於人、現蛇身云々、又有祈禱者、重発向可征伐異国云々、朕以不徳猥踏天子位、仍有如此災歟、悲歎之至、非筆端所覃、偏仰仏神之冥助許也、
(裏書)「件社神官一人有不信者、即託巫女曰、三个日中可蒙罰云々、即夜頓死云々、其後諸人帰伏云々、」

如円上人参る。（中略）上人語る。「住吉社第三御殿の宝殿の扉開き鏁《くさり》切る。件の鏁は鉄なり。廻り六寸あり。輙《たやす》く人折るべからざる者なり。上人すなわちくだんの社に詣り、この事を見ると云々。誠に不思議なり。これ異国降伏のためなり。先々蒙古襲来の時、くだんの社この瑞あり」と云々。夜に入りて茂長朝臣（中略）又語りて曰く、「筑前国青木荘に勧請し奉る北野社あり。くだんの社中に疵《きず》を蒙るの蛇一出来すと云々。然れども諸人驚動せざるのところ、くだんの神巫女《みこ》に託して曰く、「異国已に襲来の間、香椎《かしい》・筥崎《はこざき》・高良《こうら》・我等合戦し、香椎宮已に半死半生と云々。我れ大自在の徳に依り、人に告知せんがため、蛇身に現ず」と云々。又「祈禱あらば、重ねて発向し異国を征伐すべし」と云々」と。朕不徳をもって猥《みだ》りに天子の位を踏む。よってかくの如き災あるか。悲歎の至り、筆端の覃《およ》ぶ所にあらず。偏《ひと》えに仏神の冥助を仰ぐばかりなり。
(裏書)「くだんの社の神官に一人信ぜざる者あり。すなわち巫女に託して曰く、「三ケ日中に罰を蒙るべし」と云々。即夜頓死すと云々。その後諸人帰伏すと云々。」

(1)住吉社　大阪市住吉区にある住吉大社。祭神は海神三柱と神功皇后。(2)青木荘　北野社の末寺安楽寺領の荘園。筑前南部にあった。(3)香椎　福岡市東区の香椎宮。祭神は神功皇后ほか。(4)筥崎　福岡市東区の箱崎宮。祭神は神功皇后ほか。(5)高良　福岡県久留米市にある高良大社。筑後国一宮。(6)大自在　北野社の祭神菅原道真の神名は天満大自在天神。

143〔東寺百合文書〕な函　弘安六年（一二八三）十二月二十八日関東御教書

異賊降伏祈禱事、於武蔵・伊豆・駿河・若狭・摂津・播磨・美作・備中国等寺社、可致懇祈禱之由、普可令下知給之旨、被仰下候也、仍執達如件、

弘安二（六）年十二月廿八日　　駿河守（北条業時）在御判

謹上　相模守（北条時宗）殿

異賊降伏祈禱の事、武蔵・伊豆・駿河・若狭・摂津・播磨・美作・備中国等の寺社において、懇《ねんご》ろの祈禱を致すべきの由、普《あまね》く下知せしめ給うべきの旨、仰せ下され候なり。よって執達くだんの如し。

【解説】　弘安四年（一二八一）閏七月一日の暴風雨により、元軍の大船団は肥前国鷹島周辺で壊滅的な打撃をこうむった（史料138参照）。これに乗じて日本軍が展開した掃討戦のようすは、『竹崎季長絵詞』に描かれて著名である。史料141は勝報に接した日の藤原兼仲（摂関家の家司を勤める）の日記で、大風がただちに神意の現われと解釈されている。史料142が語るように、こうした意識はのちのちまで人々を支配し、神々は異賊と戦って血を流す実体的な存在として卑俗化された。こうして蒙古襲来を契機に、「日本は神の守る神聖不可侵の国」という神国思想が深く浸透していく。また弘安の役後、幕府は全国の主要寺社に対して、守護を通じて公的な異国降伏祈禱命令を発するようになる。神々を異賊との戦いにふるい立たせることも、幕府の任務に加わった。史料143は武蔵以下八ヵ国の守護北条時宗に対する祈禱の指令書で、時宗が執権のため、連署が単独で署名する特殊な形式になっている。

(3)　鎮西探題の成立

144〔島津家文書〕正応六年（一二九三）三月二十一日関東御教書

為異賊警固、所下遣兼時（北条）・々家（名越）於鎮西也、防戦事、加評定一味同心可運籌策（1）、且合戦之進退宜随兼時之計、次地頭御家人并寺社本所一円地輩事、背守護人之催促不一揆者、可注申也、殊可有其沙汰之由、可相触薩摩国中之状、依仰執達如件、

正応六年三月廿一日

陸奥守（北条宣時）（花押）

相模守（北条貞時）（花押）

島津下野三郎左衛門尉（忠宗）殿

異賊警固のため、兼時・時家を鎮西に下し遣わすところなり。防戦の事、評定を加え、一味同心籌策を運《めぐ》らすべし。且つ合戦の進退は宜しく兼時の計に随うべし。次に地頭御家人ならびに寺社本所一円地の輩の事、守護人の催促に背き一揆せざれば、注申すべきなり。殊にその沙汰あるべき

の由、薩摩国中に相触るべきの状、仰せによって執達くだんの如し。

（1）籌策　はかりごと。

145〔大川文書〕正安元年（一二九九）十二月二十五日鎮西裁許状

□□□(肥前国御)家人大河三郎幸資□□□□(代幸継与カ)孫太郎能幸相論、大河村(1)内□師丸名警固番役等事

右、就訴陳状欲有其沙汰之処、去月五日両□□(方出)和与状(2)畢、如幸継状者、避与田地伍段弐杖□畠地各名字載和与状、□(於カ)惣領幸資之上者、条々止訴□(訟)畢、自今以後警固役等、宜任能幸意也云□(々)、能幸状同前、此上不及異儀、相互守彼状可致沙汰矣者、依仰下知如件、

正安元年十二月廿五日

前上総介平朝臣（北条実政）（花押）

肥前国御家人大河三郎幸資代幸継と孫太郎能幸相論す、大河村内□師丸名警固番役等の事

右、訴陳状に就きその沙汰あらんと欲するのところ、去月五日両方和与状を出し畢《おわ》んぬ。幸継が状の如くんば、「田地伍段弐杖□畠地〈各名字は和与状に載す〉を惣領幸資に避《さ》り与うるの上は、条々の訴訟を止め畢んぬ。自今以後警固役等、宜しく能幸が意に任すべきなり」と云々。能幸が状同前。この上は異儀に及ばず、相互に彼の状を守り沙汰を致すべし。者《てえれば》、仰せによって下知くだんの如し。

（1）大河村　島原半島北部、肥前国高来《たかぎ》西郷の内。（2）和与状　訴訟を和解で解決する際に取り交わす文書。

【解説】　正応五年（一二九二）、元への服属を呼びかける牒状があいついで到来し、国内は三度目の襲来を予期して緊張した。幕府は異国降伏祈禱を命じるとともに、得宗家での寄合で「異国打手大将軍」に北条兼時・名越時家を選任した。史料144は両人の下向を薩摩守護島津忠宗に伝えた御教書である。ふたりは翌年三月に九州に着任し、異賊警固と訴訟指揮にあたったが、合戦の指揮は兼時ひとりの計らいとされている。これが鎮西探題の始まりである。永仁四年（一二九六）、北条実政がふたりに替って探題に就任するが、これ以後探題は最終的な訴訟裁判権を与えられて、鎮西裁許状と呼ばれる判決文を出すようになる。史料145はその初期の例で、肥前国御家人大河氏の惣領・庶子間の訴訟を、当事者の和解の確認というかたちで終結させた。和解の内容は、庶子が惣領に田畠を渡すかわりに、独立して警固役を勤める、というもの。番役を独立して勤めることは、一人前の御家人の条件だった。

第四節

得宗専制と皇統の分裂

1　得宗権力の形成

(1)　得宗の家令

146〔**吾妻鏡**〕**貞応三年**（一二二四）**閏七月二十九日**

伊賀式部丞光宗坐事、改政所執事職、被召放所領五十二箇所、（中略）藤民部大夫行盛（二階堂）補政所執事、又尾藤左近将監景綱為武州（北条泰時）後見、以前二代無家令、今度被始置之、是武蔵守秀郷（藤原）朝臣後胤、玄蕃頭知忠（藤原）四代孫也云々、

伊賀式部丞光宗、事に坐し、政所執事職を改め、所領五十二箇所を召し放たる。（中略）藤民部大夫行盛、政所執事に補す。又尾藤左近将監景綱、武州後見たり。以前二代家令なし。今度これを始め置かる。これ武蔵守秀郷朝臣の後胤、玄蕃頭知忠四代の孫なりと云々。

【**解説**】　貞応三年（一二二四）執権義時死後の後継をめぐる混乱（史料118解説参照）を収拾した新執権泰時は、伊賀光宗の政所執事を解任して二階堂行盛をこれに任ずるとともに、新たに尾藤景綱を家令に任じた。北条氏一族内の対立が混乱の要因であっただけに、一族を統制する家督の立場を強化しようとしたものであろう。景綱のあとは、平盛綱・諏訪盛重・平盛時・平頼綱・長崎光綱・北条宗方・長崎高綱・同高資と継承され、頼綱のころからは内管領と呼ばれ、幕政に権勢を振るった。

(2)　得宗と執権

147〔**吾妻鏡**〕**康元元年**（一二五六）**十一月二十二日**

相州（北条時頼）赤痢病事減気云々、今日、被譲執権於武州、長時、又武蔵国務・侍別当并鎌倉第同被預中之、但家督(1)幼稚之程眼代也云々、

相州赤痢病の事減気と云々。今日、執権を武州〈長時〉に譲らる。また武蔵国務・侍別当ならびに鎌倉第同じく預け申さる。但し家督幼稚の程の眼代なりと云々。

（1）家督　時頼の家督継承者は時宗。

【**解説**】　康元元年（一二五六）秋、鎌倉に赤斑瘡を伴う病が流行し、将軍宗尊親王・執権時頼も発病した。時頼の娘もこのために死去した。時頼は病が小康を得た十一月二十二日、執権の職を一門の長時に譲り、翌日出家した。時に時頼三十歳。長時は

時頼が補佐役として最も信頼してきた重時の男。長時は、宝治元年（一二四七）連署に就任した父に替わって六波羅探題を勤めてきたが、この年三月探題を辞し、鎌倉に戻っていた。これまで執権の地位は北条氏の家督と一体であったが、長時は、時頼の家督継承者である時宗の成長を待つ間の代官と位置づけられていた。また病の平癒した時頼も政務に復帰するので、執権の地位とは別に北条氏の家督が幕政の主導者として機能するようになった。北条氏の家督を研究史上「得宗」と呼んできているが、執権政治と区別される得宗主導の政治形態の端緒を、この時頼の執権辞職の時点に求めることができる。

(3) 寄　合

148 **〔建治三年記〕建治三年（一二七七）十月二十五日**

廿五日、晴、御寄合、山内殿(1)、孔子(2)一二、相太守(3)、康有(4)、業連(5)、頼綱(6)、京都本所領家等被申、兵粮料所并在京武士拝領所々、可被返付之由事、有御沙汰、中書(7)申之、

京都本所領家等申さるる、兵粮料所ならびに在京の武士拝領の所々、返付せらるべきの由の事、御沙汰あり〈中書之を申す〉。

（1）山内殿　得宗北条時宗邸。（2）孔子　寄合での発言順序を決める鬮。（3）相太守　北条時宗。執権。（4）康有　太田。問注所執事・評定衆。『建治三年記』の記主。（5）業連　佐藤。評定衆。（6）頼綱　平。内管領。（7）中書　中務の唐名で中務丞佐藤業連を指す。

【解説】　得宗私邸に重臣を召集して開催される寄合は、すでに時頼の執権在職時代に認められるが、次第に形式的整備がなされ、式日が定められ、出席者が固定されるようになる。ここに引用した記事においても、発言順序を鬮で定めるような手続きがすでに認められる。一方、幕府正式の評定は、評定衆の地位が家格化し、議事能力と無関係に、門閥出身の年少者が出世の階梯として評定衆に就任するようになって、機能を著しく低下させる。かくして元来は幕府の制度外のものである寄合が、形骸化した評定に代わる機能を担い、ついには幕府制度の一部を構成するに至るのである。

2　霜月騒動

(1) 弘安徳政

149 **〔新式目〕弘安七年（一二八四）五月二十日関東事書**

新御式目

弘安七　五　廿　卅八箇条

一、寺社領如旧被沙汰付、被専神事仏事、被止新造寺社、

可被加古寺社修理事、
一、御祈事、被撰器量(1)仁、被減人数、如法被勤行、供料無懈怠可被下行(2)事、
一、可有御学問事、
一、武道不廃之様、可被懸御意事、
一、内談三箇条可被聞食事、
一、被定申次番衆、諸人参上之時急申入、可然人々、可有御対面、其外可有御返事、
一、殿中人々、毎日可有見参事、
一、可被止僧女口入事、
一、毎物可被用真実之倹約事、
一、殿中人礼儀礼法、可被直事、
一、在京人(3)幷四方発遣人(4)々進物、一向可被停止也、其外人々進物、可被止過分事、
一、可被止雑掌(5)事、
一、可被止造作過分事、
一、御行始、御方違之外、人々許入御、可有猶予事、
一、依諸人沙汰事、殿中人、不可遣使者於奉行人許事、
一、知食奉行廉直、可被召仕事、
一、可被止臨時公事々、
一、御領御年貢、毎年被遂結解、可被全御得分事、

条々公方
一、九国社領、止甲乙人(6)売買、如旧可致沙汰事、
一、自今以後、被止新造寺社、可被興行諸国々分寺一宮事、
一、可被行倹約事、
一、闕所(7)随出来、所領替、巡恩、旧恩労、可有御恩事、
一、越訴(8)事、可被定奉行人事、
一、鎮西九国名主、可被成御下文事、
一、在京人幷四方発遣人所領年貢、可有御免事、
一、御年貢、定日限可徴納、若過期日者、可被召所領事、
一、臨時公事、不可被充御家人事、
一、可被止大御厩事、
一、出羽陸奥外、東国御牧可被止事、
一、路次送夫可被止事、
一、垸飯(9)三日之外可被止事、
一、御評定初五日、直垂折烏帽子、
一、御的(10)七日、直垂立烏帽子、
一、屏風、障子絵、可被止事、
一、衣裳絵可被止事、
一、御所女房上臈者二衣(11)、下臈者薄衣、
一、贄殿御菜、於浦々所々、不可取事、
一、念仏者、遁世者、凡下者、鎌倉中騎馬可被止事、

一、寺社領旧の如く沙汰し付けられ、神事仏事を専らにせられ、新造寺社を止められ、古寺社の修理を加えらるべき事。
一、御祈の事、器量の仁を撰ばれ、人数を減らされ、法の如く勤行せられ、供料懈怠なく下行せらるべき事。
一、御学問あるべき事。
一、武道廃れざるの様、御意に懸けらるべき事。
一、内談三箇条聞こし食《め》さるべき事。
一、中次の番衆を定められ、諸人参上の時急ぎ申し入れ、然るべき人々、御対面あるべし。その外御返あるべき事。
一、殿中の人々、毎日見参あるべき事。
一、僧女の口入を止めらるべき事。
一、物ごとに真実の倹約を用いらるべき事。
一、殿中の人の礼儀礼法、直さるべき事。
一、在京人ならびに四方発遣の人々の進物、一向停止《ちょうじ》せらるべきなり。その外の人々の進物、過分を止めらるべき事。
一、雑掌を止めらるべき事。
一、造作の過分を止めらるべき事。
一、御行始、御方違の外、人々の許への入御、猶予あるべき事。
一、諸人沙汰の事に依り、殿中の人、使者を奉行人の許へ遣わすべからざる事。
一、奉行の廉直を知ろし食し、召し仕わるべき事。
一、臨時の公事を止めらるべき事。
一、御領御年貢、毎年結解《けちげ》を遂げられ、御得分を全うせらるべき事。

条々公方

一、九国社領、甲乙人の売買を止め、旧の如く沙汰を致すべき事。
一、自今以後、寺社を新造するを止められ、諸国国分寺一宮を興行せらるべき事。
一、倹約を行わるべき事。
一、闕所出来に随い、所領替、巡恩、旧恩労、御恩あるべき事。
一、越訴《おっそ》の事、奉行人を定めらるべき事。
一、鎮西九国の名主、御下文を成さるべき事。
一、在京人ならびに四方発遣人の所領の年貢、御免あるべき事。
一、御年貢、日限を定め徴納すべし。若し期日を過ぎば、所領を召さるべき事。
一、臨時の公事、御家人に充てらるべからざる事。

一、大御厩を止めらるべき事。
一、出羽陸奥の外、東国の御牧止めらるべき事。
一、路次の送夫止めらるべき事。
一、垸飯三日の外止めらるべき事。
一、御評定初五日、直垂折烏帽子。
一、御的《おんまと》七日、直垂立烏帽子。
一、屏風、障子絵、止めらるべき事。
一、衣裳絵止めらるべき事。
一、御所女房の上臈は二衣、下臈は薄衣。
一、贄殿の御菜、浦々所々において、取るべからざる事。
一、念仏者、遁世者、凡下者、鎌倉中の騎馬を止めらるべき事。

(1)器量　能力、資格などを意味する語。(2)下行　下付。(3)在京人　京都に常駐し六波羅探題の配下に属する御家人。(4)四方発遣人々　悪党・博徒禁圧のため諸国に派遣された使節。(5)雑掌　寺社等の修理造営の分担。(6)甲乙人　所領等に関して、当該所領に元来権利を有さないものを指す語。(7)闕所　没収地。(8)越訴　再審請求。(9)垸飯　年頭あるいは慶賀の際などに、有力御家人が将軍に祝膳を奉る儀式。(10)御的　年始の的始めのこと。(11)二衣　袿を二枚重ねること。

【解説】　弘安七年(一二八四)四月四日、執権時宗は三十四歳にして急逝した。その子貞時が執権に就任するのは七月七日のことである。その間の五月二十日、新御式目と呼ばれる三十八カ条の法が制定された。二度にわたる蒙古襲来に対処して幕府を指導してきた時宗を、三度目の来襲が予想される中で喪ったことは、幕府要人に大きな危機感を抱かせたに違いない。しかも後嗣の貞時はまだ十四歳であった。この危機に際して幕府の結束を固めるために打ち出された政治粛正の方針が、この新御式目であると考えられる。新御式目の制定とここに示された方針が実施に移されていく過程を「弘安徳政」と呼んでいる。新御式目の前半十八カ条は権力者として心得るべき箇条を列挙したものであるが、この心得を求められた権力者については、将軍とする説と得宗とする説がある。また後半二十カ条は幕府の公的な政策に関わる箇条を定めたものであり、前半と後半の中間に記された「条々公方」の「公方」という文言が、幕府の公的な側面を意味すると解釈されている。しかし、新御式目がその公方に関与することを想定している権力者については、やはり将軍とする説と得宗とする説がある。

(2)　霜月騒動

150〔熊谷直之氏所蔵梵網戒本疏日珠抄裏文書〕

弘安八年十一月十七日於鎌倉合戦人々自害
前陸奥入道(1)　秋田城介(2)
前美濃入道(3)　秋田城大夫判官入道(4)
前上総守(5)　大曾禰左衛門入道(6)
伴野出羽守(7)　小笠原十郎
田中筑後五郎左衛門尉(8)　田中筑後四郎

殖田又太郎入道（大江泰広）　小早河三郎左衛門尉
三科蔵人　和泉六郎左衛門尉（天野景村）
筑後伊賀四郎左衛門尉（伊賀景家）　同子息
葦名四郎左衛門尉　同六郎　於武蔵自害
足立大郎左衛門尉（直元）　武藤少卿左衛門尉
同大宰少弐(9)　有坂三郎
□　□太郎左衛門尉

弘安八年十一月十七日、鎌倉において合戦。人々自害す。

（交名略）

(1)前陸奥入道　安達泰盛。評定衆。(2)秋田城介　安達宗景。泰盛の嫡子。評定衆。(3)前美濃入道　安達長景。泰盛の弟。引付衆。(4)城大夫判官入道　安達時景。泰盛の弟。引付衆。(5)前上総守　大曾禰宗長。安達氏の分流。引付衆。(6)大曾禰左衛門入道　義泰。安達氏の分流。引付衆。(7)伴野出羽守　長泰。小笠原氏の惣領。(8)田中筑後五郎左衛門尉　常陸守護八田氏の一族。泰盛の妻の甥。(9)同大宰少弐　武藤景泰。引付衆。

城入道并城助・美乃入道・十郎判官入道（安達時景）、一門皆被伐了、奥州入道十七日巳剋マテハ松か上(1)ニ住、其後依世中動、塔ノ辻ノ屋方ヘ午時ニ被出けるニ、被参守殿（北条貞時）云々、死者卅人、手ヲイハ十人許、

□□テ城十郎判官入道ユヤマヘ

城入道ならびに城助・美乃入道・十郎判官入道、一門皆伐たれおわんぬ。奥州入道十七日巳剋までは松か上に住す。その後世中動くに依り、塔ノ辻の屋方へ午時に出でられけるに、守殿に参らると云々。死者三十人、手負は十人ばかり。（下略）

(1)松か上　松谷の安達氏別邸を指すか。

陸奥入道　城介　三乃入道　城大夫判官入道
上総介　大宰少弐　同四郎左衛門尉
隠岐《懐島》入道(1)　伴野出羽守　三浦（頼連）対馬前司
加賀太郎左衛門尉(2)　同六郎
殖田又太郎入道　城左衛次郎
大曾禰太郎（宗長）左衛門入道　上総三郎（大曾禰頼泰）左衛門入道
葦名四郎左衛門尉　美作三郎左衛門尉
綱島二郎入道　池上藤内左衛門尉
行方《ナメ》少二郎　伊東三郎左衛門尉(3)
足《ア》立太郎左衛門尉　南部孫二郎
和泉六郎左衛門尉

□其人を始として、五百人或自害、

(1)隠岐入道　二階堂行景。引付衆。(2)加賀太郎左衛門尉　安達宗顕。泰盛の甥。(3)伊東三郎左衛門尉　前石見守護。

越後守殿(1)被召籠、
宇治宮　対嶋入道子ヨセテ
越後守殿召し籠めらる。

(1)越後守　金沢顕時。泰盛の女婿。史料130参照。

上総三郎左衛門尉(1)　加賀太郎左衛門尉
同六郎　三浦対馬守
城七郎兵衛尉　鎌田弥藤二左衛門尉
小笠原四郎
於常陸自害
於遠江自害(安達宗顕)
城太郎左衛門尉
城五郎左衛門入道(2)　伴野三郎
於信乃自害
同彦二郎　武田小河原四郎
鳴海三郎　隠岐入道
城三郎二郎　城左衛門太郎
秋山人々
此外、武蔵・上野御家人等自害者、不及注進、先以承及
許注之、
「同十二月二日到来」

この外、武蔵・上野御家人等自害する者、注進に及ばず。先《ま》ずもって承り及ぶばかり之を注す。

(1)上総三郎左衛門尉　吉良満氏。越前守護。(2)城五郎左衛門入道　安達重景。泰盛の弟。

【解説】　弘安徳政を主導したのは安達泰盛であった。泰盛は、宝治元年(一二四七)三浦泰村の討滅を主導した景盛の孫。景盛の娘松下禅尼が時頼の母であるから、時頼とは従兄弟の関係になる。泰盛は連署北条重時の娘を妻とし、また二十二歳年下の妹を養女として時頼の子時宗と結婚させた。つまり安達氏は、北条氏との姻戚関係を積み重ねながら権勢を拡大し、三浦氏没落後の最有力御家人として台頭したのである。時宗と泰盛養女との間に生まれたのが貞時であり、弘安七年(一二八四)四月に時宗が急逝すると、泰盛は十四歳の新得宗貞時の外祖父として幕政を主導することになった。そして一年半が経過した弘安八年十一月十七日、泰盛とその一族・与党は突然抹殺された。事件の起きた月の名によって霜月騒動と呼ばれる事件である。史料150は東大寺の学僧凝然自筆の『梵網戒本疏日珠抄』の紙背に残された断片的な記録であるが、これからも、泰盛の一族・与党として誅殺され、あるいは自害した者が多数かつ広範囲にわたることが理解される。その中には評定衆・引付衆・各国守護などの有力御家人も多く含まれていた。この政変により外様御家人の勢力は大きく後退し、以後の幕政の主導権は内管領平頼綱に握られることになる。

(3) 平禅門の乱

151〔実躬卿記〕正応六年(一二九三)四月二十六日

未明武家使向今出川亭(1)、依関東飛脚也云々、前大将(2)参内、奏事由、去廿二日卯刻平左衛門尉頼綱法師幷子息資宗等以下被誅之由申入云々、城入道(安達泰盛)被誅之後、彼仁一向執政、諸人恐懼外無他事之処、又如此、凡世間定相、雖不始今、不可説々々々、余ニ驕過之故歟、余輩尚被誅之由風聞、未実説歟、予(三条実躬)着布衣参仙洞(3)、人々一向此物語也、大略浮説歟、

未明、武家使、今出川亭に向かう。関東飛脚に依るなりと云々。前大将参内し、事の由を奏す。去ぬる二十二日卯刻、平左衛門尉頼綱法師ならびに子息資宗等以下誅せらるるの由申し入ると云々。城入道誅せらるるの後、かの仁一向執政。諸人恐懼の外他事なきのところ、又かくの如し。凡そ世間の定相、今に始まらずと雖も、不可説〱。余りに驕り過ぐるの故か。余輩なお誅せらるるの由風聞す。未だ実説ならざるか。予布衣を着し仙洞に参る。人々一向この物語なり。大略浮説か。

(1)今出川亭　関東申次西園寺実兼邸。(2)前大将　西園寺公衡。実兼の嫡男。(3)仙洞　後深草法皇御所常磐井殿。

【解説】　正応六年(一二九三)四月十三日、鎌倉に大地震が発生し、建長寺が倒壊、将軍御所も破損した。『鎌倉年代記裏書』には「死人二万三千廿四人」と記されている。大地震による混乱の続く最中の二十二日未明、内管領平頼綱は得宗貞時の上意により討たれた。頼綱は貞時の乳父でもあり、霜月騒動後の幕政を主導してきたが、ここに引用した記事にも見えるように、その驕慢は人々の不満を呼び起こした。すでに二十三歳に達していた貞時にとっても、頼綱は鬱陶しい存在となっていたに違いない。諸人恐懼の専権体制に胚胎されていた緊張関係は、大地震後の世情不安の中で一挙に爆発した。頼綱は時宗の死去に際して出家入道していたため、この事件を平禅門の乱と呼んでいる。

3　持明院統と大覚寺統

(1) 両統対立の発端

152〔京都御所東山御文庫所蔵文書〕正応四年(一二九一)―永仁六年(一二九八)頃、伏見天皇自筆事書

一、文永八年正月御不予(1)之時、十六日申刻勅語云、治天事、何方トモ不被定仰、偏可計申之由、仰関東也、定有計申

旨歟、今可思食合云々、
一、被下円助親王(2)勅書云、二品事、雖何方、就御治世申入者、定不可有子細歟云々、
一、御治世事、輒難計申之由、関東令申之時、任先院(3)御素意、被申禁裏(4)之由、被仰出之条(5)、更無所拠、件御返事、円満院宮（円助法親王）祇候、召相国(6)被書之、於御前被加封事、
一、新院(7)践祚之同夜、可有立坊(8)之由、為故院御素意、而其儀変延引之間、且被仰遣関東事、
一、常磐井入道相国問答西明寺入道子細事(9)、
一、先院勅語云、和歌并鞠文書、可進禁裏、諸家記録、可進新院(10)、其外寛元以来奏事目六（録）悉可進新院、世間事悉見此目録云々、近習輩皆存知歟事、
一、多宝院供養(11)時、非近衛司勤仕楽行事例、有無如何之由、被仰之時、康和五年安芸守経忠（藤原）勤仕例、当時有御覚悟、被申出之処、故院頻有叡慮、被仰云、為老者記録不中用、不得引勘、於今者、諸家記録悉早々可進新院(12)、如此沙汰尤神妙之由、勅定及度々、其時堀河前相国(13)、雅言（源）、経任（中御門）等卿令祇候奉之事、
一、法勝寺・蓮花王院等修正、七月御八講(14)等、毎年大略有御幸被行之事、
一、文永五年以後、毎年貢馬一向御沙汰事、

一、文永八年正月御不予の時、十六日申刻勅語に云わく、「治天の事、何方とも定め仰せられず。偏《ひとえ》に計らい申すべきの由、関東に仰するなり。定めて計らい申す旨あるか。今思《おぼ》し食《め》し合わすべし」と云々。
一、円助親王に下さるる勅書に云わく、「二品の事、何方と雖も、御治世に就き申し入れば、定めて子細あるべからざるか」と云々。
一、御治世の事、輒《たやす》く計らい申しがたきの由、関東申せしむるの時、先院御素意に任せ、禁裏に申さるるの由、仰せ出さるるの条、更に拠るところなし。くだんの御返事、円満院宮祇候し、相国を召しこれを書かれ、御前において封を加えらるる事。
一、新院践祚の同夜、立坊あるべきの由、故院御素意たり。しかるにその儀変じ延引の間、且《かつが》つ関東に仰せ遣わさるる事。
一、常磐井入道相国、西明寺入道と子細を問答する事。
一、先院勅語に云わく、「和歌ならびに鞠の文書、禁裏に進むべし。諸家の記録、新院に進むべし。その外寛元以来奏事目録、悉く新院に進むべし。世間の事悉くこの目録に見ゆ」と云々。近習の輩皆存知するかの事。
一、多宝院供養の時、近衛司にあらず楽行事を勤仕する例、

有無如何の由、仰せらるるの時、康和五年安芸守経忠勤仕の例、当時御覚悟あり、申し出でらるるのところ、故院頻りに叡慮あり。仰せられて云わく、「老者として記録中用せず。引き勘ずるを得ず。今においては、諸家記録悉く早々新院に進むべし。かくの如き沙汰尤も神妙」の由、勅定度々に及ぶ。その時堀河前相国、雅言、経任等卿祗候せしめこれを奉る事。

一、法勝寺・蓮花王院等修正、七月御八講等、毎年大略御幸ありてこれを行わるるの事。

一、文永五年以後、毎年貢馬一向御沙汰の事。

(1)文永八年正月御不予　文永八年(一二七一)は同九年の誤り。後嵯峨法皇が八年九月頃に発病し、九年二月十七日に死去したことを指す。(2)円助親王　後嵯峨法皇の皇子。(3)先院　後嵯峨法皇。後文の故院も同じ。(4)禁裏　亀山天皇。禁裏と称するのは後嵯峨法皇が死去した文永九年の時点。(5)被仰出　仰の主体は後嵯峨の中宮で後深草・亀山の母である大宮院西園寺姞子。(6)相国　西園寺実兼。相国と称するのはこの事書が認められた時点。逆にこの呼称により、この事書が認められた時点を、実兼が太政大臣に任じられた正応四年(一二九一)以降と推定する。(7)新院　後宇多上皇。新院と称するのはこの事書が認められた時点。(8)立坊　立坊の主体は伏見天皇。(9)常磐井入道相国問答西明寺入道子細事　常磐井入道相国は西園寺実氏、西明寺入道は北条時頼。実氏は文永六年(一二六九)、時頼は弘長三年(一二六三)に死去しているから、両人の折衝はそれ以前のこと。(10)新院　後深草上皇。新院と称するのは後嵯峨法皇が死去した文永九年の時点。(11)多宝院供養　文永八年十一月六日に行われた亀山殿多宝院の供養。(12)新院　後深草上皇。新院と称するのは多宝院供養が行われた文永八年の時点。(13)堀河前相国　基具。前相国と称するのはこの事書が認められた時点。(14)七月御八講　七月七日の白河天皇の忌日を結願の日として法勝寺において開催される法華八講。

【解説】　文永九年(一二七二)、後嵯峨上皇が二十六年に及ぶ院政の後に死去すると、亀山天皇が母大宮院の支持を得て、同母の兄後深草上皇をさしおいて治天の君となった。すでに亀山の皇子世仁が文永五年に皇太子に立っていたから、後嵯峨の後継者として亀山が有利であったことは否めない。文永十一年には亀山は世仁(後宇多)に譲位し、院政を開始する。ところがその翌年、後深草の皇子熙仁が後宇多天皇の皇太子に立てられ、皇統が後深草の系統に戻る可能性が生まれる。弘安十年(一二八七)後宇多は熙仁(伏見)に譲位し、亀山上皇に替わって後深草上皇が院政を行うことになる。正応二年(一二八九)には伏見天皇の皇子胤仁が皇太子に立ち、皇位を後深草の系統に伝えていく姿勢が示される。こうして皇統の継承をめぐる後深草の系統と亀山の系統の競争が激しくなる中で、後深草の皇子である伏見天皇が自己の系統が正統であるという主張を書き記したのが史料152である。

(2) 浅原事件

153〔宮内庁書陵部所蔵伏見宮文書〕嘉元二年(一三〇四)頃、伏見上皇自筆注文

三月十日、依為頼(1)謀叛事、俄行幸春日第、自西郊御幸、即還御、

三月十日、為頼謀叛の事に依り、俄かに春日第に行幸〈西郊より御幸、即ち還御〉。

(1)為頼　浅原。甲斐源氏小笠原一族といわれる武士。

【解説】　正応三年(一二九〇)三月十日、浅原為頼父子が内裏冷泉富小路殿に乱入し、伏見天皇の暗殺を企てた。天皇はからくも難を逃れ、目的を達しえなかった為頼父子は自害して果てたが、この事件に関係して、亀山法皇の近臣三条実盛が捕えられ、亀山本人の関与も疑われたため、亀山は事件に無関係であることを誓う告文を幕府に進めた。伏見天皇は後深草の皇子、皇太子胤仁はその伏見の皇子である。自らの系統に皇位が伝えられていくことを確信した後深草が出家を遂げ、政務を伏見天皇に譲ったのは、事件の直前のことであった。皇位をめぐる競争で遅れをとった亀山の焦燥が事件の背景にあったと考えられる。

(3)　文保の和談

154〔花園天皇日記〕元亨元年(一三二一)十月十三日

凡文保元年親鑒(1)為使節上洛、両御流皇統不可断絶之上者、有御和談、可被止使節往返云々、依之当時可有譲国歟、将又不差時分歟之由、有御尋之処、非当時之由親鑒申之、入道相国(2)以自筆書進了、就之御問答于大覚寺殿(後宇多法皇)之処、条々非和談義之間、自此御方者、御和談無子細之間、被申大覚寺殿之処、如此御問答、已有御和談之義歟、此上可為何様乎之由、被仰使者之処、又進事書云、春宮(3)践祚後、々二条院(邦良親王)一宮可有立坊、其後新院(4)一宮可有立坊云々、此事諸人不審、内々以禎覚(5)被尋親鑒之処、所詮御和談不事行之間、春宮〈今禁裏也〉践祚似無其期、仍為慰法皇(後宇多法皇)御意、申未来立坊事云々、此事無文書、似不足支証、然而事義又不背歟、此後関東無申旨之間、譲国事不沙汰而止了、而先院(6)崩御以後、文保二年正月自法皇被申譲国事、入道相国申云、先度已関東令申了、両度猶不沙汰之条、定可背東風歟云々、仍譲国事、量仁親王立坊不可有相違者、可有御承諾之由、欲被申之処、入道相国云、立坊次第已関東定申了、不可被乱云々、此事太不可然、無御和談之間所申入也、於今者有御和談之上者、不可似以前之儀歟、何況今一度被仰合関東之条、豈非正理乎、而猶強申此義之間、立坊事関東定申之上者、雖何事和談一途可承存云々、此問答已以相違事理之間、今被仰関東之趣令相違也、此事入道相国僻案歟、親鑒所存至極問答定存知歟、而今及僻案尤不智也、無智者豈為国家之輔佐乎、若存不忠者又沙汰外也、二途共不足為国家之輔佐之器、如何々々、

凡そ文保元年親鑒使節として上洛。「両御流皇統断絶すべからざるの上は、御和談ありて、使節の往返を止めらるべ

し」と云々。これに依り「当時譲国あるべきか、はた又時分を差さざるか」の由、御尋あるのところ、「当時にあらざる」の由、親鑒これを申す。入道相国自筆をもって書き進め了《おわ》んぬ。これに就き大覚寺殿に御問答のところ、条々和談の義にあらざるの間、「この御方よりは、御和談子細なきの間、大覚寺殿に申さるるのところ、かくの如き御問答、已に御和談の義あるか、この上何様たるべきか」の由、使者に仰せらるるのところ、又事書を進めて云わく、「春宮践祚後、後二条院一宮立坊あるべし、その後新院一宮立坊あるべし」と云々。この事諸人不審、内々禎覚をもって親鑒に尋ねらるるのところ、「所詮御和談事行かざるの間、春宮〈今禁裏なり〉践祚その期なきに似たり、よって法皇の御意を慰めんがため、未来立坊の事を申す」と云々。この事文書なし。支証に足らざるに似たり。然れども事義また背かざるか。この後関東申す旨なきの間、譲国の事沙汰せずして止み了んぬ。しかるに先院崩御以後、文保二年正月法皇より譲国の事を申さる。入道相国申して云わく、「先度すでに関東申さしめ了んぬ。両度なお不沙汰の条、定めて東風に背くべきか」と云々。よって「譲国の事、量仁親王立坊相違あるべからざれば、御承諾あるべき」の由、申されんと欲するのところ、入道相国云わく、「立坊の次第、すでに関東定め申し了んぬ、乱さるべからず」と云々。この事はなはだ然るべからず。御和談なきの間申し入るるところなり。今においては御和談あるの上は、以前の儀に似るべからざるか。何ぞ況んや今一度関東に仰せ合わさるるの条、豈に正理にあらずや。しかるになお強いてこの義を申すの間、「立坊の事、関東定め申すの上は、何事と雖も和談一途承り存ずべし」と云々。この問答すでにもって事理に相違するの間、今関東に仰せらるるの趣、相違せしむるなり。この事入道相国の僻案か。親鑒の所存、至極の問答、定めて存知するか。しかるに今僻案に及ぶは尤も不智なり。無智ならば豈に国家の輔佐たらんや。もし不忠を存ぜば、又沙汰の外なり。二途共に国家の輔佐たるの器に足らず。如何〱。

(1)親鑒　摂津。摂津氏は中原師員の子孫で代々幕府評定衆に任ぜられている。(2)入道相国　西園寺実兼。関東申次。(3)春宮　尊治親王すなわち後の後醍醐天皇。(4)新院一宮　新院は後伏見上皇。その一宮は量仁親王すなわち後の光厳天皇。(5)禎覚　源基仲。花園上皇の近臣。(6)先院　伏見法皇。文保元年九月三日死去。

【解説】　正安三年（一三〇一）大覚寺統の後二条天皇が受禅すると持明院統の富仁（花園）が皇太子に立ち、徳治三年（一三〇八）後二条の死去により持明院統の花園天皇が践祚すると、大覚寺統の尊治（後醍醐）が皇太子に立った。こうして持明院統と大覚寺統が交互に皇位につく迭立状態が現出することになった。文保元年（一三一七）四月幕府の使節摂津親鑒が上洛し、花園天皇の譲位を申し入れる。翌年二月花園は後醍醐に譲位するが、その翌月皇太子に立てられたのは後醍醐の甥にあたる邦良であった。二代続いて大覚寺統から皇太子が立ったことは、持明院統にとって不本意なことであり、元亨元年（一三二一）には後伏見の皇子量仁の立太子を求める使節を幕府に派遣する。この時点において花園上皇が文保元年・二年の交渉の経緯を回顧したのが、史料154である。

4　徳政と雑訴

(1)　徳政沙汰と雑訴沙汰

155　**〔勘仲記〕弘安九年（一二八六）十二月三日・二十四日**

三日、乙未、晴、早旦参院、雑訴評定也、大臣・大納言徳政御沙汰毎月一日・十一日・廿一日可被参仕云々、於雑訴者中納言已下可参仕云々、早旦有出御、中御門前中納言（1）（葉室頼親）・按察・吉田中納言（経長）・右大弁宰相（中御門）為方朝臣等参仕、予（勘解由小路兼仲）随身文書祗候簀子、演説両方子細、外宮一禰宜貞尚（度会）与前神祇権少副隆逸（大中臣）相論、貞応関東状令謀作哉否事也、参川国伊良胡御厨内、武家被管甲乙人知行地、関東令没収去進神宮畢、而貞尚蒙　聖断領知之処、隆逸依非器濫妨彼分之処、於貞尚者為謀作之仁之由申出之間、訴陳及二問二答了、仍今日逢評定、人々議奏之趣、謀作事、於関東及訴陳之上、不及　公家御沙汰、伊良胡御厨内神田事、於関東避進之分者、貞尚可領知之趣、以前　聖断不可有相違、其外誇彼太状、京都之輩領知分不可致妨、兼又隆逸猶可申所存之由載訴状之上、早企参洛可弁申旨、可被仰祭主定世（大中臣）朝臣云々、評定之間御不審事等、貞尚代官権禰宜文能祗候之間、以予所有御問答也、今日勅定云、向後一箇条可有御沙汰、被召両方訴論人、可有御問答了細之由思食云々、事已厳密也、訴論人定開愁眉歟、此後予奏聞条々事、仰詞目六（録）付大外記師顕（中原）奏聞、為向後無相違也、次入御、

廿四日、（中略）近日評定衆・伝奏 職事・弁官・文殿衆等被召起請、且被注下三箇条篇目、 、不論尊卑、触耳訴訟、急速可　奏聞事、二、不依権勢不肖、不存偏頗矯飾可申所存事、三、不可耽献芹賄賂事、已上三箇条可書載之旨趣也、近日徳政興行無先規歟、一・十一 廿一日等徳政沙汰、大臣・大納言等評議、此外毎月六箇日雑訴沙汰、中納言・参議等祗候、於件雑訴御沙汰日者、被召訴論人於文殿被尋子細、於裁許之院宣者、当座可被書下云々、厳密沙汰衆庶之

大慶乎、

三日、乙未。晴れ。早旦院に参る。雑訴評定なり。大臣・大納言徳政御沙汰毎月〈一日・十一日・二十一日〉参仕せらるべしと云々。雑訴においては中納言已下参仕すべしと云々。早旦出御あり。中御門前中納言・按察・吉田中納言・右大弁宰相為方朝臣等参仕す。予文書を随身し簀子に祗候し、両方の子細を演説す。外宮一禰宜貞尚と前神祇権少副隆逸相論する、貞応関東状謀作せしむるや否やの事なり。参川国伊良胡御厨内、武家被管甲乙人知行地、関東没収せしめ神宮に去り進め畢《おわ》んぬ。しかるに貞尚聖断を蒙り領知のところ、隆逸非器に依り彼分を濫妨するの処、貞尚においては謀作の仁たるの由申し出づるの間、訴陳二問二答に及び了《おわ》んぬ。よって今日評定に逢う。人々議奏の趣、謀作の事、関東において訴陳に及ぶの上は、公家御沙汰に及ばず。伊良胡御厨内神田の事、関東避《さ》り進むるの分においては、貞尚領知すべきの趣、以前の聖断相違あるべからず。その外かの去状を誇り、京都の輩領知分妨《さまたげ》を致すべからず。兼ねてまた隆逸なお所存を申すべきの由訴状に載するの上、早く参洛を企て弁じ申すべきの旨、祭主定世朝臣に仰せらるべしと云々。評定の間御不審の事等、貞尚代官権禰宜文能祗候の間、予をもって御問答あるところなり。今日勅定云わく、「向後一箇条御沙汰あるべし。両方訴論人を召され、子細を御問答あるべきの由思《おぼ》し食《め》す」と云々。事已に厳密なり。訴論人定めて愁眉を開くか。この後予条々の事を奏聞す。仰詞《おおせことば》目録、大外記師顕に付け奏聞す。向後相違なからんためなり。次いで入御す。

二十四日、（中略）近日評定衆・伝奏・職事・弁官・文殿衆等起請を召さる。且《かつが》つ三箇条の篇目を注し下さる。一、尊卑を論ぜず、耳に触るる訴訟、急速に奏聞すべき事。二、権勢不肖に依らず、偏頗矯飾を存ぜず、所存を申すべき事。三、献芹《けんきん》賄賂に耽るべからざる事。已上三箇条書き載すべきの旨趣なり。近日徳政興行先規なきか。一・十一・二十一日等徳政沙汰、大臣・大納言等評議す。この外毎月六箇日雑訴沙汰、中納言・参議等祗候す。くだんの雑訴御沙汰の日においては、訴論人を文殿に召され子細を尋ねられ、裁許の院宣においては、当座書き下さるべしと云々。厳密の沙汰、衆庶の大慶か。

（1）中御門前中納言　経任。ただし前権大納言。

【解説】鎌倉で安達泰盛の主導する徳政が行われた頃、京都でも亀山上皇の主導による徳政が進められた。当時徳政の最重要課題とされたのは訴訟制度の充実であった。人民の辛苦を救うのが徳政であるとするならば、政治は人民の訴訟に敏速に対応するものでなければならない。人民の様々な訴訟は天下国家の大事からすれば枝葉末節に見えるかもしれないが、それらを疎かにせず、公正に処理する、そのことを当時雑訴の興行と称していた。ここに引用したのは弘安九年(一二八六)の制度改革に関するものであるが、院評定を徳政沙汰と雑訴沙汰に分離し、前者は大臣・大納言が参集して月三日、後者は中納言・参議が参集して月六日、それぞれ開催することを定めた。また評定衆以下から起請文を召し集め、公正な職務を誓約させた。亀山院政自体は翌年中断されることになるが、雑訴の興行を重点とする徳政自体は避けられぬ時代の要請であり、伏見天皇の改革に引き継がれることになる。

(2)　永仁の徳政令

156　**〔東寺百合文書〕京函　永仁五年(一二九七)三月六日関東事書・同年七月二十二日関東御教書**

自関東被送六波羅御事書法

一、可停止越訴(1)事

右、越訴之道遂(逐)年加増、奇(棄)置之輩多疲濫訴、得理之仁(2)猶難安堵、諸人侘傺(3)職而此由、自今以後可停止之、但逢評議而未断事者、本奉行人可執申之、次本所領家訴訟者、難准御家人、仍云以前奇(棄)置之越訴、云向後成敗之条々事、於一箇度者、可有其沙汰矣、

一、質券売買地事

右、以所領或入流質券、売買之条(或令脱)、御家人等侘傺之基也、於向後者、可従停止、至以前沽却之分者、本主可令領掌、但或成給御下文下知状、(或脱)知行過廿箇(箇)年者、不論公私之領、今更不可有相違、若背制符(有脱)、致濫妨之輩者、可被処罪科矣、

次非御家人凡下(4)輩質券買得地事、雖過年紀、売主可知行(令脱)、

一、利銭出挙事

右、甲乙之輩要用之時、不顧煩費、依令負累、富有之仁専其利潤、窮困之族弥及侘傺歟、自今以後不及成敗、縦帯下知状、不弁償之由、雖有訴中事、非沙汰之限矣、次入質物於庫倉事、不能禁制、

関東御教書、御使山城大学允 同八月十五日京着

越訴并質券売買地、利銭出挙事、事書一通遣之、守此旨、可被致沙汰之状、依仰執達如件、

永仁五年七月廿二日

陸奥守 在御判 宣時(5)

相模守 在御判 貞時(6)

上野前司殿 宗宣(7)

相模右近大夫将監殿 宗方(8)

関東より六波羅に送らるる御事書の法

一、越訴《おっそ》を停止すべき事

右、越訴の道年を逐い加増し、棄て置くの輩多く濫訴に疲れ、得理の仁なお安堵《あんど》しがたし。諸人の侘傺もとよりてこれによる。自今以後これを停止《ちょうじ》すべし。但し評議に逢いて未断の事は、本奉行人これを執り申すべし。次いで本所領家の訴訟は、御家人に准じがたし。よって以前棄て置くの越訴と云い、向後成敗の条々の事と云い、一箇度においては、その沙汰あるべし。

一、質券売買地の事

右、所領をもって或いは質券に入れ流し、或いは売買せしむるの条、御家人等侘傺の基なり。向後においては、停止に従うべし。以前沽却《こきゃく》の分に至りては、本主領掌せしむべし。但し或いは御下文下知状を成し給い、或いは知行二十箇年を過ぎば、公私の領を論ぜず、今更相違あるべからず。もし制符に背き、濫妨を致すの輩あらば、罪科に処せらるべし。

次いで非御家人凡下の輩質券買得地の事、年紀を過ぐると雖も、売主知行せしむべし。

一、利銭出挙の事

右、甲乙の輩要用の時、煩費を顧みず、負累せしむるに依り、富有の仁その利潤を専らにし、窮困の族いよいよ侘傺に及ぶか。自今以後成敗に及ばず。縦《たと》い下知状を帯し、弁償せざるの由、訴え申す事ありと雖も、沙汰の限にあらず。次いで質物を庫倉に入るる事、禁制するあたわず。

越訴ならびに質券売買地、利銭出挙の事、事書一通これを遣わす。この旨を守り、沙汰を致さるべきの状、仰せに依り執達くだんの如し。

(1)越訴　再審請求訴訟。(2)得理　勝訴。(3)侘傺　困窮。(4)凡下　侍身分に属さない一般庶民。(5)宣時　大仏。連署。(6)貞時　北条。執権。(7)宗宣　大仏。六波羅南方。(8)宗方　北条。六波羅北方。

157〔**鎌倉年代記**〕永仁六年(一二九八)

二月廿八日評云、越訴被許之、但宗宣(大仏)・宗秀(長井)(1)事切事者、不及沙汰、質券売買、利銭出挙、向後被許之、

二月二十八日の評に云わく、越訴これを許さる。但し宗宣・宗秀事切れの事は、沙汰に及ばず。質券売買、利銭出挙、向後これを許さる。

(1)宗宣・宗秀　共に永仁元年(一二九三)に越訴頭に補任されている。

158〔新編追加〕永仁六年(一二九八)二月二十八日関東事書

一、質券売買地事　永仁六 二 廿八

或成給御下文并下知状、或過知行年紀之地外、不論公私領、可返付本主之由、被下制符畢、今更不及改変、但自今以後者、不能禁遏、任前々成敗之旨、可有沙汰、

一、質券売買地の事　永仁六 二 二十八

或いは御下文ならびに下知状を成し給い、或いは知行年紀を過ぐるの地の外、公私領を論ぜず、本主に返付すべきの由、制符を下され畢《おわ》んぬ。今更改変に及ばず。但し自今以後は、禁遏するあたわず。前々成敗の旨に任せ、沙汰あるべし。

159〔新編追加〕永仁六年(一二九八)二月二十八日関東事書

一、利銭出挙事　永仁六 二 廿八

不可尋成敗之由、同雖被定下、於向後者、子細同前、

一、利銭出挙の事　永仁六 二 二十八

尋成敗すべからざるの由、同じく定め下さると雖も、向後においては、子細同前。

【解説】永仁五年(一二九七)の徳政令の制定と翌年の廃止に関する法令を掲げた。この法令は三ヵ条がセットとなっており、一ヵ条目は越訴の停止、二ヵ条目は御家人所領の質入れ・売買の停止、三ヵ条目は利銭出挙すなわち金銭貸借関係の裁判の停止を定めている。このうち狭義の徳政令とは、二ヵ条目において、すでに質入れ・売買されてしまった御家人所領の無償取り戻しが規定されていることを指す。一年後に三ヵ条の停止はすべて解除されたが、この間における御家人所領の取り戻しは以後も有効とされた。つまり結果から見れば三ヵ条の停止は一時的な措置であり、ただ質入れ・売買によって御家人の手を離れていた所領の一部分をもとの状態に戻すという効果を後に残した。とすると、三ヵ条の停止が一年足らずで解除されたことを幕府の政策の失敗とする従来の解釈には再考の余地があり、もともと臨時の措置として三ヵ条の停止が発令された可能性がある。なお三ヵ条の停止を評定が決したのは三月六日であり、関東御教書の七月二十二日という日付はこの法が六波羅に送付された日付である。史料156は追加法六六一―六六四条に、史料157は追加法六七八条に、史料158は追加法六七九条に、史料159は追加法六八〇条に相当する。

(3)　神領興行法

160〔国分氏古文書〕上　正和元年(一三一二)宇佐宮領条々

宇佐宮領条々

一、御家人等知行分事

或為代々没収之地被付給人、或依神官供僧之咎、被成関

東御下文所々、輒難被付社家、但於年貢并神役者、任先例可勤仕也、若令難渋者、可被処罪科之由、可相触之、

次自社家相伝買得地事、

或掠給安堵御下文、或雖過知行之年記、同任旧規可被付社家、但雖為一円神領、自天福寛元以前、充其所勤来御家人役之地者、今更不可有相違、

子細同前、

一、非御家人凡下(1)輩知行分事

或帯下知状、或雖過知行之年記、糺明本跡、可被沙汰付社家、

一、本領令寄進地事

凡下輩分可令注進之、

一、社壇造営并祭祀事

厳密可申沙汰之由、可相触奉行人(2)大宰少弐貞経、

一、筥崎　高良　香椎　安楽寺領等事

社家雑掌等及訴訟者、同可令致其沙汰也、

宇佐宮領の条々

一、御家人等知行分の事

或いは代々没収の地として給人に付せられ、或いは神官供僧の咎に依り、関東御下文を成さるる所々、輒《たやす》く社家に付せられがたし。但し年貢ならびに神役においては、先例に任せて勤仕すべきなり。もし難渋せしめば、罪科に処せらるべきの由、これを相触るべし。

次いで社家より相伝買得地の事、

或いは安堵《あんど》御下文を掠め給い、或いは知行の年記を過ぐると雖も、同じく旧規に任せて社家に付せらるべし。但し一円の神領たりと雖も、天福寛元以前より、其所に充て御家人役を勤め来るの地は、今更相違あるべからず。

子細同前。

一、非御家人凡下の輩知行分の事

或いは下知状を帯し、或いは知行の年記を過ぐると雖も、本跡を糺明し、社家に沙汰し付けらるべし。

一、本領寄進せしむる地の事

凡下の輩の分これを注進せしむべし。

一、社壇造営ならびに祭祀の事

厳密に申し沙汰すべきの由、奉行人大宰少弐貞経に相触るべし。

一、筥崎・高良・香椎・安楽寺領等の事

社家雑掌等訴訟に及ばば、同じくその沙汰を致さしむべきなり。

（1）凡下　侍身分以外の一般庶民。（2）奉行人　宇佐宮造営奉行人。

【解説】　徳政は、ものを本来あるべき状態に戻すという理念を含む。経年変化により本来あるべき状態から逸脱した体制を建て直すのが徳政である。永仁の徳政令は、御家人の手から離れた所領を御家人に戻す徳政であったが、徳政のもうひとつの政策的形態が神領興行法であった。神領興行法とは、寺社の手から離れた所領を寺社に戻すものであるからである。神領興行法は、得宗時宗が死に貞時が後を継いだ弘安七年(一二八四)の徳政においても立法されているが、ここでは、得宗貞時から高時への代替わりの時期に当たる正和元年(一三一二)に制定されたものを取り上げた。前年十月に死去した貞時の遺志として鎮西五社興行の事書が定められ、それを実施する奉行人として安富長嗣・斎藤重行・明石盛行の三名が関東から鎮西に派遣された。この法が適用された事例は現在六十以上が指摘されている。さて鎮西五社興行の事書の本文については、史料160がそれに該当するとされている。この文書は『薩藩旧記雑録』所収のものが知られ、『中世法制史料集』第一巻鎌倉幕府法にも第三部参考資料四六―五〇条として収められている。『薩藩旧記雑録』は薩摩・大隅に関する古文書を編年に配列したものなので、国分文書についてもばらばらに配列されているが、近年『薩藩旧記雑録』が底本として用いたと思われる国分文書写本が確認された。ここではその写本『国分氏古文書』により本文を収めた。宇佐宮領条々の次に「此沙汰、元亨三年九月八日入門御引付仁両方被召合天、旨趣者奉行人契道披露被申畢、/同月十六日御評定ニ合テ、年貢者本所雑掌仁可請取之、於下地者、入理非可番之旨、奉行人披露、仍御教書ヲ被成云々、/奉行人大保六郎入道契道被成之、」という文言が記され、従来は宇佐宮領条々に関わる記述とみなされてきたが、写本『国分氏古文書』により、これは元来、宇佐宮領条々に関わるものではなく、その次に筆写された元亨三年九月十六日鎮西御教書に関わるものであることが判明する。

第五節　鎌倉幕府の滅亡

1　悪党の蜂起

(1)　悪党の告発と召捕

161〔東寺百合文書〕ヲ函　正和四年（一三一五）十一月日南禅寺領播磨矢野庄別名雑掌覚真申状・同年月悪党人交名・同年月六日後宇多法皇院宣及び同年月十一日西園寺実兼御教書

（端裏書）
「南禅寺雑掌解幷　院宣案 例名雑掌石見注記覚海与法念一体所見」

南禅寺領播磨国矢野庄別名雑掌覚真謹言上
欲早被経御　奏聞、可有誡沙汰旨、被申成　院宣於武家、被与奪本奉行関左近大夫頼成、仰御使、破却城郭、被沙汰居雑掌於当名、且召捕交名人等、被処重科、違勅範家（寺田）法師法念・同子息少輔房・孫太郎（寺田範長）・大夫阿闍梨法念舎弟・兵庫助孫太郎舅・安芸法橋前給主代幷山僧石見房以下輩、率数百人悪党等、去月廿八・九両日、打入当名、致殺害・刃傷・放火・狼藉、奪取若干御年貢米銭等、重科難遁事

副進
　三通　院宣案
　一通　悪党□交名注文、
　一通　損物注文

右、範家法師法念・孫太郎・安芸法橋以下悪党等、引率山僧石見房幷当国坂越庄地頭飽間八郎泰継代親性以下家人等・小犬丸地頭岩間三郎入道々貴・那波浦地頭海老名孫太郎・下揖保庄東方地頭周防孫三郎入道・同上揖保庄揖保七郎・浦上誓願南五郎入道子息・書写坂本兵庫助以下所々悪党人等、自坂越庄地頭泰継宿所打越而、去月廿八・九両日、率数百人悪党等、打入別名方、焼払政所以下数十宇民屋、致刃傷、奪取数百石御年貢等、構城郭、籠置当国他国悪党等、致種々悪行之条、近隣驚耳目、国中無其隠者也、仍相触子細於□□□□、彼法念者、都鄙名誉悪党、違　勅悪行重科人也、随而去年令濫妨庄家、依致条々狼藉、仰于武家、可被加炳誡之旨、雖被下厳密　院宣、不叙用之、当年亦得謀書人季茂[1]語、去二月致種々悪行之間、訴申武家之処、自去九月一日至同五日、度々致殺害・放火・苅田狼藉之間、訴申之刻、不憚　叡聞、不恐武命、今又致如此之狼藉、成寺領於荒廃之地、仏性忽令欠如、　勅願及違乱之条、違　勅狼藉

重科、不可廻時日者也、且彼悪行狼藉、随承及、不移時、依令言上之、与力人等交名、且注進之、自余追可令言上者也、且於与力同心地頭御家人等者、以各別申状、所訴申于武家也、所詮、早被経御　奏聞、被申成違　勅院宣於武家、仰御使、被破却城郭、被沙汰居雑掌於当名、不日召捕法念以下悪党等、被行重科、為全寺用、粗言上如件、

正和四年十一月　日

（端裏書）「南禅寺雑掌解ならびに院宣案〈例名雑掌石見注記覚海と法念一体の所見〉」

南禅寺領播磨国矢野庄別名雑掌覚真謹んで言上す

早く御奏聞を経られ、誡しめ沙汰あるべきの旨、院宣を武家に申し成され、本奉行関左近大夫頼成に与奪せられ、御使に仰せて、城郭を破却し、雑掌を当名に沙汰し居《す》えられ、且《かつが》つ交名人等を召し捕り、重科に処せられんと欲す、違勅の範家法師法念・同子息少輔房・孫太郎・大夫阿闍梨〈法念舎弟〉・兵庫助〈孫太郎舅〉・安芸法橋〈前給主代〉ならびに山僧石見房以下の輩、数百人の悪党らを率い、去月二十八・九両日、当名に打ち入り、殺害・刃傷・放火・狼藉を致し、若干の御年貢米銭等を奪い取り、重科遁れがたき事

副進

三通　院宣案

一通　悪党□交名注文

一通　損物注文

右、範家法師法念・孫太郎・安芸法橋以下の悪党ら、山僧石見房ならびに当国坂越庄地頭飽間八郎泰継代親性以下家人ら・小犬丸地頭岩間三郎入道道貴・那波浦地頭海老名孫太郎・下揖保庄東方地頭周防孫三郎入道・同上揖保庄揖保七郎・浦上誓願〈南五郎入道子息〉・書写坂本兵庫助以下所々悪党人らを引率し、坂越庄地頭泰継宿所より打ち越して、去月二十八・九両日、数百人の悪党らを率い、別名方に打ち入り、政所以下数十宇の民屋を焼き払い、刃傷を致し、数百石の御年貢等を奪い取り、城郭を構え、当国他国の悪党らを籠め置き、種々の悪行を致すの条、近隣耳目を驚かし、国中その隠れなきものなり。よって子細を□□□に相触る。かの法念は都鄙名誉の悪党、違勅悪行重科人なり。随って去年庄家を濫妨せしめ、条々の狼藉を致すに依り、武家に仰せて、炳誡を加えらるべきの旨、厳密の院宣を下さるると雖も、これを叙用せず。当年また謀書人季茂の語らいを得、去ぬる二月種々の悪行を致すの間、武家に訴え申すのところ、去ぬる九月一日より同五日に至り、度々殺

害・放火・苅田狼藉を致すの間、訴え申すの刻、叡聞を憚らず、武命を恐れず、今又かくの如きの狼藉を致し、寺領を荒廃の地に成し、仏性忽ち欠如せしめ、勅願違乱に及ぶの条、違勅狼藉の重科、時日を廻らすべからざるものなり。且つ《かつが》かの悪行狼藉、承り及ぶに随い、時を移さず、これを言上せしむるに依り、与力人らの交名、且《かつう》はこれを注進し、自余追って言上せしむべきものなり。且は与力同心の地頭御家人らにおいては、各別の申状をもって、武家に訴え申すところなり。所詮、早く御奏聞を経られ、違勅院宣を武家に申し成され、御使に仰せて、城郭を破却せられ、雑掌を当名に沙汰し居えられ、不日法念以下悪党等を召し捕り、重科に行われ、寺用を全うせんがため、あらあら言上くだんの如し。

（1）季茂　海老名。矢野庄別名下司。

注進　去十月廿九日、打入南禅寺領播磨国矢野別名、奪取
御年貢、致放火・殺害・刃傷、悪党人等交名事

　合

法念 違勅人　同子息少輔房　孫太郎 法念孫子　安芸法橋 前給主禅開代
大夫阿闍梨(1) 法念舎弟　兵庫助 書写坂本住人、孫太郎舅
彦太郎(2)　顕性　右馬三郎
新左衛門尉　紀三郎入道 父子五人　因幡房
大進房　下野房　藤兵衛尉　孫二郎　八郎
兵衛三郎　若四郎　五郎次郎 父子　山僧石見房 東塔西谷、勝蓮房同宿
揖保七郎　六郎

　以上従類等、不遑注進、此外悪党人等、不知名字、追可注進之、於与力同心地頭御家人等者、各別所訴申也、

右、且注進如件、

一、損物注文、追可令注進者也、

　正和四年十一月　日

注進す　去ぬる十月二十九日、南禅寺領播磨国矢野別名に打ち入り、御年貢を奪い取り、放火・殺害・刃傷を致す悪党人らの交名の事

（中略）

以上の従類等、注進するに遑《いとま》あらず。この外の悪党人ら、名字を知らず。追てこれを注進すべし。与力同心の地頭御家人等においては、各別訴え申すところなり。

右、且つ《かつが》注進くだんの如し。

一、損物注文、追て注進せしむべきものなり。

（1）彦太郎　この下に「法念孫子」と割書で記され、抹消されている。
（2）顕性　この下に「法念甥」と割書で記され、抹消されている。

南禅寺領播磨国矢野別名雑掌申、範家法師以下輩狼藉由事、
一山上人(1)状副具書如此、子細見于状候歟、於彼輩者、殊加炳
誡、可沙汰居雑掌於庄家之由、可被仰遣武家(2)之旨、
御気色所候也、経継(中御門)恐惶謹言、
　　正和四
　　十一月六日　　　　　　　　経継奉
　進上　伊予守(3)殿

南禅寺領播磨国矢野別名雑掌申す、範家法師以下の輩狼藉の由の事、一山上人状〈具書を副う〉かくの如し。子細状に見え候か。かの輩においては、殊に炳誡を加え、雑掌を庄家に沙汰し居《す》うべきの由、武家に仰せ遣わさるべきの旨、御気色候ところなり。経継恐惶謹言。

(1)一山上人　一山一寧。南禅寺住持。(2)武家　六波羅探題。(3)伊予守　三善春衡。関東申次西園寺実兼の家司。

南禅寺領播磨国矢野別名雑掌申、範家法師以下輩狼藉由事、
中御門(経継)前中納言奉書副具書如此、子細見于状候歟之由、
太政入道殿(西園寺実兼)可申之旨候也、恐々謹言、
　　正和四
　　十一月十一日　　　　前伊与守春衡(三善)
　謹上　陸奥守(1)殿

南禅寺領播磨国矢野別名雑掌申す、範家法師以下の輩狼藉の由の事、中御門前中納言奉書〈具書を副う〉かくの如し。子細状に見え候かの由、太政入道殿申すべきの旨候なり。恐々謹言。

(1)陸奥守　北条維貞。六波羅探題南方。

162　〔東寺百合文書〕ノ函　正和四年(一三一五)十一月二十三日
六波羅御教書

(端裏書)「六波羅御教書案 南禅寺雑掌申、例名当雑掌石見注記与法念同心悪行所見」
南禅寺領播磨国矢野別名雑掌申、範家法師以下輩狼藉事、
院宣・入道太政大臣家御消息副訴状具書如此、如訴状者、範
家法師法念・孫太郎・安芸法橋等、引率悪党、打入当名、
焼払政所以下数宇民屋、奪取数百石年貢等、及殺害刃傷、
構城郭、籠置悪党云々、就之、殊加炳誡、可沙汰居雑掌於
庄家之由、所被仰下也、早守護代相共莅彼所、見知城郭有
無、事実者、破却之、相鎮当時狼藉、沙汰居雑掌於庄家、
且載起請詞、注申子細、且可被召進法念以下交名人等也、
仍執達如件、
　　正和四年十一月廿三日　　越後守(1)御判
　　　　　　　　　　　　　陸奥守御判
　石原又次郎殿

(端裏書)「六波羅御教書案〈南禅寺雑掌申す、例名当雑掌石見注記と法念同心

悪行の所見〉」

南禅寺領播磨国矢野別名雑掌申す、範家法師以下の輩狼藉の事、院宣・入道太政大臣家御消息〈訴状具書を副う〉かくの如し。訴状の如くんば、範家法師法念・孫太郎・安芸法橋等、悪党を引率し、当名に打ち入り、政所以下数字の民屋を焼き払い、数百石の年貢等を奪い取り、殺害刃傷に及び、城郭を構え、悪党を籠め置くと云々。これに就き、殊に炳誡を加え、雑掌を庄家に沙汰し居《す》うべきの由、仰せ下さるるところなり。早く守護代相共にかの所に莅《のぞ》み、城郭の有無を見知し、事実《ことじち》ならば、これを破却し、当時の狼藉を相鎮め、雑掌を庄家に沙汰し居え、且《かつう》は起請の詞を載せ、子細を注し申し、且は法念以下の交名人らを召し進めらるべきなり。よって執達くだんの如し。

（1）越後守　北条時敦。六波羅探題北方。

【解説】　十三世紀後半から十四世紀前半にかけて各地荘園における悪党の蜂起が顕著になる。「悪党」とは本来、幕府法において守護の検断の対象となる重犯罪人、すなわち夜討・強盗・山賊・海賊を指す言葉である。もともと守護は、地頭の設置されていない荘園、すなわち本所一円地には入部を認められず、重犯罪人については境界において身柄の引き渡しを受けるにとどまった。ところが十三世紀後半になると、むしろ本所の側から自荘の荘民や他荘からの侵入者を重犯罪人すなわち悪党として幕府に告発し、その召し捕りを求めるケースが増加する。この要求に対応するための規則が、正応三年（一二九〇）から永仁三年（一二九五）の間に関東事書の形式で定められた（『中世法制史料集』第一巻鎌倉幕府法に第三部参考資料二十九条として収められている）。これによると、本所一円地における重犯罪人は朝廷に対して告発されるべきであり、被告発人が朝廷の召喚命令に従わない場合に、朝廷はこれを違勅として、違勅人の召捕を六波羅探題に依頼する。この時用いられる文書が院宣ないしは綸旨《りんじ》であり、これが違勅院宣ないしは違勅綸旨と呼ばれる。違勅院宣・綸旨を受け取った六波羅探題は使節二名（一名は近隣の御家人、一名は管国の守護代である場合が多い）を任命し、在所に入部して違勅人を召し捕ることを命令するのである。この時に用いられる六波羅御教書は衾御教書《ふすまみぎょうしょ》と呼ばれる。一旦この手続きが確立すると、本所は自己に敵対する者について違勅院宣・綸旨を発給してもらうことによって、その弾圧に幕府の武力を用いることが可能になった。このことが本所による悪党の告発を活性化させたことは間違いない。ここで取り上げたのは、南禅寺領播磨矢野庄別名雑掌覚真が寺田法念等を悪党として訴えた事例である。播磨国矢野庄は歓喜光院領として成立したが、正安二年（一三〇〇）別名が南禅寺に、正和二年（一三一三）例名が東寺に寄進された。悪党として告発された法念は例名の公文であった。当時の治天の君は後伏見上皇であったが、告発は後伏見上皇ではなく後宇多法皇に対してなされた可能性がある。後宇多は歓喜光院領の本家の地位を継承している。違勅院宣は直接には関東申次に対して発給され、関東申次から六波羅探題に伝達される。六波羅探題は使節二名に対してそれぞれ袞御教書を発給する。ここでは石原又次郎宛のもののみを掲載したが、別に守護代糟屋弥次郎に対しても同文のものが発給されている。

163〔春日大社文書〕弘安八年（一二八五）落書起請文

敬白　天判起請落書事

右件子細者、悪人等事近辺及承候者、北野源六・桃加野延舜・応田衛門入道・福地岩松・弥源氏（次）左衛門、此等悪人承候、神鹿（1）害・山立（2）・人充（死カ）、或所当未進、極悪人也、若虚言申ハ、

奉始　日本国中大小神祇、冥罰・神罰、某身ニ可蒙状如件、

敬白

弘安八年三月廿三日　　敬白

敬白　天判起請落書の事

右くだんの子細は、悪人等の事、近辺に承り及び候者、北野源六・桃加野延舜・応田衛門入道・福地岩松・弥源次左衛門、これらの悪人と承り候。神鹿害し、山立、人死に、或いは所当未進の極悪人なり。もし嘘言申さば、

日本国中の大小神祇を始め奉り、冥罰・神罰を、某の身に蒙るべきの状くだんの如し。敬白。

（1）神鹿　春日社の鹿。（2）山立　山賊。

【解説】　各地で悪党が問題となっている弘安八年三月、大和国の守護であった興福寺が、国内の悪党の追捕のために大和国内の広い範囲で、同時に落書起請文を提出させた。これを「大和一国落書」とよび、三十通ほどが残っているが、悪事として名指されたものには、山賊・殺人・強盗のほか、神鹿の殺害や年貢未進、博打などが含まれていた。落書起請文とは、神仏に嘘をつかないことを誓約したうえで、匿名で、見聞きしている犯人や犯罪について知っていることを包み隠さず記すというものであった。こうしたいわば組織化された密告によって、悪党を退治しようとしたのである。

2　蝦夷の動揺

164〔保暦間記〕

元亨二年ノ春、奥州ニ安藤五郎三郎（宗季）・同又太郎（季長）ト云者アリ。彼等ガ先祖安藤五郎ト云者、東夷ノ堅メニ義時（北条）ガ代官トシテ津軽ニ置タリケルガ末也。此両人相論スル事アリ。高資（長崎）数々賄賂ヲ両方ヨリ取リテ、両方ヘ下知ヲナス。彼等ガ方《かた》人《うど》ノ夷《えぞ》等合戦ヲス。是ニ依テ関東ヨリ打手《うって》ヲ度々下ス。多クノ軍勢亡ビケレドモ、年ヲ重テ事行《ことい》ヌ。承久三年ヨリ以

来、関東ノ下知スル事、少モ人背ク事ナカリキ。賤《いやし》キ者マデモ、御教書ナドヲ対スル事ヲ軽ジムル事憚リシニ、高資政道不道ヲ行フニヨリ、武威モ軽ク成、世モ乱レソメテ、人モ背キ始シ基《もとい》成ケリ。爰《ここ》ニ懸ル折ヲ得テ、内裏ノ近習・月卿・雲客依々《よりより》主上(後醍醐天皇)ヲ勧中ス事アリ。

【解説】 本州の北辺にあって北条氏から蝦夷代官に任じられ、夷島(北海道)との交易で栄えた安藤氏をめぐって、蒙古襲来の前後より不穏な動きが現れる。日蓮の『種種御振舞御書』に安藤五郎が蝦夷に頸を取られたとあるが、これは同じ日蓮の『三三蔵祈雨事』に「文永五年(一二六八)の比、東には俘囚をこり」とあるのと符合する。『金沢文庫文書』文保二年(一三一八)五月の北条高時書状には「蝦夷已に静謐の間」とあるから、その前にも蝦夷の動揺があった。以下、史料164と『鎌倉年代記裏書』によれば、蜂起は元応二年(一三二〇)に再発し、元亨二年(一三二二)からは「度々合戦に及ぶ」状態となる。対立する安藤一族のそれぞれの側に「夷」が方人(味方)して合戦となり、その総体を幕府は「蝦夷蜂起」と認識した。正中二年(一三二五)、高時が蝦夷代官を季長から宗季に代えたことは、問題をますますこじらせた。翌嘉暦元年工藤祐貞が「蝦夷征罰」のため奥州へ進発し、季長を捕えて帰った。同二年にも宇都宮高貞・小田高知が蝦夷追討使として下向したが、同三年「和談」をまとめて帰るのがやっとだった。こうした幕府の不手際の背景には得宗被官筆頭長崎高資の腐敗政治があり、それが後醍醐の討幕計画の直接の引き金となった。また、一連の事件は「蝦夷」社会自身の変動と関係すると思われるが、擦文《さつもん》文化からアイヌ文化への移行と関連づける仮説は、まだ充分な考古学的裏づけを得られていない。

3 後醍醐天皇の登場と幕府の滅亡

(1) 正中の変

165〔吉田定房奏状〕

一、黄帝征伐事(1)(第五条)

蚩尤不用帝命、故征伐之、今時関東之武士無逆天理之志歟、其不可一也、

一、本朝時運興衰事(第九条)

異朝紹運(2)躰頗多中興、蓋是異姓更出故而已、本朝刹利(3)天祚一種(4)故、陵遅(5)日甚、中興無期、是聖徳(6)之所観見也、就中保元之後、源平遆専国権、皇威漸損、元暦年中、右大将頼朝(7)卿平定天下、幷(併)呑国邦、承久之後、義時朝臣専持国柄、通三儲弐(8)之廃立、高槐大樹(9)之黜陟(10)、事皆出自武威、今時草創之 叡念若不叶時機者、忽有敗北之憂歟、天嗣(11)殆尽此乎、

本朝安否在于此時、豈不廻　聖慮哉、
一、黄帝《こうてい》征伐の事
蚩尤《しゆう》帝命を用いず、故にこれを征伐す。今時関東の武士に天理に逆《さか》らうの志なきか。その不可の一なり。
一、本朝の時運興衰の事
異朝は紹運の躰《てい》頗る中興多し。蓋しこれ異姓更に出ずる故のみ。本朝の刹利《せつり》天祚《てんそ》一種《いっしょう》なるが故に、陵遅《りょうち》日に甚だしく、中興期《ご》なし。これ聖徳の観見するところなり。なかんずく保元の後、源平迭《たが》いに国権を専らにし、皇威漸く損ず。元暦年中、右大将頼朝卿天下を平定し、国邦を併呑《へいどん》す。承久の後、義時朝臣専ら国柄を持《たも》ち、通三《つうさん》・儲弐《ちょじ》の廃立、高《こう》槐《かい》・大樹《たいじゅ》の黜陟《ちゅっちょく》、事皆武威より出ず。今時草創の叡念、もし時機に叶わざれば、忽ちに敗北の憂いあらんか、天嗣殆ど此《ここ》に尽きなんか。本朝の安否この時に在り。豈に聖慮を廻らさざらんや。

(1)黄帝征伐　中国の伝説的な帝王五帝の最初の黄帝は、暴君蚩尤を涿鹿の野に誅して天子となった。(2)紹運　皇位の継承。(3)刹利　国王。(4)天祚一種　天子の血筋がただひとつ。(5)陵遅　次第に衰えること。(6)聖徳　後醍醐天皇を指す。(7)国柄　国家権力。(8)通三儲弐　天子と春宮。(9)高槐大樹　大臣と将軍。(10)黜陟　官位の上げ下げ。(11)天嗣　天子の跡継ぎ。

【解説】後醍醐天皇のブレーン吉田定房が、天皇の討幕計画を諫めた奏状で、醍醐寺三宝院の所蔵。奏進の年次については、元徳二年(一三三〇)・正中元年(一三二四)の二説があるが、以下の理由で元亨元年(一三二一)としたい。①第八条に「革命の今時に関東妖なし」とあるが、元亨元年は辛酉革命の年にあたる。②奏状の末尾に「此の意見は去年六月廿一日の状なり。件の状は禁中御調度の内に在り、仙洞取り置かるの由風聞す。定めて出現の期あらんか」とあり、後宇多の院政が停止された元亨元年十二月より前とみられる。③ついで「旅宿にて楚忽に馳筆の間」とあるが、定房はこの年後宇多の使者として関東に下向し、院政停止の意思を告げている。また②によれば、前年(一三二〇年)六月にも同じ内容の奏上があった。後醍醐の討幕の意思が遅くとも践祚(一三一八年)後まもなくには芽ばえていたこと、院政停止自体が討幕計画の一ステップだったこと、を想像させる。

　奏状は、万世一系を日本のみがもつ至高の価値とするありふれた言説をひっくり返して、それこそが日本の中興を実現できない元凶だ、と言い切っている。花園上皇も元徳二年に書いた『誡太子書』で、そうした言説を「諂諛《しんゆ》の愚人」「士女の無知」のなせるわざであり、自分の「深く以て謬と為す」ところとして、きびしく退けた。両統対立による王家の衰微が、支配層の一部に皇統の継続に関わって深い危機意識を醸成したことがわかる。これに比べると後醍醐の政治思想には、行動の急進性にもかかわらず、これほどの深い洞察は見られない。

(2) 元弘の変

166〔鎌倉年代記〕元徳三年（一三三一）裏書

今年元徳三二月廿二日、山内殿（1）焼失、四月廿九日、京都飛駅下着、主上（後醍醐天皇）令乱世給、俊基（日野）朝臣張行之由、吉田一品定房卿内々被申云々、就之、五月五日、長崎孫四郎左衛門尉（高貞）、南条次郎（高直）左衛門尉、為使節上洛、為召禁右中弁俊基并文観（2）・円観（3）等也、六月、此輩等被召下及拷訊、同月、仲円僧正・智教・遊雅等被召下、七月十四日、太守禅閤（北条高時）寵妾女子誕生、其後世上不静、八月六日、典薬頭長朝々臣・前宮内少輔忠時朝臣・長崎三郎左衛門尉高頼・工藤七郎右衛門入道・原新左衛門入道等被召捕、各被配流、依有陰謀之企也、八月廿九日、京都飛駅到着、去廿四日、主上竊出魏闕、令籠笠置城給、仍九月二日、任承久例、可上洛之由、被仰出、同五六七日、面々進発、大将軍陸奥守貞直（大仏）・右馬助貞冬（金沢）・江馬越前入道・足利治部大輔高氏、御内御使長崎四郎左衛門尉高貞、関東両使秋田城介高景（安達）・出羽入道々蘊（二階堂貞藤）、此両使者、践祚立坊事云々、此外諸国御家人上洛、図合廿万八千騎、九月廿日、東宮受禅（4）、同廿八日笠置城破訖、先帝歩儀令出城給、於路次奉迎、十月三日遷幸六波羅南方、同日於楠木城、第一宮尊良親王被虜、同廿一日、楠木城落訖、但楠木兵衛尉（正成）落行云々、十一月、討手人々并両使下着、同月、長井右馬助高冬・信濃入道々大（太田時連）、為使節上洛、為京方輩事沙汰也、同八日、以前坊（邦良）（5）第一宮康仁親王為東宮、十二月十五日、太守禅閤第一郎七歳首服、名字邦時、於御所被執行、

今年〈元徳三〉二月二十二日、山内殿焼失。四月二十九日、京都飛駅下着。主上世を乱さしめ給う。俊基朝臣張行の由、吉田一品〈定房卿〉内々申さると云々。これに就き、五月五日、長崎孫四郎左衛門尉、南条次郎左衛門尉、使節として上洛。右中弁俊基ならびに文観・円観等を召し禁ぜんがためなり。六月、この輩等召し下され拷訊に及ぶ。同月、仲円僧正・智教・遊雅等召し下さる。七月十四日、太守禅閤の寵妾に女子誕生す。その後世上静まらず。八月六日、典薬頭長朝朝臣・前宮内少輔忠時朝臣・長崎三郎左衛門尉高頼・工藤七郎右衛門入道・原新左衛門入道等召し捕えられ、おのおの配流せらる。陰謀の企てあるに依るなり。八月二十九日、京都飛駅到着。去ぬる二十四日、主上竊かに魏闕を出、笠置城に籠らしめ給う。よって九月二日、承久の例に任せ、上洛すべきの由、仰せ出さる。同五、六、七日、面々進発。大将軍陸奥守貞直・右馬助貞冬・江馬越前入道・足利治部

大輔高氏。御内御使長崎四郎左衛門尉高貞。関東両使秋田城介高景・出羽入道道蘊。この両使者、践祚立坊の事と云々。この外諸国の御家人上洛す。図合《つごう》二十万八千騎。九月二十日、東宮受禅。同二十八日笠置城破れ訖《おわ》んぬ。先帝歩儀にて城を出しめ給う。路次において迎え奉り、十月三日六波羅南方に遷幸。同日楠木城において、第一宮尊良親王虜せらる。同二十一日、楠木城落ち訖んぬ。但し楠木兵衛尉落ち行くと云々。十一月、討手人々ならびに両使下着。同月、長井右馬助高冬・信濃入道道大、使節として上洛。京方の輩の事沙汰のためなり。同八日、前坊〈邦良〉第一宮康仁親王をもって東宮と為す。十二月十五日、太守禅閤第一郎〈七歳〉首服。名字邦時。御所において執り行わる。

(1)山内殿　得宗北条高時邸。(2)文観　名は弘真。醍醐寺報恩院の僧。立川流の大成者。後醍醐天皇に接近しその護持僧となる。建武新政期に醍醐寺座主・東寺一長者に補せられる。(3)円観　名は恵鎮。法勝寺の僧。(4)東宮　量仁親王すなわち光厳天皇。(5)邦良　後二条天皇皇子。文保二年(一三一八)三月後醍醐天皇の皇太子となるが、正中三年(一三二六)三月死去。その後、量仁が皇太子となった。邦良の皇子康仁の立太子は持明院統の天皇の下で大覚寺統の皇子が皇太子に立てられたことを意味し、両統迭立は守られている。

【解説】　後醍醐天皇二度目の討幕計画が発覚した元徳三年＝元弘元年(一三三一)の動きを、『鎌倉年代記』裏書によって示した。四月、吉田定房の密告により討幕計画が発覚し、日野俊基・文観ら後醍醐の側近が捕えられる。定房自身、後醍醐の側近であったが、討幕には消極的であり、計画を未然に防止する目的で俊基らを首謀者として密告したものと考えられる。八月得宗北条高時が内管領長崎高資を討とうとして失敗し、長崎高頼らが流罪に処せられる。そして同じ月に後醍醐は笠置城に籠城するのである。これに先立ち年号は元弘と改められたが、幕府はこの後も元徳年号を用いる。九月に入って幕府は笠置攻略の大軍を派遣し、また皇太子量仁親王の践祚を求める使節を派遣する。二十日、量仁すなわち光厳天皇は践祚し、二十八日、笠置が落城する。後醍醐は翌年三月隠岐に遷されることになる。

(3) 鎌倉幕府の滅亡

167〔大山寺文書〕元弘三年(一三三三)二月二十一日護良親王令旨

伊豆国在庁北条遠江前司時政之子孫東夷等、承久以来、採四海於掌、奉蔑如朝家之処、頃年之間、殊高時相模入道之一族、匪啻以武略芸業軽朝威、剰奉左遷当今皇帝(後醍醐天皇)於隠州、悩宸襟、乱国之条、下剋上之至、甚奇怪之間、且為加成敗、且為奉成還幸、所被召集西海道十五箇国内群勢也、各奉帰帝徳、早相催一門之軍、率軍勢、不廻時日、可令馳参戦場之由、依大塔宮(護良親王)二品親王令旨之状如件、

元弘三年二月廿一日　左少将定恒奉

大山寺衆徒中
(礼紙書)「追仰、
今月廿五日寅一点、率軍勢、馳参当国赤松城、殊依時高名、於勧賞者、宜依好之由、重被仰下候也、」

伊豆国在庁北条遠江前司時政の子孫東夷等、承久以来、四海を掌に採り、朝家を蔑如し奉るのところ、頃年の間、殊に高時相模入道の一族、ただに武略芸業をもって朝威を軽んずるのみにあらず、剰《あまつさ》え当今皇帝を隠州に左遷し奉る。宸襟を悩まし、国を乱すの条、下剋上の至り、甚だ奇怪の間、且《かつう》は成敗を加えんがため、且は還幸を成し奉らんがため、西海道十五箇国内の群勢を召し集めらるるところなり。おのおの帝徳に帰し奉り、早く一門の軍を相催し、軍勢を率い、時日を廻らさず、戦場に馳せ参ぜしむべきの由、大塔宮二品親王令旨の状に依りくだんの如し。

元弘三年二月二十一日　左少将定恒　奉《うけたまわ》る

大山寺衆徒中

「追て仰す、
今月二十五日寅一点、軍勢を率い、当国赤松城に馳せ参ぜよ。殊に時の高名に依り、勧賞においては、宜しく好むに依るべきの由、重ねて仰せ下され候なり。」

168〔東村山市徳蔵寺板碑銘〕

飽間斎藤三郎藤原盛貞生年廿六　勧進玖阿弥陀仏
於武州府中五月十五日令打死、
元弘三年癸酉五月十五日敬白
同孫七家行廿三同死、飽間孫三郎　執筆遍阿弥陀仏
宗長卅五、於相州村岡十八日討死、
(光明真言)

飽間斎藤(1)三郎藤原盛貞生年〈二十六〉、武州府中(2)において五月十五日打ち死せしむ。同じき孫七家行二十三同じく死す。飽間孫三郎宗長三十五、相州村岡(3)において十八日討ち死。

(1)飽間斎藤(氏)　上野国西部を本拠とする武士。(2)武州府中　東京都府中市。このとき、府中から多摩川の分倍河原にかけて合戦が行われた。(3)相州村岡　藤沢市。この村岡の合戦で執権北条守時が戦死している。

【解説】元弘二年＝正慶元年(一三三二)末、吉野で護良親王が、河内で楠木正成が討幕の兵を挙げた。また年明けには播磨で赤松則村がこれに応じた。これに対して幕府は大軍を派遣し、閏二月護良を没落させたが、千早城に拠る正成の抵抗は続いた。この情勢を見て、後醍醐は隠岐を脱出し名和長年に奉ぜられて伯耆船上山に拠った。三月、後醍醐は千種忠顕に命じて京に向かわせた。忠顕・則村の軍が京に迫るなかで、六波羅探題の援

軍として派遣された足利尊氏は、四月十六日に京に入り、二十七日船上山攻撃のため山陰道に進発したが、その日丹波篠村において幕府を離れ後醍醐に帰順する姿勢を示した。五月七日、尊氏・忠顕・則村の軍が六波羅に迫る中で、六波羅探題は光厳天皇等を同行して没落し、近江番場において両探題以下が自害、ここに六波羅探題は滅亡した。尊氏が討幕の側に立ったことは局面を大きく変え、関東では二十二日、新田義貞が鎌倉を落とし、また九州では二十五日、鎮西探題が九州全域から参集した武士の攻撃を受け滅亡した。ここでは護良親王が播磨大山寺の衆徒に討幕軍への参加を求めた令旨と、新田義貞が鎌倉を攻めた際に戦死したある武士の追善供養のために造立されたと考えられている板碑の銘文を掲載した。板碑とは中世の石塔の一種で、全国に分布するが、とくに関東地方のものは秩父の緑泥片岩(青石)を用いて数がもっとも多く、四万基を数える。この徳蔵寺の板碑は江戸時代に徳蔵寺に近い丘陵上から移されたものとされ、上部が欠損しているが、とても著名なものである。五月十五日の銘がありながら五月十八日の戦死者について記すことなど、板碑の真偽について疑問を呈する研究者もあったが、これは藤原盛貞が惣領で、その戦死の日が刻まれたと解すればよいわけで、この戦死の日からあまり経ない時点でたてられたものとすることに現在では異論が出されていない。また勧進と執筆の二人の僧は「阿弥陀仏」という名から時衆の僧と理解されている。

第六節　守護地頭制と荘園・公領

1　守護と国衙支配

(1)　大内惟義と伊賀国務

169〔東南院文書〕第四櫃第四巻　元暦元年(一一八四)八月九日

大内惟義下文

(端裏書)
「鞆田庄源惟義免判　寿永三年八月九日」

在判　源惟義国務之時免判也、雖奉行国務非国司、仍無大介之位所、

下　伊賀国在庁官人等

可早奉免東大寺領鞆田庄出作田(1)所当(2)官物事

右、寺家訴状云、件所当米便補(3)当寺封戸(4)、経数百歳、而平家押領当庄之後、被停止彼封戸云々、如状者、尤以不便也、縦雖無先例、大仏造営(5)之間、争無結縁之志哉者、早任旧跡、募寺家封戸、可令奉免之状如件、留守所宜承知、依件行之、以下、

元暦元年八月九日

在判〈源惟義国務の時の免判なり。国務を奉行すと雖も国司にあらず。よって大介の位所なし〉

下す　伊賀国在庁官人等

早く東大寺領鞆田庄出作田の所当官物を奉免すべき事

右、寺家の訴状云わく、「くだんの所当米、当寺の封戸に便補して、数百歳を経。しかるに平家当庄を押領するの後、かの封戸を停止《ちょうじ》せらる」と云々。状の如くんば、尤ももって不便なり。縦《たと》い先例なしと雖も、大仏造営の間、争《いかで》か結縁の志なからんや者《てえれば》、早く旧跡に任せ、寺家の封戸を募り、奉免せしむべきの状くだんの如し。留守所宜しく承知し、くだんに依りてこれを行え。もって下す。

(1)出作田　本来の荘域の外側にあって荘民が耕作する土地。(2)所当官物　国衙に掌握された面積に対して一定の率で賦課される田租。(3)便補　国司が封戸の納入物を封主に直接送付するかわりに特定の郡・郷等を指定してその官物の徴収権を封主に認めること。(4)封戸　調庸のすべてと租の半分が封主に与えられる戸。(5)大仏造営　治承四年(一一八〇)十二月の平氏の焼き打ちによって東大寺大仏は焼失したが、翌年八月重源が東大寺大勧進に任じられ、再建が始まり、文治元年(一一八五)八月大仏の開眼供養が行われた。

【解説】　史料169は、大内惟義が東大寺領伊賀国鞆田荘出作田の所当官物を免除したものである。鞆田荘は元来、玉滝杣《そま》の杣工が鞆田村に出作していた田地が東大寺の封戸に便補されたものであるが、承徳二年(一〇九八)平正盛が鞆田村の一部を六条院領に寄進してから、東大寺に対する所当年貢の納入が滞ることとなった。寿永二年(一一八三)平氏が西海に没落し鞆田荘が返付されたのを機に、東大寺は改めて封戸分の所当官物の免除を惟義に要求したのである。封戸分所当官物の免除は国司の権限である。ここに掲げた文書の袖に「在判」(この文書は案文であるが正文にはここに惟義の花押が据えられていたはずである)と書かれた下の注記を見ると、この文書の発給はやはり国司の権限にもとづくものであり、惟義は国務を奉行していたとみなされているが、しかも惟義は国司ではないという。この場合の惟義のように、治承四年(一一八〇)以来の源平争乱の中で、国司以外のものが軍事的必要性、特に兵粮米徴集の目的から国務を知行することがあった。これが守護制度の原型であると考えられる。『吾妻鏡』元暦元年(一一八四)三月二十日条には大内惟義を「伊賀国守護」に任じたという記事が見えるが、文治二年(一一八六)十一月二十五日付け惟義宛ての頼朝の袖判のある中原広元奉書(「多田院文書」)には、惟義の職務として「いかのくにそうついふくし(伊賀国惣追捕使)」と記されている。

(2)　大番役と御家人制

170〔和田文書〕　建久七年(一一九六)十一月七日前右大将家政所下文

前右大将家(1)政所下　和泉国御家人等

可早随左衛門尉平義連(佐原)催促勤仕大内大番事
右、御家人等、随彼義連之催促、無懈怠可勤仕大内大番役之状、所仰如件、以下、
建久七年十一月七日　　安主清□□(実成)
令大蔵丞藤原(頼平)判　　知家事中原□(光家)
別当兵庫頭中原朝臣(二階堂行光)(2)判
散位藤原朝臣判

前右大将家政所下す　和泉国御家人等
早く左衛門尉平義連の催促に随い大内大番を勤仕すべき事
右、御家人等、かの義連の催促に随い、懈怠なく大内大番役を勤仕すべきの状、仰するところくだんの如し。もって下す。

(1)前右大将　源頼朝。頼朝は建久三年(一一九二)七月に征夷大将軍に任ぜられた後は将軍家政所下文を用いていたが、建久六年の二度目の上洛の際に征夷大将軍を辞したと思われ、その後は前右大将家政所下文を用いている。(2)中原朝臣　大江広元。当時は中原姓。

【解説】　内裏諸門の警備を行う京都大番役は御家人の勤仕すべき所役として最も重視されるものであり、管国御家人に大番役の勤仕を催促することは守護にとって最も重要な職務の一つであった。ここに掲げた頼朝の下文は、和泉国御家人に、佐原義連の催促に従って京都大番役を勤めることを命じたものである。この場合の義連の立場が守護のものにほかならない。『吾妻鏡』建久三年(一一九二)六月二十日条に収める頼朝の下文は美濃国家人に対して大内惟義の催促に従って大番役を勤めることを命じたものであるが、その中に、「家人の儀を存ずる輩に於いては、惟義の催に従い、勤節を致すべきなり」「其中家人たるべからざるの由を存ずる者は、早く子細を申すべし」という文言が記されている。大番役を御家人の不可避の義務と規定する一方で、御家人となるかならないかについて、武士の選択を認めているのである。このことは、この時期においては諸国の武士が御家人となるか否かはまだ流動的であったことを示すが、一方で、大番役というそれ自体は幕府成立以前から存在した公役は、それを催促する権限を一手に握った幕府の御家人制を全国展開させる槓杆となったのである。

(3)　大犯三箇条

171〔進美寺文書〕安貞二年(一二二八)六月四日但馬守護昌明請文

正校了、
依根本中堂末寺但馬国進美寺訴訟、被下座主宮(尊性法親王)令旨候二箇条副具書等案畏以令拝見候了、
一、延暦寺政所下文并中堂後戸下文等状云、可令停止国衙守護所使者乱入之由云々、就之、如去年閏三月十七日鎌倉殿御教書状云(者カ)、大番催促・謀叛・殺害事者、可為守護

沙汰由、故大将（源頼朝）家御時被定下諸国候了云々、此等沙汰之外、依何事守護使可令乱入乎、於件犯科人等出来者、不蒙別仰之外、争不致沙汰候乎、至于盗犯・放火・人勾引者、可為領家三分二、地頭三分一之由、同被定下畢、仍於地頭補任所々者、彼三箇条、更不及守護口入候乎、

一、同政所下文幷中堂後戸下文云、早任忠清寄進証文之道理、可停止法橋昌明(1)幷忠行濫妨、但馬国日置河内畠山林等云々、就之、中堂後戸下文状、已任忠清寄進証文、可為当寺領之由、被載之、而忠清死去之後、子息忠行有由緒、相副次第手継証文等、於地主職者、所譲給昌明也、爰自八幡宮寺令致押妨之時、注子細令触遣中堂執行許之処、沙汰遅々之間、牢籠不鎮、昌明廻秘計、鎮押妨畢、然而於中堂御領事者勿論也、而依忠清寄進、可為寺領之由、乍載後戸下文状、何可被破忠清子息忠行地主職乎、以私領令寄進権門之故者、絶向後之違乱、為令領知也、又彼畠等山林等中、進美寺衆徒等令致訴訟候輩、間々在之間、憲法使大膳民部大夫範重下向之時、在庁官人等相共評定、任道理令裁定候畢、其後敢無訴訟候乎、両条子細如此候、争可存非儀候乎、恐惶謹言、

安貞二
六月四日　法橋昌明 請文裏判

正校し了んぬ。

根本中堂末寺但馬国進美寺《しんめいじ》の訴訟に依り、座主宮令旨を下され候二箇条〈具書等案を副う〉、畏《かしこ》み以て拝見せしめ候い了んぬ。

一、延暦寺政所下文ならびに中堂後戸下文等状云わく、「国衙守護所の使者の乱入を停止せしむべき」の由と云々。これに就き、去年閏三月十七日鎌倉殿御教書の状の如くんば、「大番催促・謀叛・殺害の事は、守護の沙汰たるべきの由、故大将家御時諸国に定め下され候い了んぬ」と云々。これらの沙汰の外、何事に依り守護使乱入せしむべきか。くだんの犯科人等出来においては、別の仰せを蒙らざるの外、争《いかで》か沙汰を致さず候か。盗犯・放火・人勾引に至りては、領家三分の二、地頭三分の一たるべきの由、同じく定め下され畢《おわ》んぬ。よって地頭補任の所々においては、かの三箇条、更に守護の口入に及ばず候か。

一、同政所下文ならびに中堂後戸下文云わく、「早く忠清寄進証文の道理に任せて、法橋昌明ならびに忠行の濫妨を停止《ちょうじ》すべき、但馬国日置河内畠山林等」と云々。これに就き、中堂後戸下文状、「已に忠清寄進証文に任せ当寺領たるべき」の由、これを載せらる。しかるに忠清死去の後、子息忠行由緒あり。次第手継証文等を相副え、

地主職においては、昌明に譲り給うところなり。ここに八幡宮寺より押妨《おうぼう》を致さしむるの時、子細を注し中堂執行のもとに触れ遣わさしむるのところ、沙汰遅々の間、牢籠《ろうろう》鎮まらず。昌明秘計を廻らし、押妨を鎮め畢んぬ。然れども中堂御領の事においては勿論なり。しかるに忠清寄進に依り、寺領たるべきの由、後戸下文の状に載せながら、何ぞ忠清子息忠行の地主職を破らるべきか。私領をもって権門に寄進せしむるの故は、向後の違乱を絶ち、領知せしめんがためなり。又かの畠等山林等の中、進美寺衆徒等訴訟を致せしめ候輩、間々在るの間、憲法の使大膳民部大夫範重下向の時、在庁官人等相共に評定し、道理に任せて裁定せしめ候い畢んぬ。その後敢えて訴訟なく候か。両条子細かくの如く候、争《いかで》か非儀を存ずべく候か。恐惶謹言。

(1)昌明　延暦寺僧出身の御家人で承久の乱後、但馬守護に任ぜられた。

【解説】　守護の職権として大番催促と謀反人・殺害人検断の三箇条が規定されていたことは、早く『吾妻鏡』正治元年十二月二十九日条の小山朝政の播磨守護補任の記事に見える。また寛喜三年(一二三一)五月十三日の法(追加法三一条)もこの三箇条を守護の職権と規定するが、これを引用した『吾妻鏡』同日条では「大犯三箇条」の名称が用いられている。御成敗式目第三条にも同じ規定が認められるが、検断の対象に夜討・強盗・山賊・海賊が加えられている。ここでは安貞二年(一二二八)の文書に引かれた嘉禄三年(一二二七)閏三月十七日の法を示した。

このように三箇条の守護職権規定は複数認められるのであるが、いずれもその時この三箇条が制定されたことを示すものではない。逆にどの規定も、もともと頼朝の時代にすでに定められていた規定であることを強調している。しかし頼朝時代に先例があることを法の正当性の根拠とするのは鎌倉幕府法の常套手段であり、その論法で法が定立されていることは、事実としてそれに該当する先例が頼朝の時代に存したことを全く意味しない。また三箇条の職権規定は、これ以外の職務を守護は行使してはならない、という趣旨で規定されている。もともと守護がこの三箇条以外の職権を行使しなかったと考えるべきではない。もともと源平争乱の時期に軍事的必要性から置かれた守護は、国司の職権を侵すことがしばしばあったと思われる。争乱が終結し、守護を臨時の職としてではなく恒常的な職として置き続けることが意図されるに至って、国司との棲み分けが問題になり、守護の職権をある範囲に限定することが必要になった。従って三箇条の職権規定の背後に、この規定の枠に押し込められようとして押し込められきれない守護の実態があることを考えておく必要がある。

2　御家人と惣領制

(1)　譲与の安堵

172〔中条家文書〕弘安六年（一二八三）四月五日大見行定譲状

譲与
　下野国中泉西荒居内富吉東西郷地頭職事
右、譲渡家政（大見）事実也、敢無他妨、任先例、可令領知之状如件、
　　弘安六年四月五日　　　平朝臣（大見行定）（花押）

譲与す。
　下野国中泉西荒居内富吉東西郷地頭職の事
右、家政に譲り渡す事実《じち》なり。敢えて他の妨なく、先例に任せ、領知せしむべきの状くだんの如し。

173〔大見水原家文書〕弘安六年（一二八三）四月五日大見行定譲状・弘安十年（一二八七）十月八日将軍家政所下文・同日関東下知状

譲与
　越後国白河庄内米王丸名田母一期(1)之後、但除上野阿弥陀堂田、幷同紀宗追名田地頭職事
右両名、所譲渡女子字摩尼実正也、不可有他妨、至所当公事者、不可弁勤之、田畠堺事、委細見宗家所帯之譲状、又於野者、上野内熊沢以北、可領知之、但至殺生者、固可禁断之、仍状如件、
　　弘安六年四月五日　　　平朝臣（花押）

譲与す。
　越後国白河庄内米王丸名田〈母一期《いちご》の後。但し上野阿弥陀堂田を除く〉ならびに同紀宗追名田地頭職の事
右両名、女子〈字摩尼〉に譲り渡すところ実正なり。他の妨あるべからず。所当公事に至りては、これを弁じ勤むべからず。田畠堺の事、委細宗家所帯の譲状に見ゆ。又野においては、上野内熊沢以北、これを領知すべし。但し殺生に至りては、固くこれを禁断すべし。よって状くだんの如し。

(1)一期　一生の間。この場合、米王丸名田は、母の生前は母が知行し、死後摩尼が知行する。一生の間だけ知行が認められ、死後の領主が

あらかじめ本主により指定されている所領を一期分、その領主を一期領主といい、一期分について一期領主の死後の領主としてあらかじめ指定されている者を未来領主という。

将軍家政所下
可令早平家政領知下野国中泉西荒居内富吉東西郷、越後国白河庄内山浦四箇条女子等分幷女田寺領下居在家除之、等地頭職事
右、任亡父大見肥後民部大夫行定法師法名寂円弘安四年四月廿六日・同六年四月五日譲状等、為彼職可令領掌之状、所仰如件、以下、
弘安十年十月八日　　案主菅野
令左衛門少尉藤原　　知家事
別当左馬権頭兼相模守平朝臣(1)(花押)
前武蔵守平朝臣(2)(花押)

将軍家政所下す。
早く平家政をして領知せしむべき下野国中泉西荒居内富吉東西郷、越後国白河庄内山浦四箇条〈女子等分ならびに女田寺領下居在家、これを除く〉等地頭職の事
右、亡父大見肥後民部大夫行定法師〈法名寂円〉弘安四年四月二十六日・同六年四月五日譲状等に任せ、かの職として領掌せしむべきの状、仰するところ件《くだん》の如し。もって下す。

(1)左馬権頭兼相模守平朝臣　北条貞時。執権。(2)前武蔵守平朝臣　大仏宣時。連署。

可早以平氏字摩尼領知越後国白河庄内米王丸名田母一期之後云々幷同紀宗追名田事
右、任亡父大見肥後民部大夫行定法師法名寂円弘安六年四月五日譲状、可令領掌之状、依仰下知如件、
弘安十年十月八日
前武蔵守平朝臣(花押)
相模守平朝臣(花押)

早く平氏〈字摩尼〉をもって領知すべき越後国白河庄内米王丸名田〈母一期の後と云々〉ならびに同紀宗追名田事
右、亡父大見肥後民部大夫行定法師〈法名寂円〉弘安六年四月五日譲状に任せ、領掌せしむべきの状、仰せに依り下知くだんの如し。

【解説】 鎌倉御家人の所領相続においては、譲状が作成されると、一旦それが幕府に提出され、譲状の内容に対応する安堵状が幕府から交付されるのが恒例であった。安堵とは元来、主君が従者の所領知行を承認する行為であり、相続に際して安堵が行われるのは、主従関係が本来は一代限りのものであり、代替わりの際には主従関係は設定され直す必要があったためであると考えられている。しかし実際には、安堵が行われなかったた

めに主従関係が消滅したり、御家人がなんらかの不利益を蒙ったような例が存在するわけではない。ここで取り上げたのは、大見行定という武士がその子女に所領を分割譲与した際の譲状と安堵状である。行定は下野国中泉西荒居内富吉東西郷・美濃国飛鳥郷・越後国白河荘という三箇所の所領を知行していたが、これを家政・家綱・摩尼・真珠という四人の子女に譲与した。もっともこれは残存史料から判明する限りのことで、他の所領、譲与を受けた他の子女が存在した可能性は否定できない。ここでは家政宛てと摩尼宛ての譲状・安堵状を取り上げた。家政宛ての安堵状が将軍家政所下文の様式で家綱・摩尼宛てのものが関東下知状の様式であるのは、文永八年（一二七一）―嘉元元年（一三〇三）の間の制規によるものである。この間、嫡子と庶子とで安堵状の様式が区別されたのである。ただし将軍家政所下文とはいっても実際に署判を加えているのは執権・連署の両名のみである。下文と下知状が執権の発給文書として同質化していることを前提として、嫡子宛てと庶子宛てとで使い分けられているのである。嘉元元年になるとこの区別は廃止され、嫡子であれ庶子であれ一律に譲状の余白に外題の形で安堵文言が書き加えられる方式とされた。

(2)　一門評定

174　〔山口文書〕　嘉元四年（一三〇六）正月日渋谷重心重陳状

（端裏書）
「渋谷弥三郎入道重心代□（秋定カ）」

薩摩国入来院内上副田村地頭渋谷弥□心代又三郎
秋□申
為彦三郎惟重、背曾祖父善心遺戒置文旨、不用一門計、
破□譲状、乍令押領重心分領、致逆訴上者、被遂押領
堺検見、欲蒙御□副田村事
副進
一通　善心置文　文永三年二月廿七日　堺以下相論出来時者、可随一門之計、於背此儀之輩者、雖有道理、可定于負由事
一通　惟重書札　五月十四日付嘉元二
一通　絵図
一通　証人交名注文　山崎御堂可寄合由事
右、如惟重々訴状者、於惟重所進念心譲状者、重心承伏畢、
以彼状互可知行□自称之上者、被遂堺検見之後、被停
止重心押領、任傍例欲充給打越(1)云々、此条不押領惟重分領
之上者、可充給打越由事、所令庶幾也、同状云、惟重分□
山口村内小萩野丼井手・平野次郎入道屋敷及屋敷付田地以
下田畠、重心□（令カ）押領云々、此条無跡形大不実也、副田村内
号山口村之所、全以無之、随而如惟重所帯譲状者、山口村
名字一切無所見之処、惟重任自由、始作出山口名字及濫訴
之条、眼前今案也、次平野同宮栗迫是又譲状無所見之条、
子細同前、凡惟重奸謀余、不載譲状付村々之名字天、被押
領重心之由、訴申之上者、早重心所得譲状与惟重帯持譲状

御比校之処、彼村々在所不実之条、立可露顕也、同状云、背一門評定之間、経上訴之処、被押領副田村於惟重之由、載陳状之条、希代不実也云々、此条如載先陳先段、被遂検見之時、不可有其隠者也、次背一門評定由事、虚誕申状也、重心者祖父善心置文ぉ令存知之間、去嘉元二年五月十三日、於祁答院内山崎御堂、可請一門評定之旨、令約束之間、重心其日雖罷向、惟重差違而越伊集院舅許之上者、不用評定之条、惟重所行也、相貽御不審者、仰交名人、任注文之旨、以起請文有御尋之時、不可有其隠者也、次山口村内押領于重心之上者、争惟重可押領副田村哉云々、此条如載先段、山口村名字不載譲状之上者、押領由事、不実也、同状云、令押領重心分領者、争相触子細不及一門評定哉、将又惟重背一門評定者、不経上訴哉、云彼云此、比興偽陳也云々、此条一門評定由事、載先段之間、不能重言、次比興詞悪口也、重心者雖尫弱之身、為惟重伯父也、於加志之詞、争無御炳誡哉、同状云、背念心譲状、致自由押領之間、一門等遂堺検見之後、各申云、披見惟重帯持証文之処、理非懸隔也、可和与(2)云々、爰和与事、雖令違惟重所存、一門之評儀難黙止之間、是非可随計之由、返答之処、重心不叙用云々、此条、和与由事不実也、一門評定事、重心本自令庶幾(3)之間、罷向之処、不治定之間、以後日於山崎御堂可寄合之旨、乍令申、惟重越伊集(院脱カ)之上者、重心不叙用由事、無極虚誕也、所詮惟重書札備進之上者、所不及御不審也、次先日押領之外、重令押領自余田地云々、此条、令押領何田地哉、就差申可明申也、惟重打越祖父念心譲状之堺、令押領重心分領之間、為塞自科、構申今案不実之条、奸謀也、次重心背一門評定之条、遂検見之輩等、悉存知也、以起請文為有御尋交名注文進覧之云々、此条、不背一門評儀之条、載先段之間、不能重言、次堺検見由事同前、同状云、小萩野江行路、井手面於限之旨、証文炳焉之上者、小萩野井手面者、則為山口村内之処、重心乍令押領之、惟重押領之由、掠申之条、不実云々取詮、此条、如載先段、副田村内、惟重帯持譲状、御披見之処、可露顕也、同状云、弥三郎屋敷之久祢ぉ切天小野河内江行小路ぉ為堺之上者、於此堺内田畠在家等者、重心争可懸悕望哉云々取詮、此条、惟重越譲状之堺、令押領之上者、被遂検見之時、可露顕也、所詮惟重者、以胸臆浮言(4)、被押領之由、訴之、重心以証文為先、然者胸臆与実証宜仰上裁者哉、同状云、平野次郎入道屋敷与弥三郎屋敷中間一段余也、於所差定之堺者、旁以為明白之処、重心理不尽乍致押領、還而惟重押領之由、構申虚誕云々、此条、如載先陳先段、莅于堺被遂検見之時、惟重不実奸謀可露顕之間、不能委細矣、次惟重所進之絵図参差事、期問答之時、

惟重背曾祖父善心置文并祖父念心譲状等、致不実之濫訴、令押領之上者、早任善心置文之旨、為蒙御成敗、重披陳言上如件、

嘉元四年正月　日

薩摩国入来院内上副田村地頭渋谷弥□心代又三郎秋□申す。

彦三郎惟重として、曾祖父善心遺戒置文の旨に背き、一門の計らいを用いず、□譲状を破り、重心分領を押領せしめながら、逆訴を致すの上は、押領堺の検見を遂げられ、御□を蒙らんと欲す、□副田村の事。

副進す。

一通　善心置文〈文永三年二月二十七日、堺以下相論出来の時は、一門の計らいに随うべし。この儀に背くの輩においては、道理ありと雖も、負に定むべき由の事〉

一通　惟重書札　五月十四日付嘉元二

一通　絵図

一通　証人交名注文　山崎御堂、寄り合うべき由の事。

右、惟重重訴状の如くんば、「惟重進むるところの念心譲状においては、重心承伏し畢《おわ》んぬ。かの状をもって互いに知行すべき□自称の上は、堺の検見を遂げらるるの後、重心の押領を停止《ちょうじ》せられ、傍例に任せ打越を充て給わらんと欲す」と云々。この条惟重分領を押領せざるの上は、打越を充て給うべき由の事、庶幾せしむるところなり。同状云わく、「惟重分□山口村内小萩野ならびに井手・平野次郎入道屋敷及び屋敷付き田地以下の田畠、重心押領せしむ」と云々。この条跡形なき大不実なり。副田村の内、山口村と号するの所、全くもってこれ無し。随って惟重所帯の譲状の如くんば、山口村の名字一切所見なきのところ、惟重自由に任せ、始めて山口の名字を作り出し濫訴に及ぶの条、眼前の今案なり。次いで平野同宮栗迫、これ又譲状所見なきの条、子細同前。凡そ惟重奸謀の余り、譲状に載せざる村々の名字に付きて、重心に押領せらるるの由、訴え申すの上は、早く重心所得の譲状と惟重帯持譲状と御比校のところ、かの村々在所不実の条、立ちどころに露顕すべきなり。同状云わく、「一門評定に背くの間、上訴を経るのところ、副田村を惟重に押領せらるるの由、陳状に載するの条、希代の不実なり」と云々。この条、先陳先段に載する如く、検見を遂げらるるの時、その隠れあるべからざるものなり。次いで一門評定に背く由の事、虚誕の中状なり。重心は祖父善心置文を存知せしむるの間、去ぬる嘉元二年五月十三日、祁答院内山崎御堂において、一門評定を請くべきの旨、約束せしむるの間、重心その日罷《まか》り向か

うと雖も、惟重差し違えて伊集院の舅のもとへ越すの上は、評定を用いざるの条、惟重の所行なり。御不審を相貽《のこ》さば、交名人《きょうみょうにん》に仰せて、注文の旨に任せ、起請文をもって御尋あるの時、その隠れあるべからざるものなり。次いで「山口村内重心に押領の上は、争《いかで》か惟重副田村を押領すべきや」と云々。この条、先段に載する如く、山口村の名字、譲状に載せざるの上は、押領の由の事、不実なり。同状云わく、「重心分領を押領せしめば、争《いかで》か子細を相触れ一門評定に及ばざるや。はた又惟重一門評定に背かば、上訴を経ざるや。彼と云いこれと云い、比興の偽陳なり」と云々。この条、一門評定の由の事、先段に載するの間、重言するあたわず。次いで比興の詞悪口なり。重心は尩弱《おうじゃく》の身と雖も、惟重の伯父たるなり。於加志《おかし》の詞、争《いかで》か御炳誡なからんや。同状云わく、「念心譲状に背き、自由の押領を致すの間、一門等堺の検見を遂ぐるの後、各申して云わく、「惟重帯持の証文を披見するのところ、理非懸隔なり。和与すべし」と云々。ここに和与の事、惟重所存に違わしむると雖も、一門の評儀黙止しがたきの間、是非計らいに随うべきの由、返答するのところ、重心叙用せず」と云々。この条、和与の由の事不実なり。一門評定の事、重心もとより庶幾せしむるの間、罷り向こうのところ、治定せざるの間、後日をもって山崎御堂において寄り合うべきの旨、申せしめながら、惟重伊集院に越すの上は、重心叙用せざる由の事、無極の虚誕なり。所詮惟重書札備進の上は、御不審に及ばざるところなり。次いで「先日押領の外、重ねて自余の田地を押領せしむ」と云々。この条、何の田地を押領せしむるや。差し申すに就き明らめ申すべきなり。惟重祖父念心譲状の堺を打越し、重心分領を押領せしむるの間、自科を塞がんがため、今案不実を構え申すの条、奸謀なり。次いで「重心一門評定に背くの条、検見を遂ぐるの輩等、悉く存知なり。起請文をもって御尋あらんがため、交名注文これを進覧す」と云々。この条、一門の評儀に背かざるの条、先段に載するの間、重言するあたわず。次いで堺検見の由の事同前。同状云わく、「小萩野へ行く路、井手面を限るの旨、証文炳焉の上は、小萩野井手面は、すなわち山口村内たるのところ、重心これを押領せしめながら、惟重押領の由、掠め申すの条、不実」と云々〈詮を取る〉。この条、先段に載する如く、副田村内、惟重帯持の譲状、御披見のところ、露顕すべきなり。同状云わく、「弥三郎屋敷の久祢を切りて小野河内へ行く小路を堺となすの上は、この堺の内の田畠在家等においては、重心争か悕望を懸くべきや」と云々〈詮を取る〉。この条、惟重譲状の堺を越し、押領せしむるの上は、検見を遂げらるるの時、露顕すべきなり。所詮惟重は、胸臆浮言をもって、押領せらるるの由、これを訴え、重心は証文をもって先となす。然れば胸臆と実証と宜しく上裁を仰ぐべき者か。同状云わく、「平野次郎入道屋敷と弥三郎屋敷と中間一段余なり。差定するところの堺においては、かたがたもって明白たるのところ、重心理不尽に押領を致しながら、還って惟重押領の由、虚誕を構え申す」と云々。この条、先陳先段に載する如く、堺に莅《のぞ》み検見を遂げらるるの時、惟重の不実奸謀露顕すべきの間、委細するあたわず。次いで惟重所進の絵図参差《しんし》の事、問答の時を期す。惟重曾祖父善心置文ならびに祖父念心譲状等に背き、不実の濫訴を致し、押領せしむるの上は、早く善心置文の旨に任せ、御成敗を蒙らんがため、重ねて披陳言上くだんの如し。

(1)打越　境界を侵害して不法に占有した土地。堺相論において不法に境界を侵害したことが認められると、打越分のみならずさらにそれと同面積が相手側に渡される。(2)和与　和解。(3)庶幾　願う。(4)胸臆浮言　証拠の裏づけのない言い分。

【解説】　鎌倉時代の武士の間では、所領が分割譲与される場合、対外的には分割された所領の全体を嫡子が代表することがあった。この場合の嫡子の立場を惣領といい、嫡子が惣領として分割された所領の全体を代表する制度を惣領制といっている。しかし惣領制は惣領の庶子に対する絶対的優位を意味するものではなく、たとえば庶子は法廷において惣領と対決することも可能であった。惣領制とは、所領相続の上で本主を同じくする者同士が、本主の遺命を実現するために協同する組織であった。そのような惣領制の原理を端的に示すのが一門評定である。ここに取り上げたのは、薩摩国入来院を知行する渋谷一族の間で行われた一門評定の事例である。そもそも入来院は、渋谷定心が宝治合戦の恩賞として与えられた所領であるが、定心からその子、さらに孫の世代へと分割相続されていった。そのうち上副田村は定心から明重(善心)、明重から篤重(念心)へと譲られ、篤重はこれを子息政重(重心)と孫惟重に分割譲与し、政重をその惣領とした。そして惟重が伯父の政重の押領を幕府に訴えたのに対して、政重が論人として作成した陳状がここに掲げたものである。惟重の主張によれば、惟重が幕府に提訴したのは、政重が一門評定に背いたからであり、政重の主張によれば、一門評定の当日政重は出頭したにもかかわらず、惟重が出頭しなかったという。いずれの主張においても、一族内紛争が一門評定によって解決されるべきであることは一致しているのである。そしてこの一門評定なるものは文永三年(一二六六)の明重の置文に規定されたものであり、そこには一門評定に背いた者はたとえ道理があっても負けとすべきことも定められていた。つまり惟重と政重という当面対立している両当事者が、共通の祖=本主である明重の遺命には従うことを前提として、やはり明重を共通の祖=本主とする者によって構成される一門評定の裁定に従う。このような一門評定を成り立たせ得るのが惣領制の組織原理であり、惣領権の強さよりもむしろ惣領制の合議的性格に注意する必要がある。

3 荘園の景観と地頭の支配

(1) 地頭請と下地中分

175〔東大寺文書〕貞応二年(一二二三)八月日東大寺別当下文

下 茜部御庄(1)住民等

可令早為地頭請所進済御年貢事

右、当御庄者、是為預所沙汰、依難弁百疋・千両、為地頭(2)沙汰、任請文状、可令進済御年貢也、住民等宜承知、不可違失之状如件、故下、

貞応二年八月 日

別当僧正前法務(3)在判

下す 茜部《あかなべ》御庄住民等

早く地頭請所として御年貢を進済せしむべき事

右、当御庄は、これ預所の沙汰として、百疋・千両を弁じ難きに依り、地頭の沙汰として、請文の状に任せて、御年貢を進済せしむべきなり。住民等宜しく承知し、違失すべからざるの状くだんの如し。故に下す。

(1)茜部御庄 美濃国厚見郡に所在した荘園。弘仁九年(八一八)酒人内親王が東大寺に施入。現在の岐阜市茜部町にあたる。(2)地頭 承久の乱後長井氏が入部。(3)別当僧正前法務 藤原惟方の子息で勧修寺《かんしゅうじ》で修行を積んだ成宝のこと。成宝は承元四年(一二一〇)東大寺別当になるが、その後辞退し、貞応二年は再任の時に当たる。

【解説】 茜部荘は十一世紀後半に不輸不入権が確立し、十一世紀半ばには、学侶百人分の衣服料として八丈絹百疋と綿千両が年貢として定められた。承久の乱によって下司職が没収され、地頭が配置された。成宝がこの地を地頭請としたのは、それからまもなくのことであった。地頭請の成立は、一般に①武家の口入によるもの、②寄進地系荘園における下司職が転化・継承されたもの、③荘園領主と地頭との紛争解決のため私的契約にもとづくもの、に分類されている。ここでは②に近いが、承久の乱の戦後処理的側面も見逃せない。文永年間以降、東大寺は地頭請の廃止などを求めて六波羅探題に訴訟を起こし、以降相論が繰り返された。建武政権下で東大寺の直務支配が行われたが、暦応二年(一三三九)地頭が再び置かれ、翌年下地中分が実施されている。

176〔島津家文書〕元亨四年（一三二四）八月二十一日地頭代道慶・雑掌憲俊連署和与状

島津庄内薩摩方伊作庄(1)・同日置北郷(2)下地田畠山野河海検断所務、領家一乗院雑掌左衛門尉憲俊与地頭大隅左京進宗久(3)代沙弥道慶、下地中分以下和与条条事

（中略）

日置北郷条条

一、両方堺事

右、堺者、融于東西所立也、仍西者自帆湊之海、向東至于河登苦田橋、自彼橋南仮屋崎東道於、世戸江千手堂前能道於東江、自久留美野之大世多和、向東至于伊集院堺、但七曲通也 両方堅守此旨為堺、北者為領家分、南者為地頭領、相互無違越、山野河海検断已下所務、各可令一円進止之条、同于伊作庄矣、

（中略）

以前条条、所和与如斯、此外条条相互雖番訴陳、就和与止訴訟之上者、不及異儀、両方堅守此状、無違越可致其沙汰也、若条条内、雖為一事、令違犯者、不日可被申行罪科也、仍為未（末）代明証、和与中分之状如件、

元亨四年八月廿一日

地頭代沙弥道慶（花押）

雑掌左衛門尉憲俊（花押）

島津庄内薩摩方伊作庄・同日置北郷下地田畠・山野・河海検断所務、領家一乗院雑掌左衛門尉憲俊と地頭大隅左京進宗久代沙弥道慶と、下地中分以下和与の条条の事

（中略）

右、堺は、東西に融《とお》りて立つる所なり。よって西は帆湊の海より、東に向かい河を登りて苦田橋に至る。彼の橋より南仮屋崎東道を、世戸へ千手堂前の道を東へ、久留美野の大世多和より、東に向かい伊集院堺に至る〈但し、七曲通り也〉。両方堅くこの旨を守り、堺と為す。北は領家分と為し、南は地頭領と為す。相互に違越なし。山野河海検断已下の所務、おのおの一円進止せしむべきの条、伊作庄に同じ。

（中略）

以前の条条、和与する所かくの如し。この外の条条相互に訴陳に番《つが》うと雖も、和与に就き訴訟を止むるの上は、異儀に及ばず。両方堅くこの状を守り、違越なくその沙汰致すべきなり。もし条条の内、一事たりと雖も、違犯せしむれば、不日罪科に申し行わるべきなり。よって末代の明証のため、和与中分の状くだんの如し。

（1）伊作庄　摂関家領島津荘は日向・大隅・薩摩の三ヵ国に展開した荘園であり、伊作荘は薩摩国伊作郡（鹿児島県日置郡）に所在。（2）日置北郷　伊作郡の北側に位置し、伊作荘と同様に島津荘を構成していた。

（3）大隅左京進宗久　島津荘地頭の初代は惟宗忠久。宗久は三代久経の孫にあたる。

【解説】　下地中分は十三世紀中頃からみられ、一般には荘園領主と地頭との間で行われた。この和与状では、伊作荘と日置北郷のそれぞれについて下地中分が行われたが、伊作荘については伊与倉川をもって堺としたため、中分に際して大きな問題はなかった。それに対して日置北郷では複雑な中分線となったため、ポイントとなる地名が細かく記載されるとともに、絵図が作成された。このような複雑な様相を生じるのは、用益権自体を一定の割合に基づいて分割しようとしたからである。この場合には地頭所と領家政所が隣接するシラス台地上の一集落を二つに分割することを目指している。（口絵参照）

(2)　荘園の開発と景観

177〔九条家文書〕天福二年（一二三四）六月二十五日官宣旨

左弁官下和泉国

応任国司免判幷禅興寺（1）領家前大僧正□□（円忠）避文、遣官使堺四至打牓示為一円不輪地、招居浪人致開発、停止国衙官物・勅院事以下国役、及傍庄傍郷甲乙人等妨、限永代為前関白家領（2）、当国管日根郡日根野・鶴原荒野事

四至（中略）

右、得彼家今月廿四日解状偁、無主荒野以荒墾之人為主者、古来之恒典也（3）、（中略）凡当家代代之例、国司献免判之後、成下家下文為家領者定例也、況於開発之地哉、雖然永為断後代之牢籠、所申上裁之鳳詔也、（中略）権中納言家光宣、奉　勅依請者、国宜承知、依宣行之、

天福二年六月二十五日　　大史小槻宿禰（花押）

右小弁藤原朝臣（経光）（花押）

左弁官下す和泉国

まさに国司の免判ならびに禅興寺領家前大僧正円忠の避文に任せ、官使を遣わし、四至を堺し、牓示を打ち、一円不輪地と為し、浪人を招き居らしめ、開発を致し、国衙官物・勅院事以下国役および傍庄傍郷甲乙人等の妨げを停止《ちょうじ》し、永代を限り、前関白家領と為すべき、当国管日根郡日根野・鶴原荒野の事

四至（中略）

右、彼の家今月二十四日の解状を得るに偁《い》う、無主の荒野荒墾の人をもって主と為すは、古来の恒典なり。（中略）およそ当家代代の例、国司免判を献ずるの後、家の下文を成し下し家領となすは定例なり。いわんや開発の地においてをや。然りと雖も永く後代の牢籠を断たんがため、上裁の鳳詔を申すところなり。（中略）権中納言家光宣す、勅を奉

るに請うに依れ、者《てえり》、国宜しく承知し、宣に依りこれを行え。

(1)禅興寺　日根荘の隣り長滝荘に位置し、東北院領(摂関家渡領)であった。(2)前関白家　九条道家。(3)古来之恒典　墾田永年私財法から沙汰未練書の御家人規定に至るまでの開発と領有の論理をよく示している。

【解説】和泉国は律令体制のもとで三郡に分かれていたが、その中で日根郡は最も南に位置し、この地の荒野を摂関家が自ら開墾に乗り出し、立荘したものである。日根荘の四至は律令下の賀美郷の領域と一致し、すでに多くの権門領が存在していた。荒野として残されていたのは日根野・鶴原と呼ばれる扇状地で、丘陵地帯に作られた灌漑池と樫井川の井堰からの水路がその水源であったが、既墾の公田に加えてさらに水田を開くのはきわめて困難なことであった。正和五年(一三一六)に作成された「日根野村絵図」はこのような状況をよく示している。荘域は現在の泉佐野市に当たるが、関西新空港の建設により景観が大きく変わりつつある。一九九五年主要な荘園遺跡が国指定史跡となった。

178〔宇佐永弘文書〕正和四年(一三一五)六月日沙彌妙覚配分状

注進

上洛間、もししせん(自然)の事もあらハ、おの〳〵こ日こそ□させんために、男女のこども(子供)に、わけあたうる、そりようてんはくくわ□や(所領田畠荒野)、ならひニめうし(名子カ)らの事

一かんぬしたゝもと(神主忠基)かふん(分)

御神りやうふんこのくにたしふ(田染)のしやうすへ□ミやう

以下所々さんさい(散在)

田地

一所　おゝその一丁五反 末次名

一所　同くすのきの下五反廿 同名

一所　同からた三反卅 同名

一所　なかまさ(永正)名南そのた二反

一所　同名さるハミ弐反廿

一所　同庄いとなかミやう(糸永名)のうち、にたゝ二反卅

一所　同庄内宇佐若宮奉寄田一丁 よしまつ以下所々散在

一所　同重安名おやま三反

(中略)

正和三年六月　日　　沙彌妙覚(花押)

【解説】鎌倉時代後期に宇佐八幡宮の神官を勤めた宇佐定基(法名妙覚)の所領配分状。七十七筆に及ぶ長大なもので、その多くは国東半島の中央、豊後国田染荘《たしぶのしょう》内に存在した。神領興行法にもとづいて集積したことを示す多くの関連史料が残されており、蒙古襲来以降の鎮西の社会状況が知られる。配分状には重安名、末次名等が見えているが、所領の基盤をなしているのは名を構成する個々の水田・畠地・屋敷などであった。一九八〇年から考古学・地理学・民俗学等を含めた学際的な現地調査

が行われ、これらの所領の分布と水利の状況が明らかとなっている。大分県立宇佐風土記の丘歴史民俗資料館刊『豊後国田染荘の調査Ⅰ・Ⅱ』参照。

(3) 農業生産力の拡大と農民の活動

179〔新編追加〕文永元年（一二六四）四月二十六日関東御教書

諸国百姓苅取田稲之後、其跡蒔麦、号田麦、領主等徴取件麦之所当云々、租税之法(1)、豈可然哉、自今以後、不可取田麦之所当、宜為農民之依怙(2)、存此旨可令下知備後・備前両国御家人等之状、依仰執達如件

文永元年四月廿六日　　武蔵守（北条長時）判

相模守（北条政村）判

因幡前司（長井泰重）殿

諸国百姓、田稲を苅り取るの後、その跡に麦を蒔き、田麦と号して領主等くだんの麦の所当を徴取すと云々。租税の法、豈に然るべけんや。自今以後、田麦の所当を取るべからず、宜しく農民の依怙たるべし。この旨を存じ備後・備前両国御家人等に下知せしむべきの状、仰せに依り執達くだんの如し。

（1）租税之法　律令以来の水田に課せられる税法。（2）依怙　自らの裁量。

【解説】水田の稲を刈り取った後に麦を蒔き、次の年の田植え前に収穫する。いわゆる夏麦の栽培で、二毛作の普及をこの時期に認めることができる。ここにみられるように文永年間には幕府は伝統的な租税法により夏麦から税を収取してはならないとしている。しかし、南北朝期になれば東寺領荘園などにおいても、夏麦を年貢として収取することが一般的に行われていた。鎌倉中期から二毛作の普及にともなって為政者側の法意識も大きく変化していったことがうかがえる。

180〔高野山文書〕永仁四年（一二九六）七月二十一日道弁畠地寄進状

寄進　御影堂陀羅尼(1)畠地事

合壱段者　作人大谷住人行力

在官省符(2)下方桑原野村之内、字川部、

四至　在本券

夏秋二箇度作毛代分亡

毎年乃米六斗五升

右、件寄進志趣者、為善通寺々僧故祐真律円房出離生死頓証菩提、限永代、相副本券五通、所奉寄進御影堂陀羅尼衆也、仍為後日証文、寄進之状如件、

永仁四年丙申七月廿一日　　入寺道弁（花押）

寄進す、御影堂陀羅尼畠地の事

合せて壱段者〈作人大谷住人行力〉
在り、官省符下方桑原野村の内、字川部、
四至〈本券に在り〉
　夏秋二箇度の作毛代分に
　　毎年乃米六斗五升
右、くだんの寄進の志趣は、善通寺寺僧故祐真律円房出離生死頓証菩提のため、永代を限り、本券五通を相副え、御影堂陀羅尼衆に寄進し奉るところなり。よって後日の証文として、寄進の状くだんの如し。

(1)御影堂　始祖空海の住坊跡に建てられ、陀羅尼衆と呼ばれる僧が法会を行った。(2)官省符　高野山領荘園。現在のかつらぎ町東部・高野口町・橋本市西部・九度山町の地域に比定される。高野山の膝下荘園で、官省符荘が固有名詞化したものであるが、「官省符」と呼びならわされていた。

【解説】　この史料は水田とその裏作の二毛作ではなく、畠地の二毛作に関わるものである。畠地二毛作は平安時代後期に瀬戸内地方で安定的に行われていたことが明らかとなっている(木村茂光『日本・古代中世畠作史の研究』校倉書房)。鎌倉時代にはいると、『御成敗式目』の発布直後に幕府は荘園領主が畠地子を春秋二度収取することを認めた上で、地頭の場合についてはこれを禁じている。したがって、この史料が作成された鎌倉時代後期には畠地二毛作が広く普及していた。

181〔東寺百合文書〕ぬ函　文永七年(一二七〇)七月日若狭国太良荘百姓等申状

若狭国太良御庄(1)百姓等謹言上
　早被停止非分競望、任先例、有百姓等御配分、有限云御年貢、云御公事、無懈怠可令勤仕由、欲蒙御成敗末武名
　　事
件元者、当御庄内末武名者(2)、為領家御進止、或預所殿御分定、或百姓等々御配分之処、去建長年中之比辻入道殿不慮之外望申之間、無是非充乗蓮(3)之旨、乍愁罷過処々、又彼名田充給脇袋兵衛尉殿(4)、此条雖為存外之子細、為御計之間、成恐罷過之処、件輩等当時令相論彼名田畠、剰尋乗悟房之跡、百姓等之分年来之田畠、可被上取之由、承及之条、難勘(堪カ)之次第也、(中略)此則被停止彼非分之輩等競望、且依先例、且任傍例、或預所御進止被定置、或被配分百姓等平均者、御年貢令加増、御公事無懈怠、御領無煩、末代可為穏便御者也、然者、弥仰御憲法之貴、仍粗言上如件、
　文永七年七月　日
　　観心(花押)
　　真利(花押)
　　時末(略押)
　　宗安(略押)
　　安綱(花押)

若狭国太良《たら》御庄百姓等謹んで言上す。

早く非分の競望を停止《ちょうじ》せられ、先例に任せて、百姓等に御配分あり、限りある御年貢と云い、御公事と云い、懈怠なく勤仕せしむべきの由、御成敗を蒙らんと欲する末武名の事

くだんの元は、当御庄内の末武名は、領家の御進止として、或いは預所殿御分と定め、或いは百姓等に御配分のところ、去る建長年中の比《ころ》、辻入道殿不慮の外望み申すの間、是非なく乗蓮に充つるの旨、愁ながら罷り過ぐるところに、又彼の名田脇袋兵衛尉殿に充て給う。この条存外の子細たりと雖も、御計たるの間、恐をなし罷り過ぐるのところ、くだんの輩等当時彼の名田畠を相論せしめ、剰え《あまつさ》乗悟房の跡を尋ね、百姓等の分の年来の田畠を上げ取らるべきの由、承り及ぶの条、堪え難き次第なり。（中略）これすなわち彼の非分の輩等の競望を停止せられ、且《かつう》は先例に依り、且は傍例に任せて、或いは預所御進止に定め置かれ、或いは百姓等へ平均に配分せらるれば、御年貢加増せしめ、御公事懈怠《けたい》なく、御領煩なく、末代穏便になしたまうべきものなり。然らば、弥《いよい》よ御憲法の貴を仰がん。よって粗《あらあ》ら言上くだんの如し。

（1）若狭国太良御庄　福井県小浜市大字太良庄に所在。延応二年（一二四〇）以降東寺供僧供料荘となる。本家は歓喜寿院であった。（2）末武名　太良荘の前身である太良保（国衙領）の公文職であった出羽房雲厳の所領。雲厳は若狭国の最有力在庁官人稲葉権守時定に服して御家人となった。（3）乗蓮　雲厳の養子で、若狭国御家人の支持を得て末武名を支配。（4）脇袋兵衛尉　稲葉時定の孫娘中原氏の夫。

【解説】　若狭国太良荘は建長六年（一二五四）に正検注が行われ、総面積二十八町八反百六十歩が確定した。建長八年（一二五六）には勧農帳が作成され、六つの名《みょう》による収取体制が成立している。この史料では太良荘を支える有力農民が署名しているが、特に筆頭の観心（勧心）はリーダー的役割を果たし、東寺領荘園としての太良荘の確立に大きく貢献した。ここでは、末武名が除田として御家人の所領となっていることの不当性を述べ、寺家のため百姓に均等に配分すべきことを訴えている。建武元年に地頭代の罷免を求めた太良庄百姓申状を口絵に掲げた。

4　地域流通と対外経済

(1)　商業と貨幣

182〔新編追加〕暦仁二年（一二三九）正月二十二日関東御教書

一、陸奥国郡郷所当事

以被止准布[1]之例[2]、沙汰人百姓等、私忘本色之備[3]、好銭貨所

済之間、年貢絹布追年不法之条、只非自由之企、已公損之基也、自今以後、白河関(4)以東者、可令停止銭流布也、且於下向之輩所持者、商人以下慥可禁断、但至上洛之族所持者、不及禁断、兼又絹布麁悪、甚無其謂、早存旧所当本様可令弁進之由、可令下知給之状、依仰執達如件、

暦仁二年正月廿二日　修理権大夫(北条時房)判

武蔵前司(北条泰時)殿

准布《じゅんぷ》を止めらるるの例をもって、沙汰人《さたにん》百姓等、私に本色《ほんしき》の備えを忘れ、銭貨の所済を好むの間、年貢の絹布追年《ついねん》不法の条、ただに自由の企にあらず、すでに公損の基《もとい》なり。今より以後、白河関以東は、銭の流布を停止せしむべきなり。且《かつう》は下向の輩の所持においては、商人以下慥《たしか》に禁断すべし。但し上洛の族の所持に至っては、禁断に及ばず。兼ねてまた絹布の麁悪《そあく》、はなはだその謂れなし、早く旧を存じ、所当の本様《ほんよう》を弁進せしむべきの由、下知せしめ給うべきの状、仰によってて執達くだんの如し。

(1)准布　代納品として現物貨幣のように使用されていた麻布。(2)被止准布之例　『吾妻鏡』嘉禄二年(一二二六)八月一日条に「准布を止め、銅銭を用うべし」とある法令。(3)本色之備　本来の種類(色)の年貢。(4)白河関　現在の福島県白河市にあった関。

【解説】 嘉禄二年(一二二六)、幕府は、年貢・公事の代納品には、准布でなく、宋銭を使用することを命じた。この宋銭流通令は、年貢公事の代銭納と商業・貨幣流通を促進し、この史料によれば、早くもその約十年後、奥州でも代銭納が趨勢となっている。なお、本御教書が執権北条泰時に宛てられたのは、泰時が陸奥国に対する公的権限をもっていたためと考えられる。校訂は『中世法制史料集』第一巻に従う。

183〔東寺百合文書〕ゐ函　建暦三年(一二一三)十一月日蔵人所牒

蔵人所牒　燈炉(1)御作(2)手鋳物師等所

応令早任代々御牒幷将軍家下文、停止諸国諸庄園守護地頭預所沙汰人等諸市津関渡山河率(3)分津料新儀今案(4)煩狼藉事

使

牒、得彼御作手鋳物師等去月　日解状偁、謹考旧貫、諸道細工人等、就身々芸能(5)、令交易売買色々私物者、是定例也、仍鋳物師等往反于五畿七道諸国、令売買鍋釜以下打鉄(6)鋤鍬、以其利潤令備進御年貢以下臨時召物(7)之間、可令停止諸国諸庄園守護地頭預所沙汰人等諸市津関渡海泊山河津料煩之由、忝成賜　御牒以下関東御下知状畢、仍売買経廻所々、敢無守護地頭以下煩処、木曽乱逆以後(8)、守護地頭以下甲乙人(9)等令繕(10)申云、於鍋釜以下打鉄鋤鍬等者勿論也、令売買布絹類米穀以下大豆小麦之条不可然之由、構出新儀今案、動欲令

致市于(手)[11]津料之煩、随要用令売買、何嫌其色哉、所詮於鋳物師等所持物等者、不嫌其色、可令停止新儀今案煩之由、重成賜御牒、欲備向後之亀鏡矣、(者脱)早依申請、可令停止諸国諸庄園守護地頭預所沙汰人以下新儀今案煩狼藉之状、所仰如件、御作手鋳物師等宜承知勿違失、牒到准状、以牒、

建暦三年十一月　日　　出納[12]右衛門少(尉脱)中原　在判

別当[13]　　蔵人[14]蔭子藤原　在判

頭[15]左近衛権中将藤原朝臣(経通)　在判

造東大寺長官右大弁藤原朝臣(宗行)　在判

左兵衛権少尉藤原　在判

左兵衛権少尉藤原　在判

左衛門権少尉藤原　在判

勘解由次官平朝臣(棟基)　在判

民部権少輔藤原(資頼)朝臣　在判

勘解由次官平朝臣(宗宣)　在判

蔵人所牒す、燈炉《とうろう》御作手《おんつくて》の鋳物師《いもじ》などの所
まさに早く代々の御牒ならびに将軍家下文に任せ、諸国諸庄園の守護・地頭・預所・沙汰人など諸市津・関渡・山河の率分《りつぶん》津料の新儀・今案《こんあん》の煩・狼藉を停止せしむべき事

使

牒す。彼の御作手鋳物師等の去月　日の解状を得るに偁わく、「謹んで旧貫を考うるに、諸道の細工人など、身々の芸能につきて色々の私物を交易・売買せしむるは、これ定例なり。よって鋳物師など、五畿七道諸国に往反し、鍋釜以下打鉄《うちてつ》・鋤鍬《すきくわ》を売買せしめ、その利潤をもって御年貢以下の臨時召物《めしもの》を備進《びしん》せしむるの間、諸国諸庄園の守護・地頭・預所・沙汰人など、諸市津・関渡・海泊・山河津料の煩を停止せしむべきの由、忝《かたじけ》なくも御牒以下関東御下知状を成し賜わり畢《おわ》んぬ。よって売買・経廻《けいかい》の所々、敢て守護・地頭以下の煩なきのところ、木曽乱逆以後、守護・地頭以下甲乙人《こうおつにん》など繕《つくろ》い申さしめて云わく、「鍋釜以下打鉄・鋤鍬などにおいては勿論なり。布絹の類、米穀以下大豆小麦を売買せしむるの条、然るべからざる」の由、新儀今案を構え出し、ややもすれば市手・津料の煩を致さしめんと欲す。要用に随い売買せしむること、何ぞ其色を嫌わんや。所詮、鋳物師等の所持物等においては、その色を嫌わず、新儀今案の煩を停止せしむべきの由、重ねて御牒を成し賜わり、向後の亀鏡に備えんと欲す」者《てえり》。早く申請により、諸国・諸庄園の守護・地頭・預所・沙汰人以下の新儀今案の煩・狼藉を停止せしむべきの状、仰するところく

だんの如し。御作手の鋳物師など宜しく承知し違失するなかれ。牒到らば状に准ぜよ。もって牒す。

(1)燈炉 清涼殿の軒、小庭《こにわ》などに設置する銅製の燈籠。(2)作手 作り手のこと。農民についてもいう。(3)率分 一定割合(率分)で取る通行税。(4)新儀今案 新案の虚偽。(5)就身々芸能 様々な道(業界)の細工人が各々の能力におうじて。(6)打鉄 原料鉄。(7)召物 蔵人所が随時徴収する物。(8)木曽乱逆以後 木曽義仲の反乱以降。義仲が登場する理由は不明。北陸道の鋳物師の権利が問題になっているのか。(9)甲乙人 庶民。名を挙げる必要もない身分の人々。(10)縙申 こじつけていう。(11)市手 市の場所代。「手」は「代」(しろ)の意味。(12)出納 蔵人所の下級役人。(13)別当 蔵人所別当。(14)蔭子 父の五位以上の位により立身した子。(15)頭 蔵人頭。上段に連署している頭中将と頭弁の二人制。

【解説】 この史料に現れる鋳物師など、蔵人所は多くの商工民を供御人(王に供する物資の生産者)として統括していた。蔵人所牒は、その市庭税・通行料などの不払い特権、自由通行権を保証するライセンスとして発行されたもので、天皇御璽が捺された(戦前には偽文書とされ、疑わしい点もあるが、原文書の面影を残している)。この文書は、鋳物師が鍋・釜・鋤・鍬などの日用鉄器製品の交易のために各地を遍歴し、さらに原料鉄を供給していたことを示している。なお口絵には、中世職人の事例として寺社建築に活躍した番匠・大工を掲げたが、鋳物師にも、供御人のみでなく、勧進聖の下に組織された東大寺鋳物師のような存在もあった。彼らの腕の見せ所は、共通して釣鐘・燈炉などの金銅製品であり、東大寺鋳物師の技量も、大仏殿前庭の金銅八角燈炉によって象徴されている。番匠などとともに、鋳物師はいわば中世の重工業部門を担っていたといえる。

184 〔新編追加〕 延応元年(一二三九)九月十七日関東御教書

諸国地頭等、以山僧(1)幷商人借上(2)輩、補地頭代官事

右、為貪当時之利潤(3)、不顧後日之煩費、以如此之輩、補地頭代官之間、偏忘公物之備、只廻私用之計、因茲、新儀(4)之非法不止、本所之訴訟無絶、前々者代官有咎之時、正員被加誡、然而其代官等更不見懲歟(5)、於自今以後者、随罪科之軽重、可被行其科也、然則以如此之輩、補代官事、一切可従停止之由、兼可令加下知給之状、依仰執達如件、

延応元年九月十七日

前武蔵守(執権北条泰時) 判

修理権大夫(連署北条時房) 判

相模守殿(六波羅探題北条重時)

越後守殿(同北条時盛)

諸国の地頭等、山僧《さんそう》ならびに商人・借上《かしあげ》の輩をもって、地頭代官に補するの事

右、当時の利潤を貪《むさぼ》らんがため、後日の煩費を顧みず、かくの如き輩をもって、地頭代官に補するの間、偏えに公物の備えを忘れ、ただ私用の計を廻らす。これにより、新儀の非法やまず、本所の訴訟絶ゆることなし。前々は代官に

咎《とが》あるの時、正員に誡《いましめ》を加えらる。しかれども、その代官等、更に見懲《みご》らざるか。今より以後においては、罪科の軽重に随い、その科に行わるべきなり。然ればすなわち、かくの如きの輩をもって、代官に補するの事、一切、停止に従うべきの由、兼ねて下知を加えしめ給うべきの状、仰せにより執達くだんの如し。

（1）山僧　比叡山の僧侶。（2）借上　高利貸。（3）当時之利潤　眼前の利益。（4）正員　地頭本人。（5）見懲　見てこりごりする。反省する。

【解説】　地頭代官に比叡山の僧侶や商人・借上を任命することを禁止した法令。この事態は、「所帯を家人に給せず、富有の輩に預け与えて銭貨を充て取る」（『平政連諫草』）といわれるような動向に発展し、地頭所領の年貢の徴収・運送は山僧などの経営する土倉によって請け負われるようになっていった。北条氏を中心とした一部の上級武士が諸国の荘園・国衙領の富を集中する動きが激化したのである。

(2)　市庭と町場

185　**〔吾妻鏡〕　文治五年（一一八九）十一月八日**

葛西三郎清重、依被仰付奥州所務事(1)（中略）。仍今日、条々有被仰遣事、先国中、今年有稼穡(2)不熟愁之上、二品(3)相具多勢、数日令逗留給之間、民戸殆難安堵之由、就聞食、平泉辺殊廻秘計沙汰、可被救窮民云々、仍岩井・伊沢・柄差(4)、以上三ヶ郡者、自山北方可遣農料(5)、（中略）次称故佐竹太郎子息等、有泰衡同意之者、合戦敗北之時、逐電訖、守路次宿々、可搦進者、次泰衡幼息、不被知食在所、可尋進之、（中略）次所領内立市事、有御感、凡国中静謐(6)之由、聞食、神妙云々、

葛西三郎清重、奥州所務の事を仰せ付けらるるにより（中略）。よって今日、条々仰せ遣さるる事あり。先ず国中、今年稼穡《かしょく》不熟の愁あるの上、二品多勢を相具《あいぐ》し、数日逗留せしめ給うの間、民戸ほとんど安堵しがたきの由、聞し食《きこしめ》すにつき、平泉辺、ことに秘計《ひけい》の沙汰を廻らし、窮民を救わるべしと云々。よって岩井・伊沢・柄差《えさし》、以上三ヶ郡は、山北方より農料を遣わすべし（中略）。次で故佐竹太郎子息等と称し、泰衡《やすひら》に同意の者あり。合戦敗北の時、逐電《ちくでん》し訖《おわ》んぬ。路次《ろじ》宿々を守り、搦め進むべし者《てえり》。次で泰衡の幼息、在所を知食《しろしめ》られず、尋進《たずねまい》らすべし。（中略）次で所領内に市を立つること、御感あり。およそ国中静謐《せいひつ》の由、聞こしめす、神妙と云々。

（1）奥州所務　奥州の支配と行政のこと。（2）稼穡　稲の実り。（3）二品　二位。頼朝のこと。（4）岩井・伊沢・柄差　岩井（磐井）は、平泉の所在する郡。伊沢（胆沢）・柄差（江刺）は、その北の郡。（5）農料　種籾などの作付け原資。（6）国中静謐　国中が治まって静かであること。

【解説】　文治五年（一一八九）、奥州合戦の戦後処理を担当した奥州奉行葛西清重に対して源頼朝が下した条々事書の一部を掲げた。戦後処理のため占領地の農業を支援したこと、平泉まで広がっていた宿駅の警察機能が重視されたこと、葛西氏の支配下で市場の復興が企てられたことなどを知ることができる。特に市立については、平安時代末期には各地の支配権力がそれを地域の静謐・支配秩序整備の要点であると考えていたことがわかるのは貴重。

186〔**近衛家本追加条々**〕**弘安七年（一二八四）六月三日関東御教書**

一、河手事（1）
一、津泊市津料事
一、沽酒事
一、押買事
右四ヶ条、所被禁制也、於河手者、帯　御下知之輩、不及子細之由、雖被仰下、同被停止畢、守此旨、可被相触相模国中、若令違犯者、可被注申之状、依仰執達如件、
弘安七年六月三日　　駿河守（北条業時）判
信濃判官入道殿（二階堂行忠）（2）

右の四ヶ条、禁制せらるる所なり。河手《かわて》においては御下知を帯ぶるの輩は子細に及ばざるの由、仰せ下さると雖も、同じく停止せられ畢《おわ》んぬ。この旨を守り、相模国中に相触れらるべし。もし違犯せしめば、注申せらるべきの状、仰せにより、執達くだんの如し。

（1）河手　河の通行料。（2）信濃判官入道　政所執事二階堂行忠（法名行一）。相模国を管轄していた。

【解説】　北条時宗と安達泰盛が主導した鎌倉幕府の弘安徳政の中で諸国に発布された「市庭の平和令」ともいうべき法令。河手・市津料などの通行税・市場税を禁制し、同時に市庭の相論の原因となる押買（強制的売買）や市酒（沽酒《こしゅ》）の販売を禁止した。諸国での実施者は守護。守護が発展する地方町場支配の法を整備していく傾向をも表現している。喧嘩・押買・国質などを停止する市庭の高札として戦国時代まで受け継がれた。なお、幕府は市庭での人身売買も高札を立てて禁制している。

(3) 女性商人

187〔**厳島神社反古経裏文書**〕**年月日未詳（鎌倉時代後期）某書状**

そのさいふ（割符）（1）、いまたか（未）へのほさせ給候はす候ハ、、この月のひんこ（備後）のふかつ（深津）のいち（市）（2）へ、人を給候て、ようとう（用途）（3）の□（候）はんほと、うけとらせ給候て、つ□せ給候へく候、人のかたより、をい（負）をとり候へき事候あひた、かように申候也、ふかつの市にては、た□つのあまこせん（尼御前）のかりや（仮屋）へ、人を給候へく候、又おほせのことく、かちにてのほり候へく候、

（以下欠）

（1）割符　為替のこと。（2）備後深津市　現在の広島県福山市あたりにあった市。すでに奈良時代から地域の中心市場であった（『日本霊異記』下巻）。（3）用途　銭のこと。

【解説】史料の性格から、この書状の受取人はおそらく備後国の歌島（尾道の対岸の島）の住人、差出者も安芸国厳島神社に関係のある瀬戸内海西部の住人であったと思われるが、その話題は、備後国深津市で割符を換金することにあった。「この月の」といわれていることから、この深津市が月に一度の定期市であり、そこが当時めざましい流通をみせ始めた割符の決済の場所となっていたことなどがわかるのは大変貴重である。しかも問題は、その市の「仮屋」（仮設店舗）が「た□つ」（地名か）の「尼御前」という女性商人によって経営され、彼女が割符の決済に関わっていたことである。京都のみでなく、地方でも女性が活発に商業に関わっていたことは、有名な『一遍聖絵』の福岡市の場面でも知ることができるが、彼女らは単に売り子であったのではなく、店舗の主人である場合もあったのである。『鎌倉遺文』㉙二二六三七号文書。

(4)　傀儡子と非人

188　〔宝菩提院文書〕建長元年（一二四九）七月二十三日関東下知状

一、旅人雑事用途事

右、対決之処、如傀儡子等申者、岡部権守(1)自領知岡部・宇都谷両郷(2)以来、代々如此雑事(3)、一切不被充行之処、当預所始張行之間、可被停止新儀之由、所愁申也云々、如教円(4)申者、当預所四代内三代預所代者(5)、為栄耀尼聟(6)之間、雖令免除之、当預所者、依無其儀、随田地令配充雑事之条、何可為新儀哉云々者、充行旅人雑事於傀儡之条、為新儀、宜令停止矣、

右、対決のところ、傀儡子《くぐつ》等の申す如くんば、「岡部《おかべ》権守《ごんのかみ》、岡部・宇《う》都谷《つのや》両郷を領知してより以来、代々、かくの如きの雑事《ぞうじ》、一切、充行《あておこな》われざるのところ、当預所《あづかりそ》、始めて張行《ちょうぎょう》の間、新儀を停止せらるべきの由、愁い申すところなり」と云々。教円の申す如くんば、「当預所四代の内、三代の預所代《あづかりそだい》は、栄耀尼の聟たるの間、免除せしむといえども、当預所は、その儀なきにより、田地に随い雑事を配り充てしむるの条、何ぞ新儀たるべきや」と云々。者《てえれば》、旅人雑事を傀儡に充行うの条、新儀たり。宜しく停止せしむべし。

（1）岡部権守　岡部氏。代々駿河国在庁官人筆頭であることを表現する「権守」を名乗る。この人物は、平安時代末期の岡部清綱か。（2）岡部・宇都谷両郷　岡部氏の本拠・駿河国岡部郷とその東の宇都谷郷。（3）雑事　後に旅人雑事とあるように、宿駅の賦役。（4）教円　久遠寿

量院領宇都谷郷の預所。久遠寿量院は頼朝の持仏堂。護持僧として有名な文覚が創建。(5)預所代　預所の代官。(6)栄耀尼　傀儡の遊女の長者の名であろう。

【解説】　現在の静岡市と藤枝市の間の宇津谷峠の今宿に傀儡子の集団がいたことを示す。傀儡子は、「夷狄《いてき》」の風俗をもち、男は狩猟・幻術・人形師、女は遊女を業としたといわれる漂泊民。そのほか薬の交易に従事する「唐人」など、中世社会には、一定数の人種的差違を意識された人々が存在していた。この史料で注目されるのは、平安時代末期、彼らが、駅家の賦役を免除される特権をもって、東海道の宿場に集落を営んでいた事実である。しかも、それを保証した領主岡部氏は、右の岡部権守清綱の息子の泰綱が頼朝に仕え、平氏嫡流の生き残り、六代を処刑した人物として知られるように、東海道でも有力な家筋の領主であった。たとえば頼朝の伊豆国目代夜襲は、三島社の神事の後、その郎等が黄瀬川宿で遊興している隙をねらったものであったことが示すように、当時の東海道の宿駅には、相当数の遊女の集団が存在して地域の支配体制のなかで位置づけられていたと思われる。なお、この文書は『鎌倉遺文』⑩七〇九三号文書で全文をみることができる。

189〔感身学正記〕弘安六年(一二八三)三月

三月一日、宇陀極楽寺住侶(1)、以数郷殺生禁断状(2)勧請(3)、故進発、着岩田郷〈三輪郷(4)内〉、二日未時(5)、於広読寺一百五人授菩薩戒(6)、入夜戌時(7)、於三輪非人宿堂、四百五十八人授菩薩戒〈一百三十八人断酒(8)〉、宿内不可入酒之由、懸札之畢、三日、着極楽寺、

三月一日、宇陀《うだ》極楽寺《ごくらくじ》の住侶、数郷殺生禁断《せっしょうきんだん》の状をもって勧請《かんじょう》す。故に進発。岩田郷〈三輪郷内〉に着す。二日未《ひつじ》時、広読寺において一百五人に菩薩戒《ぼさつかい》を授く。夜に入り、戌《いぬ》時、三輪の非人宿《ひにんしゅく》の堂において、四百五十八人に菩薩戒を授く、〈一百三十八人は断酒〉、宿内に酒を入るべからざるの由、札を懸け畢《おわ》んぬ。三日、極楽寺に着す。

(1)極楽寺住侶　大和国宇陀郡にあった律宗の寺院の寺僧。(2)以数郷殺生禁断状　郷々において殺生禁断の戒律を守るという領主住人など連署の起請文(誓約書)を捧げて。(3)勧請　説法を請い願うこと。(4)三輪郷　三輪山の麓。現在の奈良県桜井市。住寺の西大寺から宇陀への道筋にあたり、叡尊はここで一泊した。(5)未時　午後二時前後。(6)菩薩戒　止悪・修善などの菩薩たるにふさわしい戒律。(7)戌時　午後八時前後。(8)断酒　禁酒の戒律をも誓ったものが百三十八人余。日本仏教で一般的な『梵網経』のいう十箇条の戒律の第五。

【解説】　『感身学正記』は、戒律の普及・護持を前面に立てて仏教改革運動の中心となった、律宗の祖・叡尊の事績を語ったもの。叡尊は、亀山天皇・北条時宗などが東西で興行した弘安徳政の時代、朝廷・幕府の支持を得て、各地で殺生禁断と禁酒を進める社会運動を展開した。注目されるのは、その中で、中世の賤民・非人身分の民衆に対しても布教を試みたことである。鎌倉時代、宿の長吏に率いられた非人集団は、おのおの興福寺と延暦寺・清水寺に属する奈良坂と清水坂の二つの系統に別れ

て、「乞庭《こいば》」の権利などをめぐって激しい争いを繰り広げていた。叡尊は、畿内でも鎌倉でも非人を文殊菩薩の化身とする独特な思想を背景として非人に対する慈善事業を展開し、それを通じて非人集団を再編成するとともに、全国の宿駅・港湾地帯に律宗の教線を広げていったのである。本史料は、三輪流神道の中興者でもあった叡尊が、三輪山の近辺の非人宿で多くの非人に菩薩戒・禁酒戒を授けたことを示しているが、叡尊は、三輪市を聖徳太子の建立した日本の市の始めとする太子信仰にも依拠しながら、非人集団の再編成を展開したのである。

(5)　日本海航路と廻船

190〔安倍文書〕年月日未詳若狭国志積浦廻船人等申状

若狭国三方寺内志積浦(1)廻船人等重謹言上

欲早任代々令旨(2)被糺返於越前国三国湊(3)号同国阿須和(4)神宮寺勧〔進〕為勧進聖越後房自当浦船中〔当浦人等船中所持〕点定取。能米六石無謂子細事

副進

(七通の文書目録略す、建長~弘安)

件〔元者〕子細、先度如令言上、〔当浦百姓等者、〕当浦自本段歩耕作之地無之、只偏以廻船〔之業〕。継身命〔而〕令勤仕御公事〔者也、〕。依之先代皆被成下令旨。之〔被停止度〕々之煩畢、〔案文等進覧之、〕次第案文注進之、爰越前国阿須和神宮寺〔彼〕越後坊等称勧進、〔是非〕無故自当船中令点定能米六斛〔米〕之条、言語道断之次第也、就中(以下欠)

若狭国三方《みかた》寺内志積浦《しづみうら》廻船人等謹んで言上す。

早く代々の令旨に任せて糺し返されんと欲する、越前国三国湊において、同国阿須和《あすわ》神宮寺の勧進と号し、勧進聖越後房、当浦人等船中に所持せる能米《のうまい》六石を点定し取る、謂れなき子細の事(中略)

件元《くだんもと》は、当浦百姓等はもとより段歩も耕作の地これなし。ただ偏《ひとえ》に廻船の業をもって身命を継ぎて、御公事《みくうじ》を勤仕せしむる者なり。これに依り先代皆令旨を成し下され、度々の煩を停止せられ畢《おわ》んぬ〈案文等之を進覧す〉。爰《ここ》に彼の越後坊、勧進と称し、是非なく六斛《こく》の米を点定せしむるの条、言語道断の次第なり。なかんずく

(1)志積浦　福井県小浜市内。若狭湾に面する漁村・小港。(2)令旨　志積浦の本所青蓮院門跡の令旨。(3)三国湊　福井県三国町。九頭竜川の河口にある日本海航路の要港。(4)阿須和　越前国足羽郡。福井市周辺。

191〔大乗院文書〕雑々引付　正和五年（一三一六）三月日東放生津住人本阿代則房重申状

越中国大袋庄東放生津[1]住人沙弥□（本）阿代則房重言上、

欲早本所大乗院家、被違背関東御下知・数ヶ度御教書并六波羅殿数ヶ度御催促、不被糺返損物間、及御注進上者、任傍例可被経御　奏聞旨、重被成関東御教書於六波羅、大乗院家至御下知違背段者仰上裁、同御領越前国坪江郷[2]佐幾良・加持羅・阿久多宇三ヶ浦[3]預所代左衛門次郎・刀禰十郎権守・又太郎大夫・進士次郎以下輩等、至所押取大船一艘并所積若干物等[4]者、任註文被糺返、於交名人等者、被処重畳罪科鮭以下間事

副進

四通　関東御下知幷御判御教書案

一合　御文箱　御奉行所　在之、在判

右大船者、関東御免津軽船二十艘之内随一也、而去嘉元四年九月廿四日、令積鮭以下物等於彼船、令着佐幾良泊之処、三ヶ浦預所代左衛門次郎・同所刀禰十郎権守・加持羅藤内以下、阿久多宇刀禰太郎以下、并三国湊住人五郎三郎入道・信舜房以下、率数多人勢、号漂倒（到）[5]船、押取大船一艘并所積鮭以下若干物等之間、関東訴申之日、雖被成度々召符[6]、依不及参陳[7]、仰御使美作四郎泰景、被尋下之処、佐幾良預所以下之輩不及請文[8]之由、泰景被及註進之間、以違背之篇被経御沙汰、徳治二年十一月六日、本阿預御下知也、（中略）仍恐々言上如件、

正和五年三月　日

越中国大袋庄東《ひがし》放生津《ほうじょうづ》住人沙弥□（本）阿代則房重ねて言上す。

早く本所大乗院家、関東御下知・数ヶ度御教書ならびに六波羅殿数ヶ度御催促に違背せられ、損物を糺し返されざる間、御注進に及ぶ上は、傍例に任せて御奏聞を経らるべき旨、重ねて関東御教書を六波羅に成され、大乗院家御下知違背の段に至りては上裁を仰ぎ、同御領越前国坪江郷佐幾良《さきら》・加持羅《かじら》・阿久多宇《あんとう》三ヶ浦預所代左衛門次郎・刀禰十郎権守・又太郎大夫・進士次郎以下の輩等、押し取るところの大船一艘ならびに積むところの鮭以下の若干の物等に至りては、註文に任せて糺し返され、交名人等においては、重畳の罪科に処せられんと欲する間の事（中略）

右大船は、関東御免津軽船二十艘の内の随一なり。しかるに去る嘉元四年九月二十四日、鮭以下の物等を彼の船に積ましめ、佐幾良泊に着せしむるのところ、三ヶ浦預所代左衛門次郎・同所刀禰十郎権守・加持羅藤内以下、阿久多宇

刀禰太郎以下、ならびに三国湊住人五郎三郎入道・信舜房以下、数多人勢を率い、漂到船と号して、大船一艘ならびに積むところの鮭以下の若干物等を押し取るの間、関東に訴え申すの日、度々召符を成さると雖も、参陳に及ばざるに依り、御使美作四郎泰景に仰せて尋ね下さるるのところ、佐幾良預所以下の輩請文に及ばざるの由、泰景註進に及ばるるの間、違輩の篇をもって御沙汰を経られ、徳治二年十一月六日、本阿御下知に預かるなり。

(1)放生津　越中の守護所があった要港。富山県新湊市。(2)坪江郷　三国湊を外港に持つ興福寺大乗院の所領。(3)三ヶ浦　三国湊の北に隣接する安島(阿久多宇)・崎浦(佐幾良)・梶浦(加持羅)の三つ。近海は船の難所として知られる。(4)所積　この下に後文の「鮭以下」の三字が入るものと思われる。(5)漂到船　難破して浜に打ち寄せられた船と積荷は、生存者がいない場合、付近の神社や住民のものとなった。(6)召符　裁判所への召喚状。三回これに応じないと敗訴となる。(7)参陳　裁判所に出頭して陳弁すること。(8)請文　召符に対する回答書。

【解説】　琵琶湖を通じて京都と結ばれる若狭・越前を起点に、東北へ延び、津軽や夷島(北海道)に至る東部日本海航路は、瀬戸内海とならぶ中世の海の大動脈だった。その機能を支えたのが大小さまざまの廻船である。史料190の志積浦は家数十数戸で耕地のまったくない土地だが、ここの百姓らは廻船をあやつって三国湊まで至っていた。また史料191の時衆と思われる本阿は、放生津を本拠に、北条氏から「関東御免津軽船」に認定された廻船一艘を所有し、鮭などを西へ運んでいた。史料190・191ともに、廻船業者と三国湊周辺の住人との訴訟に関わる史料で、海上交通の活況がもたらす富の大きさをうかがわせる。

(6)　初発期の倭寇と進奉貿易

192　**〔吾妻鏡〕安貞元年(一二二七)五月十四日**

壬辰、霽、高麗国牒状到来、今日及披覧云々、其状書様、
高麗国全羅州道按察使(1)牒(印)日本国惣官大宰府(2)、当使准(3)、彼国対馬嶋人、古来貢進邦物、歳修和好、亦我本朝、従其所便、特営館舎(4)、撫以恩信、是用海辺州県島嶼居民、恃前来交好、無所疑忌彼告(ママ)、金海府対馬人等旧所住依之処、奈何、於丙戌六月(5)、乗其夜寐(6)、入自城竇(7)、奪掠正屋訖、比者已甚、又何辺村塞、擅使往来、彼此一同、無辜百姓侵擾不已、今者
国朝取問上件事、因当職(8)差承存等二十人、齎牒前去、且元来進奉礼制廃絶不行、船数結多(9)、(印)無常往来、作為悪事、是何因由、如此事理、疾速廻報、右具前事、須牒
日本国惣官、謹牒、
丁亥(一二二七年)二月(印)牒
副使兼監倉使転輪提点刑獄兵馬公事竜虎軍郎将兼三司判官趙判

高麗国全羅州道按察使、日本国惣官大宰府に牒す。当使准ずるに、彼の国の対馬嶋人、古来邦物を貢進し、歳ごとに和好を修す。また我が本朝、その便とするところに従い、特に館舎を営み、撫するに恩信をもってす。是を用《もっ》て海辺の州県・島嶼の居民、前来の交好を恃《たの》み、疑忌彼告（ママ）するところなし。金海府は対馬人等旧《もと》住依するところの処なり。奈何《いかん》せん、丙戌六月において、その夜寐《やび》に乗じ、城竇《じょうとう》より入り、正屋を奪掠し訖《おわ》んぬ。比者《このごろ》已に甚し。又何辺の村塞にも擅《ほしいま》まに往来せしめ、彼れ此れ一同に無辜の百姓を侵擾して已まず。今は国朝、上件の事を取問し、当職に因りて承存等二十人を差し、牒を賫らし前去せしむ。且つ元来の進奉礼制、廃絶して行われず、船数結多、常なく往来し、悪事を作為す。これ何の因由なるぞ。かくの如き事理、疾速廻報せよ。右前事を具し、須《すべか》らく日本国惣官に牒すべし。謹んで牒す。

（1）按察使　道の行政を司る官。（2）惣官　唐で節度使のことを最初惣官と呼んだ。ここでは九州を惣官する意か。（3）当使　全羅州道按察使。（4）館舎　後代の倭館の前身で、金海府に置かれた。（5）丙戌六月　『高麗史』高宗世家十三年（丙戌、一二二六）六月一日の条に「倭、金州（金海に同じ）に寇す」とある。（6）夜寐　寝込み。（7）城竇　城壁の門。（8）当職　全羅州道按察使。（9）結多　多く連ねることか。

【解説】『高麗史』の一二二三―一二二七年の条に、朝鮮半島南岸の倭寇の記事が集中して現れる。右は高麗側が日本側に事情の説明を求めた牒状で（『百練抄』安貞元年七月二十一日条に「由緒を報ずべきの由牒送す」とある）、牒の本文は吉川本にのみ見える。誤写が多いので意によって訂正して掲げた。事件は慶尚道の金州で起きたのに、なぜ全羅道按察使が牒送したのかは不明。牒を受け取った大宰府では、少弐資頼が中央の指示を仰ぐことなく、牒を開封し、使者の前で悪徒九十人を斬首し、返牒を送った。末尾近くに見える「進奉礼制」とは、「歳ごとに常に進奉一度、船は二艘を過ぎず。もし他船ありて、枉《ま》げて他事を憑《たの》み、濫りに我が沿海の村里を擾せば、厳に徴禁を加う」という内容だが（『高麗史』元宗世家四年（一二六三）四月甲寅条）、十三世紀初頭にはすでにほとんど無視されていた。

（7）北条氏と寺社造営料唐船

193〔青方文書〕永仁六年（一二九八）六月二十九日関東使者義首座注進状

（端裏書）「関東御使義首座所進注文案」

唐船破損間事

一、唐船四月廿四日於海俣(1)放洋(2)辰末、於有□(3)破損巳初、放洋破損時分一里之内外候歟、以□（在カ）所即樋嶋(4)地内、仍樋嶋住人百姓等、以船七艘運取御物以下金帛或二度或一度、於海□（俣カ）悉見知了、

一、嶋々浦々船党(5)等同時相交運取同前、
同廿五日ハ同前、同廿六日ハ同前、
一、此間事、子細且如面々申候、直可令入見参候歟、
御物以下所持金帛員数事
合
参百参拾漆切内百参拾漆切分砂金、弐百切円金、
水銀・銀剣・白布并細々所持具足等、不遑注進、仍状如件、
永仁六年六月廿九日

唐船破損の間の事
一、唐船、四月二十四日海俣《かいまた》に於て放洋《ほよう》し〈辰の末〉、有□において破損す〈巳の初〉。放洋破損の時分は一里の内外に候か。在所は即ち樋嶋《ひのしま》地内なるをもって、よって樋嶋の住人百姓等、船七艘をもって御物以下の金帛《きんぱく》を運び取る〈或いは二度、或いは一度〉。海俣において悉く見知し了《おわ》んぬ。
一、嶋々浦々の船党《ふなとう》等、同じ時相交りて運び取る〈同前〉。同二十五日は同前。同二十六日は同前。
一、此の間の事、子細且《かつ》がつ面々申す如くに候。直《じき》に見参に入れしむべく候か。
御物以下所持の金帛の員数の事
合せて
参百参拾漆切内〈百参拾漆切分砂金、弐百切円金〉
水銀・銀剣・白布ならびに細々所持の具足等、注進に遑《いとま》あらず。よって状くだんの如し。

(1)海俣　狩俣・貝俣とも書き、現在の五島列島若松島の古名。(2)放洋　出帆。(3)有□　有福島か。若松島の属島。(4)樋嶋　日島。若松島の属島。有福島の東隣。(5)船党　家船をあやつる海民集団。

194〔新安沈船木簡〕

a(表)東福寺
(裏)十貫公用(花押)
b(表)綱司(1)私(花押)六月三日
(裏)二包(2)内行妙
c(表)宝(3)至治参年(一三二三)六月一日(花押)
(裏)大銭捌貫釣寂庵□□(花押)
d(表)拾貫文教仙勧進聖
(裏)筥崎奉加銭(花押)〇

(1)綱司　中国で船長と船団主を兼ねた人物を指す「綱首」の類語か。貿易船の所有者あるいは経営者。(2)二包　品目は薬種であろう。(3)宝　銭貨。

195〔金沢文庫文書〕元徳元年（一三二九）十二月三日金沢貞顕書状

（上略）関東大仏造営料唐船事、明春可渡宋候之間、大勧進名越善光寺(1)長老御使道妙房、年内可上洛候、常在光院(2)一切経あつらへ申候僧をも、わたされ候へきよし申候、愚状進之候、忩々可被付長老返状を、慥便宜ニ忩可給候、此道妙房年来対面したる人にて候程ニ、申承候、可有御意得候也、

高倉の宗入道(3)許へ、文箱一裹・柿櫃一合遣候、慥被付遣候て、返状とりて可給候、大御堂前大僧正(道潤)(4)御房あふなき事にて候よし承候、歎入候、あなかしく、

十二月三日（元徳元年）

関東大仏造営料唐船の事、明春渡宋すべく候の間、大勧進名越善光寺長老御使道妙房、年内上洛すべく候。常在光院一切経あつらえ申候僧をも、わたされ候べきよし申候。愚状これを進《まい》らせ候。忩々《そうそう》長老に付さるべき返状をば、慥《たし》かに便宜に忩《いそ》ぎ給うべく候。この道妙房は年来対面したる人にて候程に、申し承り候。御意得《こころえ》あるべく候なり。高倉の宗《そう》入道の許へ、文箱《ふばこ》一裹《つつみ》・柿櫃《かきびつ》一合遣し候。慥かに付け遣わされ候て、返状とりて給うべく候。大御堂前大僧正御房あぶなき事にて候よし承り候。歎き入り候。あなかしく。

(1)名越善光寺　鎌倉東部名越にあった善光寺の別院。(2)常在光院　京都東山に金沢氏が建立した寺。いま知恩院の境内になっている。(3)高倉の宗入道　六波羅探題の奉行人宗氏の一族で、高倉に居を構えていた人であろう。(4)大御堂　鎌倉の勝長寿院。現在廃寺。

【解説】　弘安の役後日元間には戦争状態が続いたが、民間ベースの貿易船の往来はむしろ空前の活況を呈した。日本側の交易主体の中心は、博多・京都・鎌倉の寺院と北条一門であった。

永仁六年（一二九八）、北条一門の有力者の「御物」を積んで中国を目指した「藤太郎入道忍恵唐船」が、五島列島海俣島（若松島）付近で難破した。周辺の住人らが積荷を運び取ったので、関東から特使が送られて状況を検分した。史料193はその報告書で、海俣島の領主青方高家に積荷の返還が求められた関係で、青方氏の文書として伝来。これ以外に積荷の詳細な目録三通もある。

史料194は一九七六年に韓国全羅南道新安沖の海底から発見された十四世紀の貿易船に伴出した木簡の一部。『新安海底遺物（資料編Ⅱ）』（大韓民国文化公報部・文化財管理局編、一九八四年）所収。年号や月日を持つ木簡から、この船は一三二三年六月に寧波を出帆して博多を目指したが、航路を北よりにはずれて難破したものと考えられる。木簡の過半は、当時再建中だった京都の東福寺の造営費用に宛てる銭（a）と、「綱司」の自分荷である薬種（b）に付けた荷札で、かならず前者には「公」、後者には「私」の文字が記されている。東福寺以外の荷主と思われる僧俗の名前は、すべて日本人とみてよいが、船自体は中

国で建造された中国式のジャンクであるから、「綱司」も中国人商人であろう。cに見える「釣寂庵」は博多承天寺の末寺、承天寺は東福寺の末寺で、寺院の本末関係による交易ルートが伺える。dからは、対外貿易が寺社造営費用を募る勧進として行われていたことがわかる。

十四世紀前半には、幕府が公許を与える貿易船として、「寺社造営料唐船」が集中して見られる。現在、称名寺・建長寺・勝長寿院・関東大仏・住吉社の例が知られ、史料335の天竜寺船も同じ範疇に入れられる。新安沈船もある面から見れば「東福寺造営料唐船」であろう。史料195によれば、関東大仏造営料唐船は北条氏の支援のもと、名越善光寺長老を大勧進とし、道妙なる僧を実務担当者として経営されている。

第七節　鎌倉時代の仏教と文化

1　鎌倉時代の僧侶たち

(1)　法　然

196〔一枚起請文〕

もろこし我がてうに、もろ〱の智者達のさたし申さるゝ、観念(1)の念ニモ非ズ。又学文をして念の心を悟リテ申《もうす》念仏ニモ非ズ。たゞ往生極楽のためニハ、南無阿弥陀仏と申て、疑なく往生スルゾト思とりテ、申外《もうすほか》ニハ別ノ子《し》さい候ハず。但三心四修(2)と申事ノ候ハ、皆決定《けつじょう》して南無阿弥陀仏にて往生スルゾト思フ内ニ籠リ候也。此外ニをくふかき事を存ぜバ、二尊(3)ノあハれみニハヅレ、本願(4)ニもれ候べし。念仏ヲ信ゼン人ハ、たとひ一代ノ法ヲ能々《よくよく》学ストモ、一文不知ノ愚とんの身ニナシテ、尼入道ノ無《む》ちノともがらニ同《おなじう》しテ、ちしやノふるまい(ひ)ヲせずして、只一かうに念仏すべし。

為証以両手印(5)

浄土宗ノ安心起行、此一紙ニ至極せり。源空ガ所存、此外ニ全ク別義を存ゼズ。滅後ノ邪義ヲふせがんが為メニ、所存を記し畢《おわんぬ》。

建暦二年正月二十三日　源　空(花押)

(1)観念の念　心に阿弥陀仏や極楽の姿を思い、観想する念仏。(2)三心四修　至誠心・深心・廻向発願心と恭敬修・無余修・無間修・長時修のことで、極楽往生に必要な信じる心と修行のこと。(3)二尊　釈迦如来と阿弥陀如来。(4)本願　阿弥陀仏が衆生を救済するためにたてた誓願のうち、第十八願のこと。(5)為証以両手印　証となすに、両手印を以てす。文書の上に、朱や墨をつけて手形をおすことは、誓いの印としてしばしば行われた。

【解説】　法然房源空(一一三三―一二一二)は、比叡山で修行したのち専修念仏による往生を説いて、貴族や武士・庶民の信仰を集めた。その影響の大きさから、比叡山などの弾圧を招き、一時は流罪に処された。臨終の近いことを悟って、自分の死後に異義を唱えるものが出ないよう、念仏の意味をひとことですべて弟子に与えたものがこの『一枚起請文』である。

(2)　親　鸞

197〔**歎異抄**〕

一《ひとつ》、「善人《ぜんにん》なをもちて(1)往生《わうじやう》をとぐ、いはんや悪人《あくにん》をや。しかるを、世《よ》のひとつねにいはく、「悪人《あくにん》なを往生《わうじやう》す、いかにいはんや善人《ぜんにん》をや」と。この条《でう》、一旦《ゐちたん》そのいはれあるにたれども(2)、本願他力《ほんぐわんたりき》(3)の意趣《いしゆ》にそむけり。そのゆへは、自力作善《じりきさぜん》(4)の人《ひと》は、ひとへに他力《たりき》をたのむこゝろかけたるあひだ、弥陀《みだ》(5)の本願《ほんぐわん》にあらず。しかれども、自力《じりき》のこゝろをひるがへして、他力《たりき》をたのみたてまつれば、真実報土《しんじちほうど》(6)の往生《わう》じやう》をとぐるなり。煩悩具足《ぼむなうぐそく》(7)のわれらは、いづれの行《ぎやう》にても生死《しやうじ》をはなるゝことあるべからざるを哀《あはれみ》たまひて、願《ぐわん》をおこしたまふ本意《ほんい》、悪人成仏《あくにんじやうぶち》のためなれば、他力《たりき》をたのみたてまつる悪人《あくにん》、もとも往生の正因《しやういん》なり。よりて善人《ぜんにん》だにこそ往生《わうじやう》すれ、まして悪人《あくにん》は」と仰《おほせ》さふらひき。

(1)なをもちて　でさえも。(2)一旦そのいはれあるにたれども　一応はその道理があるように思われるが。(3)本願他力　念仏する者を救おうという阿弥陀如来の誓願にすがろうとすること。(4)自力作善　自分の力で極楽往生のための善をなそうとすること。(5)弥陀の本願　法蔵菩薩が阿弥陀如来となるときに、衆生を救おうとして立てた四十八の誓願。そのうち、第十八の誓願がもっとも重要な誓願であるとされる。(6)真実報土　阿弥陀仏のいるまことの浄土。(7)煩悩具足　煩悩をもってそれから逃れられないこと。

【解説】　法然には多くのすぐれた弟子たちがいた。その中で、親鸞(一一七三―一二六二)は法然の専修念仏の教えをさらに推し進め、真の救済の道は、阿弥陀如来の本願にひたすらすがり念仏することであると主張した。この考えから、自力で悟りを開こうとしたり、造寺・造仏などの作善業を極楽往生のたすけとしようとする「善人」よりも、ひとや生きものを殺すことなどもせざるを得ず、自分はそうした「善人」になれないことを悟って、阿弥陀如来の本願にすがるより他に道がないことを知っている「悪人」のほうがむしろ往生できるのだという「悪人正機」の思想を唱えた。なお親鸞には『教行信証』などの著作があるが、ここでは弟子の唯円が、親鸞の弟子たちにあらわれた異端の多いことを嘆き、それを正そうとして親鸞から直接教えられたことを記した『歎異抄』をとりあげた。

(3) 一遍

198 〔一遍聖絵〕巻四

建治二年、筑前国にて、ある武士の屋形におはしたりければ、酒宴の最中にて侍りけるに、家主装束ことにひきつくろひ、手あらひ口すゝぎて、おりむかひて念仏うけて、又いふ事もなかりければ、聖は□に、此俗のい《(貴)》ふやう、「此僧は日本一の狂惑のものかな。何ぞのたふと気色ぞ」といひければ、客人のありけるが、「さては、なにとして念仏をばうけ給ぞ」と申せば、「念仏には狂惑なきゆへなり」とぞいひける。聖申されしは、「おほくの人にあひたりしかども、これぞ誠に念仏信じたるものとおぼえし。余人は皆人を信じて法を信ずる事なきに、此俗は依法不依人(1)のことはりをしりて、涅槃の禁戒(2)に相叶へり。ありがたかりし事なり」とて、返す返すほめ給き。げにもよのつねの人にはかはりたりけるものにや。

(1)依法不依人　道にはいるには、ひとによるのではなく、法によるのである、ということ。(2)涅槃の禁戒　釈迦が涅槃(入滅)にあたり弟子たちに残した最後の教え。

【解説】　一遍智真(一二三九―八九)は伊予の豪族河野氏の出で、はじめ比叡山などで修行したのち、聖達に浄土教を学び、さらに熊野の神の託宣を受けて、信・不信を問わず、「南無阿弥陀仏　決定往生　六十万人」と書かれた札を受ければ往生できるとして、出会うひとごとにこの小さな札を配布して歩いた。ここでは、一遍を「狂惑の僧」といいながら、その唱える「南無阿弥陀仏」には「狂惑」はないと言い切ってこの札を受けた武士に感心している一遍の様子が記されているが、一遍聖絵には、このほか踊り念仏をする時衆の姿や、行くさきざきでの民衆の生活の情況などが詳しく描きだされている。

(4) 日蓮

199 〔立正安国論〕

若、欲先安国土、而祈現当者(1)、速廻情慮、悤加対治、所以者何、薬師経七難(2)内、五難忽起、二難猶残、所以、他国侵逼難、自界叛逆難也、大集経三災(3)内、二災早顕、一災未起、所以、兵革災也、金光明経内、種種災過一一雖起、他方怨賊侵掠国内、此災未露、此難未来、仁王経七難内、六難今盛、一難未現、所以、四方賊来侵国難也、加之、国土乱時先鬼神乱、鬼神乱故万民乱、今就此文、具案事情、百鬼早乱、万民多亡、先難是明、後災何疑(4)、(中略)汝、早改信仰之寸心(5)、速帰実乗之一善(6)、然則、三界皆仏国也、仏国其衰哉、十方悉宝土也、宝土何壊哉、国無衰微、土無破壊、身是安全、心是禅定(7)、此詞此言、可信可崇矣、

若し先ず国土を安《やす》んじて、現当を祈らんと欲せば、速やかに情慮を廻らし、悤《いそ》いで対治を加えよ。所以《ゆえ》は何《いか》ん。薬師経の七難の内、五難忽《たちま》ちに起り二難猶残れり。所以《いわゆる》「他国侵逼《しんぴつ》の難、自界叛逆《ほんぎゃく》の難」なり。大集経の三災の内、二災早く顕われ一災未だ起らず。所以「兵革の災」なり。金光明経の内、種種の災過一一起ると雖も、「他方の怨賊国内を侵掠《しんりゃく》す」、此の災未だ露《あら》われず、此の難未だ来らず。仁王経の七難の内、六難今盛にして一難未だ現ぜず。所以「四方の賊来って国を侵すの難」なり。加之《しかのみならず》、「国土乱れん時は先ず鬼神乱る。鬼神乱るるが故に万民乱る」。今此の文に就て、具《つぶさ》に事の情を案ずるに、百鬼早く乱れ、万民多く亡ぶ。先難是れ明かなり、後災何ぞ疑わん。(中略)汝、早く信仰の寸心を改めて、速やかに実乗《じつじょう》の一善に帰せよ。然れば則ち三界は皆仏国なり、仏国其れ衰《おとろ》えんや。十方は悉く宝土なり、宝土何ぞ壊《やぶ》れんや。国に衰微なく土《ど》に破壊なくんば、身は是れ安全にして、心は是れ禅定《ぜんじょう》ならん。此の詞《ことば》此の言《こと》信ずべく崇《あが》むべし」。

(1)現当　現世と来世の二世。(2)薬師経七難　正法が行われなくなったとき現われるという、「人衆疾疫の難」など薬師経の説く七つの難。日蓮は、そのうち五つの難が起きて、外国からの侵略と国内の謀反の二つの難がまだ起きていないと説く。(3)大集経三災　大集経の説く飢饉・疫病・兵革の三つの災。(4)先難是明、後災何疑　すでに経典の示す三災七難のうち、いくつもの災難が起きているのだから、これから残る災難に襲われることは疑いがない。(5)寸心　こころ。(6)実乗　法華経。(7)禅定　迷いがなく、やすらかなさま。

【解説】日蓮(一二二二―八二)は、末法の世には法華経こそまことの仏教の精神を伝える正法であるとし、他宗を「念仏無間(地獄)、禅天魔、真言亡国、律国賊」と排撃した。『立正安国論』は、法華経こそ国の安穏を得る正法であると説き、ときの得宗北条時頼に献呈したもので、このままでは国内に反乱が起き、外国からの侵略を受けるであろうと警告したものである。幕府の政治のあり方を批判したことを咎められ、伊豆・佐渡に流され、後、身延山に隠棲する。日蓮の晩年に生じた蒙古(元)の襲来は、多くのひとびとから、彼のこの予言があたったものと受けとめられた。

(5) 円　爾

200〔東福寺文書〕弘安三年（一二八〇）十月十七日円爾遺偈

利生方便(1)
七十九年
欲知端的
仏祖(2)不伝
　弘安三年十月十七日
　　東福(3)老　珍重

利生方便に
七十九年、
端的に知らんと欲す、
仏祖伝えざるところを。

(1)利生方便　衆生を救済する仏の手立て。(2)仏祖　釈迦。(3)東福　東福寺。

【解説】　円爾《えんに》は鎌倉時代中期の臨済宗の僧で、宋から帰国後、九条道家の創建した京都・東福寺の開山となった。その後、東大寺大勧進職にも任じられたが、一二八〇年に没する。彼の門流は聖一派とよばれ、この後おおいに栄えた。なお遺偈《ゆいげ》とは、死に臨んだ僧が自分の生涯の思想を弟子たちにのこす短い漢詩で、中国の禅僧などの臨終の作法が日本に伝わったものである。円爾の遺偈も彼の臨終のまさにその日に書かれたもので、日本の遺偈のうちでは比較的早い時期のものだが、ひとの死を正面からとらえようとした禅宗の教えをよくあらわしたものといえよう。

(6) 叡　尊

201〔関東往還記〕弘長二年（一二六二）五月一日

五月一日、依諸人之所望、従今日又被講古迹(1)、又儲食、行向両処之悲田(2)、与食、并授十善戒(3)、忍性向浜悲田、頼玄(4)向大仏悲田、

諸人の所望により、今日よりまた古迹を講ぜらる。また、食を儲け、両処の悲田に行き向かい、食を与う。ならびに十善戒を授く。〈忍性、浜悲田に向かう。頼玄、大仏悲田に向かう。〉

(1)古迹　『梵網経古迹記』。(2)両処之悲田　由比が浜にあった浜悲田と大仏ヶ谷にあった大仏悲田のふたつの悲田院。悲田院は病人などを収容した救護施設。(3)十善戒　世俗のひとの守るべき十戒。(4)頼玄　叡尊の弟子で、常陸国三村寺の長老。

【解説】　奈良西大寺の叡尊《えいそん》（一二〇一―九〇）は、戒律の復興によりひとびとを救済しようとし、各地で非人の救済や殺生禁断、架橋などの社会事業を行い、朝廷や幕府要人の帰依を得た。また一二六二年には鎌倉に下向し、すでに関東に下っていた弟子の忍性らとともに幕府要人に授戒などを行った。このときの記録が、『関東往還記』である。

2　禅僧の日中往来

(1)　中国僧の渡来

202〔円覚寺文書〕弘安元年(一二七八)十二月二十三日北条時宗書状

時宗(北条)留意宗乗、(1)積有年序、建営梵苑、(2)安止緇流、(3)但時宗毎憶、樹有其根、水有其源、是以欲請宋朝名勝、(4)助行此道、煩詮(無及徳詮)・英(宗英)二兄、莫憚鯨波険阻、誘引俊傑禅伯、帰来本国、為望而已、不宣、

弘安元年戊寅十二月廿三日　　時宗和南(5)

詮蔵主(6)禅師

英典座(7)禅師

時宗意を宗乗に留め、積りて年序あり、梵苑を建営して、緇流《しりゅう》を安止す。但だ時宗毎《つね》に憶う、「樹にその根あり、水にその源あり」と。是を以て宋朝の名勝を請い、この道を助行せんと欲し、詮・英二兄を煩わす。鯨波の険阻を憚る莫《な》く、俊傑の禅伯を誘引し、本国に帰来するを、望となすのみ。不宣。

(1)宗乗　仏教。(2)梵苑　寺院。(3)緇流　僧侶。(4)名勝　高僧。(5)和南　謹んで言《もう》すの意。(6)蔵主《ぞうす》　禅寺で経蔵の管理を司る職。(7)典座《てんぞ》　禅寺で衆僧の食事を司る職。

【解説】　北条氏は禅宗の興隆を図り、鎌倉に禅の大刹をつぎつぎと建て、名僧を招請した。とくに中国からの渡来僧には純中国風の禅を説かせた。右は時宗が徳詮・宗英の二僧に、中国に渡航して名僧を誘引するよう依頼した書状で、この誘いに応じたのが無学祖元である。無学は来日後ただちに建長寺住持となり、弘安五年(一二八二)には円覚寺の開山となった。その法系仏光派は、やがて日本の禅宗界で大勢力となる。無学の来日のころを境として、日中の禅僧の往来がかつてない盛況を呈する。

203〔竺仙和尚語録〕中　住建長寺語録

一日在径山、(1)忽日本文侍者(士林得文)(2)至言、郷船在福州、(3)以明極(楚俊)和尚有宿昔之約、欲取之時、明極欲挽山僧(竺仙梵僊)偕行、不可、乃謂文曰、若能化仙公、共往行矣、否則不然、且又自謂山僧曰、汝於此但此国人識汝耳、有何利益、亦可去彼行汝古林(清茂)和尚一枝仏法於外国也好、此乃仏天在上、余不誑言、又曰、我之老大昏耄、尚且欲去、況汝後生精明百倍、而又事事敏妙、且聞、彼之船不一二年間必又来此、就回亦可、亦望托汝寄附郷書也、時日本亦有数人在彼、余乃問文等曰、可得回否、文曰、此船一去、明年即便又来、但随意耳、昔兀庵(普寧)亦回、

西澗（子曇）回而復往、但自貪我国之好者、自不回耳云云、仏乗禅師（天岸慧広）曰、我観此土、皆無叢林、看不上眼、今唯我郷間尚有不異百丈（懐海）在世時也、如或不信、則同往一観而回、又曰、西堂和尚（明極楚俊）之言是也、当去行仏法、而今仏法流東、凡我郷間無不敬信者、順縁而行、今正是時、大丈夫何自凝滞而不決耶、先是、昔在保寧(4)為侍者時、寮賓両浙(5)郷曲(6)外、有日本三十二人、鳳台老人（古林清茂）毎見則戯之曰、此日本国師也、又曰、汝若誠能一往、則大化於彼、余曰、去則不辞、慮不得返、曰、出家児遇縁即宗、何且慮此、於是感其先言固戯之耳、而又誠也、但一行之遂至於此、迨今不覚十九年矣、

一日径山《きんざん》に在り。忽ち日本の文侍者至りて言う、「郷船福州に在り」と。明極《みんき》和尚と宿昔の約あるをもって、取らんと欲するの時、明極、山僧を挽《ひ》きて偕《とも》に行かんと欲す。可とせず。すなわち文に謂いて曰く、「もし能く仙公を化し、共に往かば行かん。否ならばすなわち然らず」と。且つまた自ら山僧に謂いて曰く、「汝ここにおいては但だこの国の人汝を識るのみ。何の利益かあらん。また彼に去《い》き、汝が古林《くりん》和尚の一枝の仏法を外国に行なうべくんば也《また》好からん。これ乃ち仏天上に在り、余誑言せず」と。また曰く、「我の老大昏耄にして、尚且つ去かんと欲す。況んや汝は後生、精明百倍にして、また事事敏妙なるをや。且つ聞く、彼の船、一、二年の間ならずして、必ずまたここに来る。就きて回《かえ》るもまた可なり。また汝に托して郷書を寄附せんと望むなり。時に日本また数人の彼に在るあり」と。余すなわち文等に問いて曰く、「回るを得べきや否や」と。文曰く、「この船一たび去るも明年即便《すなわち》また来る。但だ意に随わんのみ。昔兀庵《ごったん》また回る、西澗《せいかん》回りて復た往く。但だ自ら我が国の好を貪る者、自ら回らざるのみ。云々」と。仏乗禅師曰く、「我れ、此の土を観るに、皆叢林なし。看《み》れども眼に上らず。今唯だ我が郷間のみ尚百丈《はじょう》在世の時に異ならざるあり。如《も》し或いは信ぜざれば、すなわち同《とも》に往きて一たび観て回れ」と。また曰く、「西堂和尚の言是なり。まさに去きて仏法を行なうべし。しかるに今仏法、流れ東す。凡そ我が郷間に敬信せざる者なし。縁に順《したが》いて行くは、今正にこの時なり。大丈夫何ぞ自ら凝滞して決せざるや」と。これより先、昔保寧に在りて侍者たりし時、寮賓は両浙の郷曲の外、日本の三十二人あり。鳳台老人見《まみ》ゆる毎《ごと》にすなわちこれを戯れて曰く、「これ日本の国師なり」と。また曰く、「汝もし誠に能く一たび往かば、すなわち大いに彼を化せん」と。余曰く、「去くことはすなわち辞せず。返るを得ざるを慮《おそ》る」と。曰く、「出家児は、縁に

遇えばすなわち宗す。何ぞ且《しばら》くもこれを慮《おそ》れん」と。是においてその先言の、固《もと》りこれを戯るるのみなれど、また誠なるに感ずるなり。但だ一行して遂にここに至る。今に迨《およ》び覚らずして十九年なり。

(1)径山　杭州にある五山第一の興聖万寿禅寺。(2)侍者　禅寺の住持の身辺に侍って雑用を行う僧。(3)福州　福建省の中心の港町。(4)保寧　建康府(南京)の保寧寺。甲刹《かっさつ》。鳳台はその山号。(5)両浙　浙東と浙西。今の浙江省。(6)郷曲　村里。

【解説】　元徳元年(一三二九)、明極楚俊・竺仙梵僊の二禅僧が来日し、明極は建長寺の住持、竺仙は首座《しゅそ》となった。渡海前の明極は径山の前堂首座という高僧で、竺仙も保寧寺の古林清茂《くりんせいむ》のエコール(金剛幢下《こんごうとうか》)の俊秀として名を知られていた。両人の来日は、日本禅林の文化水準を急速に向上させた。古林のもとには多数の日本僧が参じており、天岸慧広もその一人である。右は貞和三年(一三四七)の天岸十三回忌に竺仙が作った法語の一節で、自身が来日を決意した瞬間を追憶したもの。日本からの使僧文侍者が旧約により明極に渡航を促すが、明極は竺仙の同行を条件とする。渋る竺仙を明極・文侍者・天岸の三人がこもごも説得し、竺仙はかつて師の古林に諭された言葉を思い出して、渡航を決意する。決意の背景には、毎年同じ船が同じ港に入るほど恒常的な日中間の往来と、それに支えられた禅僧のひんぱんな交流があった。

(2) 栄　西

204〔吾妻鏡〕 **建保二年(一二一四)二月四日**

己亥、晴、将軍家[1]聊御病悩、諸人奔走、但無殊御事、是若去夜御淵酔[2]余気歟、爰葉上僧正[3]候御加持之処、聞此事、称良薬、自本寺[4]召進茶一盞、而相副一巻書令献之、所誉茶徳之書[5]也、将軍家及御感悦云々、去月之比、坐禅余暇書出此抄之由申之、

将軍家いささか御病悩。諸人奔走す。但し、ことなる御事なし。これもしくは去夜御淵酔の余気か。ここに葉上僧正御加持に候ずるのところ、この事を聞き、良薬と称し本寺より茶一盞を召し進じ、一巻の書を相副え献ぜしむ。茶の徳を誉むるところの書なり。将軍家御感悦に及ぶと云々。去月のころ、坐禅の余暇にこの抄を書き出すの由これを申す。

(1)将軍家　三代将軍源実朝。(2)淵酔　二日酔い。(3)葉上僧正　栄西。栄西は天台系の密教祈禱僧でもあった。(4)本寺　鎌倉に北条政子が創建し、栄西が開山となった寿福寺のこと。(5)所誉茶徳之書　『喫茶養生記』のこと。

【解説】　栄西(一一四一―一二一五)は二度の入宋で禅宗の教えに接し、日本に臨済宗を伝えた。禅宗の広まりにつれて批判の

声も高まったので、それに反論して『興禅護国論』をあらわし、北条政子・源頼家らの帰依を受けて、鎌倉に寿福寺、京都に建仁寺を創建して後の禅宗の興隆の基を作った。一方、栄西は若いときから密教の祈禱僧として知られ、栄西に発する台密の一派は「葉上流」とよばれた。また中国から茶の種を持ち帰ったとも伝えられ、茶を二日酔いに苦しむ将軍実朝に献じたという右の記事にもあるように、茶の徳を讃えた『喫茶養生記』を著しており、茶祖ともよばれた。

(3) 道　元

205〔正法眼蔵随聞記〕

又、或《ある》人ス、ミテ云《いはく》、「仏法興隆ノ為《ため》、関東ニ下向スベシ。」

答云《こたへていはく》、不然《しからず》。若《もし》仏法ニ志アラバ、山川《さんせん》江海ヲ渡《わたつ》テモ来《きたつ》テ可学《まなぶべし》。其《その》志ナカラン人ニ、往向《ゆきむかつ》テス、ムトモ、聞入《ききいれ》ンコト不定《ふぢやう》也。只我ガ資縁ノ為《ため》(1)、人ヲ抂惑《わうわく》セン、財宝ヲ貪《むさぼ》ラン為カ。其レハ身ノ苦シケレバ、イカデモアリナン(2)ト覚《おぼゆ》ル也。

一日弉(3)問云《とうていはく》、叢林《そうりん》ノ勤学《きんがく》ノ行履《あんり》(4)ト云《いふ》ハ如何《いかん》。

示云《じにいはく》(5)、只管打坐《しくわんたざ》也。或《あるい》ハ閣上《かくじやう》(6)、或楼下《あるいはろうか》(7)ニシテ、常坐《じやうざ》(8)ヲイトナム。人ニ交《まじは》リ物語ヲセズ、聾者《ろうしや》ノ如ク瘂者《あしや》ノ如クニシテ、常ニ独坐《どくざ》ヲ好ム也。

(1)資縁ノ為　物質的な援助を得ようと。(2)イカデモアリナン　行かずともよかろう。(3)弉　懐弉。道元の弟子。(4)行履　日常のいっさいの行為。(5)示云　道元が教えて述べること。(6)閣上　閣は二階だての建物。(7)楼下　楼は数層の高殿。(8)常坐　常に坐禅すること。

【解説】『正法眼蔵随聞記』は曹洞宗の祖、道元(一二〇〇—五三)の弟子懐弉が、道元の語録を筆記したものである。道元は比叡山・建仁寺などで学んだ後、入宋して悟りを開いた。帰国後、政治などの争いに関わることを嫌い、鎌倉や京都で活躍することをせず、越前(福井県)の永平寺にこもり、またひたすらに坐禅を実践することによって高い悟りの境地に到達することを目指した。

3　勧進と造営

(1) 重　源

206〔吾妻鏡〕文治三年(一一八七)四月二十三日

甲午、周防国者(1)、去年四月五日(2)、為東大寺造営被寄附之間、材木事、於彼国有杣取等(3)、而御家人少々耀武威、依有成妨事、勧進聖人重源取在庁等状、訴中　公家之間、被下其解状於関東、所被尋仰子細也、

周防国は、去年四月五日、東大寺造営のために寄付せらるるの間、材木の事、彼の国において杣取《そまどり》等有り。しかるに御家人少々、武威を耀し、妨げを成すこと有るにより、勧進聖人重源在庁等が状を取り、公家に訴え申すの間、その解状を関東に下され、子細を尋ね仰せらるるところなり。

(1)周防国　今の山口県。この前年に、後白河上皇によって東大寺造営料所とされた。(2)去年四月五日　『玉葉』によると、前年の三月のことであった。(3)杣取　造営用に材木を切りだすこと。

【解説】平家のために焼き討ちされた奈良の東大寺と大仏とを再建することは、平安時代末から鎌倉時代初の国家的課題だった。そのために重源（一一二一―一二〇六）を東大寺大勧進職に任じ、周防を東大寺造営料国とし、その再建にとりかかったのである。しかし、その作業はややもすれば在地領主の妨害にあっていた。それがこの記事である。これらの妨害を排除しつつ、東大寺大仏は一一九〇年に再建され、源頼朝も参列して大法要が営まれた。その後も東大寺の再建事業は続けられ、多くの堂舎や仏像が作られ、いまに残るが、それらはいずれも鎌倉時代を代表するすぐれた文化財といってよい。

(2) 天竺・震旦への憧れ

207〔**宝物集**〕**巻一**

東大寺ノ奝然ヒジリ入唐シタリシ時、此仏(1)ヲ、ガミマイラセ給ヒケルニ、奝然ヨロコビテ申云ク、「我レ一人シテ礼《おが》ミタテマツリテモカヒナク侍《はん》ベリ、此仏ヲウツシマイラセテ、日本国ノ人ニヲガマセタテマツラム」ト、国王(2)ニ申シケレバ、仏像ヲヒロメムガ為ユルサレニケリ。奝然喜テイソギウツシ奉ル程ニ、栴檀《せんだん》ノ仏(3)、夢ノ中ニ奝然ニ告テ言ク、「我レ東土ノ衆生ヲ利益《りやく》スベキ願アリ、我レワタスベシ」トノ(宣)給ヒケレバ、奝然心ヅキテ(4)、新仏ヲ古仏ノヤフ(様)ニ煙ニテ(燻)フスベマイラセテ、栴檀ノ像ニトリカヘテ、ワタシ奉リタルナリトゾ申タンメル。サテ二伝(5)ノ仏ニコソヲハシマスナレ。

(1)此仏　北宋の都卞京《べんけい》の啓聖禅院にあった優塡王《うてんのう》作とされる釈迦像。(2)国王　宋朝第二代太宗。(3)栴檀ノ仏　清涼寺像の用材は中国産の桜だが、日本では香木栴檀と信じられていた。(4)心ヅキテ　目を覚まして。(5)二伝　優塡王が生前の釈迦を写した像を初伝とし、それが中国に移されたのを二伝、さらにその模写像を三伝という。清涼寺像については二伝説と三伝説がある。

【解説】東大寺の僧奝然は、九八三年、建国後まもない宋に渡り、太宗皇帝に面会して日本の国情を語り、釈迦像と版本一切経を携えて九八六年帰国した。一切経は失われたが、優塡王作とされる像を模写した釈迦像は、嵯峨の清涼寺の本尊として今に伝わっている。十一世紀末より鎌倉時代にかけて、この像の再模写が全国的に流行し、それらは「清涼寺式釈迦像」と呼ばれて数十体が確認されている。この流行は、末法思想の普及にともなって、仏教の本家である中国、さらにはインドへの憧れが強まった結果と思われるが、生前の釈迦に会いたいという人々の願望は、ついに清涼寺像が模写であることを否定する言説を生み出す。平康頼が鬼界島から帰って著した説話集『宝物《ほうぶつ》集』がその初見で、ここで奝然は煙で古色を付けた新像をオリジナルとすり替えた仏ぬすびとにされてしまっている。

第三章　南北朝・室町時代

本章では建武の新政の開始から、南北朝の内乱と室町幕府の安定期を経て、応仁・文明の乱に至る約百五十年間の政治史や社会の様子を史料で見てゆきたい。

この時代をとらえるうえで、まず注意しておきたいのは、前代の鎌倉幕府と異なり、幕府が朝廷の有していた諸機能のほとんど全てを吸収してしまった点である。しかも幕府の主は正確にいえば将軍ではない。義満にしろ、義持にしろ、将軍職を子に譲ったのちも執政を続け、「公方《くぼう》」と呼ばれ続けた。すなわち彼らの地位は、形式においてさえも朝廷の官位体系を超越したところに位置していたのである。さらに義満や義教に至っては、明に入貢して「日本国王」の称号を得ている。つまり東アジアの世界秩序の中で、自らを日本の代表として位置づけたのである。このように日本の事実上の主権者であった彼らの権力を、研究者は室町王権と呼んでいる。当時の国内の史料では、彼らは「公方」のほかいくつかの呼称で呼ばれているが、本書では「室町殿」で統一しておく。

以上のように南北朝・室町時代は幕府が国家権力として確立した時代であるが、それはもっぱら朝廷との関係でいえることであり、社会のあちこちで分権的な動きが生じていたことも、この時代の特色である。室町幕府の守護は前代に比べ、大きく権限を広げ、世襲される場合が多くなった。そして守護は任国内の国人を被官化したり、独自の税を課すなど、次第に任国を領国化していった。そうした有力な守護が、史料上で「大名」と呼ばれるようになるのもこの時代である。なお東国には鎌倉府が置かれて独自の支配体制が布かれていた。幕府と鎌倉府の緊張関係は、室町時代の政治史を理解するうえでの　つのポイントである。

分権的な動きを示していたのは、彼らのような守護級の武士だけではない。この時代は「　揆の時代」と呼ばれ、中小の国人や百姓など社会のさまざまな階層の人々が「一揆」、あるいは「惣」と呼ばれる結合体を形成して、共通の利益の維持や集団内部の矛盾の解決を図っていた。

　本章では、以上のようなこの時代の特色を理解しやすい史料を中心に選択した。史料の残存状況について特徴的なことを指摘しておこう。南北朝期は戦乱の時代であることを反映して、軍忠状、感状、軍勢催促状など軍事関係の文書が多数残されている。戦乱にともなって各地の領主も頻々と交替し、所領相論に関する文書も多い。これらの文書によって、この時代の戦乱の具体的な推移や社会の様相をかなり細かに知ることができる。もちろん、『太平記』『梅松論』といった軍記も重要な史料である。

　これに対し、基本的に安定期である室町期になると、上記のような文書は数を減らす。幕府や守護の発給文書も概して定型的なものが多い。かわって注目されるのは、公家・僧侶や武家の日記である。特に義持・義教期の『満済准后日記』と『看聞日記』、義政期の『蔭涼軒日録』と『大乗院寺社雑事記』は量質ともに他に優越する。この時代の政治、社会、文化に関する通史の過半は、これらによって構成されているといっても過言ではない。このほか『建内記』をはじめとする武家伝奏の日記がいくつか残り、重要史料となっていることは、朝廷を取り込んだ国家権力としての室町幕府の性格を反映している点である。

文書では荘園領主の文書のほか、村の鎮守や寺庵に残された村落文書や地方武士の文書が登場してくる点は特筆される。惣村研究の多くはこれによっている。またこの時代は社会の各所で五山を中心とする禅僧が活躍した時代であるが、彼らの残した五山文学と呼ばれる詩文は、宗教史のみならず対外関係史、文化史の重要な史料である。なお対外関係については、日本国内の史料だけでなく、朝鮮や明側の史料も積極的に収録した。

第一節

建武政権と南北朝の内乱

1 建武政権

(1) 建武新政

208 〔建武記〕 建武元年(一三三四)ヵ条々

一、綸旨[1]遵行[2]事
於建武以後綸旨者、輙不可有改動之儀、若有子細、可被改者、被載其趣於綸旨、可被仰国司・守護等、就其可致遵行之沙汰、

一、綸旨遵行の事
建武以後の綸旨においては、輙《たやす》く改動の儀あるべからず。もし子細ありて改めらるべくんば、その趣を綸旨に載せられ、国司・守護等に仰せらるべし。それにつき遵行の沙汰を致すべし。

(1)綸旨　蔵人や伝奏が天皇の意を伝える文書。(2)遵行　土地に対する押領を停止させ、正当な権利者に引き渡させること。

【解説】『建武記』は建武政権の法令を編纂したもの。編者は南北朝初期の幕府奉行人の一員であろうと推定されている。後醍醐天皇は自らの意志を直截に伝える文書様式である綸旨を多用した。この史料では所領紛争の解決はあくまでも綸旨に基づくべきことが強調されている。

209 〔建武記〕 建武元年(一三三四)十月日雑訴決断所牒

雑訴決断所牒　其(某)国衙、(中略)
牒、諸庄園郷保地頭職以下所領等御年貢幷仕丁[1]役事、任御事書之旨、不論本領新恩、当時管領田地分、任実正令注進之、以正税以下色々雑物等所出廿分之一、守参期可進納御倉之由、相触国中、急速可申散状、者牒送如件、以牒、
建武元年十月日

雑訴決断所牒す　某国衙。(中略)
牒す。諸庄園郷保地頭職以下所領など御年貢ならびに仕丁役の事、御事書の旨に任せて、本領・新恩を論ぜず、当時管領の田地分、実正に任せてこれを注進せしめ、正税以下色々雑物など所出の二十分の一をもって、参期を守り御倉に進納すべきの由、国中に相触れ、急速に散状を申すべし。

者《てえれば》牒送くだんの如し。以て牒す。

(1)仕丁役　夫役。別の条文によれば十町の田地につき年一日の夫役が命じられている。

【解説】　全国の荘園公領から年貢の二十分の一を中央政権に納め、さらに仕丁役を勤めることが命じられている。これは大内裏造営を意図して賦課されたものである。

210〔後愚昧記〕応安三年(一三七〇)三月十六日

経顕(勧修寺)卿任大臣事、日来所風聞也、為主上御乳父(1)之儀、彼労歟、依無所募、如何、頗為驚耳事歟、向後勧修寺一家可成丞相(2)之望歟、名家(3)之輩丞相過分之至也、後醍醐院一天下統之時、故吉田内府(4)定房、為彼院于時御在位、乳父労被任了、今度又被追彼例歟、但後西酉(醍醐)院御行事、不限此一事、毎事物狂沙汰等也、後代豈可因准哉、

経顕卿任大臣の事、日来《ひごろ》風聞するところなり。主上の御乳父の儀たり。彼の労か。募るところなきによる如何。頗る驚耳たる事か。向後《きょうこう》、勧修寺《かじゅうじ》一家、丞相の望みをなすべきか。名家の輩丞相過分の至りなり。後醍醐院天下一統の時、故吉田内府〈定房〉、彼の院〈時に御在位〉の乳父の労として任ぜられ了《おわ》んぬ。今度又彼の例を追わるるか。但し後醍醐院の御行い事、この一事を限らず、毎事物狂いの沙汰等なり。後代豈《あ》に因准すべけんや。

(1)乳父　乳母の夫。側近として重んじられた。(2)丞相　大臣。(3)名家　公家の家格の一つ。通常は大納言までしか昇進できない。(4)吉田定房　後醍醐の側近。名家出身。

【解説】　『後愚昧記』は内大臣三条公忠の日記。応安三年、北朝の朝廷では名家の勧修寺経顕が内大臣になるらしいという噂がたった。後醍醐天皇のとき吉田定房が内大臣になった先例にならったものらしいが、後醍醐のやりかたはすべて物狂いの沙汰だったから先例たりえない、というのが公忠の評である。家格を打破して人材を登用しようという建武新政の施策の特徴がうかがえるが、同時にそれに対して上級公家の反発があったことも知られる。

(2) 新政の挫折

211〔建武記〕

口遊《くちずさみ》、去年八月二条河原落書云々、(建武)元年歟、

此比《このごろ》都ニハヤル物、夜討、強盗、謀《にせ》綸旨、召人《めしうど》、早馬、虚《そら》騒動、生頸《くび》、還俗、自由出家、俄大名、迷者、安堵、恩賞、虚軍《そらいくさ》、本領ハナル、訴訟人、文書入タル細葛、追従、讒人、禅律僧、下克上スル成出者、器用ノ堪否沙汰モナク、モルヽ人ナキ決断所、キツケヌ冠、上ノキヌ、持モナラハヌ笏持テ、内裏マジハリ珍シヤ、(中略)町ゴトニ立篝屋《かがりや》ハ、荒

涼五間板三枚、幕引マワス役所鞆《ども》、其数シラズ満々リ、諸人ノ敷地不定、半作ノ家是多シ、去年火災ノ空地共、クソ福ニコソナリニケレ、適《たまたま》ノコル家々ハ、点定セラレテ置去ヌ、

【解説】二条河原の落書として知られる。安堵や恩賞を求めて訴訟を起こす者の多さ、家格を無視した人材登用など、新政下での混乱した状況が批判的に描かれている。こうした状況への不満が建武政権の命取りになる。また戦乱で荒廃した京都の町のようすもうかがえる。

212〔醍醐寺文書〕第二十三函　延元三年(一三三八)五月十五日

北畠顕家奏状

可被免諸国租税、専倹約事

右、連年兵革諸国牢籠、苟非大聖之至仁者、難致黎民(1)之蘇息(2)、従今以後三年、偏免租税令憩民肩、没官領新補地頭等所課同従蠲免(3)、(中略)三ケ年間万事止興作、一切断奢侈、然後卑宮室以阜民、(中略)

可被厳法令事

右、法者理国之権衡(4)、馭民之鞭轡也、近曾朝令夕改、民以無所措手足、令出不行者不如無法、然則定約三之章(5)兮、如堅石之難転、施画一之教兮如流汗之不反者、王事靡盬民心自服焉、

諸国の租税を免ぜられ、倹約を専《もっぱ》らにすべき事

右、連年の兵革、諸国の牢籠《ろうろう》、苟《いやし》くも大聖の至仁にあらざれば、黎民の蘇息を致しがたし。今より以後三年、偏《ひと》えに租税を免じ民肩を憩わしめよ。没官領新補地頭等の所課、同じく蠲免《けんめん》に従え。(中略)三カ年の間は万事興作を止め、一切に奢侈《しゃし》を断ち、然る後、宮室を卑《ひく》くしてもって民を阜《ゆたか》にせよ。(中略)

法令を厳かにせらるべき事

右、法は国を理《おさ》むるの権衡、民を馭《ぎょ》するの鞭轡《べんぴ》なり。近ごろ朝に令して夕に改む。民もって手足を措く所なし。令出て行わざるは法なきにしかず。然ればすなわち約三の章を定め、堅石の転ばし難きが如く、画一の教を施して、流汗の反《かえ》らざる如くせば、王事盬《もろ》きこと靡《な》く、民心自《おのずか》ら服せん。

(1)黎民　庶民。(2)蘇息　生活を回復すること。(3)蠲免　租税を免じること。(4)権衡　基準。(5)約三之章　必要最低限の法。

【解説】後醍醐の側近北畠顕家の奏状。大内裏造営に象徴される新政権の課税や、朝令暮改の政治を、徳治主義の立場から厳しく批判している。

2　室町幕府の成立

(1)　足利尊氏の挙兵と室町幕府の成立

213〔**国立国会図書館所蔵文書**〕**建武二年**（**一三三五**）**足利尊氏関東下向宿次注文并合戦次第**

足利宰相（尊氏）関東下向宿次

建武二・八・二進発

二日野路　三日四十九院(1)　四日垂井(2)　五日同宿逗留　六日下津(3)　七日八橋
八日渡津(4)　九日橋本合戦在之、　十日池田　十一日懸河　十二日小夜中山(5)合戦在之、　十三日藤枝　十四日駿川国府合戦在之、　十五日蒲原(6)　十六日伊豆国□（府）
十七日筥根合戦在之、　十八日相模川合戦在之、　十九日鎌倉下着、辻堂・片瀬原合戦在之、

合戦次第

（中略）

十四日、駿河国府合戦

分取高名人数

上椙蔵人修理亮　細河阿波守（和氏）　高尾張権守（師兼）　大高伊与権守（重成）　高豊前権守　此外数輩在之、

高橋(7)・清見関合戦同前、其夜興津宿逗留、

（中略）

降人於清見関参之、　千葉二郎左衛門尉　大須賀四郎左衛門尉　海上筑後前司　天野参川権守　伊東六郎左衛門尉　丸六郎　奥五郎

諏方上宮祝三河権守頼重法師、於大御（下欠）

(1)野路・四十九院　近江。(2)垂井　美濃。(3)下津　尾張。(4)八橋・渡津　三河。(5)橋本・池田・懸河・小夜中山　遠江。(6)藤枝・駿川国府・蒲原　駿河。(7)高橋　駿河国庵原郡。清見関、興津も同様。

【解説】　建武二年七月、北条高時の遺児時行が信濃で挙兵し、鎌倉を占拠した（中先代の乱）。これを鎮圧するため足利尊氏は後醍醐の許しを得ないままに関東に下向した。この史料はその行程と、途上での合戦を記した史料である。現在の静岡市付近での合戦部分を掲出した。足利方として軍功をあげた者として上杉・細川・高など、のちに足利幕府の有力者となる一族の名前が見える。一方、降参した者のなかには千葉、伊東、諏訪など関東の有力武士の名前が見えている。なお前段の宿次注文は、当時の東海道の様子をうかがう好史料である。

214〔**諸家文書纂所収野上文書**〕**建武三年**（**一三三六**）**九月日野上資頼代資氏軍忠状**

豊後国御家人野上(1)彦太郎清原資頼代平三資氏謹言上、

欲早任海道京都所々合戦忠、預御一見状浴恩賞事

右、去年十二月十二日、属于左近将監貞載(大友)手、於伊豆国佐野山参御方、致合戦之条、戸次豊前太郎被見知訖、次同十三日、伊豆国府合戦之時抽軍忠訖、次今年正月二日、近江国伊幾須之城合戦次第、狭間四郎入道・小田原四郎左衛門入道以下令見知訖、次同十日、淀大渡橋上合戦之時、資頼射火箭、其後乗焼落柱押渡敵陣、致軍忠之条、須賀五郎・村畝治部房・小鷹太郎左衛門尉見知訖、次同十一日、唐橋烏丸(2)合戦之時、資頼打組太田判官(結城親光)一族益戸七郎左衛門尉令分取(3)、即被実検(4)之上、守護被註進訖、(中略)然早預御一見状、為浴恩賞、言上如件、

建武三年九月日

豊後国の御家人野上彦太郎清原資頼代平三資氏、謹んで言上す。

早く海道・京都所々の合戦の忠に任せて、御一見状《ごいっけんじょう》に預かり、恩賞に浴さんと欲する事

右、去年十二月十二日、左近将監貞載の手に属し、伊豆国佐野山において御方に参じ、合戦を致すの条、戸次豊前太郎見知《げんち》せられ訖《おわ》んぬ。次で同十三日、伊豆国府合戦の時、軍忠をぬきんじ訖んぬ。次で今年正月二日、近江国伊幾須の城の合戦の次第、狭間四郎入道・小田原四郎左衛門入道以下見知せしめ訖んぬ。次で同十日、淀の大渡りの橋上の合戦のとき、資頼火箭《ひや》を射、そののち焼け落つる柱に乗り、敵陣に押し渡り、軍忠を致すの条、須賀五郎・村畝治部房・小鷹太郎左衛門尉見知し訖んぬ。次で同十一日、唐橋烏丸合戦のとき、資頼太田判官一族益戸七郎左衛門尉に打ち組み、分取らしむ。すなわち実検せらるるのうえ、守護注進せられ訖んぬ。(中略)しかれば早く御一見状に預かり、恩賞に浴せんがため、言上くだんの如し。

(1)海道　東海道。(2)唐橋烏丸　京都市中の地名。(3)分取　首をとること。(4)実検　実地検分。

【解説】 関東に下向した尊氏は後醍醐との対決姿勢を明確にし、建武三年正月、後醍醐方を破って京都へ入った。この文書は豊前の武士野上氏が、尊氏に従って鎌倉から京都へ攻め上る途上でたてた軍功を書きつらねた文書である。野上氏はこれによって恩賞を得ようとしたのである。こうした文書を軍忠状と呼ぶ。なお一旦は入京した足利軍であるが、まもなく楠木正成、北畠顕家ら後醍醐方の反撃にあって九州に敗走、再度の入京は同年六月のことである。

215〔建武式目〕

政道事

右、量時設制、和漢之間、可被用何法乎、先逐武家全盛之跡、尤可被施善政哉、然者宿老・評定衆・公人等済々焉、

於訪故実者、可有何不足、古典曰、徳是嘉政、々在安民云々、早休万人愁之儀、速可有御沙汰乎、（中略）方今諸国干戈(1)未止、尤可有跼蹐(2)歟、古人曰、居安猶思危、今居危盍思危哉、可恐者斯時也、可慎者近日也、遠訪延喜・天暦両聖(3)之徳化、近以（北条）義時・泰時父子之行状、為近代之師、殊被施万人帰仰之政道者、可為四海安全之基乎、仍言上如件、

建武三年十一月七日　　真恵
　　　　　　　　　　　是円

右、時を量り制を設くに、和漢の間、いずれの法を用いらるべきか。先ず武家全盛の跡を逐い、尤も善政を施さるべきか。然れば宿老・評定衆・公人《くにん》等済々《せいせい》たり、故実を訪うにおいては、何の不足有るべきか。古典に曰く、「徳はこれ嘉政、政は民を安んずるにあり」と云々。早く万人の愁を休むる儀速《すみや》かに御沙汰あるべきか。（中略）方《まさ》に今諸国の干戈いまだ止まず。尤も跼蹐《きょくせき》あるべきか。古人曰く、「安きに居りて猶危きを思う」と。今危きに居りて盍《なん》ぞ危きを思わざるや。恐るべきは斯《こ》の時なり。慎むべきは近日なり。遠くは延喜・天暦両聖の徳化を訪《とぶら》い、近くは義時・泰時父子の行状をもって近代の師として、殊に万人帰仰の政道を施さるれば、四海安全の基たるべきか。よって言上くだんの如し。

（1）干戈　戦乱。（2）跼蹐　慎重。（3）延喜・天暦両聖　醍醐・村上両天皇。

【解説】　建武三年六月、尊氏が入京すると、後醍醐は一旦比叡山に逃れたが、十一月二日、比叡山を下って神器を持明院統の光明天皇に譲った。その五日後、尊氏は十七ヵ条からなる建武式目を策定して施政の方針を示した。通常、これをもって室町幕府の成立とする。掲出したのは序文の一部と末尾である。この式目には一般的な徳目と個別具体的な施策が混在しており、体系性をもったものではないが、尊氏が武家政権の再構築をめざしていたことは、掲出部分からうかがえよう。

(2)　南朝の動向

216　〔**梅松論**〕

「今度はいつくの国へ御幸あらんすらん」なと、沙汰ありし時分、潜《ひそか》に花山院殿を御出有しかは、洛中の騒動申はかりなし。此上ハ京中より御敵出へしとて、急東寺へ警固を遣されける間、諸人冑の緒をしめて、将軍の御前へはせさんしたりしかは、少しも御驚き有御気色もなくして、宗徒《むねと》の人々に御対面有て、仰られけるは、「此度君花山院に御座の故に、警固申事其期なきに依て、以の外武家の煩なり。

先代の沙汰のごとく、遠国に遷《うつし》奉らは、おそれ有へき間、迷惑の処に、今御出は太儀の中の吉事也。定て潜に畿内の中に御座有へき歟。御進退を叡慮《えいりょ》に任せられて、自然と落居せはしかるへき事也。運は天道《てんどう》の定むる所也。浅智の強弱によるへからす」と仰出されけれは、聞奉る人々、「実《まこと》に天下の将軍、武家の棟梁にて御座ある御果報を、今更申も愚なれとも、大敵の君を逃し奉て、御驚もなかりしそ、不思議の事」と申合ける。去程《さるほど》に、君は大和国あなふ（賀名生）といふ山中に御座のよし聞えしかは、名詮自性《みょうせんじしょう》しかるへからすとそ、口々に申ける。

【解説】　建武三年十二月二十一日、後醍醐は幽閉されていた京都花山院殿を抜け出し、吉野の賀名生《あのう》に移った。ここに朝廷は南北二つに分裂することとなる。『梅松論』は作者は未詳だが、北朝の立場から南北朝期の内乱を記述した軍記である。後醍醐の出奔を前にしても動じない尊氏の様子を讃えている。

217〔楓軒文書纂〕巻七十二　合編白河石川文書　建武五年（一三三八）閏七月日石河光俊軍忠状

石河小平七郎三郎光俊(1)申軍忠事

右、為顕家(北畠)(2)卿後攻、自奥州馳上、当年建武五二月十一日、勢州御発向之時、属御手、同十六日、於伊勢国雲地河致軍忠訖、

一、同廿八日、於奈良坂抽合戦忠節畢、

一、同三月十三日、於男山洞巓(3)、致軍忠畢、

一、同十六日、於安部野(4)致合戦之忠訖、

一、同五月廿二日、於和泉国堺浦、致軍忠畢、此等次第、同所合戦之間、須賀兵庫允・佐々木左衛門六郎令見知訖、然早預御証判、欲備亀鏡(5)之如件、

建武五年閏七月

(1)石河光俊　陸奥国石川郡(現福島県)の武士。(2)顕家　当時は義良親王を奉じて陸奥にいた。(3)洞巓　石清水八幡の裏手の峠。山城と河内の境界。(4)安部野　現在の大阪市内。(5)亀鏡《きけい》　証文。

【解説】　尊氏の九州敗走の際に強勢を示した北畠顕家はその後、奥州の武士たちをまとめ、建武四年末より京都をめざして進軍を始めた。美濃、伊勢、大和、摂津などで合戦があったが結局入京は果たせず、五月、顕家は和泉の石津で戦死する。以後、南朝方の劣勢は明らかになる。この文書は足利方として顕家と戦った武士の軍忠状である。

3　観応の擾乱

(1)　足利直義と高師直の不和

218〔園太暦〕貞和五年(一三四九)閏六月二日

及晩彼是云、此間三条坊門(1)武家第辺以下物忩、有用心事、近辺小屋或壊却之、或点定(2)、可居心安之輩云々、随而大高伊与権守重成幷相原(下総)(3)守之宅等点定云々、或云、相原逐電、重成者無其儀、岐良(吉)左京大夫(満義)(4)宿所可居替之旨仰之云々、縦横説以外事也、所詮直義(足利)卿与師(高)直有間、就之可有兵火旨、都人士女騒動、自東自西馳走、是併天魔所為歟、抑又如此事、近日武衛(直義)仰信禅僧妙吉申沙汰云々、

晩に及んで彼是《かれこれ》云わく、「此間、三条坊門の武家第辺以下物忩《ぶっそう》、用心の事あり。近辺の小屋、或いはこれを壊却し、或いは点定《てんじょう》し、心安きの輩を居《す》うべし」と云々。「随いて大高伊与権守重成ならびに相原下総守の宅等点定す」と云々。或いは云わく、「相原は逐電す。重成はその儀なし。岐良左京大夫の宿所に居え替うべきの旨仰す」と云々。縦横の説、もっての外のことなり。所詮直義卿と師直、間あり。これに就き兵火あるべき旨、都人士女騒動し、東より西より馳走す。是れ併《しかしなが》ら天魔の所為歟《か》。抑《そもそ》も又かくのごとき事、近日武衛仰信の禅僧妙吉の申し沙汰と云々。

(1)三条坊門　足利直義の館があった。(2)点定　没収すること。(3)大高重成・相原下総守　重成は師直の一族。相原は師直の側近。(4)岐良左京大夫　直義の側近。

【解説】後醍醐の没後、室町幕府内部での対立が表面化した。草創期の幕府では所領の宛行など主従制にもとづく支配権をもつ尊氏と、裁判権など統治権にもとづく支配権を行使する直義による二頭政治が行われたが、幕府の全国支配が進むにともない、両者の間には矛盾が深まっていった。特に足利家の執事として尊氏の信任厚い高師直と、足利一門や鎌倉以来の有力御家人層の支持を得た直義の対立は先鋭化した。この史料は北朝の公家洞院公賢の日記であるが、両者の対立をめぐっての京都での騒動が記されている。翌観応元年には両者兵を募って、全国的な騒乱が展開するが、観応二年二月、摂津打出浜で師直が敗死して、観応の擾乱の前半は決着がつく。

(2)　尊氏と直義の不和

219〔園太暦〕観応二年(一三五一)十一月四日

将軍(足利尊氏)今朝発向関東了(1)、仁木兵部少輔(頼章)・同右馬助(義長)・畠山修理(国清)権大夫・千葉介(氏胤)・高南遠江(宗継)・武田伊豆守(信武)・信濃入道行珍(二階堂行朝)等

相伴、其外諸武士、守護宰相中将（足利義詮）可在京之旨下知云々、

将軍、今朝関東に発向し了《おわ》んぬ。仁木兵部少輔・同右馬助・畠山修理権大夫・千葉介・高南遠江・武田伊豆守・信濃入道行珍等相伴う。その外の諸武士は宰相中将を守護し在京すべきの旨下知すと云々。

（1）関東　当時、鎌倉に直義がいた。

220〔太平記〕巻三十　直義鴆死事

懸《かか》リシ後ハ、高倉殿（足利直義）ニ附従奉ル侍ノ一人モナシ、牢ノ如クナル屋形ノ荒テ久シキニ、警固ノ武士ヲスヘラレ、事ニ触タル悲耳ニ満テ、心ヲ傷シメケレハ、今ハ浮世ノ中ニ存命テモ、ヨシヤ命モ何カハセント思フニ、我身サヘ用ナキ物ニ歎給ヒケルカ。幾程ナク其年ノ観応三年壬辰二月二十六日、忽ニ死去シ給ヒケリ。俄ニ黄疸《おうだん》ト云病ニ犯サレ、ハカナク成セ給ヒケリト、外ニハ披露アリケレトモ、実ニハ鴆毒ノ故ニ逝去シ給ヒケリトソ耳語ケル。去々年ノ秋ハ師直、上杉ヲ亡ホシ、去年ノ春ハ禅門（直義）、師直ヲ誅セラレ、今年ノ春ハ禅門、又怨敵ノ為ニ毒ヲ飲テ、失給ヒケルコソ哀ナレ。（中略）サテモ此禅門ハ、随分政道ヲモ心ニカケ、仁義ヲモ存給シカ、加様《かよう》ニ自滅シ給フ事、何ナル罪ノ報ソ。

【解説】師直の死後、直義による執政が開始されたが、司法権者から出発した直義は荘園領主層の権益を擁護せざるをえない局面も多く、恩賞を望む武士たちの信頼をつなぎ止めることはできなかった。観応二年七月には直義は北陸へ出奔、ついで上杉憲顕を頼って鎌倉に入った。史料219は、これに対し尊氏が追討軍を送ったことを記すものである。翌年正月、直義は尊氏に降伏したが、翌月、幽閉中の鎌倉で急死する。史料220は、当時から毒殺が噂されていたことを示している。なお尊氏は直義を追討するにあたって、南朝から綸旨を受けて、一時的に北朝は停止されている（正平の一統）。こうした室町幕府の内訌が両朝の対立を長期化させた要因でもある。

⑶　足利直冬の西国支配と入京

221〔鹿児島大学図書館所蔵牛屎文書〕観応二年（一三五一）九月六日足利直冬充行状

下　下大隅左近将監高元

可令早領知大隅国下大隅院九拾町楡井四郎跡・同国肝付郡百参拾町名越尾張守跡地頭職事

右以人為勲功之賞、所充行也、早守先例、可令領掌之状如件、

観応二年九月六日

源朝臣（足利直冬）(花押)

下す　下大隅左近将監高元

早く領知せしむべき大隅国下大隅院九拾町〈楡井四郎〉跡・

同国肝付郡百参拾町〈名越尾張守跡〉地頭職の事

右人をもって勲功の賞として、充行《あてが》うところなり。早く先例を守り、領掌せしむべきの状くだんの如し。

222〔建武三年以来記〕文和四年（一三五五）正月二十一・二十二日

廿一日、兵衛佐（足利直冬）今朝可有入洛云々、兵粮風情物昨今入京、先陣輩又今夕已着西郊(1)辺云々、

廿二日、自江州(2)已襲来、越勢多橋之由今朝風聞、仍桃井（直常）井（斯波氏頼）越前将監(3)等、打出於法成寺跡(4)、則攀登如意山(5)云々、武衛（直冬）未刻許自西山入洛、内野取陣、〈大極殿跡辺云々〉山名（時氏）・石堂（頼房）(6)以下輩相従、其勢不幾云々、石堂七条末東行、壬生北行、過蓬門(7)前之間、不慮令見物了、其勢百騎許也、今夕又於二条河原終夜令坐云々、

今夜如意山焼篝火、桃井之所為云々、

二十一日。兵衛佐今朝入洛あるべしと云々。兵粮風情の物、昨今入京す。先陣の輩、又今夕已《すで》に西郊辺に着すと云々。

二十二日。江州より已に襲来す。勢多《せた》橋を越えるの由、今朝風聞す。よって桃井ならびに越前将監ら、法成寺跡より打ち出でて、すなわち如意山に攀登《はんと》すと云々。

武衛、未の刻許《ばか》り、西山より入洛し、内野に陣を取る。〈大極殿跡辺と云々。〉山名・石堂以下の輩相従う。その勢幾《いくば》くならずと云々。石堂七条の末を東行、壬生を北行し、蓬門の前を過ぐるの間、不慮にして見物せしめ了《おわ》んぬ。その勢百騎許りなり。今夕又二条河原において終夜坐せしむと云々。

今夜如意山篝火を焼く。桃井の所為と云々。

(1)西郊　京都の西辺。(2)江州　近江。後光厳天皇が逃げ込んでいた。(3)桃井直常・斯波氏頼　いずれも直冬方の有力武将。(4)法成寺跡　京都東山。(5)如意山　比叡山。尊氏が陣をしいていた。(6)山名時氏・石堂頼房　いずれも直冬方の有力武将。(7)蓬門　自分の家の門。

【解説】　足利直冬は尊氏の実子であるが、直義の養子となり、生涯、直義の子として行動した。貞和五年（一三四九）、中国探題に任ぜられたが、まもなく観応の擾乱が勃発、直冬は尊氏の攻撃をうけて九州へ逃げ、そこで勢力を広げた。史料221は直冬の勢力が南九州にまで及んでいたことを物語る。直冬はその後再び中国地方に戻り、文和三年五月より上京を始め、翌年正月入京を果たしたが、三月には尊氏の反撃を受けて西走し、次第に衰えた。史料222はそのころの京都の様子を記した朝廷の実務官人小槻晴富の日記である。

4　九州の情勢

(1)　懐良親王の九州支配

223〔木屋文書〕正平十四年(一三五九)八月日木屋行実軍忠状

筑後国木屋弾正左衛門尉行実申軍忠事

右、為御対治(退)太宰筑後守頼尚(少弐)・同直資以下凶徒、去七月十九日御渡筑後河之時、令御共、於河北・岩田・福同原(1)御陣、日夜致警固之忠、同八月六日夜、大保原御合戦之時、為東手先勢十八人其随一、最前切入、自丑剋至同七日巳剋、抽軍忠之間、若党又五郎・惣扶持人二郎三郎被疵、四郎三郎・弥二郎討死訖、然早下賜御判、為備亀鏡言上如件、

正平十四年八月　日

筑後国木屋弾正左衛門尉行実申す軍忠の事

右、太宰筑後守頼尚・同直資以下の凶徒を御退治のため、去る七月十九日、筑後河を御渡の時、御共せしめ、河北・岩田・福同原の御陣において、日夜警固の忠を致す。同八月六日夜、大保原の御合戦の時、東手の先勢十八人のその随一として、最前に切入り、丑の剋より同七日巳の剋に至り、軍忠を抽《ぬきんず》るの間、若党又五郎・惣扶持人二郎三郎疵を被《こうむ》る。四郎三郎・弥二郎討ち死にし訖《おわ》んぬ。しかれば早く御判を下し賜り、亀鏡《きけい》に備えんがため言上くだんの如し。

(1)河北・岩田・福同原　いずれも筑後国御原郡。現・福岡県小郡市付近。大保原も同様。

224〔阿蘇文書〕正平十六年(一三六一)二月三日懐良親王令旨

肥後国阿蘇社(1)務職并神領等事、如元可被致沙汰之状、依仰執達如件、

正平十六年二月三日　勘解由次官(五条頼元)　花押

大宮司(恵良惟澄)殿

肥後国阿蘇社務職ならびに神領等の事、元の如く沙汰致さるべきの状、仰せによって執達くだんの如し。

(1)阿蘇社　肥後国一宮。社家の阿蘇氏は肥後の有力武士でもある。

【解説】　懐良《かねよし》親王は後醍醐の子。父天皇から征西将軍に任ぜられて幼年にして九州に赴き、肥後の菊池氏の支援を受けて、直冬が去ったのちの九州で勢力を拡大した。特に正平十四年(延文四)、筑後川に少弐頼尚を破ってからの十数年間は絶頂期で、大宰府に征西府を置いて九州一円を支配した。史料223はその戦いで懐良方に属した筑後の武士木屋行実の軍忠状。史料224は最盛期の懐良が令旨《りょうじ》によって阿蘇氏の所領を安堵したものである。

(2) 日本国王良懐

225〔**明太祖実録**〕 洪武二年（一三六九）二月辛未（六日）

遣呉用顔・宗魯・楊載等(1)、使占城・爪哇・日本等国、（中略）賜日本国王璽書(2)曰、上帝(3)好生悪不仁者、向者我中国、自趙宋失馭(4)、北夷(5)入而拠之、播胡俗(6)、以腥羶(7)中土、華風不競、凡百有心、孰不興憤、自辛卯(8)以来、中原擾擾、彼倭来寇山東、不過乗胡元之衰耳、朕本中国之旧家、恥前王之辱、興師振旅、掃蕩胡番、宵衣旰食(9)垂二十年、自去歳以来、殄絶北夷、以主中国、惟四夷未報、間者山東来奏、倭兵数寇海辺、生離人妻子、損傷物命、故修書特報正統之事(10)、兼諭倭兵越海之由、詔書到日、如臣奉表(11)来庭、不臣則修兵自固、永安境土以応天休(12)、如必為寇盗、朕当命舟師、揚帆諸島、捕絶其徒、直抵其国、縛其王、豈不代天伐不仁者哉、惟王図之、

呉用顔・宗魯・楊載等を遣わし、占城《チャンパ》・爪哇《ジャワ》・日本等の国に使いせしむ。（中略）日本国王に賜る璽書《じしょ》に曰く、「上帝は生を好み不仁の者を悪《にく》む。向者《さきごろ》我が中国は、趙宋の馭《ぎょ》を失いしより、北夷入りてこれに拠《よ》り、胡俗を播《ひろ》げ、以て中土を腥羶《せいせん》し、華風競わず。凡百の心あるもの、孰《たれ》か憤を興さざらん。辛卯より以来《このかた》、中原擾擾たり。彼の倭の山東に来寇するも、胡元の衰に乗ずるに過ぎざるのみ。朕は本より中国の旧家にして、前王の辱を恥じ、師を興し旅を振い、胡番を掃蕩し、宵衣旰食《しょういかんしょく》すること、二十年に垂《なんな》んとす。去歳より以来、北夷を殄絶《てんぜつ》し、もって中国に主たるも、惟《た》だ四夷には未だ報ぜず。間者《このごろ》山東来り奏すらく、「倭兵数《しば》し海辺に寇し、人の妻子を生離し、物命を損傷す」と。故に書を修めて特に正統の事を報じ、兼ねて倭兵海を越ゆるの由を諭す。詔書到る日、如《も》し臣《つか》えば表を奉じて来庭せよ。臣えずんば則ち兵を修めて自ら固めよ。永く境土《けいど》に安んじ、もって天休に応ぜよ。如《も》し必ず寇盗を為さば、朕まさに舟師に命じ、諸島に揚帆し、その徒を捕絶し、直ちにその国に抵《いた》り、その王を縛るべし。豈《あ》に天に代わりて不仁の者を伐たざらんや。惟だ王これを図れ」と。

（1）呉用顔・宗魯・楊載　呉用顔は占城、宗魯は爪哇、楊載は日本への使者。中略のところに、占城および爪哇にあてた詔が引用されている。（2）璽書　印璽を捺した書面。（3）上帝　上天を人格化した表現。（4）趙宋失馭　趙は宋朝（九六〇―一二七九）の皇帝の姓。一二七九年、南宋が元に滅ぼされたことを指す。（5）北夷　モンゴル。後出の胡元・胡番も同じ。（6）胡俗　モンゴル民族の風俗。（7）腥羶　腥も羶も「なまぐさい」の意。（8）辛卯　一三五一年。元朝に反逆する紅巾の乱が勃発。（9）宵衣旰食　早朝に起きて衣服を着け、日没後に食膳に向かう。天子が政治に精励するさま。（10）正統之事　洪武帝の即位、明の建国を指す。（11）表　臣下が皇帝に上る正式の文書。表文・表箋《せん》ともいう。（12）天

休　天のりっぱな道。異本には「天命」とある。

226〔明太祖実録〕洪武四年（一三七一）十月癸巳（十四日）

日本国王良懐、遣其臣僧祖来、進表箋、貢馬及方物(1)、并僧九人来朝、又送至明州(2)・台州(3)被虜男女七十余口、先是、趙秩等往其国宣諭、秩泛海、至析木崖(4)、入其境、関者拒勿納、秩以書達其王、王乃延秩入、秩諭以中国威徳、而詔旨有責譲(5)其不臣中国語、王曰、（中略）命左右将刃之、秩不為動、徐曰、今聖天子、神聖文武、明燭八表(6)、生于華夏、而帝華夏、非蒙古比、我為使者、非蒙古使者後(7)、爾若悖逆不吾信、即先殺我、則爾之禍、亦不旋踵矣、我朝之兵天兵也、無不一当百、我朝之戦艦、雖蒙古戈船百不当其一、況天命所在、人孰能違、豈以我朝之以礼懐爾者、与蒙古之襲爾者比耶、於是、其王気沮、下堂延秩、礼遇有加、至是奉表箋、称臣、遣祖来随秩入貢、詔賜祖来等文綺帛(8)及僧衣、比辞、遣僧祖闡(9)・克勤等八人、護送還国、仍賜良懐大統暦(10)及文綺・紗羅(11)、

日本国王良懐、その臣僧祖来を遣わし、表箋を進め、馬及び方物《ほうぶつ》を貢ず。ならびに僧九人来朝す。また明州・台州の被虜男女七十余口を送至す。これより先、趙秩等その国に往きて宣諭す。秩、海に泛《うか》び、析木崖に至りてその境に入る。関者拒んで納《い》るるなし。秩、書をもってその王に達す。王すなわち秩を延《ひ》きて入らしむ。秩、諭するに中国の威徳をもってす。しかして詔旨に、その中国に臣《つか》えざるを責譲するの語あり。王曰く、「（中略）」。左右に命じてまさにこれを刃《じん》せんとす。秩動きをなさず。徐《おもむ》ろに曰く、「今の聖天子は、神聖文武にして、八表を明燭す。華夏に生まれて華夏に帝たり。蒙古の比にあらず。我れ使者たるも、蒙古の使者の後にあらず。爾《なんじ》もし悖逆《はいぎゃく》して吾を信ぜず、すなわち先に我を殺さば、すなわち爾の禍もまた踵《きびす》を旋《めぐ》らさざらん。我朝の兵は天兵にして、一にして百に当たらざるはなし。我朝の戦艦は、蒙古の戈船《かせん》百と雖も、その一に当たらず。況《いわ》んや天命の在る所、人孰《たれ》か能《よ》く違《たが》わんや。豈《あ》に我朝の礼をもって爾を懐《なつ》く者をもって、蒙古の爾を襲う者と比べんや」と。是《ここ》においてその王気沮《はば》み、堂を下りて秩を延き、礼遇加わるあり。是に至りて表箋を奉り、臣と称し、祖来を遣わし秩に随いて入貢す。詔して祖来等に文綺の帛《ぬの》及び僧衣を賜う。辞に比《したが》い、僧祖《そ》闡《せん》・克勤《こくごん》等八人を遣わし、護送して国に還らしむ。仍《なお》良懐に大統暦及び文綺・紗羅を賜う。

（1）方物　その地方の産物。方は国の意。（2）明州　浙江省寧波市。（3）台州　浙江省南部の港町。（4）析木崖　九州の地名らしいが未詳。（5）責譲　せめとがめる。（6）八表　八方の果て。全世界。（7）非蒙古使者後　中略部分で良懐は、蒙古襲来のときの元使趙良弼の子孫ではないかと趙秩を詰問している。（8）文綺　彩文ある布。（9）祖闡・克勤

史料229参照。(10)大統暦　元の授時暦を少し改変して作った明の暦。暦の頒布は冊封の手続きの重要な一部をなす。(11)紗羅　うすぎぬ。

227〔明史〕巻三百二十二　外国三日本　洪武二十年(一三八七)付載

先是、胡惟庸謀逆、欲藉日本為助、乃厚結寧波衛指揮林賢、佯奏賢罪(1)、謫居(2)日本、令交通其君臣、尋奏復賢職、遣使(3)召之、密致書其王、借兵助己、賢還、其王遣僧如瑶、率兵卒四百余人、詐称入貢、且献巨燭、蔵火薬・刀剣其中、既至、而惟庸已敗、計不行、帝亦未知其狡謀也、越数年、其事始露、乃族(4)賢、而怒日本特甚、決意絶之、専以防海為務、

これより先、胡惟庸、逆を謀《はか》り、日本を藉《か》りて助と為《な》さんと欲し、すなわち厚く寧波衛指揮林賢と結び、佯《いつわ》りて賢が罪を奏し、日本に謫居《たくきょ》してその君臣と交通せしむ。尋《つい》で賢の職を復するを奏す。使を遣してこれを召す。密かに書をその王に致し、兵助を己れに借る。賢還る。その王、僧如瑶を遣わし、兵卒四百余人を率いて、詐《いつわ》りて入貢と称し、且つ巨燭を献ぜしむ。火薬・刀剣をその中に蔵《かく》す。既に至る。しかるに惟庸已《すで》に敗れ、計行われず、帝また未だその狡謀を知らざりしなり。越えて数年、その事始めて露わる。すなわち賢を族す。而して日本を怒ること特に甚しく、意を決してこれと絶ち、専ら防海をもって務と為《な》す。

(1)佯奏賢罪　『御製大誥《ぎょせいたいこう》三編』によれば、胡惟庸は林賢に「日本からの進貢船が倭寇の船だったので、皇帝からの賞賜品を没収した」と偽りの上奏をさせたあと、わざとその虚偽を暴露したという。(2)謫居　流罪。(3)使　『御製大誥三編』によれば中書宣使李旺で、日本へ向かったのは一三七九年。(4)族　罪を一族に及ぼすこと。『御製大誥三編』によれば、幼子もふくめて林賢の男子は皆殺しにされ、妻妾は婢に落された。

【解説】　一三六八年に元を滅ぼして中華を回復した明の洪武帝は、ただちに周辺諸国に服属を求める使者を派遣した。楊載は日本に送られた二度めの使者で、九州に到ったが、征西将軍懐《かね》良《よし》親王(明側の史料では「良懐」)に拒絶された。史料225の詔は明の正統性を表明すると同時に、倭寇の禁圧を日本国王に命じ、従わなければ出兵も辞さぬと脅している。史料226の語るように、良懐は三度めの使者趙秩に説得され、「臣」と称して使者祖来を明に送った。七一年、洪武帝は良懐を「日本国王」に封じ、大統暦を頒布した。ここに良懐は明帝の臣下となり、日明間に正式の国交が成立する。たかだか九州の支配者にすぎない懐良が「日本国王」となったことは、北朝や幕府の脅威となり、以後、南北朝末期の内乱は、九州をおもな舞台に、国際情勢に強く影響されながら推移していく。

　一三八〇年正月、洪武帝の権臣だった中書左丞相胡惟庸が謀反の罪で処刑される、という大事件が勃発、建国まもない明朝を震撼させた。史料227は、この謀反に、日本に開いた窓口寧波を任地とする軍人林賢を仲立ちとして、良懐が加担していたこ

とを伝えている。その史実性を疑う説もあるが、一三八六年に成った『御製大誥三編』に掲げる洪武帝の勅書にも、同じ事件が記されている。『明太祖実録』によれば、良懐の使者如瑶は一三八一年七月、つまり胡惟庸処刑の一年半後に入明した。この時点では日本国王の関与は暴露されなかったが、八六年に至って林賢の罪が発覚、怒った洪武帝は日本と断交した。『皇明祖訓』は不征国十五のひとつに日本をあげ、「朝すると雖も実は詐なり、暗《ひそ》かに奸臣胡惟庸と通じ、不軌を為《な》さんと謀《はか》る、故に之と絶つ」と記している。

(3) 今川了俊の下向

228 **〔阿蘇文書〕応安五年（一三七二）卯月二十八日今川了俊書状**

御打出事、先以目出候、合力事不可有子細候、罷移当陳（陣）候上者、筑後辺事、連々致沙汰候間、其国事、又可為同前候、肥後国人々少々在陳（陣）候、即可申付候、定早々可罷越候歟、有御談合可被廻籌策（1）候、蒲地以下所々ニ勢伏候、近日又筑後国中事、可遣勢候也、如此候者、弥御在所近々ニ可成候哉、相構御注進候者、可目出候、城々被落候之由承候、殊々悦入候、可申京都候、恐々謹言、

卯月廿八日　　沙弥了俊（今川） 押花

謹上　阿曽（惟村）大宮司殿

御打出の事、まずもって目出《めで》候。合力の事、子細あるべからず候。当陣に罷り移り候上は、筑後辺の事、連々沙汰致し候間、その国の事、又同前たるべく候。肥後国の人々少々在陣候。すなわち申し付くべく候。定めて早々に罷り越すべく候か。御談合ありて籌策《ちゅうさく》を廻らさるべく候。蒲地以下、所々に勢を伏せ候。近日又筑後国中の事、勢を遣わすべく候なり。かくの如く候わば、いよいよ御在所近々に成るべく候か。相構えて御注進候わば、目出《めづ》べく候。城々落とされ候の由承り候。殊々悦び入り候。京都に申すべく候。恐々謹言。

（1）籌策　策略。

【解説】応安四年、幕府は今川貞世（了俊）を九州探題に任じた。了俊は中国地方の武士をまとめ、その軍事力によって懐良を追い詰めていく。この文書は、了俊が肥後の阿蘇氏の帰参を賞し、同時に近く筑後を攻撃することを伝えた書状である。この年八月、了俊は大宰府を落として懐良を筑後の高良山に逐った。そののち了俊は南九州も攻撃し、一三八〇年ごろまでには九州全島を従えた。

229 **〔宋文憲公全集〕巻十三　送無逸勤公出使還郷省親序**

先是、日本王（1）統州六十有六、良懐以其近属、窃拠其九（2）、都于太宰府、至是被其王所逐、大興兵争（3）、及無逸等至、良懐

已出奔、新設守土臣(4)、疑祖来乞師中国、欲拘辱之、無逸力争得免、然終疑勿釈、守臣白其事于王、王居洛陽(5)、欲延闡(6)住持天竜寺、無逸独先還、無逸奉揚天子威徳、諭以禍福必期与闡倶、王聞其志不可奪、命輿馬来迎、(中略)議遣総州太守円宣(7)及浄業(8)・喜春二僧、従南海下太宰府、備方物来貢、所虜中国及高句驪(9)民無慮百五十人、無逸化以善道、悉令具大舶遣帰、無逸等自太宰府登舟、五昼夜即達昌国州(10)、已而赴南京、

これより先、日本王は州六十有六を統《す》べ、良懐はその近属をもって、窃《ひそ》かにその九に拠り、太宰府に都《みやこ》す。是《ここ》に至りてその王の逐《お》うところとなり、大いに兵を興して争う。無逸等の至るに及び、良懐已《すで》に出奔す。新設の守土臣、祖来の師を中国に乞うを疑い、これを拘辱せんと欲す。無逸免を得んと力争するも、しかも終《つい》に疑いて釈することなし。守臣その事を王に白《もう》す。王は洛陽に居す。闡《せん》を延《ひ》きて天竜寺に住持せしめ、無逸を独り先に還らしめんと欲す。無逸天子の威徳を奉揚し、諭するに禍福必ず闡と倶《とも》にせんと期するをもってす。王その志の奪うべからざるを聞き、輿馬《よば》に命じて来り迎う。(中略)議して総州太守円宣及び浄業・喜春二僧を遣わす。南海より太宰府に下り、方物を備えて来貢す。虜するところの中国及び高句驪の民無慮百五十人、無逸化するに善道をもってし、悉く大舶を具して遣わし帰さしむ。無逸等太宰府より舟に登《の》り、五昼夜にして即ち昌国州に達す。已にして南京に赴く。

(1)日本王　この文章では南朝・北朝の天皇と将軍が弁別されず、「王」と呼ばれている。(2)其九　九州を指す。(3)大興兵争　応安五年(一三七二)八月、九州探題今川了俊が懐良親王を大宰府から追い落した戦争を指す。(4)新設守土臣　今川了俊。(5)洛陽　京都。(6)闡　仲猷祖闡。(7)円宣　『明太祖実録』洪武七年(一三七四)六月乙未条には「宣聞渓」とある。足利義満が遣わした遣明正使。(8)浄業　子建浄業。中巌円月の弟子で、明で客死。(9)高句驪　高麗のこと。(10)昌国州　寧波沖の舟山島にある港で、今の定海県。

【解説】　洪武帝は、懐良親王の使者祖来の到来に応えて、寧波天寧寺住持仲猷祖闡《ちゅうゆうそせん》・南京瓦官寺住持無逸克勤《むいつこくごん》の二僧を、懐良冊封のために日本へ遣わした(史料226参照)。ところが使者が至ったとき、博多周辺はすでに今川了俊の手に落ちており、使者は聖福寺に抑留された。「祖来の師(軍隊)を中国に乞うを疑い」という記述に、懐良の「日本国王」冊封が幕府にとってもつ軍事的危険性がうかがえる。了俊から通報を受けた足利義満は、二僧を京都に呼んで交渉し、応安六年(一三七三)八月、聞渓円宣らを使節として仲猷らの帰国に同行させた。遣明使は翌年六月南京に至ったが、義満は陪臣として外交資格を認められず、使者は追い返された。右は、当時の代表的な文人宋濂《そうれん》が、使節行を果した無逸に、功績を讃えて贈った文章である。

5　関東の情勢

(1)　両朝方の抗争

230〔相楽結城文書〕年欠（暦応三＝興国元年・一三四〇）六月一日北畠親房御教書

（北畠親房）
（花押）

将軍[1]御下向間事、先日委細被仰候了、其境事、何様沙汰候哉、抑高師冬[2]以下凶徒引退候了、駒楯城去廿七日夜討事候畢、一旦雖及難義、則被責候間、同廿八日八丁目[3]・垣本・鷲宮・善光寺山四ヶ所城放火没落、同廿九日酉剋、飯沼館[4]没落、同夜師冬陣屋悉焼払逃走候了、御方大慶此事候、此上連々被出軍勢、可被対治（退）方々候也、就之其方事、相構忩々可有沙汰之由所候也、仍執達如件、

六月一日　　越後権守秀仲

結城大蔵大輔[5]殿

将軍御下向の間の事。先日委細仰せられ候い了《おわ》んぬ。その境の事、何様の沙汰候か。抑《そもそ》も高師冬以下の凶徒引き退け候い了んぬ。駒楯城去る二十七日夜討の事候い畢《おわ》んぬ。一旦は難義に及ぶといえども、すなわち責められ候間、同二十八日八丁目・垣本・鷲宮・善光寺山四カ所の城、火を放ち没落す。同二十九日酉の剋、飯沼館没落す。同夜、師冬陣屋を悉く焼き払い逃走候い了んぬ。御方の大慶此事に候。この上は連々に軍勢を出され、方々を退治せらるべく候なり。これにつきその方の事、相構えて忩々《そうそう》に沙汰あるべきの由候所なり。よって執達くだんの如し。

（1）将軍　鎮守府将軍北畠顕信。親房の次男。当時、吉野より奥州へ向かう途上であった。（2）高師冬　師直のいとこ。当時は関東における北党の中心人物として常陸の瓜連にいた。（3）八丁目　武蔵国北葛飾郡。現埼玉県春日部市。鷲宮は鷲宮町。（4）飯沼　下総国結城郡。現茨城県水海道市付近。（5）結城大蔵大輔　結城親朝。陸奥国白河（現福島県）にいた。

231〔集古文書〕巻二十四目安類　康永三年（一三四四）二月日別府幸実軍忠状

目安

武蔵国別府尾張太郎幸実申所々軍忠間事

一、去暦応四年（一三四一）五月九日、自馳参常州茋連御陣[1]以来、所々御共仕候、（中略）

一、同（七月）十七日、屋代彦七信経同道仕天、馳向于信太庄[2]之処、佐倉城凶徒等令没落候訖、討渡伊仗（佐）度之入海、馳参東条

城之処、御敵降参、同日相向亀谷城之刻、又以降参、同廿三日、押寄高井城、焼払所々候訖、
一、同八月（康永二年）廿三日合戦之時被疵被射通右足踝、矢尻折留之間度々雖及斃死、終以不去於陣中、（中略）関・太宝(3)城没落之後、向伊佐城外西野口、退治御敵仕訖、大将武州府中御返之間、御共仕候訖、
右軍忠大概如此、然者賜御証判、為備後日亀鏡、恐々言上如件、

康永参年二月日

武蔵国別府尾張太郎幸実申す、所々軍忠の間の事

一、去る暦応四年五月九日、常州茂連の御陣に馳せ参ずるより以来、所々に御共仕り候。（中略）

一、同十七日、屋代彦七信経同道仕りて、信太庄に馳せ向うのところ、佐倉城の凶徒等没落せしめ候い訖《おわ》んぬ。伊佐度の入海を討ち渡り、東条城に馳せ参ずるのところ、御敵降参す。同日亀谷城に相向うの刻み、又もって降参す。同二十三日、高井城に押し寄せ、所々を焼き払い候い訖んぬ。

一、同八月二十三日の合戦の時、疵を被《こうむ》る〈右足の踝《くるぶし》を射通さる〉。矢尻折れ留まるの間、度々斃死《へいし》に及ぶといえども、終《つい》にもって陣中より去らず。（中略）関・太宝城没落の後、伊佐城〈外〉西野口に向かい、御敵を退治仕り訖んぬ。大将武州府中へ御返りの間、御共仕り候い訖んぬ。

右、軍忠大概かくの如し。しかれば御証判を賜り、後日の亀《き》鏡《けい》に備えんがため、恐々言上くだんの如し。

(1)茂連御陣　常陸国茨城郡にある高師冬の拠点。(2)信太庄　常陸国稲敷郡。佐倉・伊佐度・東条・亀谷・高井も同様。霞が浦と利根川にはさまれたあたり。(3)関・大宝　常陸国真壁郡。現茨城県関城町・下妻市。

【解説】　新田義貞・北畠顕家の戦死後、親房は東国での南朝勢力の拡大を図って常陸に赴いた。結城親朝は奥州南部における南党の中心勢力であり、親房が最も頼りとした武将である。史料230は、親朝が顕信の奥州下向に合わせて北党を攻撃したことを賞したものである。しかしやがて親朝は北党に転じたため親房は窮地に陥り、小田・関・大宝などの諸城を転々とするが利なく、失意のうちに吉野へ帰った。一方、史料231には武蔵国幡羅郡の武士の別府氏が、北党として常陸各地で立てた軍功を列記したもの。親房の拠る城を次々と落したことが記されている。

(2)　観応の擾乱と関東

232　**〔醍醐寺報恩院蔵古文書録〕乾　観応二年（一三五一）正月六日石塔義房書状**

上杉左衛門蔵人(1)、去年観応元十一月十二日、於常陸国信太庄

揚旗、同十二月一日、上杉戸部[2]立鎌倉上野国下向、同月廿五日、高播磨前司(師冬)鎌倉没落、同日夜半毛利庄[3]湯山着、若御前[4]ニハ三戸七郎・彦部次郎・屋代源蔵人・一色少輔三郎・加子修理亮・中賀野加子宮内少輔・今河左近蔵人御共、此人々五人、於湯山坊中、翌日辰時、三戸七郎ヲハ宮内少輔討之、彦部ヲ加子修理亮討之、屋代ヲハ義慶手討之、以上三人被討畢、仍同十二月廿九日、若御前鎌倉入御、御共人々上杉戸部以下先陣、三浦介・椙下判官後陣、爰播磨前司楯籠甲非(斐)国逸見城云々、討手正月四日、上杉兵庫助卒数千騎勢発向、以加子宮内少輔三郎・上杉左衛門蔵人自海道企上洛候、以此旨可令披露給、恐惶謹言、

観応二年正月六日　　沙弥義慶[5]

謹上　御奉行所

上杉左衛門蔵人、去年〈観応元〉十一月十二日、常陸国信太庄において旗を揚《あ》ぐ。同十二月一日、上杉戸部鎌倉を立ち上野国に下向す。同月二十五日、高播磨前司鎌倉を没落し、同日夜半、毛利庄湯山に着す。若御前には三戸七郎・彦部次郎・屋代源蔵人・一色少輔三郎・加子修理亮・中賀野加子宮内少輔・今河左近蔵人御共す。この人々五人、湯山坊中において、翌日辰の時、三戸七郎をば宮内少輔これを討つ。彦部を加子修理亮これを討つ。屋代をば義慶の手これを討つ。以上三人討たれ畢《おわ》んぬ。よって同十二月二十九日、若御前鎌倉に入御す。御共の人々は上杉戸部以下先陣、三浦介・椙下判官後陣。ここに播磨前司は甲斐国逸見城に楯《たて》籠《こも》ると云々。討手に正月四日、上杉兵庫助数千騎の勢を卒《ひき》い発向す。加子宮内少輔三郎・上杉左衛門蔵人をもって海道より上洛を企て候。この旨をもって披露せしめ給うべし。恐惶謹言。

(1)上杉左衛門蔵人　能憲。憲顕の子。(2)上杉戸部　上杉憲顕。戸部は民部の唐名。(3)毛利庄　相模国愛甲郡。現厚木市。(4)若御前　足利基氏。尊氏の次子で初代の鎌倉公方。(5)義慶　石塔義房。直義派の武将。直義の死後は南朝に転じた。

【解説】　上杉氏は足利氏と密接な姻戚関係にあり、憲顕は尊氏・直義のいとこにあたる。上野・越後の守護を勤めたほか、関東管領にも任ぜられ、高師冬とともに幼少の基氏の補佐役として鎌倉にあったが、観応の擾乱が始まると子の能憲とともに直義に与し、師冬と対立した。この文書はその間の事情を詳述したもので、能憲の挙兵に呼応して憲顕が上野に下ったこと、師冬は基氏を擁して湯山に逃げたが、仲間の寝返りによって基氏を憲顕に奪われ、甲斐に籠城したことが記されている。この後まもなく師冬は自害した。

(3) 反鎌倉府勢力の没落

233〔**市河文書**〕**応安元年(一三六八)九月日市河頼房・弥六代難波基房軍忠状**

市河甲斐守頼房・同弥六入道代難波四郎左衛門尉基房軍
　忠事
右、平一揆(1)并宇都宮(氏綱)以下凶徒蜂起之間、為退治御発向之処、属御手馳参、六月十七日武州河越合戦之間、致散々太刀打、至于府中致宿直畢、就中宇都宮御発向之間、八月十九日横田(2)要害、廿九日贄木城合戦抽忠功、九月六日宇都宮城攻之時、御屏藩(3)致忠節之上、頼房被射左肩・右股畢、然早任忠功、下賜御判、為備亀鑑(4)言上如件、
　応安元年九月　日

右、平一揆ならびに宇都宮以下の凶徒蜂起の間、退治のため御発向のところ、御手に属し馳せ参ず。六月十七日、武州河越合戦の間、散々の太刀打ちを致し、府中に至って宿直を致し畢《おわ》んぬ。なかんずく、宇都宮御発向の間、八月十九日横田要害、二十九日贄木城合戦に忠功を抽《ぬき》んず。九月六日宇都宮城攻めの時、御屏藩の忠節を致すの上、頼房は左肩・右股を射られ畢んぬ。しかれば早く忠功に任せ、御判を下し賜わり、亀鑑に備えんがため言上くだんの如し。

(1)平一揆　川越氏など武蔵の平姓の武士団。(2)横田　下野国。現宇都宮市。贄木も近くか。(3)屏藩　護衛。(4)亀鑑　証文。

【解説】　宇都宮氏は下野の伝統的な豪族武士である。観応の擾乱では尊氏・師直方に属し、直義や関東管領上杉憲顕と対立した。観応三年(一三五二)直義が殺され、憲顕が失脚すると、宇都宮氏綱が上野・越後守護に任ぜられたが、康安元年(一三六一)、憲顕は関東管領および両国守護に復帰した。これを不満とした氏綱は、応安元年六月に鎌倉府に反旗を翻す。しかし九月六日、本拠の宇都宮城を攻撃されて降参、まもなく没した。なお市河氏は信濃国水内・高井郡を本拠とする武士。

234〔**花営三代記**〕**康暦二年(一三八〇)五月十六日**

小山下野守義政、与宇都宮下野前司基綱合戦、宇都宮討死之由有其聞之、義政方一族大内入道父子親類卅余人、辛島惣領・志筑嫡子・秦内次郎以下二百余人、基綱方自身打死、舎弟負手、芳賀六・同七・同八討死、其外岡本・舟尾父子、若嶋子息・市庭那波以下宗者(1)八十余人討死之由、後日渋谷遠江入道状到来云々、仍自関東為小山下野守退治、可有御発向云々、

小山下野守義政、宇都宮下野前司基綱と合戦す。宇都宮討ち死にの由、その聞こえあり。義政方、一族大内入道父子

親類三十余人、辛島惣領・志筑嫡子・秦内次郎以下二百余人。基綱方、自身打ち死に、舎弟手を負い、芳賀六・同七・同八討ち死ぬ。そのほか岡本・舟尾父子、若嶋子息・市庭那波以下宗たる者八十余人討ち死ぬの由、後日渋谷遠江入道の状到来すと云々。よって関東より小山下野守退治のため、御発向あるべしと云々。

（1）宗者　おもな者。

235〔烟田文書〕永徳二年（一三八二）四月日烟田重幹代井河信吉着到状

着到

　鹿嶋烟田刑部大輔重幹代井河五郎兵衛尉信吉申軍忠事

右、於先度忠節者、預御判訖、爰去月廿二日夜、依令没落小山下野入道永賢祇園城(1)、大将(上杉朝宗)御発向之間、属惣領幹重手、同晦日馳参吹上(2)御陣、同四月八日令供奉長野(3)御陣、同十二日追落糟尾寺窪城、即時仁罷向櫃城、責登南山致合戦訖、同十二日夜永賢没落以後、至于腹切期、致警固之上者、賜御証判、為備向後亀鏡、着到如件、

　　永徳二年四月　日

右、先度の忠節においては、御判に預り訖《おわ》んぬ。ここに去月二十二日夜、小山下野入道永賢、祇園城を没落せしむるにより、大将御発向の間、惣領幹重の手に属し、同晦日、吹上の御陣に馳せ参ず。同四月八日、長野の御陣に供奉せしむ。同十二日、糟尾寺窪城を追い落す。即時に櫃城に罷り向い、南山に責め登り、合戦を致し訖んぬ。同十二日夜に永賢没落以後、腹切の期に至り、警固を致すの上は、御証判を賜り、向後の亀鏡に備えんがため、着到くだんの如し。

（1）祇園城　小山氏の本城。下野国下都賀郡。現小山市。（2）吹上　同郡。現栃木市。（3）長野　下野国安蘇郡。現粟野町。糟尾も同様。

【解説】　小山氏は藤原氏秀郷流、下野の豪族で、鎌倉幕府開設以来、守護を勤めていたが、康暦二年（一三八〇）、同じ下野の豪族である宇都宮氏との抗争を発端に、鎌倉府との対立が始まった。『花営三代記』は尊氏から義満に至る室町幕府の政務を書き記した記録であるが、掲出部分には両氏の抗争についての記述が見える。一方、常陸の武士烟田重幹の軍忠状には、永徳二年、小山義政が鎌倉府の攻撃をうけて自害に至る経過が記されている。その後も義政の子若犬丸は常陸の小田氏、陸奥の田村氏らの庇護を受けて鎌倉府への反抗を続けたが応永四年（一三九七）、鎌倉からの攻撃に敗れ、若犬丸が自害してようやく小山氏の乱は終わった。

6　戦乱と武士・百姓

236〔高幡不動胎内文書〕暦応二年（一三三九）十一月山内経之書状・年月日未詳山内経之書状

（上欠）むま《馬》も身かほし《欲》く候。むまをくせい《供勢》のもちて候しを、ゑひとの《海老殿ヵ》のゝもとより候て、とりてたひて候。かふと《兜》もこのほとは人のかし《貸》給て候へは、それにてかせん《合戦》をもきてし候也。人〳〵これほとうたれ、てをひ《手負》候に、いまゝてをおもたはす(1)候へは、きかせ給候ても、かせんもいかやうに候やと、心もとなくはしおもはせ給候ましく候。（下略）

やすのふの下のふみ、くはしくみまいらせ候ぬ。仰のことくこれのしんく《辛苦》申はかりなく候。さりなからこれの事は、かねてよりおも《思》ひもう《儲》けたる事にて候。るす《留守》にかい〳〵しき物々一人も候はぬこそ、返々心もとなくおほえて候へ。何事よりもおとなしく、なに事もはゝこ《母御》にも申あはせて、ひやくしやう《百姓》とも《共》の事もあまりにふさたにて候。よく〳〵はからはせ給へく候。（下略）

（1）おもたはす　辛苦に思わない。

【解説】『高幡不動胎内文書』は東京都日野市の金剛寺（高幡不動）の不動明王座像の胎内に収められていた印仏の紙背文書群で、その多くは当地の武士山内経之が戦闘の前線から留守宅に書き送った書状である。暦応二年末、経之は常陸国駒城の北畠親房を攻撃する高師冬の軍に加わっていた。前者の書状には馬や兜を借用して合戦に加わったことが記されており、中小の武士にとっては合戦に加わること自体が相当な負担であったことがしのばれる。後者の書状は、留守宅のわが子を案じる真情に溢れ、何事も母と相談するように、所領の百姓支配のこともよく計らうようになどといった内容がつづられている。

237〔東寺百合文書〕は函　康安二年（一三六二）三月日若狭国太良荘百姓等申状

注進　太良庄(1)百姓等謹言上

（中略）右、件旨者、去年相州《細川清氏》発向御時、雖為一国平禁《均》之動乱、当庄殊勝余、破損仕候事無限ニ候、所詮公文殿御座時、委細懸御目候上者、更百姓無奸曲候、相州御梵《没》落時、自宮河(2)一番当庄乱入、致散々濫妨狼藉、庄家焼払、寺家御年貢計不限、他庄他領之年貢、其外資財雑具、数不知焼失、庄家式以外罷成候、結句者押庄家令知行、自十月下旬十二月限、散々致追輔《捕》苛責、無尽御年貢責取事、無其隠候、為寺家御百姓等之歎其数不少候、其後守護方(3)被渡武田殿当庄受取、去年自十二月下旬被入奉《部》、相残無年貢候間、懸来納(4)

散々被責取、（中略）又今月五日ヨリヘカサキ殿申人賜、武田殿ハ罷ノキ候、如此面ヲカヘ、色々ニ百姓等被責候之間、庄家ニ安堵申カタク候、（中略）此旨委細御披露候、預不便之御成敗、為成百姓等安堵思、恐々言上如件、

康安二年三月　日

注進　太良庄《たらのしょう》百姓等謹んで言上す。

（中略）右、くだんの旨は、去年相州発向の御時、一国平均の動乱たりと雖も、当庄は殊勝の余り、破損仕り候こと無限に候。所詮公文殿御座の時、委細御目に懸け候上は、更に百姓奸曲なく候。相州御没落の時、宮河より一番に当庄に乱入し、散々の濫妨狼藉を致し、庄家を焼き払い、寺家御年貢ばかりを限らず、他庄他領の年貢、そのほか資財雑具、数知れず焼失す。庄家の式もっての外《ほか》に罷り成り候。結句は押して庄家を知行せしめ、十月下旬より十二月を限り、散々に追捕苛責を致し、無尽に御年貢を責め取ること、その隠れなく候。寺家のため御百姓らの歎きその数少なからず候。その後、守護方渡さるる武田殿当庄を受取り、去年十二月下旬より入部せらる。相残る年貢なく候間、来納を懸け散々に責め取らる。（中略）又今月五日より、ヘカサキ殿と申す人賜わり、武田殿は罷りのき候。かくのごとく面をかえ、色々に百姓等を責められ候の間、庄家に安堵申しがたく候。（中略）この旨委細御披露候。不便の御成敗に預り、百姓等安堵の思いをなさんがため、恐々言上くだんの如し。

（1）太良庄　若狭国遠敷郡（現小浜市）にあった東寺領荘園。（2）宮河　賀茂社領宮河荘。現小浜市。（3）守護方　石橋和義。「武田殿」「ヘカサキ殿」は石橋が任じた半済給人。（4）来納　次年分の年貢を先払いすること。

【解説】戦乱は武士だけでなく、百姓をも巻き込んだ。康安元年九月、幕府の執事で若狭守護でもあった細川清氏は、将軍義詮から謀反の嫌疑をかけられて若狭小浜に籠城した。しかし翌月には新守護石橋和義の攻撃に敗れて和泉の堺に没落した。単純な政変だが、この過程で太良荘は清氏から兵粮米を徴発されたばかりか、清氏没落の混乱に乗じて、隣の宮河荘から乱入した松田氏によって蹂躙された。幕府の命でそれが収まると、今度は石橋氏によって守護の半済地とされ、半済給人たちが入部してきた。しかも荘園領主の東寺がこれらの経過を承知していたわけではないから、自動的に領家年貢が免除されるものでもなかった。かくして百姓たちは、領家や、入れ替わり立ち替わり現われる武士たちから二重三重の年貢催促を受けることとなったのである。こうした戦乱から身を守るため、百姓たちは結束を強めていくことになる。

第二節　室町王権の成立

1　義満の登場と有力守護の弾圧

(1)　康暦の政変

238〔後愚昧記〕康暦元年(一三七九)二月二十日

今夜世上騒動、然而無為明了、分明不知何事、巷説云、執事(1)(細川)頼之朝臣也、諸大名等可退治彼朝臣之結構等有之、依之如此云々、或云、如此諸大名等厭却之間、頼之朝臣欲没落四国(2)、而大樹(3)抑留之云々、実否難知事也、

今夜世上騒動す。しかれども無為に明け了《おわ》んぬ。分明には何事か知らず。巷説に云わく、「執事は頼之朝臣なり。諸大名らかの朝臣を退治すべきの結構などこれあり。これによりかくの如し」と云々。或いは云わく、「かくの如く諸大名ら厭却《えんきゃく》の間、頼之朝臣四国に没落せんと欲す。しかるに大樹これを抑え留む」と云々。実否は知り難き事なり。

(1)執事　将軍の補佐役。のち引付頭人の任務も吸収して管領と称されるようになった。(2)四国　当時細川頼之は土佐・讃岐守護だった。(3)大樹　将軍の唐名。ここでは足利義満。

239〔花営三代記〕康暦元年(一三七九)閏四月十四日・十六日

十四日午時、諸人帯武具、馳集花御所、申時以二階堂中務少輔入道(行元)并松田丹後守(貞秀)為御使、可下国之由就被仰武州(細川頼之)、則没落、右京大夫(細川頼元)并讃岐九郎(細川氏春)、淡州守護左衛門佐同前、
同十六日、自西宮乗船、渡淡州之由有其聞、武州於京都出家云々、

十四日〈午の時〉。諸人武具を帯し、花御所に馳せ集まる。申の時、二階堂中務少輔入道ならびに松田丹後守をもって御使となし、下国すべきの由武州に仰せらるるにつき、すなわち没落す。右京大夫ならびに讃岐九郎、淡州守護左衛門佐同前なり。
同十六日。西宮より船に乗り、淡州に渡るの由その聞えあり。武州、京都において出家すと云々。

【解説】幼少で将軍職を継いだ足利義満を補佐したのは管領細川頼之である。頼之は軍事的・政治的に幕府権力の基礎を固めるのに功績があったが、執政が長期化するに及んで他の重臣らとの軋轢も強まった。康暦元年、斯波義将・京極高秀・土岐頼

康らの軍勢は幕府を囲んで頼之の罷免を求めた。義満は彼らの要求を容れて頼之を解任、頼之は四国に下向し、新管領には義将が就任した。諸大名の要求に義満が屈した形であるが、結果的には義満が頼之の影響から脱し、強力な将軍権力を築いていく出発点となった。

(2) 明徳の乱

240〔尊経閣古文書纂〕明徳三年（一三九二）正月日得田章長軍忠状

能登国得田勘解由左衛門尉章長申軍忠事
右、去明徳二十二月、為山名陸奥守(氏清)・同播磨守(満幸)以下凶徒、被責上京都間、属大将畠山右衛門佐(基国)殿御手、内野(1)御合戦随分致忠節了、此等次第御見知上者、下賜御証判、為備向後亀鏡、仍恐々言上如件、
明徳三年正月　日

右、去る〈明徳二〉十二月、山名陸奥守・同播磨守以下の凶徒のために、京都に責め上らるるの間、大将畠山右衛門佐殿の御手に属し、内野の御合戦に随分の忠節を致し了《おわ》んぬ。これらの次第御見知の上は、御証判を下し賜わり、向後の亀《き》鏡《けい》に備えんがため、よって恐々言上くだんの如し。

（1）内野　平安京の大内裏があった付近の野。

【解説】山名氏一族は山陰地方を中心に、全国六十六ヵ国のうち十一ヵ国の守護職をもち、六分ノ一殿と呼ばれる強勢を誇った。これを嫌う義満は、明徳二年、山名氏の家督相続をめぐる内紛に乗じて山名氏清・満幸を挑発し、これを挙兵させた。同年暮れ、氏清らは京都に攻め込むが、ほどなくして敗れ、氏清は戦死、満幸は敗走した。乱後、山名氏の守護国は三ヵ国のみとなり、その勢力は大きく減じた。

(3) 応永の乱

241〔四天王法記〕

大内入道(義弘)泉州搆城郭之間、数万軍勢雖馳向、于今無御退治、（中略）(応永六年)十二月三日、自八幡御陣(1)、泰村法眼為御使、御合戦雖送日、無落居之儀上、今一度於鞍馬寺可被始行四天王法(2)之由申、（中略）廿二日今日当八箇日之間、可被結願歟、雖然廿日・廿一・廿二日可有御合戦之由雖知申、是非未聞之間、随彼左右可被結願、被残日中御時(3)、然処昨日廿一日大内入道打死之由、夜半注進到来旨、自御陣知申之間、即被行日中御時、令還御給、御法験不及是非之由天下口遊也、

大内入道泉州に城郭を搆うるの間、数万の軍勢馳せ向うと雖も、今に御退治なし。（中略）十二月三日、八幡の御陣より、泰村法眼《ほうげん》御使として、「御合戦日を送ると雖も、落居

の儀なきの上は、今一度鞍馬寺において四天王法を始行せらるべき」の由申す。〔中略〕〈二十二日〉今日八箇日に当るの間、結願《けちがん》せらるべきか。しかりと雖も二十日・二十一・二十二日、御合戦あるべきの由知り申すと雖も、是非いまだ聞かざるの間、かの左右に随い、結願せらるべし。日中の御時を残さる。しかるところ昨日〈二十一日〉大内入道打ち死ぬの由、夜半注進到来の旨、御陣より知り申すの間、すなわち日中の御時を行われ、還御せしめたまう。御法験是非に及ばざるの由、天下の口遊《くちずさみ》なり。

(1)八幡御陣　石清水八幡宮に構えられた義満の陣営。(2)四天王法　武運を祈る修法。(3)日中御時　二十二日の昼に行う予定の祈禱。

【解説】　大内氏は周防・長門を本拠とするが、南北朝後期以後は豊前の守護も兼ねて西瀬戸内海の制海権を制し、対朝鮮貿易も活発に行っていた。さらに明徳の乱後は山名氏の旧領である和泉・紀伊の守護職をも手に入れる大守護となった。その勢いを恐れる義満は、応永六年十月、大内義弘に上京を促したが、義弘は和泉堺に籠城、十二月に幕府軍の総攻撃を受けて戦死した。乱後、大内氏は防長二ヵ国以外の守護職を失ったが、乱に際しては鎌倉府の足利満兼をはじめ各地の大名に、義弘に同調する動きが見られた。なお『四天王法記』は鞍馬寺の僧実助の作で、自身が行った幕府の戦勝祈禱を記したものである。

(4)　今川了俊の排除

242〔**難太平記**〕

依無念九州にても今度の事をも内外ともに、大内《義弘》か以方便我々九州をはなれき。是も申さは公方《足利義満》の仰の条々、皆相違の故に、一から鎮西の輩は我等が作事私曲と心得る故に捨られしかとも、参洛して就御尋明に申さは、中々九州の事、可安堵かと存せしを、終《ついに》不預御尋して、永々九州の人々には我等が私曲と思ひかすめられたるにや。但実によるへき事なれは、今は早御成敗のちかひめとは誰も誰も思ひしりたるへし。

【解説】　九州の反幕府勢力を封じこめるのに大きな功績のあった九州探題の今川貞世(了俊)だが、九州における了俊の影響力が拡大してくると、かえって義満に疎んぜられるところとなり、応永二年(一三九五)閏七月、了俊は探題職を解かれて京都に召還された。さらに応永の乱では、大内義弘と鎌倉公方満兼の連携を仲介したと取り沙汰され、政界から身を引いた。『難太平記』は了俊が著した史書で、今川氏の歴史や、了俊自身の行動に私心のなかったことの弁明が記されている。九州探題解任については、大内の讒言によるものであり、義満からきちんとした尋問もないままになされた処置であると主張している。

2　朝廷の権限の接収

(1)　一国平均役の賦課

243〔天満神社文書〕至徳四年（一三八七）四月二十一日足利義満御判御教書

北野宮社領諸国庄薗田畠・洛中辺土敷地相副目録別紙之、事

右伊勢造営付諸寺社・御禊(1)・大嘗会・臨時恒例課役・諸国段銭・地口(2)、将亦守護催促軍役・兵粮・人夫以下、悉所被免除也、社家存此趣、致興隆、可専神事之状如件、

至徳四年四月廿一日

左大臣源朝臣（花押）

右伊勢造営〈付けたり、諸寺社〉・御禊《ごけい》・大嘗会・臨時恒例課役・諸国段銭・地口《じぐち》、はたまた守護催促の軍役・兵粮・人夫以下、悉く免除せらるるところなり。社家この趣を存じ、興隆を致し、神事を専《もっぱ》らにすべきの状くだんの如し。

（1）御禊　大嘗会の際に賀茂川で行われた新天皇の禊ぎ。（2）地口　京都や奈良などの都市で、土地の間口を基準に賦課された臨時の税。

【解説】大嘗会ほかの朝廷行事や伊勢神宮造営に宛てる一国平均役としての段銭の賦課権は、鎌倉期には朝廷に属していた。室町幕府の成立後も当初は、徴収に幕府が関与することはあっても、賦課＝免除自体は院宣・綸旨によって命じられていた。ところが南北朝末期になると、義満の御判御教書によって段銭の免除がなされるようになる。右の史料はその最も早い事例の一つである。この事実は段銭の賦課権が朝廷から幕府に移動したことを意味している。大嘗会、伊勢造営など天皇の宗教的性格にかかわる重要行事でさえ、その費用の調達は幕府に全く一任されるようになったのである。

(2)　義満と王家の確執

244〔後愚昧記〕永徳三年（一三八三）二月十一日・十五日・三月一日

十一日、後聞、按察局仙洞故三位知繁（橘）卿女、仙洞御愛物、今日出家為尼云々、自去年冬比御気色不快、殆及御追出故云々、左府(1)密通歟之由、依有御疑心歟、寵愛近日怠之故也、不便々々、

十五日、今夜、資康（裏松）・仲光（広橋）(2)卿等為左府使参仙洞(3)、而無御対面、入御々持仏堂、可被切御腹之旨被仰之云々、是為武家可奉配流之旨、依有荒説、如此被仰歟云々、後聞、准后(4)種々依被宥申、慭有御対面云々、

（三月）一日、（中略）又按察局左府密通之由有申之仁、仍此間時宜不快此事也之由、准后被称之間、左府不然之旨、書達誓文

云々、

十一日、後に聞く、仙洞按察局〈故三位知繁卿の女。仙洞の御愛物〉今日出家し尼となると云々。去年冬のころより御気色不快にして、殆んど御追い出しに及ぶゆえと云々。左府密通かの由、御疑心あるによるか。寵愛近日怠るのゆえなり。不便不便。

十五日、今夜、資康・仲光卿ら左府の使として仙洞に参る。しかるに御対面なし。御持仏堂に入御して、御腹を切らるべきの旨仰せらると云々。これ武家として配流したてまつるべきの旨、荒説あるにより、かくの如く仰せらるるかと云々。後に聞く、准后種々宥《なだ》め申さるるにより、慭《なまじい》に御対面ありと云々。

(三月)一日、(中略)又按察局、左府密通の由申すの仁あり。よってこの間の時宜不快はこの事なるの由、准后称せらるるの間、左府然らざるの旨、誓文を書き達すと云々。

(1)左府　左大臣の唐名。ここでは足利義満をさす。(2)資康・仲光　ともに藤原氏日野流の公家であるが、義満の家司でもあった。(3)仙洞　上皇や法皇の住居。(4)准后　崇賢門院広橋仲子。仲光の妹で後円融の母。

【解説】永徳三年二月、北朝の宮廷では後円融上皇の寵妃按察局と義満の密通がささやかれた。さらには義満が上皇を配流に処すらしいとまで噂された。怒った上皇は局を無理やり出家させたうえ、持仏堂に籠って切腹するといきまいたが、母后仲子がなんとか宥めたという。上皇はこの直前にも些細なことから妃の三条厳子を打擲する事件を起こしていた。権限を次々と義満に奪われていく中で、疑心暗鬼にかられた上皇の不安定な精神状態が窺われる。

(3) 南朝の併合

245〔綾小路宰相入道記〕明徳三年(一三九一)閏十月五日

今日三種神器自大覚寺殿渡御内裏、宝剣者、元暦[1]令沈海底御、今三種者神鏡・神璽・昼御座[2]御剣也、今月二日、南朝主御入洛、着御大覚寺之時、同有渡御、

今日三種の神器、大覚寺殿より内裏に渡御す。宝剣は、元暦海底に沈ましめたまう。今の三種は神鏡・神璽・昼御座《ひのおまし》の御剣なり。今月二日、南朝の主御入洛す。大覚寺に着御の時、同じく渡御あり。

(1)元暦　壇ノ浦合戦のときの元号。(2)昼御座　清涼殿の中で天皇が日中いる所。

【解説】明徳三年閏十月、義満の主導によって南北両朝の和議がなり、南朝の後亀山天皇は京都大覚寺に入った。軍事的には北朝=幕府の勝利ですでに決着はついており、今後は両統から

交互に天皇を出すなどの和議の条件は無視された。ただ反幕府勢力が南朝の皇胤を担いで挙兵する動きは応仁の乱に至るまで断続的に見られ、室町期の政治史に微妙な影を落としている。

(4) 祈禱・祭祀権

246〔吉田家日次記〕応永九年（一四〇二）正月二十二日

自今日於北山殿(1)被行御修法、大阿闍梨聖護院(2)僧正御房道意也、去々年以来大法(3)毎月被行之也、外典(4)刑部卿安倍有世卿勤仕之、御祭文作者菅宰相（東坊城）秀長(5)云々、

今日より北山殿において御修法《みしほう》を行わる。大阿闍梨は聖護院僧正御房〈道意〉なり。去々年以来、大法毎月行わるるなり。外典《げてん》は刑部卿安倍有世卿勤仕す。御祭文の作者は菅宰相〈秀長〉と云々。

(1)北山殿　義満の邸宅。(2)聖護院　天台宗寺門派の門跡。(3)大法　重要な修法。ここでは五壇法をさす。(4)外典　仏教以外の教え。ここでは陰陽道。(5)秀長　当時の代表的な儒学者。

247〔建内記〕永享十一年（一四三九）二月二十八日

彗星出現(1)事、司天(2)従三位安倍有重卿注進室町殿（足利義教）、仍公家・武家御祈事、早可有其沙汰之由被仰中山宰相中将定親卿(3)、室町殿御祈事、諸寺・諸社・護持僧十人祈念事、為中山奉行相触之、明後日卅日、天地災変御祭有重卿可勤行之由被仰之、御修法両壇来月可被行云々、公家(4)御祈事、蔵人右少弁俊秀（坊城）依御祈奉行可申沙汰之由被仰之、応安元年・永徳・至徳等度御祈条々、有尋沙汰、今度可被行条々、中山注一紙給蔵人右少弁、是於室町殿申定分歟云々、

彗星出現の事、司天〈従三位安倍有重卿〉室町殿に注進す。よって公家・武家御祈りの事、早くその沙汰あるべきの由中山宰相中将〈定親卿〉に仰せらる。室町殿御祈りの事、諸寺・諸社・護持僧〈十人〉祈念の事、中山奉行として相触る。明後日〈三十日〉、天地災変の御祭、有重卿勤行すべきの由仰せらる。御修法両壇、来月行わるべしと云々。公家御祈りの事、蔵人右少弁俊秀、御祈奉行により申沙汰すべきの由仰せらる。応安元年・永徳・至徳等の度の御祈りの条々、尋ね沙汰あり。今度行わるべき条々、中山一紙に注し、蔵人右少弁に給う。これ室町殿において申し定むる分かと云々。

(1)彗星出現　当時は凶事の前兆として恐れられていた。(2)司天　天文博士。(3)中山定親　武家伝奏。(4)公家　天皇のこと。

【解説】義満以後、国家的な祭祀も室町殿の主導によって執行されるようになった。史料246には応永七年以降、毎月、北山殿で五壇法が行われていたことが記されている。これは天台・真

言各派の高僧が交代で国家安泰を祈る修法で、廻《めぐり》祈禱とも呼ばれた。またそれにあわせて陰陽道の祈禱も行われていた。史料247では彗星出現につき、将軍と天皇の安泰を祈るように、義教から武家伝奏を通じて諸寺社・陰陽師・朝廷に命じられたことが述べられている。なお『吉田家日次記』は神祇大副吉田家の代々の当主の日記。『建内記』は武家伝奏も勤めた公家万里小路時房の日記。

3　日本国王

(1)　冊封体制への編入

248　**〔善隣国宝記〕中**　応永八年(一四〇一)

日本准三后某(1)、
上書
大明皇帝陛下、日本国開闢以来、無不通聘問(2)於上邦(3)、某幸秉国鈞(4)、海内無虞(5)、特遵往古之規法、而使肥富相副祖阿通好献方物、金千両・馬十匹・薄様(6)千帖・扇百本・屏風三双・鎧一領・筒丸(7)一領・剣十腰・刀一柄・硯筥一合・同文台(8)一箇、捜尋海島漂寄者(9)幾許人還之焉、某誠惶誠恐、頓首頓首、謹言、

（中略）

奉
天承運(10)
皇帝詔曰、覆載(11)之間、土地之広、不可以数計、古聖人疆而理之、於出貢賦・力役、知礼義、達於君臣・父子大倫者、号曰中国、而中国之外、有能慕義而来王者、未嘗不予而進之、非有他也、所以牽天下同帰于善道也、朕自嗣大位、四夷君長朝献者、以十百計、苟非戻於大義、皆思以礼撫柔之、茲爾日本国王源道義、心存王室、懐愛君之誠、踰越波濤、遣使来朝、帰逋流人(12)、貢宝刀・駿馬・甲冑・紙・硯、副以良金、朕甚嘉焉、日本素称詩書国(13)、常在朕心、弟〔第〕軍国事殷、未暇存問(14)、今王能慕礼義、且欲為国敵愾、非篤於君臣之道、疇克臻茲、今遣使者道彝・一如、班示(15)大統暦(16)、俾奉正朔(17)、賜錦綺(18)二十匹、至可領也、嗚呼、天無常心(19)、惟敬是懐、君無常好(20)、惟忠是綏、朕都江東(21)、於海外国惟王為最近、王其悉朕心、尽乃心、思恭思順、以篤大倫、毋容逋逃(22)、毋縦姦宄(23)、俾天下以日本為忠義之邦、則可名于永世矣、王其敬之、以貽子孫之福、故茲詔諭、宜体眷懐(24)、
建文(25)四年二月初六日

日本准三后《じゅさんごう》某、書を大明皇帝陛下に上《たてまつ》る。日本国は開闢《かいびゃく》以来、聘問《へいもん》を上邦に通ぜざることなし。某幸に国鈞《こくきん》を秉《と》り、海内虞《うれい》なし。特に往古の規法に遵《したが》いて、肥富《こいつみ》をして祖阿《そあ》に相副《そ》え、好みを通じ、方物を献ぜしむ。金千両・馬十匹・薄様《うすよう》千帖・扇百本・屏風三双・鎧一領・筒丸《どうまる》一領・剣十腰・刀一柄・硯筥《すずりばこ》一合・同じく文台一箇。海島に漂寄せる者幾許人《いくばくにん》を捜し尋ねてこれを還す。某誠惶誠恐、頓首頓首、謹言。

奉天承運皇帝詔して曰く、覆載《ふくさい》の間、土地の広きこと、数をもって計るべからず。古《いにしえ》の聖人、彊《さかい》してこれを理《わ》け、貢賦・力役を出し、礼義を知り、君臣・父子の大倫に達するにおいては、号して中国と曰う。しかして中国の外、能く義を慕いて来る王あらば、未だ嘗て予《あた》えてこれを進めざるはあらず。他有るに非ざるなり、天下を牽《ひ》いて同《とも》に善道に帰せしむる所以《ゆえん》なり。朕大位を嗣ぎてより、四夷の君長にして朝献する者は、十百をもって計《かぞ》う。苟《いやしく》も大義に戻《もと》るに非ざれば、皆礼をもってこれを撫で柔《やすん》ぜんことを思う。茲《ここ》に爾《なんじ》日本国王源道義、心王室に存《あ》り、君を愛するの誠を懐き、波濤を踰越し、使を遣わして来朝す。逋流《ほりゅう》の人を帰し、宝刀・駿馬・甲冑・紙・硯を貢し、副うるに良金をもってす。朕甚だ嘉《よみ》す。日本は素《もと》詩書の国と称す。常に朕が心に在り。第《ただ》軍国事殷《しげ》くして、未だ存問するに暇《いとま》あらず。今王能く礼義を慕い、且《また》国のため敵愾《てきがい》せんと欲す。君臣の道に篤きに非ざれば、疇《たれ》か克《よ》く茲《ここ》に臻《いた》らん。今使者道彝《どうい》・一如《いちにょ》を遣わし、大統暦を班示し、正朔を奉ぜしめ、錦綺二十匹を賜う。至らば領すべきなり。嗚呼《ああ》、天に常心無く、惟《ただ》敬これ懐《おも》う。君に常好なく、惟忠これ綏《やす》んず。朕江東に都《みやこ》し、海外の国においては、惟王を最も近しと為す。王それ朕が心を悉《つく》し、乃《なんじ》が心を尽し、恭を思い順を思い、もって大倫を篤《あつ》くせよ。逋逃を容《ゆる》すこと毋《なか》れ、姦宄《かんき》を縦《ゆる》すこと毋れ。天下に日本をもって忠義の邦たらしめば、すなわち永世に名あるべし。王それこれを敬し、もって子孫の福を貽《のこ》せ。故に茲に詔諭す。宜しく眷懐を体すべし。

(1)某　『康富記』応永八年(一四〇一)五月十三日条に引用のテキストでは「道義」。道義は足利義満の法名。(2)聘問　外交使節を送ること。(3)上邦　中国。(4)国鈞　国政。(5)海内　国内。(6)薄様　上質の薄手の和紙。(7)筒丸　簡易なよろい。胴丸。(8)文台　書籍・硯箱などを載せる台。(9)海島漂寄者　表向きは漂着者だが、実際は倭寇の捕虜を指す。(10)奉天承運　天命に従い帝運を承ける。(11)覆載　天地。(12)逋流人　倭寇の被虜。(13)詩書国　『詩経』『書経』を学んで仁義を重んじる国。(14)存問　安否を問うこと。(15)班示　頒ち与えること。(16)大統暦　史料226の注10参照。(17)俾奉正朔　正は正月、朔は朔日《ついたち》。皇帝の頒布する暦を使用させることで、臣属を明示させる意味がある。(18)錦綺　錦と綾織り。(19)常心　一定不変の心。(20)常好　一定不変の好み。(21)江東　長江下流の南岸地方。江左ともいう。(22)逋逃　刑罰を逃れることで、ここでは倭寇を指す。(23)姦宄　わるもの。(24)眷懐　めぐみ。なさけ。(25)建文　明朝第二代皇帝恵帝の年号。永楽帝の簒奪の結果、その存在自体が抹殺された。四年は一四〇二年。

【解説】　応永八年(一四〇一)、足利義満は「日本准三后道義」の名で、明に祖阿・肥富《こいつみ》の二人を使者として送り、国交の樹立を求め、方物を献げて倭寇の被虜を返した。准三后は太皇太后・皇太后・皇后に準ずる待遇を示す称号で、出家の身とあいまって、天皇を頂点とする身分秩序に拘束されない立場を表わす。祖阿は『吉田家日次記』応永九年八月三日条に「遣唐使遁世者素阿弥」とあって義満側近の時衆の徒と思われ、肥富は本書の別の部分に「筑紫の商客」とある。『康富記』によると、義満の文書には「応永八年五月十三日」の日付があり、起草に東坊城秀長、清書に世尊寺行俊があたったこともわかる。使者を迎えた明朝第二代恵帝は、叔父燕王(のちの永楽帝)の圧迫を受けていた折りでもあり、祖父洪武帝の対日方針を転換して、ただちに義満を「日本国王」に冊封することに決し、禅僧(寧波天寧寺住持)天倫道彝《てんりんどうい》・天台僧一庵一如《いちあんいちにょ》の二僧を使節として日本へ送った。二僧は応永九年九月に京都北山第で義満に建文帝の詔書を手交、ここに日本は実に九百年ぶりに中国の冊封体制に参入することとなった。

(2)　北山殿造営

249　**〔臥雲日件録抜尤〕文安五年(一四四八)八月十九日**

予又問鹿苑院殿(足利義満)於此移宅之事、曰、創基恐在于泉州合戦(1)之前一両年歟、初命諸大名之士、役于土木、独大内義弘曰、吾士以弓矢為業而已、不可役于土木、此即義弘深逆鈞旨(2)之濫觴也、経営未畢時、略令考其費、則二十八万貫也、然則至于畢功、則殆百万貫乎、隆楼傑閣(3)、画棟雕梁(4)、東西南北、碁布星羅(5)、如自天降、如従地涌、故法雲寺殿(斯波義将)雪渓居士、咨鹿苑院殿曰、此新第、不可以換西方極楽也、天下于今以為口実(6)焉、今寺西南有護摩堂、東有懺法堂、今為等持寺宗鏡堂者是也、懺法堂東、有紫宸殿、今為南禅院者是也、紫宸殿東、有公卿間、又謂之天上間(殿カ)、今為建仁方丈者是也、舎利殿北、有天鏡閣、複道(7)与舎利殿相通、往来者似歩虚(8)、閣北有泉殿、々今則廃矣、閣曾為南禅方丈閣、而去歳回禄(9)為灰燼、可惜、又会処東北山上、有看雪亭、内安七仏薬師像、々今在法水院耳、亭則无焉云々、

予また鹿苑院殿ここに宅を移すの事を問う。曰く、「創基は恐らく泉州合戦の前一両年にあるか。初め諸大名の士に命じて、土木に役す。独り大内義弘のみ曰く、「吾が士は弓矢をもって業となすのみ、土木に役すべからず」と。これすなわち義弘深く鈞旨《きんし》に逆らうの濫觴《らんしょう》なり。経営いまだ畢《おわ》らざる時、略《ほぼ》その費えを考えしむるに、すなわち二十八万貫なり。然れば則ち畢功に至らば、すなわち殆んど百万

貫か。隆楼傑閣、画棟雕梁は、東西南北に碁布星羅す。天より降るが如く、地より涌くが如し。故法雲寺殿雪渓居士、鹿苑院殿に咨りて曰く、「この新第は、もって西方極楽に換うべからざるなり」と。天下今にもって口実をなす。今の寺の西南に護摩堂あり。東に懺法《せんぼう》堂あり。今等持寺宗鏡堂となるは是なり。懺法堂の東に紫宸殿あり。今南禅院となるは是なり。紫宸殿の東に公卿の間あり。またこれを殿上の間と謂う。今建仁方丈となるは是なり。舎利殿の北に天鏡閣あり。複道は舎利殿と相通ず。往来は虚を歩むに似たり。閣の北に泉殿あり。殿今はすなわち廃《すた》れり。閣は曾《かつ》て南禅の方丈閣たり。しかるに去る歳の回禄に灰燼《かいじん》となれり。惜しむべし。また会処の東北の山上に、看雪亭あり。内に七仏薬師像を安んず。像の今法水院にあるのみ。亭はすなわちなし」と云々。

(1)泉州合戦　応永の乱。(2)鈞旨　義満の意向。(3)隆楼傑閣　高い楼閣。(4)画棟雕梁　絵や彫刻で飾られた建物。(5)碁布星羅　碁や星のように連なっている様子。(6)口実　語り草。(7)複道　上下二層の廊下。(8)虚　空。(9)回禄　火事。

【解説】　義満は京都北山に壮麗な邸宅を造営し、ここで政務を行った。この史料は室町中期の禅僧瑞渓周鳳の日記で、掲出部分では北山殿の建物の様子や、個々の殿舎が義満の没後どうなったかを聞き記している。殿の中に「紫宸殿」「殿上間」と呼ばれる場があったとされ、義満がここを内裏に擬していたことがわかる。「舎利殿」とあるのが有名な金閣である。なお冒頭、造営費用として諸大名に巨額の出費(守護出銭)が命じられたこと、大内義弘のみはこれを拒み、応永の乱の一因となったことも記されている(史料241参照)。

(3)　公家の統率

250〔後深心院関白記〕永徳三年(一三八三)正月七日

白馬節会(1)、右府出仕、(中略)今日内弁(2)左大臣(足利義満)進弓場(3)、奏叙位宣命之時、右・内両府(4)立兀子(5)前、同官人不動座勿論事也、近日左相(6)之礼、諸家崇敬如君臣、親王後参之時、大臣立座前云々、准此儀可立座前之由、予所令諷諫也、

白馬《あおうま》の節会《せちえ》、右府出仕す。(中略)今日、内弁左大臣弓場に進み、叙位の宣命を奏するの時、右・内両府、兀子《ごっし》の前に立つ。同官の人、座を動かざるは勿論の事なり。近日左相の礼、諸家崇敬すること君臣の如し。親王、後に参るの時、大臣は座の前に立つと云々。この儀に准じ、座の前に立つべきの由、予諷諫せしむるところなり。

(1)白馬節会　朝廷で毎年正月七日に行う宴会。(2)内弁　節会を取り仕切る役。(3)弓場　紫宸殿前庭にある弓を射るための場所。(4)右・内両府　右大臣近衛兼嗣と内大臣徳大寺実時。(5)兀子　内弁の座る椅子。(6)左相　左大臣。

251〔**師郷記**〕**永享四年**（一四三二）**四月二十七日**

今日被補室町殿（足利義教）家司了。十一人也。雅永朝臣（飛鳥井）左中将・為清朝臣（五条）少納言大内記・知俊朝臣（安居院）大蔵卿・忠長（甘露寺）頭右大弁・永豊朝臣（高倉）左兵衛権佐・明豊（中御門）蔵人、左少弁・長淳（土御門）蔵人、権右少弁・高経（海住山）勘解由次官・資任（烏丸）左衛門佐・雅親（飛鳥井）左少将・実勝（滋野井）侍従

【解説】　義満以後の室町殿の権力は、武家だけでなく公家集団の中にも多数の家臣をつくったことによって支えられていた。『後深心院関白記』は南北朝末期の関白近衛道嗣の日記であるが、朝廷の儀式で内弁役を勤める義満に対し、大臣級の上級貴族たちが臣下のような礼を尽くしていたことが述べられている。また『師郷記』は朝廷の実務官人中原師郷の日記であるが、義教が公家たちを家司に任じたことを記している。このような多数の公家家臣の存在によって、室町殿の公武を超越した地位と権力が築かれていた。

(4)　五山の確立と役割

252〔**扶桑五山記**〕**至徳三年**（一三八六）**七月十日足利義満御判御教書**

日本禅院諸山座位次第之事

五山之上　南禅寺
五山第一　天龍寺　建長寺
第二　相国寺　円覚寺
第三　建仁寺　寿福寺
第四　東福寺　浄智寺
第五　萬寿寺　浄妙寺

右、南禅者、為勅願皇居之間、可為五山之上者也、仍長老・耆旧之位、可為天龍・建長之上、至自余五山者、随京都・鎌倉之所在、相互可為賓主之状如件、

至徳三年七月十日
左大臣（足利義満）御判

右、南禅は、勅願の皇居たるの間、五山之上たるべきものなり。よって長老・耆旧の位、天龍・建長の上たるべし。自余の五山に至っては、京都・鎌倉の所在に随い、相互に賓主たるべきの状くだんの如し。

253〔**鹿王院文書**〕**康暦元年**（一三七九）**十月十日足利義満書状**

天下僧禄禅家事、殊為仏法紹隆、所令申也、早可有御存知此趣候、恐惶敬白、

康暦元年十月十日　右大将（足利義満）（花押）
春屋（妙葩）和尚禅室

天下僧禄〈禅家〉の事。殊に仏法紹隆のため、申さしむるところなり。早くこの趣を御存知あるべく候。恐惶敬白。

【解説】　鎌倉幕府の北条氏も臨済禅に帰依していたが、足利氏になるといよいよその傾向は強まり、宋の制度をまねた官寺制

度がつくられた。これは全国の主要な臨済宗寺院を、五山・十刹・諸山に格付けして、寺と僧を支配するものである。その内容は何度も変更があったが、南北朝末期以後は、おおむね史料252の如く、南禅寺を五山之上と位置づけたうえで、京都・鎌倉それぞれに五山を置く形となっている。禅院には多くの所領が寄進され、五山諸寺は新興の荘園領主でもあった。また禅院からの所領や人事に関する訴訟を室町殿に取り次ぐ役職として僧録司（鹿苑僧録《ろくおんそうろく》）が設けられた。荘園経営、金融、外交、文学などに及ぶ禅僧の幅広い活動を背景に、僧録司の中には春屋妙葩《しゅんおくみょうは》・季瓊真蘂《きけいしんずい》（史料281参照）のように政治的な影響力をもつ者もあった。なお歴代の室町殿が禅宗に傾倒した背景には、中国の政治哲学や物品に対する憧憬があったといわれている。

254〔後愚昧記〕**応安二年（一三六九）七月二十七日**

自今夜南禅寺新造楼門破却云々、自武家付奉行、召集番匠(1)令壊之云々、仏閣破却、希代珍事也、山門(2)添威光、禅宗失権威之秋也、是併武家沙汰有若亡(3)之故也、神輿(4)入洛以前定山（祖禅）(5)流罪事令成敗者、不可及此儀歟、去廿一日就武家執奏、被成綸旨於三門(6)跡了、

今夜より南禅寺新造の楼門を破却すと云々。武家より奉行を付し、番匠を召集して壊《こぼ》たしむと云々。仏閣の破却、希《き》代《たい》の珍事なり。山門は威光を添え、禅宗は権威を失うの秋なり。これ併《しかしなが》ら武家の沙汰、有若亡《うじゃくぼう》の故なり。神輿の入洛以前に定山《じょうざん》流罪のこと成敗せしむれば、この儀に及ぶべからざるか。去る二十一日、武家執奏につき、綸旨を三門跡になされ了《おわ》んぬ。

（1）番匠　今日でいう大工。（2）山門　比叡山。（3）有若亡　頼りないこと。（4）神輿　日吉神社の神輿。（5）定山祖禅　南禅寺住持。（6）三門跡　青蓮院・妙法院・梶井の三門跡。比叡山の主要な門跡。

【解説】幕府の禅宗重視の政策に対しては旧仏教側からの反発も強かった。応安二年、南禅寺造営関料の徴収に端を発して、比叡山から猛烈な反禅宗の要求が起こった。幕府は南禅寺住持を解任することで事を収めようとしたが、山門の要求は強く、七月、できたばかりの南禅寺の楼門を破却することとなった。

255〔善隣国宝記〕**中　応永九年（一四〇二）**

堅中（圭密）壮年遊大明、能通方言(1)、帰朝之後、屢通使命、如其応永年中随天倫・一菴(2)行、則謝建文帝来使之意也、然及至彼国、永楽帝新即位、天倫・一菴為前帝使、纔入国耳、不得反命(3)、於是堅中号賀新主之使、仍通此表(4)也、彼国以吾国将相為王、蓋推尊(5)之義、不必厭之、今表中自称王、則此用彼国之封也、無乃不可乎、又用臣字非也、不得已、則日本国之下、如常当書官位、其下氏与諱之間、書朝臣二字可乎、蓋此方公卿恒例、則臣字属於吾皇而已、可以避臣於外国之

嫌也、又近時遣大明表末書彼国年号、或非乎、吾国年号、多載于唐書(6)・玉海(7)等書、彼方博物君子、当知此国自中古別有年号、然則義当用此国年号、不然、総不書年号、惟書甲子(8)乎、此両国上古無年号時之例也、凡両国通好之義、非林下(9)可得而議者、若国王通信、則書当出於朝廷、代言之乎、近者大将軍為利国故、窃通書信、大抵以僧為使、其書亦出於僧中爾、

堅中は壮年にして大明に遊び、能く方言に通じ、帰朝の後も、屢《しばしば》使命を通ず。その応永年中天倫・一菴に随いて行きしが如きは、すなわち建文帝の来使を謝するの意なり。しかるに彼の国に至るに及びて、永楽帝新《あらた》に位に即き、天倫・一菴は前帝の使として、纔《わずか》に国に入りしのみ。反命することを得ず。ここにおいて、堅中新主を賀するの使と号し、よってこの表を通ぜしなり。彼の国の吾が国の将相をもって王となすは、蓋《けだ》し推尊の義ならん。必ずしもこれを厭《いと》わず。今表中に自ら王と称せしは、すなわちこれ彼の国の封を用いしなり。無乃《むしろ》不可ならんか。また臣の字を用いしは非なり。已《や》むを得ずんば、すなわち日本国の下に、常の如くまさに官位を書くべし。その下の氏と諱《いみな》との間に、朝臣《あそん》の二字を書かば可ならんか。蓋しこの方の公卿の恒例なれば、すなわち臣の字は吾が皇に属するのみ。もって外国に臣たるの嫌《きらい》を避くべきなり。また近時大明に遣わす表の末に彼の国の年号を書くは、或《ある》いは非ならんか。吾が国の年号は、多く『唐書』『玉海』等の書に載す。彼《か》の方博物の君子は、まさにこの国に中古より別に年号あるを知るべし。しからばすなわち義まさにこの国の年号を用うべし。しからずんば、総《すべ》て年号を書かず、惟《ただ》甲子を書かんか。これ両国上古年号なき時の例なり。凡そ、両国好《よしみ》を通ずるの義は、林下の得て議すべきものにあらず。国王の信を通ずるがごときは、すなわち書はまさに朝廷より出ずべし。代りてこれを言うか。近者《このごろ》大将軍は国を利せんがための故に、窃《ひそか》に書信を通ず。大抵は僧をもって使と為し、その書もまた僧中より出ずるのみ。

(1)方言　中国語。(2)天倫・一菴　史料248解説参照。(3)反命　復命。(4)此表　永楽元年(一四〇三)十月、遣明使堅中圭密が永楽帝に献じた足利義満の表で、右の記事の直前に引用されている。(5)推尊　尊重する。(6)唐書　『新唐書』日本伝に白雉・大宝などの年号がみえる。(7)玉海　南宋の王応麟らが帝命により編纂した詩文作成のための類書だが、日本年号についての記事はない。(8)甲子　干支。(9)林下　官にない者。

【解説】史料248に示した最初の例を除いて、室町幕府の外交文書を作成したり使節に立ったりしたのは、ことごとく五山の禅僧だった。とくに右にみえる堅中圭密は、十五世紀初頭に四回

も明に赴いたスペシャリストで、とくに初度の永楽元年（一四〇三）には、明の政治的混乱を見越して、建文帝あてと燕王（永楽帝）あての二通の表を持参し、燕王の勝利を知って「新主を賀するの使」に早変わりするという活躍ぶりだった。一方右の文章の筆者瑞渓周鳳は、寛正五年（一四六四）に遣明表を作成した経験をきっかけに外交に関心をもち、二年後に外交史料集『善隣国宝記』をまとめた。ただ瑞渓の外交姿勢は、大外記清原業忠や『神皇正統記』の影響を受けた伝統色の強いもので、この観点から足利義満の明に対する態度にきびしい批判を加えている。義満が表に用いた自称「日本国王臣源」の「王」や「臣」の字、あるいは中国年号の使用が非難されているが、この意見に従った表が送られたとしたら、明との国交樹立は不可能だったに違いない。

第三節　幕府支配の構造

1　専制と合議

(1)　幕府重臣会議

256　**〔満済准后日記〕応永三十年（一四二三）七月五日**

早朝依仰又参御所[1]、就関東事畠山[2]修理大夫入道(満則)令同道罷向管領亭(畠山満家)、於彼亭諸大名等悉召集、仰趣申聞、面々意見通可参申入由被仰出之、雖為不相応随仰罷向、細川右京大夫(満元)・武衛(斯波義淳)・山名(時熙)・赤松(義則)・一色(義貫)・今河(範政)駿河守護等参、大内入道(盛見)雖被召、依所労不参、仰趣、今度関東振舞以外事共也、去年佐竹上総入道[3]不事問被誅罰、雖然于今御堪忍処、結句上総入道息共幷京都様御扶持大丞[4](満幹)・真壁(秀幹)以下者共悉為令退治、五月廿八日鎌倉殿(足利持氏)已進発武州、就之猶自京都様ハ、御中違之儀無左右不被仰出、猶今日長老蘭室和尚[5]ヲ被下関東、事子細可被尋究由雖治定、能々御思案処ニ、於今ハ可為無益歟、其故ハ同篇御返事可被申歟、已ニ及進発嗷々沙汰上ハ、不可及被尋子細候歟由被思食、次ニハ京都御扶持者共事、於今ハ更不可有御捨、可被加御扶持者也、此条々可為何様哉、宜被申意見云々、管領以下諸大名御返事、上意趣畏被仰下、蘭室和尚可被下事、如上意於今ハ更不可有其詮、無益事也、次関東ニ京方申入者共、方々ヘ被成御教書、堅可被加御扶持条、殊可然由一同申之間、則大夫相共帰参、此由申入処、被思召処サテハ無子細事歟、先御本意也、

早朝仰せによりまた御所に参る。「関東の事につき畠山修理大夫入道を同道せしめて管領亭に罷《まか》り向い、彼亭において諸大名等悉く召集し、仰せの趣を申し聞かせ、面々意見の通り、参り申し入るべき」由仰せ出さる。不相応たりと雖も仰せに随い罷り向う。細川右京大夫・武衛・山名・赤松・一色・今河〈駿河守護〉等参る。大内入道召さるると雖も、所労により参らず。仰せの趣、「今度の関東の振舞もっての外の事どもなり。去年佐竹上総入道を事問わず誅罰せらる。しかりと雖も今に御堪忍のところ、結句上総入道の息《そく》ども、ならびに京都様御扶持の大丞・真壁以下の者ども、悉く退治せしめんがため、五月二十八日、鎌倉殿已《すで》に武州に進発す。これにつきなお京都様よりは、御中違《なかたがい》の儀、左右なく仰せ出されず。なお今日長老蘭室和尚を関東に下され、事の子細を尋究せらるべき由治定すと雖も、よくよく御思案のところに、今においては無益たるべきか。その故は同篇の御返事申さるべきか。已に進発に及び嗷々《ごうごう》の沙汰の上は、子細を尋ねらるるに及ぶべからず候かの由思《おぼ》しめさる。次には京都御扶持者どもの事、今においては更に御捨あるべからず。御扶持を加えらるべきものなり。この条々何様たるべきか。宜しく意見を申さるべし」と云々。管領以下諸大名御返事に、「上意の趣、畏《かしこ》み仰せ下さる。蘭室和尚下さるべきこと、上意の如く今においては更にその詮あるべからず。無益の事なり。次関東に京方へ申し入るる者ども、方々へ御教書をなされ、堅く御扶持を加えらるべき条、殊にしかるべき」の由一同に申すの間、すなわち大夫相共に帰参し、この由を申し入るるのところ、思し召さるるところ、さては子細なきことか。まず御本意なり。

(1)御所　室町御所。(2)関東事　鎌倉公方の足利持氏が常陸の武士小栗氏を攻撃したこと。小栗氏は応永二十三年の上杉禅秀の乱以来、持氏に敵対していた。(3)佐竹上総入道　山入与義。禅秀の乱以来の、反持氏派である。(4)京都様御扶持　関東武士でありながら京都の将軍から直接御恩を受けていること。小栗・大掾・真壁氏などは京都扶持衆である。(5)蘭室和尚　蘭室妙薫。臨済宗夢窓派の高僧。

【解説】　義持・義教が将軍であった安定期の室町幕府では、重

要事項は三管四職を中心とする有力な守護大名たちの合議にかけられていた。ここでは彼らが管領細川邸に集まって、鎌倉公方持氏が京都扶持衆を攻撃したことへの対応について合議している。最初に満済が将軍の意向を披露し、それについて諸大名が意見を述べるという、重臣会議の基本的な形態が示されている。なお『満済准后日記』の記主三宝院満済は将軍の護持僧であるが、重臣会議の一員でもあった。その中立的立場は将軍や大名から重宝され、合議の結果を義持に伝える役も勤めていた。

(2) 室町殿の専制

257〔斎藤基恒日記〕 永享十二年(一四四〇)五月十四日・十六日

十四日、一色修理大夫義貫於大和陣[1]失生涯、依被仰付武田治部少輔(信賢)、於陣所誘朝飯令招請如此也、被官人等或討死或切腹、其外悉上洛、

十六日、早朝、一色五郎教親為請取勘解由小路堀川匠作[2]宿所進発之処、彼被官人等出合、数十人或討死或切腹、則懸火了、(中略)

一、同時分、土岐世保大膳(持頼)大夫事、被仰付伊勢長野[3]失生涯了、分国伊勢被下一色五郎教親了、

十四日。一色修理大夫義貫、大和の陣において生涯を失う。武田治部少輔に仰せ付けらるるによる。陣所において朝飯に誘い招請せしめ、かくの如きなり。被官人ら或いは討死に、或いは切腹す。その外《ほか》は悉く上洛す。

十六日。早朝、一色五郎教親、勘解由小路《かでのこうじ》堀川の匠作の宿所を請け取らんがため進発のところ、かの被官人ら出合い、数十人或いは討ち死に、或いは切腹す。すなわち火を懸け了《おわ》んぬ。(中略)

一、同じ時分、土岐世《よ》保《やす》大膳大夫の事、伊勢の長野に仰せ付けられ生涯を失い了んぬ。分国の伊勢は一色五郎教親に下され了んぬ。

(1)大和陣　越智・箸尾氏ら大和の国人の反乱を鎮圧するための幕府軍の陣営。(2)匠作　修理大夫の唐名。義貫のこと。(3)長野　伊勢の国人。

【解説】　五代将軍義教は有力大名たちの籤によって決まった将軍であったが、しだいに彼らの力の排除に腐心しはじめ、山名・斯波・京極ら諸大名の家督相続にも介入するようになった。永享十二年、大和の陣中で三河・若狭・丹後守護一色義貫と伊勢半国守護土岐(世安)持頼は義教の命によって誅殺され、遺領は側近の武田信賢や一色教親らに与えられた。義教の猜疑心の強い性格もあって些細なことで処罰される者は公家や僧侶にも及び、「万人恐怖」と恐れられる政情に陥った。なお『斎藤基恒日記』は幕府の奉行人の日記。簡略ながら、幕府内部の人間の日記として貴重。

258〔看聞日記〕嘉吉元年（一四四一）六月二十四日・二十五日

廿四日、雨降、赤松（満祐）公方（足利義教）入申、有猿楽云々、及晩屋形喧嘩出来云々、騒動是非未聞之処、三条（1）手負て帰、公方御事ハ実説不分明、赤松家炎上、武士東西馳行、猥雑無言計、至夜伊与守（赤松義雅）（2）屋形炎上、家人共家自焼、公方討申、取御首、落下云々、仰天周章中々無是非、

廿五日、晴、昨日之儀粗聞、一献両三献猿楽初時分、内方とゝめく、何事そと有御尋、雷鳴歟なと三条被申之処、御後障子引あけて、武士数輩出て則公方討申、三条御前之太刀を取て〈御引出物進太刀也〉、切払、顚倒被切伏、山名大輔（熙貴）・京極加賀入道（高数）・土岐遠山〈走手〉（3）三人討死、細川下野守（持春）・大内（持世）等腰刀計ニて雖振舞、不及敵取、手負て引退、管領（細川持之）・細河讃州（持常）・一色五郎（教親）・赤松伊豆（貞村）（4）等ハ逃走、其外人々右往左往逃散、於御前無腹切人、赤松落行、追懸無討人、未練無謂量、諸大名同心歟、不得其意事也、所詮赤松可被討御企露顕之間、遮而討申云々、自業自得果、無力事歟、将軍如此犬死、古来不聞其例事也、（中略）南御方（庭田幸子）（5）室町殿参、上様（三条尹子）（6）御見参、夜前則被替御姿為黒衣、御戒師鹿苑院、上臈（三条（尹子妹））為比丘尼、北向（日野重子）ハ懐妊之間、無除髪、其外御子出生御傾城達、可然女中皆為尼、

二十四日。雨降る。赤松、公方を入れ申す。猿楽ありと云々。晩に及んで屋形喧嘩出来すと云々。騒動の是非いまだ聞かざるのところ、三条手《て》負《おい》て帰る。公方の御事は実説分明ならず。赤松の家炎上し、武士東西に馳せ行く。猥雑言うばかりなし。夜に至って伊与守の屋形炎上す。家人ども家を自焼す。公方を討ち申し、御首を取り、落ち下ると云々。仰天周章、なかなか是非なし。

二十五日。晴れ。昨日の儀あらあら聞く。一献両三献、猿楽初めの時分、内方とどめく。何事ぞと御尋ねあり。雷鳴かなど三条申さるるのところ、御後の障子引きあけて、武士数輩出てすなわち公方を討ち申す。三条御前の太刀を取りて〈御引出物に進む太刀なり〉、切り払うも顚倒し切り伏せられぬ。山名大輔・京極加賀入道・土岐遠山〈走手〉三人討ち死ぬ。細川下野守・大内等腰刀計《ばかり》にて振舞うと雖も、敵取るに及ばず。手負て引き退く。管領・細河讃州・一色五郎・赤松伊豆等は逃走す。その外の人々は右往左往して逃散す。御前において腹切る人なし。赤松は落ち行く。追い懸け討つ人なし。未練謂《い》う量《ばか》りなし。諸大名同心か。その意を得ざる事なり。所詮、赤松を討たるべき御企て露顕の間、遮《さえぎ》って討ち申すと云々。自業自得の果て、無力の事か。将軍かくの如き犬死に、古来その例を聞かざる事なり。（中略）

南御方室町殿に参る。上様《かみさま》に御見参す。夜前すなわち御姿を替えられ黒衣たり。御戒師は鹿苑院。〈三条〉上﨟は比丘尼となる。北向は懐妊の間、除髪なし。その外御子出生の御傾城たち、しかるべき女中は皆尼となる。

（1）三条　正親町三条実雅。義教の正室尹子の兄で、義教側近の公卿。（2）伊与守　満祐の弟。（3）走手　走衆。将軍の護衛隊。（4）一色五郎・赤松伊豆　いずれも義教の側近。（5）南御方『看聞日記』の記主伏見宮貞成親王の妻。（6）上様　将軍の正室のこと。

【解説】一色義貫の謀殺後、次は播磨・備前・美作守護が赤松満祐から取り上げられ、義教の寵臣赤松貞村に与えられると噂された。怯えた満祐は嘉吉元年六月、先手をうって自邸に義教を招き、これを殺害した。貞成は「自業自得の果て」と日記に書き記し、義教の恐怖政治のすさまじさを伝えている。満祐は領国播磨に立て籠ったが、九月、山名持豊を中心とする幕府軍の攻撃を受けて自害し、三カ国守護は持豊の兼帯するところとなった。なお義教横死の夜、その正室や側室たちは直ちに出家している。

(3)　室町殿の直臣団

259〔**大館持房行状**〕

氏信善弓馬、時人称焉、復工作弓矢、匠者莫能及之、天山(足利義満)相公甚親愛、入則侍席、出則並轡、一日天山遊東山若王寺、々後山嶮、攀蘿而上、天山騎馬而馳下、氏信亦従馳、天山大喜、以其腰刀賜焉、応永六年己卯冬、大内義弘謀反、率西軍至泉州、天山自将、々諸侯兵、辞帝都軍男山、々名氏清余類、乗変蜂起、侵犯丹州八田、天山抜氏信為大将、第五番諸軍、従五山至八田、氏信与氏清軍会戦、撃大破之、即還報、天山大喜有分地、相府(足利義満)分諸国大族、為五、而択世家親信者、為之長、名之曰番頭、以氏信為第五番頭、属之者、如臣子於君父也、

氏信弓馬を善《よ》くすと時の人称《たた》えり。また弓矢を工作せんに、匠者も能《よ》くこれに及ぶことなし。天山相公甚だ親愛し、入ればすなわち席に侍し、出れば則ち轡《くつわ》を並ぶ。一日、天山東山若王寺に遊ぶ。寺の後の山嶮し。蘿《かずら》を攀《よじ》りて上る。天山騎馬して馳せ下れば、氏信亦《ま》た従いて馳す。天山大いに喜び、その腰刀をもって賜えり。応永六年己卯冬、大内義弘謀反し、西軍を率いて泉州に至る。天山自ら将たり。諸侯の兵を将《ひき》い、帝都を辞して男山に軍す。山名氏清の余類、変に乗じて蜂起し、丹州八田を侵犯す。天山氏信を抜きて大将と為す。第五番の諸軍、五山より八田に至り、氏信と氏清の軍会戦す。撃ちて大いにこれを破る。すなわち還《かえ》りて報ず。天山大いに喜びて分地あり。相府諸国の大族を分かちて五となす。しかして世家親信の者を択《えら》びてこの長と

なす。これを名づけて番頭と曰《い》う。氏信をもって第五の番頭となす。これに属する者は、臣子の君父におけるが如きなり。

【解説】室町幕府の将軍は奉公衆と呼ばれる直参の軍団をもった。奉公衆は足利氏譜代の家臣、守護家の庶流、諸国の有力国人などからなり、五つの番に編成されていた。それぞれの番は番頭によって統率されていたが、ここに見える大館氏信は五番の番頭である。氏信が日頃より義満に近侍し、応永の乱では五番を率いて戦ったことが述べられている。『大館持房行状』は氏信の孫で室町中期の奉公衆大館持房の三十三回忌に、五山僧景徐周麟が撰した持房の事績記であるが、あわせて大館一族の事績も詳述されており、奉公衆の具体的な活動を知るうえでの好史料である。

(4) 幕府の財政基盤

260〔蜷川文書〕明徳四年(一三九三)十一月二十六日管領斯波義将下知状

洛中・辺土散在土倉幷酒屋役条々

一、諸寺・諸社神人(1)幷諸権門扶持奉公人躰事

悉被勘落之上者、可致平均沙汰焉、

一、寄事於左右、及異儀所々事

任法、為衆中(2)可致其沙汰、若尚於難渋之在所者、就注進有糾明沙汰、且立用公物(3)、且可被付寺社修理矣、

一、政所方年中行事要脚内、六千貫文支配事

為毎(4)月々別沙汰之上者、縦雖有御急用、寺社幷公方臨時課役等、永可被免除之焉、

(中略)

右、此条々、更不可有違依之儀、可令存知之状、依仰下知如件、

明徳四年十一月廿六日　左衛門佐源朝臣 在判 義将

一、諸寺・諸社神人《じにん》ならびに諸権門扶持の奉公の人躰《にんてい》の事

悉く勘落せらるるの上は、平均の沙汰を致すべし。

一、事を左右《そう》に寄せ、異儀に及ぶ所々の事

法に任せ、衆中としてその沙汰致すべし。もしなお難渋の在所においては、注進につき糾明の沙汰あり。且《かつう》は公物に立用《りゅうよう》し、且は寺社の修理に付けらるべし。

一、政所方年中行事要脚の内、六千貫文支配の事

毎月、月別の沙汰をなす上は、縦《たと》い御急用ありと雖も、寺社ならびに公方の臨時の課役などは、永く免除せらるべし。

(中略)

右、この条々、更に違依《いい》の儀あるべからず。存知せしむべきの状、仰せによって下知くだんの如し。

（1）神人　寺社に一定の所役を勤めることによってその庇護を受けた者。土倉の中には日吉神人となって、比叡山の庇護を受ける者が多かった。（2）衆中　土倉たちの結合組織。（3）立用公物　公有物として没収する。（4）寺社幷公方臨時課役　寺社造営や幕府行事のために臨時に徴収する税。

261〔**康正二年造内裏段銭幷国役引付**〕

合

五貫八十文、五月廿九日、廿六日定、送状在、請取出、　嵯峨大雄寺領、尾州味岡庄段銭、
五貫文、同日、廿五日定、同、　嘉隠領、段銭、
九貫六百文、同日、廿六日定、同、　宝寿院領、雲州飯田也、段銭、
参貫五百文、同日、同前、　三条帥殿御家領、摂州細川庄段銭、
拾貫文、同日、同、　三条帥殿御家領、江州加田庄段銭、
五貫文、同日、廿八日定、同、　結城越後入道殿、丹州丹波郷段銭、
壱貫六百文、五月廿九日、請取出、送状アリ、　荘修理亮殿、三川国荘山保段銭、
拾貫文、同日、廿八日定、同、　北野社領、所々段銭宝成院、
弐貫五百十六文、同日、同、　大内五郎殿、尾州青山――段銭、
三百六十文、同日、同、　大内五郎殿、賀州挟村之段銭、
弐貫五百文、同日、廿七日定、同、　尊勝寺法花堂領、備中国之内段銭、
五拾貫文、同日、廿八日定、同、　相国寺諸塔頭、段銭、嘉都聞、

【解説】　室町幕府の恒常的な財源のうちでは土倉・酒屋役や棟別銭など京都の住人に課された税が大きな比重を占めた。史料260では諸寺社や権門の庇護下にある土倉・酒屋にも厳しく課税することが決められている。また幕府・朝廷・大寺社などの造営や重要行事に際しては、臨時に守護出銭や一国平均の段銭が懸けられた。義満の北山殿造営では守護に出銭が命じられている（史料249参照）。康正二年（一四五六）の内裏造営では諸国に段銭が課された。段銭には現地で守護が徴収する場合と、荘園領主が京都で幕府に直接納入する場合（京済）の二つがあったが、史料261はそのうち京済分の段銭額を列記したものである。京済になると所領内への守護の入部を拒むことができるため、有力寺社や奉公衆は盛んに京済を要求した。なお幕府の財源としては、ほかに日明貿易からの収益や、実質的には足利家領としての性格が濃い五山領からの収入があった。

2　一揆する武士

(1)　国人の所領

262〔**久下文書**〕　**明応四年（一四九五）九月二日中西秀長書状**

丹波国栗作郷領家職　応永卅二年八月廿八日勝定院殿様御判一通（足利義持）
一、同国貫々木庄内作野村幷牧山村　貞和三年三月廿日

等持院(足利尊氏)殿様御判一通
一、同国新郷井栢原庄内願王寺村 延文三年二月十日 宝篋院殿様御判一通
一、同国桑田郡召継保井井原庄内地頭職 延文三年二月十日
宝篋院(足利義詮)殿様御判一通
一、同国栗作郷地頭職・領家職、小椋庄領家職以下所々 長禄四年
慈照院(足利義政)殿様御判一通
一、同国栗作郷地頭職之内田畠井東金屋村 応仁元年十一月九日
龍安寺(細川勝元)殿御教書一通
如此之御支証等、去明応二年癸丑二月十日仁あつかり申候処、去年甲寅七月六日未時綾小路室町より火出候て下京炎上之時、私之土蔵へ火入候て雑物等悉焼失候条、あつかり申御支証物紛失候、(中略)

明応四乙卯
九月二日　　　　中西修理進
　　　　　　　　秀長(花押)

久下駿河守殿
　人々御中

【解説】　これは京都の土倉中西秀長が、丹波の国人久下氏から預かっていた所領の安堵状を、大火によって焼失したことを久下氏に伝えた書状である。久下氏が保持していた安堵状が列記されているが、そこには地頭職・領家職の両方をもつ所領や職表示のない所領があって、所領の一円化の進んでいることがわかる。

(2) 一族一揆

263〔山内首藤家文書〕貞和七年(一三五一)十月二日山内一族一揆契約連署起請文

契約　一族一揆子細事

右、元弘以来、依令一族同心、自将軍家預恩賞、当知行無相違者也、爰自去年之秋比、両殿御不和之間[1]、世上于今不属静謐、而或号宮方、或称将軍家、并錦少路殿方[2]、雖為国人等所存区、於此一族者、浴武家御恩之上者、争可奉忘彼御恩哉、然早於御方致軍忠、欲揚弓箭之面目於末代、此上者更不可有二心哉、向後背此状者、於衆中加内談、可被申所存、若此条々雖為一事、偽申者、上梵天・帝釈・四大天王、惣日本国中大小神祇冥道、別諏方(訪)・八幡大菩薩・当国吉備津大明神等御罰、各身仁可罷蒙也、仍一味契約起請文之状如件、

貞和七年[3]十月二日　　藤原俊清(花押)
　　　　　　　　　　(以下、十名省略)

契約　一族一揆の子細の事

右、元弘以来、一族同心せしむるにより、将軍家より恩賞

に預り、当知行相違なきものなり。ここに去年の秋ごろより、両殿御不和の間、世上今に静謐に属さず。しかして或いは宮方と号し、或いは将軍家、ならびに錦少路殿方と称し、国人等の所存区《まちまち》たりと雖も、この一族においては、武家の御恩に浴するの上は、争《いかで》かかの御恩を忘れ奉るべけんや。しかれば早く御方において軍忠を致し、弓箭の面目を末代に揚げんと欲す。この上は更に二心あるべからざるか。向後この状に背かば、衆中において内談を加え、所存を申さるべし。もしこの条々一事たりと雖も、偽り申さば、上は梵天・帝釈・四大天王、惣じては日本国中大小神祇冥道、別して諏訪《すわ》・八幡大菩薩・当国吉備津大明神らの御罰を、各の身に罷り蒙るべきなり。よって一味契約起請文の状くだんの如し。

（1）両殿御不和　観応の擾乱のこと。（2）錦少路殿　足利直義。（3）貞和七年　観応二年のこと。直冬は北朝の改元に従わず、貞和年号を使用し続けた。

【解説】　一揆とは一味同心した人々の結合体のことである。中世後期は僧侶、武士、農民など社会のさまざまな階層の人々が一揆を結び、行動した時代である。この一揆契状を残した山内首藤氏は鎌倉以来備後国地毘《じび》庄の地頭職を有する国人であるが、分割相続の結果、多くの家に分かれていた。観応の擾乱期、この地方の武士たちは、南朝方、尊氏方のほか、直冬に属して活動する者も多く、一族が分裂して戦うことも珍しくなかった。そうした状況の中で、山内首藤氏一族の団結を誓った契状がこの史料である。

264　〔青方文書〕嘉慶二年（一三八八）六月一日松浦党一揆契諾状

一、於公方御大事者、不云分限大小令会合、中途加談合、而随多分之儀、(1)急速可馳参、但火急之御大事出来者、承及次第可馳参云々、

一、於一揆中、所務・弓箭・境相論幷市町路頭喧嘩闘諍出来之時者、先近所人々馳寄可宥時儀、(2)若猶以及難儀者、一揆一同令会合、任道理可令成敗、（中略）

一、於夜討・強盗・山賊・海賊・放火・田畠作毛盗苅族者、証拠分明者、直可行死罪、聊以検疑不可致理不尽之沙汰、次同類之事、為衆中之沙汰、可被罪科云々焉、（中略）

若此条々偽申候者、八幡大菩薩御罰於各可罷蒙也、

嘉慶二年六月一日

次第不同
大河内保
（以下三十名省略）

一、公方の御大事においては、分限の大小をいわず会合せしめ、中途に談合を加え、しかして多分の儀に随い、急速に馳せ参ずべし。但し火急の御大事出来せば、承り及

び次第に馳せ参ずべしと云々。
一、一揆中において、所務・弓箭・境相論ならびに市町路頭の喧嘩闘諍出来《しゅったい》の時は、まず近所の人々馳せ寄り時儀を宥《なだ》むべし。もし猶もって難儀に及ばば、一揆一同に会合せしめ、道理に任せて成敗せしむべし。(中略)
一、夜討・強盗・山賊・海賊・放火・田畠作毛盗み苅る族においては、証拠分明ならば、直ちに死罪に行うべし。聊《いささ》かも検疑をもって理不尽の沙汰を致すべからず。次に、同類の事、衆中の沙汰として、罪科せらるべしと云々。

(1)多分之儀　多数の意見。(2)時儀　気持ち。

【解説】西九州の松浦半島から五島列島にかけての地域には、松浦党と呼ばれる嵯峨源氏系の群小の武士が海陸を舞台に活動していた。青方氏もその一つである。松浦党は重層的な一揆を結び、数多くの一揆契状を残しているが、ここに掲げた契状では、一揆構成員の合議による紛争解決や刑罰の執行が定められている。一揆の中には政治状況に対応しての一時的な盟約ではなく、このような独自の法をもった政治機構としての性格を備えたものもあった。

265〔日根文書〕康正三年(一四五七)六月二十六日和泉国日根郡
国人一揆契状

和泉国日根郡於国人等契約状之事
右子細者、就公私万事成水魚之思、可為一味同心者也、然上者、雖為一人之大事相互不可見放、若背此旨於輩者、日本国大小神祇御罰、可蒙各々罷者也、子々孫々至此契約不可破、仍所定置之状如件、
康正三年丁丑六月廿六日
鳥取備中守 光忠(花押)
(以下、八名省略)

右子細は、公私につき万事水魚の思いを成し、一味同心たるべきものなり。しかるうえは、一人の大事たりと雖も、相互に見放つべからず。もしこの旨に背く輩《ともがら》においては、日本国大小神祇の御罰、各々《おのおの》罷り蒙るべきものなり。子々孫々に至り、この契約を破るべからず。よって定め置くところの状くだんの如し。

【解説】この史料は和泉国日根郡の国人の一揆契状である。署判者には鳥取氏のほか、淡輪《たんなわ》氏・日根野《ひねの》氏など郡内全域にわたる国人たちが並んでいる。当時、隣の河内では守護畠山氏の家督をめぐって政長と義就の対立が続き、軍事的緊張が高まっていたから、その影響が及ぶのを恐れて、地域内の国人たちが結束を誓ったものと思われる。注目されるのは「子々孫々至此契約不可破」という、一揆の永続性をうたった文言である。結成の契機は当面する政治的危機であったにせよ、結成された一揆

は、地域の国人たちの相互協力の連合体として恒常化されたのである。

266〔益田文書〕永享十二年（一四四〇）八月十五日三隅信兼起請文

敬白　起請文事
右、益田方我々事、縦雖不被下上意候、無為無事本望之処、公方様忝被仰出候之間、面目至極候、さ候前者於于国中如何躰子細候共、捨被捨不可申候、
一、加様候へハ、万一雖他妨候、務（努）力不可有承引候、
一、公私大小事共、可申承候、
若此条偽申候者、日本国六十六箇国大小神祇冥道・王城鎮守八幡三所大菩薩・賀茂・石上・春日・松尾・平野・祇薗・北野天満天神、殊者伊勢天照太神宮・熊野三所権現・石州鎮守一宮二宮・八幡三所・諏訪・春日・天満天神　御神本大明神御罰於跡深可蒙罷矣、仍為末代起請文之状如件、
　永享十二年庚申八月十五日　信兼（花押）

右、益田方と我々の事、たとい上意を下されず候と雖も、無為無事本望のところ、公方様忝《かたじけな》くも仰せ出され候の間、面目の至極に候。さ候前は、国中においていかなる躰《てい》の子細候とも、捨て捨てられ申すべからず候。
一、かように候えば、万一他の妨げ候と雖も、努力《ゆめ》承引あるべからず候。
一、公私大小の事ども、申し承るべく候。
もしこの条、偽り申し候わば（神名省略）御罰を跡深く罷り蒙るべし。よって末代のため起請文の状くだんの如し。

【解説】 国人同士の協約は一揆によってのみ結ばれたのではない。隣接する国人と国人が個別に協力関係の契約を結ぶこともしばしばあった。この史料は石見国の益田氏と三隅氏が相互に交わした協力契約の起請文のうち、三隅氏から益田氏に提出した方である。両氏は石見の有力国人として競合関係にあったが、この年、幕府の仲介もあって協約を結んだのである。益田氏は三隅氏に続いて周辺の国人たちとも次々と協約を交わすことによって、この地域の政治的な安定を図っていった。

3　東国政権と幕府

(1)　鎌倉府の支配体制

267〔鎌倉年中行事〕

一、管領対奉公中礼義幷書礼等之事、公方様ノ御使、又ハ

御一家・評定衆ヲハマツ座へ請シテ、其後被出酒ヲ、一献ノ時ハ、依時宜ニ先被始時モアリ、三献之時ハ二献被始事モ在之。御使ハ不依人体ニ、御一家中ハ依其人ナリ。引付衆以下ハ管領先被出後請シテ有対面テ酒ヲモ先被始、門送モ御使・一家并評定衆ヲハ縁マテ被送、引付衆ハ規式ハ座シキニテ一度可被送也。然トモ近代引付御教書拝領之人々数多依有之、可有越度故ニヤ、門送無之。仍御一家中ニ吉良殿ハ、公方様御対面ノ時モ御式題ノ様依為大事無御酒。御対面ノ様ハ御対座ニ少サカリテ御座アツテ、御門送御縁マテ也。然間管領へ御出之時モ他行ノ由申テ不被懸御目ニ、其故ハ管領職ハ公方様ノ御代官タル間、庭マテ送申時ハ無其曲、縁マテ被送申時ハ公方様ノ御礼同前ニテ不可然。

【解説】『鎌倉年中行事』は鎌倉府の年中行事や礼式を書き記した故実書である。成立は十五世紀半ば以後であるが、記されている内容は十五世紀初期の様子であるとされている。これによると、関東の武士たちは御一家中・奉公衆・外様に分かたれ、奉公衆はさらに評定衆と引付衆に分けられていた。このうち評定衆が鎌倉公方・関東管領とともに評定と呼ばれる会議体を構成して政務を行った。管領上杉氏が「公方様ノ代官」として礼式上きわめて高い地位にあることは、後代の関東における上杉氏の影響力の拡大を予期させるものとして注目される。（参考）山田邦明『鎌倉府と関東』（校倉書房）。

268〔続常陸遺文〕永享七年（一四三五）八月九日常陸国富有人注文

常陸国中富有仁等可記申由蒙□(仰)候之間人数注文

（中略）

宍戸庄内

一、岩間郷　黒田左衛門三郎　龍崎弾正少弼知行
一、阿子郷　平内三郎　同人知行
一、住吉郷　道本入道　左近大夫将監知行
一、志多利柳郷　右衛門三郎　里見四郎知行
一、下土師郷　平次郎入道　筑波大夫法眼所帯
一、小鶴郷　聖道上野房　龍崎左京亮知行
一、山尾道場　用阿弥陀仏　宍戸中務丞知行
一、同道場　乗阿弥陀仏　同人知行

北郡内

一、野田郷　兵衛三郎　上野一揆知行
一、片岡郷　覚祐入道　同一揆知行
一、(ママ)　真壁郡内
一、谷萱　教祐入道　粟田御知行
一、塙安世郷　正貞入道父子　町野備中守知行

一、同郷　　唐臼妙全入道
一、山田郷　度城房　宍戸兵庫助知行
一、宮子郷　安揆房　宍戸備前守知行
（中略）
永享七年八月九日
進上　御奉行所

【解説】中世には主要寺社の造営費用を捻出する場合、段銭・棟別銭の賦課や、特定の所領を造営料所に指定するなどの方法が一般的だが、室町期になると裕福な人物を指名し、その出銭によって造営を遂げることもあった。有福銭あるいは有徳銭と呼ばれる。史料268は鹿島社造営のために常陸国全域の裕福者を調査し書き上げた史料である。彼らの居住地は水陸交通の要地が多いが、その地の知行者の多くが鎌倉府の奉公衆であることは注目される。ここに見える龍崎・里見・筑波・町野・宍戸の諸氏も鎌倉府奉公衆であり、鎌倉府が交通の要地を掌握して、奉公衆に給恩として与えていたことがうかがえる。

(2) 上杉禅秀の乱

269〔**看聞日記**〕応永二十三年（一四一六）十月十三日

抑聞、今夕自関東飛脚到来、今月二日前管領上杉金吾（氏憲）発謀叛、故満氏（足利氏満）末子（満隆）当代持氏舅為大将軍、数千騎鎌倉へ俄寄来、左兵衛督持氏（足利）無用意之上、諸大名敵方へ与力之間不馳参、管領（上杉憲基）上杉房州子息為御方纔七百余騎、無勢之間、不及合戦引退、駿河国界へ被落了、同四日左兵衛督持氏館以下鎌倉中被焼払了、此由注進申、

抑《そもそ》も聞く。今夕関東より飛脚到来す。今月二日、前管領上杉金吾、謀叛を発す。故満氏末子〈当代持氏舅《しゅうと》〉大将軍として数千騎鎌倉へ俄《にわ》かに寄せ来る。左兵衛督持氏用意なきの上、諸大名敵方へ与力の間馳せ参ぜず。管領〈上杉房州の子息〉、御方として纔《わず》かに七百余騎、無勢の間、合戦に及ばず引き退き、駿河国界へ落ちられ了《おわ》んぬ。同四日、左兵衛督持氏の館以下、鎌倉中焼き払われ了んぬ。この由注進申す。

270〔**禅秀記**〕

同（応永二十三年）十月二日戌剋計、新御堂殿（足利満隆）幷持仲（足利）御所忍て殿中より御出、西御門宝寿院え御出有て御旗を上るゝ。犬懸之郎等屋部・岡谷の両人手の者を引卒、其夜塔辻《とうのつじ》へ下り、処々堀切鹿垣を結渡し、走矢倉を揚、持楯をつき、家々の幕を打、一揆の旗を打立たり。禅秀（上杉）は御所へまいり、持氏（足利）公可奉懐取支度しける。持氏は折ふし御沈酔有之。御寝なりけるに、木戸将監満範御座近参奉驚、「世はかやうに乱候」と申ける。

持氏は「さはあらし。禅秀は以の外に違例のよし聞召。今朝一男中務出仕いたしけるか、存命不定のよし候てこそ帰宅せし」と被仰ける。将監「それは謀反の計事に虚病仕候。只今御所中へ敵乱入候はん。分内せはく防に馬のかけ引不可叶。一間途《ひとまず》御出あり、佐介《さすけ》へ御入候へ」と申程こそ有けれ。御馬にめし、塔辻は敵篝《かがり》を焼て警固しける間、岩戸の上の山路を廻り、十二所にかゝり小坪を打出、前浜を佐介入らせたまふ。

【解説】　上杉氏は山内・扇谷・犬懸などの家に分かれ、交互に関東管領を勤めていた。氏憲(禅秀)は犬懸家の出身であるが、鎌倉公方持氏やその側近との不和から管領を罷免され、かわって山内家の憲基が補任されたため、応永二十三年十月、持氏の叔父満隆とその子持仲を担いで挙兵した。はじめ奇襲が功を奏して持氏・憲基は鎌倉から逃亡し、北関東を中心に少なからぬ武士が禅秀に味方した。しかし十二月、幕府から軍が派遣されるとそのほとんどが離反し、翌年正月には鎌倉を落とされて禅秀は自殺した。禅秀討滅にあたっては山内上杉氏や駿河今川氏の果たした役割が大きく、その後の関東の情勢に大きな影響を与えた。

(3)　永享の乱

271〔看聞日記〕永享十年(一四三八)八月二十二日・十一月十七日

(八月)廿二日、(中略)関東又物忩云々、鎌倉若公(足利義久)元服事、管領上杉(憲実)為申沙汰、自公方(足利義教)執御沙汰治定(1)之処、改其儀於鶴岡八幡宮御沙汰云々、京都御敵対露顕、管領失面目、結句可被討云々、已及合戦云々、

(十一月)十七日、(中略)武衛(足利持氏)居所押寄焼払、御留守警固武士防闘、六人腹切云々、鎌倉中敵方家共焼払、円覚寺焼了、建長寺ハ不焼云々、武衛ハ先祖寺安養寺ニ被引籠云々、

二十二日、(中略)関東また物忩《ぶっそう》と云々。鎌倉の若公《わかぎみ》の元服のこと、管領〈上杉〉申沙汰として、公方より執《と》り御沙汰治定のところ、その儀を改め、鶴岡八幡宮において御沙汰すと云々。京都御敵対露顕し、管領は面目を失う。結句討たるべしと云々。已《すで》に合戦に及ぶと云々。

十七日、(中略)武衛の居所に押し寄せ焼き払う。御留守警固の武士防ぎ闘う。六人腹切ると云々。鎌倉中の敵方の家ども焼き払う。円覚寺焼け了《おわ》んぬ。建長寺は焼けずと云々。武衛は先祖の寺安養寺に引き籠らると云々。

(1)自公方執御沙汰　将軍が烏帽子親として、諱の一字を与えること。代々の鎌倉公方の慣例だった。

272〔建内記〕永享十一年(一四三九)二月二日・十五日

二日、(中略)武衛(足利持氏)事(1)、已除緑鬢着黒衣之上者、有恩免、於子息(義久)者可被聴相続之由房州(上杉憲実)(2)頻執申、而時宜(3)不許、

十五日、(中略)関東事已属無為、鎌倉左兵衛督持氏卿切腹之由注進之故也、此事去十日事也、相国寺住持(柏心周操)先日為御使下向、関東管領上杉房州可随上意之由申之、仍武衛切腹、近習少々同切腹云々、天下太平、幸甚々々、

二日、(中略)武衛の事、「已《すで》に緑鬢を除き黒衣を着すの上は恩免あり、子息においては相続を聴《ゆる》さるべき」の由、房州頻《しき》りに執り申す。しかるに時宜許さず。

十五日、(中略)関東のこと、已に無為に属す。鎌倉左兵衛督持氏卿切腹の由、注進の故なり。この事、去る十日の事なり。相国寺住持先日御使いとして下向し、関東管領上杉房州に、上意に随うべきの由申す。よって武衛切腹す。近習少々同じく切腹すと云々。天下太平、幸甚幸甚。

(1)武衛　兵衛の唐名。(2)房州　安房守。(3)時宜　将軍の意向のこと。

【解説】京都の幕府と鎌倉府の対立関係は幕初以来くすぶっていたが、禅秀残党に対する持氏の強圧姿勢に幕府は警戒感を強めた。さらに永享十年六月、幕府と良好な関係にある関東管領上杉憲実と持氏が対立、武闘が始まったことによって緊張は一挙に高まった。十一月、今川・武田・小笠原ら幕府の命を受けた諸大名の攻撃によって鎌倉は陥落、持氏は出家した。憲実はその助命を幕府に請うたが、許されず、翌年二月、持氏は切腹した。子による相続も許されず、以後十年、鎌倉公方は不在となる。

(4) 結城合戦

273〔鎌倉大日記〕永享十二年(一四四〇)・嘉吉元年(一四四一)

永享十二年庚申、持氏(足利)若君二人憑結城氏朝籠城、為追討、清方(上杉)四月十九日立鎌倉下向、七月九日着陣、日夜合戦、京勢又下向、

嘉吉元年辛酉、四月十六日、結城没落、氏朝父子其外大名数多、或自害、若君二人奉生捕上洛、

五月十六日、於濃州垂井金蓮寺被誅、

永享十二年庚申。持氏の若君二人、結城氏朝を憑《たの》み籠城す。追討のため、清方四月十九日、鎌倉を立ち下向す。七月九日着陣す。日夜合戦す。京勢又下向す。

嘉吉元年辛酉。四月十六日。結城没落す。氏朝父子その外

大名数多、或いは自害す。若君二人生け捕り奉り上洛す。五月十六日、濃州垂井《たるい》金蓮寺において誅さる。

274〔諸家文書纂〕享徳四年(一四五五)二月日筑波潤朝軍忠状

築波太夫潤朝謹申亡父法眼玄朝并親類等軍忠次第事

(中略)

一、永享十三年三月四日、於常州中郡宛(庄)木所城、若君様被起儀兵、其時者叔父熊野別当朝範以親類等談合、先一人則四日馳参令供奉、亡父玄朝者、同十三日伯父美濃守定朝・同伊勢守持重・其外親類等引率而木所江馳参、(中略)同廿一日結城中務太輔氏朝不默先忠厚恩、存弓箭之順儀、奉入我館、玄朝親類等御供仕、致宿直警固(中略)

享徳四年

二月　日　　築波別当太夫潤朝謹状

進上　御奉行所

一、永享十三年三月四日、常州中郡庄木所城において、若君様儀兵を起さる。その時は叔父熊野別当朝範、親類等の談合をもって、先ず一人すなわち四日に馳せ参じ供奉《ぐぶ》せしむ。亡父玄朝は、同十三日に伯父美濃守定朝・同伊勢守持重・その外親類等を引率して木所へ馳せ参ず。(中略)同二十一日、結城中務太輔氏朝、先忠厚恩を黙さず、弓箭の順儀を存じ、我が館に入れ奉る。玄朝・親類ら御《お》供《とも》仕り、宿直の警固を致す。

275〔看聞日記〕嘉吉元年(一四四一)五月四日

故武衛〈持氏〉子息(義久)〈十三歳〉、尋出討申之由、只今飛脚到来、御剣可被進之由被申、則進之、此事先日城責落之時、子息達三人之内一人ハ腹切、二人ハ生捕之由注進云々、然而腹切ハ虚説也、兄〈十三〉被没落之由、後ニ聞、其人只今求出討申也、於于今子息達悉被討之間、弥天下大慶也、

故武衛〈持氏〉の子息〈十三歳〉、尋ね出し討ち申すの由、只今飛脚到来す。御剣進めらるべきの由申さる。すなわちこれを進む。この事、先日城責め落とすの時、子息たち三人の内一人は腹切り、二人は生け捕るの由注進すと云々。しかれども腹切りは虚説なり。兄〈十三〉、没落せらるるの由、後に聞く。その人只今求め出し討ち申すなり。今において子息たち悉く討たるるの間、いよいよ天下の大慶なり。

【解説】持氏の遺児の義久・春王・安王は、永享十三年、常陸の結城氏朝に迎えられて挙兵したが敗れて捕えられ、いずれも殺された。この結末を、京都側の史料である『看聞日記』が「天下大慶也」と記しているのに対し、常陸の武士筑波氏の軍

忠状では氏朝の行動は「厚恩」を忘れず、「弓箭之順儀」を知る行動であるとされている。京都と関東では、事件に対する評価が正反対だったのである。なお『鎌倉大日記』は、鎌倉足利氏の子孫喜連川家に伝えられた鎌倉府の年代記である。

(5) 享徳の乱

276〔武家事紀〕**康正元年(一四五五)四月四日足利成氏書状**

(上略)依上椙右京亮憲忠及累年振権勢、没倒寺社旧付庄園、無省分国一揆、押妨官仕功労所帯、令恩補顧眄家従(1)、恣極奢、緩怠追日倍増間、連日以専使、雖加折檻、無有許容、(中略)加之、先年江島出陣(2)時、令随逐(3)憲忠、致不義凶軍等横訴於、頻雖執申、依不許容、召集分国一揆・被官人等、致嗷訴企謀乱事雖及度々、堪免処、益権謀露顕上、馳下分国、可揚兵儀為支度、上州ェ差遣長尾左衛門入道昌賢(景仲)、回種々計略、緈已覃火急間、依難遁天責歟誅戮了、(中略)

四月四日　(足利)成氏

(細川勝元)右京大夫殿

上相右京亮憲忠、累年に及んで権勢を振うにより、寺社旧付の庄園を没倒し、分国の一揆を省みるなく、官仕功労の所帯を押妨し、顧眄《こべん》の家従に恩補せしむ。恣《ほしいまま》に奢《おご》りを極め、緩怠は日を追って倍増の間、連日専使をもって、折檻を加うと雖も、許容あるなし。(中略)加之《しかのみならず》、先年江島に出陣の時、憲忠に随逐せしめ、不義を致す凶軍らの横訴を頻《しき》りに執り申すと雖も、許容せざるにより、分国の一揆・被官人らを召集し、嗷訴を致し謀乱を企つること度々に及ぶと雖も、堪免のところ、ますます権謀露顕の上、分国に馳せ下り、兵儀を揚ぐべき支度のため、上州へ長尾左衛門入道昌賢を差し遣わし、種々の計略を回《めぐ》らす。ことすでに火急に覃《およ》ぶの間、天責を遁れがたきによってか誅戮《ちゅうりく》し了《おわ》んぬ。

(1)顧眄家従　お気に入りの家臣。(2)江島出陣　前々年、上杉方と成氏が戦った合戦。(3)随逐　つきしたがうこと。具体的には上杉軍を率いた長尾・太田両氏をさす。

277〔武家事紀〕**康正二年(一四五六)四月四日足利成氏書状**

(上略)

一、去年正月六日、上椙修理大夫(扇谷持朝)入道幷憲忠(上杉山内)被官人等、相州島河原ェ出張間、差遣一色宮内大輔・武田右馬助(信長)入道討発、多分討取候了、同正月廿　日、翌日廿二日、上杉(憲顕)右馬助入道・同名太夫三郎幷長尾左衛門(景仲)入道等、武州・上州一揆(1)以下同類輩引率数万騎、武州国府辺競来間、於高幡・分陪河原(2)両日数箇度交兵刃、終日攻戦、為始上椙

両人討取数人候、至于今残党者束手令降参候了、(中略)

四月四日　成氏(足利)

三条殿

去年正月六日、上椙修理大夫入道ならびに憲忠の被官人等、相州島河原へ出張るの間、一色宮内大輔・武田右馬助入道を差し遣わし討発し、多分討ち取り候い了《おわ》んぬ。同正月二十一日、翌日二十二日、上杉右馬助入道・同名太夫三郎ならびに長尾左衛門入道等、武州・上州一揆以下同類の輩数万騎を引率し、武州国府辺へ競《せ》り来るの間、高幡・分陪河原において両日数箇度兵刃を交え、終日攻戦す。上椙両人を始めとして数人を討ち取り候。今に至っては残党の者、手を束ねて降参せしめ候い了んぬ。

(1)武州・上州一揆　武蔵・上野の中小領主層の武士連合。南北朝期から見られる。(2)高幡・分陪河原　現在の東京都府中市、日野市付近。

【解説】　足利成氏はただ一人生き残った持氏の遺児である。宝徳元年(一四四九)に鎌倉公方となったが、鎌倉府の実権を握っていたのは関東管領の上杉山内憲忠とその家臣の長尾・太田氏らであった。結城・宇都宮氏など北関東の豪族層は上杉氏の覇権に反発して成氏に味方したため両派の対立は深刻化し、享徳三年(一四五四)十二月、成氏は憲忠を暗殺させた。これ以後の数年間、関東各地で成氏派と上杉派の戦闘が繰り広げられた。これによって上杉氏の勢力は衰えるが、康正元年(一四五五)四月、下総の古河《こが》に出陣していた成氏も、留守中の鎌倉を幕府の支持を得た駿河守護今川範忠によって占領された。以後、成氏は鎌倉に帰還することはできず、古河公方と呼ばれるようになった。

(6)　私年号の流布

278〔香蔵院珍祐記録〕寛正二年(一四六一)十二月・同三年七月

一、当年(寛正二年)寛正二年十一月ヨリ改元也。延徳元年十二月日、此記彼籠納也。

一、年号事、旧冬ヨリ改元アリテ延徳ト申説アル。当年(寛正三年)延徳二年皆記之。雖然豆州様[1]□京方ハ寛正三年タル由申間、又寛正□□

(1)豆州様　堀越公方足利政知。将軍義政の弟。成氏に対抗させるために鎌倉公方として関東に送りこまれた。

【解説】　寛正二年十二月、鎌倉の鶴岡八幡宮には京都で「延徳」という年号に改元されたという情報がもたらされた。この情報にしたがって、八幡宮供僧の香蔵院珍祐は自分の記録にこの年号を書き留めた。ところがそれから半年がすぎた寛正三年七月、今度は伊豆の堀越公方から、「延徳」への改元など行われていない、という情報が寄せられ、もとの「寛正」という年号に戻された、というのがこの記事である。このような改元情報の乱れは、十五世紀半ばの享徳の乱以降の関東の戦乱の激化から目立つようになり、それとともに、十六世紀まで、私年号とよばれる、京都の朝廷が定めた年号ではない年号がしばしば関東では用いられるようになる。それらのうちで主なものは、一四九一年の「福徳」、一五〇七年頃の「弥勒」、一五二七年頃の「永喜」、一五四二年頃の「命禄」などであり、いずれもめでたい文字が用いられていることがその特徴である。

第四節　幕府の動揺と応仁・文明の乱

1　若年将軍と側近政治

(1)　女人政治

279〔**康富記**〕宝徳三年(一四五一)九月二十四日

公方（足利義政）御成敗之事者、近日上臈御局大館殿類并大御乳人、此両人毎事一向被申沙汰之間、不可然之題目等相交、依之邂逅自大方殿（日野重子）有御口入之儀、公方にも無御承引、剰管領様（畠山持国）も御口入無用之由被申歟、毎事不可過御斟酌之由有御述懐、是併御隠居之御志歟云々、御内儀為実者不可然、所驚存也、去年以来斯波千代徳殿之被官人尾張守護代織田を被退て、先年突鼻(1)之織田可被召出之由、公方御口入也、千代徳并甲斐入道(2)等難堪之由申之、不申領掌者也、公方御口入事、上臈被執申入之歟、(中略)千代徳之憤不可被忽諸(3)之由、大方殿被有申之云々、

公方御成敗の事は、近日上臈御局〈大館殿の親類〉ならびに大御乳人、この両人毎事一向に申沙汰せらるるの間、しかるべからざるの題目等相交る。これにより邂逅《かいこう》大方殿より御口入の儀あり。公方にも御承引なし。剰《あまつさ》え管領様も御口入無用の由申さるるか。毎事御斟酌過ぐべからずの由御述懐あり。これしかしながら御隠居の御志かと云々。御内儀実たらばしかるべからず。驚き存ずるところなり。去年以来、斯波千代徳殿の被官人尾張守護代織田を退けられて、先年突鼻《とつび》の織田を召し出だ さるべきの由、公方御口入なり。千代徳ならびに甲斐入道ら難堪の由申し、領掌申さざるものなり。公方の御口入の事、上臈執り申し入れらるるか。(中略)千代徳の憤り忽諸《こつしょ》にせらるるべからずの由、大方殿宥め申さるると云々。

(1)突鼻　追放すること。(2)甲斐　斯波氏の重臣。(3)忽諸　ないがしろにすること。

【解説】　嘉吉の乱後、義勝、義政と幼年の将軍が相次いで立ち、政治の実権は側近たちの握るところとなった。特に彼らの母である日野(裏松)重子の存在が大きかったが、義政が長ずると、乳母の上臈局(今参局、大館氏の一族)の発言力が増した時期もあった。この史料は尾張守護代の人事をめぐって、重子と上臈局が対立した事件を伝えている。日野家は中級の公家ながら代々の将軍と姻戚関係を結び、重子の没後も、義政室の富子やその兄勝光らが幕政に介入した。なお『康富記』は大外記中原康富の日記で室町中期の基本史料の一つ。

(2)　伊勢氏の台頭

280〔**康富記**〕**嘉吉三年(一四四三)八月三十日**

是日以伊勢入道(貞国)息兵庫助貞親、可為室町殿(足利義政)御父之儀之由、自管領(畠山持国)被定云々、勢州代々為御父之故也、依之、自管領目出之由被申之、公方被進御太刀等了云々、

この日、伊勢入道の息兵庫助貞親をもって、室町殿の御父の儀たるべきの由、管領より定めらるると云々。勢州は代々御父たるの故なり。これにより、管領より目出《めづ》の由申さる。公方御太刀などを進められ了《おわ》んぬと云々。

281〔**大乗院寺社雑事記**〕**文正元年(一四六六)七月二十八日**

(1)武衛方儀、兵衛佐義敏(斯波)御免、出仕去廿四日、然而当武衛(2)治部大輔(義廉)事、細川右京大夫勝元・山名入道宗全加扶持之間、一天大儀歟、(中略)如今者義敏仁雖給御判、(3)不可任上意云々、義敏御免事、伊勢守(伊勢貞親)并蘂(4)西堂申沙汰云々、

武衛方の儀、兵衛佐義敏御免。出仕は去る二十四日なり。しかれども当武衛治部大輔の事、細川右京大夫勝元・山名

入道宗全、扶持を加うるの間、一天の大儀か。（中略）今の如くんば義敏に御判を給うと雖も、上意に任すべからずと云々。義敏の御免の事、伊勢守ならびに蔭西堂の申沙汰と云々。

（1）武衛　兵衛の唐名。斯波氏の代々の家督が左兵衛に任ぜられたことから、斯波氏の通称となる。（2）当武衛　現在の斯波氏の家督。（3）御判　御判御教書。安堵状のこと。（4）蔭西堂　蔭涼軒主季瓊真蘂。西堂は禅僧の位の一つ。

【解説】　伊勢氏は幕府政所執事を世襲し、幕府・足利家の財政や歴代将軍の養育を担当してきたが、このころには公武の訴訟を将軍に取り次ぐ申次も兼ねて、政治全般にわたって大きな発言力をもつようになった。史料281では、斯波家の家督が、伊勢貞親と季瓊真蘂《きけいしんずい》の差し金で義廉から義敏に替えられたことが記されている。季瓊真蘂も禅院の訴訟を将軍に取次ぐ地位にあり、政界に影響力をもっていた。『大乗院寺社雑事記』は関白一条兼良の子で、興福寺大乗院門跡の尋尊の日記。応仁の乱をはさむ前後六十年に及ぶ克明な日記で、政治・経済・社会史上の重要史料である。

2　飢饉と土一揆

(1)　応永の飢饉

282〔看聞日記〕応永二十八年（一四二一）二月十八日・二十九年九月六日

（応永二十八年二月）十八日、（中略）去年炎旱、飢饉之間、諸国貧人上洛、乞食充満、餓死者不知数路頭ニ臥云々、仍自公方（足利義持）被仰、諸大名五条河原ニ立仮屋引施行、受食酔死者又千万云々、今春又疫病興盛万人死去云々、天龍寺・相国寺引施行、貧人群集云々、

（同二十九年九月）六日、（中略）抑聞、於河原（五条）今日大施餓鬼、依風雨延引云々、此事去年飢饉・病悩万人死亡之間、為追善有勧進僧、往来囉斎僧相集、以死骸之骨造地蔵六躰、又立大石塔為供養、可有施餓鬼云々、此間有読経、万人皷操打桟敷、室町殿可有御見物云々、五山僧可行施餓鬼云々、

十八日、（中略）去年炎旱。飢饉の間、諸国の貧人上洛し、乞食充満す。餓死する者、数知れず路頭に臥すと云々。よ

って公方より仰せられ、諸大名五条河原に仮屋を立てて施行を引く。食を受けて酔死の者又千万と云々。今春又疫病興盛し、万人死去すと云々。天龍寺・相国寺施行を引く。貧人群集すと云々。

六日、（中略）抑《そもそ》も聞く。五条河原における今日の大施餓鬼、風雨によって延引すと云々。この事去年飢饉・病悩に万人死亡の間、追善のために勧進僧あり。〈往来囉斎僧相集まる。〉死骸の骨をもって地蔵六躰《たい》を造る。又大石塔を立てて供養とす。施餓鬼あるべしと云々。この間読経あり。万人皷操して桟敷を打つ。室町殿御見物あるべしと云々。五山の僧、施餓鬼を行うべしと云々。

【解説】　中世、自然の異変は社会情勢に深刻な影響を及ぼした。応永二十八年は前年の旱による飢饉に襲われた。『看聞日記』には飢民が諸国から京都に流入し、多数の死者が倒れている様子が記されている。当然、疫病も発生し、貴族たちにも多くの死者が出た。幕府もあわてて五条河原で飢民に食を施している。また翌年には大規模な慰霊供養が営まれているが、天候不順は数年続き、正長の土一揆の遠因の一つになったと思われる。

(2)　正長の土一揆

283〔満済准后日記〕応永三十五年（一四二八）九月十八日

今暁当所醍醐地下人等号徳政蜂起、方々借書等悉責出焼之云々、凡徳政事自江州沙汰出也、八月以来事歟、以外次第也、此由先忩申遣細川右京兆方（持之）間、即時奈良入道・横尾入道以下数百騎令入寺、灌頂堂以下警固、仍郷民等不及嗷々儀、各退散地下悉打開了、次管領方（畠山満家）へ申遣了、則得上意申付侍所赤松（満祐）了、当職勢二百騎計山科ニ陣取、随左右可入寺云々、

今暁当所〈醍醐〉の地下人ら、徳政と号して蜂起す。方々の借書など悉く責め出してこれを焼くと云々。凡《およ》そ徳政の事、江州より沙汰し出すなり。八月以来の事か。もっての外の次第なり。この由まず忩《いそ》ぎ細川右京兆方に申し遣わすの間、即時に奈良入道・横尾入道以下数百騎入寺せしめ、灌頂堂以下警固す。よって郷民ら嗷々《ごうごう》の儀に及ばず。各退散して地下悉く打ち開き了《おわ》んぬ。次管領方へ申し遣わし了んぬ。すなわち上意を得て侍所赤松に申し付け了んぬ。当職勢二百騎ばかり山科に陣取る。左右に随って入寺すべしと云々。

284〔春日若宮社頭日記〕正長元年（一四二八）十一月二日

此程ワウミ（近江）ノ国ヨリ土一揆ノ衆等、御得政（徳）ト云事ヲ仕出テ、所々ノ倉々テオヤフル。其ヨリ下京上モ少シ馬借セメ入テ、

得政ヲナス。コレヲハシメテ伊賀・伊勢・宇田・吉野・紀国・泉国・河内・サカイ、惣テ日本国ノコリナク御得政□□、当国ニモ里別ニ得政ヲカルナリ。

285〔薩戒記〕正長二年(一四二九)正月二十九日

或人曰、播磨国土民、如旧冬京辺蜂起、国中之侍悉攻之間、諸庄園代□(官)加之守護方軍兵、為彼等或失命或被追落、一国騒動希代□(非)法也云々、凡土民所□(申)、不可令侍在国中云々、乱世之至也、仍□(令)赤松入道発向了者、

或る人曰く、「播磨国の土民、旧冬の京辺の如く蜂起し、国中の侍を悉く攻むるの間、諸庄園代官 加之《のみならず》守護方軍兵、彼らのために或いは命を失い、或いは追い落とさる。一国の騒動、希代の非法なり」と云々。「凡そ土民の申すところは、侍をして国中にあらしむべからずと云々。乱世の至りなり。よって□(令)赤松入道発向し了《おわ》んぬ」者《てえり》。

【解説】正長の土一揆は徳政(債務の破棄)を求めて起こされた最初の土民一揆である。一揆は近江から始まり、京都、奈良ほか畿内・近国に広がった。徳政とは本来は天皇や将軍の善政を意味し、また鎌倉後期以来、寺社興行政策の一環として、寺社への所領返付のことを徳政と呼んできた前史があった。徳政が質物取戻しを意味するようになるのは、そのためだと考えられる。またいったん手離した土地でも、再び元の所有者が取り戻しうるという通念が在地社会に広く存在していたことが、債務破棄要求に正当性を与えていた。徳政の法は為政者の代替りに発令されることが多かったが、正長元年は足利義持と称光天皇が相次いで死去、三十五年間に及んだ応永も改元された年である。それが直接の契機となって大規模な一揆が起きたと考えられる。なお『春日若宮社頭日記』は春日若宮の社司中臣氏の日記。『薩戒記』はのちに武家伝奏を勤めた公家中山定親の日記。

286〔柳生の徳政碑文〕

正長元年ヨリサキ者、カンヘ四カンカウ(1)ニ、ヲヰメ(負目)(2)アルヘカラス。

(1)カンヘ四カンカウ　「神戸四箇郷」で、大柳生・坂原・小柳生・邑地の四つの村。(2)ヲヰメ　借金・借財のこと。

【解説】正長の土一揆は、天下一同の徳政をかちとり、在地にも深くその記憶を残すことになった。この柳生の徳政碑文は、その成果を記したものとされ、柳生の集落に入る街道脇の「ほうそう地蔵」とよばれる鎌倉時代の地蔵の浮き彫りのある岩に刻みこまれている。「ヲヰメ」の侵入を、「ほうそう」と同様に村の入り口で防ごうとしたのであろうか。

(3) 嘉吉の土一揆

287〔建内記〕嘉吉元年(一四四一)九月三日・十四日

三日、(中略)近日四辺土民蜂起、号土一揆称御徳政破借物、以少分押請質物、縡起自江州、守護佐々木之六角(満綱)令張行、坂本・三井寺辺・鳥羽・竹田・伏見・嵯峨・仁和寺・賀茂辺物忩絶常篇、今日法性寺辺有此事、及火災、侍所以多勢防戦、猶不承引、土民数万之間不防得云々、賀茂辺歟今夜揚時声、去正長年中普広院殿初比有此事、已及洛中了、其時畠山(満家)為管領、遊佐故河内守(国盛)於出雲路合戦静謐了、今土民等代始此沙汰称先例云々、

十四日、戊申、天晴、

定　徳政事

右、可為一国平均之沙汰之旨、被触仰訖、早可令存知之由、所被仰下也、仍下知如件、

嘉吉元年九月十二日

中務少輔源(京極持清)朝臣

三日、(中略)近日四辺の土民蜂起す。〈土一揆と号し、〉御徳政と称し借物を破る。少分をもって質物を押し請く。縡《こと》江州より起こる。〈守護佐々木の六角張行せしむ。〉坂本・三井寺辺・鳥羽・竹田・伏見・嵯峨・仁和寺・賀茂辺は物忩《ぶっそう》常篇に絶ゆ。今日法性寺辺このことあり、火災に及ぶ。侍所多勢をもって防戦すれども、なお承引せず。土民数万の間、防ぎ得ずと云々。賀茂辺か、今夜時の声を揚ぐ。去る正長年中〈普光院殿の初めの比《ころ》〉このことあり。すでに洛中に及び了《おわ》んぬ。その時畠山管領たり。遊佐故河内守出雲路において合戦し静謐し了んぬ。今土民ら、代始めにこの沙汰は先例と称すと云々。

十四日。戊申。天晴。

定む　徳政の事

右、一国平均の沙汰たるべきの旨、触れ仰せられ訖《おわ》んぬ。早く存知せしむべきの由、仰せ下さるるところなり。よって下知くだんの如し。

288〔大島奥津島神社文書〕嘉吉元年(一四四一)八月日徳政条々定書木札

定

奥嶋・北津田庄徳征(政)条々之事

一、質物ハ可請十一分一、

一、出挙・借銭ハ只可取、

一、年記(紀)(1)只可取、

一、講憑子(2)破云々、

一、長地(3)十五年内半分、当毛作(4)半分可付、
一、三社之物(5)ハ不可取、
右、此条々定上者、於後日不可有違乱煩者也、仍定之処之状如件、

嘉吉元年辛酉八月　日

沙汰人
北津田(花押)
奥　嶋(花押)

一、質物は十一分の一を請くべし。
一、出挙・借銭はただ取るべし。
一、年紀はただ取るべし。
一、講憑子は破ると云々。
一、長地十五年内は半分、当毛作は半分付くべし。
一、三社の物は取るべからず。
右この条々定むる上は、後日において違乱煩いあるべからざるものなり。よって定むるところの状くだんの如し。

(1)年紀　数年間を限って売ること。(2)講憑子　頼母子講。講仲間の出銭制度。(3)長地　永代売却の土地。売却後十五年以内の土地は、半分の返却を認めている。(4)当毛作　本年の収穫分。(5)三社之物　賀茂・石清水・伊勢三社に寄進された土地。

【解説】　嘉吉の乱の最中の政治的空白期に、再び大規模な徳政一揆が起こった。今回の一揆も近江から始まり、まず守護六角氏による徳政令が近江国内に発布された。ついで東・南・西の三方から洛中に入った一揆勢の前に幕府はなす術なく、閏九月に天下一同の徳政令が発布され、ようやく一揆は引いた。史料288の木札は六角氏の徳政令を受けて、琵琶湖岸の奥島・北津田荘で実施細則を取り決めた定書である。在地の実状に即した取り決めがなされており、中世村落の自治能力の一端が示されている。（口絵参照）

(4)　頻発する土一揆

289　**〔東寺執行日記〕　文安四年(一四四七)七月十九日**

為得政、西岡(1)土一揆、七条土蔵発向、七条辺在家ヘ懸火。仍公方勢土岐・斎藤大宮ヲ下向、八条クシケノ木戸ヲ開カセテ、寺中(2)ヘ乱入シテ、坊ノ前ニテ乗順所納・伊与雑掌・□□□妙観院青侍　此三人打之。寺内ニテハ掃部・同子息弥六・左衛門次郎各職掌也、此三人ハ頸被取之。後日六条河原ニ懸之。言語道断不便次第也。

(1)西岡　京都桂川西岸の地域。用水管理を核とした惣村連合が形成されており、徳政一揆の主勢力となることが多かった。(2)寺中　東寺の中。東寺はしばしば土一揆勢が占領して立て籠った。以下に見える人物は土一揆のメンバーとされて殺された寺官である。

290〔仁和寺文書〕享徳三年(一四五四)十月二十九日室町幕府奉行人連署事書

諸人借物事

今度於都鄙之間、号徳政、所々住民等構土一揆、令蜂起、依押取諸土倉・日銭屋以下質物、公料忽令失墜云々、然可進納借銭拾分一之由、各任申請之旨、至年紀本物返之地・仏神物祠堂銭・預状・請取・寄進状但為借書誘取之、亦副借書乞請之類幷売寄進・合力・敷銭等借書者、皆以被棄破者也、（中略）若銭主与借主令与同者、共可処厳科之由、被仰出訖矣、

享徳三年十月廿九日

為数（飯尾）判

貞基（布施）判

忠行（二階堂）判

今度都鄙の間において、徳政と号し、所々の住民ら土一揆を構え、蜂起せしむ。諸土倉・日銭屋以下の質物を押し取るによって、公料忽《たちま》ち失墜せしむと云々。しかれば借銭の拾分の一を進納すべきの由、各申請の旨に任せて、年紀本物返の地・仏神物祠堂銭・預状・請取・寄進状〈但し借書として誘《こしらえ》取る、また借書を副えて乞い請くるの類〉ならびに売寄進・合力・敷銭などの借書に至っては、皆もって棄破せらるるものなり。（中略）もし銭主と借主与同せしむれば、ともに厳科に処すべきの由、仰せ出され訖《おわ》んぬ。

291〔山科家礼記〕長禄元年(一四五七)十月二十五日・二十七日

廿五日

一、今夜下辺(1)徳政とて、以外物忩《ぶっそう》候也。

廿七日

公方（足利義政）より管領（細川勝元）ヲハシメテ、諸タイメイ（大名）ヲサシツカハサル。コト〳〵クニケ（逃）テカヘラル。管領内者安富名字ウタル。其外三十人計、一色方二三十人死人。四条大宮辺皆ヤキハラウ。近比《ちかごろ》の曲事候也。

らく書

冬の夜を、ねさめてきけ（は脱）、御とくせい、はらいもあへす、にくるたいめい

(1)下辺　下京。

【解説】嘉吉以後、頻繁に徳政一揆が起こった。一揆は次第に組織的になって幕府軍も手を焼き、徳政令が頻発された。このため土倉は大きな打撃を受けたが、幕府財政の大きな部分を土倉役に頼っている幕府も困り、享徳三年には分一徳政令が発布された。これは負債額の十分の一（分一銭）を幕府に納めた者のみに債務棄破を認めるというものである。史料290からは、徳政を逃れるために、預け、寄進などの形を装った売買・借銭が盛行していた様子がうかがえる。後には分一銭を納めた土倉に徳

政の適用除外を認めることも行われた。史料291『山科家礼記』は公家山科家の家司大沢久守らの日記。

(5) 寛正の飢饉

292〔碧山日録〕寛正二年(一四六一)二月二日・六日・三十日

二日、癸酉、已而雨、願阿、於六角長法寺南路、為流民造茇舎(1)十数間、其横長、自東洞院坊、以烏丸街為限也、
六日、丁丑、流民之茇舎成矣、願阿命其徒、病民之不能起、俾竹輿乗之、其群聚、不可勝紀也、先烹粟粥食之、蓋飢者喫飯則倒死、故勧粥也、此賑済、以是月為限云、
晦日、辛丑、以事入京、自四条坊橋上見其上流、々屍無数、如塊石磊落、流水壅塞、其腐臭不可当(2)也、東去西来、為之流涕寒心、或曰、自正月至是月、城中(3)死者八万二千人也、余曰、以何知此乎、曰、城北有一僧、以小片木造八万四千率堵(4)、一々置之於尸骸上、今余二千云、大概以此記焉也、雖城中、所不及見、又郭外原野溝壑(5)之屍、不得置之云、願阿徹(撤)流民之屋、

二日、癸酉。已に雨。願阿、六角長法寺の南路に、流民のために茇舎《ぼうしゃ》十数間を造る。その横長きこと、東洞院坊より、烏丸の街をもって限りと為すなり。

六日、丁丑。流民の茇舎成れり。願阿その徒に命じて、病民の起つこと能わざるは、竹輿をしてこれに乗らしむ。その群聚、勝《あ》げて紀《しる》すべからざるなり。先ず粟粥を烹《に》てこれを食さしむ。蓋《けだ》し飢えたる者、飯を喫《くら》はばすなわち倒《かえ》って死せん。故に粥を勧むるなり。この賑済《しんさい》、この月をもって限りと為すと云う。

晦日、辛丑。事をもって入京す。四条坊の橋の上よりその上流を見れば、流るる屍《しかばね》は無数にして、塊石の磊落するが如し。流水は壅塞《ようさい》し、その腐臭は当《あ》つべからざるなり。東に去りて西より来る。このために涕《かみだ》を流し心を寒からしむ。或るもの曰く、「正月よりこの月に至り、城中の死者は八万二千人なり」。余曰く、「何をもってこれを知るか」。曰く、「城北に一僧あり。小片木をもって八万四千率堵を造り、一つ一つこれを尸骸《しがい》の上に置く。今二千余ると云う。大概これをもって記せるなり。城中と雖も、見及ばざる所、又郭外の原野・溝壑《こうがく》の屍、これを置き得ず」と云う。願阿、流民の屋を撤す。

(1)茇舎　小屋。(2)不可当　たとえることができない。(3)城中　洛中。(4)率堵　卒塔婆。(5)溝壑　溝。

293〔東寺百合文書〕サ函　寛正三年（一四六二）十月十九日新見荘領家方高瀬・中奥百姓等申状

畏申上候。当年は長雨ふり候て、田畠共にさうたち《早立》候処に、八月廿八日の夜、九月二日の夜、大霜ふり候て、悉そんし《損》候間、御けん《検》見候へと申上候を、めされす候。又度々わひ《詫》事申候も、いまた御扶持なく候。地下けいくわい《計会》(1)仕候を、御ちうしん《注進》あるへきよし承候間、畏入候。可然やうに御中候て、地頭分(2)なみに御ふち《扶持》あるへく候。恐惶謹言。

十月十九日

高瀬 中奥 御百姓等

(1)けいくわい　困窮すること。(2)地頭分　地頭方。新見荘は下地中分の結果、領家方と地頭方に分かれていた。

【解説】寛正元年から三年にかけては、中世でも最悪の飢饉となった。禅僧大極の日記『碧山日録』には、京都の悲惨な状況が記されている。農村も深刻な事態に見舞われ、各地に徳政や年貢減免を求める土一揆が発生した。東寺領備中国新見荘もその一つで、一揆の経過は『東寺百合文書』によって詳細に知ることができる。

3　応仁・文明の乱

(1)　混迷する政局

294〔長禄四年記〕長禄四年（一四六〇）九月十六日・二十日・二十三日

十六日

一、畠山右衛門佐殿義就朝臣、可有隠居之由、被仰出者也、

廿日

一、畠山右衛門佐殿下国、巳剋、主人・内者悉帯兵具、七十騎許、雑兵以下千余人許云々、則遊佐河内守《国助》(1)宿所以下所々自火、冨小路ゟ下ニ、二条ゟ東洞院へ、東洞院ヲ下ニ、河内国(2)へ下向云々、被官人宿所焼残所々、甲乙人等悉破取者也、

廿三日

一、畠山右衛門佐殿へ被立御使伊兵《伊勢貞藤》、右衛門佐殿一跡事、次郎殿(3)可有出仕之由、被仰付之処、以強之儀(4)下国上者、可有御違篇者也、仍一跡事、尾張次郎殿《畠山政長》被仰付畢、

十六日

一、畠山右衛門佐殿〈義就朝臣〉隠居あるべきの由、仰せ出ださるるものなり。

二十日

一、畠山右衛門佐殿下国す。〈巳の剋〉主人・内者悉く兵具を帯し、七十騎許《ばか》り、雑兵以下千余人許りと云々。すなわち遊佐河内守宿所以下所々、自ら火《や》く。冨小路を下に、二条を東洞院へ、東洞院を下に、河内国へ下向すと云々。被官人の宿所の焼け残る所々、甲乙人ら悉く破《こぼ》ち取るものなり。

二十三日

一、畠山右衛門佐殿へ御使〈伊兵〉を立てらる。右衛門佐殿の一跡の事、次郎殿出仕あるべきの由、仰せ付けらるるのところ、強の儀をもって下国の上は、御違篇あるべきものなり。よって一跡の事、尾張次郎殿に仰せ付けられ畢《おわ》んぬ。

(1)遊佐河内守　畠山義就の重臣。(2)河内国　畠山氏の領国。(3)次郎殿　義就の猶子の政国。(4)以強之義　堅い決意で。

【解説】管領家の一つ畠山家では、持国の死後、実子の義就と養子の政長が家督をめぐって対立していた。将軍義政ははじめ義就を家督と認めていたが、管領細川勝元の支持を得た政長が巻返し、長禄四年九月、義就は領国の河内に下った。義就は岳山城に籠城し、二年半にわたって幕府軍の攻撃を退けた。これによって幕府の威信は大きく揺らいだ。この畠山家の内紛は、斯波家の家督争い（史料281参照）とともに、幕閣が分裂する要因の一つとなった。『長禄四年記』は内閣文庫所蔵、設楽薫「室町幕府評定衆摂津之親の日記『長禄四年記』の研究」（『東京大学史料編纂所研究紀要』三）に全文紹介。

295〔後法興院記〕文正元年（一四六六）九月六日

伝聞、今出川殿（足利義視）自去夜被移住先職(1)宿所云々、其子細者、勢州（伊勢貞親）依申沙汰、自室町殿（足利義政）可被誅戮今出川殿之由、或仁躰告申間、俄夜陰被罷向先職、無咎子細条々被歎申云々、可被失勢州之由、堅被訴訟云々、此事可及大乱歟、珍事々々、

伝え聞く、今出川殿、去夜より先職の宿所に移住せらると云々。その子細は、勢州の申沙汰により、室町殿より今出川殿を誅戮せらるべきの由、ある仁躰《にんてい》告げ申すの間、俄《にわか》に夜陰に先職に罷り向われ、咎《とが》なき子細を条々歎き申さると云々。勢州を失わるべきの由、堅く訴訟せらると云々。この事大乱に及ぶべきか。珍事珍事。

(1)先職　前管領細川勝元。

【解説】義政は弟の義視を将軍継嗣に決めていたが、その後、妻の日野富子が義尚を産んだため、義視の地位は著しく不安定

なものとなった。富子と近い伊勢貞親や季《き》瓊真蘂《けいしんずい》ら（史料281参照）は義視の暗殺を企てたが、事前に漏れて義視は細川邸に逃げ込み、計画は失敗、貞親らは失脚した（文正の政変）。史料295は前関白近衛政家の日記であるが、このときの緊急事態を伝えている。

296〔**大乗院寺社雑事記**〕**文正元年（一四六六）九月十三日**

近日京都様一向諸大名相計之、公方（足利義政）ハ御見所（1）也、今出河殿（足利義視）又諸事被仰計云々、公方儀無正躰云々、以外事也、行末無心元者也、殊更山名（宗全）・細川（勝元）両人為大名頭相計云々、今出川殿ハ細川屋形ニ御座、奉行以下参申云々、抑風聞趣ハ、今出川殿・山名ハ衛門佐（畠山義就）事可有扶持云々、細川ハ当畠山（政長）（管領）可合力云々、両方所存可成如何事哉、今出川殿又就今度御身上（2）被憑思召、御座細川之上者、可背彼所存之条如何、旁以世上無心元者也、

近日の京都の様、一向に諸大名相計らう。公方は御見所《げんしょ》なり。今出河殿また諸事仰せ計らわると云々。公方の儀は正《しょう》躰《たい》なしと云々。もっての外の事なり。行く末心元《こころもと》なきものなり。殊更《ことさら》、山名・細川両人、大名の頭として相計らうと云々。今出川殿は細川屋形に御座す。奉行以下参じ申すと云々。抑《そもそ》も風聞の趣は、今出川殿・山名は衛門佐のこと、扶持あるべしと云々。細川は当畠山〈管領〉合力すべしと云々。両方の所存如何なるべきことか。今出川殿また今度御身上につき憑《たの》み思し召され、細川に御座の上は、彼の所存に背くべきの条如何。かたがたもって世上心元なきものなり。

（1）見所　傍観すること。（2）今度御身上　史料295参照。

【**解説**】応仁の乱の始まる前年の政情を記した史料である。政務に全く意欲を失った義政の様子や、細川勝元・山名持豊（宗全）の両派に幕閣内部が分裂している様子を伝えている。ただ細川邸に身を寄せる義視が、山名とともに畠山義就を支持しているというように、陣営の分かれ方にはねじれも見られる。これは二つの陣営が無原則で場当たり的に形成されたことを示しており、やがて始まる乱が複雑な経過をたどって長期化することを予期させるものである。

(2) 応仁・文明の乱の勃発

297〔**大乗院寺社雑事記**〕**応仁元年（一四六七）五月十七日**

京都事外物忩《ぶっそう》、山名入道（宗全）・畠山衛門佐（義就）・斯波治部大輔（義廉）・土岐（成頼）・一色（義直）五人同心、一色在所室町殿四足前（1）各会合。今一方畠山小弼（政長）・細川右京大夫（勝元）・京極入道（持清）以下、自余之大名・近習者云々。

（1）室町殿四足前　花の御所の四足門（正門）前。

298〔経覚私要鈔〕 応仁元年(一四六七)五月三十日

今度京都時宜、廿六日早旦、細川方より山名方へ被取向合戦始候、一色ハ其暁開屋形、山名一所被成候、於所々合戦候、又細川一族(常有・持久)(1)和泉守殿・淡路守(成春)殿・備中守(勝久)殿屋形焼候、山名一族美作守(教清)殿・岩(石)見守(政清)殿屋形焼候、講(革)堂・百万反・小御堂・一条窪寺・其近辺悉焼候、浅増式候、雖連日之合戦候、互角之儀候、

今度の京都の時宜、二十六日早旦、細川方より山名方へ取り向かわれ合戦始まり候。一色はその暁屋形を開き、山名と一所に成られ候。所々において合戦候。また細川一族は和泉守殿・淡路守殿・備中守殿の屋形焼け候。山名一族は美作守殿・石見守殿の屋形焼け候。革堂・百万反・小御堂・一条窪寺・その近辺悉く焼け候。あさましき式に候。連日の合戦候と雖も、互角の儀に候。

(1)守　以下にいう「守」は守護のこと。

【解説】 文正二(応仁元)年正月十七日、京都上御霊社の森で畠山政長と義就の戦いがあり、応仁の乱の戦端が開かれた。このときは細川・山名の双方とも加勢をとどまったが、五月二十六日、細川より山名邸への襲撃がなされ、両者全面対決となった。史料297には細川方(東軍)、山名方(西軍)それぞれについた主要な大名の名が記されている。彼らの屋形をはじめとして、京都はまたたく間に戦火に包まれ、半年間ほどで洛中の過半を焼失した。『経覚私要鈔』は興福寺大乗院門跡経覚の日記である。

(3) 京都の疲弊と乱の地方への拡大

299〔応仁記〕

不計《はからざりき》、万歳期セシ花ノ都、今何ゾ、狐狼ノ臥土《ふせど》トナラントハ。適《たまたま》残ル東寺(1)・北野サヘ灰土トナルヲ、古ニモ治乱興亡ノナラヒアリトイヘドモ、応仁ノ一変ハ王法仏法トモニ破滅シ、諸宗皆悉ク絶ハテヌルヲ、不堪感歎、飯尾彦六左衛門尉(2)、一首ノ歌ヲ詠ジケル。

汝《なれ》ヤシル、都ハ野辺ノ夕雲雀《ひばり》、アガルヲ見テモ落ツルナミダハ

(1)東寺　東寺は文明十八年に焼失。(2)飯尾彦六左衛門尉　幕府奉行人飯尾氏の一族と思われるが具体的には不明。

【解説】 東軍、西軍のいずれも決定的な勝機をつかめないまま乱は長期化したが、文明五年(一四七三)、宗全と勝元が相次いで病死、諸大名もそれぞれの領国に帰り、同九年になってようやく終息した。『応仁記』は乱後ほどなくして作られた軍記であるが、ここに見える歌は乱によって荒廃した京都の様子を嘆いた歌として知られている。

300〔大乗院寺社雑事記〕文明九年(一四七七)十二月十日

就中天下事更以目出度子細無之、於近国者近江・三乃・尾張・遠江・三川・飛驒・能登・加賀・越前・大和・河内、此等ハ悉皆不応御下知、年貢等一向不進上国共也、其外ハ紀州・摂州・越中・和泉、此等ハ国中乱之間、年貢等事不及是非者也、サテ公方御下知国々ハ播磨・備前・美作・備中・備後・伊勢・伊賀・淡路・四国等也、一切不応御下知、守護躰(1)、於則躰(2)者御下知畏入之由申入、遵行等雖成之、守護代以下在国物中々不能承引事共也、仍日本国ハ悉以不応御下知也、

就中《なかんずく》天下の事、更にもって目出たき子細これなし。近国においては近江・三乃・尾張・遠江・三川・飛驒・能登・加賀・越前・大和・河内、これらは悉皆《しっかい》に御下知に応ぜず。年貢など一向に進上せざる国どもなり。その外は紀州・摂州・越中・和泉、これらは国中乱るるの間、年貢などのこと是非に及ばざるものなり。さて公方御下知の国々は播磨・備前・美作・備中・備後・伊勢・伊賀・淡路・四国などなり。一切御下知に応ぜず。守護の躰、則躰においては御下知畏れ入るの由申入れ、遵行などこれを成すと雖も、守護代以下在国の物、なかなか承引能わざることどもなり。よって日本国は悉くもって御下知に応ぜざるなり。

(1)守護躰　守護の様子。(2)則躰　本人。

【解説】中央での抗争は諸国にも飛び火した。特に一族が東西両軍に分かれて戦った畠山・斯波・山名の各氏が守護を勤める諸国では、両派の対立がそのまま持ち込まれて争乱状態となった。結局、各氏とも乱を通じて衰退し、領国では守護代以下の国人たちが勃興することとなる。また将軍家の威信も大きく傷つき、幕府内ではやがて細川氏の発言力が増大していく。

第五節

南北朝・室町期の社会と経済

1　荘園公領制と守護

(1)　権門領への守護勢力の浸透

301〔**建武以来追加**〕**貞和二年**(一三四六)**十二月十三日**

同守護人非法条々　同日

一、大犯三箇条付、苅田狼藉(1)使節遵行(2)外、相綺所務(3)以下、成地頭御家人煩事

一、号公役対捍(4)、称凶徒与同(5)、無左右令管領同所領、与恥辱及牢籠(6)事

(中略)

一、称国司・領家年貢譴納(7)、号仏神用(8)催促、放入使者於所々、追捕民屋事

一、号兵粮幷借用、責取土民財産事

(中略)

以前条々、非法張行之由、近年普風聞、雖為一事、有違犯之儀者、忽可改易守護職、

一、大犯三箇条〈付けたり、苅田狼藉・使節遵行〉のほか、所務以下に相綺《いろ》い、地頭御家人の煩いを成す事

一、公役対捍と号し、凶徒与同と称して、左右《そう》なく同所領を管領せしめ、恥辱を与え牢籠に及ぶ事

(中略)

一、国司・領家の年貢の譴納と称し、仏神用の催促と号して、使者を所々に放ち入れ、民屋を追捕する事

一、兵粮ならびに借用と号し、土民の財産を責め取る事

(中略)

以前条々、非法張行の由、近年普《あまね》く風聞す。一事たりと雖も違犯の儀あらば、忽《たちま》ち守護職を改易すべし。

(1)苅田狼藉　他人の田の作物を刈取って、その所有権を主張する行為。(2)使節遵行　所領紛争に関する幕府の判決を執行する権限。(3)所務　土地の支配。(4)公役対捍　幕府に対する御家人役を勤めないこと。(5)凶徒与同　敵方に与していること。(6)牢籠　拘禁すること。(7)譴納　未進年貢を取り立てること。(8)仏神用　国家的な仏神事を遂行するための費用。一国平均役の形で賦課された。

【解説】　室町幕府の守護には、前代以来の大犯三箇条に加え、苅田狼藉の取締権と使節遵行権が職権として認められた。これによって所領紛争に関する守護の裁量権は大幅に拡大した。ま

た史料301からは守護が敵方所領の没収、年貢や一国平均役の未進分の取り立て、兵糧米徴収などを行っていたことがわかる。注意しておきたいのは、この幕府令がこれらの行為自体を禁じているのではなく、これらの行為の名の下に過大な徴収をなすことを禁じているに過ぎない点である。南北朝後期になると、没収した敵方所領を自らの被官に宛行《あてが》うことも認められた。これらの法的な権限の強化を背景に、守護による国内在地領主層の被官化が進んでいった。

302〔建武以来追加〕応安元年（一三六八）六月十七日

一、寺社本所領事　応安元　六　十七　布施弾正大夫入道昌椿奉行之、

禁裏仙洞御料所・寺社一円仏神領(1)・殿下渡領(2)等、異于他之間、曾不可有半済之儀、固可停止武士之妨、其外諸国本所領、暫相分半分、沙汰付下地於雑掌、可令全向後知行、此上若半分之預人、或違乱雑掌方、或致過分掠領者、一円被付本所、至濫妨人者、可処罪科也、将又雖有本家寺社領之号、於領家人給之地(3)者、宜准本所領歟、早守此旨、云一円之地、云半済之地、厳密可打渡于雑掌矣、

禁裏仙洞御料所・寺社一円仏神領・殿下渡領《でんかわたりりょう》などは、他に異なるの間、曾《かつ》て半済の儀あるべからず。固く武士の妨げを停止《ちょうじ》すべし。そのほか諸国の本所領は、暫く半分を相分ち、下地を雑掌に沙汰しつけ、向後の知行を全うせしむべし。このうえもし半分の預り人、或いは雑掌方を違乱し、或いは過分の掠領を致さば、一円に本所に付けられ、濫妨人に至っては、罪科に処すべきなり。はたまた本家は寺社領の号ありと雖も、領家は人給の地においては、宜しく本所領に准ずべきか。早くこの旨を守り、一円の地といい、半済の地といい、厳密に雑掌に打ち渡すべし。

（1）寺社一円仏神領　ここでは本家職・領家職ともに寺社が所持している所領のこと。（2）殿下渡領　摂関に伝領される所領。（3）領家人給之地　寺社領であっても領家職が俗人に与えられている所領。

【解説】　これは応安の半済令と呼ばれる有名な幕府令である。この令は地頭職の置かれていない権門領についての規定で、禁裏・仙洞領、本家職・領家職とも寺社が所持している一円領、殿下渡領を除き、その他の本所（公家など）領や寺社領は折半し、半分については本所や寺社の排他的な権利を保証し、残り半分は武士に預け置くとしている。これによって武士は荘園年貢半分の取得を正式に認められたわけであるが、反面、武士の荘園押領に一定の歯止めがかけられたともいえる。なお寺社一円領が厚遇されているのは、この法が鎌倉末期以来の寺社徳政の延長上に位置することを示している。

303〔東寺百合文書〕く函　廿一ロ方評定引付　永享七年（一四三五）二月七日

自庄家以飛脚注進云、去廿九日、国方使節(2)十七八人令入部、

去年上野法師（了快）(3)入熊蔵東坊、盗取刀并仏具事、虚実之間、以湯起請、可明申之由、責伏東坊々主之間、刀事者盗之段実事候、仏具事者無其儀候由、書起請於守護方了、仍上野之名田・屋敷・竹木等悉令注、可為闕処也、其間事者、被置田所（玄舜）之由令申、守護使立了、此由注進、（中略）此庄者、忝被成下不入御判(4)、不幾之処、如此験（検）断之条、歎存事也、

庄家より飛脚をもって注進して云く、「去る二十九日、国方使節十七、八人入部せしめ、「去年上野法師、熊蔵東坊に入り、刀ならびに仏具を盗み取る事、虚実の間、湯起請《ゆぎしょう》をもって、明らめ申すべき」の由、東坊坊主を責め伏すの間、「刀の事は盗みの段実事に候。仏具の事はその儀なく候」の由、起請を守護方に書き了《おわ》んぬ。よって「上野の名田・屋敷・竹木など悉く注せしめ、闕処《けっしょ》たるべきなり。その間のことは、田所に置かるる」の由申さしめ、守護使立ち了んぬ」。この由注進す。（中略）この庄は、忝《かたじけ》なくも不入の御判を成し下され、幾《いくば》くならざるのところ、かくの如く検断の条、歎き存ずることなり。

(1)庄家　荘園の現地。ここでは播磨国矢野荘（現相生市）。(2)国方使節　播磨守護赤松氏の使節。(3)上野法師　東寺が任じた矢野荘の代官。(4)不入御判　検断や一国平均役徴収のために守護使が入部することを禁じた室町殿の命令書。

【解説】　東寺領矢野荘は守護使不入を幕府から認められた荘園である。しかしそうした荘園に対しても、守護はさまざまなことを契機に介入するようになっていく。ここでは矢野荘内で起こった盗難事件に介入し、東寺の任した代官の屋敷や名田を没収している。こうした刑事事件のほか百姓の逃散を口実に荘園に介入することもあり、荘園の不入権は次第に侵害されていく。

304　**〔東寺百合文書〕に函　文安二年（一四四五）十一月二十八日**

丹波国大山荘一井谷百姓等申状

畏申入候、

一、兵粮米事、一円に可被召旨、蒙仰候、畏入候、

（中略）

一、陣夫(1)・同陣日役、人数五百卅九人にて候、此内日役百廿五人分、いつもの守護役の通に半分立にて可給候、此通をハ仰随申候、

（中略）

一、当年々作日焼(2)と申、長々陣夫・朝夕守護殿御公事(3)と申、百姓計会(4)無是非候、陣夫一円の通、無御扶持候者、定御百姓等地下の堪忍ハ難仕候、如此申上候事、かん曲（奸）とおほしめさるへく候間、乍恐からもん（告文）(5)をさゝけ申候、

十一月廿八日　　一井谷御百姓等

御代官殿

畏《かしこ》み申し入れ候。
一、兵粮米の事、一円に召さるべき旨、仰せを蒙り候。畏み入り候。
（中略）
一、陣夫・同陣日役、人数五百三十九人にて候。この内、日役百二十五人分、いつもの守護役の通りに半分立てにて給わるべく候。この通りをば仰せに随い申し候。
（中略）
一、当年年作の日焼と申し、長々の陣夫・朝夕の守護殿の御公事と申し、百姓の計会、是非なく候。陣夫一円の通り、御扶持なく候わば、定めて御百姓ら、地下の堪忍は仕り難く候。かくの如く申し上げ候事、奸曲とおぼしめさるべく候間、恐れながら告文《ごうもん》をささげ申し候。

（1）陣夫　戦争に従軍して運搬などの労役を行う者。（2）年作　今年耕作している土地。（3）朝夕守護殿御公事　守護の日常生活のための労役。（4）計会　困窮すること。（5）かうもん　起請文のこと。

【解説】幕府法によって守護の権限が拡大されたとはいえ、守護が独自に管国内に何らかの賦課を命ずることは、兵糧米以外には認められていなかった。しかし守護は、その軍事統率権をてこに国内の諸荘園に陣夫役や守護館詰めの雑役などを課するようになる。この史料は、丹波守護細川氏が、東寺領大山荘（現兵庫県丹南町）に賦課した役に関する百姓申状であるが、ここでは守護役が「公事」と呼ばれている。それぞれの国によって事情は異なるが、室町中期になると、守護が独自に段銭を賦課する例も見られ、守護の管国は次第に領国としての性格を帯びるようになっていった。

(2)　南北朝・室町期の荘園公領

305〔丹後国惣田数帳〕長禄三年（一四五九）五月三日

注進丹後国諸庄郷保惣田数帳目録
合　正応元年八月日
加佐郡
一、□□郷（倉橋）　百六拾七町七段内
□□□（百八町）一段七十五歩　領家　延永左京亮
廿七町九段八十三歩　与保呂　小倉筑後守
卅一町六段百二歩　地頭　小野寺
一、田辺郷　百九十九町五段二歩　細川讃州
一、大内庄　九十七町二段三百歩　三上江州
（中略）
一、志楽庄　二百町九段百八十歩内
九十四町三段三百四十六歩　西大寺
四十二町五十歩　朝来村　三宝院
五町百五十歩　河部村公文分　大方殿様

七町一段三百歩　春日村公文分　伊賀次良左衛門
五町四段二百九十歩　朝来村公文分　同人
廿二町二段二百卅八歩　河部村　安国寺
廿二町二段二百卅八歩　同半済　延永左京亮
三町　国貞名　安国寺
（下略）

【解説】　この史料は、正応元年に作成された大田文をもとに長禄三年の時点での各所領の領主を記したもので、室町期唯一の大田文である。室町期においても荘園公領の領有関係は重層的であり、ここに見える者の所持する所職は領家職であったり地頭職であったりと一様ではないが、一国平均役が賦課されたときには、ここに記された者が、それぞれの荘郷（もしくは荘郷のうちの一定部分）については責任をもって対応することになる。倉橋郷では領家方・地頭方が明確に分けられており、ここが下地中分された所領であったことがわかる。志楽荘は本来は全体が西大寺領であるが、この大田文では村ごと、さらに村の内部を細分化した領域ごとに領主名が記され、西大寺の支配の及ばない領域がふえていたことがわかる。また領主名のうち細川讃州と三上江州は奉公衆、大方殿は将軍義政の母日野重子である。この大田文では全体的に幕府の有力者の所領が目立つが、それらは幕府の直轄領であり、室町殿から彼らに宛行われたものであろう。また延永左京亮は丹後守護代、小倉筑後守は丹後の国人である。このように室町期の一国内の所領を通覧できる史料として、この史料は稀有のものである。

306〔高野山文書〕応永九年（一四〇二）七月十九日室町将軍家御教書

高野領備後国太田庄(1)幷桑原方地頭職・尾道倉敷(2)以下事、於下地者致知行、至年貢者毎年千石可寺納之旨、被仰山名右衛門佐入道常熙（時熙）(3)畢、早可存知之由、所被仰下也、仍執達如件、

応永九年七月十九日　沙弥（畠山基国）（花押）

当寺衆徒中

高野領備後国太田庄ならびに桑原方地頭職・尾道倉敷以下の事、下地においては知行を致し、年貢に至っては毎年千石寺納すべきの旨、山名右衛門佐入道常熙に仰せられ畢《おお》んぬ。早く存知すべきの由、仰せ下さるるところなり。よって執達くだんの如し。

（1）太田庄　現在の広島県世羅郡世羅町　甲山町付近。（2）倉敷　荘園の年貢米を保管しておく倉で、年貢米の積出港などにつくられた。（3）山名常熙　備後守護。

307〔建内記〕嘉吉元年（一四四一）閏九月二十三日

吉川上庄(1)代官職事、慶林坊（浄成）談鷹司高倉山上蔵坊主（賢祐）(2)也、彼可為請人(3)云々、帳目六（録）今日渡之卌七、伏見称名院(4)可為代官云々、

吉川《よかわ》上庄代官職の事、慶林坊、鷹司高倉の山上蔵の坊主と談ずるなり。彼、請人たるべしと云々。帳目録、今日これを渡す〈七冊〉。伏見称名院を代官となすべしと云々。

（1）吉川上庄　播磨。現在の兵庫県吉川町付近。（2）山上蔵　洛中の土倉。（3）請人　保証人。（4）称名院　伏見にあった有力な土倉。

308〔久我家文書〕嘉吉三年（一四四三）十月十三日等持寺都官増潔尾張国海東中荘地頭方代官職請文

請申　尾張国中庄（1）地頭職御年貢事

合参拾貫文者

右於件参十貫者、自地頭方久我殿（2）へ致沙汰申候、而為寺家可執沙汰者也、此卅貫文外斗物米六石・大豆壱石五斗者、御代管（官）得分并参拾貫文夫賃仁給候上者、天下一同雖損亡候、於此三十貫文者、為京着分（3）、無未進懈怠毎年十一月中仁為寺家可致執沙汰候、万一背此請文者、雖為何時可被改御代官職者也、仍為後証、請文之状如件、

嘉吉参年十月十三日

等持院都官（4）　増潔（花押）

右、くだんの参十貫においては、地頭方より久我《こが》殿へ沙汰致し申し候。しかして寺家として執り沙汰すべきものなり。この三十貫文のほか、斗物米六石・大豆壱石五斗は、御代官得分ならびに参拾貫文の夫賃に給わり候うえは、天下一同の損亡候と雖も、この三十貫文においては、京着分として、未進懈怠なく毎年十一月中に寺家として執り沙汰致すべく候。万一この請文に背かば、何時たりと雖も、御代官職を改めらるべきものなり。よって後証のため、請文の状くだんの如し。

（1）中庄　尾張国海東中荘。現在の稲沢市南部。（2）久我殿　村上源氏の上級貴族。（3）京着分　京都の本所が受け取る年貢額。年貢額を契約していても、現地での必要経費を控除した額しか京都に送らない代官もあったので、これを禁じるために記された文言である。（4）都官《つうかん》　禅僧の地位の一つ。

【解説】　室町期になると、荘園領主が自前の収納使を下して年貢を徴収することはあまり行われなくなり、かわって一定の額で年貢納入を請け負う代官を募り、在地との交渉は一切請負代官に委ねる形がとられるようになった。請負代官には地頭をはじめ在地の武士がなる場合もあったが、往々にして請負契約は破られ、荘園領主の信頼度は低かった。そのため守護や京都の富裕者を代官に任じる場合が多く見られるようになる。史料306は守護、史料307は伏見の土倉、史料308は禅僧と請負契約を結んだものである。特に土倉や禅僧は豊富な資金と計算能力をもち、また人脈的にも荘園領主と近かったので、請負代官として重宝された。ただし彼らの下では、在地の武士や有力百姓らが下代官となって年貢収納の実務に携わっていた点も見落としてはならない。

2　荘園の人々

(1)　惣結合の展開

309〔東寺百合文書〕イ函　貞和二年(一三四六)七月十九日山城国久世荘百姓等請文

謹請申

東寺八幡宮御領久世庄(1)条々

一、於御年貢者、十一月以前無一粒之未進、可致究済之沙汰、至御公事用途并長日人夫役者、任被定置之旨、不違越日限可致其弁、但於八月分御公事用途者、御放生会以前必可致其沙汰、此外恒例臨時御公事、偏任御下知之旨、不可申子細矣、

一、或得人語、或依存私、寄事於左右、不可及訴訟、若於有庄家嘆者、穏致訴訟、可奉仰御寺御成敗、妄称庄家之一揆、就是非不可致嗷々群訴、若背此旨及嗷訴者、可被収公名田、処其身於罪科矣、

一、就公私致庄家違乱煩之輩雖有之、且為地下牢籠之基上者、不惜身命馳向、涯分(2)之所及、可致警固奉公之忠勤矣、

右条々、堅守此旨、敢不可違越、若雖一事於令違犯之者、可罷蒙八幡稲荷(3)并当庄蔵王権現御罰於百姓等身之状如件、

貞和二年七月十九日

越前介(花押)　兵衛四郎(花押)　左近二郎(花押)
安大夫(花押)　浄円(花押)　向仏(花押)
経阿弥(花押)　善阿弥(花押)　朝念(花押)
性願(花押)　慶舜(花押)

一、御年貢においては、十一月以前に一粒の未進なく、究済の沙汰を致すべし。御公事用途ならびに長日人夫役に至りては、定め置かるるの旨に任せて、日限を違越せず、その弁を致すべし。但し、八月分の御公事用途においては、御放生会以前に必ずその沙汰致すべし。この外の恒例臨時御公事は、偏《ひとえ》に御下知の旨に任せて子細を申すべからず。

一、或いは人の語らいを得、或いは私を存ずるにより、事を左右に寄せ、訴訟に及ぶべからず。もし庄家の嘆きあるにおいては、穏やかに訴訟を致し、御寺の御成敗を仰ぎ奉るべし。妄《みだ》りに庄家の一揆と称し、是非につき、嗷々の群訴を致すべからず。もしこの旨に背き嗷訴に及ばば、名田を収公し、その身を罪科に処せらるべし。

一、公私につき、庄家に違乱煩いを致す輩これありと雖も、且《かつが》つ地下牢籠の基たるの上は、身命を惜しまず馳せ向かい、涯分の及ぶところ、警固奉公の忠勤を致すべし。

右の条々、堅くこの旨を守り、敢えて違越すべからず。もし一事と雖も違犯せしむるにおいては、八幡・稲荷ならびに当庄蔵王権現の御罰を百姓等の身に罷り蒙るべきの状、くだんの如し。

（1）久世《くぜ》庄　山城国乙訓郡に所在。現在の京都市南区で、桂川にかかる久世橋付近の左岸一帯。建武三年（一三三六）足利尊氏が上下久世荘の地頭職を東寺鎮守八幡に寄進。（2）涯分　自分の持てる力を出し切って。（3）稲荷　伏見稲荷祭礼の時、神輿の行幸が東寺に立ち寄り、両者は深い関係にあった。

【解説】　久世荘は東寺から南西四キロメートルほどの所にあり、戦国末期に至るまでその支配を受けた。ここで特に注目されるのは「庄家の一揆と称し、是非につき、嗷々の群訴を致すべからず」とある点で、南北朝期の早い段階で、荘園の住民が一揆を起こす可能性があることを示唆している。十五世紀の土一揆の先駆的な形態であり、稲垣泰彦によって「庄家の一揆」という歴史学的な概念が与えられた。

310〔菅浦文書〕貞和二年（一三四六）九月日近江国菅浦惣置文

ところ（1）おきふミの事

一、日指《ひさし》・諸河《もろかわ》田畠をいて、一年二年ハうりかうといふとも、永代おうることとあるへからす、このむねをそむかんともからにおいてハ、そうのしゆんし（2）をとゝめらるへく候、よんてところのおきふミの状如件、

貞和二年九月日

正阿ミた仏（略押）　正信房（略押）　西阿ミた仏

慈願房（略押）　現阿弥陀仏（略押）　道念房（略押）

仏念房（略押）　善阿《ナカハマ》ミた仏（略押）　善阿ミた仏（略押）

上阿弥陀仏（略押）　西念房《タウノマエ》（略押）　正現房（略押）

（1）ところ　惣の構成員が基本的な領域とする空間のこと。（2）そうのしゆんし　惣の出仕。

【解説】　この史料の「ところ」は近江国菅浦のことで、現在の滋賀県西浅井町菅浦にあたる。竹生島を領家、山門東谷檀那院を本家とする荘園であるが、蔵人所供御人としての性格も有していた。湖岸に面した集落の東西の入り口には茅葺の門が現存、中世村落の景観を今に伝えている。菅浦の北方の山越えしたところに日指・諸河の耕地（水田四町五反）がある。菅浦内の耕地は僅少なので、日指・諸河の耕地が他に渡ることを強く禁じた。

311〔王子神社文書〕正平十三年（一三五八）十二月日紀伊国東村百姓等重陳状

粉河寺（1）御領東村（2）百姓等重弁陳言上

欲早被棄置荒見村百姓等重奸訴状、且先例且依先度御

下知状等、可令勤仕寺家六月会相撲頭役旨、重預御下知子細事

右先度委細言上之間、理非顕然者歟、就中荒見村百姓等重奸訴状云、

為惣村之上者、尤丹生屋可申歟之処、東村披露申状也云々取詮、此状不可説(3)之申状也、既当寺御領者五ヶ村各別也、而丹生屋為惣村之条、未承及題目也、奸謀申状既以令露見者歟、只西借屋者丹生屋一年、東村一年致其沙汰計也、互各別之条勿論也、奸曲之余、今案申状比興(4)之次第者乎、将又丹生屋者可申子細之由、荒見百姓等承伏申之上者、非勘之謀訴令治定畢、

（中略）

正平十三年十二月　日

粉河寺御領東村の百姓等重ねて弁陳言上す、

早く荒見村百姓等重ねての奸訴状を棄て置かれ、且《かつう》は先例、且は先度の御下知状等により、寺家六月会相撲頭役を勤仕せしむべきの旨、重ねて御下知に預からんと欲する子細の事

右、先度の委細言上の間、理非顕然の者か。就中《なかんずく》、荒見村百姓等重奸訴状に云く、

惣村たるの上は、もっとも丹生屋申すべきかのところ、東村申状を披露するなり。〈云々、詮を取る〉

この状不可説の申状なり。既に当寺御領は五ヶ村各別なり。しかるに丹生屋惣村たるの条、いまだ承り及ばざる題目なり。奸謀の申状既にもって露見せしむる者か。只西の借屋は丹生屋一年、東村一年その沙汰を致すばかりなり。互いに各別の条勿論なり。奸曲の余り、今案の申状比興の次第の者か。はたまた丹生屋は子細を申すべき由、荒見百姓等承伏申すの上は、非勘の謀訴治定せしめ畢《おわ》んぬ。

(1)粉河寺　和歌山県那賀郡粉河町にある寺院。観音の霊場として古代から栄えた。(2)東村　現在の粉河町東野一帯に所在した粉河寺膝下の所領の一つ。村鎮守として王子神社がある。(3)不可説　言葉で表せないほどひどい。(4)比興　不合理なこと。

【解説】　粉河寺領東村は王子神社を中心に宮座が営まれ「惣」的な結合が展開したことで著名である。この史料は「惣村」の語源を考察する上で重要なものであり、小村落で構成される集合体としての村が「惣村」と呼ばれたことを示している。このような原初的な語義は、近畿地方の場合、いくつかの村落が共同して営む「惣墓」という墓制にみることができる。しかし、ここでは東村が丹生屋村を惣村として認めない事を明らかにしている。このことは東村内に複数の集落が生まれ、東村自体が惣村的な展開を遂げつつあることを意味するのであろう。

312〔日吉神社文書〕応永三十二年(一四二五)十一月日近江国今堀郷座主衆議掟

今堀郷[1]座主[2]衆議定条々事
一、堂拝殿蔀私不可立、
一、太鼓私不可打、
一、堂宮前私物旱勝灰[3]不可行、
一、打板私敷不可置、
右、於此旨違背輩者、可三百文咎行、猶以任我意人者、末代可被停止座主者也、仍所定如件、
　　応永三十二年十一月　日

今堀郷座主衆議定する条々の事
一、堂・拝殿の蔀《しとみ》、私に立つべからず。
一、太鼓、私に打つべからず。
一、堂・宮の前、私に物旱勝灰行うべからず。
一、打板、私に敷き置くべからず。
右、この旨違背の輩においては、三百文の咎に行うべし。猶もって我意に任する人は、末代座主を停止せらるべき者なり。よって定むるところくだんの如し。

(1)今堀郷　近江国蒲生郡に所在。現在の滋賀県八日市市今堀町にあたる。(2)座主　座衆のことと考えられる。衆議に参加する構成員。(3)勝灰　商売とする説と勝敗＝博打とする説があり、定説がない。

【解説】近江国今堀郷は延暦寺領得珍保の中にあり、十四世紀末には、十禅師社(現在の日吉神社)の宮座が確立していた。この掟書きでは衆議が行われる神聖な場に関する禁制が定められている。商業に従事する者が多く、ここで規定に違反した場合もまず罰金が課せられ、次に座衆の地位が奪われるというきまりであった。

(2) 荘園に生きる

313〔東寺百合文書〕ゆ函　年月日欠(寛正四年・一四六三)たまがき書状

かやうに申まいらせ候へハ、はかり《(憚)》入候へ共、一ふて《(筆)》申まいらせ候、さて〳〵ゆうせい[1]の御事、かやうに御なり候事、御いたわしさ《(労)》、なか〳〵申はかりなく候、又そのおりふし、まんところ《(政所)》[2]に候しほとに、あとの事ハ、はち《(恥)》おもかくし申候て候、さ候ほとに、ゆうせいのいろ〳〵の物、人しりたることく、にんき《(日記)》おし候て、まんとろ《(こ脱カ)》とのへ、まいらせ候、さためて御申あるへく候、さ候ほとに、ゆうせいのきかへ《(着替)》、しよう〳〵そのきわ、きられ候て、うしなわれ候、又すこしのこりたるおは、ほね《(骨)》おもおられ《(折)》たるしゆんけ《(出家)》にも、まいらせ候、又あとのとむらいにも申て候、いさいわ《(委細)》、かきたて候て申まいらせ候、このほとなしみ申候ほとに、すこしの物おは、ゆうせいのかたみにも、みまいらせたく候、

給候ハヽ、いかほと御うれしく思まいらせ候、返々このよし、まんとろ（こ脱カ）とのへも、申まいらせ候、ゆうせいの物、人しり候まゝ、みな〳〵まいらせ候、このにんきのまゝ、給候ハヽ、いかほと御うれしく候、

あなかしく、

たまかき

くもん所とのへ　まいる

(1)ゆうせい　祐清。東寺から派遣された代官。(2)まんところ　東寺領荘園備中国新見荘(岡山県新見市)の政所。

【解説】　寛正三年(一四六二)、新見荘の農民は備中国守護細川氏の有力家臣である安富氏の代官支配に抗して、領家東寺へ直務代官の派遣を求めた。これに応えて東寺が現地に派遣したのが祐清である。祐清は八月五日に新見荘に到着した。祐清は惣追捕使福本盛吉の屋敷を居所としたが、この福本の妹がたまがきであった。当初祐清は荘民に歓迎されて現地に臨んだはずであるが、折からの異常気象で年貢収納がうまくいかず、翌年荘内巡見のおりに農民に襲われ、殺害されてしまった。祐清の身の回りの世話をしていたたまがきが、遺品の一部を形見として分与してほしいと訴えたのがこの書状である。荘園の中に生きた女性の心情をよく伝えている。

314　〔政基公旅引付〕　文亀二年(一五〇二)九月一日

一日　庚午　陰晴不定、細雨雖潤下、即属晴、今日一段之吉慶也、昨日之洪水ニ槌丸・菖蒲村(1)等之樋共落流畢、然而長滝庄(2)ニ流留之間、令所望之処、不可有子細由申条水落テハ難曳也、仍入山田四ヶ村・日根野東西(3)之地下不撰老若悉催之、長盛自身令奉行令引之、然而四百余人之者不引得之処、上郷三ヶ村・長滝一庄之地下人悉令合力引之、剰自上郷ハ出樽テ各勧酒云々、今日ハ土丸之樋ヲハ当村迄曳付了、菖蒲村之樋ハ大井関ノ前之川迄引付テ置之、此方ハ石モ高ク日又既暮了、仍来春之儀タルヘキ也、但余ニ可為大儀之間、可引失墜(4)ヲ以テ可新調哉否ト令評議云々、秉燭(5)之比長盛帰参所言上也、

一日〈庚午〉陰晴定まらず。細雨潤下すと雖も、すなわち晴に属す。今日一段の吉慶なり。昨日の洪水に槌丸・菖蒲村等の樋ともに落ち流れ畢《おわ》んぬ。しかれども長滝庄に流れ留まるの間、所望せしむるのところ、子細あるべからざるの由申す条、水落ちては曳《ひ》き難きなり。よって入山田四ヶ村・日根野東西の地下、老若を撰ばず悉くこれを催し、長盛自身奉行せしめこれを引かしむ。しかれども四百余人の者引き得ざるのところ、上郷三ヶ村・長滝一庄の地下人悉く合力せしめこれを引く。剰《あまつさ》へ上郷よりは樽を出して各酒を勧むと云々。今日は土丸の樋をば当村まで曳き付け了《おわ》ん

ぬ。菖蒲村の樋は大井関の前の川まで、引き付けてこれを置く。この方は石も高く日また既に暮れ了んぬ。よって来春の儀たるべきなり。但し余りに大儀たるべきの間、引くべき失墜をもって新調すべきや否やと評議せしむと云々。秉燭《へいしょく》の比《ころ》長盛帰参し言上するところなり。

(1)槌丸・菖蒲村　入山田四ヵ村のうち。景観的にはそれぞれ入山田村内の集落。(2)長滝庄　史料177注1参照。(3)日根野東西　日根野村は東西に分かれていた。東方は九条家の支配がある程度及んでいたが、西方は守護の支配下にあった。(4)失墜　経費。(5)秉燭　夕方。

【解説】『政基公旅引付』は前関白九条政基が和泉国日根荘に下向し、荘内の入山田村に居住して直務支配を行った時の記録。ここでは樫井川の洪水により入山田村内の用水の樋(おそらく木製)が数キロメートル下流に流された時の対応が克明に記されている。川の水位が下がらないうちに引き上げることとなり、日根荘内の入山田村・日根野村の住民が総勢四百人で作業をしたが、不十分でさらに上郷と隣荘の長滝荘の住人までも加勢してようやく槌丸村の樋を元通りに引き上げることができた。しかし、それより上流にある菖蒲村の樋については岩盤に阻まれて引き上げることができなかったことが記されている。自然災害に対する荘園の枠を越えた惣村相互の協力関係をみることができる。

315〔明王院文書〕文和五年(一三五六)正月日近江国葛川・山城国久多荘堺相論日記

一、当所与久多庄堺相論間事

右、文和五年正月十七日、当所住人等鎌鞍峯ニ登リ薪ヲ取之処、久多庄百姓等率数十人、彼住人ヲ打擲《ちょうちゃく》シ、斧・山刀ヲ奪取了。纔時之間、迷惑無極歟。其意趣堺相論也。

(中略)

一、三月六日、久多庄ヨリ三昧法師ヲ使者ニテ今日堺ヲ打ニ可参候。御出候者、可入見参之由、因幡大夫(1)許ヘ相触了。(中略)使者未返程ニ、三百余人河合村(2)ヘ押寄、今一手ハ大船村上山ニ卅人計取陣云々。纔時ノ事タル間迷惑雖無極、因幡二郎・同三郎・浄仏二男・伊与大夫子共以下若者共先廿余人河合村ニ馳向、散々防之間、彼土民等引退之間、ヤカテ追懸テ行コト廿余町也。(中略)モトヨリ用意シタリケルニヤ、大巌ノ合ヨリ待請テ、百人計出合テ散々防戦間、逃勢モ返合、三四百人ノ勢、住人等ヲ中ニ取籠テ、散々イル(射)間、因幡二郎・同三郎・浄仏子藤内次郎・伊与大夫・平三大夫子共、其外究竟《くっきょう》者共、不惜身命合戦候。

(1)因幡大夫　葛川の有力住人。以下の人物はいずれも葛川の住人。
(2)河合村　葛川のうちの村。大船村も同様。

【解説】　村と村は協力しあっているだけではなかった。隣接する荘園同士、村同士が境を争うのはこの時代に始まったことではないが、鎌倉末期以後、山野の開発が進行するに伴って、特に山野での境界をめぐる紛争は激烈なものとなっていった。ここに紹介したのは、京都北方の山間村落、近江国葛川と山城国久多荘の堺相論を記した長文の記録の一部である。両者ともきわめて組織的な行動をともなった武力衝突を起こしている様子がうかがえる。紛争の自力による解決は、しばしば流血を伴うものであった。その一方で、ここには掲出していないが、双方の有力者同士の間では、密かに妥協点を求めての折衝も行われていた。こうした村落間相論を通じて、村の政治的能力が高められていったという面もあった。

(3)　漁村の生活

316　〔大音文書〕　延文元年（一三五六）三月日若狭国倉見荘内御賀尾浦年貢注進状

参河浦地頭御年貢目録事

合

弐段大廿八歩　九斗代、此内二段諏訪御神事料田、残大廿八歩、所当銭六百七十文、

一反大廿六歩　五斗代単定、所当銭壱貫四百文、

一、和布弐十帖　代壱貫文　六月納

一、□□十　代百五十文　六月納

一、□□夫魚五十指鯵　代百文　七月納

一、□年貢塩七石壱斗弐升　倉見斗子六升入斗定、代弐貫八百四十八文　十月納

一、すしおけ参口　三郎桶　代七百五十文　十月納

一、月別□鯛百弐十　長五寸　代六百文

一、同数魚六百　小鯵　代弐百文

一、節料すし鯛五喉　長壱尺二寸　代百五十文　十二月納

一、節料塩小俵参　俵別五升宛　代六十文　十二月納

一、とひうを参百　代百五十文

（中略）

已上捌（八）貫八十五文

右、注進状如件、

延文元年三月日

公文伊香資忠（花押）

藤　原　武　資（花押）

源　　為　　俊（花押）

【解説】　荘園は農村だけとは限らない。塩や魚を年貢とする海の荘園もあれば、炭・木・鉄を年貢とする山の荘園もあった。この史料は若狭国倉見荘の飛地の御賀尾浦（参河浦、現小浜市）の年貢を書き上げたものである。わかめ、塩、鯵、鯛、すしなどの海産物が月を決めて、納められていたことがわかる。

3　都市の発達と交易

(1)　商工業の展開

317〔離宮八幡宮文書〕文安三年(一四四六)七月十九日室町将軍家御教書

石清水八幡宮大山崎神人等申、播磨国佐用郡中津河新宿以下土民等、恣立置油木、就致非分商売、度々被施行之処、尚以有其沙汰云々、太招其咎歟、所詮、任先例、可被破却彼油器之由、所被仰下也、仍執達如件、

文安三年七月十九日　右京大夫(細川勝元)(花押)

山名(宗全)右衛門督入道殿

石清水八幡宮大山崎神人《じにん》ら申す。播磨国佐用郡中津河新宿以下の土民ら、恣《ほしいまま》に油木を立て置き、非分の商売を致すにつき、度々施行せらるるのところ、なおもってその沙汰ありと云々。太《はなは》だその咎《とが》を招くか。所詮、先例に任せ、かの油器を破却せらるべきの由、仰せ下さるるところなり。よって執達くだんの如し。

【解説】　中世の商人は朝廷の官衙や大寺社の寄人《よりうど》となって、一定の所役を勤める代わりに、その保護のもと、商業上の諸特権を朝廷や幕府から認められていた。その特権を共有する同業者組織が座である。山城国大山崎に住む石清水の神人の座は、荏胡麻油の原料仕入・製造・販売の独占権を幕府から保証されていた。しかし室町中期になると各地に新興の商人が生まれ、大山崎神人の独占権は次第に侵されてゆく。ここに見える播磨国中津河新宿の商人は、守護赤松氏の密かな支持を受けて、油に限らず、地域における商品流通を担っていたと思われる。

318〔今堀日吉神社文書〕年月日未詳近江国五ケ所商人等申状

条々　若州道九里半(1)之事

一、九里半之事者、高島南市(2)・同南五ケ(3)・又今津(4)之馬借・同北五ケ之商人、進退仕事、不可有其隠候、然処、野々川(5)衆彼道を罷通、若州江商売可仕造意、新儀ニ候、被聞召開、無相違被仰付候者、可忝存候、

一、八風(6)・千草へ越、伊勢商売之事、四本と申候て、石塔(7)・野々川・小幡・沓懸、此等罷立候、薩摩・八坂・田中江(8)等之者、更不罷立候、

一、九里半の事は、高島南市・同南五ケ・又今津の馬借・同北五ケの商人、進退仕る事、その隠れあるべからず候。しかるところ、野々川衆かの道を罷り通り、若州へ商売

仕るべき造意、新儀に候。聞こし召し開かれ、相違なく仰せ付けられ候わば、忝《かたじけな》く存ずべく候。

一、八風・千草へ越し、伊勢商売の事、四本と申し候て、石塔・野々川・小幡・沓懸《くつかけ》、これら罷り立ち候。薩摩・八坂・田中江などの者、更に罷り立たず候。

(1)九里半　九里半街道。近江北部から若狭小浜に通じる街道。(2)高島南市　滋賀県高島郡内か。(3)五ヶ　滋賀県五箇荘町か。(4)今津　滋賀県今津町。(5)野々川衆　保内商人の一部。(6)八風・千草　いずれも近江南東部から伊勢に通じる山越えの道。(7)石塔　滋賀県八日市市周辺。以下、沓懸まで同様。(8)薩摩・八坂・田中江　彦根市から近江八幡市にかけての琵琶湖岸の村。

【解説】近江は畿内と東国・北陸の結節点にあたるため、早くから交易に携わる商人たちを生んできた。彼らは居住地域ごとに商人団を形成し、通商路や市売りについて、それぞれに排他的な権益を保持していた。右の史料は地域的な商人団の一つ、小幡など五ヵ所の商人が自らの権益を主張した文書の一部である。前段では、近江と若狭を結ぶ九里半街道を利用した通商権は高島南市や南北五ヶの商人らの独占的に保持してきたものであって、野々川商人の通行は先例のないものとして排されている。後段では、鈴鹿越えの通商路は小幡商人が野々川商人らとともに独占してきたものであるとして、新規に参入しようとした薩摩以下の商人の排除を訴えている。旧来からの権益をもつ商人集団の強固な独占権とともに、それを打破しようとする新興の商人たちの動きも同時に読み取れる。

319〔本福寺跡書〕

一、昔堅田ニ有得《うとく》ノ人(1)ハ、能登・越中・越後・信濃・出羽・奥州、西ハ因幡・伯耆・出雲・岩見・丹後・但馬・若狭ヘ越テ商ヲセシホドニ、人ニモナリ経廻(2)モセリ。

一、田作ニマサル重イ手ハナシ。鍛冶屋ハ飢年ニ釜・鉈・古金ヲヤスヤスト売ルヲ買留メ、鋤・鍬・鎌・鉈ニシテ、有得ナル人ニ売ルゾ。鎌ハ月々ニ使ヒ失ウテ流行《はや》ルゾ。又桶師ハ年々ニ桶ノ側腐リテ、年辛(3)ケレドモ流行ライデハ叶ハヌモノゾ。又研屋《とぎや》モ年辛ケレバ、ヨキ刀ヲヤスヤスト売ルヲ仕直シ、有得ナル人ニ売ルゾ。又番匠モ年ノ辛イ時、有得ノ人造作ヲ流行ラスル。万ノモノヲ誂《あつら》ユルハ、分限者ナリ。又塩・瓜・米・豆・麦ナドヲ売ル人、万《よろず》ノ果物・餅・粽《ちまき》・団子・焼餅、万食物ヲシテ売ルモノハ、悲シキ年、餓エ死ナヌモノゾヤ。万商物モ、檀那ニ、徳人ヲ持ツハヨキ便リナリ。

(1)有得ノ人　富裕者。(2)経廻　生活すること。(3)年辛い　飢饉の年。

【解説】『本福寺跡書』は近江国堅田の一向宗本福寺の檀越三上明誓が著したもので、戦国初期の成立。堅田や本福寺の歴史が綴られており、一向宗研究の基本文献の一つである。掲出箇所のうち前段では、琵琶湖岸の要津である堅田の商人が、日本海岸の広い地域にわたる交易活動を行っていたことが語られている。また後段では当時の商職人の活発な経済活動が述べられている。

(2) 京都の繁栄

320〔北野神社文書〕応永三十三年（一四二六）十一月十日洛中洛外酒屋交名注文

衛門　近衛高倉東北頬　　紹　六条坊門室町東北頬
国次 在判　　隆重 在判
五条坊門油少路東北頬　　伊与　姉少路西洞院東南頬
浄善 在判　　円久 在判
美乃　一条万里少路南西頬　　石見　春日猪熊北西頬
祐宗 在判　　宗永 在判
春日朱雀南東頬　　小次郎　塩少路東洞院南西頬
越前 在判　　長俊 在判
上野　押少路大宮東南頬　　伊与　大炊御門高倉北西頬
祐慶 在判　　長立 在判
五条猪熊北西頬　　彦□　五条坊門東洞院南東頬
上野 在判　　宗俊 在判
源三郎　錦少路西院南西頬　　大輔　大炊御門町南西頬
宣光 在判　　宗盛 在判
綾少路烏丸南東頬　　四条坊門室町東北頬
昌善 在判　　吉阿 在判
五条坊門町東南頬　　仁和寺福王寺南頬
通舜 在判　　良賢 在判
樋口室町東北頬　　錦少路高倉東南頬
通舜 在判　　正阿尼 在判
伊与　綾小路油少路東北頬　　讃岐　五条坊門朱雀西南頬
増盛 在判　　定慶 在判
美濃　鷹□（司カ）大宮東南頬　　唐橋猪熊東南頬
重賢 在判　　四郎五郎 在判

【解説】 この史料は洛中および京都近郊の酒屋を書き上げたものである。酒屋の中には土倉を兼ねて金融業を営む者も多く、室町期京都の代表的な富裕者であった。この注文にしたがって彼らの居住地を地図上に求めると、洛中では別図のようになる。黒点の見られる範囲が当時の京都市街であり、特に黒点の密集する三条から五条にかけてが商業の中心地であったと考えられる。三条以北には、禁裏・室町御所をはじめ公家・武家の屋敷が多かったことが知られているが、酒屋も多くあり、政治施設と町屋の混在していた中世京都の空間構造がうかがわれる。なお洛外の祇園門前と嵯峨にも多くの酒屋が存在していた。

（→別図）

(3) 地方都市の発達

321〔梅花無尽蔵〕

神奈河（文明十七年十月）二日、出世戸井、赴江戸、途中有老松屈槃、其形如龍、其処号鵜森、

神奈（1）民廛板屋連、深泥没馬打難前、鵜森春動臥松老、未入飛龍九五（2）乾、

品河〈同日、隔五十町、有江戸城、多法華宗、〉
雙塔五層兼一層、問宗旨答法花僧、蓮紅二十八差別、子細看来満口氷、(3)(中略)
孟夏四日、(長享二年四月)大風俄起、及抜樹抜屋、伊陽之商船、繋品河之浜者数艘、纜断檣折、破損矣、魯陵数千解(斛)没浪底、余物称是、余聴之、漫作是什云、(4)
幾艘商船漫度春、大風吹破品河浜、数千解(斛)米浪花底、縦引揚来味苦辛、

神奈河〈二日、世戸井を出でて江戸に赴く。途中老松の屈槃するあ

洛中酒屋分布図

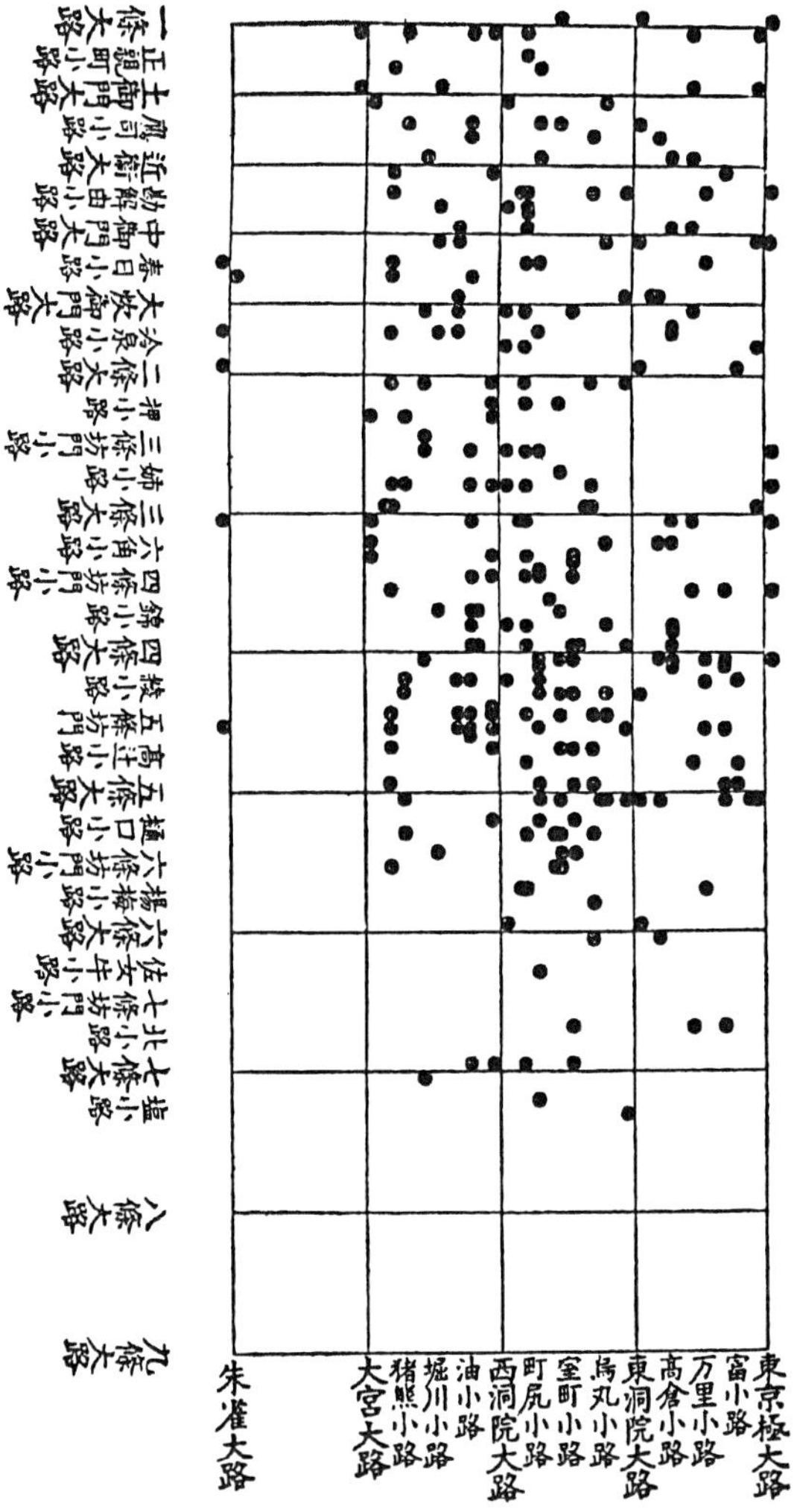

（出典）小野晃嗣『日本産業発達史の研究』法政大学出版局、一九八一年。

り。その形龍の如し。その処鵜森と号す。〉
神奈の民廛、板屋連なる。深泥は馬を没し、打てども前《すす》み難し。鵜森に春動き、臥松老ゆ。未だ飛龍九五の乾に入らず。

品河〈同日、五十町を隔てて江戸城あり。法華宗多し。〉
双塔、五層と一層と。宗旨を問うに法花僧と答う。蓮紅は二十八の差別あり。子細に看来《みきた》れば、満口、氷のごとし。
（中略）

孟夏四日、大風俄《にわか》に起り、樹を抜き屋を抜くに及ぶ。伊陽の商船の、品河の浜に繋ぐ者数艘、纜《ともづな》は断ち檣《ほばしら》は折れ、破損せり。魯陵数千斛《こく》は浪底に没す。余物は「是なりと称す」。余これを聴き、漫《みだ》りにこの什を作りて云く。
幾艘の商船漫りに春を度《わた》る。大風吹きて破る品河の浜。数千斛の米は浪花の底。たとい引き揚げ来るも味は苦辛ならん。

（1）民廛　民家。（2）九五乾　最高位のこと。（3）満口氷　全ての人が口を閉ざすことのたとえ。（4）什　詩。

【解説】『梅花無尽蔵』は臨済僧万里集九の詩文集であるが、美濃から関東、北陸を経て美濃へ帰り着くまでの旅の途次での作品が多く、十五世紀半ばの東国の旅行記として貴重な史料である。掲出した部分では、武蔵の神奈川や品川の繁栄を記している。特に品川については、日蓮宗寺院の優勢ぶりや伊勢との交易などが具体的に述べられており、注目される（史料325参照）。

322〔道ゆきぶり〕

さてかゝつ(1)といふさとは、家ことに玉たれのこかめといふ物を作ところなりけり。山の尾こしの松のひまより海すこしきら〱とみえておもしろく、其日はふく岡(2)につきぬ。家とも軒をならへて民のかまとにきはひつゝ、まことに名にしおひたり。

（1）かゝつ　備前国香登荘。現在の岡山県備前市。（2）ふく岡　同国福岡荘。現在の同県長船町。

【解説】『道ゆきぶり』は今川了俊が応安四年（一三七一）に九州探題として下向する途中の様子を記した旅行記である。山陽道沿道の様子が書き込まれているが、掲出箇所は備前焼の主産地である香登、および山陽道上の宿町であり、赤松氏の守護所も置かれていた福岡を通過する場面である。陶器生産の盛んな様子や、宿町の賑わいが描かれている。

323〔小早川文書〕文和二年（一三五三）四月二十五日安芸国沼田荘市場禁制

禁制　　（小早川貞平）（花押）

条々

一、御内被官之仁等、於沼田市庭、或属所縁、或構宿所、令居住之段、自故殿御時、堅所有御誡也、而守先制之旨、可被停止事

一、同住人之女、御内若殿原為妻妾相嫁事、同所被禁制也、但先立相互於令為所縁者、今始不及改沙汰、此日限以後、若於令違背輩者、両方共以可有罪科事

一、同所検断幷雑務以下沙汰、至向後者、於御前可有其沙汰事

　文和二年四月廿五日

一、御内被官の仁ら、沼田《ぬた》市庭《いちば》において、或いは所縁に属し、或いは宿所を構え、居住せしむるの段、故殿の御時より、堅く御誡めあるところなり。しこうして先制の旨を守り、停止《ちょうじ》せらるべき事

一、同住人の女、御内の若殿原《わかとのばら》の妻妾として相嫁ぐこと、同じく禁制せらるるところなり。但し先立って相互いに所縁たらしむるにおいては、今始めて改め沙汰に及ばず。この日限以後、もし違背せしむる輩においては、両方ともにもって罪科あるべき事

一、同所検断ならびに雑務以下の沙汰、向後に至っては、御前においてその沙汰あるべき事

【解説】　この史料は安芸国沼田荘の地頭小早川貞平が荘内にある市に関連して定めた禁制である。沼田市場（現在の広島県三原市）は沼田川が瀬戸内海に注ぐ河口にあり、山陽道との交点でもある。小早川氏は室町期になると内海交易や対朝鮮貿易にもかかわるなど、流通に積極的な姿勢を見せているが、この禁制は、庄内の流通拠点を小早川氏惣領が一元的に支配しようという意図を示したものである。そのため被官や一族が市に居住したり、市住人と縁戚関係をもったりすることを禁じ、また一方では市で起きた事件の裁判は惣領の御前で行うことを定めているのである。なお瀬戸内地方の主要河川の河口部には港町が多いが、中でも備後国芦田川河口の草戸千軒は中世の港町の様相をよく伝える遺跡として著名である。（口絵参照）

(4)　ものの交流

324〔兵庫北関入船納帳〕

（八月）十三日入船

網干（1）	あか五十石	二百文 八月廿五日	左衛門二郎	三郎太郎
同所	小鰯十五石〆 あか五十石	四百廿文 八月廿日	五郎二郎大夫	同
宍咋（2）	榑《くれ》百卅石〆	三百八十文 八月十四日	枝船 形部四郎	木や
海部（3）	榑百八十石〆	五百文 八月廿一日	孫左衛門	二郎三郎
同所	榑百石〆	三百文 八月廿一日	中司太郎	同
宇野（4）	小嶋百十石	四百五十文 八月廿一日	二郎四郎	衛門九郎

地下(5)　しわく（塩飽）八十石　二百三十文 八月廿七日　北中辻子 衛門五郎
（八月）廿六日入船
地下　ヲ十五束 大麦廿石　島本 治部太郎
網干　阿賀四十五石　百八十文 五斗上立用 十一月七日　孫六　三郎太郎
同所　阿賀五十石　二百文 五斗上立用 十一月十七日　左衛門二郎　同人
中庄(6)　阿賀五十石　二百文 五斗上 八月廿九日　掃部大夫　あわや
伊部(7)　ツホ大小六十 苧廿束　四百卅文 二月二日　衛門五郎　二郎三郎

(1)網干　播磨国飾磨郡。(2)宍咋　阿波国海部郡。(3)海部　同前。(4)宇野　備前国児島郡。(5)地下　兵庫のこと。(6)中庄　播磨国赤穂郡。(7)伊部　備前国和気郡。

【解説】　この史料は文安二年(一四四五)に、摂津国兵庫北関に入港した船の記録である。上段から船籍地、荷の内容、関銭の額、船主、兵庫での問丸の順に記され、中世の瀬戸内海水運の実態を知り得る稀有の史料である。ここには八月十三日と二十六日の一部を紹介した。荷の欄に見える地名はすべて塩のことで、産地によって呼称が違っている。塩以外にも、阿波南部の木材、備前の陶器など内海各地の特産品が多く見られる。

325〔武蔵国品河湊船帳〕

湊船帳
鎌倉新造　船主正一　問正祐
大塩屋新造　〃〃次郎□衛門　問同
奥加丸　〃〃瀬子三郎　〃〃
和泉丸　〃〃助次□（郎）　□〃
小新□（造カ）　〃〃善契　〃〃
小寺丸　〃〃祐□　〃〃
本郷丸　〃〃弥松大夫　問国阿□
馬漸本丸　〃〃助次□　〃〃
夷丸　〃〃大夫次郎　〃〃
（中略）
明徳三壬申至于八月、品河付湊舟如此、

【解説】　この史料は、明徳三年(一三九二)に品川に入港した船の記録である。その冒頭部分を掲出した。船名・船主・荷受けをした品川の問丸の名が記されている。品川が江戸湾の要津として発展していたことや、伊勢と交易をもっていたことは史料321からもわかるが、この史料に見える弥松大夫が伊勢の住人であり、また大塩屋・和泉・馬漸(馬瀬)などが伊勢の大湊(現伊勢市)周辺の地名であることは他の史料で確認でき、関東と伊勢の活発な交流が明示されている。

326〔西野文書〕永正五年(一五〇八)十一月二十四日越前国河野浦・山内馬借等連署定書

永正五　十一月二日殿様御判并御両所御一行之旨まかせ、
浦・山内末代定之事
一、しほ（塩）・くれ（榑）、他国并ニ当国浦より、すくかい（直買）之事

一、たひ舟之塩・榑を、ふな人をつれ候て、里へ出あきないの事、さすましき事
一、人ニたのまれ候て、われかあきない《(商)》物とかう《(号)》して船につむ《(積)》ましき事
一、山内馬借中にて候とも、人のあきない物を、われからして、舟をかり候て、つむましき事
一、浦之馬借にても候へ、又山内之馬借にても候へ、れうし《(聊爾)》の儀候者、浦・山内之馬借として、あきないをとゝめ可申候、
（中略）
万一承引なく候ハヽ、書違の旨にまかせ、浦・山内として公方へ申上、其在所之あきない并ニ馬借おとめ《(止)》可申候、此書ちかへ《(違)》の外、はつれ馬借之人数ニなす事候は、浦・山内として堅成敗可仕候、仍為後日かきちかへ証文状如件、

永正五年十一月廿四日　中山　良永
（以下、十九名省略）

【解説】　この史料は河野浦と山内の馬借が営業上のルールを定め、相互に交換（「書き違え」）した文書である。馬借の連署が加えられているが、冒頭にあるように守護朝倉氏の裁定に基づいて作成された定書であり、馬借が独自に定めたものではない。河野浦は若狭湾に面する越前府中（現武生市）の外港、山内は河野浦と府中を結ぶ途上にある山間部の村々の総称である。この定書からは、陸上の運送業者である馬借が、海上の運送業者と直接に商売することに厳しい制限を加えている様子がうかがえる。中世後期の流通の発達は、このような細かな商慣行を生み出した。

(5) 旅

327〔高野山文書〕応永二十一年（一四一四）二月二十二日高野山禁制

禁制　条々
一、当山参詣之輩、或任往古之由緒、或随当寺《(時カ)》之所縁、可有寄宿之処、於国々宿々、廻秘計引旅人之条、背寺家之掟者也、殊備前国三石関所[1]、自九州・中国参詣人、語関守、以賄賂令誘引之輩有之歟、令露顕者、可処重科、就中、旅人依一旦之語、忘多年之由緒、未聞不見之在所令寄宿之条、背先規間、於自今以後者、堅可停止事、

一、当山参詣の輩、或いは往古の由緒に任せ、或いは当時の所縁に随い、寄宿あるべきの処、国々宿々において、秘計を廻らし旅人を引くの条、寺家の掟に背くものなり。殊に備前国三石関所にて、九州・中国よりの参詣人を、関守を語らい、賄賂をもって誘引せしむるの輩これある

か。露顕せしむれば、重科に処すべし。就中《なかんずく》、旅人一旦の語らいにより、多年の由緒を忘れ、未聞不見の在所に寄宿せしむるの条、先規に背くの間、自今以後においては、堅く停止すべきこと。

(1)三石関所　山陽道の播磨と備前の境にある関所。

【解説】寺社参詣は中世人にとっては重要な旅であった。熊野三山・善光寺・高野山などは広い信仰を得て、多くの参詣者を集めた。それぞれの寺社には参詣者の道案内や宿泊の世話をする先達と呼ばれる人々がいた。信者は日頃から特定の先達と契約を結んでおり、参詣の際の宿坊も決められていた。この史料は、契約関係を無視して参詣者を獲得しようとする先達の動きを禁じたもので、西国からの高野山参詣者の多さや、参詣者獲得をめぐる先達たちの競争の激しさを物語っている。

328〔温泉行記〕宝徳四年(一四五二)四月八日

河(1)之両岸、相去可二十丈、常時不航而渡、今深不可掲(2)、渡子一人、艤船相待、時樵夫数十人、已臨岸、先両航而渡之、然後予不出輿而乗船、回顧際、已達前岸、毎人出三銭、為雇直(3)、(中略)山行嶮阻、凡上下者七盤(4)云、至第七盤、所謂湯山村(5)見于咫尺(6)、(中略)出輿入息殿店、此店在二湯東北、与湯相去、纔十余歩、凡客店以密邇(7)于湯為佳也、村下方五六町、人家可百戸、家々二階、上以寓湯客、下以自居焉、村巷横通東西者二町余、如蛇小屈、巷中小渓西北流、遂入大渓、家々戸前、聯木為橋、筧水過簷、常疑有雨、又一巷竪通南北者一町余、北頭小高、南頭大高、分為両巷、(中略)凡曰一湯、曰二湯、非有優劣、蓋此地以温泉寺為主、寺在南故、南湯為一乎、湯客無貴賤、寓南辺者入一湯、寓北辺者入二湯耳、

河の両岸、相去ること二十丈なるべし。常時には航せずして渡る。今は深くして掲ぐべからず。渡子一人、艤船して相待つ。時に樵夫数十人すでに岸に臨む。先ず両航してこれを渡す。然る後、予輿を出ずして船に乗る。際を回顧すれば、すでに前岸に達す。人ごとに三銭を出して雇直となす。(中略)嶮阻を山行す。およそ上下は七盤と云う。第七盤に至り、いうところの湯山村咫尺《しせき》に見ゆ。(中略)輿を出でて殿店に入息す。この店二湯の東北にあり。湯と相去ること、纔《わず》かに十余歩。およそ客店は湯に密邇《みつじ》なるをもって佳とするなり。村は下方五、六町、人家百戸なるべし。家々は二階、上はもって湯客を寓し、下はもって自居せり。村巷東西に横通すること二町余、蛇の如く小屈す。巷中の小渓は西北へ流れ、遂に大渓に入る。家々の戸の前、木を聯《つら》ねて橋となす。筧《かけひ》の水は簷《のき》を過ぎ、常に雨あるかと疑う。

又一巷南北に竪通すること一町余、北頭は小高く、南頭は大いに高し。分って両《ふた》つの巷となす。（中略）およそ一の湯と曰《い》い、二の湯と曰うは、優劣あるにあらず。蓋《けだ》しこの地温泉寺をもって主となす。寺は南にある故、南の湯を一となすか。湯客に貴賤なし。南辺に寓する者は一の湯に入り、北辺に寓する者は二の湯に入るのみ。

（1）河　武庫川の現在の兵庫県宝塚市付近。（2）深不可掲　水が深く、裾をからげても渡れない。（3）雇直　雇い賃。（4）盤　曲がりくねること。（5）湯山村　有馬。（6）咫尺　接近していること。（7）密邇　近いこと。

【解説】　この史料は外交でも活躍した禅僧瑞渓周鳳が有馬温泉に湯治に訪れたときの旅行記であるが、京都から有馬に至る路次の様子や、有馬の町や宿の情景がきわめて克明に描かれている。有馬は古代より温泉として都人に知られていたが、掲出した部分から、室町中期には二階家の並ぶ温泉町が成立し、多くの湯治客が貴賤の差なく湯にはいっていた様子がうかがわれる。また山間の渡し船の様子が具体的に描かれている点でも興味深い史料である。

329　〔鵤荘当時在荘日記〕

播州鵤御庄下向時路次間日記

　合

其日々中　河内山本衛自寺持也、

初日　七百文　天王寺宿賃　百文　庭敷銭(1)或ハ五十文トモ云々、

　上衆三人卅文宛旅籠(2)霄朝　下分ハ廿五文ツヽ（中略）

第二日　五百文　西宮宿賃　五十文　庭敷銭或ハ卅文トモ云々、

　上衆三人卅文宛旅籠　下分ハ廿五文ツヽ

第二日宿　元ハ七百文トモ云々、八百文　兵庫宿賃　百文　庭敷銭以下出了、

　上衆三人卅文宛旅籠霄朝　下分ハ廿五文ツヽ

第三日々中　元ハ七百文トモ云々、三百文　大蔵谷宿賃　五十文　庭敷銭或ハ卅文トモ云々、

同日宿　八百文　加古川宿賃　百文　庭敷銭或ハ五十文トモ云々、

第四日々中　国符　上衆三人ハ廿五文旅籠　下分廿文ツヽ

　宿賃無之、

　雑用以下、関・船賃合八貫五百文計入也、

（1）庭敷銭　荷物の保管料。（2）旅籠　食事代。旅籠霄朝は朝食代か。

【解説】　これは延徳二年（一四九〇）、法隆寺の僧が寺領の播磨国鵤《いかるが》荘に下向したときに、天王寺から播磨国府（現姫路市）までの宿々での出費を記した史料である。一行の昼の休憩料が三百〜五百文、一泊すると七百〜八百文、食事代は一人二十〜三十文かかったという。

4　寄合と芸能

(1)　闘　茶

330〔吉川家本元亨釈書紙背文書〕

　　二一二三三三二一一ウ
花　二、三ウ二三、一一二一、三　三種
鳥　二、一、三三、ウ二一一、二三　四種
風　三二ウ三、三、一三二一、三　三種
月　ウ二三三、二一二、一、一、三　四種
梅　二、一、三三、ウ二一一、三二　四種
桜　二、一、三ウ二一三二一、三　三種
松　二、一、ウ一三、三、一二一、二　五種
竹　ウ二三一二三、一二一、二　二種
楓　二、ウ三二三、一三一、一、二　四種
山　二、一、二、三、三、三、二、一、一、ウ、　十種
木　二、一、三三、三、ウ一一、二二　五種

延徳三年正月廿一日

記十十種茶勝負

新殿方之御出時、御輿行御茶、

御人数十一人、仍如件、

【解説】　これは、延徳三年(一四九一)に行われた闘茶(茶勝負)の記録である。上段の「花・鳥・風・月」が参加者の名乗りで、実名ではないこうした名乗りで会が進められている。またその下の各行の「一・二・三・ウ」が各参加者が回された茶の種類についてその答えを記したものである。「一・二・三」の茶は、あらかじめ試しで飲み、味を覚えることが許される茶で、「ウ」とは試しをさせない「客の茶」で、あわせて四種の茶を十服飲んで勝負したのである。そして正解には右に合点が付され、その合計が下に記入されている。たとえば「花」は、一服め、五服め、九服めの三種が正解だった、というわけである。また奥書から、この日の闘茶は「四種十服」の茶勝負が三回行われたこともわかる。こうした茶寄合は、鎌倉時代末から行われていたとされ、南北朝時代にはいるとなおさかんになったことが、二条河原の落書の「茶香十種ノ寄合モ鎌倉釣ニ有鹿ト」の文や『太平記』の佐々木導誉を中心とした茶寄合の記事からわかる。導誉らの茶寄合では、豪華な賭物が提供されたという。

なお、闘茶の方法には、この史料のような「四種十服」のほか、「本茶」と「非茶」との二種を判別する「本非十種」の茶勝負もあった。その場合の「本茶」とは、茶の名産地である京都栂尾の茶のことで、「非茶」はそれ以外の茶であるとされる。

(2) 能

331〔風姿花伝〕第五

祕儀に云はく、「そもそも、芸能とは、諸人の心を和《やわら》げて、上下の感をなさん事、寿福増長の基《もとい》、遐齢《かれい》・延年(1)の法なるべし。極めくては、諸道悉く、寿福延長ならん」となり。殊さら、この芸、位を極めて、佳名《かめい》を残す事、これ、天下の許されなり。これ、寿福増長なり。

（中略）

この芸とは、衆人愛敬《しゆにんあいぎよう》(2)をもて、一座建立《こんりゆう》(3)の寿福とせり。故に、余り及ばぬ風体のみなれば、また、諸人の褒美《ほうび》欠けたり。このために、能に初心を忘れずして、時に応じ、所によりて、愚かなる眼にもげにもと思ふやうに能をせん事、これ、寿福なり。よくよく、この風俗の極め(4)を見るに、貴所・山寺・田舎・遠国《おんごく》・諸社の祭礼に至るまで、おしなべて、譏《そし》りを得ざらんを、寿福の達人の為手《して》とは申すべきか。されば、いかなる上手なりとも、衆人愛敬欠けたる所あらんを、寿福増長の為手とは申し難し。しかれば、亡父(5)は、いかなる田舎・山里の片辺《かたほとり》にても、その心を受けて、所の風儀を一大事にかけて、芸をせしなり。

(1)遐齢延年　長生き、長寿のこと。(2)衆人愛敬　見る人皆から愛されること。(3)一座建立の　一座を盛り立ててゆく上での。(4)風俗の極め　世の習わしの根本。(5)亡父　観阿弥。

【解説】『風姿花伝』は世阿弥が父観阿弥の遺訓を、自分の体験などをもとにしながらまとめなおした能の理論書である。能は、平安・鎌倉時代以来伝わる諸芸能、とくに畿内の神事猿楽などから発展したもので、室町時代に三代将軍足利義満の同朋衆となった観阿弥・世阿弥父子によって、幽玄の美を本質とする芸能として大成された。なお、観阿弥・世阿弥は、興福寺・春日社に奉仕した大和猿楽四座のうちの結崎座の出であった。

(3) 座敷飾り

332〔君台観左右帳記〕

おちやのゆ《(茶湯)》。此ふん《(分)》。水さし《(指)》のそば《(側)》に、火攪《ヒカキ》としゆろ《(棕櫚)》のひげ《(髯)》にてゆい《(結)》たるはゝき《(箒)》と二色、たな《(棚)》のすみ《(隅)》にたてゝをかるゝ。水こほし《(翻)》(1)はたな《(棚)》にはをかれす、ふろ《(風炉)》(2)のひたり《(左)》の方のたゝみ《(畳)》の上にあり。釜するゑ《(据)》と云て、いかにもひらくとしたる胡銅《ことう》(3)のはち《(鉢)》をゝかれて、その上に大なるちやわん《(茶碗)》(4)なとをも水こほしにをかるゝなり。夏冬□てかはりはなし。胡銅の物とちやわんの物と、いつもをきあわせ《(置合)》られ候。ひさこ《(瓢)》立(5)は当時はやり候細口のちやわんの花执《(瓶)》にて候。蓋《フタ》をき《(置)》もつねに候るい《(類)》にて候。めつらしく《(珍)》いさう《(異相)》に候物なとは、をかれ候はす候。

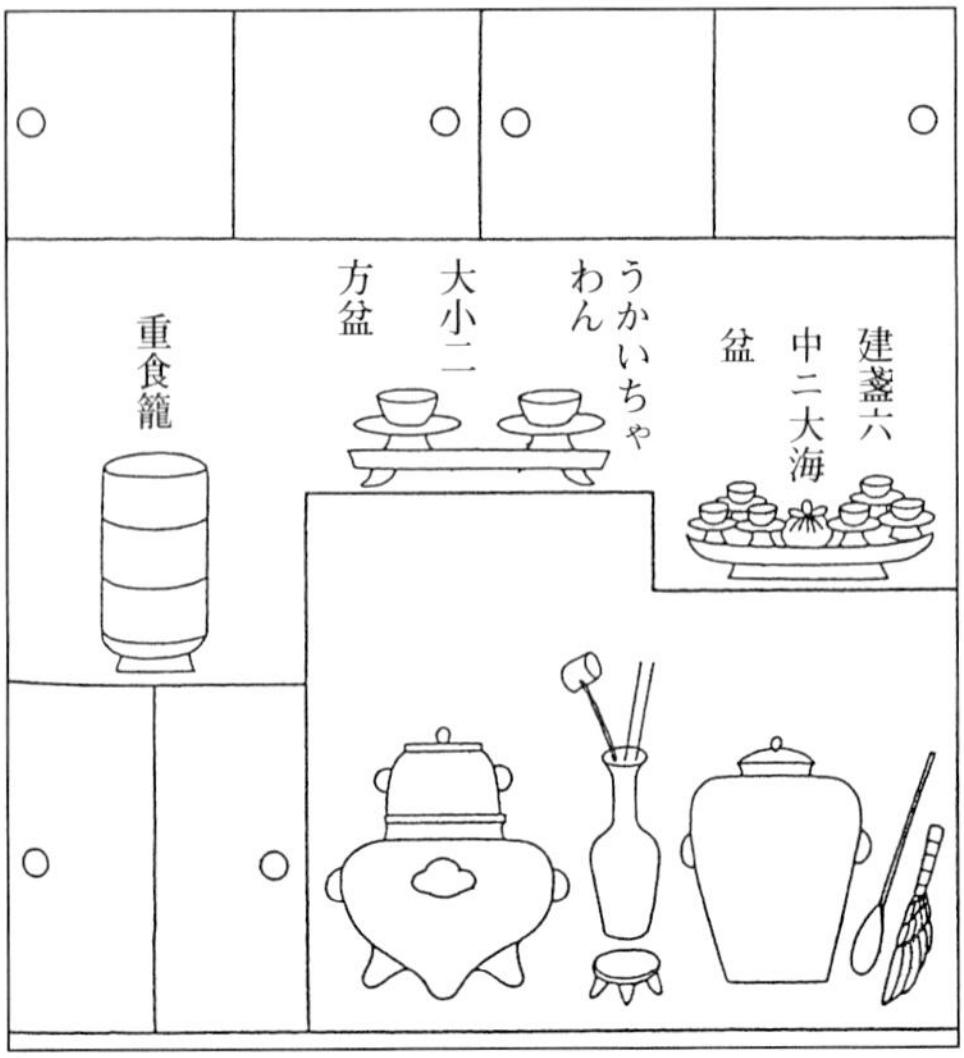

(1)水こぼし　水下、水覆などと書く。座敷で天目や茶碗をすすいだ湯を捨てるための道具。建水。(2)ふろ　上に釜をすえて湯をわかすための炉。(3)ひらひらとしたる　ぴかぴかに光った。(4)ちゃわん　陶磁器、焼物のこと。(5)ひさご立　柄杓立て。

【解説】『君台観左右帳記』は、唐物《からもの》とよばれる中国伝来の絵画・工芸品の鑑定について、またそれらを用いた座敷飾りのありかたについて記した本で、足利将軍家の同朋衆の撰述になるとされる。掲出部分は、茶の湯の棚の飾りつけについて図を示しながら教えているもので、中世の絵巻などにしばしば盆にのせて棚に置かれた茶の湯の道具が描かれているが、そうした状況とこの史料に見える様子とは共通点が多い。『茶道古典全集』第二巻(淡交社刊)を底本とした。

(4) 連　歌

333 〔染田天神講掟〕 永享六年(一四三四)

一(1)、此御本尊(2)不可奉出山内(3)之外、其故者中比奉入国中(4)二ヶ所・宇多郡(5)一ヶ所、千句張行(6)之事在之、云年預、云衆分、不思議之題目出来之間、於自今以後者、山内之外不可奉出之由一揆畢、仍去比自南都之或権門方、此御本尊可被申拝見之由、被仰出於厳密之間、任神判取探(7)之処、不可奉出於山内之外之由取当探了、仍不可叶之由、返答申間、此上者可有御斟酌由被仰了、向後堅可守此禁制、但他所之仁依教信連歌立願事(8)在之者、於山内可有其沙汰事、右此千句者、貞治(9)元年以来既至七十有余年、雖無闕怠、分明被記置跡不見間、為後代張行、于時永亨六年甲寅為多分評定、令記録者也、

一、この御本尊山内の外に出したてまつるべからず。その故は、中比国中二ヶ所・宇多郡一ヶ所に入れたてまつり、千句張行の事これあり。年預といい、衆分といい、不思

議の題目出来の間、自今以後においては、山内の外に出したてまつるべからざるの由、一揆し畢《おわ》んぬ。よって去比南都の或権門方より、この御本尊拝見申さるべきの由、厳密に仰せ出さるるの間、神判に任せ探りを取るのところ、山内の外に出したてまつるべからざるの由探りを取当て了《おわ》んぬ。よって叶うべからざるの由返答申す間、この上は御斟酌有るべき由仰せられ了んぬ。向後堅くこの禁制を守るべし。但し他所の仁、教信により連歌立願の事これあらば、山内においてその沙汰有るべき事。
右この千句は、貞治元年以来既に七十有余年に至り、闕怠無しと雖も、分明に記し置かるる跡見えざる間、後代の張行のため、時に永享六年〈甲寅〉、多分の評定として、記録せしむるものなり。

（1）一　この講掟の第十二条で、最後の条。（2）御本尊　ここでは、講の本尊の天神像。（3）山内　国中に対し、東山中などともよばれた奈良県山辺郡都祁村・宇陀郡室生村あたりの地域。染田天神社は室生村にある。（4）国中　奈良盆地の地域。（5）宇多郡　奈良県宇陀郡。山辺郡の南に隣接する。（6）千句　千句の連歌。（7）任神判取探　くじで神意をうかがったところ。（8）連歌立願事　連歌はしばしば、ある立願によって行われ、神に奉納されることがあった。これも山内の外の人の立願で行われる連歌のことであろう。（9）貞治元年　一三六二年。

【解説】　和歌の上の句と下の句とを別々の人が連作してゆく連歌は、鎌倉時代後期からさかんに行われ、南北朝時代には二条良基が『菟久波集』を撰集し、『応安新式』によって形式や作法を定め、発展の基礎をかためた。十五世紀には心敬・宗祇・宗長らの連歌師が出、旅する彼らの指導で、中央ばかりでなく地方の大名・武士などの間にも広く普及した。連歌は、それに参加する連衆が、歌を詠むことを平等に競いあいながら、同時に連歌を完成させるという同じ目的に向けて、心をひとつに、連帯して作ってゆかねばならず、その意味で「一揆の文芸」「寄合の文芸」とよぶにもっともふさわしい文芸である。

ところで、この掟の作られた大和の東山内の地域は、南北朝期から地侍たちが一揆を結成していたことが知られているが、彼らはその結集の紐帯のひとつとして、この室生村の染田天神社で毎年興行される千句の連歌会の場を作りだしていたことがわかる。

なお、この講掟では、講の中心となる「年預」が十人以下で、家の世襲ではなく「多分の評定」で決められるべきこと、またどう決定してよいか意見がわかれたりした場合は神判に任せることなどの組織規定、千句張行のときには決められた食事や菓子を出すなど決められた運営方法を守るべきこと、決算や千句のための料田の管理をきちんとすること、等々が決められており、いわば東山内の一揆契状とよべる掟である。

(5) 河原者

334〔**鹿苑日録**〕**延徳元年（一四八九）六月五日**

晩河原又四郎来、洗庭松、（中略）又曰、某一心悲生于屠家、故物命誓不断之、又財宝心不貪之、昔日於路上拾蚑(1)四五片、某追其人而与之、至今逢于路則謝之、予謂、又四郎其人也、今時円顱方趾(2)所為不及屠者、慚愧々々、又四郎乃善阿嫡孫也、善阿年九十七歳、同甲子於勝定相公(足利義持)而生、歳逢寅者也、為山植樹排石天下第一云爾、

晩河原又四郎来る。庭の松を洗う。(中略)また曰く、「それがし一心に屠家に生まれしを悲しむ。ゆえに物の命、誓いてこれを断たず。また財宝、心してこれを貪らず。昔日、路上において蚑四五片を拾う。それがしその人を追いてこれを与う。今に至るも路に逢えばすなわちこれを謝す」と。予謂く、「又四郎その人なり。今時の円顱《えんろ》方趾《ほうし》の所為、屠者に及ばず。慚愧慚愧」と。又四郎はすなわち善阿の嫡孫なり。善阿は年九十七歳、甲子を勝定相公と同じうして生まる。歳寅に逢うものなり。山を為《つく》り樹を植え石を排《なら》ぶは天下第一と云えり。

(1)拾蚑　銭。(2)円顱方趾　円い頭と四角い足。人をさす。

【解説】河原者とは、乞食や癩者らとならんで中世社会において賤視された人々である。河原などの劣悪な環境に住して、牛馬処理、清掃、弓や皮の細工など種々の職業をいとなんでいたが、中には土木や庭作りをする者もあった。この史料に見える又四郎は、足利義政に仕えた著名な庭師善阿の孫であるが、ここでは自らの出生を歎きつつも誇り高い生き方を語っている。中世の被差別民が自己の身分状況をどう思っていたかを記した希有の史料である。他の部分では、又四郎のもつ作庭についての細かな知識が記されており、彼らが室町文化の重要な担い手であったことが知られる。

5　貿易船の往来

(1)　天竜寺船

335　**〔天竜寺造営記録〕暦応四年(一三四一)十二月**

宋船往来事、有其沙汰、元弘以来中絶、十ヶ年被興行(1)之条、時節可為何様哉否、度々有評定、群議不一揆、諸人謳歌区也、(中略)然而国師(夢窓疎石)不可苦候由、被執申之、任智者遠慮可被免許之由、治定了、

宋船二艘事、為当寺造営要脚、所被免許也、早致用意、明年秋可被放洋(2)之由、可被仰綱司(3)候、恐惶謹言、

暦応四

十二月廿三日　直義(足利)在判

天竜寺方丈(夢窓疎石)

就彼状、先被渡一船、仍被挙綱司至本、則被成御教書、
造天竜寺宋船一艘事、任本寺之吹挙、為綱司可被致沙汰
之状、如件、
同廿五日　直—（義）
至本御房
請文云、
造天竜寺宋船一艘事、為綱司可渡宋之由、申請候上者、
不謂商売之好悪、帰朝之時、現銭伍千貫文可令進納寺家
候、仍請文如件、
同日　至本

宋船往来の事、その沙汰あり。元弘以来中絶、十ヶ年興行せらるるの条、時節何様たるべきや否や、度々評定あるも、群議一揆せず、諸人謳歌区《まちまち》なり。（中略）しかれども国師苦しかるべからず候由、これを執り申さる。智者の遠慮に任せて免許せらるべきの由、治定し了《おわ》んぬ。

宋船二艘の事、当寺造営要脚のため、免許せらるるところなり。早く用意を致し、明年秋に放洋《ほよう》せらるべきの由、綱司《こうし》に仰せらるべく候。恐惶謹言。（中略）

彼の状につき、まず一船を渡さる。よって綱司至本を挙せらる。すなわち御教書を成さる。

造天竜寺宋船一艘の事、本寺の吹挙《すいきょ》に任せ、綱司として沙汰を致さるべきの状、くだんの如し。（中略）

造天竜寺宋船一艘の事、綱司として渡宋すべきの由、申し請け候上は、商売の好悪を謂わず、帰朝の時、現銭伍千貫文を寺家に進納せしむべく候。よって請文《うけぶみ》くだんの如し。

（1）興行　復活。（2）放洋　出帆。（3）綱司　貿易船の請負人。

【解説】　足利尊氏・直義兄弟は、後醍醐天皇の菩提を弔うために建てる天竜寺の造営費をまかなうべく、暦応四年（一三四一）貿易船を中国に送ることの勅許を北朝に求めた。朝廷内の意見は区々だったが、天竜寺住持夢窓疎石の強い求めで勅許が下された。翌年秋にまず一艘を出すことになり、直接の経営主体には、天竜寺から至本という人が推薦された。至本は利益の多寡にかかわらず五千貫文を天竜寺に納めることを誓約した。この至本を博多あたりの日本人商人とみるのが通説だが、船を所有して日中間を往来していた中国人商人と考えることもできよう。

(2)　遣明船貿易

336　**〔蔭凉軒日録〕寛正六年（一四六五）六月十四日**

遣唐疏上被押金印、仍読誦之、別幅未製、(1)又重可被押金印也、金印付亀形、(2)宣徳年中自大唐到来勘合紙百枚内、(3)十六枚用之、残八十四枚、即今可被返也、景泰年中百枚到来勘

合紙（4）、今被遣三枚之内、公方（足利義政）・細川右京大夫殿（勝元）・大内大膳大夫、此三枚也、愚老眼難弁故、召具集箴首座（季瓊真蘂）、共押金印也、千阿奉之、金印匣幷景泰年中到来勘合紙九十七枚匣、被付御封也、遣唐疏幷匣、以別幅未調之故、未渡于巨座（5）本都寺（紹本）、（中略）亀形金印、光輝照人、斤両尤重而、以両手難提持、実国家遺宝也、

遣唐疏《しょ》の上に金印を押さる。よってこれを読誦す。別幅は未だ製せず、また重ねて金印を押さるべきなり。金印は亀形を付す。宣徳年中大唐より到来せる勘合紙百枚の内、十六枚これを用う。残る八十四枚はすなわち今返さるべきなり。景泰年中百枚到来せる勘合紙、今遣わさるる三枚の内、公方・細川右京大夫殿・大内大膳大夫、この三枚なり。愚老眼弁じ難き故、集箴首座《しゅうしんしゅそ》を召し具し、ともに金印を押すなり。千阿これを奉る。金印の匣《はこ》ならびに景泰年中到来の勘合紙九十七枚の匣、御封を付さるなり。遣唐の疏ならびに匣は、別幅未だ調わざるの故をもって、いまだ巨座《こざ》本都《つう》寺《す》に渡さず。（中略）亀形の金印、光輝は人を照らし、斤両は尤も重くして、両手をもっても提持し難し。実に国家の遺宝なり。

（1）別幅　外交文書の本文に副える贈物の目録。（2）亀形　亀をかたどった印章の紐（つまみ）。（3）宣徳年中…百枚内　宣徳八年（一四三三）入明した第七次勘合船は、宣徳勘合百道をもらって帰国した。（4）景泰年中…勘合紙　宣徳十年（一四三五）の第八次勘合船は宣徳勘合の一〜六号を持って入明した。景泰四年（一四五三）の第九次勘合船は同じく七〜十六号を持って入明し、景泰勘合百道をもらって帰国した。（5）巨座《こざ》　正しくは居座で、遣明船に乗り組んで経営に当った五山僧。

337〔大乗院寺社雑事記〕文明十五年（一四八三）正月二十四日

昨日楠葉入道（西忍）来、色々物語。永享五年（一四三三）唐船ハ六ヶ艘（五）（1）也。一号船ハ公方（足利義教）、二号船ハ相国寺、三号船ハ山名、四号船ハ十三人、五号船ハ三十三間御堂。次年六年進発了。此内四号船十三人者、赤松上座也・細川（持之）・讃州（細川満久）・畠山（満家）・武衛（斯波氏）・一色・三条家・聖護院・三宝院・大乗院・青連（蓮）院・善法寺・田中（2）。四号船ハ二十反ホ（帆）（3）也。入目料足事、三百貫文船賃、三百貫文同修理・船道具、四百貫文船頭四十人給分、此外十人計《ばかり》ハ船頭方召仕物在之《これあり》云々。五百貫文者、粮米・水之桶榼《おけたる》等代・通事給分・御馬ノカヒ（4）・塩噌（噌）・ラウソク（蠟燭）・薬以下、色々雑物用意之事共、以五百貫成之。仍一人別御出分事、百二十貫文宛《ずつ》歟。

一人別外官一人・従二人、合三十九人。此外官幷従ニハ有《う》徳《とく》之商人ヲ成《なす》カ秘事也。十分一ヲ取故也。一万貫ニハ千貫取之者也。日本到来物ニ代物ヲ付テ、其分一ヲ取也。計

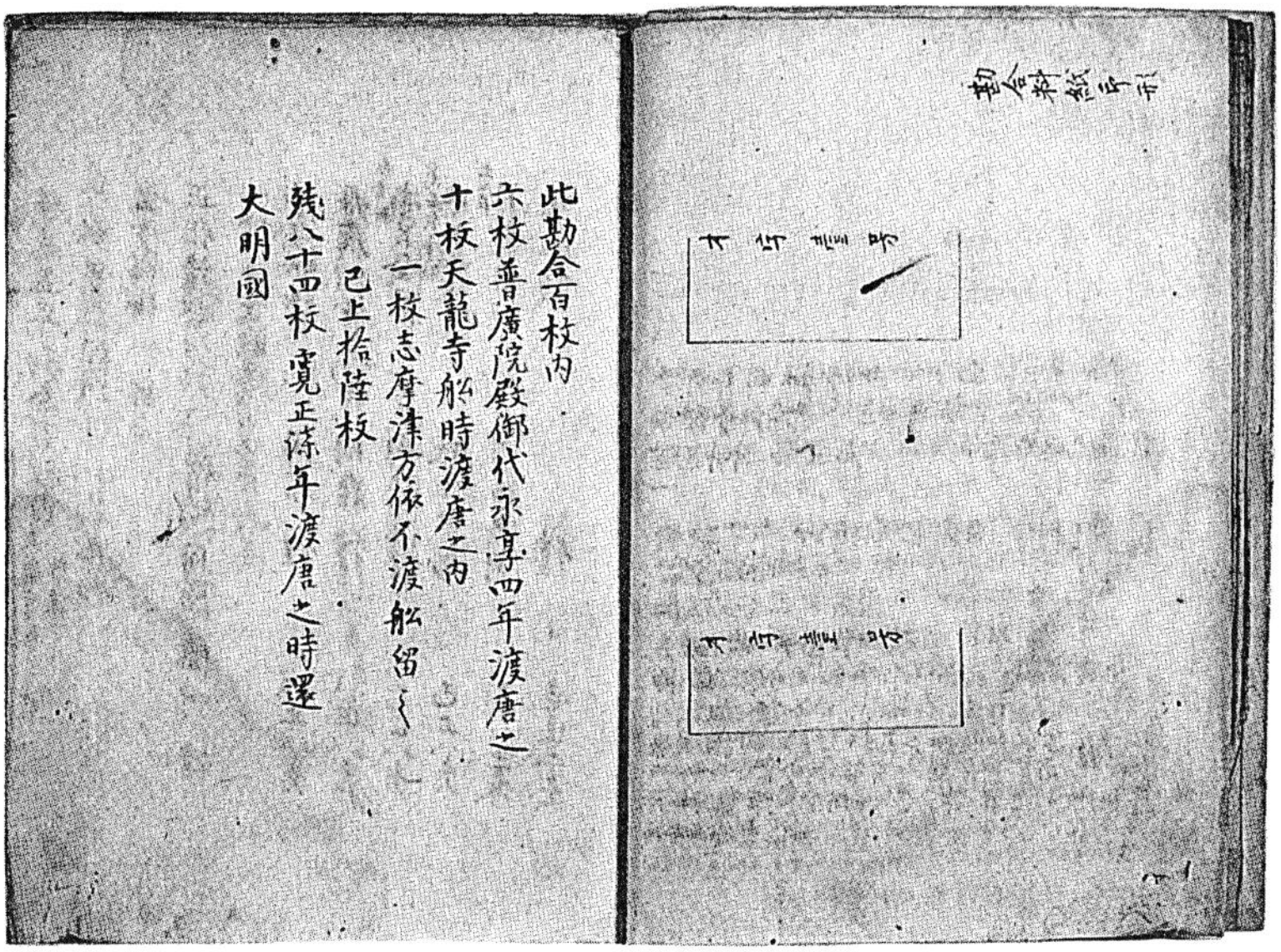
此勘合百枚内
六枚普廣院殿御代永享四年渡唐之
十枚天龍寺船時渡唐之内
一枚志摩津方依不渡船留〻
已上拾陸枚
残八十四枚寛正参年渡唐之時還
大明國

会仁(5)ハ不可叶事也。能々可覚悟事也云々。

又十三人申合テ商人ヲ十余人乗之也。其十分一ヲハ十三人シテ配分シ取之。仮令二万貫ニハ二千貫ノ分一也。商人モ一人別ニ二人計ノ従者ノ商人ヲ可召具者也。上下ニ船中人数ハ百五十人計ハ可然歟《しかるべきか》。二十反ホノ船事也。仮令外官方ニ四十人、船頭方ニ五十人計、商人方ニ三十人計、此外商人方可相計者也。

次於唐土又申合可成敗事在之。王城(6)へ可上《のぼるべき》分ハ於唐土定之。人数イカホトノ分ヲ王城へ可上之由、被仰出テ後、定事也。此事大事也。外官事ハ無是非《ぜひなし》。商人ニハヰカニモ物ヲ、ク持タル大商人ヲ王城へハ可入事也。是又第一秘事也。さ様《よう》ニアリテコソ十分一ニ徳分(7)ハアル事也云々。就中唐土エ可持物ハ、仮令百貫足ニテハ十色《といろ》ニ物ヲ可持也。其時節々々ニテ不定故也。一物ニテ十倍・廿倍ニ成事モ在之。一物ハ一向ニ不立用《ようにたたず》シテアル物もアリ。能々可学(覚)悟事也云々。イ王(硫黄)事ハ公方船計ニ積之。仮令申請ハ無相違事也。ランコ(猟虎)皮唐土ニテハ冬入者也。・コ少(胡椒)・太刀・長太刀・ヤリ・銚子鍉・赤金・金・スワウ(蘇芳)・吉扇。大概如此者共也。又自唐土相計テ可持来物事。生糸第一用ニ立物也。・北絹・段子《どんす》・金蘿(8)・シヤ(麝)香・道士ノ古衣色々ノイン金也。唐土ニテハ指タル物ニテハ無、此方ニテ徳アリ。皆破物共也。タヽミ入タル中ハ見事也。五寸三寸モ大切。・女房ノ古衣装モ同事也。

(1)五艘　実際には五号船・六号船の二艘が三十三間堂船なので、六艘である。(2)善法寺・田中　ともに石清水八幡宮の祠官家。(3)二十反ホ　布二十反分の広さの帆。(4)カヒ　飼葉。(5)計会仁　貧乏人。(6)王城　北京。(7)徳分　利益。(8)金蘿　不明。

【解説】　遣明船貿易は日明間の冊封関係に付随するものだから、使者は日本国王から明皇帝に上る正式の文書である表文を携行した。史料336に見える「遣唐疏」がそれで、表文および別幅には、永楽帝から賜与された「日本国王」の文字を彫った金印（『明成祖実録』永楽元年十月乙卯条に「日本国王に冠服・錦綺紗羅及び亀紐金印を賜う」とある）が捺された。その捺印は蔭涼軒主の役目だった。

勘合は遣明船の資格証明のための割符《わりふ》で、皇帝一代ごとに百枚が交付され、一船につき一枚を用い、余った分は返納するきまりだった。史料336から、景泰勘合を最初に用いた寛正六年の通交時に、前代の宣徳勘合の残余八十四枚を返したことがわかる。勘合の形状は、前頁の「戊子入明記」のように、「本字n号」の四字の左半が紙上に二つ並んでいた。勘合の料紙と照合用の「底簿」の料紙とにまたがって「本字　号」の印を捺し、番号nは手で書き入れた。底簿は「本字n号」の右半が残った百枚の紙を綴じたもので、寧波の浙江布政司および北京の礼部に置かれ、勘合と照合される。また、「本字」勘合とともに「日字」勘合の底簿二扇が交付され、来日する明船が持参する「日字」勘合と照合されるきまりだった。

史料337は、貿易商人楠葉西忍が、興福寺大乗院の尋尊に遣明船貿易の実態を語ったもの。西忍は天竺人ヒジリと日本女性の間に生まれ、第七次と第九次の遣明船に乗りこんだ経験をもつ。また大乗院は第七次の十三人寄合船に一枚嚙んでいた。国王による通交のたてまえを採る遣明船が、実は利益に群がる有力な武士や寺社の仕立てたもので、しかもその経営の実質は商人が握っていたことがわかる。派遣の経費、乗組員、上京手続き、交易される品目とその利益についての記述も興味ぶかい。

(3)　日朝交隣外交

338〔**善隣国宝記**〕**中**　**応永三十年**（**一四二三**）

日本国道詮(足利義持)、再奉書

朝鮮国王(世宗)殿下、専使回、所需蔵経、与回礼使同到、喜慰可言哉、矧又祇(祗)領珍貺(1)、感愧無量、茲従使者之所請、捜索被虜人於処処、以帰之、今重遣専使籌(圭籌)知客・副使齢(梵齢)蔵主、別有所陳、此事雖似得隴望蜀(2)、要修隣好、寧可秘惜、聴貴国蔵経板非一、正要請一蔵板、安之此方、使信心輩、任意印施、若能運平等之慈、忘自他之別、頒法宝、以博其利、則豈非深福源増寿岳之一端耶(3)、苟得如所請、永以為好也、不腆土宜(4)、具如別幅(5)、麾頓為幸(6)、敢冀、茂迎川(至)玉之祥(7)、即膺天錫之社(祉)(8)、

応永三十年七月日

日本国道詮、再び書を朝鮮国王殿下に奉る。専使回《かえ》る。需《もと》

むるところの蔵経は、回礼使と同《とも》に到る。喜慰言うべけんや。矧《いわん》や又珍貺《ちんきょう》を祇《つつし》み領するをや。感愧無量なり。茲《ここ》に使者の請うところに従い、被虜の人を処処に捜索して、もってこれを帰す。今重ねて専使籌知客《しか》・副使齢蔵主《ぞうす》を遣わし、別に陳ぶるところあり。この事、隴《ろう》を得て蜀《しょく》を望むに似たりと雖も、隣好を修せんと要《ほっ》せば、寧《なん》ぞ秘《ひ》惜《せき》すべけんや。聴く、貴国の蔵経板は一にあらず、と。正に一蔵板を請い、これを此方に安んじ、信心の輩《ともがら》をして、任意に印施《いんし》せしめんと要《ほっ》す。もし能く平等の慈《いつく》しみを運《めぐ》らし、自他の別を忘れ、法宝を頒《わか》ち、もってその利を博《ひろ》くせば、すなわち豈《あ》に福源を深くし寿岳を増すの一端にあらざらんや。苟《いやしく》も請うところの如くを得ば、永くもって好《よしみ》と為さん。不腆の土宜は、具《つぶさ》に別幅の如し。麾頓《きとん》を幸と為す。敢て冀《こいねが》う、茂《つとめ》て川至の祥《しょう》を迎え、すなわち天錫《てんしゃく》の祉《さいわい》に膺《あた》らんことを。

(1)珍貺　珍しい贈物。(2)得隴望蜀　後漢が隴の国を得てなお蜀の国を望んだことから、飽くことを知らぬたとえ。(3)寿岳　長寿の山。(4)不腆土宜　粗末な土産。(5)別幅　外交文書に添付される別紙。ふつう贈物のリストが記される。『朝鮮世宗実録』には別幅もみえる。(6)麾頓為幸　『朝鮮世宗実録』所収のテキストではこの四字を欠く。(7)川至　川が流れ至る。(8)天錫　天賜に同じ。

【解説】　前将軍足利義持から朝鮮国王世宗に送られた国書で、『朝鮮世宗実録』五年(一四二三)十二月壬申条に同文がある。自称に「王」の字を欠き、応永年号が使われていることは、伝統的外交姿勢を示している(史料255参照)。前年に義持の使者圭籌・梵齢らが朝鮮に赴き、大蔵経を賜与され、回礼使朴熙中・李藝らを伴ってこの年帰国した。これに気をよくした義持は、文字どおり望蜀の沙汰であるが、大蔵経の版木自体の獲得をねらって、ふたたび圭籌・梵齢を使者に立てた。さすがにこの要求は、ハンストも辞さぬ使者のがんばりもむなしく、退けられた。十五世紀の日朝外交は、形の上では「交隣」と呼びうるが、内実は日本側に度を越した要求や強引すぎる態度が多く、緊張をはらんだものだった。

第六節

倭寇と琉球・蝦夷

1 琉球と蝦夷――文明段階への移行

(1) 中山王の対明入貢

339〔**明太祖実録**〕**洪武五年（一三七二）十二月壬寅（二十九日）**

楊載(1)使瑠球国、中山王察度、遣弟泰期等、奉表貢方物(2)、詔賜察度大統暦(3)及織金文綺・紗羅各五匹、泰期等文綺・紗羅襲衣有差、

楊載瑠球国に使す。中山王察度、弟泰期等を遣わし、表を奉じて方物を貢ず。詔して察度に大統暦及び織金の文綺・紗羅各五匹を、泰期等に文綺・紗羅の襲衣を賜うこと差あり。

(1)楊載　史料225の注1参照。(2)方物　史料226の注1参照。(3)大統暦　史料226の注10参照。

【解説】　一三七二年、明使楊載から洪武帝の詔（『明太祖実録』洪武五年正月甲子条所引）を受け取った琉球の察度は、弟泰期に託して、臣下としての分を明示する表を明に捧げ、洪武帝から「中山王」の称号と暦を与えられた。琉明間の正式の国交がここに結ばれ、琉球はれっきとした国家として東アジア国際社会に登場する。続いて八〇年には山南王承察度、八三年には山北王帕尼芝も明に入貢し、琉球の三山が明の冊封体制のもとで並立することになった。

(2) 蝦夷の三類

340〔**諏訪大明神絵詞**〕**上**

当社(1)ノ威力ハ末代也ト云ヘトモ掲焉《けちえん》ナル事多キ中ニ、元亨・正中(2)ノ比《ころ》ヨリ嘉暦年中ニ至ルマテ、東夷蜂起シテ奥州騒乱(3)スル事アリキ。蝦夷カ千島ト云ヘルハ、我国ノ東北ニ当テ、大海ノ中央ニアリ。日《ひ》ノ本《もと》・唐子《からこ》・渡党《わたりとう》、此三類各三百三十三ノ島ニ群居セリト。一島ハ渡党ニ混《こん》ス。其内ニ、宇曽利鶴子別(4)ト前堂宇満伊犬(5)ト云小島トモアリ。此種類ハ多ク奥州津軽外ノ浜(6)ニ往来交易ス。夷一把ト云ハ六千人也。相聚ル時ハ百千把ニ及ヘリ。日ノ本・唐子ノ二類ハ、其地外国ニ連テ、形躰夜叉《やしゃ》ノ如ク変化《へんげ》無窮ナリ。人倫、禽獣・魚肉ヲ食トシテ、五穀ノ農耕ヲ知《しら》ス。九訳ヲ重ヌトモ語話ヲ通シ堅《がた》シ。但鬢髪《ひんぱつ》多シテ遍

身ニ毛ヲ生セリ。言語俚野《りや》也ト云トモ大半ハ相通ス。

（1）当社　信濃国諏訪社。（2）元亨…ニ至ルマテ　一三二一−二八年。（3）奥州騒乱　史料164参照。（4）宇曾利鶴子別　ウソリケシペッと読んで現在の函館に宛てる説が有力。『米良文書』応仁二年二月二十八日安東師季願文には「宇楚里鶴子遍地」とある。（5）前堂宇満伊犬　マタウマイイヌ。松前の音写。（6）外ノ浜　津軽半島の東海岸、陸奥湾に面した地域。

【解説】『諏訪大明神絵詞』は、信濃国諏訪社の神官で奉行人として足利尊氏に仕えた諏訪円忠によって、延文元年（一三五六）に造られた諏訪社の縁起絵巻で、絵は失われ詞書のみが数種の写本で伝わる。その中に鎌倉末期の「蝦夷蜂起」における諏訪大明神の奇特を述べるくだりがあり、十四世紀の蝦夷のようすを知るほとんど唯一の文献史料である。三類の蝦夷のうち、まったくの異族として描かれる日の本・唐子は、それぞれ東部アイヌ・西部アイヌにつながってゆく集団と思われるが、「和国ノ人」に近く言語も大半は通じたとある渡党は、戦乱や流罪などの理由で北海道に渡った本州系の人々の子孫で、十五〜十六世紀の和人館主につながってゆく人々とみられる。『新羅之記録』には「往古は、此国、上二十日程、下二十日程、松前以東は陬川《むかわ》、西は与依知《よいち》迄人間住する事、右大将頼朝卿進発して奥州の泰衡を追討し御《たま》いし節、糠部《ぬかのぶ》・津軽より人多此国に逃げ渡って居住す。（中略）亦実朝将軍の代、強盗・海賊の従類数十人搦め捕り、奥州外之浜に下し遣り、狄の嶋に追放せらる。渡党と云うは渠《かれら》等が末なり」とある。なお史料102参照。

2　前期倭寇と日朝交渉

(1)　高麗使の到来

341〔**醍醐寺文書**〕**至正二十六年（一三六六）征東行中書省咨文**

皇帝(1)□(聖)旨裏、征東行中書省、照得、日本与本省所轄高麗地面、水路相接、凡遇
貴国飄風人物、往々依理護送、不期、自至正十年庚寅(2)、有賊船数多、出自
貴国地面、前来本省合浦(3)等処、焼毀官廨(4)、擾擾百姓、甚至殺害、経及一十余年、海船不通、辺海居民、不能寧処、蓋是嶋嶼居民、不懼官法、専務貪婪、潜地出海劫奪、尚慮
貴国之広、豈能周知、若便発兵勦捕、恐非交隣之道、除已差万戸金凡貴・千戸金竜等、馳駅恭詣
国主前啓稟外、為此、本省合行移文、請照験、煩為、行(回)下概管地面海嶋、厳加禁治、毋使似前出境作耗、仍希公文曰示、須至咨者(5)、
右□(咨)

日本国、伏請
照験、謹咨、

礼物　白苧布拾疋
綿紬拾疋
豹皮参領
虎皮弐張

皇帝の聖旨の裏《うち》に、征東行中書省。照得するに、日本と本省所轄高麗地面と、水路相接す。およそ貴国飄風の人物に遇えば、往々理によりて護送す。期せざりき、至正十年庚寅より、賊船数多ありて、貴国の地面より出で、本省合浦等の処に前《すす》み来り、官廨《かんかい》を焼毀し、百姓を掻擾し、甚しきは殺害に至る。経て一十余年に及び、海船通ぜず、辺海の居民、寧処する能わず。蓋しこれ嶋嶼の居民、官法を懼れず、専ら貪婪《どんらん》に務め、地に潜み海に出て劫奪するならん。尚貴国の広くして豈に能く周知せんやと慮《おも》う。もし便《すなわ》ち兵を発して剿捕《そうほ》すれば、恐らくは交隣の道にあらざらん。已《すで》に万戸金凡貴・千戸金竜等を差し、馳駅して恭しく国主の前に詣して啓稟するを除くの外、これがため、本省合《まさ》に移文を行うべし。照験を請う。煩為《ねがわ》くば概管の地面・海嶋に行下し、厳しく禁治を加え、前の似《ごと》く出境作耗せしむるなからんことを。仍《な》お公文の回示を希《ねが》う。須《すべか》らく咨に至るべき者なり。右日本国に咨す。伏して照験を請う。謹んで咨す。

（1）皇帝　元朝最後の皇帝順帝（在位一三二〇―七〇）。（2）至正十年庚寅　一三五〇年。朝鮮ではこの年の干支をとって「庚寅以来の倭賊」という表現が定着する。（3）合浦　今の慶尚南道馬山市。（4）官廨　役所。（5）須至咨者　咨文の末尾の決り文句。

【解説】　一三五〇年、突然倭寇の波が朝鮮半島に押し寄せ始め、たまりかねた高麗は六六年、使節を日本へ送って禁圧を要請させた。右はこの時の要請文で、差し出しの「征東行中書省」とは、元が弘安の役の直前、日本征討の遂行のために開京に置いた軍事・行政の機関だが、その後高麗の内政監督機関に性格を変えていた。その長官は高麗国王の兼任で、実質は高麗政府の出したものと見てよい。これを受け取った朝廷では、長々しい議論の果てに、「高麗は蕃国の礼を失している」という理由で返答をしない決定をしたが、幕府は禅僧の私信の形で禁寇に努める旨の返事を送り、これが幕府にとって最初の外交経験となった。なお『醍醐寺文書』には使者に宛てられた劄付《さっぷ》の写もあり、こちらは『太平記』巻三十九に引用されている。

(2)　倭寇の最盛

342〔異称日本伝〕下之三　三綱行実図

烈婦崔氏霊巌士人仁祐女也、適晋州戸長鄭満、生子女四人、其季在襁褓、洪武己未（一三七九年）（1）、倭賊寇晋、闔境奔竄、時満因事如（2）京、賊闌入（3）里閭、崔年方三十余、且有姿色、抱携諸息、走避山中、賊四出駆掠、遇崔露刃以脅、崔抱樹而拒、奮罵曰、死等爾、汚賊以生、無寧死義、罵不絶口、賊遂害之、斃於樹下、賊擄子息以去、第三児習、甫(4)六歳、啼号屍側、襁褓児猶匍(5)匐就乳、血淋(6)漓入口、尋亦斃焉、後十年己巳(一三八九年)、都観(7)察使張夏以聞(8)、乃命旌(9)門、蠲習吏役、

烈婦崔氏は霊巌の士人仁祐が女《むすめ》なり。晋州の戸長鄭満に適《とつ》ぎ、子女四人を生む。その季《すえ》は襁褓《むつき》に在り。洪武己未、倭賊晋に寇す。閭境《こうきょう》奔《はし》り竄《かく》る。時に満、事に因《よ》りて京に如《ゆ》く。賊里閭《りりょ》に闌入《らんにゅう》す。崔は年方《まさ》に三十余、且つ姿色あり。諸息を抱携し、山中に走り避く。賊四《ほしいまま》に出で駆掠し、崔に遇いて刃《やいば》を露《さら》してもって脅す。崔は樹を抱きて拒み、奮罵して曰く、「死は等しき爾《のみ》、賊に汚されてもって生きんよりは、無寧《むしろ》義に死なん」と、罵りて口を絶やさず。賊遂にこれを害し、樹下に斃す。賊子息を擄してもって去る。第三児習、甫《ほ》にして六歳、屍の側に啼号す。襁褓の児は猶匍匐《ほふく》して乳に就くも、血は淋漓《りんり》として口に入り、尋《つい》でまた斃す。後十年己巳、都観察使張夏もって聞す。すなわち命じて門に旌《せい》し、習の吏役を蠲《のぞ》く。

(1)閭境　境の内残らず。(2)京　高麗の首都開京。(3)里閭　市街。(4)甫　男子。(5)匍匐　ハイハイ。(6)淋漓　ドクドク。(7)都観察使張夏　辛禑十四年(一三八八)、諸道の按廉使を都観察黜陟使と改称し、慶尚道は張夏が就任した(『高麗史』巻百三十七)。(8)以聞　王に報告する。(9)旌　目印の旗を立てる。

【解説】全羅道霊巌郡に生まれ、慶尚道晋州の戸長鄭満に嫁いで四児を儲けた崔氏は、夫の留守中に倭寇の襲撃に遭って、貞節を守り義に死んだ。『高麗史』巻百十四楊伯淵伝および『高麗史節要』辛禑五年(一三七九)五月条によると、このときの倭寇は「騎七百、歩二千余」という大規模なものだった。母子五人のうちただひとり残された鄭習は、一四二〇年に至って、母の節義のおかげで、科挙の雑科に赴くことを許されている(『朝鮮世宗実録』二年五月甲戌条)。「烈婦」を顕彰した文章なので型にはまったところがあるが、倭寇が朝鮮人民に与えた惨苦をうかがうには充分である。(口絵参照)

343　〔高麗史節要〕辛昌即位年(一三八八)八月

水尺(1)・才人(2)、不事耕種、坐食民租、無恒産而無恒心(3)、相聚山谷、詐称倭賊、其勢可畏、不可不早図之、願自今、所居州郡、課其生口以成其籍、使不得流移、授以曠地、俾勤耕種与平民同、其有違者、所在官司縄之以法、

水尺・才人、耕種を事とせず、坐して民租を食し、恒産なくして恒心なく、山谷に相聚《あいあつ》まり、詐《いつわ》りて倭賊と称す。その勢畏るべし、早くこれを図らざるべからず。願わくば自今、居る所の州郡は、その生口に課してもってその籍を成

し、流移するを得ざらしめ、授くるに曠地《こうち》をもってし、耕種に勤むること平民と同じうせしめよ。それ違あらば、所在の官司これを縄するに法をもってせよ。

(1)水尺　「揚水尺」「禾尺」ともいい、牛馬の屠殺、皮革の加工、柳器の製作などを業とする被差別民。(2)才人　仮面劇や軽業を業とする被差別民。(3)無恒産而無恒心　『孟子』梁恵王上に見えることばで、一定の生業がないと道徳心も失われる、の意。

【解説】司憲府大司憲趙浚が時弊を論じた長文の上申書の一節で、『高麗史』巻八十四刑法志一戸婚に同文がある。水尺・才人という漂泊の被差別民が、山谷に集まって倭寇を詐称することの危険性を強調する。『高麗史節要』辛禑八年(一三八二)四月条にも、「揚水尺群聚し、詐りて倭賊となり、寧越郡を侵し、公廨(役所)・民戸を焚《や》く。(中略)男女五十余人・馬二百余匹を獲す」とある(寧越郡は忠清・江原両道の境付近の山間の地)。倭寇が高麗社会の奥深くまでゆるがす国内問題でもあったことを物語るが、これを水尺・才人が倭寇に投じたとか、倭寇と連合したとか解釈できるかどうかは疑問である。

(3) 応永の外寇

344〔朝鮮世宗実録〕元年(一四一九)七月庚申(十七日)

上王、命兵曹判書趙末生、致書于対馬島守護都都熊丸(宗貞盛)曰、(中略)対馬為島、隷於慶尚道之鶏林[1]、本是我国之地、載在文籍、昭然可考、第以其地甚小、又在海中阻於往来、民不居焉、於是、倭奴之黜於其国而無所帰者、咸来投集、以為窟穴、或時窃発、劫掠平民、攘奪銭穀、因肆賊殺、孤寡人妻子、焚蕩人室廬、窮凶極悪、積有年紀、(中略)予紹大統莅国以来、克承先志、益申撫恤、雖或間有草窃[2]不恭之事、尚念都都熊丸之父宗貞茂慕義輸誠、犯而不較、毎接信使、館焉以留、仍命礼曹、厚加労慰、又念其生理之艱、許通興利商船[3]、慶尚道之米粟運于馬島者、歳率数万余石、庶幾養其形体、以免飢餓、充其良心、恥為草窃、並生於天地之間也、予之用心、蓋亦勤矣、不意、近者忘恩背義、自作禍胎、以取覆亡、然其平日投化[4]及興利[5]通信而来者、与今望風而降者、並皆不殺、分置諸州、仍給衣食、以遂其生、(中略)若能飜然悔悟、巻土来降、則其都都熊丸、錫之好爵、頒以厚禄、其代官等、如平道全[6]例、其余群小亦皆優給衣粮、処之沃饒之地、咸獲耕稼之利、歯於吾民、一視同仁、俾皆知盗賊之可恥、義理之可悦、此其自新之路、生理之所在也、

上王、兵曹判書趙末生に命じ、書を対馬島守護都都熊丸に致さしめて曰く、(中略)対馬の島たるや、慶尚道の鶏林に隷す。本これ我国の地なること、載せて文籍に在り、昭然考うべし。第《た》だその地甚だ小さく、又海中に在りて往来を阻まるるをもって、民焉《ここ》に居せず。ここにおいて、倭奴の

その国より黜《しりぞ》けられて帰《ゆ》く所なき者、咸《みな》来りて投集し、もって窟穴と為せり。或いは時に窃かに発し、平民を劫掠し、銭穀を攘奪し、因りて賊殺を肆《ほしいま》まにし、人の妻子を孤寡し、人の室廬を焚蕩す。凶を窮め悪を極むること、積りて年紀あり。(中略)予大統を紹《つ》ぎ国に莅《のぞ》みて以来《このかた》、克《よ》く先志を承け、益ます撫恤を申す。或いは間《まま》草窃《そうせつ》不恭の事ありと雖も、尚《なお》都都熊丸の父宗貞茂が慕義輸誠を念《おも》い、犯せども較べず、毎《つね》に信使に接し、焉《これ》を館してもって留め、仍《な》お礼曹に命じて、厚く労慰を加えしむ。又その生理の艱《かた》きを念い、興利商船を通ずるを許す。慶尚道の米粟の馬島に運ぶ者、歳ごとに数万余石を率《かぞ》うるは、その形体を養い、もって飢餓を免かれ、その良心を充たし、草窃を為すを恥じ、並びに天地の間に生くるを庶幾《こいねが》うなり。予の心を用うること、蓋《けだ》しまた勤なり。意《おも》わざりき、近者《ちかごろ》恩を忘れ義に背き、自ら禍胎を作《な》し、もって覆亡を取らんとは。しかるにその平日の投化及び興利・通信にて来る者と、今の風を望みて降る者と、並びに皆殺さず、諸州に分置し、仍《な》お衣食を給い、もってその生を遂げしむ。(中略)もし能く飜然として悔悟し、巻土来降せば、すなわちその都都熊丸は、これに好爵を錫《たま》い頒《わか》つに厚禄をもってし、その代官等は平道全の例の如くし、その余の群小もまた皆衣粮を優給して、これを沃饒《よくにょう》の地に処し、咸《みな》耕稼の利を獲て、吾が民に歯《なら》び、一視同仁、皆をして盗賊の恥ずべく、義理の悦ぶべきを知らしめん。これその自新の路にして、生理の在る所なり。

(1)鶏林　慶尚北道慶州の雅名。(2)草窃　ちっぽけな盗人。(3)興利商船　貿易船。(4)投化　帰化。(5)通信　信書を通ずること。(6)平道全　一四〇七年、宗貞茂の使者として朝鮮へ渡り、そのまま残留して受職人となり、長く朝鮮・対馬間の媒介者として活躍。応永外寇後、嗣子以下の一族二十一人が誅殺され、かれ自身も平壌に拘留された。

345〔看聞日記〕応永二十六年(一四一九)六月二十五日・二十九日・七月二十日

(六月)廿五日、晴、(中略)抑大唐蜂起事有沙汰云々、出雲大社震動流血云々、又西宮荒戎宮震動、又軍兵数十騎広田社ヨリ出テ東方へ行、其中ニ女騎之武者(1)一人如大将云々、神人奉見之、其後狂気云々、自社家令注進、伯二位(2)馳下尋実否云々、異国襲来瑞想勿論歟、又廿四日夜、八幡鳥居風不吹ニ顛倒了、若宮御前鳥居也、さゝやきの橋打砕云々、室町殿(足利義持)御参籠時分也、殊有御驚云々、諸門跡諸寺御祈禱事被仰云々、

廿九日、晴、聞、北野御霊(3)西方ヲ指テ飛云々、御殿御戸開云々、諸社怪異驚入者也、唐人襲来、先陣舟一両艘已有合戦云々、大内若党両人為大将海上ニ行向退治、其以前神軍

有奇瑞之由注進云々、「(頭書)唐人合戦事、実説不審云々、近日巷説多端耳、」

(七月)廿日、雨降、(中略)抑聞、唐人襲来、既付薩摩之地、国人合戦、唐人若干被討、国人モ被伐云々、唐人中ニ有如鬼形者、以人力難責云々、浮海上異賊八万余艘之由、大内方へ先注進到来、自探題注進者未到云々、又兵庫ニ唐船一艘着岸、是ハ為使節(4)、非軍船云々、

(六月)二十五日。晴。(中略)抑《そもそ》も大唐蜂起の事沙汰ありと云々。出雲大社震動流血すと云々。又西宮荒戎宮震動、又軍兵数十騎広田社より出でて東方へ行く、その中に女騎の武者一人大将の如しと云々。神人これを見奉り、その後狂気と云々。社家より注進せしむ。伯二位馳せ下り実否を尋ぬと云々。異国襲来の瑞想勿論か。又二十四日夜、八幡の鳥居風吹かざるに顚倒し了《おわ》んぬ。若宮御前の鳥居なり。ささやきの橋打ち砕くと云々。室町殿御参籠の時分なり。殊に御驚ありと云々。諸門跡・諸寺に御祈禱の事仰せらると云々。

二十九日。晴。聞く、北野御霊西方を指して飛ぶと云々。御殿の御戸開くと云々。諸社の怪異驚き入る者なり。唐人襲来し、先陣の舟一両艘已《すで》に合戦ありと云々。大内の若党両人、大将として海上に行き向い退治す。その以前神軍奇瑞あるの由注進すと云々。「(頭書)唐人合戦の事、実説不審と云々。近日巷説多端のみ。」

(七月)二十日。雨降る。(中略)抑も聞く、唐人襲来し、既に薩摩の地に付き、国人合戦し、唐人若干討たる、国人も伐たると云々。唐人の中に鬼形の如き者あり、人力をもっては責め難しと云々。海上に浮かぶ異賊は八万余艘の由、大内方へまず注進到来す。探題よりの注進はいまだ到らずと云々。また兵庫に唐船一艘着岸す。これは使節たり、軍船にあらずと云々。

(1)女騎之武者　広田社の祭神、神功皇后であろう。(2)伯二位　神祇伯白川資忠(または雅兼)。広田社の本家。(3)北野御霊　菅原道真を神格化した天満大自在天神。(4)使節　足利義持に通貢復活を促すため、前年に続いて来日した明使呂淵。六月二十日博多に到着、七月兵庫に来たが、空しく追い返された。

【解説】　一四一九(応永二十六・世宗元)年六月、朝鮮は倭寇の根拠地をたたく目的で、兵船二二七艘、兵士一万七千二百八十五人をもって対馬を攻撃した。この戦争は、国王世宗の父である上王太宗の主導したもので、対馬に多大の打撃を与えたが、長期戦への不安と宗都都熊丸の要請により、七月には撤兵した。史料344は戦役後の復交交渉のなかで太宗が都都熊丸に送った書で、対馬が本来慶尚道に属する島であるという認識や、来降した対馬人を国内に受け入れるという和平条件が注目される。史料345は朝鮮側の動きが伝わった京都の動揺ぶりを示す伏見宮貞《さだ》

成《ふさ》親王の日記。誇大かつ虚実とりまぜた情報と、諸社からの奇瑞の知らせが乱舞する。とくに蒙古襲来の再現という認識と、神功皇后の三韓征伐への想到が注目される。

(4) 三　浦——異国のなかの日本

346〔**朝鮮成宗実録**〕**五年(一四七四)正月庚戌(二十四日)**

領事中叔舟(1)啓曰、釜山浦(2)倭八十余家・薺浦(3)倭三百余家、同日火、上曰、無乃傷人乎、叔舟曰、薺浦但二人灼爛、然不死、凡倭家形如土室、塗以土、蓋以茨、雖火財産無傷、但土狭人稠、其家鱗比(4)、以至延焼、日者李拱自熊川(5)逓還、語臣曰、薺浦万戸営(6)与倭居聯接、且無垣墻、殊無官府之体、倘倭居失火、恐有延焼之患、繚以垣墻、設門関可也、臣然其言、(中略)且三浦倭、其麗(隷)甚衆、恐為後禍、世宗(7)・世祖(8)・睿宗(9)朝、皆致書島主(10)、諭以刷還(11)之意、倭人来居我土有益、而又有可慮焉、我因此知彼中声息、彼雖欲侵犯、慮此不敢、是其益也、但非我族類、其心難測、倘或生釁、彼必因此而起、是可慮也、莫若預為之備、無使滋蔓、今因来使(12)之還、諭島主刷還為便、上曰、然、

領事中叔舟啓して曰く、「釜山浦の倭八十余家と薺浦の倭三百余家、同日に火《や》く」と。上曰く、「すなわち傷人なきか」と。叔舟曰く、「薺浦は但《ただ》二人灼爛せしのみ。しかれども死せず。凡そ倭家の形は土室の如し。塗るに土をもってし、蓋《ふ》くに茨《かや》をもってす。火くと雖も財産に傷なし。但《ただ》土狭く人稠《おお》く、その家鱗比し、もって延焼に至る。日者《このごろ》李拱熊川より逓還し、臣に語りて曰く、「薺浦の万戸営は倭居と聯接し、且《ま》た垣墻なし。殊に官府の体なし。倘《も》し倭居に失火あらば、恐らくは延焼の患あらん。繚《めぐ》らすに垣墻をもってし、門関を設くるが可なり」と。臣その言をしかりとす。(中略)且つ三浦の倭、その隷甚だ衆《おお》し。後禍となるを恐る。世宗・世祖・睿宗朝、皆書を島主に致し、諭するに刷還の意をもってす。倭人の我が土に来たり居すること、益あり、又慮うべきあり。我これに因りて彼の中の声息を知り、彼侵犯せんと欲すると雖も、これを慮《かんが》えて敢えてせざらん。これその益なり。但し我が族類にあらず、その心測り難く、倘《も》し或いは釁《きん》を生ずれば、彼必ずこれに因りて起たん。これ慮うべきなり。預《あらかじ》めこれがために備え、滋蔓せしむるなきに若《し》くは莫《な》し。今来使の還るに因り、島主に諭して刷還せしむるが便たり」と。上曰く、「しかり」と。

(1)中叔舟　ここでは領経筵事。三年前に『海東諸国紀』を著述。(2)釜山浦　三浦の一つ。釜山直轄市東区。(3)薺浦　三浦の一つ。慶尚南道鎮海市薺徳洞。(4)鱗比　魚のウロコのようにぎっしり並ぶ。(5)熊

川　薺浦を行政的に管轄する県。(6)万戸営　薺浦僉使の軍営。(7)世宗　朝鮮第四代国王。在位一四一八―五〇年。(8)世祖　朝鮮第七代国王。在位一四五五―六八年。(9)睿宗　朝鮮第八代国王。在位一四六八―六九年。(10)島主　対馬島主宗氏。(11)刷還　戸口を調べて本貫に還すこと。(12)来使　『朝鮮世宗実録』同月丙午(二十日)条に、対馬島太守宗貞国の使者「其小只」が書契をもたらしたことが見える。

347 〔宗家判物写〕文安六年(一四四九)三月二十九日宗貞盛袖判祐覚奉書

(宗貞盛)(花押)

千部経(1)之勧進のためニこのそうとかい候ニて、かうらい三浦の日本人、又ハそさ船(2)・はい〱船、いつれも少勧進心おちニ(3)奔走あるへく候、

文安六　三月廿九日　　祐覚(花押)

高麗
こもかい(4)
ふさんかい(5)　日本人の中
うるしやう(6)

千部経の勧進の為にこの僧渡海候にて、高麗三浦の日本人、又は送使船・売買船、いずれも少勧進心おちに奔走あるべく候。

(1)千部経　千部読経《どきょう》。同じ経を千人で一部ずつ読む行事。(2)そさ　対馬から朝鮮への使者。(3)心おちニ　存分に。(4)こもかい　熊川。薺浦のこと。(5)ふさんかい　釜山海。釜山浦のこと。(6)うるしやう　蔚城。塩浦のこと。三浦の一つ。慶尚南道蔚山市塩浦洞。

【解説】　高麗末以来の倭寇に苦しんだ朝鮮は、倭人を通交者として受け入れる方針をとり、その入港所(浦所)を三カ所に限定し、それぞれに倭館を置いて貿易を行った。薺浦・富山(釜山)浦・塩浦の三つで、三浦はその総称。やがて三浦に居を構える倭人が増加し、事実上の居留地になってしまう。朝鮮側は居留数の上限を定め、それを超える分を宗氏に刷還させる方針をとったが、倭人によってほとんど無視されてしまう。史料346は、薺浦・釜山浦で同時に起きた大火のあと、現地を視察した役人の報告を踏まえて、『海東諸国紀』の著者申叔舟が国王に呈した意見書。また史料347では、三浦の居留者や入港中の船が、対馬から渡海した僧による勧進の対象となっており、三浦が対馬の延長線上で理解されている。

3　琉球の中継貿易

(1)　室町幕府との関係

348〔運歩色葉集〕応永二十一年（一四一四）十一月二十五日足利義持御内書

御文くハしく見申候、しん上の物とも、たしかにうけとり候ぬ、

応永廿一年十一月廿五日

りうきう国《(思紹)》のよのぬしへ

公方様《(足利義持)》より流球へ被遣候御返事如斯候、仮名也、小高檀紙上下　縮《ツヽムル》　也、

349〔蔭涼軒日録〕長禄二年（一四五八）十二月十四日

琉球国返章御印、御但《(衍カ)》伊勢備後殿[1]方、以天竜寺長老十如被仰也、徳有鄰之印子也、籾井[2]方森五郎左衛門入道為使者来、即付封渡之、但御印三処印之、御書之後年号第二字之上印之、封章上畏琉球国和字之第二字之上印之、折紙[3]賜物之後印之、三所謂、

琉球国返章御印。但し伊勢備後殿方、天竜寺長老十如をもって仰せらるなり。徳有鄰の印子なり。籾井《もみい》方森五郎左衛門入道使者として来たる。すなわち封を付してこれを渡す。但し御印は三処にこれを印す。御書の後、年号第二字の上にこれを印《お》す。封章の上、畏琉球国の和字の第二字の上にこれを印す。折紙の賜物の後にこれを印す。三所と謂う。

（1）伊勢備後殿　政所執事伊勢氏の一族だろうが、実名不詳。（2）籾井　幕府の御倉奉行。（3）折紙　「賜物」のリストを記した添付文書。

【解説】　琉球と日本との往復文書は、『歴代宝案』に載せる日本以外の諸国とのそれとはまったく違っていた。後者が純中国式の公文書の様式で、明年号を用いる（史料350参照）のに対して、日本→琉球の文書は、かな書きの御内書様式の文書で、日本年号を記し、印文「徳有鄰」の朱印が捺されていた。これは室町殿が琉球国王を臣下に準じて扱ったことを意味し、「進上」「賜物」という用語にも表れているように、日本が琉球を対等の独立国とは見ていなかったことを示している。琉球→日本の文書については不明な点が多いが、琉球側にも日本を盟主とする仮名文化圏の一員という意識があったらしい。なお、琉球国王宛の文書には檀紙の天地を少し切り縮めたものを用い、年号の第二字の上、封紙ウワ書の第二字の上、折紙の品目リストの後、の三ヵ所に朱印を捺すきまりだった。史料348で年号の次行のきう国の場所に印章のしるしがあるのは、錯誤であろう。また史料349からは、蔭涼軒主が「徳有鄰」の印章を保管し、捺印にもあたったことも知られる。

(2)　万国の津梁

350〔歴代宝案〕洪熙元年（一四二五）琉球国中山王尚巴志咨文

琉球国中山王、為
進貢事、切照、本国希少貢物、為此(1)、今遣正使浮那姑是
等、坐駕仁字号海船(2)、装載磁器、前往
貴国出産地面、収買胡椒・蘇木等貨回貨(国カ)、以備
進貢
大明御前、仍備礼物、
詣前奉献、少伸遠意、幸希収納、仍煩聴(3)、今差去人員、
及早(4)打発(5)、趕趁(6)風迅(7)回国、庶使四海一家永通盟好、今
将奉献礼物数目、開坐(8)于後、須至咨者(9)、
今開
織金段五匹　素段弐拾匹
腰刀五柄　摺紙扇参拾柄
硫黄五阡斤今報弐阡五佰斤正
大青盤弐拾箇　小青盤肆(四)佰箇
小青碗弐阡箇
右咨
暹羅国
洪熙元年　月　日
咨

琉球国中山王、進貢の事のためにす。切照するに、本国は貢物希少なり。これがため、今正使浮那姑是《ふなくし》等を遣わし、仁字号海船に坐駕し、磁器を装載して貴国の出産の地面に前《すす》み往《ゆ》き、胡椒・蘇木等の貨を収買して回国し、もって大明の御前に進貢するに備えんとす。仍《な》お礼物を備えて前に詣《いた》りて奉献し、少しく遠意を伸ぶ。収納を幸希《ねが》う。仍お煩《ね》聴《が》わくは、今差去せる人員は、及早打発し、風迅に趕趁《かんてん》して回国せしむれば、四海一家、永く盟好を通ぜしむるに庶《ちか》からん。今奉献せる礼物の数目を将《もっ》て、後に開坐せり。須《すべか》らく咨に至るべき者なり。（中略）右、暹羅《シャム》国に咨す。

（1）為此　公文書用語で「右の来文に接して云々」「云々の件は了承した」の意。引用文の終りを示し、それを下文の理由づけとする記号。同級機関の来文を引用した後、この二字を置き、次に自己の意見を述べる。「准此」「得此」「随此」「所拠」なども同意。（2）仁字号海船　明は琉

球に貿易船を賜与したが、それらには「仁字号」「恭字号」など漢字一字の名があった。琉球ではこれに「小梯那之麻魯《こてなしまろ》」等琉球風の名を付けて呼んだ。(3)煩聴　公文書用語で「お耳を煩わして以下のことを願う」の意。「煩為」「煩就」も同意。(4)及早　早いうちに。(5)打発　ひまをやる。(6)趕趁　走る。(7)風迅　季節風。(8)開坐　リストアップ。(9)須至咨者　咨文の書止めの定型表現。

351〔首里城正殿鐘銘〕　戊寅(一四五八)六月十九日

琉球国者南海勝地而／鍾三韓(1)之秀以大明為／輔車(2)以日域為脣歯在／此二中間湧出之蓬莱／嶋也以舟楫為万国之／津梁異産至宝充満十／方刹地霊人物遠扇和／夏(3)仁風故吾／王大世主〈庚寅〉慶生〈尚泰久(4)〉茲／承宝位於高天育蒼生(5)／於厚地為興隆三宝報／酬四恩(6)新鋳巨鐘以就／本州中山国王殿前掛／着之定憲章于三代之／後戢文武于百王之前／下済三界群生上祝万／歳宝位辱命相国(7)住持／渓隠安潜(8)叟作銘銘曰／(中略)／〈戊寅〉六月十九日〈辛亥〉／大工藤原国善／住相国渓隠叟誌

琉球国は南海の勝地にして、三韓の秀を鍾《あつ》め、大明《だいみん》をもって輔車《ほしゃ》となし、日域《じちいき》をもって脣歯《しんし》となし、この二中間に在りて湧き出ずるの蓬萊嶋なり。舟楫《しゅうしゅう》をもって万国の津梁となし、異産至宝は十方の刹に充満せり。地霊人物は遠く和夏の仁風を扇《あお》ぐ。故に吾が王大世主《おおよのぬし》〈庚寅〉慶生〈尚泰久〉、茲《ここ》に宝位を高天に承《う》け、蒼生を厚地に育《はぐく》む。三宝を興隆し四恩に報酬せんがため、新たに巨鐘を鋳《い》、もって本州中山国の王殿の前に就きてこれを掛け着く。憲章を三代の後に定め、文武を百王の前に戢《おさ》め、下は三界の群生を済《すく》い、上は万歳の宝位を祝せん。辱命相国住持渓隠安潜叟《けいいんあんせん》銘を作る。銘に曰く、(下略)

(1)三韓　朝鮮。(2)輔車　車とその副木から転じて、頬骨と歯牙の下骨をいう。密接な関係のたとえ。後出の脣歯も同じ。(3)和夏　日本と中国。(4)尚泰久　第一尚氏王朝六代。在位一四五四－六〇年。(5)蒼生　人民。(6)四恩　父母・師長・国王・施主それぞれの恩。(7)相国　首里の相国寺。(8)渓隠安潜　天界寺開山、相国寺二世。尚泰久王代に造られた十八口の鐘の銘文をすべて作る。ただし、うち十七口は、固有名詞以外はほぼ同文である。

【解説】　十四世紀末以降の琉球は、明を中心とし、冊封・海禁・勘合を三要素とする国際関係のなかにあって、東アジアと東南アジアを結ぶ中継貿易の主役として活躍し、未曾有の繁栄を謳歌した。那覇の華僑居留区「久米村」に伝えられた外交文書集『歴代宝案』によると、琉球は十六世紀の後半にかけて、中国・朝鮮のほかに、シャム・安南・マラッカ・パタニ・ジャワ・スマトラ・パレンバン・スンダの諸国と外交・貿易の関係を結んでいた。史料350は一四二五年に琉球国中山王尚巴志からシャム国王に宛てた咨文という外交文書である。史料351は首里城正殿の前に掛けられた大鐘(沖縄県立博物館現蔵)に刻まれた銘で、万国のかけはしとして貿易で栄える琉球を高らかに歌いあげる。尚泰久王の治世は仏教(とくに禅宗)の興隆、仏寺の造営で知られる。しかし琉球の仏教は王家とその周辺に普及したにすぎず、民衆的基盤を獲得するにはいたらなかった。

(3) 久米村——琉球の華僑

352〔幻雲文集〕鶴翁字銘幷序

此者有僧智仙字鶴翁者、自琉球来、隷名東福(1)、頗遊於芸、就予覓述鶴翁義、話次及其国風俗、仙曰、無郡県而唯一国也、海上有二十九島、皆属琉球、国人不識字、以商賈為利、有一聚落曰久米村、昔大唐人百余輩、来居此地而成村、頗有文字、子孫相継而学、令彼有文者製鄰国往還之書、近来無為学者、或赴大唐而入小学(2)、但浅陋不足取焉、彼王、毎即位必建一寺、故多僧侶、然儒亦不学、禅亦不参、不知祖宗(3)所由而興矣、

此者《このごろ》僧智仙字《あざな》鶴翁なる者あり、琉球より来たる。名を東福に隷し、頗る芸に遊ぶ。予に就きて鶴翁の義を述ぶるを覓《もと》む。話次その国の風俗に及ぶ。仙曰く、「郡県なくして唯だ一国なり。海上に二十九島あり、皆琉球に属す。国人字を識らず、商賈をもって利を為す。一聚落ありて久米村と曰う。昔大唐の人百余輩、この地に来居して村を成す。頗る文字あり、子孫相継ぎて学ぶ。彼の文ある者をして、鄰国往還の書を製せしむ。近来学を為す者なし。或いは大唐に赴きて小学に入る。但浅陋《せんろう》にして取るに足らず。彼の王、即位する毎に、必ず一寺を建つ。故に僧侶多し。しかるに儒また学ばず、禅また参ぜず、祖宗の由りて興るところを知らざるなり」と。

(1)隷名東福　京都五山の東福寺の僧となる。(2)小学　正しくは大学（国学）。「大唐」と対にする必要上「小学」としたか。(3)祖宗　王家の先祖。

【解説】那覇港に近い市街地の一角、久米には、維新前まで、福建から渡来した中国人の居留区「久米村」があった。久米村人は一三九二年に明の洪武帝から琉球に賜与されて集団渡来したといわれ、中国・朝鮮・東南アジア諸国との外交や儒教教育の専門家集団として、重要な役割を果した。外交では、文書作成と使節行の両者に関わり、その活躍の軌跡は、久米村に伝えられた外交文書集『歴代宝案』でたどることができる（史料350参照）。右の史料は、一五三〇年ころ、京都東福寺の著名な文筆僧月舟寿桂が、琉球出身の五山僧鶴翁智仙の求めに応じて、「鶴翁」という字《あざな》の意義を記した「字銘」を鶴翁に贈ったが、その銘に付した序文の一部で、当時の久米村の衰微したようすがうかがわれる。

4　コシャマインの戦い

353〔新羅之記録〕上

宇須岸(1)被攻破夷賊事者、有志濃里(2)之鍛冶屋村家数百、康正二年(一四五六)春、乙孩来而令打鍛冶於鏰刀処、乙孩与鍛冶論鏰刀之善悪価、而鍛冶取鏰刀突殺乙孩、依之夷狄悉蜂起、而自康正二年夏迪大永五年(一五二五)春、破東西数十日程中住所村々里々、殺者某(3)事、起元於志濃里之鍛冶屋村也、活残人集住皆松前与天河、

抑狄之嶋(4)古安東家之領地事者、知行津軽在城十三之湊(5)而雖隔海上、依為近国令領此嶋也、政季(安東)朝臣越秋田之小鹿嶋(6)節、下之国者預舎弟茂別八郎式部太輔家政、被副置河野加賀右衛門尉越知政通、松前者預同名(7)山城守定季、被副置相原周防守政胤、上之国者預蠣崎武田若狭守信広、副置政季之婿蠣崎修理大夫季繁、令護夷賊襲来処、長禄元年(一四五七)五月十四日、夷狄蜂起来而攻撃志濃里之館主小林太郎左衛門尉良景・箱館之河野加賀守政通、其後攻落（九名略）所々之重鎮、雖然、下之国之守護茂別八郎式部太輔家政・上之国之花沢之館主蠣崎修理大夫季繁、堅固守城居、其時上之国之守護信広朝臣為惣大将、射殺狄之酋長胡奢魔犬父子二人、斬殺侑多利(8)数多、依之凶賊悉敗北、

宇須岸《ウスケシ》夷賊に攻め破らるる事は、志濃里《シノリ》の鍛冶屋村に家数百あり。康正二年春、乙孩《オツカイ》来りて鍛冶に鏰刀《マキリ》を打たしむるところ、乙孩と鍛冶鏰刀の善悪価を論じ、鍛冶鏰刀を取りて乙孩を突き殺せり。これによりて夷狄悉く蜂起す。しかして康正二年夏より大永五年春に迪《いた》るまで、東西数十日程の中に住するところの村々里々を破り、者某《シャモ》を殺すこと、志濃里の鍛冶屋村に起元するなり。活き残りし人、皆松前と天河《てんのかわ》に集住せり。

抑《そもそ》も狄之嶋古《いにし》え安東家の領地たりし事は、津軽を知行し十《と》三《さ》之湊《のみなと》に在城して海上を隔つと雖も、近国たるによってこの嶋を領せしむるなり。政季朝臣秋田の小鹿嶋《おがしま》に越えし節、下之国は舎弟茂別八郎式部太輔家政に預け、河野加賀右衛門尉越知政通を副え置かれ、松前は同名《どうみょう》山城守定季に預け、相原周防守政胤を副え置かれ、上之国は蠣崎《かきざき》武田若狭守信広に預け、政季の婿蠣崎修理大夫季繁を副え置き、夷賊の襲来を護らしめしところ、長禄元年五月十四日、夷狄蜂起し来りて志濃里の館主小林太郎左衛門尉良景・箱館の河野加賀守政通を攻撃す。その後（九名略）所々の重鎮を攻め

落す。しかりと雖も、下之国の守護茂別八郎式部太輔家政・上之国の花沢の館主蠣崎修理大夫季繁、堅固に城を守りて居す。その時上之国の守護信広朝臣、惣大将として、狄の酋長胡奢魔犬《コシャマイン》父子二人を射殺し、侑多利《ウタリ》数多《あまた》を斬殺す。これにより凶賊悉く敗北せり。

(1)宇須岸　函館市中心部の古名。(2)志濃里　函館市の東部、津軽海峡に面した海岸の地名で、史跡志苔館《しのりだて》跡がある。一九六八年、館外から四十万枚以上の古銭が発見された。(3)者某　アイヌ語で和人を指す「シサム」のなまった語。(4)狄之嶋　北海道島。(5)十三之湊　青森県市浦村十三《じゅうさん》。北陸と蝦夷地を結ぶ航路の要港。(6)小鹿嶋　秋田県男鹿市。(7)同名　おなじ名字。ここでは安東。(8)侑多利　「人々」という意味のアイヌ語。

【解説】　十五世紀なかばから十六世紀にかけて頻発したアイヌと和人館主の戦争は、一四五六年、マキリ(小刀)の品質と価格をめぐる争いから、シノリの鍛冶屋がアイヌ少年を殺害するという小事件をきっかけに始まった。和人がアイヌへの鉄の供給を独占して利をむさぼっていたことを想像させる。館主たちの主筋にあたる安東政季は、彼らを下之国・松前・上之国の三グループに分け、それぞれに「守護」と副官を置いてアイヌの攻撃に備えた。五七年、アイヌはシノリ・箱館を皮切りに館をあいついで陥し、和人勢力を上之国周辺に追い詰めたが、上之国の「守護」蠣崎信広がアイヌの首長コシャマイン父子を射殺して、虎口を脱した。しかしその後もアイヌの攻勢は続き、和人側が確保できたのは「松前と天河」つまり松前半島の西半にすぎなかった。この戦争を通じて信広は館主たちの盟主となり、政季の娘婿となる。この信広が松前藩主松前氏の祖先である。『新羅之記録』は松前氏の歴史を綴る官撰家譜で、十七世紀前半の成立。

第四章　戦国時代

本章の扱う時代は、政治史の区分では応仁の乱後から永禄十一年(一五六八)の織田信長上洛の前までの、戦国時代である。戦国時代の始期・終期については諸説があるが、ほぼこれまでの通説的な区分に従って、約一〇〇年の時代像を映す史料を提示する。ただし、戦国大名の政策や社会に関する史料は、永禄十一年以降のものであっても、それぞれの地域の統一政権への服属以前のものを中心として掲載した場合がある。

中世後期は一揆の時代ともいわれるが、その一揆の世界でも、応仁の乱を契機に大きな変化がみられた。それは、一揆が「国」を支配し、みずからの一揆組織を「惣国」と称したことであり、この点がそれまでの国人一揆と異なるところである。「国」は国郡制の国に限らず、一郡ないし数郡から一国の範囲であり、山城の国一揆をはじめとして、西岡一揆、加賀の一向一揆から伊賀惣国一揆に至る大きな流れを形成している。第一節では惣国一揆と題して、戦国期の主な一揆史料を掲げた。

戦国大名は、応仁の乱を契機として全国に広がった戦国の争乱の中から登場してくる。それを象徴する事件が明応二年(一四九三)の京都での細川政元の将軍廃立と、伊勢宗瑞(北条早雲)の伊豆侵攻・堀越御所追放である。これにより、畿内では弱体ながらも細川政権が成立し、十六世紀なかばには三好政権が成立する。将軍はこの二つの政権との関係により、在京と逃亡をくりかえしたが、幕府・将軍は否定されず、幕府奉行人奉書も継続的に発給された。また、十三代将軍義輝は将軍権威の復興をはかって、各地の大名に積極的に停戦・和睦を働きかけ、信長や上杉謙信の上洛を実現した。地方の政権として成立した戦国大名も、惣国一揆も、中央の権力や権門と無関係に、独立して存在していたわけではないから、両方の間の交渉・交流に関わる史料も多数ある。また、大名・国人間の合従連衡に関わる文書も多い。

しかし、なんといっても戦国時代の特徴は、戦国大名が領国内の武士、寺社、百姓、商人、職人などさまざまな身分・職業の人々に対して大量に文書を発給したことであろう。それらは、所領の安堵・宛行《あてがい》・寄進や不入権・諸役免除特権・営業権の付与などの文書、および軍役、年貢・公事・夫役、伝馬役、細工役などの負担義務に関わる文書に大別される。領国民をあらたな権利・義務の体系に編成し直す、新しい支配体制の構築がはかられたのである。そのために、戦国大名は自らを領国民の頂点に立つ公権力(公儀)として位置づける必要があった。そのための施策の一つが、分国法や国法を制定して法による支配を標榜し、裁判権の集中をはかることであった。

以上のような政治状況のもとで、惣村の自治は次第に制約され、村は戦国大名の強力な支配に服し、女性の地位はいっそう低下するというのが、かつての大方の見方であったが、近年それは大きく変わってきている。惣国一揆の基礎には惣村の発展があり、また村掟の制定、自検断、村人の抵抗と武装など、村の自治・自律を示す史料は、前代にひき続き多数ある。史料は多いとはいえないが、女性史の研究が進み、女性の権利や地位が見直され、女性の家内外での活動が評価し直されてきている。流通の全国的な発達と都市の増加・発展も著しく、自治都市・自由都市の成立もこの期の特徴である。こうした状況が新しい文化を生み出し定着させる。

海外との関係においては、三浦の乱や寧波の乱がおきたばかりでなく、それまでの明を中心とした東アジア世界の秩序が大きく揺れ動き出した。ヨーロッパ人の来航がそれをさらに促進した。そうした影響もうけて、国内では新しい支配体制の構築をめざす動きが出てくるようになる。

第一節　惣国一揆の成立と戦国大名の登場

1　惣国一揆の成立

(1)　山城の国一揆

354〔大乗院寺社雑事記〕文明十七年(一四八五)十二月十一日・十七日、同十八年二月十三日

(文明十七年十二月)十一日

一、今日山城国人集会、上ハ六十歳、下ハ十五六歳云々、同一国中土民等群集、今度両陣(1)時宜為申定之故云々。可然歟。但又下極(剋)上之至也。両陣之返事問答様如何未聞。

(同年十二月)十七日

一、古市(2)自山城帰陣、六十三日之在陣也。筒井同退散、十市同前、越智同。両陣之武家衆各引退了。山城一国中之国人等申合故也。於自今以後者、両畠山方者不可入国中、本所領共各可為如本、新関等一切不可立之云々。珍重事也。

(文明十八年二月)十三日

一、今日山城国人於平等院会合、国中掟法猶以可定之云々。凡神妙。但令興成(盛)(3)者為天下不可然事哉。

(1)両陣　畠山政長軍と同義就軍。(2)古市　筒井、十市、越智らと同じく大和の国人。(3)興盛　勢いがさかんになるさま。

【解説】　山城の国一揆成立期の周知の史料である。応仁の乱後も戦いを続ける畠山政長と同義就の両軍に対し、南山城の国人は集会を開き、「一味同心」して(『後法興院記』十二月二十日条)撤退を要求した。『実隆公記』十二月十日条はこれを「国一揆」と記す。この国一揆は三十六人の国人(『大乗院諸領納帳』)が主導したというが、十一日の集会には「土民等群集」も併記されている点が重要である。十七日条の後半には国一揆の掟法三ヵ条が記される。翌年二月に宇治の平等院で定めた「国中掟法」の内容は明らかでないが、文明十八年四月十一日付で「惣国月行事」の名で菅井荘に半済を命じている(『大乗院寺社雑事記』同年五月九日条)。これが執政機関である。一揆は裁判権・検断権も掌握していた。

山城の国一揆は、明応二年(一四九三)九月十一日に稲屋妻城に立て籠った「国衆共数百人」(『大乗院寺社雑事記』同日条)が、山城守護代古市澄胤軍に敗北したことで崩壊したと考えられている。しかし、大半が細川政元被官とみられる国人らの、守護方に対する抵抗は翌年冬まで続いている。

(2) 一向一揆

355 〔蔭凉軒日録〕長享二年（一四八八）五月二十六日、六月一日・九日・二十二日・二十五日

(五月)廿六日、(中略)賀州土一揆蜂起、相囲富樫介城、(1)以故朝倉(2)合力之事、自江州御所(3)被仰付、使節之事、可然仁体書立之、早々可進上之由被仰出、仍大館弾正少弼殿(4)・結城越後守(5)・二階堂山城守(6)自三所状来、結城越後守別又内状有之、以瑞順西堂有内議、可被書立之云々、乃三所江返章三通調之云、以書立可得御意云々、結城越後守内状之返章一通、別書之遣之、来廿八日以僧可進上書立云々、
(六月)朔癸巳、(中略)此日瑞順西堂為越前使節赴江之御陳(陣)、
九日、(中略)賀州富樫城被攻落、富樫介生害之由有風聞、
廿二日、(中略)叔和西堂(7)自越前帰洛、来于当軒云、自越前之合力勢亦無其曲、賀州富樫介之城被攻落、介一党尽生害云々、
廿五日、(中略)今晨於香厳院叔和西堂語云、今月五日、行越前府中、其以前越前合力勢赴賀州、雖然一揆衆二十万人取回富樫城、以故同九日被攻落城、皆生害、而富樫一家者一人(8)取立之、

二十六日、(中略)賀州土一揆蜂起し、富樫介の城を相囲む。故をもって朝倉合力の事、江州の御所より仰せ付けらる。使節の事、しかるべき仁体これを書立て、早々に進上すべきの由仰せ出さる。よって大館弾正少弼殿・結城越後守・二階堂山城守の三所より状来る。結城越後守、別にまた内状これあり。瑞順西堂をもって内議あり。これを書立てらるべしと云々。よって三所へ返章三通これを調えて云く、「書立てをもって御意を得べし」と云々。結城越後守の内状の返章一通、別にこれを書きこれを遣わす。来る二十八日僧をもって書立てを進上すべしと云々。

朔〈癸巳〉、(中略)この日瑞順西堂、越前の使節として江の御陣へ赴く。

九日、(中略)賀州富樫の城攻め落され、富樫介生害の由風聞あり。

二十二日、(中略)叔和西堂越前より帰洛す。当軒に来りて云く、「越前よりの合力勢またその曲なし、賀州富樫介の城攻め落され、介の一党尽く生害す」と云々。

二十五日、(中略)今晨、香厳院において叔和西堂語りて云く、「今月五日、越前府中に行く。それ以前に越前の合力勢賀州に赴く。しかりと雖も一揆衆二十万人、富樫の城を取回す。故をもって同九日城を攻め落され、皆生害す。し

かるに富樫一家の者一人これを取立つ」。

(1)富樫介城　加賀国の守護富樫政親が、一揆勢と戦うため立て籠った高尾城《たこう》(金沢市)。麓には居館とみられる館跡があった。(2)朝倉　越前の戦国大名朝倉貞景。(3)江州御所　六角高頼攻めのため近江在陣中の将軍足利義尚。長享元年九月出陣、延徳元年(一四八九)三月鈎《まがり》の陣で病死。(4)大館弾正少弼　尚氏。御供衆、申次、評定衆などに任ず。(5)結城越後守　政広。(6)二階堂山城守　政行。(7)叔和西堂　瑞順西堂。(8)富樫一家者一人　政親の大叔父にあたる富樫泰高。一揆方はかつて守護であった泰高を守護に擁立した。

【解説】　加賀の一向一揆が蜂起し守護を攻めているとの報を受けた幕府側の対応を示す史料。『蔭凉軒日録《いんりょうけんにちろく》』は相国寺鹿苑院蔭凉軒の軒主歴代の公用日記。一揆蜂起の報が五月二十六日に近江の義尚の陣に届くと、幕府は越前の朝倉貞景に富樫政親を救援させることを決定した。その使者に結城政広の推す瑞順西堂が正式に決まったのが二十九日、瑞順が京都を出発したのが六月一日、越前府中に達したのが同五日であるから、幕府側の対応は遅かった。朝倉貞景は幕府の正式命令以前に出陣したが、加賀国境のあたりで一揆勢に敗れ救援はならず、政親は自刃した。これにより、加賀国は天正八年(一五八〇)までの約百年間、一揆が支配することになった。なお、『後法興(害)院記』六月十五日条には「伝聞、去八日於加州富樫介令生涯云々」とある。

356 〔官知論〕

一揆《ノ》諸勢打立《ツ》事

四箇寺《しかじ》(1)ノ大坊主ハ各一味同心シテ、剃除鬚髪《ていじょしゅはつ》ノ頂《いただき》ニハ金剛《こんごう》堅固《けんご》ノ甲《かぶと》ヲ戴キ、解脱幢相《げだつどうそう》(2)ノ法衣ヲ脱ギ置キ、衆怨悉退《しゅうおんしつたい》ノ鎧ヲ著《キ》、悪魔降伏《ごうぶく》ノ刀剣ヲ腰ニサシ、魔障退散《ましょうたいさん》ノ弓箭《きゅうせん》ヲ負ヒ、同宿《どうしゅく》・若党ヲ引卒シテ都合《つごう》其勢四万余騎、伏見《ふしみ》・山《やま》科《しな》・浅野《あさの》・大衆免《だいじゅめ》(3)、所々ニ陣ヲトル。剣《つるぎ》・白山両山(4)ノ衆徒《しゅうと》宣議《せんぎ》シケルハ、「国内ノ一大事《こくダイ》コレニ過ベカラズ。一国破レ家亡《ホロ》ビナバ、両社トテモ安穏《あんのん》ニ有ベカラズ。民ハ根《ね》、君ハ葉《は》ナレバ、根ノ民ニ合力セヨ」トテ、其勢三千余騎、諏《す》訪口《わぐち》(5)へ打出ヅ。洲《ノ》崎和泉入道慶覚《きょうかく》(6)・同十郎左衛門尉久吉《ひさよし》・河合藤左衛門尉宣久(7)・石黒《いしぐろ》孫左衛門正末《スヘ》(8)ラヲ大将トシテ一万余人、外張《そとばり》へ打出デ上久安(9)ニ陣ヲ取ル。笠間《かさま》兵衛家次《いえつぐ》(10)・鞹《カワ》ノ(11)衆七千余人ヲ引具シテ野市《ののいち》・馬市《うまいち》ニ陣ヲトル。安吉《やすよし》源左衛門尉家長《いえなが》(12)、河原《かわら》衆八千余人ヲ引偈《イザナイ》、額《ヌカ》口ニ陣ヲ取ル。山本円正《やまもとえんしょう》入道祐賢《ゆうけん》(13)、同輩十人ト与《くみ》シテ其手一万余人、山《やま》科《しな》山王林ニ陣ヲトル。高橋新左衛門信重《のぶしげ》(14)、六《ろっ》ケノ軍兵五千余騎ヲ将《ヒキ》ヒテ、押野《おしの》山王林ニ陣ヲトル。山八人衆《やまはちにん》(15)・四山(16)・々《やま》ノ内ノ諸勢、都合《つごう》山々峯々ニ洗間《スキマ》モナク扣《ヒカ》ヘタリ。其外能美《のみ》郡ノ軍旅ハ五万余人、野市・諏訪ノ森ニ陣ヲトル。思々《おもいおもい》ノ幕ノ紋、色々ノ旗注《じる》シ、天ニ翻ル形勢《アリサマ》、旌旗《セイキ》靡《なびカシ》雲《ヲ》、剣戟《ゲキ》為《ナス》林《ヲ》。

(1)四箇寺　鳥越(石川県津幡町)の弘願寺、吉藤(同金沢市)の専光寺、磯部(同)の勝願寺または聖安寺、木越(同)の光徳寺。加賀における浄土真宗の有力寺院で一向一揆の中核を担った。(2)解脱幢相　解脱の境地にあることを示す標識。(3)伏見…大衆免　金沢市。いずれも富樫政親の籠る高尾城に近接。(4)剣・白山両山　鶴来の金剣宮と白山本宮。白山七社のうち。(5)諏訪口　野々市(金沢市)の南の諏訪社のあたり。(6)洲崎和泉入道慶覚　須崎とも。石川郡を中心に勢力を有した一揆の指導者の一人で、子の十郎左衛門尉久吉とともに荘園等の押領で記録によく登場する。(7)河合藤左衛門尉宣久　能美郡河合(鳥越村)を本拠とした一揆の指導者。(8)石黒孫左衛門正末　河北郡湯涌谷の石黒又(金沢市)を本拠とした一揆の指導者。『天文日記断簡』に石黒源左衛門組がみえ、一向宗の単位組織である組の祖型の指導者とみられる。洲崎・河合・石黒らも同類か。(9)上久安　金沢市。(10)笠間兵衛家次　石川郡笠間(松任市)を本拠とした。(11)鞹ノ衆　皮革製作の職人。(12)安吉源左衛門尉家長　能美郡の北部を流れる手取川流域に勢力を有し、その流域を活動の場とした河原衆を率いたものであろう。のちに出家して浄土寺了海と号したという。のちの河原組の祖型の指導者。(13)山本円正入道祐賢　河北郡に勢力を有したとみられ、のちに倉月荘の十人衆組の指導者としてみえる。(14)高橋新左衛門信重　河北郡の土豪か。のちの六ヶ組の祖型の指導者。天文六年(一五三七)別心を構えたとして自刃に追いこまれた(『天文日記』)。(15)山八人衆　手取川上流の山内《やまのうち》の土豪。(16)四山　白山本宮、三宮、金剛宮、別宮の下白山四社。

【解説】『官知論』は長享二年に加賀の一向一揆が守護富樫政親を攻め滅ぼした事件の顛末を記した戦記物語。四種の異本が伝えられ、『富麗記』、『加賀国中古記』(『官智論』、『官地論』とも)、『富樫記』、『加国官地論』などの書名があり、富樫勧知の物語ったところを筆録して『勧知録』といったのが転じて『官知論』になったとみられる。ここでは日本思想大系17『蓮如一向一揆』所収のものを掲出。物語ではあるが、人名の多くは実在が確認されるので、加賀の一揆勢の構成が分かる部分を示した。数字は誇張されているであろうが、十六世紀の宗門や一揆の組織単位としてみえる「組」の祖型とみるべきものと、その軍事指揮者の名が注目される。ただし、十六世紀の組を念頭において筆録した可能性もあり、これをもって、十五世紀にのちの組に直接つらなる祖型が成立していたと断定はできない。

357〔勝鬘寺文書〕三河一向一揆由来書

(題簽)「永禄一揆由来(1)」

当国本願寺一揆之由来

家康尊公岡崎之御城主たりし時、渡り村之住人鳥居等に分際宜き買人あり。本願寺宗徒也。古より今に至まて故有古跡大地とあれハ、守護不入にして、何事も他所の支配をうけさる故、野寺本証寺(2)中を借り、家作をいたし蔵を建、金銀米銭の走りを仕る処に、岡崎の御家中衆意恨有之方、寺中へ馬を乗り入れて、鳥居か庭に干し置し米穀等を散々に蹴散らかし、其外放埒の振舞幾々度々に重なれハ、此段無念至極に存し、寺中の同宿、百姓等、鳥居一類相集り、棒ちきりきを持て出、寺中へ入れしと追払ひ、乗り放置く馬を取、尾髪を切て追放セハ、勢たけき武士なれ共多勢に不勢、不叶《かなわず》して我か身に疵を蒙らしと放々逃てそ退かる。逃て退き去て後訴言上、(3)本証寺寺中の悪僧徒等我に恥辱を与る事、上々の御なをり偏に御遁れあるへからす。彼を被(不カ)被仰付ハ、悪行弥《いよいよ》止むへからすと、我か身に非儀のなきやうに、坊主悪行甚しき旨念比《ねんごろ》に言《ゴン》上に及へハ、御憤不斜して、然らハ野寺へ押寄せて彼奴等を打着(擲、以下同ジ)し、右の恥辱を雪《すす》くへしと仰を蒙り、悦ひて人数を率し押寄せて、僧俗共ニ打着し、鳥居か庫蔵を打破り、財宝悉散乱し金銀青銅を投捨つれは、本より下賤之者共手々に取て逃にける。最早存分これなりと駒の手綱を引返し各々帰宿、其段早速登城被致て、首尾宜く披露を遂け、御憤ハ止にけり。かくて本証寺寺中の僧俗打着に逢耳《のみ》ならす、鳥居も庫蔵を打破られ、剰へハ財宝をも皆々散乱仕。住持無念に思ひ、三ヶ寺五ヶ寺(4)を初とし懇志の門家へ廻文して、土呂の御堂(5)へ集会いたし、只壱筋の頼ニより幾く程なく相談堅く相究、人数を催、岡崎へ針崎よりも打て出を上和田にて押へられ、是合戦の程、永禄六年の春　家康公廿二の御年と申也。

本願寺一揆之節は、高田宗門(6)之分者御味方申、桑子村明眼寺惣堀さらへ、かりニ櫓をあけ、佐々木之手を押へ、明眼寺の鐘打次第　家康公佐々木・野寺へ御出馬の筈にて、明眼寺鐘の音にて下渡り川を御渡り、佐々木・野寺之手へ御懸り可有之時、土呂御堂より針崎へ向押寄参故、　家康公桑子之手より御引返し上和田へ御出合候。上野より小豆坂ニ而御合戦在之、則首実見、菅生天王前ニ而百三十在之。満性寺旦那寺中御味方ニ出、土呂御堂にて色々乱放(ママ)取致、至今在之。百三十の首之内九十一番目之首、満性寺旦那靍田惣七郎と申者取申首也。

其後御家中を初、御分国中在々所々に至るまて、一向宗旨御禁制急度被仰付、御意不相背して令改宗。其後家康公遠州に被為成御座、岡崎の御城をは三郎殿(7)へ御譲リ、石川安芸守(清兼)・同姓日向守父子御守に相添候。其節日向守殿母儀(8)、一向宗旨御佗言申上られしにより、則一通の御赦免状(9)を被下成と云。

本くわんし門との事、此たひしやめん(赦免)セしむるうへハ、分こく中前々よりありきたるたうちやう(道場)、さうい(相違)あるへからす、しからハこのむね申こさるへく候、仍如件、

天しやう十一年　　御朱印

十二月廿(卅)日　　ひうかのかミ

はゝかたへ

此書付当国岡崎満性寺寺家東泉坊教山(10)ニ借りて書写者也。

天和三壬(癸)亥臘月五日夜灯下書写之者也。

(1)永禄一揆由来　永禄六年(一五六三)秋に蜂起した三河の一向一揆の顛末を記す。東泉坊教山の著述とみられる。(2)野寺本証寺　愛知県安

城市野寺町に所在。佐々木の上宮寺、針崎の勝鬘寺とともに、三河の本願寺派の最有力寺院三ヵ寺の一つ。天文十八年(一五四九)四月七日の本証寺有力門徒連判状では、石河氏を筆頭に鳥居・阿部・内藤・榊原・酒井・本多・神谷・伊奈氏ら百十五人の武士が本証寺に忠誠を誓っているが、一揆が蜂起すると、これらの武士の中から一揆方につく者と家康方につく者がでた。(3)訴言上　家康に訴えた。(4)五ヶ寺　中之郷の浄妙寺、長瀬の願照寺、平坂の無量寿寺、青野の慈光寺、本郷の正法寺(大岡の明堅房)。(5)土呂の御堂　善秀寺。(6)高田宗門　浄土真宗高田専修寺派。本願寺派と敵対関係にあった。(7)三郎　家康の子信康。(8)日向守殿母　石川日向守家成の母妙春尼。(9)御赦免状　次掲の赦免状がでても三ヵ寺と五ヵ寺のうちの正法寺を除く七ヵ寺は天正十三年十月まで帰国を認められなかった。(10)東泉坊教山　浄土真宗高田派東泉寺の第七代住職。寛永十八年(一六四一)生まれ。郷土史を研究し、「岡崎東泉記」等を著している。

【解説】　三河の一向一揆は永禄六年秋に蜂起し、翌年二月末に和議の形をとりながらも一揆の敗北で終結した。武士や農民・商人らの門徒が、今川氏から自立して三河平定を進める家康に敵対して蜂起したもので、これに呼応して旧領回復をはかる吉良・荒川・酒井氏らも挙兵したが、この一揆平定により家康の三河支配は進展し、一向宗は天正十一年(一五八三)末まで禁圧された。この一揆の顚末を物語る史料は多いが、『三河物語』『松平記』をはじめ、徳川家臣や関係者の手になるものが多く、史実はかえってわかりにくくなっている。ここに掲出の史料も家康への配慮が働いた記述になっているが、一揆側、家康側や高田派の動きが簡潔に記されている。日本思想大系17『蓮如一向一揆』所収『参州一向宗乱記』は、諸書の記述や各地の伝承などを集めて編集されており、現在も確定していない蜂起の原因について、穀物への違乱や検断の強行などの諸説をとりあげている。

358
〔御文〕　文明六年(一四七四)二月十七日

抑《ソモ》〱、当流《タウリウ》ノ他力信心《タリキシンジム》ノヲモムキヲヨク聴聞《チヤウモン》シテ決定《クエチヂヤウ》セシ(1)ムルヒトコレアラバ、ソノ信心《シンジム》ノトホリヲモテ、心底《シムテイ》ニ(納)オサメヲキテ、他宗他人《タシユタニン》ニ対《タイ》シテ沙汰《サタ》スベカラズ(2)。マタ、路次大道《ロシダイダウ》、ワレ〱ノ在所《ザイシヨ》ナンドニテモ、アラハニヒトヲモハヾカラズ、コレヲ讃嘆《サンダン》スベカラズ。ツギニハ守護《シユゴ》・地《チ》頭方《トウハウ》ニムキテモ、ワレハ信心《シンジム》ヲエタリトイヒテ、疎略《ソリヤク》ノ儀《ギ》ナク、イヨ〱公事《クジ》ヲマタクスベシ。マタ諸神《シヨシン》・諸仏菩薩《シヨブチボサチ》ヲモ、ヲロソカニスベカラズ。コレミナ南無阿弥陀仏《ナモワアミダブチ》ノ六《ロク》字《ジ》ノウチニコモレルガユヘナリ。コトニ、ホカニハ王法《ワウボフ》ヲモテオモテトシ(3)、内心《ナイシム》ニハ他力《タリキ》ノ信心《シンジム》ヲフカクタクハヘテ、世間《セケン》ノ仁義《ジンギ》ヲモテ本《ホン》トスベシ。コレスナハチ当流《タウリウ》ニサダムルトコロノオキテノヲモムキナリト、コ、ロウベキモノナリ。アナカシコ〱。

文明六年二月十七日書之。

(1)決定　信心決定。(2)沙汰スベカラズ　布教してはならない。(3)コトニ…オモテトシ　とくに社会生活では為政者の法を第一とし。

【解説】　御文は本願寺八世法主蓮如(一四一五―九九)が門徒・

坊主に浄土真宗の教えをわかりやすく説いた手紙で、御文章ともいう。蓮如の孫円如が八十通を選んで五帖に編集したものを帖内御文といい、それにもれたものを編集した帖外御文は前者の二倍を超える数にのぼっている。このように多くの御文が各地にもたらされ読み聞かされることで、布教に抜群の効果を発揮した。門徒の数は北陸、畿内近国、東海地方を中心に飛躍的に増加し、一向一揆の基盤となった。信仰と惣村の自治の強まりによって、村々で年貢・公事の納入拒否や領主との対立が頻発するようになると、初期には信心決定の心得が主であった御文の中に、守護・地頭・王法、諸神・諸仏・他宗を疎略にしないようにとの文言が加わるようになる。ここに掲げた御文もその期のもの。

活字本に、禿氏祐祥編『蓮如上人御文全集』、稲葉昌丸編『蓮如上人御文』、真宗聖教全書編纂所編『真宗聖教全書』などがあり、日本思想大系17『蓮如 一向一揆』にも一部所収。

(3) 畿内の一向一揆と法華一揆

359〔言継卿記〕天文元年(一五三二)六月二十二日

廿二日。(中略)一、去廿日、和泉堺於南庄、三好筑前守(1)初而一類生害云々。八十余人云々。一所ニ廿八人自害云々。其外武家奉公之輩廿四人云々。細川六郎(2)沙汰也。本願寺合力にて、一族《揆》廿一万騎起て責云々。言語道断儀也。丹波国波多野(3)、昨今之間悉没落云々。天下皆一族《揆》間々也。愁歎く。

(1)三好筑前守　三好元長。之長の孫で、長慶の父。細川晴元・足利義維を擁して大永七年(一五二七)阿波から堺に上陸、細川高国を討って晴元政権の樹立に尽力したが、晴元やその被官で一族の三好政長らと対立し殺された。(2)細川六郎　細川晴元。澄元の子。天文五年(一五三六)九月入京、同十八年長慶に追われ、義晴　将軍義輝とともに近江に逃走。(3)波多野　丹波八上城(兵庫県篠山町)に拠った国人。稙通、弟の香西元盛・柳本賢治の三兄弟は細川政権の中で枢要な地位を占めた。

360〔経厚法印日記〕天文元年(一五三二)八月二十三日・二十四日

廿三日。晴。山科本願寺(1)へ勢遣、此口(2)へハ京中ノ日蓮宗、所々尽員出張、上下京衆日蓮門徒〃〃、其寺々ニ所属了。山村五郎左衛門(正次)等罷向了。東口ハ自大津六角方衆、シル谷口(3)ヘハ柳本衆(4)、此外五十余郷衆(5)ハ、東岩蔵山(6)ノ上ニ雑居云々。山科花山郷・音羽郷・ツシノ奥半分焼即放火了。同苅田以下物取衆不及記尽。今夜各野陣之体也。

廿四日。晴。自早朝諸陣、於本願寺之四方、合戦数度在之。野村郷(7)ヨリ焼入ニ詰寄。但到未刻本願寺之搆諸口ヨリ、猛勢乱入了。下間兵庫助等六角方ノ手ヘ降参歟。濫妨人不知其数、寺内寺外不貽《のこさず》一家焼失了。及晩京衆帰陣。今夜江州衆帰陣云々。自今朝地下人中付之。悉案内者訖。同小者遣之。

(1)山科本願寺　現京都市山科区に蓮如が建立し、その孫証如が石山に移るまで本願寺派の本寺で、寺内町も発達したが、この時の攻撃で焼亡。(2)此口　京都の出入口の一つ粟田口。(3)シル谷口　京都の出入口の一つ渋谷口。東山を越えて山科に至る。(4)柳本衆　丹波国人で細川氏被官柳本賢治の軍勢。(5)五十余郷衆　山城国の宇治川以北の五郡内の郷村住人からなる武装集団。(6)東岩蔵山　京都市左京区。(7)野村郷　山科本願寺所在の郷。

361〔言継卿記〕天文二年(一五三三)三月七日

七日庚戌。雨下。一、日蓮宗打廻云々。仍中御門・吉田侍従同道候て見物、三条京極にて見物。一万計有之、馬上四百余騎云々。悉地下人也。兵具以下驚目物也。雨下之間少々帰候了。

362〔厳助大僧正記〕天文五年(一五三六)七月二十三日・二十七日

同月廿三日、自山門出張江州衆、彼是都合六万人計、東山所居陣。

同廿七日、山門諸勢切入京中、日蓮衆廿一ヶ寺、其外下京悉放火、上京過半炎上。日蓮衆其外雑人打死不知其数。凡三千人計ハ考也。其外不知際限云々。摂願寺講堂百万遍等炎上也。

【解説】天文元年六月、細川晴元は本願寺証如に頼んで門徒を動員してもらい、堺顕本寺に三好元長を攻め殺した(史料359)。ところが、晴元の意に反して、畿内天文の一向一揆蜂起は各地に飛び火し、奈良では興福寺を焼くなど猛威をふるった。山科言継は「天下皆一揆のままなり」、鷲尾隆康は「天下は一揆の世たるべし」(『二水記』)と嘆いた。これに対し、京都の富裕な町衆を中心とする法華信徒は京都の町や財産防衛のために法華一揆を結んで対抗し、晴元勢・近江六角勢とともに山科本願寺を焼討ちした(史料360)。これを機に法華一揆は京都の町の自治・自検断をいっそう進めるようになる。武装して「打廻《うちめぐ》り」と称する巡行を行うのも(史料361)その一環で、さらにその武力は一向一揆・土一揆の温床とみなされた京都近郊村落攻撃にも向けられる。このため、京都支配を目論む晴元・六角氏や日蓮宗と敵対する山門・寺社、公家らと対立し、ついに天文五年七月日蓮宗寺院・上下京が襲撃・放火され、法華一揆も解体した(天文法華の乱、史料362)。

(4)　伊賀惣国一揆

363〔山中文書〕年未詳十一月十六日伊賀惣国一揆掟書

惣国一揆掟之事

一、従他国、当国へ入るニおゐてハ惣国一味同心ニ可被防候事、

一、国之物言(1)とりしきり候間、虎口(2)より注進仕ニおゐてハ、里々鐘を鳴、時刻を不写(移)、在陣可有候、然ハ兵粮矢楯を被持、一途之間虎口不甘《くつろがざる》様ニ陣を可被張候事、

一、上ハ五十、下ハ拾七をかきり在陣あるへく候、永陣ニおゐてハ番勢(3)たるへく候、然ハ在々所々、武者大将ヲ被指定、惣ハ其下知ニ可被相随候、并惣国諸寺之老部《おとな》ハ国豊饒之御祈禱被成、若仁躰ハ在陣あるへく候事、

一、惣国諸侍之被官中、国如何様ニ成行候共、主同前とある起請文を里々ニ可被書候事、

一、国中之あしかる(足軽)他国へ行候てさへ城を取事ニ候間、国境ニ従他国城を仕候て、足軽として其城を取、忠節仕百姓有之ハ、過分ニ褒美あるへく候、そのミ(身)ニおゐてハ侍ニ可被成候事、

一、他国之人数引入る仁躰於相定ハ、惣国として兼日ニ発向被成、跡ヲ削(4)、其一跡を寺社へ可被置付候、并国之様躰内通仕輩あらハ、他国之人数引入る同前たるへく候、他国之人数引入るとある物言之仁躰有之ハ、失《しっ》之誓段(断)(5)にてすしかへに(6)可被晴候事、

一、当国之諸侍又ハあしかるニ不寄、三好方(7)へ奉公ニ被出間敷候事、

一、国之弓矢判状(8)送リ候ニ無承引仁躰候者、親子兄弟をかきり拾ヶ年弓矢之用ニ懸申間敷候、同一夜之やと(宿)おくり(送)むかい(迎)共あるましく候事、

一、陣取之在所にて味方らん(乱)はう(暴)あるましく候事、

一、前々大和より対当国へ不儀(義)之働数度有之事ニ候間、大和大将分牢人(9)許容あるましく候事、

一、当国之儀ハ無恙《つつがなく》相調候、甲か(賀)より(10)合力之儀専一ニ候間、惣国出銭(11)として伊賀甲か(賀)さかへ目ニ(ママ)にて近日野寄合(12)あるへく候、

右掟連判を以、定所如件、

霜月十六日

(1)物言　うわさ、風聞。(2)虎口　城郭・陣営などの最も重要な出入口。ここでは伊賀盆地への出入口。(3)番勢　交代で在陣すること。(4)跡ヲ削　所領等を没収し、名字を断絶させる。(5)失之誓断　中世には犯罪者を特定したり主張の真偽を確かめるために参籠起請や湯起請などを行う、神判という方法がとられた。神社に参籠の間に鼻血が出たり、病気になったりすること、湯起請で火やけどをすることを「失」といい、それは有罪や偽証を知らしめる神意の表れとされ、逆にそうした「失」が表れなければ潔白と認められた。この場合は、他国の軍勢を引入れたと疑いをかけられた者は、無実を証するために「失」を定めて起請をし、疑いを晴らすことが義務づけられた。(6)すしかへに　筋違《すじか》うこと、すなわち、斜めに向かい合うことの意から、ここでは、風聞に立ち向かって、の意か。(7)三好方　三好長慶、同義継、三好三人衆のいずれかとみられる。史料369 370参照。(8)判状　この場合、惣国一揆の軍事行動に賛同・参加する旨の連判状か。(9)大和大将分牢人　大和宇陀郡の国人沢・秋山・芳野氏らか。(10)甲賀　伴・山中・美濃部氏ら近江国甲賀郡の国人・地侍層が結成した甲賀郡中惣。(11)惣国出銭として　伊賀惣国一揆が費用を負担して。(12)野寄合　野外での寄合(集会)。

【解説】 山城の国一揆も平等院で集会を開いて掟法を定めたが、

その掟法は伝わらない。この史料は惣国一揆の掟書として現存唯一のものである。原本には月日の後に連判があったであろう。制定年代は十六世紀後半、永禄十年（一五六七）以前と考えられるが、年次は確定されていない。伊賀惣国一揆は十人の奉行によって運営されていた。また、江戸初期成立の『勢州軍記』（続群21輯上）には「伊賀国四郡之諸侍六十六人一味同心守諸城、治国立法、万端参会於平楽寺、談合評定、以誓紙一決之云々」とある。天正九年（一五八一）織田信長軍により壊滅させられた。

　山中文書は近江甲賀郡の郡中惣を構成した山中氏の文書で、伊勢の神宮文庫蔵。

2　戦国大名の登場

(1)　明応の政変と細川政権

364〔親長卿記〕明応二年（一四九三）四月二十二日・二十三日・二十八日、閏四月二十五日・二十七日

（四月）廿二日、晴、及晩或仁来云、今日細川京兆(1)取立申香源（厳）院(2)御喝食、慈照院殿御舎弟、御座鎌倉政知三位殿御子、河内将軍(3)可追討云々、已現形云々、

廿三日、晴、畠山尾張守(4)宿所已自焼、天下操（噪カ）（騒）動、葉室一品入道利円、俗名教忠、逐電、新大納言(5)宿所幷被官人等在所等、甲乙人乱入、返礎破却、言語道断事也、

　今日滅却所々

三宝院将軍御連枝(6)、通玄寺同、慈従院同、但於出寺無事、新大納言光忠宿所、妙法院坊、畠山尾張守宿所、被官等家々也、（中略）後聞、入夜自武家細川、以両使申送(7)勧前亜相、云、今度取立申香源（厳）院畢、可有御心得之由申入云々、

廿八日、晴、（中略）予着陣奥、職事来仰云、源義遐《トヲ》可叙従五位下、位記令造ヨ、義遐故慈照院贈太政大臣義政公御舎弟、鎌倉殿三位政知卿御子息、為故浄徳院贈太政大臣義熙(8)御猶子、令成香源（厳）院御喝食給了、然今度去廿二日、為細川右京大夫沙汰奉取立、可奉成将軍云々、令出陣河内給将軍宰相中将義材、不可用云々、仍在陣之輩、近習外様大名少々、奉行頭人、大略令上洛、不慮之儀也、

（閏四月）廿五日、晴、或仁云、去夜河州正覚寺(9)将軍陣、没落云々、生死人々有説々不定、

廿七日、晴、（中略）今日或仁語云、正覚寺没落之時、将軍義材、宰相中将、新大納言光忠、(10)妙法院僧正葉室一品入道弟、田名村刑部已下請降、御小袖八幡殿御具足、号御小袖、等被渡之云々、

二十二日、晴。晩に及びある仁来りて云く、「今日細川京

兆、香厳院《こうげんいん》〈御喝食、慈照院殿の御舎弟、御座鎌倉の政知三位殿の御子〉を取立申し、河内の将軍を追討すべしと云々。すでに現形す」と云々。

二十三日、晴。畠山尾張守の宿所すでに自焼す。天下騒動す。葉室一品入道〈利円、俗名教忠〉逐電す。新大納言の宿所ならびに被官人等の在所等、甲乙人乱入し、礎を返して破却す。言語道断の事なり。

今日滅却の所々

三宝院〈将軍の御連枝〉、通玄寺〈同〉、慈従院〈同、ただし出寺において無事〉、新大納言光忠の宿所、妙法院坊、畠山尾張守の宿所、被官等の家々なり。（中略）後に聞く。夜に入り武家〈細川〉より両使をもって〈勧前亜相〉に申送りて云く、「今度香厳院を取立て申し畢《おわ》んぬ。御心得あるべきの由を申入る」と云々。

二十八日、晴。（中略）予着陣す〈奥〉。職事来り仰せて云く、「源義遐《よしとお》を従五位下に叙すべし。位記を造らしめよ」。義遐、故慈照院贈太政大臣義政公の御舎弟、鎌倉殿三位政知卿の御子息、故浄徳院贈太政大臣義熙《よしひろ》の御猶子として、香厳院御喝食に成らしめたまい了んぬ。しかるに今度〈去る二十二日〉細川右京大夫の沙汰として取立て奉り、将軍に成し奉るべしと云々。河内に出陣せしめたまう将軍〈宰相中将義材〉を用うべからずと云々。よって在陣の輩、近習・外様の大名少々、奉行頭人、大略上洛せしむ。不慮の儀なり。

二十五日、晴。ある仁云く、「去夜、河州正覚寺〈将軍の陣〉没落す」と云々。生死の人々、説々ありて定まらず。

二十七日、晴。（中略）今日ある仁語りて云く、「正覚寺没落の時、将軍〈義材、宰相中将〉、新大納言〈光忠〉、妙法院僧正〈葉室一品入道の弟〉、田名村刑部已下、降を請い、御小袖〈八幡殿の御具足、御小袖と号す〉等を渡さる」と云々。

（1）細川京兆　細川右京大夫政元。この事件を機に管領にかえり咲く。（2）香厳院　堀越公方足利政知の第二子。長享元年（一四八七）六月上洛して天竜寺香厳院に入り清晃と称す。還俗して第十一代将軍。義遐、義高、義澄と改名。（3）河内将軍　第十代将軍義材。細川政元に捕えられたが脱出して越中に逃れる。（4）畠山尾張守　畠山尚順。（5）新大納言　葉室光忠。（6）連枝　兄弟姉妹。三宝院以下の三ヵ寺等に義材の兄弟姉妹が入寺していたので破却の対象となった。（7）勧前亜相　前大納言勧修寺教秀。（8）故浄徳院…義熙　第九代将軍義尚。長享二年改名。（9）正覚寺　大阪市平野区。（10）御小袖　将軍に代々伝えられた鎧。刀も付随。

【解説】　明応二年二月十五日、将軍義材《よしき》は、畠山政長の要請をうけて、政長と家督を争ってきた義就の子基家を討つため河内に出陣し、正覚寺に陣をしいた。そのすきに、細川政元が義材を廃し、香厳院清晃を擁立するという、いわゆる政元のクーデターをおこした。明応の政変である。清晃は翌年十二月に征夷大将軍となった。この事件は細川政権の成立をつげるものであり、将軍が細川氏によって廃立され、幕府の実権と畿内の支配権が細川氏に握られることになった。とはいえ、細川氏の政権も不安定で、一族が対立抗争をくり返し、将軍なしでは存立しえなかった。『親長卿記』は参議・権大納言甘露寺親長の日記。文明二年九月から明応七年二月まで。『増補史料大成』所収。

365〔拾芥記〕永正五年(一五〇八)四月九日・十日・十六日、六月八日、七月一日、九月十七日

四月九(日脱)、天晴、細川民部少輔(1)号伊勢社参、相催摂津・丹波等軍勢攻上之由有風聞、仍今夜右京大夫〈六郎澄元〉焼宿所、落行坂本、在甲賀山中新左衛門宿所云々、

十日、民部少輔上洛、

十六日、夜、室町殿〈義澄〉御没落、就筑紫御所(2)御上洛也、室町殿被憑九里(3)云々、民部少輔出泉境(和泉堺、以下同)、申家督御判於筑紫御所云々、

六月八日、天晴、筑紫御所自泉境御上洛、被構吉良亭為御座処、細川民部少輔給家督御判、自境上洛也、

七月一日、天晴、室町殿御上洛〈従三位〉幷将軍宣下也、小除目被行之、参陣衆有御訪、予三百疋給之、(下略)

(九月)十七日、天陰、去十四日大内左京大夫〈義興〉(4)申従四位上、勅許、予作位記遣之、今日為大内使安富修理来、申礼之由、太刀一腰、千疋折紙也、禁裏御礼万疋云々、

四月九日、天晴。細川民部少輔伊勢社参と号し、摂津・丹波等の軍勢を相催し攻め上るの由風聞あり。よって今夜右京大夫〈六郎澄元〉宿所を焼いて坂本に落行き、甲賀の山中新左衛門の宿所に在りと云々。

十日、民部少輔上洛す。

十六日、夜、室町殿〈義澄〉御没落。筑紫御所御上洛についてなり。室町殿は九里を憑《たの》まると云々。民部少輔和泉堺に出で、家督の御判を筑紫の御所に申すと云々。

六月八日、天晴。筑紫の御所、和泉堺より御上洛。吉良亭を御座処として構えらる。細川民部少輔、家督の御判を給い堺より上洛なり。

七月一日、天晴。室町殿御上洛〈従三位〉ならびに将軍宣下なり。小除目を行わる。参陣衆に御訪いあり、予三百疋これを給う。

十七日、天陰。去る十四日大内左京大夫〈義興〉申す従四位上、勅許す。予位記を作りこれを遣す。今日大内の使として安富修理来たり、礼の由を申す。太刀一腰、千疋折紙なり。禁裏の御礼万疋と云々。

(1)細川民部少輔　細川高国。細川政元の養子。(2)筑紫御所　足利義《よし》尹《ただ》、初め義材、永正十年義稙と改名。(3)九里　近江の国人で六角氏家臣。(4)義興　周防国山口を本拠として西国に勢力を振った大名。この

功により山城守護となり、管領代を称し十年間在京したが、出雲の尼子氏の勢力拡大に対応するため、永正十五年帰国。

【解説】 明応二年に細川政元に追われた足利義材《よしき》(以下、義稙《よしたね》に統一)が、永正五年六月八日に上洛し、将軍に復帰した時の史料である。義稙を追い、義澄を擁立した政元は永正四年六月、有力家臣の香西元長・薬師寺長忠らによって暗殺された。その背景には政元の二人の養子澄之と澄元の対立、それと連動した家臣内部の対立があり、以後細川嫡家(京兆家)が二つに分裂して抗争する端緒となった。澄之が没落、自刃すると、澄元が三好之長に擁せられて細川京兆家の家督となり、将軍義澄を擁した。

他方、越中に逃れた義稙は大内氏を頼って山口に移り、その大軍に擁されて、永正四年十二月、上洛の軍をおこした。澄元、義澄は翌五年四月あいついで近江に逃れた。かわって細川高国が堺に着いた義稙のもとに赴いて京兆家の家督を認められ、義興とともに義稙を擁立した。義稙は、七月一日に従三位となり将軍宣下をうけたが、のち高国らの専横に反発して出奔。

『拾芥記《しゅうがいき》』は権大納言菅原(五条)為学《ためざね》の文明十六年六月から大永元年十二月の日記。別名を『為記』『為学卿記』『五条為学記』『五条権大納言菅為学卿記』ともいう。

366〔実隆公記〕 大永七年(一五二七)七月十三日

十三日戊子、晴。堺冠者殿(1)今日叙爵・任官。小除目陣儀、上卿甘露寺中納言(伊長)、参議持明院宰相(基規)、頭弁奉行云々。御名字前菅大納言(2)勘進、義維《ツナ》云々。

(1)堺冠者　足利義維。第十一代将軍義澄の子。第十二代将軍義晴の弟。義稙の養子。(2)前菅大納言　東坊城和長。

【解説】 細川高国は大永元年に出奔した義稙にかえて、義澄の子義晴を将軍に擁立した。しかし、丹波の国人波多野稙通・柳本賢治《かたはる》兄弟らはこれに背き、大永七年二月に賢治は高国・義晴を近江に追った。これに呼応して阿波の三好元長は細川晴元(澄元の子)・足利義維を擁して堺に入った。右の史料は義維が従五位下左馬頭に任じられたときのものである。義維は堺にとどまったままで、賢治や元長を通じて京都を掌握し、奉行人を任じて幕府奉行人奉書と同様の奉書を発給した(史料407はその一つ)ので、「堺公方」といわれた。このため、これを「堺幕府」「堺公方府」と規定する見解もある(今谷明『戦国期の室町幕府』)。しかし、義維はついに将軍にはなれず、天文元年の元長の戦死(史料359参照)とともに力を失った。細川晴元は高国を討ち、将軍義晴を擁したが、政権は安定せず、天文十八年三好長慶に追われた。これにより細川政権に終止符が打たれた。

(2) 北条早雲の伊豆侵攻

367〔鎌倉九代後記〕

(延徳三年)同三年四月五日、政知(1)逝去。五十七歳、系図関東ニテ逝スト云々。

明応年中、政知ノ子息茶々丸、伊豆国堀越ノ御所ニ居ス。其家臣外山豊前守・秋山蔵人ヲ讒言ニヨリテ誅伐ス。此時豆州騒動。伊勢新九郎長氏(2)後北条早雲ト号ス。去ル長享元年京都ヨリ駿州ニ下向ス。今川氏親ニ属シテ駿州興国寺ニアリテ、時節到来スト相謀テ、堀越ヘ押寄セ乱入ス。堀越方ノ侍関戸播磨守打死ス。茶々丸大森山ヘ退去シ、則彼山下ノ寺ニテ自害ス。其後長氏豆州ヲ領シ、韮山ノ城ニ居ス。彼国住人三津ノ松下、江梨ノ鈴木、火見ノ梅原・佐藤・上村・土肥、田子ノ山本、雲見高橋、(妻良)メラノ村田ナト云侍、皆長氏ニ属ス。或曰、伊勢新九郎長氏駿洲ニアリテ定正(3)ト通謀シテ伊豆ノ国ヲトル。豆州ハ顕定(4)ノ領国タルニヨリテナリ。

(1)政知　足利政知。堀越公方。史料364参照。『実隆公記』延徳三年五月二十八日条に「鎌倉殿左兵衛督政知、慈照院殿同甲子御舎弟去四月三日薨給、自正月御不食云々、」とある。(2)伊勢新九郎長氏　戦国大名北条氏の初代。長氏という名は確実な史料に見えない。法名は早雲庵宗瑞。幕府の政所執事伊勢氏の一族で、伊勢新九郎盛時がその前身とする説が有力。北条早雲は後世の俗称で、伊勢氏から北条氏への改姓は子の氏綱の代の、大永四年ころ。長享元年(一四八七)、姉(妹とも)の北川殿と駿河守護今川義忠との間にできた氏親を今川の家督とすることに功があり、所領を与えられて興国寺城(静岡県沼津市)に居したと伝える。永正十六年(一五一九)韮山城(同韮山町)で没。(3)定正　関東管領の一族の扇谷上杉氏。(4)顕定　関東管領。山内上杉氏。定正と敵対していた。

【解説】伊勢宗瑞(北条早雲)の伊豆侵攻、戦国大名化を物語っている。政知死後、家督をめぐって茶々丸は、異母弟潤童子・その実母(武者小路隆光女、円満院殿)と争い、延徳三年(一四九一)七月一日二人を殺害した(横川景三『京華集』)。しかし、堀越公方府の動揺と分裂はおさまらず、それに乗じて早雲は伊豆に侵攻した。その年次はここに記されていないが、『妙法寺記』明応二年(一四九三)条に「駿河国ヨリ伊豆へ打入也」とあるのがそれに相当するとみられている。茶々丸はこの史料にあるように敗走してすぐ自刃したのではなく、武蔵から甲斐へと逃れ伊豆回復をはかった後に自刃した。『王代記』に「(明応)七年戊午八月伊豆ノ御所腹切玉ヘリ」とある。早雲の伊豆平定が終るのもその前後のことである。なお、早雲の伊豆侵攻は同年四月に細川政元が潤童子の同母兄(義澄)を将軍に擁立した事件を背景としてなされた可能性が高い。『鎌倉九代後記』は足利基氏から義氏までの鎌倉公方・古河公方九代の間の関東の政治・軍事史を中心に記した史書。著者・成立年不詳。『改定史籍集覧』、『国史叢書』に収載。

(3) 国人から戦国大名へ

368 〔毛利家文書〕天文十九年(一五五〇)七月二十日福原貞俊以下家臣連署起請文

言上条々

一、井上者共(1)、連々軽　上意、大小事恣ニ振舞候ニ付、被遂誅伐候、尤ニ奉存候、依之、於各聊不可存表裏別心候之事、

一、自今以後者、御家中之儀、有様之(2)可為御成敗之由、至各も本望ニ存候、然上者、諸事可被仰付趣、一切不可存

無沙汰之事、
一、御傍輩中喧𠵅之儀、殿様御下知御裁判、不可違背申事、
付、閣本人、於合力仕之者者、従　殿様可被仰付候、
左様之者、親類縁者贔負之者共、兎角不可申之事、
付、御家来之喧𠵅ニ、具足にて見所(3)より走集候儀、向
後停止之事、
一、御弓矢ニ付而、弥《いよいよ》如前々、各可抽忠節之事、
一、仁不肖共ニ傍輩をそねみ(嫉)、けんあらそい(権争)(4)あるへき者ハ、
上様よりも、傍輩中よりも、是をいましめ候ハん事、
一、於傍輩之間、当座々々何たる雖子細候、於　公儀者、
参相、談合等、其外御客来以下之時、可調申之事、
一、喧𠵅之儀、仕出候者、致注進、其内ハ堪忍仕候而、可
任
御下知之事、
一、人沙汰(5)之事、
男女共ニ、
一、午(牛)馬之儀、作をくい候共、返し可申候、但三度共はな(放)
し候てくい候者、其午(牛)馬可取之事、
一、山之事、往古より入候山をハ、其分ニ御いれあるへき
事、
一、河ハ流より次第之事、
一、鹿ハ、里落ハたをれ(倒)次第、射候鹿ハ、追越候者可取之
事、
一、井手溝道ハ　上様之也、
従上様弓矢ニ付而条々
一、具足数之事、
付、御動(6)ニ具足不着ものゝ所領御没収之事、
一、弓之事、
付、感之事、
一、可有御褒美所を、　上様ニ於無御感者、年寄中として
可被申上之事、
一、内々御動之用意候て、被仰懸候者、則可罷出之事、
一、御使之時、同前之事、
以上
右条々、自今以後、於違犯輩者、堅可被成御下知事、対
各可忝候、若此旨偽候者、
梵天、帝釈、四大天王、惣日本国中六十余州大小神祇、
別而厳嶋両大明神、祇薗牛頭天王、八幡大菩薩、天満大
自在天神部類眷属神罰冥罰、於各身上可罷蒙也、仍
起請如件、
天文十九年七月廿日

福原左近丞
貞俊（花押）

（以下二百三十七名連署省略）

一、井上の者共、連々上意を軽んじ、大小の事恣《ほしいまま》に振舞い候につき、誅伐を遂げられ候。尤《もっとも》に存じ奉り候。これにより、各《おのおの》において聊《いささか》も表裏別心を存ずべからざるの事。

一、自今以後は、御家中の儀、有様《ありよう》の御成敗たるべきの由、各に至りても本望に存じ候。しかる上は、諸事仰せ付けらるべき趣、一切無沙汰を存ずべからざるの事。

一、御傍輩中の喧嘩の儀、殿様の御下知御裁判、違背申すべからざるの事。

付《つけた》り、本人を閣《さしお》き合力仕るの者においては、殿様より仰せ付けらるべく候。さようの者、親類、縁者、贔負《ひいき》の者共、兎角《とかく》申すべからざるの事。

付り、御家来の喧嘩に具足にて見所《けんぞ》より走り集まり候儀、向後停止の事。

（1）井上者共　井上元兼とその一族。毛利の家臣の立場にあった井上氏が毛利をないがしろにし専横なふるまいをしたとして、元就が一族を誅伐した。（2）有様　あるべき。（3）見所　傍観者の位置。（4）けんあらそい　権力・勢力争い。（5）人沙汰　逃亡者の人返しのこと。（6）御動《はたらき》　（毛利氏の）軍事行動。

【解説】　安芸の山間部の国人だった毛利元就は、大内氏に属しながら勢力拡大をはかり、三男隆景を小早川家に、二男元春を吉川家に入れ、毛利両川体制をつくりあげた。そして、長年の懸案だった井上一族の殺害を断行した。元就は別の文書で井上衆の罪状として、評定その他の召集に応じない、城普請等を申付けてもやらないなど、十六カ条をあげている。この事件直後に家臣にこの起請文を提出させ、殺害を「尤に存じ奉」ると承認させ、毛利氏の成敗権・裁判権に従うこと、軍忠を抽《ぬき》んずること、出仕を怠らないことなどを誓わせた。これによって元就は家中に対する支配権を確立し、戦国大名として発展する基盤を固めた。

これより十八年前の享禄五年（一五三二）にも福原広俊ら三十二人の家臣が起請文を提出しているが、それは家臣の一揆契約状の性格が強く、元就はその協約違反者に下知を成すという役割を期待されたにすぎなかった。それにくらべこの起請文は、八条から十二条になお家臣の一揆契約的性格を残しているものの、毛利の支配権・裁判権の確立を示している。

(4)　三好長慶政権の成立

369　**〔言継卿記〕　天文十九年（一五五〇）七月十四日**

十四日 丙午、天晴、（中略）一、三好人数東へ打出、見物、禁裏築地之上、九過時分迄各見物、筑前守(1)ハ山崎(2)ニ残云々、同名日向守(3)、キウ介、十河(三好弟)民部大夫(4)以下都合一万八千云々、従一条至五条取出、細川右京兆(5)人数足軽百人計出合、野伏有之、キウ介与力一人鉄(6)ー ニ当死云々、東之人数(7)吉田山之上に陣取不出合、江州衆(8)北白川山上ニ有之、終不取出之間、九過時分諸勢引之、山崎へ各打帰云々、細川右京兆人数、見物之諸人悪口共不可説〳〵、仍京中之地子、東衆不及競望、如去年云々、寺社本所領如先規可出之由三好下知云々、自東方ハ寺社本所領以下雖押之、地下不能承引云々、

十四日丙午。天晴。（中略）一、三好の人数東へ打ち出《い》づ。見物す。禁裏の築地の上、九つ過ぎ時分まで各見物す。筑前守は山崎に残ると云々。同名日向守、きう介、三好弟十河民部大夫以下都合一万八千と云々。一条より五条に至って取り出す。細川右京兆の人数足軽百人ばかり出合う。野伏有り。きう介与力一人鉄ーに当たり死すと云々。東の人数、吉田山の上に陣取りして出合わず。江州衆は北白川山上にこれあり。終に取出ざるの間、九つ過ぎ時分諸勢引く。山崎へ各打ち帰ると云々。細川右京兆の人数、見物の諸人の悪口とも不可説《ふかせつ》、不可説。よって京中の地子、東衆競望に及ばず、去年の如しと云々。寺社本所領、先規の如く出すべきの由、三好下知すと云々。東方よりは寺社本所領以下これを押さうと雖も、地下承引能わずと云々。

（1）筑前守　三好長慶。この時期、摂津越水城（兵庫県西宮市）に拠る。天文二十二年（一五五三）には芥川城（大阪府高槻市）を攻略してそこに移る。永禄三年（一五六〇）河内飯盛城（同四条畷市）を攻略して、同七年七月の病没までそこを本拠とした。（2）山崎　京都府大山崎町。（3）同名日向守　三好長逸《ながゆき》。のちの三好三人衆の一人。（4）十河民部大夫　十河《そごう》一存《かずまさ》。讃岐国十河城（香川県高松市）十河景滋の養子となり、讃岐の兵を率いて兄長慶を援ける。（5）細川右京兆　細川晴元。（6）鉄ー　鉄砲。これが確実な史料での鉄砲の実戦使用初見。（7）東之人数　細川晴元方の軍勢。（8）江州衆　近江の六角定頼の軍勢。晴元方。

【解説】阿波の有力国人三好氏が畿内に進出したのは、長慶の曽祖父之長が永正三年（一五〇六）細川政元の養子澄元を擁して阿波から上洛したときである。以後、三好一族は細川政権や細川氏の政治・軍事の中核的支柱となったが、父について長慶は晴元と対立し、天文十八年晴元・義晴らを近江に追って政権を樹立した。翌年六月、晴元は京都奪回をはかり、第十三代将軍義輝を奉じて、東山の中尾城に出陣。翌七月十四日に京都で晴元軍と長慶軍の市街戦が行われたときの様子を記したのがこの史料である。晴元方が鉄砲を使い長慶方の兵を射殺した記事が注目されるが、晴元は京都を奪回できなかった。長慶がこのとき寺社本所領の安堵を行ったことが知られる。

370〔郡家区有文書〕永禄二年（一五五九）五月十九日三好長慶裁許状

今度当所与真上(1)申結井手床事、双方以指図(2)雖及訴論、互無証跡、真上支申者、従往古彼井手□無之旨申、為究淵底

差遣検使等令見之処、年々井手跡顕然之上者、任当所理運之旨、如絵図構井手可専用水便者也、仍状如件、

永禄弐

五月十九日　　長慶（花押）

郡家(3)惣中

このたび当所と真上《まかみ》と申し結ぶ井手床の事、双方指図《さしず》をもって訴論に及ぶと雖も互いに証跡なし。真上支え申すは、往古よりかの井手□これなき旨申す。淵底を究めんがため、検使等を差し遣わし見せしむるのところ、年々の井手跡顕然の上は、当所理運の旨に任せ、絵図の如く井手を構え、用水の便を専らにすべきものなり。よって状くだんの如し。

(1)真上　大阪府高槻市。芥川の左岸に位置する。(2)指図　差図とも。地図、絵図のこと。(3)郡家　高槻市。芥川右岸の台地下に位置する。

【解説】三好長慶裁許状は天文二十四年(一五五五)五月二十六日を初見として現在十三点ほどが知られているが、これはその最後のものである。摂津の郡家《ぐんげ》と真上との用水相論を、検使を派遣して現地を調査させた上で裁決し、郡家惣中の勝訴としている。相論は、郡家村の北、真上村の南を流れる芥川からの取水堰をめぐるもので、文中に「如絵図」とある絵図(口絵参照)が別紙で付されており、川に「まかミ井」「古井手床」「弘治三年かへ床」「天文廿二年かへ床」「今井手床」などの文字や印《しるし》が記され、上部に「此井手、依申事在之、於上使検知之処、郡家任理運可構井手也」の文言が、下部には三人の奉行の花押が記されている。また絵図の裏には長慶の花押がすえられている。こうした長慶の裁許状は将軍や管領の意を奉じて出されたものでなく、これらの地域での最上位の政治権力者として発給されており、三好政権の成立を証する。(口絵参照)

(5) 戦国大名と国家

371〔相州文書〕元亀元年(一五七〇)二月二十七日北条家朱印状

今度御分国中人改有之而、何時も一廉之弓箭之□(刻)者、相当之御用可被仰付間、罷出可走廻候、至于其儀者、相当望之儀被仰付可被□□(下候カ)、并罷出時者、兵粮可被下候、於自今以後、虎御印判を以御触付而者、其日限一日も無相違可馳参候、抑か様之乱世之時者、去とてハ其国ニ有之者ハ、罷出不走廻而不叶意趣ニ候処、若令難渋付而者、則時ニ可被加御成敗候、是太途(1)之御非分ニ有間敷者也、仍如件、

（元亀元年）午　二月廿七日　（虎朱印）

横地助四郎

大藤(2)代　久保惣左衛門尉

横溝太郎右衛門尉

今泉郷(3)名主　小林惣右衛門

鐙

今度御分国中の人改めこれありて、何時も一廉《ひとかど》の弓箭の刻は相当の御用仰せ付けらるべき間、罷り出で走り廻るべく候。その儀に至りては相当の望みの儀仰せ付けられ下さるべく候。ならびに罷り出づる時は兵粮下さるべく候。自今以後において虎の御印判をもって御触に付ては、その日限一日も相違なく馳参すべく候。そもそもかようの乱世の時は、さりとてはその国にこれある者は、罷り出で走り廻らずして叶わざる意趣に候ところ、もし難渋せしむるについては、則時に御成敗を加えらるべく候。これ太途の御非分にあるまじきものなり。よってくだんの如し。

(1)太途　大途とも。大名北条氏をさす。(2)大藤　大藤式部丞信興。諸足軽衆。同人が相模国中郡の郡代であるので、この百姓の動員が公事・夫役の徴収に準じて行われたことが分かる。史料387参照。(3)今泉郷　神奈川県秦野市。当時相模国中郡に属す。

【解説】　北条領が武田氏の攻勢に脅やかされていた時期に、百姓を戦争に動員するために出された虎の朱印状である。この前年の永禄十二年から人改めが行われ、村単位に一人から数人を指定し、城の守備に動員することを意図した。家臣は兵粮自弁であるのに対し、百姓の動員には兵粮支給が明示されている。百姓動員を正当化するために、乱世の時は「その国にこれある者は罷り出で走り廻らずして叶わざる」ものという論理が用いられた。これは「御国有之役」(『陶山静彦氏所蔵文書』)ともいわれ、大名・武士だけでなく、「国ニ有」る者(国民)は誰でも国防にあたるべきであるというのである。上杉領でも地下鑓や地下の者の動員が村の城の守備態勢と連動して行われた。

戦国大名の領国支配

1 検地と知行制

(1) 北条氏の検地と知行宛行

372〔種徳寺文書〕天文十九年（一五五〇）七月十七日相模国下中村上町分検地帳

（第一紙表）「下中村上町分検地帳(1)」
（天文十年）辛丑
下中村上町分検地帳
田 一反大卅歩　三郎左衛門
田 二反百十歩　同人
田 小四十歩　二郎三郎
畠 大六十歩　同人
畠 一反六十歩　同人
（三五三筆分省略）

以上拾四町壱反卅歩　田分
此分銭
七拾貫五百四十二文
以上弐拾七町五反五十歩　畠
此分銭
四拾五貫四百文
此内拾七貫八百八十五文夏成
合百拾五貫九百四十二文
（中略）
以此帳、公事免(2)其外諸色之引方、分国中如法度引之、百姓中へ可有御渡者也、仍如件、
天文十九 庚戌 七月十七日（虎朱印）
本光寺(3)
紙数十丁墨付

(1)下中村上町《かのまち》　神奈川県小田原市。(2)公事免　段銭・懸銭・大普請人足などの公事を百姓が負担するのに対応して分銭から控除されるもの。分銭の約一割。史料373参照。(3)本光寺　当時の北条氏当主氏康の弟で天文十一年（一五四二）に死んだ為昌の菩提寺として建てられた寺。種徳寺（東京都港区）の前身。

【解説】　北条領の検地帳の現存する唯一のもので、天文十年（一五四一）の直轄領検地である。その後、同地が本光寺に寄進

され、土地の帰属争いに裁許が出された際に本光寺に渡されたものである。検地帳に類するものとしては天文十二年の伊豆長浜（静岡県沼津市）検地の際の「長はまの野帳」がある（『豆州内浦漁民史料』上巻）。検地は原則として村単位になされ、田畠の混合記載。面積・名請人は記すが、屋敷や等級はない。最後に田の合計面積に反当り五百文を乗じて田の分銭を、畠の合計面積に反当り百六十五文（夏成六十五文、秋成百文）を乗じて畠の分銭を出して合計する。これをもとに、史料373のように公事免等を控除して年貢定納高を決定し、百姓中に通知する。給人領の場合にはその年貢高が給人の所領高となる。検地によりそれまでの本年貢高を大幅に上まわる検地増分を踏み出し、年貢高が二倍、三倍に増えた村が多かった。

　検地はほとんどの大名が行っているが、面積を把握したうえで年貢高、知行高を決定する。方式は大名により異なる。大別すると北条氏のように一律に反当基準高を設定する方式と、当知行の本年貢・加地子の掌握をめざす方式があるが、いずれにしても戦国大名の検地は本年貢と加地子の掌握と、その知行制への組みこみをめざしたもので、太閤検地の前提をなす。

373　〔竹谷文書〕天正五年（一五七七）五月二十六日武蔵国符川郷検地書出

　符川郷[1]御検地御書出

一、拾四町五段小十歩　田数
　分銭七拾弐貫六百七十九文　段別五百文充

一、弐拾四町弐段半卅歩　畠数
　分銭四拾貫廿七文　段別百六十五文充
　　此内拾五貫七百六十二文　夏成
　　　此永楽七貫八百八十一文
以上百拾弐貫七百六文
　此内
弐貫文　神田
拾壱貫文　公事免
弐貫文　井料
三貫文　代官給
弐貫文　定使給
　以上弐拾貫文　引物
　　残而
九拾弐貫七百六文　定納
　此永楽
四拾六貫三百五十三文
　此内
拾七貫弐百四十二文　本年貢
弐拾四貫百十一文　増分
此外五貫文増分之内、竹谷・大野両人ニ永被
下、

以上四拾壱貫三百五十三文

右、四拾壱貫三百五十三文、毎年岩付(2)御蔵奉行衆ニ可渡之者也、仍如件、

天正五年丁丑五月廿六日（虎朱印）

江雪(3)奉之

竹谷

大野

(1)符川郷　埼玉県川越市。府川とも。直轄領であった。(2)岩付　埼玉県岩槻市。支城の岩付城があった。(3)江雪　板部岡融成。奉行人。

【解説】　北条氏は検地の後に村の百姓中宛に検地書出を発給し、村の側から納入を請負う請文を出させたので、検地書出は村の側に多く残っている。そこには、田畠の面積と分銭および合計分銭、神田・公事免などの控除分＝「引物」、合計分銭から「引物」を引いた定納高、その内の本年貢高と増分高等が記される。これにより検地結果と年貢定納高が村の側に示された。「引物」は史料372の「公事免その外諸色の引方、分国中法度の如くこれを引き」に相当し、その「引物」の種類や額は、各村の先例を継承しつつも、「分国中法度」すなわち国法として原則が定められていた。公事免はほぼ一割で共通する。

実はこの時の検地は、竹谷源七郎と大野縫殿助が隠田《おんでん》があると訴え出たために行われ(『竹谷文書』)、二十九貫余の増分が打出された。両人はその内から五貫文の褒美を与えられ、代官職に任じられた。そのため検地書出は両人宛になった。指出検地では村からの申告にもとづき検地奉行が現地で点検を行ったが、隠田はなくならなかった。このため北条氏は百姓に隠田の申告・密告を奨励し、この例のような褒美をもって報いた。この検地書出でもう一つ注目されるのは、貫高が永楽銭の高に換算され、永楽銭が二倍の価値を与えられていることである。こうして北条氏は天正期になると永楽銭の獲得にとくに力を入れるようになるが、それは東日本が永楽銭を尊重する通貨圏を形成していたからである。

(2)　毛利氏の検地と知行宛行

374　〔萩藩閥閲録遺漏〕巻一　弘治四年(一五五八)七月二十四日
毛利元就奉行人連署打渡坪付

按ニ元就様
御判

防州都濃郡須々万(1)内打渡坪付事

合

飛長名西山家一竜文寺半済和奈賀
田壱町　四石　壱岐守

同名山ノ中同半済
田三段　一石二斗　同人

行之名迫田深野給
田三段　一石五斗　小太郎

光長名之へり臨景庵分
田一段　五斗　善衛門

以上田一町七段　分米七石二斗
弘治四年七月廿四日
内蔵丞(児玉就方)
四郎兵衛(井上就重)　判
三郎右衛門(児玉就忠)
左衛門大夫(桂元忠)　判
伊藤新六殿

(1)須々万　山口県徳山市。

375〔萩藩閥閲録遺漏〕巻一　天正十七年(一五八九)五月十五日
毛利氏奉行人連署打渡坪付

防州都濃郡検地打渡坪付事
合　須々万郷
アライ川 田壱町　富永名　米四石三斗　岡ノ 孫四郎
山中 田参段　安吉名　米壱石弐斗　宗弘ノ 惣左衛門
茶屋力大越 田三段　行本名　米壱石五斗　三太郎ノ 神兵衛
ミタリ 田壱段　光永名　米六斗　カンタ 善右衛門
以上　田壱町七段　米七石六斗
岡 畠小　富永名　代十六文　岡ノ 孫四郎
米ニ〆一升六合
屋敷一ツ　壱ヶ所　同人
幷七石六斗壱升六合
天正十七年五月十五日
内藤 新右衛門尉(元輔)　判
児玉 四郎右衛門尉(元言)　判
長井 右衛門太夫(元親)
内藤 与三右衛門尉(元栄)　判
伊藤新兵衛尉殿
裏書ニ
今度御究相澄畢、
慶(慶長)　弐六月二日
国司備後守(元武)　判
少林寺(周澄)
山田吉兵衛(元宗)　判

【解説】　毛利氏は大内氏を滅ぼした弘治三年に岩国など周防国玖珂郡の土地を、翌年には岩国や都濃郡・佐波郡の土地を家臣に宛行い、史料374のような打渡坪付を多数発給している。永禄三年に検地の上で発給された山代地方の打渡坪付との類似から、検地を踏まえて発給されたと推定される。史料375は天正十六年から同十九年の惣国検地を踏まえて出されたもので、二筆で斗代が増加し、畠と屋敷が加わっているが、豊臣政権服属後も基本的にそれ以前の検地方式を継承している。斗代は前者で四斗か五斗、後者で四～六斗と低い。低斗代の理由を、本年貢収取権の系譜を引くものと、加地子得分権の系譜を引くもののいずれかを各別の給人に給与したためとみる考え方もある。

(3) 島津氏の検地と知行宛行

376〔上井覚兼日記〕天正三年（一五七五）四月二十四日、天正十三年（一五八五）九月十一日

一、(天正三年四月)廿四日、如常出仕申候。従　忠平(1)様、川上左京亮(忠智)・古川伊賀守にて御申候。上原長州(2)・拙者承候。（中略）次に祁答院(3)就御移の儀、彼方春已来検地させられ候。四百六拾町計候。真幸(4)の事も四百町に遥に余候。然は大概相応の様に候。下々佗申事ニ、早々配当被成候而可然候。其故は、初冬の時分移替候而夫より配当共候て、(ハ、カ)来春(に)も事終申候ましく候。左候而ハ迷惑可申候由申候。爰以尤の間、夏より配当被成度被思召候。御案内御申候由候也。次にハ、飯野(5)へ誰にても移候する人、早々御定被成候而可然候。左候ハ、、夏より境目等之儀、諸事可有御談合由候なり。則老中(6)江申候。披露申せと承候間、右之両人参候而、遂(達カ)上聞申候。御返事に、此移の事浅からす被思召候。御家来中功者の地頭衆なと被召寄、能々始末の儀共御（是ヨリ跡なし。）

一、(天正十三年九月)十一日（中略）鍋嶋飛弾(驒)(7)守より書状到来候。趣者、去五日、針目(8)之豊州陳(陣)(9)敗北候て、夜中ニ引退候由也。菟角急々使節にて可申之通也。（中略）此日、爰元諸城地頭定候てこそ、四壁等荒ましく候間、先々仮ニ地頭定なされ候て可然之由、出合御談合共也。并検地衆なと被仰付候。

(1)忠平　島津義弘の初名。島津家当主義久の弟。(2)上原長州　上原尚近。上井覚兼とともに奏者をつとめた。(3)祁答院《けどういん》　鹿児島県宮之城町・祁答院町・薩摩町・鶴田町一帯にあった荘園。(4)真幸《まさき》　真幸院。宮崎県えびの市にあった荘園。義弘が領していたが、それにかえて祁答院が与えられることになった。(5)飯野　宮崎県えびの市。真幸院のうち。伊東氏攻略をめざして、義弘は永禄七年（一五六四）国人北原氏旧領のこの地に移った。(6)老中　島津氏当主の下にあって、諸政策・訴訟・軍事などの評議・決定にあずかった。伊集院・村田・三原・川上・本田・肝付・平田氏など、島津一族や有力国人の中から五人前後が任じられた。上井覚兼は天正四年にそれまでの奏者から老中に転じた。(7)鍋嶋飛驒守　鍋島直茂。肥前の竜造寺隆信に仕え、その戦死後は隆信の子政家の委任をうけてその領国支配や軍事指揮を行った。(8)針目　大分県日田市。筑前国との国境の要衝。(9)豊州陣　豊後大友軍の陣。

【解説】検地と家臣配置に関する史料を『上井覚兼日記』(大日本古記録)から二ヵ所引用した。前者は義弘の領地替えに伴うもので四百六十町の耕地が把握された。島津氏の家臣団編成は地頭衆中制といい、この場合、義弘が地頭にあたり、文中に見える、佗を申した「下々」が衆中にあたる。衆中も島津家臣で、有力国人クラスの地頭の下に付属した中小規模の武士や地侍をいい、軍事指揮や訴訟の取次ぎなどをうけた与力・同心に類する。島津氏は地頭と衆中をあちこちに移して（「繰替《くりかえ》」「召移」）本領から引き離す政策をとり、衆中の各人宛の知行坪付を老中連署で作成、地頭を通じて渡した。後者は大友領に攻めこんだ時の記事で、征服地の領国化を進めるため、まず仮の地頭の配置と検地衆派遣が決定された。なお、島津氏の打渡坪付や領知目録には通常、面積は記されるが、石高や貫高は記されていない。

2　軍役と家臣団編成

(1)　軍役規定

377〔結城氏新法度〕第六十六条　弘治二年（一五五六）十一月二十五日

一、五貫の手作持(1)ならは、くそく(具足)・かふり物《もの》(被)もち(2)、くそく(具足)馬(3)をは、かす(貸)へく候。十貫の所帯ならは、一疋一りやう(領)(4)にて被出へく候。十五貫よりうへ(上)ハ陣参いたすへく候。各可被申付候。於後々も此分。

(1)五貫の手作持　五貫文（田一町歩前後に相当）の直営地を持っている者。(2)具足・被物　具足は鎧のこと。頭をおおう被物は、北条氏の場合、歩兵は皮笠、騎馬兵は甲《かぶと》と定められていた。結城氏のこの場合は笠の類か。(3)具足馬　馬鎧をつけた馬か。馬の所持を義務づけることができない下級家臣であったため、結城氏から貸すことになっていた。(4)一疋一領　馬一疋、具足一領。自身が具足をつけ、自分の馬で出ることを義務づけたもの。

378〔新編会津風土記〕天正六年（一五七八）八月二十三日武田家軍役定書

(天正五年)
丁丑定納合四拾九貫七百文

一、乗馬　甲・立物(1)・具足・面頬(2)・手蓋(3)・咽輪・脛楯(4)・指物(5)、四方皺しない(6)か、馬介(7)可為如法、

一、鉄炮　可有上手放手、玉薬壱挺ニ三百放宛可支度、　壱挺

一、持鑓　実共ニ可為弐間々中、　壱本

一、長柄(8)　実共三間、木柄歟、打柄歟、実五寸朱してあるへし、　壱本

一、持小旗　付、何も歩兵武具あるへし、　壱本

已上

右如此道具有帯来、可被勤軍役、重而被遂御糺明、以御印判可被定旨、被　仰出候者也、

天正六年戊寅

八月廿三日　　今井新左衛門尉　(印影)朱印(9)

武藤三河守　朱印

原伝兵衛殿

(1)立物　甲の前面につける飾り。(2)面頬《めんぼう》　顔面を防御するもの。(3)手蓋《てがい》　籠手《こて》。(4)脛楯《はいだて》　股と膝をおおうもの。(5)指物《さしもの》　鎧の背の

受筒にさし、戦場での敵味方の区別をした旗。旗指物。(6)四方皷しないか　指物の形で、たての竿に横手を入れた正方形の旗の指物か、横手を入れないでしなわせた(長方形の)指物かのいずれか。(7)馬介《うまよろい》　馬鎧のこと。(8)長柄　長柄鑓。(9)朱印　同日付で出されている他の軍役定書はいずれも黒印となっている。

【解説】　戦国大名は貫高制により、貫高の多少に応じて軍役を負担させようとした。それをもっとも徹底したのが北条氏で、直臣各人に史料378に類似の着到定書を発給して兵士の数、武器・武具について指定した。武田氏の場合、このような定書の事例は少なく、天正三年の長篠の戦いの敗北後に増加する。上杉氏の場合は謙信の代の中期頃から類似の定書が見えるようになるが、数は少ない。毛利氏でも「具足さらへ」「具足着到」が命じられ、「具足注文」が作成されているが、その基準は明確でなく、結城氏の十五貫文以上についても同様である。

(2)　北条氏の家臣団編成

379〔後北条氏家臣知行役帳〕永禄二年(一五五九)二月

玉縄衆(1)知行役(2)

一、　左衛門大夫殿(3)

(中略)

一、　朝倉右馬助

買得　百廿貫文　三浦 浦郷(4)

卅弐貫三百四十文　同所辰増(5)

七十二貫文　豆州 玉川(6)

以上弐百廿四貫三百四十文

此内

百九十貫文　自前々致来知行役辻

残而

卅四貫三百四十文　従昔除(7)役間可為其分、人衆着到(8)・出銭(9)者可懸高辻(10)、但浦郷辰増分者重而惣検地(11)上、役可被仰付者也、

此外

五十貫文　上総 篠塚(12)

廿五貫文　同 杉谷村(13)

以上七拾五貫文　但惣次重而可被仰付

(中略)

右、当方諸侍知行役不分明間、此度遂糺明、於御眼前(14)被定畢、後日可為本帳状、如件、

永禄弐年巳(己)未二月十二日

奉行　太田豊後守(15)

関　兵部丞(16)

松田筑前守(17)

筆者　安藤豊前守(18)

(1)玉縄衆　北条氏の支城玉縄城(神奈川県鎌倉市)に配備された家臣団。以下に十八人の名が記されている。(2)知行役　普請役を中心とする労

役や軍需物資負担の義務。軍役の一つ。(3)左衛門大夫　玉縄城主北条綱成。(4)浦郷　神奈川県横須賀市。(5)辰増　天文元年(一五三二)の検地による増分。(6)玉川　静岡県三島市。(7)除役　三十四貫三百四十文については知行役を負担しない。(8)人衆着到　人数着到すなわち着到役のこと。狭義の軍役で、所領の貫高に応じて参陣などの際の人数・武器・装備などが着到役として定められていた。(9)出銭　大規模な普請や他国・織豊政権への使者派遣などに多額の費用を要する際の拠出義務。(10)可懸高辻　所領貫高の合計、この場合は二百二十四貫三百四十文について負担させるという意。知行役をかける基準となる高は所領貫高から一部が免除されることが多かったが、人数着到・出銭の場合は所領貫高全部についてかけられるのが原則であった。(11)惣検地　郡や国、支城領などの広範囲で行う検地が予定されていたとみられる。しかし、行われなかった。(12)篠塚　不詳。(13)杉谷村　千葉県君津市。(14)御眼前　北条氏当主の面前。(15)太田豊後守　松山衆に属す。(16)関兵部丞　御馬廻衆に属す。(17)松田筑前守　小田原衆に属す。(18)安藤豊前守　安藤良整。財政などを担当した奉行人。

【解説】　従来『小田原衆所領役帳』の名で知られた帳面であるが、小田原衆は御馬廻衆・玉縄衆などと並ぶ衆の一つにすぎず、これを北条氏家臣団の総称のようにみなすのは不適切なので、表記のような名称を付した。この帳面には図のような衆が載り、御馬廻衆の最初には「御馬廻衆知行役之帳」と記されている。北条氏は家臣を小田原衆・玉縄衆など本城・支城単位に編成したほか、諸足軽衆・職人衆なども編成し、各衆ごとに帳面を作成した。当時の家臣団のほぼ全体を網羅し、家臣団編成や軍役・知行制・検地などさまざまな情報を得ることができる。原本は、天正十八年(一五九〇)北条氏直が豊臣秀吉に敗れ高野山高室院に追放された時に帯出したとみられ、同院に伝えられたが、火災で焼失し、現在は写本のみが多数伝存している。ここに掲げたのは玉縄衆の一部で、その末尾にこの帳面作成の目的が記されている。北条氏は軍役(人数着到、出銭、知行役)を家臣の所領貫高に比例してかけたので、その賦課基準高を確定するのが本帳作成の目的である。なかでも、とくに知行役について戦功などにより免除や半役とされた所領が多かったため、その賦課基準高の糺明に重点があった。

北条氏
- 小田原衆
- 御馬廻衆
- 玉縄衆
- 江戸衆
- 川越衆
- 松山衆
- 伊豆衆
- 津久井衆
- 諸足軽衆
- 職人衆
- 他国衆
- 社　領
- 寺　領
- 一門衆
- 本光院殿衆(三浦衆)
- 小机衆

(3)　毛利氏と国衆

380〔毛利家文書〕弘治三年(一五五七)十二月二日毛利元就外十一名契状

中合条々事

一、軍勢狼籍(藉)(1)之儀、雖堅加制止、更無停止之条、於向後、此中合衆中家人等、少も於有狼籍(藉)者、則可討果事、

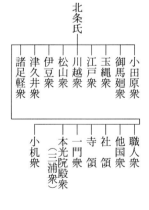

一、向後陳(陣)(2)払仕間敷候、於背此旨輩者、是又右同前可討果事、
一、依在所、狼籍(藉)可有不苦儀候、其儀者以衆儀(3)可免事、
八幡大菩薩、厳嶋大明神可有御照覧候、此旨不可有相違候、仍誓文如件、
弘治三年十二月二日

右馬頭
元就(花押)
吉川治部少輔
元春
阿曽沼少輔十郎
広秀(花押)
毛利備中守
隆元(花押)
宍戸左衛門尉
隆家(花押)
天野藤次郎
元定(花押)
天野左衛門尉
隆誠(花押)
出羽民部太輔
元祐
天野中務少輔
隆重(花押)
小早川又四郎
隆景(花押)
平賀新九郎
広相(花押)
熊谷伊豆守
信直

申し合わす条々の事

一、軍勢狼藉の儀、堅く制止を加うと雖も、更に停止《ちょうじ》なきの条、向後《きょうご》において、この申し合わせの衆中の家人《けにん》等、少しも狼藉あるにおいては、すなわち討ち果たすべき事。
一、向後陣払い仕るまじく候。この旨に背く輩《ともがら》においては、これまた右同前に討ち果たすべき事。
一、在所により、狼藉苦しからざる儀あるべく候。その儀は衆儀をもって免ずべき事。
八幡大菩薩、厳嶋大明神御照覧あるべく候。この旨相違あるべからず候。よって誓文くだんの如し。

(1)申合衆中　毛利元就ら十二人の署判者。うち毛利隆元・吉川元春・小早川隆景は元就の子。出羽元祐は安芸国境に近い石見国の国人。他の七人は安芸国の国人。(2)陣払　出陣中に独断で陣営を引き払うこと。(3)衆儀　衆議とも。惣や一揆などの構成員が寄合い、話し合いをして議決すること。惣掟や一揆契(約)状には衆議によって定めたと明記するものがある。この条は、軍勢に狼藉を許可する在所を衆儀で定めるという意。

【解説】　毛利元就が大内氏を滅ぼし、芸備防長四ヵ国の大名となった年に、領内の国人(国衆)と一揆契状の形をとって協約をした文書である。この誓約は実質的に毛利の軍法の国人への強制であるにもかかわらず、対等であることを意味する傘連判の形をとったところに、国人から戦国大名へ転身した毛利の国人統制の困難さと、国人の独立性をみることができる。
　同日付で元就は一族・譜代をはじめとする家中二百四十一人から、狼藉と陣払をした者に元就の成敗権を認める起請文を提出させている(『毛利家文書』)。毛利氏家臣団は家中・国衆・外様の三種類で構成され、家中の中の一族・譜代が領国支配の中核を担った。

3　分国法の制定

381〔朝倉英林壁書〕第十四条

一、朝倉か館之外、国内□(にカ)城郭を為構ましく候。惣別分限あらん者、一乗谷へ引越、郷村には代官計可被置事。

382〔相良氏法度〕為続・長毎両代之御法式　第十四条

一、寺家・社家によらす、入たる科人《とがにん》(1)之事、則さま(様)をかへ(2)追出されへし。誠於重罪者、在所をきらハす成敗あるへし。

(1)入たる科人　保護を求めて逃げこんだ犯罪人。(2)様をかへ　一般の俗人と異なる様相にして。この場合は法体にすることか。

383〔今川仮名目録〕第八条

一、喧嘩に及《およぶ》輩、不論理非、両方共に可行死罪也。将又《はたまた》あひて(相手)取かくる(懸)といふとも、令堪忍、剰《あまつさえ》被疵にをいては、事ハ非儀たりといふとも(1)、当座をんひん(穏便)のはたらき、理運たるへき也。兼又与力の輩(2)、そのしはに(3)をいて疵をかうふり(蒙)、又ハ死するとも、不可及沙汰のよし、先年定了《おわんぬ》。次喧嘩人の成敗、当座その身一人所罪たる上、妻子家内等にかゝるへからす。但しはより落行跡《おちゆくあと》におゐてハ、妻子共咎かゝるへき歟。雖然死罪迄ハあるへからさるか。

(1)事ハ非儀たりといふとも　喧嘩の原因をつくったことは道理にそむくが。(2)与力の輩　加担者。(3)しは　しば。現場。

384〔甲州法度之次第〕第九条

一、私領之名田外、恩地領(1)無左右令沽却事、停止之畢、雖如此制、有難去用所者、言上子細、定年記(季)、可令売買、自今以後、有奸謀(2)之輩者、可処罪科、

一、私領の名田の外、恩地領左右なく沽却せしむる事、これを停止し畢《おわ》んぬ。かくの如く制すると雖も、去りがたき用所あらば、子細を言上し、年季を定め、売買せしむべし。自今以後、奸謀の輩あらば罪科に処すべし。

(1)恩地領　武田氏から給恩として宛行われた所領。(2)奸謀　わるだくみ。

385〔六角氏式目〕第二十二条

一、年貢諸成物令無沙汰、為不可請譴責使(1)、諸口切塞(2)、不出合在々所々、太以狼藉之条、所行於必定者、或被加御退治、或可被相懸過料(3)、不限一庄一郷之働、名主百姓等閉門戸者、堅可被加御成敗事、

一、年貢・諸成物無沙汰せしめ、譴責使《けんせきし》を請くべからざらんがため、諸口を切り塞ぎ、出合わざる在々所々、太《はなは》だもって狼藉の条、所行必定においては、或いは御退治を加えられ、或いは過料を相懸けらるべし。一庄一郷の働きに限らず、名主・百姓等門戸を閉ざさば、堅く御成敗を加えらるべき事。

（1）譴責使　年貢などが納入されていない時に、実力で督促・徴収を行うため派遣される使者。（2）諸口切塞　村などの出入口をふさいで通れなくする。（3）過料　罰金。

【解説】　史料381は近世の一国一城令や城下町集住策の先駆として注目されている。実際には家臣の城郭を否定しなかったが、一乗谷の発掘により、大小の武家屋敷や町屋・寺社の存在が明らかとなり、家臣の城下町居住（一定期間）が義務づけられていたことが分かった。382はアジール・不入権の否定、383は大名の専制的性格を物語るとして注目されてきた喧嘩両成敗法、384は大名の与えた給恩地を私領と区別して売買を制限したもので、支配階層を対象として制定された。これに対し385は名主・百姓らの農民闘争への対応を定めている。分国法の条文はこのように家臣統制や支配階層内の対立・相論の裁判規準を定めたものと、百姓・下人や村落間相論などについての規定とに二大別される。いずれにしても、裁判権を掌握した大名が、法による公平・公正な裁判や支配を行う必要から定めたもので、このような分国法をもたない大名も個別法を国法として定めている（史料368参照）。今川氏は別に訴訟条目十三ヵ条も定めている。

分国法には当時の社会規範や家臣の意向が反映され、制定者として大名のみが署判する以外に、重臣らが遵守を誓って署判を加えたもの（『塵芥集』『結城氏新法度』）もある。また、六角氏式目は三上恒安ら二十人の重臣が条文を起草し、六角氏がそれを承認するという手続きをとり、両者が相互に起請文をとりかわして制定された。

分国法は『中世法制史料集』第三巻、日本思想大系21『中世政治社会思想』上、所収。

4　公事・夫役の賦課

(1)　段　銭

386〔仙台市立博物館所蔵文書〕天文七年（一五三八）九月三日

伊達氏段銭帳

（表紙上書）

御段銭
古帳

伊達にしね（西根）（1）　さのゝかう（佐野郷）

一、三貫五十文

一、仁(二)貫百文　　中の目

一、五貫百八十五文　　つかの目(塚野)

(中略)

一、十四貫八百十文　　石も(母)田

惣以上　三百七十七貫五百七十文

并ニふちん(夫賃)(2)

　八十貫四百八十四文

　壱貫ニ仁百仁十かゝり

又はゝき代(3)

　十四貫五十五文

　壱貫ニ四十かゝり

九十五貫四百八十文

(中略)

惣都合

　六千八百仁十六貫七百仁十五文

　四百四十三貫四十五文

天文七年つちのへいぬ九月三日此としの日記

天正十四年ひのへいぬ九月十七日あひうつし(相写)候

以上

(1)伊達にしね　福島県国見町・桑折《こおり》町・梁川町・福島市北部にわたる地域呼称。陸奥国伊達郡のうち阿武隈川の西側を西根、東側を東根といった。(2)ふちん　夫賃。夫役の銭納。(3)はゝき代　不詳。

(2) 諸点役・夫役

387〔大川文書〕永正十五年(一五一八)十月八日北条家朱印状

永正十五年戊寅九月被仰出御法之事

一、竹木等之御用之事者、其多少を定、以御印判郡代(1)へ被仰出者、従郡代地下へ可申付、

一、りうし(猟師)御用之時者、以御印判、自代官可申付、

一、美物(2)等之事者、毎日御菜御年貢外者、御印判ニ員数をのせられ、以代物可被召(3)、

一、人足之事、年中定大普請(4)外者、若御用あら者以此御印判、可被仰出、

右、此虎之御印判ニ、代官之判形を添、少事をも可被仰出、虎之御印判なくハ、郡代同雖有代官之判形、不可用之、於此上はうひ(5)を申懸者あらハ、交名をしるし、庭中ニ可申(6)者也、仍如件、

永正(虎朱印)十五年戊寅十月八日

長浜

木負(7)御百姓中

代官 山角
(8)伊東

(1)郡代 北条領では、大名が領国全体に賦課権を有した公事・夫役を郡単位で賦課・徴収する実務の責任者。中世に守護の下に設けられた職制として多くの国にみられ、戦国大名の領国支配でもその名称が継承された例が多い。ただし、北条領では郡は古代国郡制の郡を継承せず、再編しているし、武蔵等では支城領制をとって郡代の機能は支城主が果した。(2)美物 魚介類。(3)代物 銭貨。(4)大普請 大普請人足。築城、道普請、堤防工事などのために大名が領国全体に賦課した夫役。村の貫高に比例して人数を定め(およそ二十貫文に一人の割合)、一人当たり年間十日の役であった。(5)はうひ 未詳。非法か。(6)庭中ニ可申 直許しなさい。(7)長浜・木負《きしょう》 静岡県沼津市。直轄領。(8)山角・伊東 馬廻衆か。

(3) 諸役免除と公事賦課

388〔大友家文書録〕年未詳九月二十三日大友宗麟書状

土井(居)廻屛之儀、至諸郷申付候、仍稙田庄(1)之内□□領地諸点役(2)免許之段、雖令存知候、此度之事者、為所望、直馳走、可為悦喜候、猶奉行中可申候、恐々謹言、

九月廿三日　宗麟 在判

朽網左京亮(3)殿

土居廻の屛の儀、諸郷に至りて申し付け候。よって稙田《わさだ》庄の内□□領地の諸点役免許の段、存知せしめ候と雖も、この度の事は所望として直に馳走、悦喜たるべく候。なお奉行中申すべく候。恐々謹言。

(1)稙田庄 大分県大分市・野津原町。(2)諸点役 万雑公事。(3)朽《くた》網《み》左京亮 実名不詳。朽網氏の本領は豊後国直入郡朽網郷(大分県久住町・直入町を中心とする)であった。

【解説】 戦国大名は領国全体に、段銭・棟別銭・人足・竹木など、恒例臨時のさまざまな名目の公事・夫役(総称して諸公事、諸点役、諸役という)を賦課した。史料386は伊達氏が段銭徴収のために作った帳面で、郷村ごとに納入高を記し、伊達西根などの地区別に集計している。総計が六千八百二十六貫余に及んで、大名の財政に占める役割の大きさが分かる。同時に夫銭と「ははき代」が段銭をもとに算出されていて、これも大名の収入になる。伊達氏はこの帳の作成にあたって検地を行い、家臣ごとの知行目録を作ったほか、天文四年には棟別銭賦課のための「棟役日記」を作成、翌五年には分国法『塵芥集』を制定し、この時期に領国支配体制を急速に整備した。

史料387は北条氏当主が領国支配のために代々使用した虎の印判状の初見史料として著名であるが、この文書が発給された目的は、郡代・代官が公事・夫役を不法に賦課することを防止することにあり、賦課の際にはかならず虎印判状を発給するので、その記載内容に従うよう指示したものである。第一・四条は大名として賦課するもの、第二・三条は直轄領であるために領主として賦課するものである。

史料388は大友氏が土居廻の屛を作るために諸郷村に公事・夫

役をかけたときのものである。大友氏ばかりでなく、戦国大名は家臣に恩賞の一種としてその所領の諸点役を免除したり（諸役免除）、不入権の安堵や付与をする場合が少なくなかった。そうすると領国全体に賦課された役であっても、その所領の者は負担しなくてよいが、それでは徴発数が不足で工事を成就できない時に、大友氏は家臣に賦課ではなく「所望」して提供してもらうという方法をとった。他の大名も同様であるが、諸役免除や不入権は大名の賦課権や検断権を制約するので、今川氏は分国法で不入権否定の方針を打出した。

『大友家文書録』は『大分県史料』31〜34所収。

5　商人・職人に対する政策

(1)　楽市政策

389　**〔今堀日吉神社文書〕天文十八年（一五四九）十二月十一日近江国守護奉行人連署奉書**

紙商買事、石寺新市(1)儀者、為楽市条、不可及是非、濃州井当国中儀、座人外於令商買者、見相仁(合)(2)荷物押置、可致注進、一段可被仰付候由也、仍執達如件、

天文十八年十二月十一日

（野寺）忠行　在判
（後藤）高雄　在判

枝村(3)
惣中

紙商買の事、石寺新市の儀は楽市たるの条、是非に及ぶべからず。濃州ならびに当国中の儀、座人の外商買せしむるにおいては、見合いに荷物を押さえ置き注進致すべし。一段仰せ付けらるべく候由なり。よって執達くだんの如し。

(1)石寺新市　六角氏居城観音寺城の城下町。滋賀県安土町。(2)見合仁　見付けしだいに。(3)枝村　豊郷町。東山道沿いにあり、市も開かれたほか、京都宝慈院を本所とする紙座があって、美濃国大矢田（岐阜県美濃市）で仕入れた美濃紙を近江や京都で販売する権利をもっていた。

【解説】　大名の政策による楽市の初見史料。枝村の訴えをうけて、六角氏が枝村の紙座の美濃と近江における独占権を認め、座人以外の者の紙荷の差押さえを許可したものであるが、城下にある石寺新市は楽市なので座の独占権は認められないことが冒頭で示された。この史料は、永禄元年（一五五八）から三年の紙商売をめぐる保内商人（史料395・401参照）との相論のさい、枝村側の証文として提出されたため、相手側に案文が残った。

(2) 撰銭令

390〔大内氏掟書〕文明十七年（一四八五）四月十五日大内氏禁制

禁制
一、銭をえらふ(撰)事
段銭の事ハ、わうこ(往古)の例たる上ハ、えらふへき事、もちろんたりといへとも、地下仁ゆうめん(有免)の儀として、百文に、永楽(1)・宣徳(2)の間廿文あてくハへて、可収納也、
一、り(利)銭并はいく〳〵(売買)銭事
上下大小をいはす、ゑいらく・せんとくにおいてハ、えらふへからす、さかひ銭(3)とこうふ(洪武)銭(4)なわ切の事也、うちひらめ(打平)(5)此三いろ(色)をはえらふへし、但、如此相定らるゝとて、永楽・せんとくはかりを用へからす、百文の内ニ、ゑいらく・せんとくを卅文くハへて、つかふへし、
一、米をうりかふ(売買)にふたう(無道)をかまふ(構)る事
役人判形のますにとかき(斗概)(6)をいかにも正直にあてゝ、うりかふへきところに、てをそへて、くりはかり(7)にてうるによりて、諸人しうそ(愁訴)在之、所詮京都はうやう(法様)のことく、時によりて一日のうちたりといふとも、そうけん(増減)ハあるへし、たとへは、今日までは百文に壱斗充たりといふとも、はいく〳〵の米方々より出さらん時ハ、役所へ案内をへて、わし(和市)(8)をけんすへし、
右事かき(書)のことく、米をうりかい銭を用へし、若此制札前をそむくともからあらハ、けんもん(権門)其外諸人被官たりといふとも、可被処重科者也、
文明十七年四月十五日　大炊助《伴田》在判　弘ー(興)
（以下八人略）

（1）永楽　永楽通宝。一四〇八年初鋳。（2）宣徳　宣徳通宝。一四三三年初鋳。（3）さかひ銭　堺（大阪府堺市）で鋳造された私鋳銭か。堺環濠都市遺跡からは十六世紀なかばから後半期とみられる銭の鋳型が出土している。（4）こうふ銭　洪武通宝。一三六八年初鋳。（5）うちひらめ　たたいて平たくした銭。以上の三種の銭については、撰銭をすることを認めた。（6）とかき　穀類などの計量のさい、升の縁なみに平らにならす棒。（7）くりはかり　斗概に指をかけ、計量物を升の縁より下からえぐるようにしてかき出し減少させる行為。（8）わし　売買の相場。

【解説】撰銭《えりぜに》《せんせん》令の初見である。室町時代には中国政府発行の渡来銭のほか、私鋳銭、流通過程で摩耗したりわれたりした銭など多種の銭が流通したため、価値の低劣な銭の受け取りを拒否したり、打歩《うちぶ》をつけるよう要求する撰銭が行われるようになった。このため、収納・売買・貸借で争いや混乱が頻発するようになり、この大内氏の撰銭令を初見として、大名や幕府が撰銭令を出して撰銭行為に規制を加えるようになった。この禁制の第一・二条では、嫌われている永楽通宝・宣徳通宝の混入率を二〇ないし三〇パーセントと定め、使用を促そうとしている。明の財政が銭から銀に転換して明における銭の信任が失われた

ことが影響し、永楽以下の明銭が西日本で撰られたと考えられているが、東日本では十六世紀に永楽銭が尊重されるようになるなど、撰銭の種類や撰銭令の内容は地域・時期により異なる。

(3) 市の振興策と伝馬制度

391 〔武州文書〕永禄七年（一五六四）九月二十日北条家朱印状

関戸郷(1)自前々市之日定之事

一ヶ月　三日　九日　十三日　十九日　廿三日　廿九日

一、伝馬之事、一日ニ三疋定畢、御出馬之砌《みぎり》者、十疋可立之、但自当年来年中如此、自寅年如前々可致之事、

一、濁酒役并塩あい物役(2)、御赦免之事、

已上

右、定所如件、

甲子（永禄七年）九月廿日（虎朱印）　岩本(3)奉之

(1)関戸郷　東京都多摩市。鎌倉街道の多摩川の渡場として重要な地で、市町があった。当時は北条氏直轄領。(2)塩あい物役　商品の塩干魚にかかる税。この場合、宿場振興策として一部の商品役が免除された。(3)岩本　馬廻衆で奉行人の岩本太郎左衛門定次。

【解説】　交通の要衝に六斎市の開かれる市町（宿）が存在し、北条氏はそこの住人である町人に伝馬役を課した。伝馬役は宿から宿へ馬で公用の人や物資を無賃で送りつぐ義務で、町人の数などにより三疋、五疋など宿ごとに一日の負担数が定められた。公用には伝馬手形が発給され、それをもたない者は一里一銭の駄賃を払うこと、宿の一日の負担数を超えると翌日送りとすることなどの伝馬掟を発して私用の無賃利用や超過負担を排除しようとしたが、家臣の不正使用がなくならなかった。このため町人の不満が大きく、減免要求が頻発した。北条氏はこの史料のように二年間の減免措置をとったり（第二条）、市町の振興策（第一・三条）、あるいは不正使用者への厳罰によって対処しようとした。こうした状況は武田・上杉氏などでも同様であった。なお、宿の中で伝馬の割当てなどを統括したのは問屋。

(4) 職人編成

392 〔浜村文書〕永禄十一年（一五六八）六月六日北条氏康朱印状

改定番鍛冶(1)

一、一年ニ卅日可被召仕候、御細工被仰付時者、公用(2)可被下事、

一、棟別事、居屋敷分従来秋御免事、

一、当年土肥(3)御殿釘可被為打間、米廿日、必々大屋所へ来、炭鉄公用可請取申、釘此員数以下者、其時以御配苻（符）可被仰出事、

右、如此被定上、無沙汰儀有之者、可被処罪科、若又横合

申懸輩有之者、御庭へ参可申上、(4)御用時者、以大屋可被仰付者也、仍如件、

（永禄十一年）
戊辰　六月　六日　（「武栄」朱印）

(5)江間
八郎左衛門

改めて定む番鍛冶

一、一年に三十日召仕わるべく候。御細工仰せ付けらるる時は、公用《くよう》を下さるべきの事。

一、棟別の事、居屋敷分、来る秋より御免の事。

一、当年土肥御殿の釘、打たせらるべきの間、来る二十日、必ず必ず大屋の所へ来り、炭・鉄・公用を請取り申すべし。釘、この員数以下は、その時、御配符をもって仰せ出さるべきの事。

右、かくの如く定めらるる上、無沙汰の儀これあらば、罪科に処せらるべし。もしまた、横合い申し懸くる輩これあらば、御庭へ参り申し上ぐべし。御用の時は大屋をもって仰せ付けらるべきものなり。よってくだんの如し。

(1)番鍛冶　当番制で細工に従事する鍛冶。(2)公用　職人を雇用して払う賃銭(五十文)の約三分の一の手当。一日当り十七文。(3)土肥　神奈川県湯河原町・真鶴町もしくは静岡県土肥町。(4)御庭へ参可申上　直訴しなさい。(5)江間　静岡県伊豆長岡町。

【解説】　北条氏は領国内の鍛冶、鋳物師《いもじ》、皮作、番匠、大鋸引《だいぎりひき》《おがびき》、塗師《ぬし》、石切、紙漉《かみすき》、結桶師《ゆいおけし》、笠木師、経師《きょうじ》などの職人をすべて把握し、一部の優秀な職人は給恩を与えて職人衆として編成した。職人のうち、御殿や寺社の造作などで現地に動員する職種の者には一年に三十日は公用の支払いで細工に従事させ、それを上まわる動員には賃銭を支払った。また、皮作や紙漉、村の鍛冶などには一定量の製品の納入を義務づけた。こうした方式によって、職人として社会的に認知され活動するためには、大名に細工役を勤める義務を有するという職人支配を実現した。武田氏の職人支配もこれに近いが、他の戦国大名は、領国内の全職人を掌握するまでには至らなかった。

第三節

戦国時代の社会・経済と文化

1　惣村の発展

(1)　惣有財産と褒賞

393〔亀井家文書〕永正元年（一五〇四）五月一日重祢郷名主田地等渡状

永代鐀(遣)渡申事

合而一所ハ、四至 限東ハ大池つゝみ北づめ上へ見とうし坂井村領類山、西ハつごへ、南ハ大道、北ハ岑小野田村領類山、此内ニ草林ス、

馬之かい領(料)ニやる、

合而一所ハ、四至 限東ハ大川、西ハ山、南ハ御薬師前続道西へ見とうし山、北ハおり橋上続道坂、此内ニ草林ス、

馬之かい領(料)ニやる、

合而青指(1)壱貫文

ほうび銭やる、

合而青指壱貫文

ほうび銭やる、

右之件ハ、此度大池之依有高名、長田四人之主方へ末代かきり、祝儀印ニやり申処、実正明鏡也、縦天下一同之徳政行候共、於此下地ニ者、一言之違乱妨申間敷、若違乱妨申候ハヽ、盗賊之御沙汰可有者也、仍而為後日証文之状、如件、

永正元年甲子五月一日　重祢郷(2)名主拾六人

百草大明神(3)

長田四人之主参

右の件は、このたび大池の高名あるにより、長田四人の主方へ末代を限り、祝儀の印にやり申すところ、実正明鏡なり。たとい天下一同の徳政行き候とも、この下地においては一言の違乱妨げ申すまじく、もし違乱妨げ申し候はば、盗賊の御沙汰あるべきものなり。よって後日のため証文の状くだんの如し。

(1)青指　麻縄の銭指を使用したもの。わら縄より儀礼的な価値がある。(2)重祢郷　しこねごう。紀伊国名草郡 二上荘のうち。現在の海南市のほぼ中央部。(3)百草大明神　重祢郷の鎮守。現在の千種神社で、境内には樹齢五百年の楠がある。

【解説】　重祢郷内の名主十六名が、大池の築造に功績があった者四人に、山林二ヵ所、褒美銭二貫文を分け与えている。この山林は重祢郷全体で管理していた郷の惣有地と考えられる。ま

た、郷全体で報奨金を出している点も注目される。十六世紀にはいると紀ノ川流域の村落ではこのように財政的にも独立した状況が見られる。

(2)　物庄の逃散

394〔播磨国鵤荘引付〕永正十五年(一五一八)八月

一、同十五年戊寅八月日、去年冬、平方(1)吉平・吉永名之事、寺家借銭為返弁、平井助九郎方へ被沽却処仁、被下百姓迷惑之由申シテ、惣庄名主百姓等ヲ引催、六ヶ村(2)分名主百姓悉以柴ヲ引逃散畢、前後卅余日政所(3)ヱ出入無之、雖然、役人三人者柴ヲハ不引也、如此アッテ種々侘事申間、則又自寺家如元買返之、百姓等仁被宛行畢、

一、同十五年〈戊寅〉八月日。去年冬、平方の吉平・吉永名の事、寺家の借銭返弁のため、平井助九郎方へ沽却せらるるところに、下さるる百姓迷惑の由申して、惣庄の名主百姓らを引き催し、六ヶ村分の名主百姓悉くもって柴を引き逃散し畢《おわ》んぬ。前後三十余日政所へ出入りこれなし。しかりと雖も、役人三人は柴をば引かざるなり。かくの如くあって種々詫事申す間、すなわちまた寺家よりもとの如くこれを買い返し、百姓らに宛行われ畢んぬ。

(1)平方　法隆寺領播磨国鵤荘内の平方条のこと。(2)六ヶ村　鵤荘内の平方条・東保条・東南条・北条・中条・中南条のこと。(3)政所　鵤荘のほぼ中央に斑鳩寺《いかるがでら》という法隆寺の出先機関的な寺があり、その近くに政所が置かれた。

【解説】　鵤《いかるが》荘は兵庫県太子町に所在する荘園。その成立は、聖徳太子が講経したことから推古天皇がこの地の水田百町を法隆寺に寄進したことによるという。この伝統により戦国時代に至っても法隆寺による支配が続き、全荘的な規模で政所への農民の出仕が行われていたのである。ところが、一五一八年の八月、寺家が経済的に困窮したことから二つの名を売却したところ、農民は柴を引き、逃散して一ヵ月間政所に出仕しなかったという。この「柴を引く」とは、屋敷の周囲を柴木で囲い、神迎え儀礼を行って屋敷内を神聖化するものであると考えられ、逃散を行う際の作法であった。

(3)　村民の被官化

395〔今堀日吉神社文書〕弘治三年(一五五七)七月七日得珍保両沙汰人書状

保内(1)人足事、被仰出候、則堅申触、所々申上様、従当郷出陣人数事、
後藤被官人(2)、同与力(3)ノ被官人
布施淡路守被官人、同与力ノ被官人
池田被官人

同三郎左衛門与力大森南、始而罷立候へハ、大森郷(4)人なきよし申候、
平井与力　布施新蔵人、当郷にて人数かさにて候、悉在陣仕由候、
同名源二郎、是も悉召つれ在陣仕候、
神崎被官人
三井被官人
三上被官人
新村被官人
瓦薗与力、同名与二郎被官悉召つれ在陣仕候、
河井被官人
横山被官人
当郷諸百性(姓)、右ノ衆与力・被官ニはつれたる物無御座候、勿論、しゅう(主)なしの百性(姓)ハ無御座候、何様ニ可申付候哉、家別と被仰出候、或寺庵僧坊侍なとにも可申付候也、於地下からかい仕候間、得御意候、或兵粮取帰候者、又病気手負、或ハ番替なと申候て、少の間罷帰候者、はしくニ少し御座候為体《ていたらく》候、御詫次第可申付候、被得　御意候て預御返事候者、可畏入候、
(弘治三年)七月七日ニ認之、　両沙汰人
宮木右衛門尉殿まいる
人足の事候、
宮木殿へ跡書

(1)保内　近江国蒲生郡得珍保。(2)後藤被官人　戦国大名六角氏の重臣である後藤氏を主人と仰ぐ得珍保内の住民。(3)与力　重臣の同心として六角氏に把握されていた土豪・地侍。(4)大森郷　得珍保内の上四郷と称される中に上大森郷・下大森郷が存在した。

【解説】　弘治三年七月、六角氏は伊勢出陣にあたって得珍保に人足の動員催促を行った。これに対する回答として作成されたのがこの史料である。保の住民は皆、個々に六角氏の重臣やあるいはその給人と被官関係を結んでおり、主人を持たない者は存在しないというのである。もちろんこれは六角氏の動員を断る口実と考えられるが、惣村内部に戦国大名の権力が浸透しつつあることも事実であろう。

(4)　東国の惣村

396　**〔牛込武雄氏所蔵文書〕天正七年(一五七九)六月二十日北条家裁許朱印状**

今度笠原助八郎私領之百姓中、列致血判、対領主企訴訟候、領主非分之於子細者、公儀(1)江可訴中処、無其儀、一列ニ可取退擬、重科不浅候条、雖可刎頸、此度之取持人申上候誓詞ニも、鈴木勘解由一之筆ニ載(2)候間、彼者ニ懸罪科、舟戸をハ赦免候、如前々郷中江罷帰、如太田(3)時、無相違可致百姓、横合非分有之者、可申上旨被仰出者也、仍如件、

天正七年己卯六月廿日（虎朱印）　　評定衆　下野守　康保（花押）

鳩ヶ谷百姓(4)　船戸大学助

このたび笠原助八郎の私領の百姓中、列して血判致し、領主に対し訴訟を企て候。領主非分の子細においては、公儀へ訴え申すべきところ、その儀なく、一列に取り退くべき擬、重科浅からず候条、頸を刎ぬるべしと雖も、このたびの取り持ち人申上げ候誓詞にも、鈴木勘解由、一の筆に載り候間、かの者に罪科を懸け、舟戸をば赦免し候。前々の如く郷中へ罷り帰り、太田の時の如く、相違なく百姓致すべし。横合非分これあらば、申し上ぐべき旨、仰せ出さるるものなり。よってくだんの如し。

(1)公儀　戦国大名北条氏をさす。(2)一之筆ニ載　(血判の)筆頭に署判した。(3)太田　太田氏資。岩付城主。(4)鳩ヶ谷　埼玉県鳩ヶ谷市。

【解説】　鳩ヶ谷の百姓中が一味同心をして血判をし、逃散をして領主の笠原助八郎(北条氏の家臣)に対決した。このように領主の支配に対する百姓中の闘争は北条領でしばしば起こっており、そのために代官が村から逃げ出す例も見られる。これに対し、北条氏は領主非分は大名に訴え出るように命じ、直接対決を重罪として禁じたので、百姓も訴訟という手段をとることが多かった。大名の裁判権の確立をみてとることができる。鳩ヶ谷の場合、取持人が船戸の罪の軽減を働きかけたため、鈴木勘解由一人を首謀者として処罰し、船戸は赦免され、村に帰ることと百姓たることを認められたのである。

397　**〔吉野文書〕天正十八年(一五九〇)二月十日高城氏黒印状**

よしのぬいのすけ《縫殿助》屋しきのうちのみぞ、屋しきのとへまハし、藤二郎ねまり之したへ、すぐに水のまハり候やうに、新みぞをあて申、ひれかさき(1)さかひまて、水さういなくまハりこし候やうに、郷中だんかう《談合》申候て、いたすへく候、こかね(2)より御けんしをさしこされへく候間、いつれもふさたなくはしりめくり可申候、ことに新みぞあたり申候ハヽ、田ぬしとかく申へく候、その儀はかさねて、よきやうに御さいきよ《裁許》あるへく候間、此たひにをいてハ、さういなくみぞをあてさせ可申候、そのために一礼をつかハし候、仍如件、

天正十八年かのへとら

二月十日（「胤吉」黒印）　　日暮又左衛門尉奉之

八木(3)百姓中

(1)ひれかさき　鰭ヶ崎。下総国葛飾郡内。現在の千葉県流山市大字鰭ヶ崎。(2)こかね　小金。下総国風早荘内。現在の千葉県松戸市にあた

る。戦国期には小金城があり、高城氏が城主であった。(3)八木　下総国八木郷。現在の流山市内。

【解説】小金城主高城氏は江戸川中流域左岸を領有する領主であったが、永禄年間からは後北条氏に属していた。ここでは高城氏の奉行人である日暮又左衛門尉が八木郷の農民に鰭ケ崎境までの用水路の掘削を命じたものである。土豪の屋敷内の溝の延長を指示するなど、きめ細かな領主支配が行われていたことがうかがえる。

(5) ムラの領域

398〔牛飼共有文書〕天文二年(一五三三)七月二十六日伴家多他連署起請文

論之儀ニ両共之目安致拝見、贔屓無偏頗判仕申候事、

一、ほりこしヨリ信楽(1)へなかれ候川をかきり、井テ山まて西北ハ、牛飼(2)ヨリ可為知行事、

一、つめた谷之儀者、如前々、四ヶ村与可為立合事、

一、山テとして、れうそく五百文、毎年十月中ニ四ヶ村へ可被出候事、就中つめた谷山入之事ハ、来八月一日ヨリ可被立候、四ヶ村へ此由を申候事、

右条々贔屓無偏頗、霊社起請文を以、判仕申上者、此分にて御落居候て、弓矢之御難有間敷候、若偽申候者、此霊社起請文御罰各々可罷蒙者也、仍而判状如件

天文二年癸巳七月廿六日　伴家多(花押)

伴泉(花押)　多喜岩野(花押)

佐治源右衛門(花押)　伴宇佐美(花押)

山中山城　伴津田(花押)

参

牛飼村

(1)信楽《しがらき》　近江国甲賀郡のうち。現在の滋賀県甲賀町のうち。信楽宮跡の北側に中井出集落があり、この近郊が係争の地。(2)牛飼　近江国甲賀郡池原杣のうち。現在の滋賀県水口町人字牛飼。

【解説】牛飼村は信楽に通じる山麓に集落があり、車馬の往来が盛んで、草原が広がり、牛馬の飼育が行われていた。ここでは四カ村と相論となり、甲賀郡中惣の有力者によって裁定がなされている。つめた谷への立ち入りについて料足五百文を十月中に払うべきことなどが命じられている。

399〔坂上市太郎氏所蔵文書〕天正十一年(一五八三)十二月十六日多喜弥九郎他連署起請文

就今度山上中村(1)与被仰構候草刈場之儀ニ付、双方御一書具ニ令披見、無贔屓偏頗、存分順路と存、異見申条々、

一、そふ〱よりうは谷へのほり、将監方山之林はつれ、傍爾塚よりつゝミかとうへ見とをし、つゝミかとうよりたうけの地蔵への道通り、たうけの地蔵より石橋までの

間者古道を限り、それより信楽道を上り、城谷口まで道限ニ、北西者牛飼より草木を可被苅候、又南東ハ山上中村より草木を可被苅候、此旨彼方へも申付候間、向後御競望有間敷候事、

一、堀開田畠之儀者、右傍爾より北西ニ雖在之、又南東ニ雖在之、双方互ニ開主之可有御知行候事、

一、自今以降之儀者、双方新開御沙汰有間敷候事、

右条々旨、私曲偽於在之者、此霊社起請文之御罰深厚可罷蒙者也、仍判状如件、

天正十一年癸未十二月十六日

(2)多喜弥九郎 資忠（花押）
多喜源内丞 資方（花押）
(3)大原市左衛門尉 資置（花押）
(4)佐治六左衛門尉 為瑞（花押）
佐治源助 為政（花押）

牛飼村御名主御中
若党中
百姓中
まいる

（1）山上中村　牛飼村の南に位置する村。現在の滋賀県大字山上。（2）多喜　近江国甲賀郡多喜保（現在の滋賀県甲賀町大字滝）を本拠とする南山六家の一つの多喜氏。（3）大原　甲賀郡大原荘（現在の甲賀町大字田堵野付近）を本拠とする大原氏。（4）佐治　甲賀郡の佐治川流域に勢力を張った佐治氏。

【解説】　史料398に明らかなように牛飼村と隣村の山野に関する相論は天文年間には裁決が出されていたが、全面的な解決には至っていなかった。ここでは村の用益権に関わる草木の採取について牛飼村と山上中村の領域を明確に分離している。近世村落の境界の前提となるものである。これに対して田畠についてはこの境界にとらわれず開発を行った者の権利を優先している。またここでは牛飼村内部に名主・若党・百姓の三つの階層があり、それが一つの惣的な結合を持っていたことが理解される。

2　流通の発展と都市の自治

(1)　遠隔地商人と商人司

400〔簗田文書〕天正十一年（一五八三）四月十四日金上盛備定書

（一）□船賃拾五銭有免□五文仁相定候事、

（一）□惣関銭荷物壱仁□（銭カ）□□免之事、

（一）□就御免舟(1)而、荷物如近年者相拘間敷事、

右三ヶ条、於末代不可有違儀者也、仍如件、

時天正十一年癸未卯月十四日　盛備(金上)(2)(花押)

京衆
伊勢衆
関東衆
此外諸他国衆
当所簗田(3)

(1)御免舟　税を免除された船。(2)盛備《もりはる》　金上《かながみ》氏。陸奥会津地方(福島県会津若松市など)の戦国大名蘆名氏の一族で家臣。(3)簗田　会津地方の商人司《つかさ》(商人親方とも)として、市町の開設の権限や関銭免除の特権を有し、また、商人間の争いや盗難等が発生したときに他領・他国の商人司や当事者とも交渉して問題を解決する力と権限とを有していた。

【解説】　蘆名氏が、他国からやってくる商人と簗田氏に対し、船賃と関銭の軽減措置をとったことなどを告知したものである。会津地方へ京都・伊勢・関東やその他の国々から商人がやってきていたことを示す史料である。

簗田文書は『会津若松市史』8　史料編1、『福島県史』7　古代・中世資料、同10下　近世資料4、所収。

(2)　十楽の津

401〔今堀日吉神社文書〕年未詳九月五日枝木明朝等連署書状

猶々事終候ハすハ、右之子細をハ罷上候て成共可申候、
此外不申候、

御折帋拝見令申候、仍其方保内出入之儀付而、態令仰越候、此津者諸国商人罷越、何之商買をも仕事候、殊昔より十楽之津ニ候へ者、保内より我かまゝなとゝ申儀もおかしき申事候、其分被成御心得、可有御申候、猶使者可被申候、恐々謹言、

九月五日
丹羽善兵衛　定満　在判
水谷藤右衛門尉　常信　在判
丹羽甚衛門　定金　在判
枝木源衛門尉　明朝　在判

枝村孫左衛門尉殿　御両所
同　源次郎殿　御報

【解説】　この文書は枝村商人と保内商人の紙売買相論(永禄元―三年)の時の作成とみられる(史料389参照)。文書の署判者は伊勢の桑名(三重県桑名市)の老者《おとな》とみられ、桑名の住人が桑名を「十楽の津」であると述べている点で注目されている。その意味するところは、諸国の商人が誰でもどんな商買でも自由にでき、座の独占権は否定されている、すなわち、楽市と同義であるということである。伊勢湾に臨む港湾都市として栄え、自治都市として発展してきた桑名の「十楽の津」たる特質は、領主によってではなく、住人によって保持されてきた。

(3) 寺内町

402〔杉山家文書〕永禄三年(一五六〇)三月日安見直政制札

定　富田林道場(1)

一、諸公事免許之事

一、徳政不可行事

一、諸商人座公(事脱)之事

一、国質・所質(2)幷ニ付沙汰(3)之事

一、寺中之儀、何れも可為大坂並(4)事

右之条々堅被定置畢、若背此旨於違犯之輩者、忽可被処厳科者也、仍下知如件、

永禄三年三月　日

美作守(5)在判

(1)富田林道場　大阪府富田林市にある浄土真宗興正寺別院の前身。永禄三年に京都興正寺第十六世証秀が荒芝地を百貫文の礼銭で三好長慶から取得し、その指導のもと、近隣の四カ村の有力百姓が中心となって開発が行われ、道場と寺内町が建設されたと伝える。(2)国質・所質　債務者が債権者の負債返還要求に応じない場合、債権者が債権回収のために、債務者と同じ国または「所」に属する第三者の身柄もしくはその動産を差し押える(質取する)行為。戦国時代の市場・都市とくに楽市に出される法令で、その場の平和や秩序を維持するためにこの質取行為を禁止する条文が掲げられることが多い。(3)付沙汰　訴訟の当事者が有利な裁決を得るため、力をもつ人に依頼して、表面上の当事者になってもらうこと。(4)大坂並　大坂の石山本願寺(大阪市)の寺内町が獲得した寺内町特権に準ずること。本願寺法主の証如は天文七年(一五三八)、かつて細川政元や同澄元から獲得した諸公事免許の制札をもとに、細川晴元から大坂寺内町の諸公事免除・徳政免除の特権を獲得した(『天文日記』)。(5)美作守　安見直政。河内高屋城(大阪府羽曳野市。もと河内守護畠山氏の居城)城主で守護代。

【解説】　戦国時代、畿内近国や北陸・東海地方などで、寺院・道場を中心として寺内町が多数新設され、発展した。この史料からは河内富田林寺内町が獲得した特権の内容が分かる。寺内町は、摂津尼崎で法華宗の本興寺・長遠寺を中心に成立した例もあるが、大多数は浄土真宗の寺院を中心として、荒地を開発するなどの方法で濠や土塁をめぐらし、町割をして新設された。本願寺のあった山科(山城)・石山や、富田(摂津)、久宝寺・富田林(河内)、貝塚(和泉)、今井(大和)、富田(尾張)、尾山(加賀)、井波(越中)などが代表的なものである。これらの寺内町は、地域の支配者からこの制札のような特権を獲得して自由都市・自治都市としての性格を備え発展した。特権獲得には本願寺の政治的・経済的な力が大きく寄与したが、とくに本願寺法主のいる石山寺内町の獲得した特権が範例の役割を果したことが第五条から分かる。

なお、この史料は「興正寺御門跡兼帯所由緒書抜」と題する史料のなかに収められている(『富田林市史』第四巻、所収)。

(4)　平和都市・自治都市

403〔耶蘇会士日本通信〕一五六二年(永禄五)堺発パードレ・ガスパル・ビレラ書翰

日本全国当堺の町より安全なる所なく、他の諸国に於て動乱あるも、此町には嘗《かつ》て無く、敗者も勝者も、此町に来住すれば皆平和に生活し、諸人相和《あいわ》し、他人に害を加ふる者なし。市街に於ては嘗て紛擾《ふんじょう》起ることなく、敵味方の差別なく皆大なる愛情と礼儀を以て応対せり。市街には悉く門ありて番人を附し、紛擾あれば直に之を閉づることも一の理由なるべし。紛擾を起す時は犯人其他悉く捕へて処罰す。然れども互に敵視する者町壁外に出づれば、仮令一投石の距離を超えざるも遭遇する時は互に殺傷せんとす。町は甚《はなは》だ堅固にして、西方は海を以て、又他の側は深き堀を以て囲まれ、常に水充満せり。此町は北緯三十五度半の地にあり。

【解説】　応仁の乱のころから日明貿易の貿易港としても発展した堺の町は、十六世紀前半には細川氏の軍事拠点とされて、平和都市とはいいがたいものであった。しかし、細川氏が没落して、この一五六二年ころには、キリスト教宣教師ガスパル・ビレラの目に映ったように、平和都市・自由都市としての性格をもつようになっていた。この前年一五六一年のビレラの書翰には「堺の町は甚だ広大にして大なる商人多数あり。此町はベニス市の如く執政官に依りて治めらる。」(『耶蘇会士日本通信』)とあり、イタリアの自治都市ベニスにたとえられている。それは、堺が三十六人の会合衆によって市政が運営される自治都市だったからである。堺のこうした性格は、有力な商人を中心とする経済的・政治的な力と、堀と海で町を囲み、市街には門を構えるという防御設備とによって徐々に獲得されたものであった。

3　女性の地位と役割

(1)　大名の妻の執政

404〔七条文書〕享禄元年(一五二八)十月十八日寿桂尼朱印状

府中(1)(印文「帰」)西のつらかハたひこ八(2)かゝゆる川原新屋敷壱町五段之分、去年岡部大和守(3)奏者として出置訖、其時のことく永かれらか可為屋敷、然者毎年皮のやく等申付、ふさたなく可取沙汰、急用之皮之時ハ、ひこ八国中を走廻申付可調進、大永六年六月十二日任　増善寺殿(今川氏親)御印判(4)、不可有相違者也、仍如件、

享禄元
十月十八日

大井新右衛門尉殿(5)

(1)府中　駿河府中。駿府ともいい、今川氏の居城があった。静岡市。(2)かハたひこ八　皮革職人の彦八は、川原新屋敷に居住する皮革職人らの統率者であるが、今川領国内の皮革職人全員を統制・支配してはいない。なお、「かわた」の語は、近世の被差別身分と被差別民に対し支配者が使用した公称であるが、大永六年(一五二六)六月十二日の今川氏親朱印状にみえるのが初見である。しかし『七条文書』では天文十八年(一五四九)以後の文書では「皮作」「革作」の語を用い、北条氏の発給文書でも、天文七年の文書以外は「かわた」の語はなく、「皮作」「革作」「皮屋」の語を用いている。(3)岡部大和守　実名不詳。岡部氏一族は今川氏重臣として多くの名が見える。(4)増善寺殿御印判　寿桂尼の夫今川氏親が死の直前に発給した朱印状で、『七条文書』に伝存。(5)大井新右衛門尉　実名不詳。『七条文書』の今川氏発給皮革関係文書はすべて同人宛になっており、後に掃部丞と名乗っている。皮革関係の奉行人とみられる。

【解説】　寿桂尼は公家の中御門宣胤の娘で、今川氏親と結婚し、氏輝・義元らを生んだ。氏親は今川氏の戦国大名化を実現し、検地の施行、『今川仮名目録』の制定など多くの施策を行ったが、晩年は病床に伏し、大永六年に没した。寿桂尼は晩年の夫を補佐し、その死後は嫡子氏輝が十四歳と年少だったため、四―五年にわたり実質的に政務を執り、印文「帰《とつぐ》」の朱印状を発給した。この文書もその一つで、最初から「ふさたなく可取沙汰」までは氏親発給文書の文面と同じであるが、その後の「急用之皮之時ハ」以下は新しく加わっている。

『七条文書』は皮革と皮革職人関係史料で、『静岡県史料』三輯、『静岡県史』資料編7 中世 三、同8 中世 四、所収。

(2) 女性の知行権

405 〔萩藩閥閲録〕巻四十四 天正十年(一五八二)八月六日毛利輝元書状

いや(弥)二郎(1)事、かさねてあいちかい(相違)候ハヽ、そのほうそんふん(存分)のことく、むすめきさいはん(儀)(裁判)(2)申つくへく候、かさねて此方しるましく候、しよりやう(所領)の事、もちろんむすめニつかハし候、ほうきやく(忘却)なく候、かしく、

(天正十年)八月六日　てる元御判

のふつね(信常)三郎さへもんとの

同ないき(内儀)へ

(1)いや二郎　信常元次。信常三郎左衛門元喜の婿養子。(2)さいはん　知行。

【解説】　戦国時代、家臣は所領を持ち、それに相当する軍役を勤めること、戦功をたてることが強く求められた。他方で、戦場で死に直面していた家臣にとって、戦死すればかならず恩賞がもらえ、所領は子孫に伝えられることが約束されていなければならなかった。大名はそれを実行する義務を有し、それによって戦功を励ますことができた。しかし、戦国時代には家督と財産は基本的に男子が継承し、軍役も男子がつとめたから、未成年の男子しかいない場合や、女子しかいない場合、親は不安であった。毛利領ではこのような場合の処置を具体的に物語る史料が多い。

前者の場合、後家が子の成人まで家を管理し、所領を知行し、子の養育にあたることが認められた。後者にあたるのが引用史料の例である。娘には婿養子をとって家をつがせ、婿養子が軍役をつとめることになる。だが、離縁になった場合、所領はどちらのものになるかが問題であった。輝元は信常元喜と妻とに宛てて、娘と弥二郎元次との結婚が破綻した場合には、夫婦の希望通り、元喜から譲られた所領の支配権は娘に帰属することを保証したのである。

(3) 村の女性たち

406 〔今堀日吉神社文書〕 明応六年(一四九七)十月十羅刹奉加帳

十羅刹奉加帳之事(1)
　合明応六年丁巳十月　日
仏一躰分二百文　北ノ道林　　仏一躰分二百文　東ノ道立
百文　東ノ道金　　五十文　介衛門
(中略)
百文　源左衛門女　　二百文　今在家惣分
五斗*　蛇溝惣分　　二百文　妙賢禅尼
百文　タケヘノ赤口市姉　　十文　中野北茶屋
百文　靏女　　十文　妙幸
(中略)
十文　駒女　　十文　四郎太郎女　五文　衛門太郎女
十文　正智　　五文　道林妙　　十文　牛二郎女
十文　正祐　　〔二〕十文　五郎衛門女　五文　刑部二郎女
七文　五郎衛門ヨメ　十文　三郎兵衛女　十文　犬女
　　――拾七貫二百文
明応六年丁巳十月廿二日如法経始行同十一月

(1)十羅刹奉加帳　法華経で鬼子母神とともに法華経の受持者を守護するといわれている十人の羅刹女《らせつにょ》像などの造立のために寄進した人の名と額を記した帳面。

【解説】　この奉加帳には、二百十四の名が記され、その中には今在家惣分・中野惣分などの惣村の名、法華講・大時講・小時講などの講の名、寺庵名がみえるが、ほとんどは男女の個人名である。確実に女性とみられる者が八十六人、全体の四〇パーセント強を占めて、女性の比率が高い。村の女性は土地の寄進、売買、譲与などで名が現われることが多く、自分で処分できる土地をもっていたことがわかるが、公的・社会的な帳簿類や惣村の文書に名が出ることは一般的にない。そのため、この帳面は村の女性が多数登場する貴重な史料である。

この帳面では、前の部分には男の名ばかりが並び、女性名はなかばあたりから登場しはじめ、後部は女性名がほとんどを占める。前部の男は二百文(仏一体分を造立できる額)、百文、五十文の寄進者が多数を占め、なかばあたりに登場する女性も二百文、百文の寄進者であるのに対し、後部の女性は五文、十文などの少額の寄進者である。女性の名乗りは、靏女、駒女など自身の字名をもつもの、源左衛門女《むすめ》など親の名を冠するもの、五郎衛門ヨメ、ヨメ女のように夫の名を冠したりして嫁と名乗るもの、妙賢禅尼のような尼、赤口市姉のように姉と名乗るものなどがみられるが、親の名を冠したものの比率がもっとも高い。

(4) 女性の座頭職

407〔田中光治氏所蔵文書〕大永八年(一五二八)閏九月二十五日
足利義維奉行人奉書

洛中帯座々頭職(1)・同公用(2)代官職等事、亀屋五位女任当知行、被成御下知訖、然大舎人(3)直売、立捨、諸寺庵押売、或号権門被官、或称諸役者、不致其役云々、太無謂、殊近年不帯代官補任、令商売之条、以外濫吹(4)也、早任先例可致其沙汰、若猶不承引者、可被処其咎之由、所被仰出之状如件、

大永八
閏九月廿五日　(飯尾)為隆(花押)
(斎藤)誠基(花押)

帯座中

洛中帯座座頭職・同公用代官職等の事、亀屋五位女《かめやのごいのめ》の当知行に任せ、御下知を成され訖《おわ》んぬ。しかるに大舎人《おおとねり》の直売、立捨、諸寺庵の押売、あるいは権門の被官と号し、あるいは諸役者と称し、その役を致さずと云々。太《はなは》だいわれなし。ことに近年、代官の補任を帯さず商売せしむるの条、もっての外の濫吹《らんすい》なり。早く先例に任せその沙汰を致すべし。もしなお承引せざれば、その咎に処せらるべきの由、仰せ出さるるところの状、くだんの如し。

(1)洛中帯座々頭職　洛中の帯の販売独占権をもっていた帯座の座人の統轄者。(2)公用　公事銭(営業税)。(3)大舎人　帯地をはじめとする綾織物の洛中での生産の独占権をもっていた大舎人座の構成員をさす。(4)濫吹　乱暴。非法行為。

【解説】「七十一番職人歌合」その他の史料に、女性の商人や高利貸が多く登場する。この史料の亀屋五位女は商人たちの上に立つ座頭職と公用代官職とをもっていて、座人の「補任」と公事銭の徴収・納入を行っていた。彼女と同一人か先代とみられる亀屋女がすでに長享二年(一四八八)三月十二日以前から「帯座頭職」をもっていた(『賦引付』)。この文書は、帯座の独占がくずれて大舎人や寺庵などが販売したり、公事銭を納めないという状況にあったことを示している。このためか、彼女はその権利を天文十三年(一五四四)閏十一月十三日以前に京都嵯峨の商人吉田宗忠(江戸初期の豪商角倉了意の祖父)に売却したもようで、同日付でこの文書と同趣旨の幕府奉行人奉書が宗忠宛に出されている(『田中光治氏所蔵文書』)。なお、これら一連の関係文書は今谷明・高橋康夫共編『室町幕府文書集成　奉行人奉書篇』上下(思文閣出版)所収。

4　寺院と民衆

408〔明通寺寄進札〕大永三年（一五二三）紙屋四郎大夫如法経米寄進札

奉施入　椚山明通寺(1)如法経(2)米事
　合伍石者　毎年御経一部奉納
右志者為妙貞禅尼十七年忌之追修(3)也、願依此善因悲母聖霊速証菩提妙果(4)給、乃至法界平等利益(5)而已、
　　　　　　　　　　　　　東寺野紙屋
　大永参年癸未八月廿四日　　　四郎大夫（略押）

施入したてまつる、椚山明通寺如法経米の事。

　合わせて五石者《てえり》。毎年御経一部奉納。

右志は、妙貞禅尼十七年忌の追修のためなり。願わくばこの善因により、悲母の聖霊菩提の妙果を速証し給い、ないし法界平等利益のみ。

(1)明通寺　福井県小浜市に所在。(2)如法経　行法にしたがって法華経を書写すること。(3)追修　故人の追善を行なうこと。(4)菩提妙果　死後の仏果を得ること。(5)法界平等利益　世界の生者・亡者の功徳となるように、ということ。

【解説】　寺院に供養のための寄進を行うことは各時代にあったが、この時代には、庶民からの寄進がさかんに行われた。明通寺には、鎌倉時代末から十七世紀までの如法経のための費用を寄進する寄進札が四百一枚現存している。それらは木札に墨書され、堂内に打ち付けられたもので、寄進額は当初は経一部について十石が一般であったが、十六世紀にはいると五石になり、寄進者の階層も職人や商人に広がっていった。

409〔東京大学文学部所蔵東大寺文書〕天文十五年（一五四六）美濃国寺田住人等連署起請文

去天文五年正月、東大寺御寺官□（蒙カ）勅定、濃州在御下向、彼国御所務、如旧規落居□候之砌、当庄上下奉無道、御乗物其外諸財産悉以奪取了、依此悪行、当所面々□（名字カ）大仏殿・八幡宮・二月堂被籠(1)、依御調伏、蒙冥罰、至子々孫々令殄滅《てんめつ》間、各令恐怖、以浄識及（房カ）得業、寺門之御儀佗事申処、可有御免除之由被仰出、

去る天文五年正月、東大寺御寺官、勅定を蒙り濃州に御下向あり、かの国の御所務旧規の如く落居□候のみぎり、当庄上下無道をしたてまつり、御乗物そのほか諸財産悉くもって奪取し了《おわ》んぬ。この悪行により、当所面々の名字を大仏殿・八幡宮・二月堂に籠められ御調伏により、冥罰を蒙り、子々孫々に至りいよいよ滅せしむるの間、各恐

怖せしめ、浄識房得業をもって寺門の御儀侘事《わびごと》申すところ、御免除有るべきの由仰せ出ださる。

(1)八幡宮　東大寺の鎮守、手向山八幡宮。

【解説】 中世後期の奈良の寺院では、「籠名」といって、寺の怨敵や寺命に服さない領民の名字を堂舎に籠めて呪咀・調伏の祈禱をすることが行われていた。東大寺でも「籠名」が行われており、美濃国(岐阜県)の東大寺領に下向した寺僧らが帰路に寺田の武士・百姓らに年貢や財物等を奪われ、東大寺はその報復として、寺田の人々の名字を堂舎に籠めて呪咀し、そのため寺田では疫病などで死者があいついだという。これを恐れた寺田の人々は、連署した起請文を寺に差し出して許しを請うた。この起請文がそれで、この事件は東大寺にとっては輝かしい祈りの成果として『二月堂縁起絵巻』に記録されたが、当時の人々にとっては、寺の調伏が決して簡単に無視できるようなものではなかったことを示しているといえよう。

410〔大覚寺文書〕天文元年(一五三二)尼崎墓所掟

定　於尼崎墓所条々事
一、火屋(1)　荒墻(2)　四方幕 内地付一端(3)充聖方へ取之、
引馬 導師分迄、　龕《がん》 蓋、是を不可取、
於此分者、百疋可取之(4)、収骨(5)者五十文、
一、火屋　荒墻　幕 方者不定、地付一端如前、　龕
於此分者、参百文可取之、収骨者廿文、
一、あらかき　こし
於此分者、十疋可収之、収骨者十文、
新輿作る時、不可違乱、
一、定輿(6)、付、桶ニ入土葬同之、於此分者、五十文可取之、
一、筵(8)ニ入、付、無縁(7)取捨、於此分者、拾文、
少愛者十文、
此外雖為一事、不可違乱也、
一、石塔并塔婆等ちり失る時者、ひしり方より可弁之、各々墓所をあらたむる(9)時、不可有違乱者也、
右、於此旨者、為地下可制敗(成)□也、
天文元年壬辰十一月卅日　菩提寺(10)在判

定む、尼崎墓所における条々の事
一、火屋《ひや》・荒墻《あらがき》・四《よ》方幕《ほうまく》〈内、地付一端ずつ、聖方へこれを取る〉・引馬〈導師分まで〉・龕《がん》〈蓋、これを取るべからず〉
この分においては、百疋これを取るべし。収骨は五十文。
一、火屋・荒墻・幕〈方は定めず、地付一端前のごとし〉・龕
この分においては、三百文これを取るべし。収骨は二十文。
一、あらがき・こし

この分においては、十疋これを収むべし。収骨は十文。新輿《あらこし》作るとき、違乱すべからず。

一、定輿、〈付〉、桶に入れ土葬、これに同じ。この分においては、五十文これを取るべし。

一、筵に入る、〈付、無縁は取り捨つ〉。この分においては十文。少愛は十文。

　この外、一事たりと雖も違乱すべからざるなり。

一、石塔ならびに塔婆等ちり失《うす》るときは、ひじり方よりこれを弁ずべし。各々墓所をあらたむるとき、違乱有るべからざるものなり。

　右、この旨においては、地下として成敗すべきもの也。

(1)火屋　火葬のために設えられる小屋。(2)荒墻　火屋の周囲にめぐらされた、目を荒く結った垣。(3)地付一端　地は乳か。乳は紐などを通すため幕に付けられた輪で、五反に一反のわりで乳を付け、この乳の付いた一反は葬送に携わる聖方のものとなる。(4)百疋可取之　一貫文は菩提寺が得る。(5)収骨　火葬の後に焼けた骨を拾うこと。(6)定輿　菩提寺の備えている輿のことか。(7)無縁　弔う縁者のないもののこと。(8)少愛　子供。(9)墓所をあらたむ　改葬のとき。(10)菩提寺　大覚寺の子院。

【解説】　十五世紀をすぎた頃から、寺院の境内に一般の人々の墓地が作られることが多くなった。この史料は、兵庫県尼崎の律宗寺院・大覚寺の子院である菩提寺の墓地の定めで、葬送の実務にあたる聖や法要の導師、墓地を管理する菩提寺のそれぞれの取り分が規定され、また火葬や土葬に種々の身分や階層に応じてランクがあったことなどが知られ、興味深い。

戦国大名と将軍・天皇

1 足利義輝の対大名策

(1) 長尾景虎の上洛と御内書

411〔上杉家文書〕永禄二年(一五五九)六月二十六日大館晴光副状

(封紙ウハ書)「(張紙)「裏書御免之書付」

大館上総介

長尾弾正少弼殿 床下　晴光」

(端裏)「(墨引)」

就裏書御免之儀(1)、被成　御内書候(2)、誠御面目之至候、然者、可被加御分別由御文言者、三官(管)領・御一族計へ之御書礼之事候、其御心得肝要候、恐々謹言、

(永禄二年)六月廿六日　晴光(大館)(3)(花押)

長尾弾正少弼殿(景虎) 床下

裏書御免の儀につき、御内書を成され候。誠に御面目の至りに候。しかれば、御分別を加えらるべき由の御文言は、三管領・御一族ばかりへの御書礼の事に候。その御心得肝要に候。恐々謹言。

(1)裏書御免　文書を包む封紙は、通常は上記のように、裏面になる方に差出人の苗字・官途名の両方もしくはどちらか一方を一行に書き、表になる方に宛所と差出人の名前を一行に書いて折り畳む。このうち前者の苗字・官途名を封紙裏書といい、身分・格式の高い人はこれを省略できた。この場合、将軍義輝が長尾景虎(のちの上杉謙信)に封紙裏書を省略することを許可したことをいう。これは三管領と将軍の一族に準ずる待遇とされている。(2)御内書　将軍の出す直状。この御内書は上杉家文書に現存し、「裏書事、免之条、加分別、可存其旨候」とある。本史料はこの御内書に副えられたもの。(3)晴光　将軍義晴・義輝父子の側近で、内談衆。

412〔上杉家文書〕永禄二年(一五五九)六月二十六日室町将軍家足利義輝御内書

(封紙ウハ書)「長尾弾正少弼とのへ」

甲・越一和之事、対晴信(武田)度々雖加下知、無同心、結句至分国境目乱入之由、無是非候、然者、信濃国諸侍事(1)、弓矢半

之由候間、始末景虎（長尾）可加意見段肝要候、猶晴光（大館）可申候也、
（永禄二年）六月廿六日　（花押）（足利義輝）
長尾弾正少弼（景虎）とのへ

甲・越一和の事、晴信に対し度々下知を加うと雖も、同心なく、結句、分国境目に至り乱入の由、是非なく候。しかれば、信濃国の諸侍の事、弓矢半ばの由に候間、始末、景虎意見を加うべきの段、肝要に候。なお晴光申すべく候なり。

（1）信濃国諸侍　武田晴信（信玄）の信濃侵攻により本領を追われ景虎を頼った村上義清・高梨政頼や島津・須田・小笠原氏ら。

【解説】　三好長慶に追われて近江に逃れていた義輝は、永禄元年夏から攻勢に出て、十一月長慶と講和して京都に帰った。義輝は帰洛前後から権威の復活をはかって、長尾（上杉）・武田・北条、大友・日向の伊東・島津、毛利・大友・尼子などの講和を斡旋し、使者も派遣した。景虎は天文二十二年（一五五三）についで永禄二年に再上洛し、義輝やその母・妻の実家近衛家の関白前嗣らと接触し、忠節を誓って多数の御内書を得た。史料411に関わる裏書御免と塗輿免許によって国内や近国で抜群の格式と名誉を得、史料412の他に関東管領上杉憲政への馳走を命ずる御内書を得て、信濃・関東出兵の大義名分と軍勢催促権を主張することになる。武田・北条は義輝の講和命令には従わなかった。

（2）雲豊芸三和の斡旋と毛利隆元の立場

413〔毛利家文書〕年月日未詳毛利隆元自筆覚書

和談申切候ハヽ、可出来趣事

一、第一、雲州・豊後上下をからかい（1）候て可取相事、更両口共勝ぬき候する儀不覚候事、

一、一味中国衆并家来迄も、はたとはや弓矢ニ退窟（2）とみえ候事、

一、家来之衆之儀、今度河本なとにてもみきり候、虎口向動向之儀たんそく（3）仕候する者、一人も無之候事、

一、是ハ不入儀ニ候へ共、各自他国にも、もり（毛利）ハ上意（4）をも（是ハ一向くるしからす、不入事ニ候へ共、可有其沙汰所を）申こくり候て申切候と取沙汰すへき事、（申計ニ候、上意を背候ても、家をかゝハり候ハてハ不叶事候、不得申候、前々もさやうの事毎々儀候、）

（1）からかい候　争う。（2）退窟　退屈。怠ること。この場合は軍務を怠ること。（3）たんそく　短息《たんそく》。非常に精を出して入念に探し求めること。（4）上意　将軍義輝の意向。

【解説】　将軍義輝は永禄二年（一五五九）から毛利・大友・尼子氏らに和睦を働きかけ、聖護院門跡道増や久我通興を派遣した。毛利隆元は大友氏との講和が進んだため、周防の陣を撤収して出雲に出陣する途中の永禄六年八月四日に急死した。この文書

はその間のもので、義輝の講和斡旋を拒否した時に生ずる事態を列挙し懸念しつつも、上意より「家をかゝハり候」こと、すなわち毛利の家を保つことの方が大事だと断言している。

なお、義輝は永禄八年五月十九日三好三人衆らの襲撃をうけて自刃し、同十一年二月八日に足利義栄《よしひで》が十四代将軍に就任するまでの三年近く、将軍不在となる。

2　織田信長の台頭と将軍家

(1)　織田信長の美濃平定と天皇

414〔経元卿御教書案〕永禄十年（一五六七）十一月九日正親町天皇綸旨

今度国々属本意由、尤武勇之長上、天道之感応、古今無双之名将、弥可被乗勝之□（条）為勿論、就中両国（1）御料□（所）□（且）被出御目録之条、厳重被申付者、可為神妙旨（之由）、綸命如此、悉之以状、

永禄十年十一月九日　　右中弁（花押）（勧修寺晴豊）晴豊

織田尾張守殿

今度国々本意《ほい》に属するの由、尤も武勇の長上、天道の感応、古今無双の名将、弥《いよいよ》勝に乗らるべきの条勿論たり。なかんずく両国御料所且がつは御目録を出さるるの条、厳重に申し付けらるれば、神妙たるべきの旨《むね》、綸命《りんめい》かくの如し。これを悉《つく》せ。もって状す。

（1）両国　尾張国と美濃国。

【解説】　織田信長は永禄十年八月十五日、美濃稲葉山井口城の斎藤竜興を追って美濃を掌握。井口を岐阜と改めてそこに本拠を移した。尾張・美濃二国の大名となった信長に、天皇らは最大級の讃辞を用いて、天皇家旧領の回復を求めようとしたことを示す史料である。信長はこの後しばらく美濃支配に集中するが、年末には上洛の意思を各方面に明示し、翌年七月越前朝倉氏のもとにいた足利義昭を美濃に迎え、同九月上洛する。経元は甘露寺氏。左中弁として、勧修寺晴豊とともに綸旨の発給に関わった。奥野高広『織田信長文書の研究』上巻所収。

(2)　足利義栄の将軍就任と足利義昭

415〔言継卿記〕永禄十一年（一五六八）二月八日

八日、戊子、天晴。一、早旦山形（日野（1）内）右衛門大夫来、従越州昨夕為武家（2）御使諏方神右兵衛尉（3）上洛。忍之間可来之由申候間、則山形所へ罷向、則神右兵衛対顔、当月末早々可罷下之由有之。種々被仰下之様体有之。御内書以下如此。

就元服之儀、至当国下向候者可悦入候、為其差上俊郷、
於巨細者中含候、猶義景(4)可演説之状如件、
　正月廿三日　　　　御判
　　山科殿(5)

(中略)

今夜将軍宣下(6)、上卿出立要脚、於伝奏三百疋請取之。(中略)戌刻高倉へ罷向着束帯、衣文入道に申之。相公沈酔云々。裾石帯玉、布衣之白袴同刀太刀持、借用之。自彼宅参内。(中略)重通朝臣来仰云、左馬頭源朝臣義栄《ひで》宜為征夷大将軍、兼又可聴着禁色。

(1)日野　日野輝資。広橋国光の子で、正二位権大納言日野晴光死後中絶していた日野家をついだ。(2)武家　足利義秋。四月に一乗谷で元服し(三十二歳)、義昭と改名する。(3)諏方神右兵衛尉　実名俊郷。幕府奉行人諏訪信濃守晴長の一族。(4)義景　朝倉義景。この御内書に付された朝倉義景副状が、この後の中略部分にある。(5)山科殿　山科言継。権中納言兼大宰権帥。(6)将軍宣下　この日足利義栄を第十四代将軍に任ずる将軍宣下が行われた。義栄は十二代将軍義晴の弟義維の子。義輝・義昭の従兄弟。

【解説】　永禄十一年二月八日、三好三人衆が擁立する義栄が第十四代将軍に正式に就任した。将軍宣下は同日夜宮中で山科言継が上卿となって行われたが、義栄は京都に入れず、告使の高屋右京進重弘が十二日に義栄のいる富田の普門寺(大阪府高槻市)に派遣された。同じ八日、足利義昭の密使が言継に面会し、義昭の元服のため言継に一乗谷下向を要請したことが、前半部分にみえる。義栄は義昭・信長の上洛に対抗し戦おうとしたが、九月に腫物を患い病死した。

第五節

十六世紀の列島周辺

1 公的交通の衰退

(1) 三浦《さんぽ》の乱

416 〔朝鮮中宗実録〕五年(一五一〇)四月乙未(十日)

対馬島代官(1)兵部盛親書契曰、朝鮮与日本国、唇歯相接之口也、由是承大明国之宣旨(2)、其宣旨曰、両国無二、而朝暮可通也、殊対州為西海之藩屛、両国往来之咽喉也、従曾祖定和親之約諾堅固也、此十年以来、毎事換変也、殊去年四月、釜山浦令公(李友曾)(3)下着以来、重重立新法度、対日本人企矛楯、雖差使船、尽小船(4)、比人数記録、或上官人各(5)不遂上洛、従浦空帰来、又一年中之糧米、其年中尽不給、二三年之分圧留、上官人・舟子劬労、郡房長亦姦曲、与令公同心招乱也、以故対州代主宗兵部少輔盛親為大将、数万兵船乗渡釜山浦、令公父子兄弟打殺刎頸掛門前、截捨者無限、今日令公頸以早船渡対州、於東萊郡令公(尹仁復)(6)無遺恨、欲述此義、昨日向東萊郡、途中有軍勢、向日本人放箭、是故日本人亦着城塁之門放箭、因無遺恨、此旨達洛(7)、毎事毎事(衍字)再知(如)先例、則天下院宣(8)有其証状者、兵船即時引退也、無其義、則鯨呑蚕食、待日可見也、(下略)

対馬島代官兵部盛親が書契《しょけい》に曰く、「朝鮮と日本国と、唇《しん》歯《し》相接するの口なり。これに由り大明国の宣旨《せんじ》を承《う》く。その宣旨に曰く、「両国無二にして朝暮通ずべきなり」と。殊に対州は西海の藩屛《はんぺい》として、両国往来の咽喉《いんこう》なり。曾祖より和親の約諾を定むること堅固なり。この十年以来、毎事換変するなり。殊に去年四月、釜山浦令公下着せしより以来、重重新法度を立て、日本人に対して矛楯を企つ。使船を差すと雖も、尽く小船と人数を比《ひと》しく記録し、或いは上官人各《みな》上洛を遂げず、浦より空しく帰来す。また一年中の糧米をその年中に尽くは給せず、二、三年の分を圧《おさ》え留め、上官人・舟子劬労《くろう》す。郡房長もまた姦曲にして、令公と同心して乱を招くなり。故をもって対州代主宗兵部少輔《ひょうぶのしょう》盛親を大将として、数万の兵船にて釜山浦へ乗り渡り、令公が父子兄弟を打ち殺し、頸《くび》を刎《は》ねて門前に掛けたり。截《き》り捨つる者は限りなし。今日、令公の頸を早船をもって対州に渡せり。東萊郡の令公においては遺恨なし。この義を述べんと欲し、昨日東萊郡に向かいしに、途中軍勢ありて、日本人に向かいて箭《や》を放つ。この故に日本人もまた城塁の門に着して箭を放てり。遺恨なきに因り、この旨洛に達し、毎事再び先例の如くんば、すなわち天下の院宣その証状あらば、兵船は即時に引き退くなり。その義なくばすなわち鯨呑蚕食《げいどんさんしょく》すること、日を待ちて見るべきなり。（下略）」と。

（1）対馬島代官　対馬守護代。後出の「対州代主」も同じ。対馬側の史料では国親の名で所見。（2）大明国之宣旨　明皇帝の命令書だが、他の史料に見えず、存否不明。（3）令公　地方官衙の長。ここでは釜山浦僉《せん》使《し》。後出の東萊の場合は県令。（4）小船　三浦に倭人の船が入港すると、朝鮮側は船の大きさを測り、大中小のランクに応じて滞在費を支給した。ここでは大船・中船も小船にランク付けされたと抗議している。（5）上官人　正使。（6）東萊郡　正しくは県で、現在の釜山市東萊区。いまも城壁の痕跡を留める。（7）洛　ソウル。（8）天下院宣　朝鮮国王の命令書。

【解説】　朝鮮半島南岸に形成された倭人居留地三浦（史料346・347参照）のひとつ釜山浦では、一五〇九年に着任した僉使李友曾が従来よりきびしい基準で倭人の取り扱いに臨んだ。憤激した恒居倭《こうきょわ》（居留倭人）は、翌年四月四日、基準を旧例に戻すことを要求に掲げ、対馬島主宗氏の援軍とともに蜂起して、李友曾とその一族を殺し、薺浦《せいほ》僉使金世鈞をとりこにした。しかし朝鮮側はただちに反撃に出て、倭人は数日で三浦から追い払われ、朝鮮通交におけるすべての権益を失った。この事件を三浦の乱という。右の書契は、援軍の指揮者宗盛親が、釜山浦を管轄する東萊県令の尹仁復に送った要求書で、倭人サイドから事件の経過を述べ、要求を国王に取り次ぐよう求めている。なお書契の次には仁復の返答書も載っており、倭人側の実力行使を非難しつつも、要求を国王に達することは約束している。

(2) 寧波《ニンポー》の乱

417〔明世宗実録〕嘉靖二年（一五二三）六月甲寅（十五日）・戊辰（二十九日）

甲寅（十五日）、日本国夷人宗設謙導等、齎方物来、已而瑞佐宋素卿等後至、倶泊浙之寧波、互争真偽、佐被設等殺死、素卿竄慈谿（1）、縦火大掠、殺指揮劉錦袁璡、蹂躙寧・紹間（2）、遂奪舡出海去、（下略）

戊辰（二十九日）、礼部覆（3）、日本夷人宋素卿来朝、勘合乃孝廟（4）時所降、其武廟（5）時勘合、称為宗設奪去、恐其言未可信、不宜容其入朝、但二夷相殺釁起宗設、而宋素卿之党被殺衆、雖素卿以華従夷（6）、事在幼年、而長知効順、已蒙武宗有免、毋容再問、惟令鎮巡等官、省諭宋素卿、回国移咨国王、令其査明勘合、自行究治、待当貢之年、奏請議処、（中略）上命（7）繋宋素卿及宗設夷党於獄、待報論決、仍令鎮巡官、詳鞫各夷情偽、以聞、

甲寅。日本国夷人宗設謙導《そうせつけんどう》等、方物を齎《もた》し来たる。已《すで》にし

て瑞佐《ずいさ》・宋素卿《そうそけい》等後《おく》れて至り、倶《とも》に浙の寧波《ニンポー》に泊し、互いに真偽を争う。佐、設等に殺死せらる。素卿、慈谿《じけい》に竄《かく》る。火を縦《はな》ちて大掠し、指揮劉錦・袁璡《えんしん》を殺し、寧・紹の間を蹂躪し、遂に舡《ふね》を奪い出海して去る。（下略）

戊辰。礼部《れいぶ》覆す、「日本夷人宋素卿来朝するに、勘合は乃《すなわ》ち孝廟の時降す所なり。その武廟の時の勘合は、宗設に奪去せらると称す。恐らくはその言未だ信ずべからず。宜しくその入朝を容《ゆる》すべからず。但し二夷の相殺は、釁《きん》宗設より起こり、しかして宋素卿の党に被殺衆《おお》し。素卿、華をもって夷に従うと雖も、事は幼年に在り。しかるに長じて効順を知り、已に武宗の宥免を蒙る。再問を容すなかれ。惟《おも》うに、鎮巡等の官をして、宋素卿に省諭して国に回《かえ》り国王に移咨せしめ、それをして勘合を査明して自《みずか》ら究治を行わしめ、貢に当たるの年を待たん。奏して議処を請う」と。（中略）上、宋素卿及び宗設の夷党を獄に繋ぎ、報を待ちて論決せんことを命ず。仍《な》お鎮巡官をして詳しく各夷の情偽を鞫《きく》し、以聞せしむ。

（1）慈谿　浙江省寧波府に属する県名。（2）寧・紹間　寧波と紹興の間。前出の慈谿も含まれる。（3）礼部覆　礼部は日本の省にあたる六部のひとつで、儀礼や外交を担当する。覆は上申。（4）孝廟　明朝第十代皇帝孝宗。在位一四八七－一五〇五年。年号は弘治。（5）武廟　明朝第十一代皇帝武宗。在位一五〇五－二一年。年号は正徳。（6）以華従夷　宋素卿が中国人なのに日本の細川氏の家臣となったこと。（7）上　世宗皇帝。

418〔室町家御内書案〕大永七年（一五二七）七月二十四日足利義晴御内書

御ふミくハしく見申候。進上の物とも、たしかにうけとり候ぬ。又この国と朿羅国《から》（1）とわよ（2）の事、中とゝのへられ候。めてたく候。

大永七年七月廿四日　御判在之（3）

りうきう国のよのぬし（4）へ

（1）朿羅国　明。（2）わよ　和解。（3）御判在之　原本ではここに義晴の花押が据えられていた。（4）よのぬし　琉球国王の固有の称号。ここは尚清王（在位一五二七－五五年）。

【解説】一四六五年の第十二次以降の勘合船は、細川・大内両氏の争奪の的となった。一五二三年、大内義興の派遣した遣明使謙道宗設《けんどうそうせつ》らが、第十六次遣明使から奪った正徳勘合を携えて寧波に入港した。それを追いかけるように、将軍足利義晴・管領細川高国派遣の遣明使鸞岡瑞佐《らんこうずいさ》らが入港した。鸞岡らが携えていたのは、すでに無効となったはずの弘治勘合だったが、副使の中国人宋素卿は、検査官に賄賂を使って、大内船より先に受け入れさせた。憤激した大内側は、鸞岡と明の軍人劉錦・袁璡を殺し、細川船を焼いた。寧波の乱と呼ばれるこの事件は、勘合貿易が陥った末期的症状を示している。乱の結果日明関係は一時断絶したが、明は復交の途を探るため琉球に仲介を依頼し、琉球は禅僧檀渓全叢《だんけいぜんそう》を日本へ送った。檀渓は将軍足利義晴と面会して、義晴の明皇帝あて表文と明礼部あて咨文（ともに五山僧月舟寿桂《げっしゅうじゅけい》作で、『幻雲文集』に収める）とを託され、琉球へ帰った。史料418はこのとき義晴から琉球国王尚清にあてた礼状である。

2　後期倭寇と諸民族雑居

(1)　倭服・倭語

419〔**朝鮮成宗実録**〕**十三年（一四八二）閏八月戊寅（十二日）**

持平(1)李義亨啓曰、済州(2)流移人民、多寓於晋州・泗川(3)地面、不載戸籍、出没海中、学為倭人言語衣服、侵掠採海人民、請推刷(4)還本、上問左右、領事尹弼商・知事李克増対曰、義亨之言然矣、流移之民来寓晋州等地、往来海中、似若倭奴、若聞推刷、則便浮于海、刷還(5)為難、上曰、此則済州守令(6)之過也、何不撫其民、使之流移乎、令観察使(7)推刷可矣、

持平李義亨啓して曰く、「済州流移の人民、多く晋州・泗川の地面に寓し、戸籍に載らず、海中に出没し、学びて倭人の言語・衣服をなし、採海の人民を侵掠す。推刷して本に還さんことを請う」と。上、左右に問う。領事尹弼商・知事李克増対《こた》えて曰く、「義亨の言然《しか》り。流移の民、晋州等の地に来寓し、海中を往来し、倭奴のごとし。もし推刷を聞かば、則便《すなわち》海に浮かび、刷還難きとならん」と。上曰く、「これすなわち済州守令の過《とが》なり。何ぞその民を撫せずして、これをして流移せしむるか。観察使をして推刷せしむるが可なり」と。

（1）持平　司憲府の第四等の官で正五品。（2）済州　済州島。（3）晋州・泗川　ともに慶尚道西南部の地名。（4）推刷　戸口を調査すること。（5）刷還　推刷して本貫に還すこと。（6）守令　地方官衙の長官。（7）観察使　道の行政長官。

【解説】　本貫を離れて慶尚道南岸に流寓した済州島の海民が、倭人の言語・衣服で漁民に害を加える、という事件が起き、成宗は慶尚・全羅両道の観察使に彼らの動静を調査させた。済州島民が倭人の言語・衣服を習ったことは、倭人と共通する境界的性格を示しており、政府が彼らを戸籍に登録して把握することは困難をきわめた。

(2)　倭寇王王直

420〔**籌海図編**〕**巻九　大捷考　擒獲王直**

王直(1)者歙人也、少落魄、有任侠気、及壮多智略、善施与、以故人宗信之、一時悪少、若葉宗満・徐惟学・謝和・方廷

助等、皆楽与之遊、間嘗相与謀曰、中国法度(2)森厳、動輒触禁、孰与海外乎逍遥哉、(中略)嘉靖十九年、時海禁尚弛、直与葉宗満等之広東、造巨艦、将帯硝黄糸綿等違禁物、抵日本・暹羅・西洋(3)等国、往来互市者五六年、致富不貲、夷人大信服之、称為五峯(4)船主、則又招聚亡命若徐海・陳東・葉明(5)等、為之将領、傾貲(6)勾引倭奴門多郎次郎四助四郎等、為之部落(7)、又有従子(8)王汝賢・義子王激(9)、為之腹心、会五島夷為乱、(中略)乃更造巨艦、聯舫方一百二十歩、容二千人、木為城、為楼櫓四門、其上可馳馬往来、拠居薩摩洲(10)之松浦津、僭号(11)曰京、自称曰徽王(12)、部署官属咸有名号、控制要害、而三十六島之夷、皆其指使、時時遣夷漢兵十余道、流劫浜海郡県、延袤(13)数千里、咸遭荼毒、而福清・黄巌・昌国・臨山・崇徳・桐郷諸城(14)、皆為攻堕、焚燔廬舎、擄掠女子・財帛、以鉅万計、吏民死鋒鏑塡溝壑者、亦且数十万計、

王直は歙《きゅう》の人なり。少《わか》くして落魄し、任俠の気あり。壮に及んで智略多く、施与を善くす。故をもって人これを宗信す。一時の悪少、葉宗満・徐惟学・謝和・方廷助等のごとき、皆楽《この》んでこれと遊ぶ。間《ひそ》かに嘗て相与《とも》に謀りて曰く、「中国は法度森厳にして、動《やや》もすれば輒《たやす》く禁に触る。孰《たれ》か海外に逍遥せんや」と。(中略)嘉靖十九年(一五四〇)、時に海禁尚弛《ゆる》し。直、葉宗満等と広東に之《ゆ》き、巨艦を造り、将《もっ》て硝黄糸綿等の違禁物を帯し、日本・暹羅《シャム》・西洋等の国に抵《いた》り、往来互市すること五、六年。致富貲《はか》られず。夷人大いにこれに信服し、称して五峯船主となす。すなわちまた亡命せる徐海・陳東・葉明等のごときを招聚して、これを将領となし、貲《し》を傾けて倭奴の門多郎次郎四助四郎等を勾引して、これを部落となし、また従子王汝賢・義子王激あり、これを腹心となし、五島の夷を会して乱をなす。(中略)すなわち更に巨艦を造り、舫方《もやいぶね》を聯《つら》ぬること一百二十歩、二千人を容《い》る。木もて城を為《つく》り、楼櫓四門を為る。その上は馬を馳せて往来すべし。薩摩洲の松浦津に拠居し、僭号《せんごう》して京と曰《い》い、自称して徽王と曰う。部署・官属も咸《みな》名号あり。要害を控制して、三十六島の夷、皆それ指使す。時時夷漢の兵十余道を遣わして、浜海の郡県に流劫す。延袤《えんぼう》数千里、咸荼毒《とどく》に遭えり。しかして福清・黄巌・昌国・臨山・崇徳・桐郷の諸城、皆攻堕をなし、廬舎《ろしゃ》を焚燔《ふんはん》し、女子・財帛を擄掠すること、鉅万《きょまん》をもって計《かぞ》う。吏民の鋒鏑《ほうてき》に死し溝壑《こうがく》を塡《うず》むる者もまた且つ数十万を計う。

(1)歙　安徽《あんき》省徽州歙県。(2)法度　海禁のこと。(3)西洋　漠然と東南アジア方面を指す。(4)五峯　王直の号で五島にちなんだものという。(5)徐海・陳東・葉明　『籌海図編』巻八「寇踪分合始末史料428参照。

図譜」に王直捕縛後の倭寇の首領としてみえる。とくに徐海は名高い。また陳東は薩摩領主の弟の配下という。(6)貲　資に同じ。(7)部落　軍団。(8)従子　甥。(9)王激　別名毛海峰。王直の養子。(10)薩摩洲　肥前の誤りか。(11)僭号　分を越えた名号。(12)徽王　出身地の州名にちなんだものか。(13)延袤　ひろがり。(14)福清…諸城　いずれも浙江・福建省沿海部の地名。

【解説】　王直は東南アジア方面との密貿易で頭角を現わした中国商人で、ポルトガル人が日本初来のとき乗っていた船は彼のものだったと考えられる(史料428参照)。彼は、一五四四年に寧波に近い密貿易の基地双嶼《そうしょ》に現われ、海賊許棟の配下に加わった。四八年双嶼が明軍によって陥落し許棟が捕まったあと、根拠地を日本の五島・平戸に移して、倭寇最大の頭領にのしあがった。東シナ海をまたぐ勢力範囲に、彼はなかば独立した王国を築きあげ、その配下には華人・倭人が入り乱れていた。『籌海図編』は一五六二年に明の鄭若曾が著した総合的な日本研究書で、「擒獲王直」は一五五七年に官軍に投降するまでの王直の行蹟を記した文章だが、筆者は未詳。

421〔東京大学史料編纂所所蔵文書〕嘉靖三十五年(一五五六)十一月三日明副使蒋洲咨文

大明副使蒋[1]、承奉
欽差[2]督察総制提督浙江等処軍務各衙門[3]、為因近年以来日
　本各島小民、仮以買売為名、屢犯
中国辺境、劫掠居民、奉
旨[4]議行浙江等処承宣布政使司[5]、転行本職[6]、親詣
貴国面議等因、奉此、帯同義士蒋海・胡節忠・李御・陳
柱、自旧年十一月十一日来至五島、由松浦・博多已往
豊後
大友氏[7]会議、即蒙遍行禁制各島賊徒、備有回文[8]、撥船遣
僧徳陽首座[9]等、進
表貢物、所有発行爾島禁賊御書、見在[10]特行備礼、就差[11]通事
呉四郎[12]、前詣投逓[13]、爾即当体
貴国之政条、憤部民之横行、分投遣人、厳加禁制、不許
小民私出海洋侵擾
中国、俾辺境寧静、釁隙[14]不生、共享和平之福、史冊書美[15]、
光伝百世、豈不快哉、否則奸商島民扇構[16]不已、党類益
繁[17]盤拠海島、窺隙竊発、恐非
貴国之利、如昔年安南国陳氏之俗[18]、可鑑矣、今特移文併
知、非特為
中国也、惟深体而速行之、希即回文、須至咨者[19]、
右　　咨
日本国対馬島[20]
(朱印)
嘉靖参拾伍年拾壱月　初二

咨　（花押）

大明副使蔣、欽差督察総制提督浙江等処軍務各衙門を承奉するに、為《そ》の近年以来日本各島の小民、仮るに買売をもって名となし、屢《しばしば》中国の辺境を犯し、居民を劫掠するに因り、旨を奉じて浙江等の処の承宣布政使司に議行し、本職に転行し、親《みずか》ら貴国に詣《いた》り面議せしむ、等の因、ここに奉ず。義士蔣海・胡節忠・李御・陳柱を帯同し、旧年十一月十一日より五島に来至し、松浦・博多に由り、已に豊後大友氏に往きて会議し、すなわち遍く禁制を各島の賊徒に行うを蒙る。回文を備有し、船を撥《はっ》し、僧徳陽首座等を遣わし、表を進め物を貢ず。有るところの、爾《なんじ》の島に発行し賊を禁ずるの御書は、見在特に備礼を行う。通事呉四郎を就《しゅう》差《さ》して、前詣投遞《とうてい》せしむ。爾すなわちまさに貴国の政条を体し、部民の横行を憤り、分投して人を遣わし、厳に禁制を加え、小民の私に海洋に出でて中国を侵擾するを許さざるべし。辺境を寧静に、釁隙《きんげき》を生ぜざらしめば、共に和平の福を亨《う》け、史冊は美を書し、光は百世に伝わらん。豈《あに》快ならずや。否《しからず》ばすなわち奸商島民扇構して已《や》まず、党類益《ますます》繁く海島に盤拠《ばんきょ》し、隙《すき》を窺いて竊《ひそ》かに発せん。恐らくは貴国の利に非《あら》ざらん。昔年安南国陳氏の俗の如き、鑑《かがみ》とすべし。今特に移文して併せ知らしむるは、特《ただ》に中国のためのみには非ざるなり。惟《こ》れ深く体して速やかにこれを行え。すなわち文を回さんことを希《ねが》う。須《すべか》らく咨に至るべき者なり。右、日本国対馬島に咨す。

(1)大明副使蔣　蔣洲。?―一五七二年。明人。(2)欽差　皇帝の命によって派遣された。(3)衙門　ここでは浙江省方面軍の提督の役所。(4)旨　皇帝の意思。(5)承宣布政使司　明代の地方官で民政・財政を掌る。全国を十三布政司に分け、毎司に左右布政使各一人を置く。(6)本職　蔣洲を指す。(7)大友氏　豊後の戦国大名大友義鎮(宗麟)。(8)回文　返書。(9)徳陽首座　大友義鎮の使僧(『明世宗実録』嘉靖三十六年八月甲辰条)。(10)見在　現在。いまそこにある。(11)就差　つけてつかわす。(12)通事呉四郎　広東省海陽県の人で日本に流寓帰化した。(13)投遞　わたすこと。(14)釁隙　なかたがい。不和。(15)史冊　史書。(16)扇構　あおる。(17)盤拠　根を張ってわだかまる。盤踞。(18)安南国陳氏　ベトナムの陳朝。一二二五―一四〇〇、一四〇七―一三年。陳朝は一四〇〇年に外戚の胡氏に簒奪されて一旦滅亡。明の永楽帝は胡氏を倒して陳朝を回復させたが、一四一三年に明に併合した。(19)咨　基本的に対等な官庁どうしでやりとりされる公文書の様式名。(20)対馬島　島主宗義調《よししげ》。一五五五年、倭寇が朝鮮の全羅道を襲う事件があり、義調は倭寇情報を朝鮮に提供、五七年の丁巳《ていし》約条で歳遣船の数を三〇隻に復することを認められた。

【解説】　明の使節蔣洲から対馬の宗氏にあてた咨文の原本で、もと宗伯爵家蔵。現在は東京大学史料編纂所蔵。『続善隣国宝記』にも収む。明皇帝に係わる語句を二字擡頭、日明両国および大友氏に係わる語句を一字擡頭にしている。一五五三年以来倭寇の首領王直の活動が激化、西北九州を根城に大陸沿岸を荒らし、中国側ではその対策に苦慮した。浙江省鄞県出身の遊俠の徒だった蔣洲は、日本に渡って王直を説得することを浙直総督胡宗憲に献策。五五年、陳可願とともに五島で王直と会見、帰国を承諾させた。ついで大友氏・大内氏・宗氏にも倭寇禁止を要請した。『明世宗実録』嘉靖三十五年(一五五六)四月甲午条に載せる陳可願の復命書に、詳しい関連記事がある。また『朝鮮明宗実録』十二年(一五五七)三月庚午条に、宗氏の使船が朝鮮に至り蔣洲の咨文について報告したことが記され、本文書が引用されている。

3　琉球・蝦夷の変貌

(1)　尚真王時代

422〔**おもろさうし**〕**第一　首里御府の御さうし　きこゑ大ぎみがおもろ　嘉靖十年(一五三一)**

あおりやへが節(1)
一　聞得《きこゑ》大君《ぎみ》ぎや(2)
首里杜《もり》　降《お》れわちへ(3)
おぎやか思《も》いや
君《きみ》しよ(4)　守《まぶ》りよわめ(5)
又鳴響《とよ》む精高子《せだかこ》が
真《ま》玉杜《もり》　降《お》れわちへ
又さしふ(6)　照《て》る雲《くも》(7)に
降《お》れ直《なお》ちへ(8)からは
又さしふ　照《て》るきしやけ(9)
降《お》れ栄《ふさ》てからは
又てるかは(10)と　十声《とこゑ》　遣《や》り交《かわ》ちへ
又てるしの(11)と　ゑりちよ(12)　遣《や》り交《かわ》らへ
又てるかはも　誇《ほこ》て

(1)あおりやへが節　おもろには一首ごとに節《ふし》の名称が注記されている(「あおりやへ」は神女の名)が、節ごとで歌いかたにどんな区別があったかは不明。(2)ぎや　格助詞「が」に相当し、両者は混用される。(3)降れわちへ　天降りし給いて。「わ」は補助動詞「おわす」の語幹「おわ」に相当する「よわ」から「よ」が脱落した形。「ちへ」は接続助詞「て」に相当し、両者は混用される。(4)しよ　係助詞「こそ」に相当。(5)守りよわめ　お守りくださるだろう。(6)さしふ　神の依り憑く人。(7)照る雲　神女の名。(8)直　王や世の中の繁栄を祈る神事。(9)照るきしやけ　神女の名。(10)てるかは　太陽。(11)てるしの　太陽。(12)ゑりちよ　声。ことば。

【**解説**】『おもろさうし』は琉球に伝わる古謡「おもろ」を王府が十七世紀以降に集成したもので、巻一の「嘉靖十年」という年記には疑問が持たれている。右の作品は、「聞得大君」以下の神女らの霊力が「おぎやか思い」すなわち尚真王を守護することを願う内容である。琉球では聞得大君を頂点とする神女の組織が、王を頂点とする官僚組織とならんで、国家機構を構成していた。第二尚氏王朝三代の尚真王は、一四七七年に即位してから、王国の最盛期に半世紀にわたって在位し、名君のほまれ高い。おもろの歌い方は、「又」の付く行が「一」の付く行のところに入って中間部分がくりかえされる——この作では「おぎやか思いや／君しよ　守りよわめ」がくりかえし部分——のが基本だが、細部では不明な点が多い。くりかえしを作る際に、〈聞得大君—鳴響む精高子〉〈首里杜—真玉杜〉〈てるかは—てるしの〉のような同義語あるいは類語のペアがしばしば用いられる。

423　〔田名家文書〕嘉靖二年（一五二三）八月二十六日辞令書

しより　の御ミ事
たう　へまいる
たから丸か
くわにしやわ
せいやりとミかひきの
一人しほたるもいてこくに
たまわり申候
しより　よりしほたるもいてこくの方へまいる
嘉靖二　年八月廿六日

首里の御詔《おみこと》。唐へ参る宝丸が官舎は、勢遣富がヒキの一人シホタルモイ文子《てこぐ》に、給わり申し候。首里よりシホタルモイ文子の方へ参る。

【解説】　辞令書は、王の命を受けて王府が発給する命令書で、官職の任命や所領の給与に用いられた。「首里の御詔」で書き出される、少なくとも二箇所に印文「首里之印」の朱印が捺される、中国年号が使われる、などの特徴があり、古琉球期のものはほとんどひらかなで表記される。右は現存最古の辞令書で、シホタルモイ文子という人を明へ渡航する進貢船「宝丸」の官舎職に任命したもの。ヒキは庫理《こうり》とともに王府を構成する重要な官庁で、その名として所見する勢遣富《せいやりとみ》・世高富《せだかとみ》・謝国富《じゃくにとみ》などが渡海船の名でもあることから、渡海船の組織を模写したものと考えられている。なお田名《だな》家には古琉球期の辞令書が十一通まとまって伝来している。（口絵参照）

424　〔百浦添之欄干之銘〕正徳四年（一五〇九）四月

其一曰、信仏而造像、建寺而布金、仏閣・僧房・経殿・鐘楼、連甍接棟、輪奐兼美(1)、今世主(2)、以三帰為心、古漢明・梁武二帝(3)之心也、其二曰、臨臣正礼義、利民薄賦斂、無一日不臨治国斉家之事(4)、是故兆民戴之如日月、千官親之如父母也、上和下睦、其謂之歟、其三曰、当西南有国、名曰太平山、弘治庚申春、遣戦艦一百艘攻之、其国人堅降旗而服従、翌年航海来、献歳貢以穀布、繇是(5)上国之勢愈大而愈盛矣、其四曰、服断錦綉、器用金銀、専積刀剣弓矢、以為護国之利器、此邦財用武器、他州所不及也、其五曰、千臣任官、百僚分職、定其位之貴賤上下、以其帞之黄赤、以其簪之金銀、是後世尊卑之亀鏡也、(中略)其九曰、上国属大明者、始朝貢於洪武、(6)受王爵於永楽、(7)爾来遣使朝貢三年一次、(8)当今天子南面之初、(9)吾世主遣使臣、(10)致践祚之賀、厚朝貢之礼、於此時、改三年一次、為一年一次、所以者何、益々通中華、而為賢(堅)国盟也、

その一に曰く、仏を信じて像を造り、寺を建てて金を布《し》く。仏閣・僧房・経殿・鐘楼、甍を連ね棟を接し、輪奐《りんかん》兼美たり。今世主《よのぬし》、三帰をもって心となす。古《いにし》えの漢の明・梁の武二帝の心なり。その二に曰く、臣に臨みて礼義を正し、民を利して賦斂《ふれん》を薄くし、一日として治国斉家の事に臨まざるはなし。この故に兆民のこれを戴くこと日月の如く、千官のこれに親しむこと父母の如きなり。上和し下睦むとは、それこれを謂うか。その三に曰く、西南に当りて国あり、名を太平山《たいへいざん》と曰う。弘治庚申(一五〇〇年)の春、戦艦一百艘を遣わしてこれを攻む。その国人堅《た》ちて旗を降し服従せり。翌年航海して来たり、歳貢を献ずるに穀布をもってしたり。これに繇《よ》り上国の勢、愈《いよいよ》大きく愈盛んなり。その四に曰く、服は錦綉《きんしゅう》を断ち、器は金銀を用う。専ら刀剣弓矢を積み、もって護国の利器となす。この邦の財用・武器は他州の及ばざるところなり。その五に曰く、千臣官に任じ、百僚職を分かち、その位の貴賤上下を定むるに、その帞《はちまき》の黄赤をもってし、その簪《かんざし》の金銀をもってす。これ後世尊卑の亀鏡《きけい》なり。(中略)その九に曰く、上国の大明に属するは、朝貢を洪武に始め、王爵を永楽に受け、爾来《じらい》遣使朝貢は三年一次なり。当今《とうぎん》天子南面の初め、吾が世主使臣を遣わし、践祚の賀を致し、朝貢の礼を厚くす。この時において、三年一次を改めて一年一次となす。所以《ゆえ》は何ぞ、益々中華に通じて国盟を堅めんがためなり。

(1)輪奐　建築物の壮大美麗なさま。(2)世主　琉球国王。ここは尚真王。(3)漢明・梁武二帝　後漢の明帝は天竺に使者を送って仏法を求め、梁の武帝は仏教を好み経典に耽った。(4)治国斉家之事　政治。(5)上国　琉球を指す。ふつう上国と言えば中国を指すから、ここには琉球の自尊意識がみてとれる。(6)始朝貢於洪武　太祖の洪武五年(一三七二)、琉球国中山王察度は初めて明に入貢した。史料339参照。(7)受王爵於永楽　永楽五年(一四〇七)、思紹は成祖から琉球国中山王に冊封された。(8)三年一次　一四七四年、明は琉球使臣が福州で起こした騒乱事件を責め、それまでの一年一貢を二年一貢に削減し、一五〇七年に至って、尚真王の請願を入れ一年一貢に戻した(『明武宗実録』正徳二年三月丙辰条)。欄干銘は尚真の功績を強調するあまり事実を曲げている。(9)当今天子　明朝第十一代皇帝武宗。在位一五〇六—二一年。(10)使臣　王舅亜嘉尼施・長史蔡賓ら。

【解説】 右の銘文は、首里城正殿正面の石の欄干に刻まれてい

たものだが、戦災のため現存しない。「百浦添《もんだすい》」と呼ばれることの欄干は、臣下の奏上を受けて尚真王が殿閣の制度を整える目的で造らせたもので、石の面には、正徳三年(一五〇八)十二月の勅によって作られた各句四字・二十六句からなる韻文の銘と、尚真王代の勝事を十一ヵ条にわたって数えあげた文章が刻まれていた。右には後者の一部を掲げたが、第一条は仏寺の建立、第二条は臣民とともに喜ぶ善政、第三条は太平山(先島諸島)への版図拡大、第四条は財宝・軍備の充実、第五条は官僚制・身分制の確立、第九条は対明朝貢の回復を述べている。

(2)　和人地と蝦夷地

425〔新羅之記録〕上

(天文、一五五〇)
同十九年六月二十三日、河北郡檜山之屋形尋季之嫡男安東太舜季朝臣、欲見此国渡来給、(中略)季広朝臣、(蠣崎)支度置夷狄之翫好之宝物数、依令畀之、悽懇切、夷狄悉称神位(1)得意、深為恭敬条、国内静謐也、至若召寄勢田内(2)之波志多犬、居置上之国天河(3)之郡内、而為西夷尹、亦以志利内(4)之知蔣多犬、為東夷尹、定夷狄之商船往還之法度、故令従諸国来商賈出年俸、配分其内而賚両酋長、謂之夷役、而後従西来狄之商船者、必天河之沖而下帆休、為一礼往還、従東来夷之商船者、必志利内之沖而下帆休、而為一礼往還、

季広朝臣、夷狄の翫好の宝物数《あまた》支度し置き、これを畀《あた》えしむるに依り、懇切に悽《よろこ》び、夷狄悉く神位《カムイ》得意《トクイ》と称し、深く恭敬をなすの条、国内静謐なり。至若《しかのみならず》勢田内の波志《ハシ》多犬《タイン》を召し寄せ、上之国天河《てんのかわ》の郡内に居え置きて西夷の尹となし、また志利内《しりうち》の知蔣多犬《チコモタイン》をもって東夷の尹となし、夷狄の商船往還の法度を定む。故に諸国より来れる商賈をして年俸を出さしめ、その内を配分して両酋長に賚《もた》らす。これを夷役と謂う。しかして後、西より来る狄の商船は、必ず天河の沖にて帆を下して休み、一礼をなして往還す。東より来る夷の商船は、必ず志利内の沖にて帆を下して休み、一礼をなして往還す。

(1)神位　アイヌ語で神のこと。(2)勢田内　北海道檜山支庁瀬棚町。(3)天河　檜山支庁上之国町を貫流する天ノ川に名が残る。(4)志利内　渡島支庁知内町。

【解説】　永正九年(一五一二)より和人館主は波状的なアイヌの攻撃にさらされ、かろうじて松前大館に踏みとどまった蠣崎季《かきざきすえ》広《ひろ》は、西部アイヌのハシタイン、東部アイヌのチコモタインと和平を結んだ。西は天河《てんのかわ》、東は知内《しりうち》を境とし、その松前側(西南側)が和人の勢力範囲として確認された。きわめて狭い地域にすぎないが、ここに和人地と蝦夷地の区分が確定し、前者がのちの松前藩に成長してゆく。しかし蠣崎氏が諸国から訪れる商人より年俸を徴収し、その一部を「夷役」として両首長に渡さねばならなかったように、条約締結の主導権はむしろアイヌ

側にあった。なお条約の成立年代について、この記事を天文十九年(一五五〇)の安東舜季《きよすえ》来島記事の続きとみて同年とする説と、両者を別の内容とし、『福山秘府』『松前家記』に従って天文二十年とする説がある。

4　ヨーロッパとの接触

(1)　ヨーロッパ人の琉球・日本「発見」

426〔**東方諸国記**〕**第四部**

レケオ〔琉球〕人はゴーレスと呼ばれる。(中略)国王とすべての人民は異教徒である。国王はシナの国王の臣下で、〔彼に〕朝貢している。彼の島は大きく、人口が多い。かれらは独特の形の小船を持っている。またジュンコ(1)は三、四隻持っているが、かれらはそれをたえずシナから買い入れている。かれらはそれ以外は船を持っていない。かれらはシナとマラカで取引を行なう。しばしばかれらはシナ人といっしょに取引をし、またしばしば自分自身でシナのフォケン〔福建〕の港(2)で取引をする。(中略)マラヨ人はマラカの人々に対し、ポルトガル人とレキオ〔琉球〕人との間には何の相違もないが、ポルトガル人は婦人を買い、レキオ人はそれをしないだけであると語っている。レキオ人は、かれらの土地には小麦と米と独特の酒と肉とを持っているだけである。魚はたいへん豊富である。かれらは立派な指物師であり具足師である。かれらは金箔を置いた筥(3)やたいへん贅沢で精巧な扇、刀剣、かれらの独特のあらゆる種類のたくさんの武器を製造する。われわれの諸王国でミラン〔ミラノ〕について語るように、シナ人やその他のすべての国民はレキオ人について語る。かれらは正直な人間で、奴隷を買わないし、たとえ全世界とひきかえでも自分たちの同胞を売るようなことはしない。かれらはこれについては死を賭ける。(中略)すべてのシナ人のいうことによると、ジャンポン〔日本〕島はレキオ人の島々よりも大きく、国王はより強力で偉大である。それは商品にも自然の産物にも恵まれていない。国王は異教徒で、シナの国王の臣下である。かれらはシナと取引をすることはまれであるが、それは遠く離れていることと、かれらがジュンコを持たず、また海洋国民ではないからである。レキオ人は七、八日でジャンポンに赴き、上記の商品(4)を携えて行く。そして黄金や銅と交換する。レキオ人のところから来るものは、みなレキオ人がジャンポンから携えて来るものである。レキオ人はジャンポンの人々と漁網やその他の商品で取引する。

(1)ジュンコ　ジャンク。中国式の外洋帆船。(2)フォケンの港　福州。(3)金箔を置いた笥　以下に出る扇・刀剣とともに、日本の特産なので、日本からの輸入品であろう。(4)上記の商品　省略した部分に記されている東南アジア産の香料・木材・酒などを指す。

【解説】　一五一一年にポルトガル海軍がアジア交易の最大のターミナル、マラッカを奪取したことは、アジアとヨーロッパの出会いにとってひとつの画期となる事件である。ポルトガル人トメ・ピレスは、一五一二年から一五年までマラッカに商館員として滞在し、集まってくるアジア諸国・諸地域の情報をまとめて『東方諸国記』を著した。ピレスの来る直前までマラッカに往来していた琉球に関する情報は詳しく、交易の民の相貌をほうふつとさせる。そのおまけのように記される日本情報は、ポルトガル人の手になる最初の日本についての記録だが、一次産品を輸出する後進国という印象が強い。

427〔日欧文化比較〕第十四章

5 われわれの間ではそれをおこなう権限や司法権をもっている人でなければ、人を殺すことはできない。日本では誰でも自分の家で殺すことができる。

6 われわれの間では人を殺すことは怖しいことであるが、牛や牝鶏または犬を殺すことは怖しいことではない。日本人は動物を殺すのを見ると仰天するが、人殺しは普通のことである。

7 われわれの間では窃盗をしても、それが相当の金額でなければ殺されることはない。日本ではごく僅かな額でも、事由のいかんを問わず殺される。

8 われわれの間では人が他人を殺しても、正当な理由があり、また身を守るためだったならば、彼は生命は助かる。日本では人を殺したならば、そのために死なければならない。またもし彼が姿を現わさなければ、他人が彼の代りに殺される。

9 われわれの間には磔刑はない。日本ではきわめて普通におこなわれる。

10 われわれの間では召使《クリアード》の譴責や従者《セルヴォ》の懲戒は、鞭打ちでもって行う。日本では首を切ることが譴責と懲戒である。

11 われわれの間には獄舎《トロンコ》、獄吏《アルカイデ》、執行吏《メイリニョ》、捕吏《ビリグイン》がある。日本人の間にはこれらのものはない。また笞刑、耳切刑、絞首刑もない。

12 われわれの間では見付かった盗品は裁判所によって、その所有主の手に戻される。日本では見付かったこのような盗品は遺失物として裁判官が没収する。

【解説】『日本史』の著者として有名なポルトガル人パードレ、

ルイス・フロイス（一五三二―九七年）は、一五六二年から死ぬまで京都・堺・豊後・越前・加津佐・長崎などの各地に滞在し、つぶさに日本社会を観察した。『日欧文化比較』は一五八五年に加津佐で書かれた小冊子で、一九四六年にマドリードのアカデミア・デ・ラ・ヒストリアの書庫から自筆草稿が発見され、世に知られるようになった。ヨーロッパと日本とで対照的な文化諸現象を、十四章六百九項目にわたって簡潔にまとめている。右には検断に関わる八つの項目を例示した。対照を強調するための誇張や、隠しきれないヨーロッパびいきはあるものの、中世末期の日本社会の未開さを脱しきれない状況がよくうかがわれる。なお訳文は、岩波文庫版『ヨーロッパ文化と日本文化』の岡田章雄訳によった。

(2) 鉄砲伝来

428〔**南浦文集**〕**巻一　鉄炮記**

天文癸卯（十二年、一五四三）秋八月二十五日丁酉、我西村（種子島久時）(1)小浦有一大船、不知自何国来、船客百余人、其形不類、其語不通、見者以為奇怪矣、其中有大明儒生一人名五峯者、今不詳其姓字、時西村主宰有織部丞者、頗解文字、偶遇五峯、以杖書於沙上云、船中之客、不知何国人也、何其形之異哉、五峯即書云、此是西南蛮種之賈胡(2)也、（中略）賈胡之長有二人、一曰牟良叔舎、一曰喜利志多佗孟太、手携一物、長二三尺、其為体也、中通外直、而以重為質、其中雖常通、其底要密塞、其傍有一穴、通火之路也、形象無物之可比倫也、其為用也、入妙薬於其中、添以小団鉛、先置一小白(3)於岸畔、親手一物、修其身眇其目、而自其一穴放火、則莫不立中矣、其発也、如掣電之光、其鳴也、如驚雷之轟、（中略）時尭（種子島）、不言其価之高而難及、而求蛮種之二鉄炮、以為家珍矣、其妙薬之擣篩和合(4)之法、令小臣篠川小四郎学之、時尭朝磨夕淬、勤而不已、嚮之殆庶者、於是百発百中、無一失者矣、

天文癸卯秋八月二十五日丁酉、我が西村の小浦に一の大船あり。何れの国より来たるかを知らず。船客百余人、その形類せず、その語通ぜず。見る者もって奇怪となす。その中に大明の儒生一人、名は五峯なる者あり。今その姓字を詳らかにせず。時に西村の主宰に織部丞なる者あり。頗る文字を解す。偶《たまたま》五峯に遇いて、杖をもって沙上に書して云う、「船中の客、何の国の人なるやを知らざるなり。何ぞその形の異《い》なる哉《や》」と。五峯すなわち書して云う、「これは是れ西南蛮種の賈胡《かこ》なり。（中略）」と。（中略）賈胡の長二人あり、一を牟良叔舎と曰い、一を喜利志多佗孟太と曰う。手に一物を携う。長さ二、三尺。その体為《た》るや、中通じ外直にして重きをもって質となす。その中は常に通ず

と雖も、その底は密塞を要す。その傍らに一穴あり、火を通ずるの路なり。形象、物の比倫すべきなきなり。その用為《た》るや、妙薬をその中に入れて、添うるに小団鉛をもってす。先に一小白を岸畔に置いて、親《みずか》ら一物を手にして、その身を修めその目を眇《すがめ》にして、その一穴より火を放つときは、すなわち立《たちどころ》に中《あた》らざる莫《な》し。その発するや掣電の光の如く、その鳴るや驚雷の轟《とどろ》くが如し。（中略）時尭、その価の高くして及び難きことを言わずして、蛮種の二鉄炮を求めて、もって家珍となす。その妙薬の擣篩《とうし》和合の法をば、小臣篠川小四郎をして学ばしむ。時尭朝に磨き夕に淬《きよ》め、勤めて已《や》まず。嚮《さき》の殆ど庶《ちか》き者、ここにおいて百発百中、一として失する者《こと》なし。

（1）西村小浦　島の南端門倉崎の崖下という。（2）賈胡　エビスの商人。（3）一小白　的の一種らしい。（4）擣篩和合　擣《つ》き篩《ふる》い混ぜ合わせる。

429〔諸国新旧発見記〕

一五四二年、ディオゴ＝デ＝フレイタスがシャム国ドドラ市(1)に一船のカピタンとして滞在中、その船より三人のポルトガル人が一艘のジャンクに乗って脱走し、シナに向かった。その名をアントーニオ＝ダ＝モッタ、フランシスコ＝ゼイモト、アントーニオ＝ペイショットという。彼らは北方三十度余に位置するリャンポー市(2)に入港しようとしたが、うしろから激しい暴風雨が襲ってきて、彼らを陸から遠ざけてしまった。こうして数日、東の方三十二度(3)の位置にひとつの島を見た。これが人々のジャポンエスと称し、古書にその財宝について語り伝えるジパンガスのようである。

（1）ドドラ市　アユタヤ。（2）リャンポー市　音は寧波の福建音からきたものだが、現在の寧波市ではなく、寧波府管下の舟山諸島内の双嶼港を指すと考えられる。（3）三十二度　北緯三十二度線は種子島よりかなり北、鹿児島県阿久根市あたりを通過する。

【解説】『南浦文集』は薩摩の学僧文之《ぶんし》玄昌《げんしょう》の作品集で、「鉄炮記」は文之が一六〇六年に種子島久時（時尭の子）の依頼により鉄砲伝来の経緯を記したもの。『諸国新旧発見記』はポルトガルのモルッカ総督アントーニオ＝ガルバン（一五三六―四〇在任）が著した地誌で、一五六三年の刊。ポルトガル人の日本初来あるいは鉄砲の日本伝来については、基本史料である史料428・429に一年のずれがあるため、さまざまな解釈が試みられてきた。しかし428にみえる中国人「五峯」がのちに倭寇の頭領として有名になる王直であること、428の牟良叔舎が429のフランシスコの、佗孟太がダ＝モッタの、それぞれ音写であること、は前提としてよいだろう。史料429によればポルトガル人が乗っていたのは中国式のジャンクであり、王直が一五四〇年から五、六年間「日本・暹羅・西洋等の国に抵《いた》り、往来互市」した、という『籌海図編』の記述（史料420）と符合する。鉄砲は、王直に象徴される中国大陸沿岸の密貿易ルートに乗って、日本列島まで流れ着いた。この後「種子島」の名で呼ばれた西洋式の銃は、和泉の堺や紀伊の根来《ねごろ》を経て全国に伝わり、戦国争乱の帰趨に大きな影響を及ぼした。なお二史料とも、洞富雄『鉄砲――伝来とその影響』（思文閣出版刊）巻末付録を底本としたが、史料429については文体を現代語に改めた。

(3)　キリスト教の伝来

430〔聖フランシスコ・ザビエル全書簡〕一五四九年十一月五日鹿児島発ゴアのイエズス会員あて

12 日本についてこの地で私たちが経験によって知りえたことを、あなたたちにお知らせします。第一に、私たちが交際することによって知りえた限りでは、この国の人びとは今までに発見された国民のなかで最高であり、日本人より優れている人びとは、異教徒のあいだでは見つけられないでしょう。彼らは親しみやすく、一般に善良で、悪意がありません。驚くほど名誉心の強い人びとで、他の何ものよりも名誉を重んじます。大部分の人びとは貧しいのですが、武士も、そうでない人びとも、貧しいことを不名誉とは思っていません。

14（前略）大部分の人は読み書きができますので、祈りや教理を短時間に学ぶのにたいそう役立ちます。彼らは一人の妻しか持ちません。この地方では盗人は少なく、また盗人を見つけると非常に厳しく罰し、誰でも死刑にします。盗みの悪習をたいへん憎んでいます。彼らはたいへん善良な人びとで、社交性があり、また知識欲はきわめて旺盛です。

38 善良で誠実な友聖信のパウロ(1)の町で、城代や奉行はたいへんな好意と愛情をもって〔私たちを〕迎えてくださいました。そして一般の人すべても同じように歓迎し、ポルトガルの地から来た神父たちを見て、皆たいそう驚嘆しています。パウロがキリスト信者になったことを奇異に感じる者は誰もおりません。むしろ彼を尊敬しています。そして親戚も、親戚でない人たちもすべて、彼がこの地の日本人たちが見たこともないものをインドで見てきたことを、パウロ本人とともに喜んでいます。（下略）

53 ここからミヤコまで〔日本里数で〕三〇〇里あります。その町の大きなことについて私たちが聞かされていることは、九万戸以上の家があること、学生たちが〔たくさん〕いる大きな大学が一つあってこれに五つの主な学院(2)が付属していること、ボンズ(3)や時宗《じしゅう》と呼ばれる〔私たちの〕修道者のような他のボンズ、アマカタと呼ばれる尼僧たちの僧院が二〇〇以上もあるとのことです。

54 ミヤコの大学のほかに他の五つの主要な大学があって、それらは高野《こうや》、根来《ねごろ》、比叡山、近江(4)と名づけられる四つの大学はミヤコの周囲にあり、それぞれの大学は三五〇〇人以上の学生を擁しているといわれています。ミヤコから遠く離れた坂東と呼ばれる地方には、日本でもっとも大きく、もっとも有名な別の大学(5)があって、他の大学よりも大勢の学生が行きます。坂東は非常に大きな領地で、そこには六人の公爵がいますが、そのうちの一人が支配者(6)で、他の者は皆彼に従っています。そしてこの支配者は日本の国王に従っているのです。(下略)

57 あなたがたにお知らせしたように、日本の国王とシナの国王は親しい間柄であり、〔日本国王は〕シナへ行く人たちに勘合符を与えることができるように、親善のしるしである印章を持っています。日本からシナへは一〇日か一二日の旅程で航行できるので、たくさんの船が行きます。もしも主なる神が私たちに一〇年の余命を与えてくださるならば、〔ヨーロッパから〕来る人たち、そして神がこの国で真理の認識に至らしめようとして〔召しいだす修道者たち〕によって、この地で偉大なことが成し遂げられるのをきっと見ることができるだろうと、大きな希望をもって生活しています。(下略)

(1)聖信のパウロ　薩摩の武士アンジロー。鹿児島で殺人を犯し、ポルトガル船にかくまわれて海外に逃亡、一五四七年十二月七日マラッカでザビエルと会い、インドのゴアの聖信学院で学び、ついでザビエルの日本行きの先導者となる。(2)五つの主な学院　京都五山。(3)ボンズ　坊主。(4)近江　近江国木戸《きべ》にある浄土真宗木戸派本山錦織寺か。(5)別の大学　足利学校。(6)支配者　古河公方足利氏のことか。

【解説】　創立以来のイエズス会士フランシスコ・ザビエル(一五〇六—一五五二年)は、一五四一年にリスボンを出航して、インド西岸・セイロン島・マラッカ・マルク諸島などで布教につとめたが、思うような成果があがらなかった。マラッカで日本人アンジローと出会ってその資質にほれこんだザビエルは、日本布教に大きな期待をかけ、アンジローを道案内に、海賊《ラダラオ》の渾名で知られマラッカに家族のいる一中国人のジャンクに乗り込んで、日本をめざした。船はコーチシナ、広東、福建沿岸の密貿易ルートを航行し、一五四九年八月十五日(天文十八年七月二十二日)鹿児島に到着した。右にほんの一部を掲げた手紙は、日本到着後最初のもので、ザビエル書簡中もっとも長く、宗門で「マグナ・カルタ(大文章)」と呼ばれ、信仰生活の導きの書として尊重されている。なお訳文は、河野純徳訳『聖フランシスコ・ザビエル全書簡』(平凡社刊)によった。

5　世界を駆ける日本銀

(1)　石見銀山の開発

431〔銀山旧記〕

筑前の博多に神谷寿亭(1)(禎、以下同じ)といふもの有。雲州へ行んとて、船にて石見の海を渡り、杳《はるか》に南山を望むに、赫然たる光あり。寿亭船子に「南山の赤く明なる光あるハ何故に候や」と問けれハ、船子答て申けるハ、「石見の銀峰山《ぎんぶせん》(2)なりと語り伝ふ。彼峰より昔銀を出せしか、今ハ絶へたり。唯観音の霊像のミありて、此山を鎮護し、寺を清水寺《せいすいじ》(3)と申。時々此応《おう》現《げん》あり。此山再ひ銀を出す寿瑞《じゆずい》なるか。今夕の霊光常の時より十倍す。量り知る、貴公の信心観音大士に通しけるならん」と、懇《ねんごろ》にこそ語りける。寿亭大に悦ひ、帆を巻き纜《ともづな》を繫き、温泉津《ゆのつ》(4)湊に入て、夫《それ》より銀峰山に登り、観音を拝し奉り、又船に乗て雲州の鷺浦《さぎうら》に入けり。彼浦に銅山有り。寿亭赤金を商売せんか為に、銅山主三嶋清左(右)衛門に逢て(清左(右)衛門ハ雲州口《くち》田儀《たぎ》の住人なり。)石州銀峰山の霊光の事を物語しけるに、三島是を聞て申けるハ、「定て白銀ならんか。弐百年前周防の国主大内之介弘幸(5)、北辰(6)の託宣に因て大に銀を得たる事有り。今に至迄言伝ふ。いかにも疑へからす。願くハ彼峰に登りて銀なりや否やを試み、又霊仏をも拝せん」とて、神谷・三島相供に、大永六丙戌(一五二六)三月廿日、三人の穿通子《センツウシ》(7)吉田与三右衛門・同藤左衛門・於紅《おべに》源右衛門を引連て、銀峰山の谷々にて、石を穿ち地を掘て、大に銀を採り、寿亭皆収め取り、九州に帰りけり。是よりして石見国馬路《まじ》村の灘古柳鞆岩(8)の浦へ売船多く来り、銀の鏈《くさり》(9)を買取て、寿亭が家大に富ミ、従類広く栄へけり。銀山へも又諸国より人多く集りて、花の都の如くなり。亨(享)禄元年(一五二八)、大内義興矢滝《やたき》(10)の城主を以銀山の押とす。(矢滝の城銀山より一里計り南也。)此時小笠原長隆(11)、志谷修理大夫・平田加賀守を以矢滝の城を攻落す。比ハ亨(享)禄四年卯二月下旬なり。長隆銀山を領する事三年の内、銀を出す事夥《おびただ》し。天文二年(一五三三)、大内復《また》銀山を取返して、吉田若狭守・飯田石見守両人に仰せて、銀山を守護しけり。此年寿亭博多より宗丹・桂寿と云ものを伴ひ来り、八月五日相談して、鏈(銀と石と相雑ものを鏈と云。)を吹熔《ふきとか》し、銀を成す事を仕出《しいだし》けり。是銀山銀吹の始り也。吹大工《ふきだいく》ハ釆女《うねめ》の丞・大蔵の丞なり。吉田若狭・飯田石見是を奉行し、毎年銀子百枚を大内へ貢納す。

(1)神谷寿禎　博多の豪商として名高い神谷宗湛の祖父。(2)銀峰山島根県大田市にある標高五三七メートルの山で別名仙ノ山。銀鉱脈が頂上や山麓に集中する。(3)清水寺　銀山清水谷にあった真言宗の寺。本尊は十一面観音。一九〇八年に休谷《やせみ》の現在地に移転。(4)温泉津湊　島根県温泉津町にある山陰航路の要港。まもなく石見銀の積出港として繁栄。(5)大内之介弘幸　周防国の在庁官人で、大内氏発展の基礎を造った。文和元年(一三五二)没。(6)北辰　北斗七星。代々大内氏が信仰。鉱山の神でもある。(7)穿通子　掘り子。切羽《きりは》の掘削を担当する。(8)鞆岩の浦　仁摩町馬路に隣接する友ノ浦。(9)銀の鏈　銀鉱石。(10)矢滝の城　銀峰山の西南にそびえる標高六三八メートルの矢滝山頂にある山城。(11)小笠原長隆　銀山の南方、島根県川本町川下の温湯城主。

432〔朝鮮中宗実録〕三十四年(一五三九)閏七月丙申(一日)・八月癸未(十九日)

閏七月丙申、憲府(1)啓曰、全州(2)判官柳緒宗、居金海(3)時、率私人猟于海外加徳島(4)、被捉於東莱県令(5)金潩、又引京中富商、接主其家、誘引倭虜、変着我国之服、恣行買売、請於兵使(6)金舜皐曰、若給我公文、則当入加徳島捕倭、兵使不答而止之、其意則殺往来其家商倭、欲為己功、以生辺釁所関非軽、請下詔獄推考、　答曰、如啓、

八月癸未、　伝(7)于政院(8)曰、柳緒宗多有所失、故不計殞命(9)、期於得情刑訊可也、但倭人交通、多貿鉛鉄(10)、吹錬作銀(11)、使倭人伝習其術事、以台諫所啓推鞫、緒宗雖武班之人、官至判官、不為無識、且吹錬作銀、不可人人為之、必有匠人(12)、然後乃可為也、其家中有匠人与否、未可知也、(中略)尹殷輔(13)議、(中略)緒宗若於郷家錬鉄作銀、至使倭奴伝習其術、則鄭保(14)未必不知、緒宗家切人拏致(15)推覈(16)、務得実情如何、

(下略)

閏七月丙申(一日)。憲府啓して曰く、「全州判官柳緒宗、金海に居る時、私人を率いて海外加徳島に猟し、東莱県令〈金潩〉に捉えらる。また京中富商を引き、その家に接主し、倭虜を誘引し、我が国の服を変着して、恣《ほしいまま》に買売を行わしむ。兵使〈金舜皐〉に請いて曰く、「もし我に公文を給わば、すなわちまさに加徳島に入りて倭を捕うべし」と。兵使答えずしてこれを止む。その意はすなわち、その家に往来する商倭を殺し、己が功となさんと欲するなり。辺釁《へんきん》を生ずれば関するところ軽きにあらざるをもって、詔を下して獄し推考せんことを請う」と。答えて曰く、「啓の如くせよ」と。

八月癸未(十九日)。政院に伝して曰く、「柳緒宗多く失する所あり。故に殞命《いんめい》を計らず、得情を期して刑訊するが可なり。但《ただ》倭人と交通して、多く鉛鉄を貿《か》い、吹錬して銀を作り、倭人をしてその術を伝習せしむる事、台諫の啓するところをもって推鞫《すいきく》せよ。緒宗は武班の人と雖も、官、判官に至る。識なしとなさず。且つ吹錬作銀、人人これをなすべからず。必ずや匠人ありて、然る後すなわちなすべきなり。その家

中に匠人ありや否や、未だ知るべからざるなり。（中略）」と。（中略）尹殷輔議す、「（中略）緒宗もし郷家において錬鉄作銀し、倭奴をしてその術を伝習せしむるに至らば、すなわち鄰保未だ必ずしも知らざるにあらず。緒宗の家の切人を拏致《だち》推覈《すいかく》し、務めて実情を得るは如何《いかん》」と。（下略）

（1）憲府　司憲府。中央の監察官庁。同府と司諫院の官員を「台諫」という。（2）全州　全羅北道の中心都市。判官はその長官。（3）金海　慶尚南道、釜山の西方にあり、古来日本に開いた窓口であった。（4）加徳島　三浦最大の薺浦の入口を扼する島で、密貿易の根拠地となった。（5）東萊県　史料416の注6参照。（6）兵使　全羅道兵馬節度使。道陸軍の長官。（7）伝　王命を伝える形式のひとつ。（8）政院　承政院。国王の秘書局。（9）殞命　死ぬこと。（10）鉛鉄　鉛のことだが、ここでは銀を含んだ含銀鉛か。（11）吹錬作銀　灰吹きによる銀の精錬法。（12）匠人　技術者。（13）尹殷輔　領議政。首相に相当。（14）鄰保　隣人。（15）切人　隣人。（16）拏致推覈　連行して取り調べる。

【解説】　史料431は石見銀山の発見を観音霊験譚として語るが、のちに安原伝兵衛が釜屋間歩《まぶ》を発見するに際しても、清水寺の観音のお告げがあったと言われ、鉱山と信仰の深い関わりがうかがえる。また銀山発見には、博多―温泉津―口田儀（多伎町）―鷺浦（大社町）を結ぶ日本海航路と、鷺浦銅山の山師およびその銅を朝鮮に運んでいた博多商人が、決定的な役割を果した。銀山の生む富をめぐって、大内・小笠原・尼子・毛利ら周辺の豪族・大名が激しく争い、防衛拠点の山吹城や矢滝城は遺構を今に留めている。天文二年（一五三三）、神谷寿禎が博多から連れてきた宗丹・桂寿という技術者が、灰吹精錬法を銀山に定着させた。これによって爆発的な増産が実現し、石見銀の名は世界にとどろいた。灰吹法は、朝鮮に輸出された含銀鉛から銀が分離される工程を、日本人が学んで持ち帰ったものと考えられる。史料432はその情景を想像させる史料で、私宅をソウルの豪商と倭人との密貿易の基地に提供していた柳緒宗が、さらに私宅で密かに銀を造り、その「吹錬作銀の法」を倭人に伝習させた、として罪に問われている。緒宗は全州判官というれっきとした地方官にもかかわらず、ソウルと博多を結ぶ商人間の密貿易ネットワークに組みこまれていた。

(2)　日本銀の争奪

433

〔東洋遍歴記〕第六十六章

私たちがこのノーダイ港[1]を出発し、コモレン諸島[2]と陸との間を航行することすでに五日経ったある土曜日の正午、ポルトガル人の不倶戴天の敵で、パタネ[3]、スンダ[4]、シャムおよびポルトガル人に出くわすその他の土地で、しばしばポルトガル人に大損害を与えていたプレマタ・グンデルという海賊が襲いかかって来た。そして、こちらをシナ人と思ったので、帆の操縦用乗組員のほかに二百人の戦闘員を乗せた二隻の非常に大きなジャンク船を率いて私たちを攻撃し、そのうちの一隻がメン・タボルダのジャンク船を捉え、もう少しで征服するところであった。（中略）敵はきわめて果敢に戦ったので、アントニオ・デ・ファリア(5)は部下の大半を負傷させられ、二度にわたって危うく征服されそうになった。しかしながら、そのとき三隻のロルシャ船(6)とペロ・ダ・シルヴァの乗った小ジャンク船が味方のもとに駆付け、我らの主の嘉《よみ》したもうたことには、この救援によって味方は失地を回復し、敵を追いつめ、八十六人のイスラム教徒を殺して、間もなく戦闘は終った。(中略)敵のジャンク船に積んである物の財産調べをしたところ、戦利品は八万タエル(7)にのぼった。その大部分は、その海賊が平戸《フイランド》からシンシェウ(8)に行く三隻の商人のジャンク船から奪った日本銀であった。従って、この船だけで海賊は十二万クルザド(9)を載せていたのであり、沈没したジャンク船にもほぼ同額のものを積んでいたということであって、味方のものの多くはそれを大変残念がった。

(1)ノーダイ港　福建省福州の近くらしいが、未詳。(2)コモレン諸島　未詳。(3)パタネ　パタニ。タイ南部、マレー半島東岸にあった港市国家。(4)スンダ　ジャワ島西部にあった港市国家。(5)アントニオ・デ・ファリア　架空のポルトガル人冒険商人・海賊。『東洋遍歴記』の主人公のひとり。(6)ロルシャ船　シナの小さな商船。(7)タエル　中国の通貨単位両《テール》。『東洋遍歴記』第四十章によれば、一タエルが一・五クルザドに相当したらしい。(8)シンシェウ　福建省の著名な貿易港漳州。(9)クルザド　ポルトガルの通貨単位。

【解説】『東洋遍歴記』(一六一四年刊)は、ポルトガル人メンデス・ピントが、二十年以上に及ぶインド、東南アジア、中国、日本遍歴の経験をもとに、事実と虚構をとりまぜて書いた冒険小説である。十六世紀なかばのアジア海域に、後期倭寇の名で総称される諸海上勢力が入り乱れるようすを、生き生きと描いた。右に掲げたのは、一五四一年の末ころ、福州と双嶼の間のどこかで行われた海戦の描写で、平戸から漳州に向かうジャンクから、ジャンクに乗ったポルトガル人が略奪している。なお訳文は、東洋文庫366『東洋遍歴記1』(平凡社刊)の岡村多希子訳によった。

■岩波オンデマンドブックス■

日本史史料 2 中世

1998 年 3 月17日　第 1 刷発行
2008 年 8 月25日　第 8 刷発行
2016 年 7 月12日　オンデマンド版発行

編　者　歴史学研究会《れきしがくけんきゅうかい》

発行者　岡本　厚

発行所　株式会社　岩波書店
〒101-8002　東京都千代田区一ツ橋 2-5-5
電話案内　03-5210-4000
http://www.iwanami.co.jp/

印刷／製本・法令印刷

ISBN 978-4-00-730442-2　　Printed in Japan